KB090110

제4판

간단명료한 심리학

Michael W. Eysenck 지음

이영애 · 이나경 옮김

Σ 시그마프레스

간단명료한 **심리학**, 제4판

발행일 | 2020년 1월 20일 1쇄 발행

지은이 | Michael W. Eysenck
옮긴이 | 이영애, 이나경
발행인 | 강학경
발행처 | (주) **시그마프레스**
디자인 | 우주연
편 집 | 이호선

등록번호 | 제10-2642호
주소 | 서울특별시 영등포구 양평로 22길 21 선유도코오롱디지털타워 A401~402호
전자우편 | sigma@spress.co.kr
홈페이지 | http://www.sigmapress.co.kr
전화 | (02)323-4845, (02)2062-5184~8
팩스 | (02)323-4197

ISBN | 979-11-6226-239-9

Simply Psychology, 4th edition

＊ 책값은 책 뒤표지에 있습니다.

이 도서의 국립중앙도서관 출판시도서목록(CIP)은 서지정보유통지원시스템 홈페이지(http://seoji.nl.go.kr)와 국가자료공동목록시스템(http://www.nl.go.kr/kolisnet)에서 이용하실 수 있습니다.(CIP제어번호 : CIP2019053506)

역자 서문

오랫동안 심리학 개론을 가르치면서 여러 교재를 사용해보았다. 원서를 써보고 번역본을 쓰기도 하고, 우리나라 저자들의 개론서로 가르치기도 했다. 전공생들을 가르칠 때는 원서도 좋았지만 교양으로 심리학 개론을 듣는 학생들에게는 번역본이나 우리나라 저자들의 책이 더 적합했다.

심리학을 쉽고 간단명료하게 가르치면 좋겠다는 생각을 하고 있던 중, (주)시그마프레스의 제안으로 Psychology Press에서 출판한 Michael Eysenck(2002)의 *Simply Psychology*를 읽게 되었다. 전체 장이 모두 24개로 시험 기간을 제외하고 매번 75분씩 25회 수업을 해서 24개의 장을 끝낼 수 있었다. 한 학기 강의 분량에 적합하다고 생각하였다.

이 책의 특징은 책의 제목이 말해주듯이 간단명료하다. 저자의 전공을 더 강조한다거나 그렇지 않은 영역을 소홀히 다루지 않고 모든 장이 심리학의 중요한 내용을 충실하게 다루고 있다. 다른 개론서와 다른 점은 스트레스(제5장)와 공격성(제7장)을 생물학적 기반으로 설명했다는 점이다. 또한 애착과 박탈(제12장), 편견과 차별대우(제13장), 그리고 친사회적 행동(제14장)을 독립된 장으로 다루어 학생들의 관심이 높은 사회심리의 주요 주제들을 깊이 있게 다루었다. 특히 제24장은 '효과적인 공부와 학습'을 소개하는데, 학생들에게 효과적인 공부 방법을 구체적으로 제시하고 있다. 공부를 해도 성적이 오르지 않는 학생이나 공부를 어떻게 해야 하는지 잘 모르는 학부모나 학생들에게 도움이 될 것이다.

저자인 Michael Eysenck는 이 책의 독자 수준을 고등학교 학생들로 생각했다. 이 책의 내용이 비교적 쉽기 때문에 고등학교 2, 3학년 학생들도 쉽게 소화할 수 있는 수준임을 뜻한다. 기존의 심리학 개론 교재가 대학생 위주로 쓰여 있어서 어려운 부분이 많았던 점에 비해 이 책은 누구나 이해할 수 있는 쉬운 내용으로 이루어져 있다. 이 책이 쉽다는 것은 저자의 심리학적 지식이 해박하고 독자를 많이 배려했음을 뜻한다. 이 책은 일반인, 심리학을 교양으로 수강하는 학생, 그리고 심리학 전공생들에게 심리학을 소개하는 좋은 지침서가 될 것으로 믿는다.

옮긴이
이영애, 이나경

저자 서문

최근에 심리학 전공생의 숫자가 극적으로 증가하고 있다. 이런 증가는 GCSE, AS, A레벨 대학교 등 모든 수준에서 일어나고 있다. 뿐만 아니라 간호학, 교육학, 경영학 등 다른 전공생들의 심리학에 대한 관심도 증가하고 있다. 이 책이 이제 막 심리학을 배우기 시작하는 학생들에게 도움이 될 수 있기를 바란다.

심리학 개론서를 간단하게 집필하는 방법에는 두 가지가 있다. 하나는 어렵고 도전적인 내용을 제외하는 '필터' 접근이고, 다른 방법은 간단하고 접근 가능한 방식으로 현대 심리학을 돌려서 제시하는 것이다. 나는 두 번째 접근을 선택하여 최선을 다해 집필하였다. 이런 노력이 성공적인지 여부는 이 책을 읽는 독자가 판단할 것이다.

이 책의 구조는 이전 판과 동일하다. 그러나 거의 모든 장의 내용이 업데이트되었고 어떤 장은 완전히 다른 내용으로 구성되었다.

Michael W. Eysenck

차례

제1장 서론

심리학이란 무엇인가? 3
심리학은 얼마나 유용한가? 4
  후견지명 편향 6
  연구 결과 : 단순한 결과와 복잡한 결과 7
비교문화심리학 7
  문화는 어떻게 다른가? 8
  문화의 영향 : 고정되어 있는가 아니면 유연한가? 9
  결론 9
심리학은 왜 중요한가? 10
  임상심리학 10
  건강심리학 11
이 책의 구성 13
  이 책의 유용한 특징 14

제2장 심리학의 역사

Wilhelm Wundt 19
  행동주의 20
  인지 접근 21
발달심리학 23
사회심리학 24
개인차 25
  개인차 : 생물학적 접근 25
  개인차 : 정신분석학과 이상심리학 26
  개인차 : 지능과 성격 27
  요약 28

조건형성과 학습 28
  고전적 조건형성 28
  조작적 조건형성 33
  강화계획 34
  본능의 영향 35
  회피학습 38
관찰학습 39
  연구 결과 39

제3장 연구 방법

실험법 45
  한계 47
  혼합변수 47
  참여자 선정 48
  실험설계 48
  표준화 절차 50
  실험의 인위성 51
  반복 검증 51
  현장 실험 52
그 밖의 연구 방법 53
  관찰연구 53
  횡단 및 종단연구 54
  상관연구 54
  사례연구 55
윤리적 문제 56
  일반 원칙 57

제1부 생물학적 접근

제4장 행동의 생물학적 기초

진화심리학 65
연구 결과 66

유전 대 환경 67
쌍생아 연구 67
일반적인 오해 68

신경계 69
말초신경계 70

뇌의 구조 71
전뇌 72
중뇌 72
후뇌 72

대뇌피질 73
기능의 국재화 73
반구 특수화 74
분리뇌 환자 75

뇌 연구 방법 76
신경마법 78

제5장 스트레스

스트레스 수준은 점점 증가하고 있는가? 84

스트레스의 생리학 85
교감신경계 부신수질(SAM) 체계 86
시상하부 뇌하수체의 부신피질(HPA) 축 86

스트레스의 원인 88
생활사건과 일상의 골칫거리 88
직장 스트레스 요인 90
성격 92
결론 94

스트레스는 어떻게 질병을 일으키는가? 94
직접 경로 94

간접 경로 95

스트레스 감소법 96
스트레스 예방 훈련 96
대처 전략 97
사회적 지지 99

제6장 정서

정서 대 기분 105
여성 대 남성 106
정서는 얼마나 유용한가? 106

얼마나 많은 정서가 존재하는가? 107
표정 107
자기 보고 접근 108
결론 109

정서의 심리학적 이론 109
James-Lange 이론 109
평가 이론 112

제7장 공격성

역사적 그리고 문화적 요인 120
문화 차이 120

상황 요인 121
사회학습 121
대중매체 폭력 123
폭력적인 비디오 게임 125
일반 공격성 모형 126
가족과정 128

생물학적 접근 130
연구 결과 130

공격성 감소시키기 131
아동 중심 개입 132

제2부 발달 접근

제8장 인지 발달

Piaget 이론 139
1. 감각-운동 단계 140
2. 전조작 단계 141
3. 구체적 조작 단계 143
4. 형식적 조작 단계 144

Vygotsky 이론 145
연구 결과 146

중복곡선모형 148
연구 결과 148

마음 이론 150
연구 결과 150

제9장 언어 발달

언어 발달 단계 156
초기 단계 156
어휘와 문법 157

언어발달이론 158
인사이드-아웃 이론 158
아웃사이드-인 이론 161

동물의 언어 163
연구 결과 163

제10장 도덕성 발달

도덕성 발달의 일관성 170
이 장의 구조 170

Kohlberg의 인지발달이론 171
연구 결과 172

최근의 이론적 발달 173
연구 결과 174

성차 : 이론적 설명 174

부모, 또래, 유전적 요인 176
부모 176
또래 179
유전적 요인 179

제11장 성과 성차

성 정체성 183

관찰된 성차 184
연구 결과 185
성격 186

성발달이론 186
사회인지이론 187
자기사회화이론 189
연구 결과 190
생물학적 접근 192
남성성과 여성성 194
연구 결과 195

제3부 사회적 접근

제12장 애착과 박탈

애착 201
애착 유형 202
애착 이론 203
애착 유형의 장단점 204
문화 간 차이 205
박탈과 결핍의 효과 206
모성 박탈 가설 207
극단적 결핍 209
이혼과 탁아의 효과 212
이혼 212
탁아 213

제13장 편견과 차별대우

편견은 감소하고 있는가? 220
고정관념 221
고정관념 측정 222
왜 우리는 고정관념을 갖는가? 222
왜 고정관념은 바뀌기 어려운가? 223
편견에 대한 설명 223
성격 224
현실 집단 갈등 225
사회정체성 227
편견과 차별대우 줄이기 228
고정관념 변화시키기 228
집단 간 접촉 이론 228
돌출 범주화 230
공동 내집단 정체성 모형 231
결론과 종합 233

제14장 친사회적 행동

친사회적 행동의 발달 238
연구 결과 238
요약 239
이타심의 원인은 무엇인가? 239
연구 결과 241
문화권 차이 243
친사회적 행동과 이타심에 영향을 미치는 요인 244
텔레비전 244
비디오 게임 245
방관자 효과 246
연구 결과 247
각성 : 손실－보상 모형 249
연구 결과 249

제15장 사회 영향

동조 255
Solomon Asch : 다수의 영향 255
동조는 왜 일어날까? 257
이론적 고찰 258
Serge Moscovici : 소수의 영향 259
권위에의 복종 261
Stanley Milgram 261
복종의 이유 263
실제 상황 264
이론적 고찰 264
집단의 의사결정 266
집단사고 266
권력 : 사회 역할 268
스탠퍼드 교도소 실험 268
군중행동 270

제16장 사회지각과 매력

타인 행동에 대한 귀인 277
  연구 결과 279
  문화권 차이 279
암묵적 성격 이론 280
  연구 결과 281
신체적 매력 283
  문화적 편차 285

유사성 286
  실제 유사성 대 지각된 유사성 286
결론 287
친숙성 287
결론 288
연인 사이의 매력 288
  성차 289
  연구 결과 289
  유사성 291

제4부 **개인차**

제17장 지능

지능검사 298
  신뢰도와 타당도 298
  IQ 산출 299
유전과 환경 300
  쌍생아 연구 301
  입양 연구 302
  환경 요인 303
결론 303
지능의 종류 305
  요인 이론 305
  Gardner의 다중지능 307
  정서지능 309

제18장 성격

서론 315
  문화 간 차이 315
성격 평가 316
  질문지 317

성격 이론 318
  Freud의 정신분석학적 접근 318
특성 이론 319
  Cattell의 특성 이론 320
  H. J. Eysenck의 특성 이론 321
  빅 파이브 모형 323
사회인지이론 326
  자아효능감 327
  자기조절 328

제19장 자아개념

자아개념의 발달 334
  자기-인식 334
  자서전적 기억 335
  자기-기술 335
자기-지식 337
문화권 차이와 성차 339
다원적 자아 341
  해리성 정체성장애 342

자아존중감 343
　높은 자아존중감은 바람직한가? 344

문화 간 차이 345
결론 347

제5부　인지적 접근

제20장　이상심리학

무엇이 '이상'인가? 353
정신장애의 진단 355
　문화권 증후군 355
정신장애의 원인 356
　주요우울장애 359
　사회불안장애 361
정신장애의 치료 : 우울증과 불안증 362
　우울증 : 인지행동치료 363
　우울증 : 약물치료 364
　사회불안장애 : 인지행동치료 364
어떤 치료기법이 가장 효과적인가? 365
　치료 효과성 평가와 관련된 문제 366

제21장　시지각

지각의 체제화 372
　연구 결과 373
깊이지각 374
　단안단서 375
　양안단서와 안구운동단서 375
　단서정보의 통합 376
물체 재인 377
　성분재인이론 377
착시 379
　기대 379
　착시는 인공성 때문인가? 380
　2개의 지각체계 381
변화 맹시 382

제22장　기억

단기기억 대 장기기억 392
　다중 저장고 모형 392
　단기기억 393
　작업기억 394
　장기기억 395
　서술적 기억 396
　요약과 결론 399
기억의 체제화 399
　도식이론 400
망각 401
　억압 402
　간섭 403
　단서-의존적 망각 : 부호화 특수성 원리 404
　응고화 405
　요약 406
　일상기억 406
　목격자 증언 407
　실험실에서 법정으로 410

제23장　문제해결, 전문성 그리고 창의성

문제해결 : 서론 415
　통찰 대 비통찰 문제 416
　부화 418
과거 경험 418
　과거 경험은 유용한가? 아니요 419
　과거 경험은 유용한가? 예 420
문제해결전략 421

　　수단-목표 분석 422
　　언덕 오르기 422
　　계획 수립 423
　　요약 423
전문성 423

　　체스 전문성 424
　　의학 전문성 426
　　의도적 훈련 428
창의성 430
　　과학의 창의성 430

제6부　효과적인 학습

제24장　효과적인 공부와 학습

학습 : 정보처리수준이론 439
　　정교화 440
　　독특성 440
　　한계점 441
기억술 443
　　시각적 심상기법 443
　　페그워드법 444

　　언어적 기법 446
　　기억술이 효과적인 이유는 무엇인가? 447
기억하면서 학습하기 448
　　연구 결과 449
　　설명 450
동기 451
　　목표-설정이론 451
　　실행 의도 453

◪ **용어해설 457**
◪ **참고문헌 465**
◪ **찾아보기 500**
◪ **일러스트 크레딧 504**

제4판

간단명료한 심리학

나는 당신이 공부하는 과목들 중 심리학이 가장 흥미로운 과목일 것이라고 생각한다. 이 책의 주요 의도 중 하나도 당신에게 이 점을 확인시키는 것이다. 대중매체의 보도는 심리학자들이 모두가 이미 알고 있는 것을 발견하고 있다는 느낌을 들게 한다. 나는 이런 느낌이 심리학보다 대중매체에 더 잘 들어맞는다고 생각한다. 당신이 이 책을 읽으면서 심리학 연구는 뻔하지 않다는 내 의견에 동의하게 되길 바란다. 실제로 심리학의 연구는 사회에 유익한 영향을 줄 수 있는 중요한 통찰로 가득하다.

우리 인간을 더 잘 이해하는 것보다 더 흥미롭고 중요한 것이 무엇이 있겠는가? 심리학을 즐겨라!

서론

심리학이란 무엇인가?

심리학의 범위는 대단히 넓다. 처음 Freud가 생각했던 것처럼 심리학은 일상생활의 모든 것과 훨씬 더 많이 관련되어 있다. 여기 몇 가지 사례를 살펴보자.

어떤 심리학자는 정신장애의 효과적인 치료 방법에 관심을 가지고 있다. 법정심리학자는 범죄자의 프로파일을 작성하고 일련의 살인사건과 그 밖의 범죄를 추적한다. 또 다른 심리학자는 뇌 영상을 사용하여 인간 마음의 작동 방식을 이해한다. 건강심리학자는 흡연과 음주를 삼가고 운동을 하는, 더 건강한 삶의 방식을 채택하도록 우리를 설득하는 데 열심이다.

심리학자들의 여러 다양한 활동에서 공통 요소는 무엇인가? '심리학'에 대한 가장 흔한 정의는 아마 심리학이 행동을 연구하는 과학이라는 것이다. 그러나 이 정의는 너무 제한적인데, 많은 심리학자들이 사람이 특정 방식으로 행동하는 이유를 이해하려고 노력하고 있기 때문이다. 이것은 내부 과정과 동기를 고려할 것을 요구한다. 따라서 우리는 다음과 같은 정의를 제안한다:

> 심리학은 행동과 그 밖의 다른 증거들(예 : 사고와 정서에 대한 개인의 보고, 뇌 활동 패턴)을 사용하여 인간(그리고 다른 종의 구성원)의 행동과 행동을 유발하는 내적 과정을 이해하는 과학이다.

이 책을 읽으면서 아마 당신은 심리학자들이 인간 행동을 이해하기 위해 시도한 수많은 접근들에 당황하게 될 것이다. 이렇게 다양한 접근을 시도하는 이유는 우리의 행동이 다음과 같은 수많은 요인들에 의해 결정되기 때문이다.

심리학은 무엇을 연구하는 과학인가?

- 현재 제시된 구체적 자극
- 최근 경험(예 : 교통체증)
- 유전적 소양
- 생리체계
- 인지체계(예 : 지각, 사고, 기억)
- 사회 환경
- 문화 환경
- 이전 삶의 경험(예 : 아동기 경험)
- 개인 특성(예 : 지능, 성격, 정신건강)

'로드 레이지'(화난 운전자가 다른 운전자에게 가하는 신체적 폭행)라는 구체적인 사례를 통해 위 요인들의 중요성을 살펴보도록 하자. 그의 행동은 부분적으로 그가 물려받은 유전자의 영향을 받은 공격적인 성격에 달려있을 수 있다. 일부는 그의 아동기 경험, 예를 들어 가정 폭력 때문일 수 있다. 또 일부는 그의 임상 경력(정신병리 경력 또는 반사회적 행동)에 달려있을 수 있다.

다른 요인들도 누군가에게 로드 레이지를 발생시킬 수 있다. 그의 생각과 감정(예 : 상대방 운전자가 자신을 무시했던 어떤 사람을 떠올리게 한다)에 달려있을 수 있다. 또는 신체 상태에 달려있을 수 있다. 예를 들어 중요한 약속에 늦었거나 직무 스트레스 때문에 신체적 각성이 매우 높을 수 있다. 마지막으로 그의 행동은 문화적 요인에 달려있을 수 있다. 예를 들어 자신의 분노를 누군가에게 신체적 공격으로 표현하는 것이 어떤 문화권에서는 허용되지만 다른 문화권에서는 그렇지 않다.

여기서의 메시지는 어떤 사람의 로드 게이지를 설명하는 단 하나의 '정확한' 해석은 존재하지 않는다는 것이다. 아마 방금 기술한 여러 요인들이 그의 행동에 영향을 미칠 것이다. 따라서 인간 행동을 이해하기 위한 심리학의 범위는 대단히 광범위할 수밖에 없다. 일반적으로 심리학은 생리심리학자, 신경과학자, 사회학자, 생물학자, 생화학자, 인류학자 등이 함께 참여하는 종합과학이다.

심리학은 얼마나 유용한가?

많은 사람들이 심리학을 매력적인 학문이라고 생각한다(실제로도 그렇다!). 우리 모두는 자신과 타인을 더 잘 이해하고 싶어 하는데, 이것이 심리학의 핵심 목표이다. 그러나 심리학의 유용성을 놓고는 논쟁이 적지 않다. 회의론자들은 심리학이 우리가 이

왜 상식은 유용성에 한계가 있는가?

미 알고 있는 것을 말하고 있다고 비판한다(불 보듯 뻔한 것을 연구하는 학문?). 이들은 또한 실험실 연구가 너무 인위적이어서 거기서 나온 결과를 일상생활에 일반화하지 못하는 경우가 많다고 주장한다. 끝으로 회의론자들은 대부분의 심리학 연구들(예: 미로를 달리는 쥐)이 사소하고 하찮다고 말한다.

심리학에 대한 가장 흔한 비판 중 하나는 심리학이 단지 상식일 뿐이라는 것이다. 이 비판에는 세 가지 중요한 문제점이 있다. 첫째, 상식은 오직 관찰을 통해 내려진 결론에 불과하지만 심리학은 현상에 대한 여러 설명들을 구분하기 위한 시도와 실험 검증에 기초하고 있다(Rutter & Solantaus, 2014). 제3장에서 논의하는 실험실 연구는 잘 통제된 조건에서 행동을 연구할 수 있게 해준다. 그 결과 우리는 일상생활에서 행동을 단순히 관찰하는 것을 넘어 행동의 결정 요인들을 확실하게 확인할 수 있다. 일반적으로 실험 통제(예: 행동에 영향을 미치는 방식을 알아내기 위해 변인들을 조작하는 행위)의 장점이 인위성이라는 실험법의 단점을 능가한다.

실험법을 항상 사용할 수 있는 것은 아니다. 구체적으로 말하면 실험법은 행동에 미치는 즉각적인 상황의 효과를 연구하려고 할 때 가장 잘 활용될 수 있다. 그러나 즉각적인 상황 외에도 조작할 수 없는 여러 다른 요인들이 우리의 행동에 영향을 미친다. 이런 요인들에는 최근 사건(배우자와의 다툼), 신체 건강, 우리의 성격, 아동기 사건, 유전적 요인, 문화적 기대 등이 있다.

둘째, 상식은 행동에 대한 일관된 가정을 하지 않는다. 격언에 포함된 상식을 살펴보자. 서로 상반되는 의미를 담고 있는 격언들이 많다. 예를 들어, "없으면 더 보고 싶다"는 "눈에서 멀어지면 마음도 멀어진다"와 반대이다. "백지장도 맞들면 낫다"는 "사공이 많으면 배가 산으로 간다"와 대조된다. 상식은 이와 같이 모순되는 견해들로 이루어져 있기 때문에 인간의 행동을 이해하는 온전한 기초가 될 수 없다.

셋째, 심리학이 단순히 상식일 뿐이라는 생각은 사람들의 예측과 큰 차이를 보여준 심리학 연구에 의해 반박될 수 있다. 유명한 사례가 맹목적 복종에 대한 Milgram(1974)의 연구이다. 이 실험의 참여자는 심장병이 있는 중년 남성에게 강도가 점점 세지는 전기충격을 주라는 지시를 받는다(제15장 참조). 정신과 의사들은 죽음에 이를 수 있는 최고 강도의 전기충격을 주는 참여자의 비율이 1,000명 중 1명일 것으로 예측하였다. Milgram 연구에서 실제로 그렇게 한 참여자의 비율은 65%나 되었으며, 이것은 전문가의 예측보다 650배 더 많은 수치이다!

아래에 제시된 짧은 퀴즈를 통해 심리학의 연구 결과가 뻔한 것인지를 당신 스스로 검증해볼 수 있다[대부분의 문제가 Furnham(1988)의 연구에서 사용된 것이다].

심리학 퀴즈		
1. 섬광기억(예 : 9/11 테러 같은 극적인 사건과 관련된 생생한 기억)은 특히 정확하고 오래 지속된다.	☐ 맞다	☐ 틀리다
2. 집단이 내리는 결정은 개인들이 내리는 결정보다 더 보수적인 경향이 있다.	☐ 맞다	☐ 틀리다
3. 적은 양이라도 알코올은 흥분제이다.	☐ 맞다	☐ 틀리다
4. 신체적으로 매력적인 성인은 그렇지 않은 성인보다 사회적 기술이 더 좋고 신체적으로도 더 건강하다.	☐ 맞다	☐ 틀리다
5. 지능이 높은 아동은 평균 지능을 가진 아동보다 신체적으로 더 약한 경향이 있다.	☐ 맞다	☐ 틀리다
6. 기억상실증 환자는 장기기억은 매우 떨어지지만 피아노 치기 같은 기술은 여전히 습득 가능하다.	☐ 맞다	☐ 틀리다
7. 대부분의 상황에서 개인의 행동은 상황보다 그의 성격에 훨씬 더 많이 달려있다.	☐ 맞다	☐ 틀리다
8. 조현병 환자는 분열된 성격을 가진 사람이다.	☐ 맞다	☐ 틀리다

대부분의 문제들에서 정답은 "틀리다"이다. 그러나 4번과 6번 문제의 정답은 "맞다"이다. 당신이 심리학에 대해 아는 것이 많지 않다면, 아마 여러 문제에서 정답을 맞히지 못했을 것이다. 그러니까 심리학은 단순한 상식이 아니다!

후견지명 편향

후견지명 편향은 언제 일어나는가?

심리학의 많은 연구 결과들이 상식과 같지 않다는 것을 보았다. 그런데도 왜 많은 사람들이 심리학의 연구 결과가 놀랍지 않고 뻔하다고 말하는 것일까? 왜 사람들은 "나 그거 이미 알고 있었어"라고 하는 것일까? 답은 **후견지명 편향**(hindsight bias)이라고 알려진 현상에 있다. 당신이 어떤 결과를 알고 나면(예 : 2016년 레스터시티의 프리미어리그 우승), 당신은 실제보다 앞서서 결과가 그럴 것이라는 것을 알고 있었다고 생각한다. 사람들에게 후견지명 편향을 경고해도, 후견지명 편향은 감소하지 않는다 (Pohl & Hell, 1996).

무엇이 후견지명 편향을 유발하는가? 한 가지 원인은 실제로 발생한 것에 대한 정보가 사건 전에 기대했던 것에 대한 기억을 바꾸기 때문이다(Hardt et al., 2010). 이것

핵심용어
후견지명 편향 사건이 발생한 후에 현명해지는 경향성

이 후견지명 편향을 막기 어려운 이유를 설명해준다. Pohl과 Hell(1996)은 미리 사람들에게 후견지명 편향에 대해 경고해도 편향이 전혀 감소되지 않는다는 것을 발견하였다. 그러나 동기적인 원인도 있다. 즉 대부분의 사람들이 자신의 삶에서 예측과 질서를 좋아하고, 후견지명 편향은 이런 선호를 충족시켜준다(Roese & Vohs, 2012).

심리학 강사들에게도 후견지명 편향은 문제이다. 이것이 심리학 연구 결과에 감동하지 않는 학생들을 만들어내기 때문이다!

연구 결과 : 단순한 결과와 복잡한 결과

후견지명 편향에도 불구하고 실제로 심리학의 어떤 발견들은 뻔해 보인다는 것을 인정할 수밖에 없다. 예를 들어, 당신은 연습이 장기기억을 향상시킨다는 연구 결과에 놀라지 않을 것이다.

지금까지는 연습효과와 관련된 단순한 연구 결과를 이야기하였다. 좀 더 복잡한 주제로 들어가면 연구 결과들이 뻔하다고 말할 수 없다. 당신이 곧 다가오는 시험을 대비해서 교재의 내용을 기억해야 한다고 해보자. 남은 모든 시간을 교재의 내용을 학습하는 데 쓰는 것이 좋을까, 아니면 일부 시간만 내용의 학습에 쓰고 나머지 시간은 자신이 내용을 얼마나 기억하고 있는지를 검사하는 데 쓰는 것이 좋을까? 대다수의 사람들이 전자가 더 좋은 방법이라고 생각한다. 그러나 연구 결과에 따르면 후자가 훨씬 더 낫다(Karpicke et al., 2009; 제24장 참조).

요약하면, 심리학의 단순한 연구 결과들은 뻔한 경우가 종종 있다. 그러나 복잡한 연구 결과는 그렇지 않기 때문에 심리학자가 아닌 사람들이 그것을 예측하거나 설명하기란 쉽지 않다.

비교문화심리학

지구상에는 70억 이상의 사람들이 정말 다양한 문화와 조건에서 살고 있다. 그러나 심리학의 연구는 이런 풍성함과 다양성을 반영하지 못하는데, 대부분의 심리학 연구가 서양의, 교육받은, 산업화된, 풍요로운, 그리고 민주주의(western, educated, industrialized, rich, and democratic, WEIRD) 사회에 살고 있는 사람들을 대상으로 일어나기 때문이다(Henrich et al., 2010). 전 세계 인구의 12%만이 WEIRD 사회에 살고 있는데, 손꼽히는 심리학 저널에 발표된 연구 참여자의 96%가 이런 사회 출신이다(Arnett, 2008). 또한 미국은 세계 인구의 5%를 차지하고 있는데, 심리학 연구 참여자의 68%가 미국인이다.

문화 차이에 대한 연구는 왜 중요한가?

인간과 문화의 다양성을 고려하여 심리학자는 충분한 증거 없이 자신의 연구 결과를 과일반화하는 일은 삼가야 한다.

비교문화심리학(cross-cultural psychology)은 전 세계 문화들 간의 주요 차이에 관심을 가진다. **문화**(culture)란 무엇인가? 문화는 '공동체에서 성공적으로 살기 위해 알아야 하는 것 또는 종종 공유 지식과 동일시되는 삶의 방식'이다(Ojalehto & Medin, 2015, p. 250). 이제 비교문화심리학의 주요 특징을 살펴보도록 하자. 문화는 국가와 결코 동일한 의미가 아니라는 것을 기억하라. 실제로 영국이나 미국 같은 국가 안에는 여러 문화들이 존재한다.

태도와 행동은 문화와 국가에 걸쳐 큰 차이가 있다(Henrich et al., 2010). Westen(1996, p. 679)이 지적하였듯이, "20세기 서양 기준에 따르면, 당시 서양 밖에 사는 사람들은 게으르고, 수동적이고, 근면하지 못하다. 이와 대조적으로, 인류 역사상 대부분의 문화에서 보면 서양인은 자기중심적이고 정신없이 바쁘다." WEIRD 사회에 살고 있는 사람들이 전체 인류를 대표한다고 보기 어렵기 때문에, 그들에게서 나온 결과를 나머지 인류에 일반화하는 것은 경솔하다고 할 수 있다.

문화는 어떻게 다른가?

중요한 구분이 개인주의 문화와 집단주의 문화이다. **개인주의 문화**(individualistic culture)에서는 각 개인의 독립심, 책임감, 그리고 독특성을 강조한다. 대조적으로 **집단주의 문화**(collectivistic culture)는 상호 의존, 책임감 공유, 그리고 집단 멤버십을 강조한다.

개인주의와 집단주의 문화 사이의 구분에는 여러 가지 한계점이 있다. 첫째, 개인주의와 집단주의 개념이 너무 광범위하다. 예를 들어, Fiske(2002, p. 83)가 지적한 것처럼 "개인주의는 토머스 페인, 빈센트 반 고흐, 마하트마 간디, 마이클 조던, 휴 헤프너, 그리고 아돌프 히틀러를 하나의 범주로 합성한 것이다!" 둘째, 문화 수준에서 사실인 것이 그 문화 내 개인 수준에서 반드시 그런 것은 아니다. Triandis 등(2001)은 개인주의 문화에 살고 있는 사람들의 60%만이 개인주의 신념을 가지고 있고, 집단주의 문화에 살고 있는 사람들의 60%만이 집단주의 신념을 가진다는 것을 발견하였다.

Saucier 등(2015)은 33개국에 걸친 최근 연구에서 다른 문화 차이가 더 중요하다는 것을 보여주었다. 종교적 신념과 관습에서 문화 차이가 개인주의−집단주의에서 문화 차이보다 훨씬 더 컸다. 왜 그럴까? 종교적 신념은 개인의 도덕 판단, 다른 집단

핵심용어

비교문화심리학 전 세계 문화들 사이의 유사성과 차이에 대한 체계적인 연구

문화 특정 사회의 구성원들이 공유하는 가치, 신념, 관습

개인주의 문화 집단의 요구보다 개인의 책임에 초점을 맞춘 문화

집단주의 문화 개인의 책임보다 집단 연대에 초점을 맞춘 문화

의 구성원을 어떻게 대할지, 자신을 어떻게 지각하는지에 중요한 역할을 한다(Cohen, 2015).

문화의 영향 : 고정되어 있는가 아니면 유연한가?

Hong 등(2000, p. 709)은 "문화적 지식은 시각자극에 대한 개인의 지각에 항상 영향을 미치는 콘택트렌즈와 같다"고 지적하였다. 즉 문화가 우리에게 고정적으로 일정한 영향을 미친다고 가정하는 것이다. 이런 가정은 정확하지 않다. 문화 관련 정보에 쉽게 접근 가능한 상황에서 문화 차이는 우리에게 가장 많은 영향을 미친다. 예를 들어, 다른 어느 때보다 애국가를 들을 때 당신은 자신의 문화와 더 많이 동일시한다.

Brannon 등(2015)은 참여자가 협력할지 또는 이기적으로 행동할지를 결정할 수 있는 게임을 사용하였다. 참여자들(아프리카계 미국인)은 사전에 미국인과 관련된 이미지(예 : 전통적인 미국 음식 사진) 또는 아프리카계 미국인과 관련된 이미지(예 : 아프리카계 미국인의 전통 음식 사진)를 제시받았다. 미국인 이미지에 점화되었을 때 협력적인 의사결정이 더 적게 일어났다. 이런 연구 결과는 문화 영향에서 예측하는 문화의 유연성을 보여주는 것이다 — 미국인 문화와 관련된 이미지는 이기적인 행동을 더 많이 일어나게 하였지만 아프리카계 미국인 문화와 관련된 이미지는 협력적인 행동을 더 많이 일어나게 하였다.

결론

사람들의 행동은 그들의 문화에 의해 강한 영향을 받기 때문에 우리는 미국이나 유럽에서 얻어진 연구 결과를 다른 곳에 적용할 수 있는지 심사숙고해야 한다. 다른 문화에 비해 어떤 문화가 더 우수하다고 가정하는 것(예 : 서양 문화는 '발달된' 문화이고

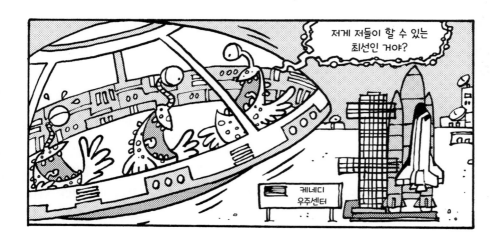

비서구 문화는 '발달되지 않은' 문화로 가정하는 것)도 주의해야 한다. "물질적으로 진보하였으나 정신적으로는 피폐한 문화가 서양의 문화이고, 정신적으로 발달하였으나 사회적으로는 비교적 정체된 문화가 동양의 문화이며, 사회 의식이 발달하였으나 물질 문화가 비교적 덜 발달된 문화가 아프리카 문화이다"라는 주장이 합리적이다 (Owusu-Bempah & Hewitt, 1994, p. 165).

심리학은 왜 중요한가?

심리학은 어떻게 하면 우리 자신과 타인을 더 잘 이해해서 우리의 삶을 더 풍요롭게 만들고 향상시킬 수 있을지 같은 굉장히 의미 있는 주제들을 다루기 때문에 중요하다. 심리학이 중요한 또 다른 이유는 이것이 일상생활에서 다양하게 활용될 수 있기 때문이다. 특히 중요한 활용 사례로 임상심리학과 건강심리학을 들 수 있다. 이 두 가지를 간단히 살펴보도록 하자.

임상심리학

정신장애는 매년 전 세계 수천만의 사람들에게 말할 수 없는 고통을 안겨주고 있다. 수백 년 동안 사람들은 정신장애가 악마 또는 다른 초자연적인 힘에 의해 유발된다고 믿었다. 그래서 정신질환의 대중적인 '치료'는 악마를 불쾌하게 만드는 것이었다. 이런 치료법으로 끓는 물에 담그기, 때리기, 굶기기, 고문이 사용되었다. 이런 '치료'를 하면 환자의 몸에서 악마가 떠나고 장애가 사라질 것이라고 믿었다.

Sigmund Freud

정신장애 치료의 전환점은 Sigmund Freud가 정신분석학을 개발한 20세기 초에 일어났다(제2장과 제20장 참조). 그의 위대한 통찰은 정신장애를 치료하는 최선의 방법이 심리기법의 사용이라는 것이었다. 그 이후 임상심리학은 정신장애 치료에 엄청난 기여를 하였다. 20세기에 수많은 형태의 심리치료들이 개발되었는데, 특히 인지행동치료가 중요하다(제20장 참조). 당연히 이 치료 방법은 인지 요인들(예 : 자신과 자신의 삶에 대한 환자의 부정적인 관점을 변화시킨다)에 초점을 맞추고 있다. 이것은 또한 행동 요인에 초점을 맞춘다(예 : 환자의 바람직하지 않은 행동을 바람직한 행동으로 변화시킨다).

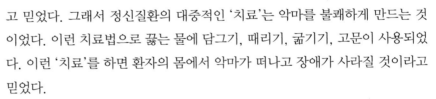

핵심용어

메타분석 전체적인 그림을 얻기 위해 수많은 연구들에서 나온 결과들을 결합하는 통계 분석

모든 심리치료 기법이 효과적일까? 이런 질문에 대한 답을 얻는 가장 일반적인 방법이 수많은 연구 결과들에 기초한 **메타분석**(meta-analysis)을 사용하는 것이다. Matt와 Navarro(1997)는 다양한 치료기법들을 비교한 63개의 메타분석을 살펴보았다. 전

체적으로 심리학 원리에 기초한 치료를 받은 환자의 75%가 치료를 받지 않은 통제집단의 환자보다 호전되었고, 서로 다른 치료법들 간의 효과성의 차이는 크지 않았다.

대부분의 연구들이 정신장애의 치료에 모든 형태의 심리치료가 비슷하게 효과적이라는 결론을 내리고 있다. 이것을 '도도새 판결'이라고 부르는데, 이상한 나라의 앨리스에서 도도새가 경주가 끝나고 "모두가 승리했다, 모두 상을 받아야 한다"라고 한 것에서 유래하였다. 그러나 Marcus 등(2014)의 최근 메타분석은 약간 다른 결론을 내리고 있다. 이들은 모든 치료 기법들이 효과적이지만 일반적으로 인지행동치료가 가장 효과적이라는 것을 발견하였다.

우울증과 불안증

전 세계적으로 가장 흔한 정신장애가 우울증과 불안증이다. 유럽 인구의 5~8%가 매년 임상적 우울증으로 고통받고(Andlin-Sobocki et al., 2005), 12%는 불안증을 겪고 있다(Andlin-Sobocki & Wittchen, 2005). 종합하면 현재 연간 7,500만 명의 유럽인이 불안증과 우울증으로 고통받고 있다.

사람이 겪는 고통을 떠나서 막대한 재정적 비용도 무시할 수 없다. 유럽에서 매년 정신장애와 관련하여 지출되고 있는 비용은 근로 시간과 생산성 손실을 포함하여 2,400억 유로에 이른다.

불안증 또는 우울증으로 고통받는 모든 유럽인이 심리치료를 받게 된다면 어떻게 될까? 정확한 답을 제시할 수는 없다. 그러나 수천만 명의 환자가 심리치료의 도움을 받게 될 것임은 분명하다. 또한 수백억 파운드가 넘는 비용도 절감될 것이다.

요약

서로 다른 형태의 많은 심리치료들이 정신장애의 치료에 효과적인 것으로 일관되게 증명되었다. 그러나 타당한 증거에 의하면 인지행동치료가 다른 정신장애 치료기법들보다 약간 더 효과적이다. 매년 7,500만 명의 유럽인들이 불안증 또는 우울증으로 고통받고 있고, 따라서 유럽에서는 심리적 안녕을 향상시키는 수많은 심리기법들이 사용되고 있다. 이렇게 향상된 심리적 안녕은 수백만 명의 사람들을 더 효율적으로 일하게 만들어서 유럽 국민총생산을 증가시킬 것이다.

건강심리학

1981년에 비하면 잉글랜드와 웨일스에서 심장병으로 사망하는 인구 수가 2000년에는 6만 8,000명이나 감소했다(Ünal et al., 2005). 이러한 감소는 전체 수명을 92만 5,415년 연장한 것과 같다. 두 가지 중요한 이유가 이런 사망률 감소를 설명한다. 첫째, 많은 중요한 의학적 진보 때문이다(예 : 콜레스테롤 억제제의 사용, 더 정확하고 효과적인 외과적 개입). 둘째, 생활습관의 변화 때문이다. 대부분의 변화는 확실히 긍정적이지만(예 : 흡연 감소), 어떤 것은 부정적이다(예 : 비만 증가).

Ünal 등(2005)이 보고한 심장병으로 인한 사망률 감소의 몇 퍼센트가 의학적 진보 때문이고, 또 몇 퍼센트가 심장병 위험을 감소시키는 생활습관의 변화 때문일까? 답을 들으면 놀랄 것인데, 수명 연장 효과의 79%가 생활습관의 변화 때문이고 단지 21%만이 의학적 개입 때문이다(Ünal et al., 2005).

위 연구는 심리학과 어떤 관련이 있을까? 생활습관의 변화는 행동 변화를 포함하고, 따라서 심리학에 속한다. 건강심리학자들은 건강한 생활습관을 촉진시키기 위한 개입 프로그램을 만드는 것에서 전문가들이다. 심장병으로 인한 사망률의 감소에 가장 큰 영향을 미친 생활습관의 변화(전체 수명 연장의 약 45%)는 흡연자 수의 감소였다.

Viswesvaran과 Schmidt(1992)는 633개의 금연 연구들을 개관했다. 여러 개의 금연 복합 프로그램(예 : 기본 상담, 건강에 미치는 흡연의 효과, 사회기술 훈련 등)을 통해 건강심리학자들이 달성한 금연 성공률은 30%였다. 이 수치는 아무런 처치도 받지 않은 흡연자에게서 발견되는 6% 금연율과 비교할 만하다. 만일 1,000만 명의 영국 흡연자들이 건강심리학자가 제공하는 금연 복합 프로그램에 참여한다면, 총 연장 수명은 2,400만 년이다!

건강심리학자가 사용하는 대부분의 개입 프로그램은 노동 집약적이고, 따라서 상대적으로 비용이 많이 든다. Simmons 등(2013)은 효과적이면서 비용이 적게 드는 개입 프로그램을 개발하였다. 이들은 흡연자들에게 흡연의 부정적인 측면을 강조하는 짧은 동영상(인터넷에 공공연히 존재하고 있는 동영상을 이용) 제작을 요구하였다. 이런 개입은 흡연자들에게 동영상에서 표현하는 관점과 흡연 행동 사이에 갈등을 유발하게 만든다. 이 저렴한 개입 프로그램은 매우 효과적이었다: 매일 흡연하던 사람들의 33%가 6개월 후에 비흡연자가 된 반면에 통제조건 흡연자의 경우에는 12%에 불과하였다. 인터넷에 기초한 이러한 접근은 수많은 흡연자들에게 실행 가능하다.

건강한 식생활

건강심리학자들이 중요한 역할을 하고 있는 분야 중 하나가 건강한 식생활이다. 최근 서양에서 비만이 극적으로 증가하고 있고, 2030년에는 영국 남성 인구의 50%가 비만이라는 예측이 나오고 있다. 실제로 비만은 매우 중요한 문제임이 분명하다. 비만은 심각한 질병(예 : 당뇨)의 발생 확률을 증가시키고 수명을 단축시킬 수 있기 때문에 건강식을 하도록 사람들을 설득할 방법을 찾아야 한다.

연구자들은 건강식을 장려하기 위해 실행 의도를 사용하였다. 실행 의도는 특정 목표를 언제, 어디서, 그리고 어떻게 달성할 것인지를 구체적으로 명시하는 행동계획서이다(제24장 참조). 건강식과 관련된 실행 의도의 예는 다음과 같다. "만일 집에서 저녁식사 후에 후식이 먹고 싶어지면, 과일 샐러드를 직접 만들어 먹는다."(Adriaanse et al., 2011b, p. 184).

연구자들은 "나는 과일을 더 많이 먹겠다" 같은 애매모호한 의지와 실행 의도 중 어느 것이 더 효과적인지를 비교하였다. Adriaanse 등(2011b)은 관련 연구

사람들의 생활습관을 변화시키는 데 건강심리학자들의 역할이 점점 커지고 있다.

들을 개관한 후 애매모호한 의지보다 실행 의도가 건강식을 증가시키고 건강에 해로운 음식 섭취를 줄이는 데 훨씬 더 효과적이라는 것을 발견하였다

실행 의도가 효과적인 이유는 무엇인가? 실행 의도는 개인이 어떤 특정 상황에 처했을 때 바람직한 행동이 일어나도록 하는 '즉각적 습관'을 만드는 것과 같다. 결과적으로 실행 의도를 사용하는 사람들은 섭식 행동에 대한 생각이나 동기가 높지 않아도 건강식을 하게 된다.

Adriaanse 등(2014)은 습관이 섭식 행동에 중요한 영향을 미친다는 것을 발견하였다. 이들은 건강에 해로운 간식을 먹는 행동에서 자기조절 능력이 높거나 낮은 사람들을 비교하였다. 자기조절을 잘하는 사람들이 건강에 해로운 간식을 더 적게 먹는 주요 이유는 이들이 건강에 해로운 간식을 먹는 습관이 더 약하기 때문이었다.

요약하면 건강심리학자들은 섭식 행동에 점점 더 많은 영향을 미치고 있다. 특히 이들은 건강하게 먹는 습관을 발달시키는 기법들을 개발하고 있다.

이 책의 구성

이 책은 심리학의 여러 주요 접근들을 기반으로 조직되었다. 예를 들어, 사회심리학자는 타인과의 상호작용에 초점을 맞추고, 생물심리학자는 뇌 활동과 생리과정이 행동과 어떤 관련이 있는지를 연구하고, 발달심리학자는 시간이 흐르면서 일어나는 인간의 행동 변화를 다룬다.

이 책에서 논의되고 있는 접근은 여섯 가지이다: 생물학적 접근, 발달적 접근, 사회적 접근, 개인차 접근, 인지적 접근, 그리고 행동주의 접근(제2장 참조). 그러나 대부분의 주제들이 여러 접근들과 관련되어 있다는 사실을 기억하라. 마지막으로 효과적

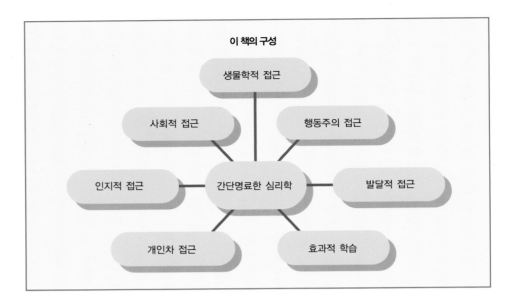

인 학습에 대한 장이 있다. 이 장은 공부 기술을 향상시키기 위해 당신이 할 수 있는 것이 무엇인지 실질적인 조언을 제공한다.

이 책의 유용한 특징

이 책은 다음과 같은 다섯 가지 유용한 특징을 가지고 있다:

1. 심리학자는 일상용어와는 다른 단어들을 사용하는 경우가 많아서 혼란스러울 수 있다. 그래서 핵심용어를 따로 정리하여 책의 여백에 다시 한 번 제시하였다.
2. 이 책의 마지막에 실려 있는 용어해설은 이 핵심용어들을 가나다순으로 정리한 것이다.
3. 긍정적(+) 평가와 부정적(−) 평가를 '평가' 글상자에 넣어 내용을 강조하였다.
4. 주요 쟁점들에 대해 생각해볼 수 있는 '질문' 글상자를 각 장의 끝에 제시하였다.
5. 각 장이 다루고 있는 내용과 일상생활 사이의 실질적 관련성을 '현실 속으로' 글상자에서 분명하게 제시하였다.

요약

- 심리학은 인간의 행동을 이해하기 위한 과학이다.
- 행동은 여러 요인들의 결합으로 결정된다. 이런 요인들로는 현재의 자극, 최근과 아동기 경험, 성격, 지능, 유전, 생리, 인지, 사회, 문화가 있다.
- 비판자들은 실험실 연구가 인위적이라고 주장한다. 그러나 잘 통제된 조건에서 일어나는 실험에서 행동의 관찰은 행동의 주요 결정 요인들을 확인할 수 있는 최선의 방법이다.
- 심리학의 연구 결과가 단순한 상식에 불과하다는 비판은 틀렸다. 상식은 인간 행동에 대해 일관된 설명을 하고 있지 않으며, 심리학의 많은(거의 대부분) 연구 결과는 뻔하지 않다.
- 사건 후에 현명해지는 경향성(후견지명 편향) 때문에 사람들은 심리학의 연구 결과가 뻔하다고 잘못 생각하는 경우가 많이 있다.
- 대부분의 심리학 연구는 세계의 다른 문화권들과 큰 차이가 있는 서구사회에 살고 있는 사람들을 대상으로 수행된다.
- 개인주의와 집단주의 문화 사이의 구분은 중요하지만 너무 단순하다.
- 문화의 영향은 고정된 것이 아니라 문화와 관련된 정보(예 : 애국가)에의 접근성에 달려 있다.
- 정신질환 치료를 위한 대부분의 심리기법들이 효과적이지만, 그중에서 인지행동치료가 가장 효과적이다.
- 심리치료는 심리적 안녕을 크게 향상시키고 직무 생산성을 증가시킨다.
- 최근 심장병으로 인한 사망률 감소는 대부분 생활습관의 변화 때문이다. 그리고 이런 생활습관 변화(예 : 금연)는 건강심리학자들의 개입 덕분이다.
- 이 책은 다섯 가지의 접근(생물, 발달, 사회, 개인차, 인지)과 행동주의 접근으로 구성되어 있다.

더 읽을거리

- Colman, A. (1999). *What is psychology?* (3rd ed.). London: Routledge. Andrew Colman의 책은 심리학에 대한 배경지식이 별로 없는 사람들에게 적합한 심리학 개론서이다.
- Eysenck, M. W. (2009). *Fundamentals of psychology*. Hove, UK: Psychology Press. 이 책의 제1장은 심리학에의 서론을 상세하게 제시하고 있다.
- Furnham, A. (1988). *Lay theories: Everyday understanding of problems in the social sciences.* Oxford, UK: Pergamon. Adrian Furnham은 심리학이 상식이라는 관점의 한계를 보여주는 어마어마한 양의 증거를 제시한다.
- Henrich, J., Heine, S. J., & Norenza yan, A. (2010). The weirdest people in the world. *Behavioural and Brain Sciences*, *33*, 61−83. 이 논문은 대부분의 심리학 연구에서 연구된 문화가 전 세계 문화를 대표하지 못한다는 확실한 증거를 제시하고 있다.

질문

1. '심리학'의 정의에 대해 논하라. 인간의 행동을 이해하기 위해 심리학자들은 주로 어떤 요인들을 연구하는가?
2. "심리학은 상식일 뿐이다"에 대해 논하라.
3. 비교문화 연구는 무엇인가? 심리학자들이 서로 다른 많은 문화들을 연구하는 중요한 이유는 무엇인가?
4. "심리학은 사회 복지에 기여하는 바가 거의 없다"에 대해 논하라.

심리학의 역사는 고대 그리스(플라톤과 아리스토텔레스)부터 현재까지 2000년이 넘는다. 그러나 심리학의 대부분의 진보가 지난 150년 동안에 일어났기 때문에 이 시기에 초점을 맞출 것이다. 심리학의 역사에는 두 가지 놀랄만한 특징이 있다. 첫째, 자금까지 인간의 행동을 이해하기 위한 서로 다른 수많은 접근들이 제안되었다. 둘째, 다른 학문과 비교하여 상대적으로 짧은 역사에도 불구하고 심리학은 극적인 진보를 이루었다.

행동주의(약 100년 전에 시작된 심리학의 접근)가 끼친 영향력은 엄청났다. 행동주의의 주요 목표는 인간과 다른 종에게서 발견되는 기본 학습 원리를 발견하는 것이었다. 역사적 중요성을 고려해서 이 장의 두 번째 부분은 행동주의에 할애하였다.

심리학의 역사

Cronbach(1957)가 지적한 것처럼 우리는 '과학적 심리학의 두 부류'를 확인할 수 있다. 첫째, 실험실 실험을 사용하여 우리의 행동을 결정하는 일반 법칙을 발견하려고 노력하는 심리학자들이 있다. 둘째, 또 다른 심리학자들은 주로 상관방법을 사용하여 개인차(예 : 성격 또는 지능)를 이해하려고 노력한다. 정신장애로 고통받는 사람들을 연구하고 치료법을 제공하는 임상심리학자들은 후자에 속한다.

역사적으로 이 두 집단은 완전히 독립적인 경향이 있었는데 최근에는 두 접근을 결합하는 반가운 기류가 나타나고 있다. 이 장은 일반 접근을 시작으로 심리학의 여러 하위 분야들(예 : 사회심리학, 발달심리학)에 대해 간단히 살펴보고, 마지막으로 개인차에 기초한 접근에 대해 논의한다.

심리학 역사상 가장 중요한 사건 중 하나가 20세기 초에 시작된 행동주의라고 불리는 접근이었다. 행동주의자들은 지금까지 심리학은 과학이 아니라고 주장하면서 이제부터 과학이 되기 위해 노력해야 한다는 것이 이들의 핵심 생각이었다. 이런 생각은 이들에게 조건형성에 초점을 맞추고 동물과 인간의 학습을 연구하게 만들었다. 조건형성에 관한 이들의 연구는 과학적인 방식으로 행동을 연구하기 시작한 최초의 체계적인 시도가 되었다. 이것의 중요성을 생각해서 이 장의 대부분을 조건형성에 할애하였다.

Wilhelm Wundt

Wilhelm Wundt(1832~1920)는 1879년 라이프치히에 세계 최초의 심리 실험실을 설립했다. 이것이 중요한 이유는 심리학이 원래 속했던 철학에서 분리되어 과학적인 학문으로 서는 데 큰 기여를 했기 때문이다. 많은 사람들이 Wundt를 '실험심리학의 아버지'로 부르는 것도 이 실험실 설립 때문이다.

Wundt는 마음을 연구하는 방법으로 **내성법**(introspection)을 중요하게 보았다. 특히 그는 잘 통제된 조건에서 의식적 경험을 즉각적으로 보고하는 실험 내성법을 선호하였다.

내성법은 유용한 정보를 제공하지만 한계가 있다. 보통 우리는 인지과정 자체보다 그 결과를 자각한다(Valentine, 1992). 예를 들어, 미국 최초의 아프리카계 대통령의 이름은 무엇인가? 아마 당신은 빠르게 버락 오바마가 떠오르겠지만 어떻게 하여 정답이 나왔는지는 모른다.

Wilhelm Wundt는 심리학 발전에 어떤 공헌을 했는가?

요약하면, 역사적으로 Wundt는 심리학 발전에 매우 큰 영향을 끼친 인물이다. 그는 또한 합쳐서 5만 페이지가 넘는 책과 논문을 발표하였다. 그러나 그의 명성은 오래 가지 않았다. William James(Boring, 1950, p. 346)가 그에 대해 쓴 것처럼, Wundt는 "지적 세계의 나폴레옹을 노리고 있다. 불행하게도 그는 천재성도 핵심 아이디어도 없는 나폴레옹이기 때문에 패배할 것이다."

행동주의

John Watson(1878~ 1958)은 심리학이 생각이나 느낌이 아닌 행동을 연구해야 한다고 믿었다(행동주의).

John Watson은 **행동주의**(behaviorism) 발달에 중요한 역할을 한 매우 영향력 있는 심리학자였다. 그에 따르면, "행동주의자가 생각하는 심리학은 순수하게 객관적이고, 실험을 주로 하는 자연과학의 한 분야이다. 심리학 이론의 목표는 행동의 제어와 예측이다. 내성법은 이런 목표를 위한 본질적인 방법이 될 수 없다"(Watson, 1913, p. 176).

Watson은 왜 심리학자들이 내성법보다 행동에 초점을 두어야 한다고 주장했을까? 우리는 행동에 영향을 주는 내적 과정을 자각하지 못하기 때문에 내성법은 한계가 있다. 또한 의식 경험에 대한 우리의 보고가 때로 왜곡되는 것도 내성법 사용에 문제가 된다. Watson은 이와 대조적으로 행동은 우리에게 관찰 가능하고 객관적인 정보를 제공한다고 주장하였다. 또 다른 이유도 있다. Watson은 "행동주의자는 사람과 동물 사이에 선을 긋지 않는다"(Watson, 1913, p. 158)고 주장했다. 인간이 아닌 다른 종에게는 내성법을 사용할 수 없고, 따라서 이들의 행동을 연구하기 위해서는 선택의 여지가 없다는 것이다.

Popper(1968)는 행동이 객관적이고 관찰 가능하다는 Watson(1913)의 생각이 과장되었다고 지적하였다. 그는 강의 중에 학생들에게 "관찰하세요!"라고 말했더니 이들이 "무엇을요?"라고 반문하였다고 말한다. 요지는 그들이 무엇을 찾고 있는지 모르면

핵심용어

내성법 자신의 의식적인 정신적 사고와 상태에 대한 주의 깊은 조사와 기술

행동주의 John Watson에 의해 미국에서 시작된 심리학의 접근. 행동주의에 따르면 심리학자는 관찰 가능한 자극과 반응에 초점을 맞추어야 하고 학습은 조건형성 원리로 설명될 수 있다

어느 누구도 관찰할 수 없다는 것이다.

행동주의에 대한 견해는 두 가지로 나누어진다. 첫째, 앞에서 논의한 것처럼 하나는 심리학이 사용해야 하는 연구 방법에 대한 것이다. 둘째, 다른 하나는 고전적 조건형성과 조작적 조건형성 같은 단순한 형태의 학습을 강조하는 이론적 접근과 관련이 있다. 무엇보다 이들의 주요 가정은 우리의 행동이 유전이 아닌 거의 전적으로 환경적 요인들에 의해 결정된다는 것이다. 이제 보게 되겠지만 핵심 인물은 러시아의 생리학자 Ivan Pavlov였다. 개의 침 분비에 대한 그의 유명한 연구는 행동주의 발달에 지대한 영향을 미쳤다.

평가

➕ 심리학이 제대로 된 과학이어야 한다는 생각은 여전히 매우 중요하다.

➕ 행동의 세심한 관찰은 심리학의 기본이다.

➕ 인간의 학습 과정에 대한 이해는 행동주의 접근에 기초한 고전적 조건형성과 조작적 조건형성 연구에 의해 크게 향상되었다.

➖ 환경 요인이 우리의 행동을 결정하는 전부는 아니다. 유전적 요인도 중요한 역할을 한다 (제3장, 제17장, 제18장 참조).

➖ 행동주의자들은 행동에 영향을 주는 요인으로 내적 요인(예 : 목표, 성격, 지능)을 과소평가했다.

➖ 행동주의의 출현은 생각만큼 혁명적이지 않았다. 사실 당시에 이미 심리학은 통제된 조건에서 행동을 세심하게 관찰하는 실험 연구 쪽으로 기울어져 있었다(Leahey, 1992).

인지 접근

인지심리학(cognitive psychology)은 무엇인가? 인지심리학은 정보를 획득하고, 처리하고, 변형하는 수많은 정보처리과정에 초점을 맞추고 있는 접근이다. 이런 과정에는 주의, 지각, 언어 이해와 산출, 학습, 기억, 문제해결, 의사결정, 그리고 추리가 있다.

인지심리학은 1950년대에 행동주의 접근에 대한 불만이 증가하면서 발달하기 시작했다. 관찰 가능한 행동을 강조하는 행동주의 접근으로는 언어나 문제해결 같은 인지 능력을 이해하기란 매우 어렵다. 예를 들어, 어떤 사람의 생각은 그의 행동에서 드러나지 않는다. 내적 과정에 주목해야 하는데 이것이 바로 인지심리학자가 하는 일이다.

위 단락은 지나치게 단순하다. 어떤 행동주의자들(특히 Tolman)은 이론가들이 자

핵심용어

인지심리학 유기체의 내부 과정(예 : 주의, 지각, 학습, 사고)과 이런 과정이 행동에 영향을 미치는 방식을 연구하는 심리학의 한 분야

극과 반응 사이에 있는 내적 과정을 다루어야 한다고 주장하기도 했기 때문이다. 예를 들어, 그는 '인지도(cognitive map)'(Tolman, 1948)를 강조했는데, 그에 따르면 쥐도 환경에 대한 공간적 표상을 학습한다.

인지심리학은 대부분 실험실 조건에서 건강한 사람을 대상으로 실험을 수행한다. 그러나 1970년대부터 **인지신경심리학**(cognitive neuropsychology)의 연구가 극적으로 증가하였다. 이 접근은 참여자가 뇌 손상 환자라는 점에서 인지심리학의 연구들과 차이가 있다. 그렇지만 인지신경심리학의 목표도 건강한 사람의 인지를 더 잘 이해하려는 것이다.

인지신경심리학의 구체적인 예를 살펴보자(제22장 참조). 단기기억(정보를 몇 초 동안 기억하는 저장고)과 장기기억이 구분되어 있다는 가설은 100년도 전에 제안되었다. 인지신경심리학자들은 많은 뇌 손상 환자들(기억상실증으로 고통받는)이 장기기억은 심하게 손상되었지만 단기기억은 정상이라는 것을 발견하였다. 이것은 이 가설이 근본적으로 옳다는 것을 의미한다.

우리는 인지와 관련된 내적(관찰할 수 없는) 과정에 어떻게 접근할 수 있을까? 이것은 간단하지가 않다. 지난 10년간 대단히 많은 인기를 누리고 있는 접근이 **인지신경과학**(cognitive neuroscience)이다. 이것은 사람이 실험실에서 인지과제를 수행하는 동안 행동뿐만 아니라 뇌 활동의 증거를 수집한다(제4장 참조). 인지신경과학자들이 사용하는 가장 중요한 기술이 거대한 자석으로 이루어진 MRI 스캐너를 사용하는 **기능적 자기공명 영상**(functional magnetic resonance imaging)이다. fMRI는 과제를 수행하는 동안 여러 뇌 영역의 활동 수준을 알게 해준다.

인지신경과학 연구의 성공 사례를 살펴보자. Kosslyn(1994)은 시각적 심상과 시지각의 정보처리과정이 동일하다는 가설을 제안하였다. 그러나 시각적 심상은 물체의 모습에 대한 저장된 지식에 의존하는 것이기 때문에 시지각과는 다른 정보처리과정일 가능성도 있다. 인지심리학의 실험연구들은 두 관점 중 어느 것이 옳다는 결정적인 증거를 내놓지 못하였다.

초기 시각 정보처리에 관여하는 뇌 뒤쪽 시각피질 영역의 활동을 평가하기 위해 fMRI를 사용한다고 해보자. 만일 시각적 심상이 시지각과 비슷하다면, 이 영역은 시각 자극을 지각하는 동안뿐만 아니라 시각적 심상 과제를 수행하는 동안에도 활성화되어야 할 것이다. 그러나 만일 시각적 심상이 저장된 지식에 의존한다면, 시각적 심상 과제를 수행하는 동안에 이 뇌 영역이 활성화될 이유가 없다.

Kosslyn과 Thompson(2003)은 여러 fMRI 연구들을 기초로 메타분석을 실시했다. 시각적 심상 과제를 수행하는 동안에도 초기 시각 정보처리에 관여하는 뇌 영역의 활성

핵심용어

인지신경심리학 건강한 사람의 인지를 더 잘 이해하기 위해 뇌 손상 환자들을 연구하는 분야

인지신경과학 인간의 인지를 이해하기 위해 행동과 뇌 활동 정보를 결합하는 접근

기능적 자기공명 영상 인지 과제를 수행하는 동안 뇌 영역 활동에 대한 상세하고 정확한 정보를 제공해주는 뇌 영상 촬영 기법

화가 일어났다. 이런 연구 결과는 Kosslyn(1994)의 이론적 입장을 지지하는 강력한 증거이다.

평가

➕ 인지적 접근은 매우 유연해서 인간의 거의 모든 인지에 적용될 수 있다.

➕ 인지적 접근은 인간 인지에 대한 우리의 이해를 크게 향상시켰다(특히 인지신경과학의 출현으로).

➕ 인지적 접근은 발달심리학, 사회심리학, 이상심리학을 비롯하여 다른 많은 분야의 심리학에도 큰 영향을 미쳤다.

➖ 인지적 접근은 대부분 실험실 연구에 의존하므로 연구 결과의 **생태학적 타당도**(ecological validity, 일상생활과의 연관성)가 낮을 수 있다.

➖ 인지신경과학의 대부분의 연구들은 뇌 활동과 행동 사이의 상관관계를 보여준다. 그렇다고 이런 증거가 행동이 일어나는 데 뇌 활동이 필요하다는 것을 증명하진 않는다.

발달심리학

아동기의 심리를 연구하는 것은 그 자체로도 중요하지만 성인의 생각과 행동을 이해하는 데도 도움이 된다는 것은 오늘날 모두가 인정하고 있다. 발달심리학의 역사에서 1900년대 초 Sigmund Freud(1856~1939)의 정신분석이론은 획기적인 사건이었다. 그는 아동기 경험을 들여다보아야 성인의 심리장애를 이해할 수 있다고 주장했다.

Jean Piaget

그러나 발달심리학의 원동력은 Jean Piaget(1896~1980)에게서 나왔다. 그는 아동기 동안 일어나는 사고와 지능의 발달을 연구하는 데 수십 년을 보냈다. 그는 비합리적이고 비논리적인 사고에서 합리적이고 논리적인 사고로의 이행이 인지발달이라고 보았다. Piaget는 아동의 인지능력 발달에 대한 이해를 혁신적으로 향상시켰다. 그러나 그의 실험은 통제가 부족했고, 그는 서로 다른 연령대에 있는 아동의 인지능력을 일관되게 과소평가하였다(제8장 참조).

어린 아동의 가장 놀랄만한 성취 중 하나가 빠른 언어발달이다. 이것을 어떻게 설명할 수 있을까? Noam Chomsky(예 : 1965)는 어린 아동이 그렇게 빠르게 언어를 숙달할 수 있는 이유가 우리 모두 언어획득장치를 가지고 태어나기 때문이라고 주장하였다. 이 이론은 증명되지 않았다(제9장 참조). 그러나 이것은 언어 발달을 설명하는

> **핵심용어**
>
> **생태학적 타당도** 연구 결과가 일상생활에 적용될 수 있는 정도 또는 다른 장소, 시간, 그리고 측정치에 일반화될 수 있는 정도

최초의 체계적인 시도였다는 점에서 발달심리학의 역사에서 매우 중요한 이론 중 하나이다.

Freud, Piaget, 그리고 Chomsky의 선구적인 노력 이후에 발달심리학의 영역은 크게 확장되었다. 예를 들어, 도덕성 발달(제10장), 성 발달(제11장)을 들 수 있다. 일반적으로 발달심리학과 인지심리학 간의 연결이 시간이 흐르면서 더 강해졌고, 언어 발달, 도덕성 발달, 그리고 성 발달의 많은 영향력 있는 이론들에 인지적인 요소들이 포함되었다.

사회심리학

초기 사회심리학을 주도한 것은 주로 미국의 심리학자들이었다. 미국인 Floyd Allport는 1924년에 사회심리학(*Social Psychology*)이라는 매우 영향력 있는 책을 출간하였다. 현재의 관점에서 이 책이 흥미로운 점은 그의 접근이 실제로 사회적이 아니었다는 것이다. 이 책의 많은 부분이 개인이 혼자 있을 때와 다른 사람들과 함께 있을 때 행동이 어떻게 차이가 나는지를 다루고 있다. 예를 들어 그는 많은 단순한 과제들이 집단으로 수행될 때 더 빠르게 완성되었다고 보고하면서 그 이유가 사회 촉진 때문이라고 주장했다. 즉 그는 소집단 내 집단 역동성 같은 독특한 사회 과정에 주목하지 않았다.

이런 접근은 이후 다른 미국인 연구자에게서도 찾아볼 수 있다. 예를 들어, Solomon Asch(1951)는 사회심리학 역사상 가장 유명한 실험을 수행했다. 본질적으로 개인은 집단의 다른 구성원들의 판단이 틀렸다는 것을 알고 있을 때에도 동조할 준비가 되어 있었다. 여기서 주목할 점은 참여자들이 이전에 한 번도 만난 적이 없었고, 따라서 친구 집단에서 나타날 수 있는 여러 많은 과정이 생략되어 있었다는 것이다.

유럽의 사회심리학자들은 사회심리학이 지나치게 개인에 초점을 맞추는 것에 반대했다. Hogg와 Vaughan(2005, p. 33)이 지적한 것처럼, "유럽인들은 더 사회적인 사회심리학을 요구했다." 이것은 여러 방식으로 드러났다. 첫째, 집단 간의 관계에 대한 관심이 증가했다(예 : 편견과 차별대우에 관한 연구, 제13장 참조). 둘째, 사회 영향에 관한 연구는 개인이 집단구성원을 내집단으로 지각하는지 여부에 따라 개인에게 미치는 사회 영향의 정도를 비교하기 시작했다(제15장 참조).

최근 사회심리학의 큰 변화 중 하나는 사회 상황에서 작용하는 인지과정에 대한 관심이 점점 증가한다는 것이다. 이런 인지적 요소의 강조는 친사회적 행동(제14장), 사회 영향(제15장), 사회 지각과 매력(제16장)에서 찾아볼 수 있다.

요약하면, 사회심리학 연구는 시간이 흐르면서 더 순수하게 사회적으로 되어 갔고 인지 과정에 대한 관심이 증가하였다. 이것에 대해 더 알고 싶으면 사회심리학의 역사를 훌륭하게 기술하고 있는 Vaughan과 Hogg(2014)의 책을 읽도록 하자.

개인차

일반 법칙을 발견하려는 접근과 개인차를 이해하려는 접근 사이의 구분은 가치가 있지만 반드시 그래야 한다는 생각은 버려야 한다. 실제로 이 두 가지 목표를 모두 달성하려고 시도하는 접근들이 있다. 지금부터 보려는 여러 독특한 접근들은 모두 개인차에 초점을 맞춘 접근에 속한다. 예를 들어 이상심리학, 지능, 성격을 연구하는 심리학자들은 모두 개인차에 초점을 맞추고 있다. 그 전에 먼저 이상심리학, 지능, 성격 분야에 중요한 영향을 끼친 생물학적 접근부터 살펴보자.

개인차 : 생물학적 접근

심리학이 생물학(생리학, 생화학, 그리고 유전학을 포함하여)과 관련이 깊다는 것에 지금은 대부분의 사람들이 동의한다. 그러나 심리학과 생물학 사이의 관련성이 인정받기 시작한 것은 Charles Darwin의 종의 기원(*The Origin of Species*)이 출간된 이후부터이다. 1859년 이 책이 출간되기 전에는 대다수 사람들이 인간만이 마음을 가지고 있고 따라서 인간은 다른 종들과는 근본적으로 다르다고 생각했다. 인간이 다른 종으로부터 진화하였다는 개념은 인간 종의 중요성에 대한 이런 과장된 관점이 재평가되어야 한다는 것을 의미하였다.

Darwin은 심리학자가 아니라 생물학자였다. 그러나 그의 진화론은 심리학에 네 가지 중요한 영향을 미쳤다. 첫째, 심리학자들은 생물학적 관점에서 인간 심리학의 이론을 발달시키기 시작하였다. 가장 유명한 심리학자가 Sigmund Freud(다음 절에서 논의됨)이다. 인간의 성 본능에 대한 그의 강조는 Darwin 이전에는 생각조차 하지 못한 것이었다.

둘째, Darwin의 진화론은 다른 동물 종을 연구하는 것으로 인간 행동에 대한 이해가 향상될 수 있다는 것을 함의하였다. 이것은 비교심리학의 발달로 이어졌다. 이것이 비교심리학으로 불리는 이유는 인간의 행동을 다른 종의 행동과 비교하기 때문이다. 왜 행동주의자들이 개, 고양이, 비둘기에 대한 연구가 인간 행동에 대해 중요한 실마리를 제공할 수 있다고 하였는지도 Darwin의 영향으로 설명할 수 있다.

셋째, Darwin은 유전이 종의 발달에 중요하고 후손은 부모를 닮는 경향이 있다고

Charles Darwin (1809~1882). Darwin의 진화론은 심리학자들에게 개인차, 행동에 미치는 유전의 영향, 생물학과 심리학의 연관성에 주목하게 하였다.

주장하였다. 이런 주장은 심리학자에게 행동에 미치는 영향력에서 유전과 환경(자연 대 양육)의 상대적 중요성을 연구하게 만들었다. 쌍생아 연구는 이런 중요한 주제들을 연구하는 데 큰 기여를 하였다(제14장 참조).

넷째, Darwin은 특정 종 구성원들 사이의 변이에 주목하였다. 그의 적자생존 개념에 따르면, 진화는 주어진 환경에서 생존을 위해 최적으로 무장한 유기체를 선호한다. 이런 생각은 심리학자에게 개인차에 관심을 가지게 하였고, 지능(제17장 참조)과 성격(제18장 참조)을 연구하게 만들었다. 이것은 또한 남성과 여성 사이의 상이한 짝 짓기 전략에 대해서도 연구하게 하였다. 근본적으로 Darwin의 이론에 따르면, 남성은 배우자의 양에 초점을 맞추어야 생존 자녀의 수를 최대화하는 목표를 달성할 수 있지만 여성은 동일한 목표를 달성하려면 배우자의 질에 초점을 맞추어야 한다(Stewart-Williams & Thomas, 2013, 제16장 참조).

요약하면, 생물학적 접근은 여러모로 심리학의 발달에 큰 영향을 미쳤다. 예를 들어, 진화심리학(인간 행동에 진화 과정의 영향을 강조하는 분야)은 Darwin의 생각에 직접적으로 기초하고 있다. 생물학적 접근의 영향은 여기서는 모두 다룰 수 없을 정도로 너무나 광범위하다. 예를 들어, 인간의 인지가 행동뿐만 아니라 뇌 활동에 대한 정보를 통해 연구될 수 있다는 인지신경과학을 생각해보자. 인지신경과학은 인지적 접근과 생물학적 접근이 결합된 것이다.

개인차 : 정신분석학과 이상심리학

Sigmund Freud(1856~1939)는 역사상 가장 유명한 심리학자 중 한 사람이다. Darwin의 진화론은 그의 접근에 중요한 영향을 미쳤다: "나는 Darwin의 이론에 강하게 끌렸는데, 세계에 대한 우리의 이해를 획기적으로 향상시킬 희망을 담고 있었기 때문이다"(Jones, 1981, p. 211에서 인용). Darwin의 영향은 Freud가 삶의 본능(성 충동), 죽음의 본능 같은 생물학적 힘을 강조한 데서도 찾아볼 수 있다.

Freud의 정신분석학은 정신장애의 기원이 신체적 요인보다는 심리적 요인에 있다는 가정에 기초한다. 특히 해결되지 않은 무의식적 갈등이 정신장애를 유발하는 핵심 요인이다. 이것은 정신장애의 치료가 심리적이어야 한다는 의미였고, Freud는 치료 방법으로 정신분석학을 제안하게 되었다. Freud의 정신분석학은 수많은 다른 형태의 심리 기반 치료법에 길을 열어주었다. 결과적으로 그는 정신장애의 치료법을 완전히 바꾸고 이상심리학이라는 심리학 분야를 창조하였다.

더 일반적으로, Freud는 심리학의 범위를 크게 확대시켰다. Freud 이전에는 심리학의 주제가 단순한 학습과 생각의 연합에 제한되어 있었다면 그는 심리학이 사실상 인간의 모든 행동과 관련이 있다는 것을 알게 해주었다.

개인차 : 지능과 성격

앞에서 말했듯이 개인차가 강조되는 주요 분야는 지능(제17장)과 성격(제18장)이다. 여기서는 이 두 연구 분야의 역사적 기원을 살펴보자.

지능

지능에서 개인차를 체계적으로 연구하기 시작한 사람은 Francis Galton(1822~1911) 이다. 1869년에 출간된 그의 책 유전적 천재(*Hereditary Genius*)는 개인차 연구의 초석이 되었다. 이 책에서 그는 여러 뛰어난 과학자, 법률가, 작가 또는 천재를 배출한 특정 가정의 성향이 대부분 유전이라고 주장하였다. 그러나 사실은 성공한 가정에서 태어 난 아동은 대부분의 다른 아동들이 얻지 못하는 기회와 환경적 특혜를 누릴 가능성이 더 높다.

Galton(1876)은 최초로 제대로 된 쌍생아 연구를 수행했다. 일란성 쌍생아의 지능 이 이란성 쌍생아보다 더 비슷한 연구 결과는 지능의 개인차를 결정하는 핵심이 유전 이라는 그의 확신을 강화시켰다. Galton은 또한 역사상 최초로 지능검사도 개발하였 다. 그러나 그의 검사는 반응 시간 같은 단순한 과제들로 구성되었고, 따라서 지능을 제대로 평가하지 못하였다.

20세기 초 심리학자들은 얼마나 많은 유형의 지능이 있는지에 초 점을 맞추기 시작했다. 이 분야의 선구자는 영국의 심리학자 Charles Spearman(1863~1945)이었다. 그는 요인분석이라는 통계기법을 사용해서 이 주제를 연구하였다(Spearman, 1904). 그가 사용한 모든 검사에서 전체적 으로 점수가 높은 사람들이 있는 반면에 또 어떤 사람들은 전체적으로 점수 가 낮았다. 이것은 IQ 같은 지능의 일반 요인이 존재한다는 것을 의미하였 다. 후속 연구들은 이런 일반 요인의 중요성을 보여주기도 하였지만 더 특 수한 요인들(예 : 결정성 지능, 저장된 지식과 경험, 단기기억)의 존재를 확 인시켜주기도 하였다.

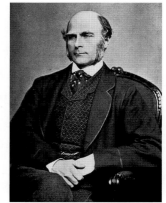

Francis Galton

성격

성격 연구의 역사는 지능 연구의 역사와 여러 면에서 비슷하다. 예를 들어, Newman 등(1937)이 시작한 쌍생아 연구는 성격의 개인차를 이해하는 데 중요한 역할을 했다 (제18장). 오랜 시간 동안 수많은 연구들에서 나온 증거는 지능과 성격의 개인차, 둘 다 유전적 요인에 많은 부분 의존한다는 것을 가리킨다.

지능과 성격의 연구 방식에는 어떤 유사성이 있는가?

성격과 지능 연구 간의 또 다른 유사성은 관련 요인의 수와 성질을 찾기 위해 요인분석을 사용한다는 것이다. 초창기 연구를 수행한 Burt(1915, 1940)는 성격의 주요 요인으로 일반 정서성(신경증과 비슷한)과 내향성–외향성을 발견하였다. 나중에 Eysenk(1975) 그리고 Costa와 McCrae(1992)는 이 요인들의 중요성을 확인하였고 다른 요인들을 추가하여 보다 포괄적인 성격 이론을 제안하였다.

요약

위의 짧은 설명으로는 개인차에 기초한 접근들을 판단하기는 어렵다. 그러나 이런 접근들에서 일관되게 이야기되는 주제가 유전적 요인이다. 이것은 이상심리학도 마찬가지여서, 대부분의 정신장애(특히 조현병)가 부분적으로 유전적 요인에 달려있다는 확실한 증거들이 존재한다(제20장 참조). 또 다른 공통적인 주제는 개인차 연구가 인지, 사회, 발달 접근에서 나온 연구 결과들을 포함시킬 때 가장 잘 이해될 수 있다는 인식이 점점 증가하고 있다는 것이다.

조건형성과 학습

학습에는 여러 가지가 있다. 예를 들어, 당신은 시험에서 좋은 점수를 받기 위해 정보를 학습하는 데 많은 시간을 보낼 것이다. 또는 어려운 문제를 해결하는 방법, 쟁점에 대해 생각하는 방법 등을 학습하기도 한다. 행동주의자들은 모든 학습(복잡한 형태의 학습을 포함해서)이 상당히 단순한 원리로 이해될 수 있다고 주장하였다. 더 구체적으로, 이들은 고전적 조건형성과 조작적 조건형성에 초점을 맞추었다. 먼저 고전적 조건형성과 조작적 조건형성에 대해 논의하고 난 다음에 행동주의자들이 무시했던 다른 형태의 학습을 설명할 것이다. 예를 들어, 사회적 상황에서 다른 사람의 행동을 관찰하고 모방하는 것으로 학습이 일어난다는 관찰학습은 특히 중요하다.

고전적 조건형성

치과에 간다고 상상해보자. 진료 의자에 눕자마자 당신은 몸이 떨리기 시작한다. 의사가 치료를 시작하기도 전에 무서운 이유는 무엇일까? 치료 장면과 드릴 소리가 곧 고통을 느끼게 될 것임을 **예측**해주기 때문이다. 다시 말해서, 치과 같은 중성자극과 드릴링으로 일어나는 고통스러운 자극 사이에 연합이 형성되었기 때문이다. 이런 연합이 **고전적 조건형성**(classical conditioning)에서 매우 중요하다. 원래 과거에 드릴링으로 일어난 공포가 이제는 치과라는 중성자극에 의해 유발된다.

핵심용어

고전적 조건형성 무조건 자극과 새로운 자극이 연합되어 조건자극에 의해 조건반응이 일어나는 학습

교과서 저자들은 거의 항상 고전적 조건형성의 불쾌한 일상 사례에 초점을 맞춘다. 그러나 고전적 조건형성의 유쾌한 사례도 있다. 대부분의 중년들은 그들이 십대였을 때 유행했던 음악에 특별히 긍정적인 감정을 느낀다. 음악과 청소년기 시절 경험했던 즐거운 자극 사이에 연합이 형성되어 있기 때문이다.

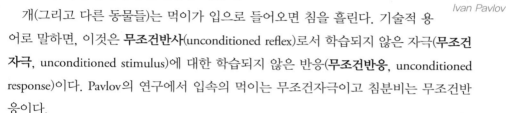

Ivan Pavlov

연구 결과

고전적 조건형성의 가장 유명한 사례는 Ivan Pavlov(1849~1936)의 개에 대한 연구이다. 그는 19세기 말(Pavlov, 1897) 러시아에서 연구를 시작했는데 미국의 행동주의 발달에 엄청난 영향을 미쳤다.

개(그리고 다른 동물들)는 먹이가 입으로 들어오면 침을 흘린다. 기술적 용어로 말하면, 이것은 **무조건반사**(unconditioned reflex)로서 학습되지 않은 자극(**무조건자극**, unconditioned stimulus)에 대한 학습되지 않은 반응(**무조건반응**, unconditioned response)이다. Pavlov의 연구에서 입속의 먹이는 무조건자극이고 침분비는 무조건반응이다.

Pavlov는 침분비와 선천적으로 연합되어 있지 않은 다른 자극에 개가 침을 흘리도록 훈련시켰다. 그는 개에게 먹이를 주기 바로 직전에 음조(훈련자극)를 수차례 제시해서 음조를 먹이가 곧 나타날 것이라는 신호로 만들었다. 마지막으로 먹이 없이 음조(검사자극)만 제시하였을 때 개는 침을 흘렸다.

이 예는 **조건반사**(conditioned reflex)로 불리는 학습을 보여준다. 이전의 중성자극(**조건자극**, conditioned stimulus)이 무조건 자극과 연합하여 **조건반응**(conditioned response, 조건자극에 대한 학

Ivan Pavlov가 조건형성 연구에 사용한 장치

핵심용어

무조건반사 무조건자극과 무조건반응 간의 잘 확립된 연합

무조건반응 무조건반사에서 특정 무조건자극(예 : 먹이)에 대한 잘 확립된 반응(예 : 침 분비)

무조건자극 무조건반사에서 잘 확립된 무조건반응을 유발하는 자극

조건반사 조건자극과 조건반응 간의 잘 확립된 연합

조건자극 고전적 조건형성을 산출하기 위하여 무조건자극과 짝지어지는 중성자극

조건반응 고전적 조건형성의 결과로 유발된 새로운 반응

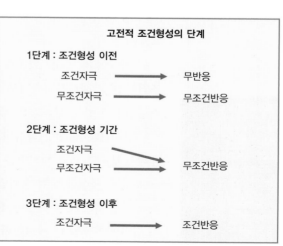

고전적 조건형성의 단계

1단계 : 조건형성 이전

조건자극 ⟶ 무반응

무조건자극 ⟶ 무조건반응

2단계 : 조건형성 기간

조건자극
무조건자극 ⟶ 무조건반응

3단계 : 조건형성 이후

조건자극 ⟶ 조건반응

습된 반응)을 일으킨다. 이 예에서 음조는 조건자극, 먹이는 무조건자극, 침분비는 조건반응이다.

Pavlov는 고전적 조건형성의 여러 가지 특징을 발견하였다. 하나는 일반화이다. 일반화는 검사자극과 사전 훈련자극 간의 유사성에 따라 조건반응의 강도(예 : 침의 양)가 다르게 나타나는 것을 말한다.

또 다른 예는 변별이다. 특정 음조가 먹이와 여러 번 짝지어 제시된다고 해보자. 개는 이 음조에 침 흘리는 것을 학습할 것이다. 그런 다음 또 다른 음조를 먹이 없이 제시하여 보자. 일반화 때문에 이 음조는 첫 번째 음조보다는 더 적은 양의 침 분비를 일으킬 것이다. 이후 첫 번째 음조는 먹이와 함께 제시하면서 두 번째 음조에는 먹이를 주지 않는 시행을 반복한다. 그러면 첫 번째 음조에 대한 침 분비는 증가하지만 두 번째 음조에 대한 침 분비는 감소한다. 즉 개는 두 음조 사이의 **변별**을 학습한 것이다.

학습이 일어나고 난 다음 Pavlov가 음조만 반복적으로 제시하자 침 분비는 점점 감소하였다. 무조건자극 없이 조건자극만 계속하여 제시하면 조건반응이 멈춘다. 이것이 **소거**(extinction)이다.

그러나 개 또는 동물에게서 조건반사가 완전히 사라진 것은 아니다. 소거가 일어나고 시간이 흐른 뒤 동물에게 음조를 다시 한 번 제시하면 약간의 침을 분비한다. 이것을 **자발적 회복**(spontaneous recovery)이라고 한다. 이것은 음조에 대한 침 분비 반응이 소거 동안에 사라진 것이 아니라 **억제**되었던 것임을 보여준다.

설명 : 예측

조건형성이 일어나는 이유는 조건자극(예 : 음조)이 개 또는 다른 동물에게 무조건자극(예 : 먹이)의 출현을 **예측**해주기 때문이다. 그 결과 조건자극은 먹이와 비슷한 효과(예 : 침 분비)를 만들어내는 것이다. 소거는 음조가 더 이상 먹이를 예측해주지 않기 때문에 일어난다.

두 자극의 제시 순서가 바뀌어서 무조건자극 다음에 조건자극이 나타난다(예 : 역향조건형성)고 해보자. 이 경우 조건자극은 무조건자극을 예측해주지 않는다. 예상대로 역향 조건형성에서는 조건반응이 아예 일어나지 않거나 약하다.

Kamin(1969)은 조건형성이 기대에 달려있다는 것을 보여주었다. 불빛과 함께 전기충격을 반복적으로 제시받은 실험집단의 쥐는 불빛이 켜지면 공포와 회피반응을 학습한다. 통제집단의 쥐는 학습을 하지 않는다. 그런 다음 두 집단의 쥐는 불빛-음조를 결합한 조건자극 다음에 전기충격이 주어지는 일련의 시행을 받는다. 마지막으로 두 집단에게 음조만 제시한다. 통제집단은 음조에 공포를 보이지만 실험집단은 공포

핵심용어

소거 보상(조작적 조건형성) 또는 무조건자극(고전적 조건형성)이 제시되지 않을 때 일어나는 반응의 제거

자발적 회복 고전적 조건형성에서 소거 후 반응의 재출현

를 보이지 않는다.

왜 그럴까? 실험집단의 동물은 불빛이 전기 충격을 예측한다는 것을 먼저 학습한 것 때문에 이후 음조도 전기충격을 예측한다는 것을 무시한 것이다. 이것이 특정 자극(예 : 불빛)에 대한 사전 조건형성에 의해 다른 자극(예 : 음조)에 대한 조건형성이 차단되는 **차단 효과**(blocking effect)이다. 이와 비교하여 통제집단은 사전에 어떤 학습도 하지 않았고, 따라서 불빛과 마찬가지로 음조도 전기충격을 예측하는 자극으로 학습하였다. 차단 효과에서 핵심은 주의 과정이다. 동물은 특정 조건자극이 무조건자극을 이미 예측하고 있으면 다른 조건자극에 주의를 주지 않는다(Shanks, 2010).

설명 : 진화적 조망

대부분의 조건형성 연구에서 조건자극과 무조건자극의 관계는 임의적이다. 사실 전통적인 접근에 따르면 모든 조건자극이 모든 무조건자극과 연합될 수 있다. 그런데 야생의 동물이 특정 무조건자극이 나타나기 직전에 임의의 동일한 조건자극을 반복하여 마주칠 확률이 얼마나 될까? 희박하거나 전무하다가 답일 것이다.

왜 그럴까? 진화적 관점(Krause, 2015)에 따르면 자연 환경에서 학습이 동물에게 최대의 이익이 될 때 조건형성은 가장 빠르게 일어난다. 예를 들어, Garcia 등(1966)이 발견한 것처럼 동물은 독이든 먹이를 회피하는 것을 빠르게 학습해야 한다. 쥐에게 사카린 맛이 나는 물을 주고 몇 시간 뒤에 복통을 유발하는 약물을 먹였다고 해보자. 쥐가 사카린 맛의 물을 회피하는 반응을 학습하는 데 딱 한 번의 연합이면 된다. 이런 연구 결과는 생존과 관련된 학습에서 고전적 조건형성의 효과성을 잘 보여준다.

자연 환경에서 고전적 조건형성은 어떻게 일어날까? Domjan(2005)은 일반적으로 한 대상의 서로 다른 속성이 조건자극과 무조건자극이 된다고 주장했다. 그는 박제된 암컷 메추라기의 머리를 조건자극으로, 살아있는 암컷에의 접근을 무조건자극으로 제시한 실험에서 수컷 메추라기의 반응을 관찰하였다. 수컷 메추라기가 박제된 머리를 잡고 교미를 시도할 정도로 고전적 조건형성은 매우 강력하였다.

고전적 조건형성이 유용한 이유는 조건자극의 제시가 무조건자극에 효과적으로 대처할 수 있도록 동물에게 준비할 시간을 주기 때문이다. 이것은 Pavlov의 조건형성에서도 찾아 볼 수 있다. 먹이가 제시되기 전에 종소리에 침 분비가 일어나는 조건형성은 먹이가 내장에 도달하기 전에 소화 호르몬과 효소를 분비하게 만들어서 소화를 촉진시킨다.

다른 사례들도 많이 있다. 예를 들어, 성적인 조건자극에 노출되고 나서 교미를 하는 수컷 물고기(청색 구라미)는 조건자극이 없을 때보다 새끼를 열 배 이상 더 많이

자연 환경에서의 고전적 조건형성은 실험실에서 일어나는 고전적 조건형성과 어떻게 다른가?

낳는다(Hollis et al., 1997). 고전적 조건형성이 번식 성공 확률을 증가시키는 이런 결과는 그 중요성을 보여준다.

노출치료

조건형성 원리는 정신장애의 설명과 치료에 적용되고 있다. 많은 사람들이 **공포증**(phobia)으로 고통받고 있다. 흔한 예로 뱀 공포증, 거미 공포증, **사회 공포증**(social phobia, 제20장 참조)을 들 수 있다. 공포증은 사람들에게 두려움의 대상이나 상황을 회피하게 만들 정도로 매우 강하다. 행동주의 설명에 따르면 공포증은 조건형성된 공포 자극(예 : 사회 상황)이 공포를 유발하는 고통스러운 또는 혐오적인 자극과 연합된 것 때문에 발달한다.

공포증이 고전적 조건형성으로 습득된 것이라면 소거를 통해 제거될 수 있을 것이다. 즉 만일 공포 자극 또는 조건자극이 혐오적인 결과 없이 반복적으로 제시되면, 그 자극과 연합된 공포는 점차 사라져야 한다. 그래서 공포를 가진 사람의 불안 수준이 감소될 때까지 공포의 대상 또는 상황에 오랫동안 노출시키는 기법인 **노출치료**(exposure therapy)가 개발되었다.

대부분의 공포증 치료에서 노출치료는 대단히 효과적인 것으로 입증되었다(Choy et al., 2007). 이것은 또한 외상후 스트레스장애(PTSD) 같은 불안장애의 치료에도 효과적이다(Eftekjari et al., 2013). 그러나 노출치료가 효과적인 정확한 이유는 그렇게 분명하지 않다. 이론적으로는 공포 반응의 소거가 원인이라고 가정되고 있고, 이것은 의심할 여지가 없다. 그러나 인지적 신념도 매우 중요하다. Vogele 등(2010)은 사회 공포증 치료에서 나타나는 노출치료의 효과가 자신과 자신의 감정을 더 잘 통제하는 존재로 환자가 자신을 지각하게 되는 것 때문이라고 주장하였다.

핵심용어

공포증 특정 장소 또는 대상에 대한 극단적인 두려움

사회 공포증 사회 상황에서 매우 높은 수준의 불안을 경험하는 정신장애

노출치료 두려움을 불러일으키는 자극 또는 상황에 환자를 반복적으로 노출시키는 치료 기법

평가

➕ 고전적 조건형성의 모든 주요 현상들은 수없이 증명되었다.

➕ 고전적 조건형성은 중요한 생물학적 가치(예 : 미각 혐오)를 지닌다. 이것은 동물(그리고 사람)에게 곧 나타날 무조건자극에 준비할 수 있게 해준다.

➕ 공포증 치료에 효과적인 노출치료는 소거와 관련이 있다.

➖ 고전적 조건형성은 인간의 학습에서 극히 일부분일 뿐이다. 대부분의 인간의 학습은 고전적 조건형성의 기본 기제보다 훨씬 더 복잡한 인지 과정을 포함한다. 예를 들어, 무조건자극이 다시는 나타나지 않을 것이라고 사람들에게 말해주면 즉시 소거가 일어날 수 있다.

> 곧 보겠지만 조작적 조건형성과 관찰학습도 인간의 학습에서 중요한 역할을 한다.

> 공포증 치료에서 노출치료의 효과는 조건형성 이론가들이 무시하고 있는 정보처리과정(예 : 인지 과정)에 달려있는 경우가 많다.

조작적 조건형성

우리는 보상을 얻으려고 행동할 때가 많이 있다. 예를 들어, 아이가 사탕을 받기 위해 착한 행동을 하고, 학생은 좋은 점수를 받으려고 열심히 공부한다. **조작적 조건형성**(operant conditioning)은 행동이 보상(정적 강화물)이나 혐오적인 자극에 의해 제어되는 학습 형태이다. 많은 조작적 조건형성이 **효과의 법칙**(law of effect)에 기초하고 있다. 이 법칙에 따르면 어떤 행동 뒤에 보상 또는 강화물이 뒤따르면 그 행동의 발생 가능성은 증가한다. 그러나 만일 행동 뒤에 부정적 또는 혐오적인 결과가 뒤따르면 그 행동의 발생 가능성은 감소한다.

1964년의 B. F. Skinner

Skinner(1904~1990)는 조건형성에 대한 이해를 높이는 데 그 누구보다 많은 기여를 했다. 그는 1930년대에 쥐를 가지고 유명한 연구를 수행하고 그 결과를 1938년에 출판한 유기체의 행동(*The behavior of organisms*)이라는 책에서 보고하였다. 그는 배고픈 쥐를 지렛대가 달린 작은 상자('스키너 상자'라고 불린) 안에 두었다. 쥐가 지렛대를 누르면, 먹이 조각이 나왔다. 쥐는 지렛대 누르기로 먹이를 얻을 수 있다는 것을 학습했고 지렛대를 점점 더 많이 누르게 되었다. 이것은 효과의 법칙의 확실한 사례이다. 당연히 보상의 효과는 보상이 지연될 때보다 반응 후 즉시 제시될 때 더 크다.

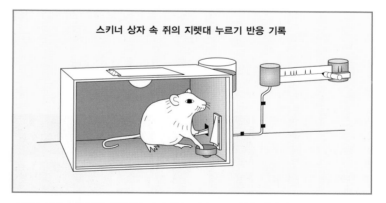

스키너 상자 속 쥐의 지렛대 누르기 반응 기록

스키너 상자 속의 쥐와 지렛대 누르기 반응 기록. 도표 위에 있는 각 수직선은 지렛대 누르기 반응을 나타낸다.

정적 강화물에는 일차 강화물과 이차 강화물, 두 가지가 있다. **일차 강화물**(primary reinforcer)은 생존에 필수적인 자극들이다(예 : 음식, 물, 수면). **이차 강화물**(secondary reinforcer)은 일차 강화물과의 연합에 의해 보상의 효과를 가지는 자극

> **핵심용어**
>
> **조작적 조건형성** 개인의 반응이 반응의 결과(보상 또는 처벌)에 의해 통제되는 학습
>
> **효과의 법칙** 반응 뒤에 보상이 뒤따르면 반응 확률이 증가하고 반응 뒤에 처벌이 뒤따르면 반응 확률이 감소하는 원리
>
> **일차 강화물** 생존에 필수적인 보상적 자극(예 : 음식, 물)
>
> **이차 강화물** 일차 강화물과 반복적으로 연합된 것 때문에 보상의 효과를 띄는 자극(예 : 돈, 칭찬)

들이다(예 : 돈, 칭찬, 주의).

조작적 조건형성에서는 요구되는 반응이 강화물 또는 보상이 제시되기 전에 일어나야 한다. 동물이 처음부터 저절로 할 수 없는 복잡한 반응은 어떻게 훈련시켜야 할까? 답은 **조성**(shaping)인데, 이것은 원하는 최종 반응이 일어날 때까지 동물의 반응을 단계적으로 강화하는 것이다. 예를 들어 비둘기에게 탁구를 가르치고 싶다고 해보자. 처음에는 비둘기가 탁구공을 건드리기만 해도 보상을 준다. 시간이 흐르면서 탁구 치는 행동에 점점 더 비슷한 반응에 강화물을 제공한다.

강화계획

보상받는 행동은 계속하고 보상받지 못하는 행동은 그만 두는 것은 합리적으로 보인다. 그러나 현실에서 매 반응 뒤에 강화물 또는 보상이 주어지는 연속강화는 드문 일이다. 그래서 Skinner는 반응들 중 일부만 보상을 받는 부분 강화에서 어떤 일이 발생하는지 연구하게 되었다. 그는 네 가지 부분강화계획을 발견하였다.

- 고정비율 : 모든 n번째(예 : 5번째) 반응이 강화를 받는다. 특정 목표를 달성하면 추가 수당을 받는 근로자는 이 계획상에 있다.
- 변동비율 : 강화물을 위해 요구되는 반응의 수가 불규칙적으로 변화하는 강화계획으로 평균 n번째 반응이 강화를 받는다. 이 계획은 낚시와 도박에서 찾아볼 수 있다.

도박꾼은 배당금을 받을지 말지 알지 못하지만 게임을 계속한다. 도박은 가장 효과적인 강화계획(변동비율강화)의 예이다.

- 고정간격 : 특정 시간 간격(예 : 60초) 후 일어나는 첫 번째 반응이 강화를 받는다. 매주 규칙적으로 수당을 받는 근로자는 이 계획상에 있다.
- 변동간격 : 강화물이 제시되는 시간 간격이 불규칙적으로 변화하는 강화계획으로 평균 시간 간격 후에 일어나는 첫 번째 반응이 강화를 받는다. 고객이 불규칙적으로 방문하는 자영업자는 변동간격으로 강화를 받는다.

변동계획(특히 변동비율)은 높은 수준의 동기를 유발하기 때문에 반응률이 가장 빠르게 증가한다. 도박꾼이 중독에서 벗어나기 어려운 이유도 이것 때문이다. 이와 대조적으로 연속강화에서는 하나의 강화물에 하나의 반응만 요구하기 때문에 반응률이 가장 낮다.

소거(강화물이 없을 때 반응하기를 그만두는 현상)는 어떤가? 최상의 조건형성을 일으키는 강화계획이 소거 저항도 가장 크다. 변동비율계획으로 훈련받은 동물은 행동의 소거가 매우 느린데, 그 이유는 무엇일까? 이 동물은 훈련하는 동안 어쩌다 불규칙적으로 강화물을 제공받았기 때문에 더 이상 강화물이 없다는 것을 알아차리는 데 시간이 더 오래 걸린다. 연속강화로 훈련받은 동물에서 소거가 빠른 이유는 매 시행마다 보상을 받았고, 따라서 보상이 없는 시행으로의 전환이 너무 분명하다.

본능의 영향

Skinner는 사실상 모든 반응이 어떤 자극 상황에서든 조건형성될 수 있다고 가정했다. 그러나 **등위성**(equipotentiality) 원리라고 하는 이 가설은 틀렸다. 실제로 동물이 학습한 대부분의 행동은 자연스러운 또는 본능적인 행동과 비슷하다. 예를 들어, 동물이 먹이 보상을 얻으려고 먹이로부터 도망가는 행동을 학습하는 것은 불가능하다.

Breland와 Breland(1961)는 돼지에게 강화물을 얻기 위해 나무 동전을 돼지 저금통에 넣는 행동을 훈련하였다. 처음에 돼지는 이것을 빠르게 학습했다. 흥미로운 사실은 시간이 흐르면서 돼지는 이 행동을 점점 덜하게 되고 마지막에는 충분한 먹이를 얻지 못할 정도까지 되었다는 것이다. 돼지는 "코로 동전을 뒤집고, 바닥에 다시 떨어뜨리고, 다시 뒤집고, 공중에 던지고, 떨어뜨리고, 바닥을 헤집는 등의 행동을 반복했다"(Breland & Breland, 1961, p. 683). 즉 돼지의 행동은 점점 선천적인 먹이 채집 행동으로 바뀌어 갔다. 조건형성으로는 이런 '본능적 표류'를 설명하기 어렵다.

이론적 조망

Skinner는 강화물이 자극(예 : 스키너 상자 안)과 반응(예 : 지렛대 누르기) 사이의 연

핵심용어

등위성 모든 반응이 모든 자극 상황에서 조건형성될 수 있다는 관점

토큰경제의 강점과 약점
은 무엇인가?

현실 속으로 : 토큰경제

조작적 조건형성은 실세계에서 성공적으로 사용되고 있다. 예를 들어, 먹이를 이용하여 서커스 동물을 훈련시키고, 근로자에게 수당을 제공하여 오래 일하게 하고, 성적이 좋은 학생을 칭찬해서 학업 성취도를 높인다. 여기서는 토큰경제에 초점을 맞출 것이다.

토큰경제(token economy)의 기본은 바람직한 행동에 토큰을 주는 것이다. 이 토큰은 나중에 강화물과 교환될 수 있다. 또는 바람직한 행동을 하는 사람에게 그냥 돈으로 보상을 줄 수도 있다.

인상적인 연구 결과가 심각한 코카인 중독자들에게 토큰경제를 사용한 Silverman과 동료들 (2004)의 연구에서 얻어졌다. 어떤 중독자들에게는 39주 동안 코카인을 사용하지 않으면 3,480 달러짜리 쿠폰을 제공하였다. 이런 높은 보상금을 받은 환자의 45%가 최소 4주 동안 코카인 없이 지낸 반면에 보상금이 없었던 집단에서의 비율은 0%였다.

Silverman 등(2012)은 코카인, 알코올 같은 약물 중독 치료에 정적 강화물 또는 보상을 사용한 연구들을 개관했다. 일반적으로 토큰경제의 효과는 성공적이었지만 보상이 더 이상 제공되지 않으면 재발이 일어났다. 재발 방지를 위해서는 매우 오랜 기간 동안 보상을 제공할 필요가 있다.

토큰경제는 금연에도 매우 유용한 것으로 증명되었다. 한 연구(Halpern et al., 2015)에서 어떤 흡연자들에게는 6개월간 금연을 하면 800달러를 얻을 수 있는 토큰경제를 실시하였다. 또 다른 흡연자들은 니코틴 대체 치료 같은 일반적인 금연 관리를 받았다. 보상을 받은 사람들의 16%가 6개월 동안 금연을 했지만 일반적인 관리를 받은 사람들 중에서는 7%만이 금연했다.

요약하면, 토큰경제는 코카인이나 알코올 중독 같은 심각한 문제를 치료하는 데 매우 효과적이다. 여러 다양한 상황에서 활용될 수 있다는 것도 토큰경제의 장점이다. 예를 들어, Mazurek과 Hattem(2006)은 운전속도에 미치는 개입(올바른 운전에 대한 피드백과 보상)의 효과를 연구했다. 제한 속도로 운전한 킬로미터 비율이 통제조건에서는 68%였다면 개입조건에서는 86%까지 증가하였다.

토큰경제의 한계는 무엇일까? 첫째, 행동이 보상의 영향을 받은 적이 있던 사람은 보상이 더 이상 존재하지 않으면 행동을 바꿀 수 있다(예 : 음주를 다시 시작한다). 둘째, 토큰경제는 비용이 많이 들 수 있다. 그러나 다른 개입보다 더 저렴한 경우도 많이 있다. 또 연속강화계획보다 변동비율강화계획으로 바람직한 행동(예 : 금연)을 강화하면 토큰경제의 비용을 절약할 수도 있다 (Gupta, 2015).

핵심용어

토큰경제 바람직한 행동을 일으키기 위해 토큰을 제공하는 조작적 조건형성에 기초한 행동수정 기법으로, 토큰은 나중에 강화물과 교환된다.

수단-목표 관계 특정 상황에서 특정 행동이 특정 결과를 가져온다는 지식

합을 강화시키는 역할을 한다고 주장하였다. 그의 이런 생각은 지나치게 단순하다. Tolman(1959)은 동물이 Skinner가 생각했던 것보다 훨씬 더 많은 것을 학습한다고 주장하였다. Tolman에 따르면, 동물은 특정 반응이 특정 결과를 가져온다는 **수단-목표 관계**(means-ends relationship)에 대한 지식을 학습한다. 이것은 훨씬 인지적인 접근이다.

Dickinson과 Dawson(1987)은 Skinner보다 Tolman의 접근을 더 지지하는 연구 결과를 보고하였다. 쥐는 강화물을 얻기 위해 지렛대 누르기를 학습하였다: 어떤 쥐는 강화물로 설탕물을 받았고 또 다른 쥐는 건사료를 받았다. 물을 박탈시키자 건사료를

받았던 쥐보다 설탕물을 받았던 쥐가 소거 기간 동안 지렛대 누르기를 훨씬 더 많이 하였다. 이 결과는 행동이 기대하는 강화물에 대한 동물의 지식에 의해 영향을 받는다는 것을 보여준다.

Gaffan 등(1983)은 또한 동물이 단순히 이전에 강화받은 행동을 하지 않는다는 것을 발견하였다. T자형 미로에서 쥐는 오른쪽 또는 왼쪽으로 돌 수 있다. 쥐가 왼쪽으로 돌면 그 끝에 먹이가 있다고 해보자. 조건형성원리에 따르면 쥐는 왼쪽으로 도는 행동이 보상을 받았기 때문에 다음 시행에서도 왼쪽으로 돌아야 한다. 그러나 자연환경에서는 방금 먹이가 제거된 장소로 또 다시 가는 행동은 합리적이지 않다. 실제로 훈련을 시작하자마자 쥐는 직전에 먹이를 찾았던 장소를 피하는 반응을 보였다.

요약하면 Skinner가 생각한 것처럼 동물은 특정 반응이 보상을 가져온다는 것을 단순히 기계적으로 학습하지 않는다.

처벌

조작적 조건형성은 강화뿐만 아니라 불쾌하거나 혐오적인 자극(예 : 전기충격)과도 관련이 있다. 인간(그리고 다른 종)은 강화물에의 노출을 증가시키는 학습뿐만 아니라 혐오적 자극에의 노출을 감소시키는 학습도 한다.

반응 뒤에 혐오적 자극이 뒤따르는 조건형성은 무엇인가?

반응 후에 혐오적 또는 불쾌한 자극이 뒤따르는 조건형성을 **정적처벌**(positive punishment)이라고 한다. 만일 반응 직후 혐오적 자극이 제시되면 이후 그 반응의 발생 확률은 감소한다. 반응과 혐오적 자극 사이의 간격이 길면 혐오적 자극의 효과는 줄어든다.

또한 특정 반응 뒤에 정적 강화물 또는 보상이 제거되는 **부적처벌**(negative punishment)도 있다. 예를 들어, 바닥에 음식을 던지는 아동에게서 그 음식을 빼앗는 것이다. 부적처벌의 전형적인 효과는 처벌받은 반응의 재발 가능성의 감소이다. 또 다른 형태의 부적처벌로는 잘못된 행동이 일어난 상황에서 아동을 배제하는 **타임아웃기법**(time-out technique)이 있다.

연구 결과

정적처벌은 여러 가지 부작용을 유발한다. Gershoff(2002)는 개관논문에서 처벌이 아동에게 부모에 대한 즉각적인 응종을 일으킨다는 것을 발견하였다. 그런 다음 처벌은 공격 행동과 정신장애(예 : 우울증)로 이어질 수 있다(제7장 참조). 또한 처벌받은 아동은 성인이 되어 자신의 자녀를 학대하는 경향이 있다.

Gershoff 등(2010)은 6개국(중국, 인도, 이탈리아, 케냐, 필리핀, 태국)의 어머니들

핵심용어

정적처벌 반응 뒤에 혐오적 또는 불쾌한 자극이 제시되는 것 때문에 반응 확률이 감소하는 조건형성의 한 형태

부적처벌 반응 뒤에 강화물이 제거되는 것 때문에 반응 확률이 감소하는 조건형성의 한 형태

타임아웃기법 바람직하지 않은 행동(예 : 공격성)이 일어난 상황에서 그 사람을 배제시키는 부적처벌의 한 형태

이 사용하는 여러 가지 처벌의 효과를 연구하였다. 6개국 모두에서 신체적 처벌과 욕설은 아동의 공격성을 증가시켰고, 신체적 처벌과 타임아웃기법은 아동의 불안을 증가시켰다.

회피학습

거의 모든 운전자가 신호등(빨간불) 앞에서 차를 멈추는데 그렇게 하지 않으면 혐오적 결과(예 : 사고)가 발생할 수 있기 때문이다. 이것은 적절한 행동을 하면 혐오적 자극이 제시되지 않는 **회피학습**(avoidance learning)의 사례이다. 많은 혐오적 자극 또는 **부적 강화물**(negative reinforcer)이 혐오적 자극의 출현을 막는 반응을 강화한다.

회피학습 실험에서 보통 처음에 경고자극이 제시된다. 그런 다음에 참여자에게 특정 회피반응을 일으키는 혐오자극이 뒤따른다. Solomon과 Wynne(1953)의 연구를 보자. 두 칸으로 나눠진 상자에 개가 놓여 있다. 불빛의 변화는 곧 제시될 혐오자극(예 : 강한 전기충격)을 신호하는 경고자극이다. 개는 다른 칸으로 뛰어넘는 반응을 하면 혐오자극을 피할 수 있다. 대부분의 개가 실험 초기에는 몇 번의 전기충격을 받지만 그 이후에는 수백 번의 시행에서 전기충격을 피한다.

회피학습을 어떻게 설명할 수 있을까? 한 가지 설명은 회피반응이 공포의 감소에 의해 강화된다는 것이다(Mowrer, 1947). 또는 참여자는 다음의 두 가지 신념을 획득한다(Lovibond, 2006).

1. 경고자극 후 무조건자극이 제시된다.
2. 특정 반응을 수행하면 무조건자극은 생략된다.

Declercd와 Houwer(2011)는 인간을 대상으로 회피학습 실험을 수행했다. 참여자들의 답변에서 이 두 가지 신념을 획득하였다는 것이 드러났다.

평가

➕ 조작적 조건형성은 매우 효과적이다.

➕ 정적처벌과 부적처벌도 효과적이다(예 : 아동의 행동 수정).

➕ 토큰경제는 바람직하지 않은 행동(예 : 약물 중독)을 성공적으로 감소시킨다.

➖ Skinner는 내적 요인(예 : 목표, 신념)의 역할을 최소화했다. Bandura(1977, p. 27)는 "만

일 행동이 순전히 외적 강화와 처벌로 결정된다면, 인간은 끊임없이 타인의 변덕에 맞추기 위해 급격하게 방향을 바꾸는 바람개비처럼 행동할 것이다"라고 지적했다. 실제로 우리는 즉각적인 상황의 영향을 받기보다는 장기적인 목표를 추구한다.

- 조작적 조건형성은 학습이 아니라 사람의 행동에 영향을 주는 요인에 대해 말하고 있다. 당신이 "지구는 평평하다"고 말할 때마다 1파운드를 받는다고 해보자. 아마 당신은 (특히 돈이 떨어졌다면) 수백 번도 더 그 말을 할지 모른다. 즉 보상이 당신의 행동에 영향을 미칠 수 있지만, 지구가 평평하다고 믿게 만들지는 않는다.

- 현실에서 우리는 Skinner의 주장처럼 강화와 처벌을 통해 학습하는 것보다 타인의 행동을 관찰함으로서 훨씬 더 많은 것을 학습한다(다음 절에서 논의됨).

- Skinner의 등위성 개념은 본능적 행동의 중요성을 과소평가하고 있기 때문에 맞지 않다.

관찰학습

Albert Bandura(1925~)는 학습에 보상이 포함되어 있다는 Skinner의 주장에 동의한다. 그러나 그는 일상에서 대부분의 학습이 조작적 조건형성과 관계가 없다고 주장하였다. 우리는 누군가의 행동을 관찰하는 것(타인이 모델이다)으로 엄청나게 많은 학습을 한다. 이것을 **관찰학습**(observational learning)이라고 한다.

관찰학습은 왜 중요한가? Bandura(1977, p. 12)에 따르면, "전통적인 심리학 이론은 학습이 반응의 수행과 그 효과를 경험하는 것에 의해서만 일어난다고 가정하여 왔다. 그러나 겉으로 직접 경험으로 일어나는 것 같아 보이는 대부분의 학습 현상들이 실제로는 타인의 행동과 그 행동의 결과를 관찰하는 대리학습에 기초하여 일어난 것이다." 관찰학습이 모방학습과 같지 않다는 것을 기억하라. 당신은 반응 뒤에 보상이 뒤따르는 누군가의 행동은 모방하겠지만 처벌받는 행동을 모방하려고 하진 않는다.

관찰학습의 증거는 대단히 많고, 대표적인 사례를 공격성(제7장), 도덕성 발달(제10장), 성 역할 습득(제11장)에서 찾아볼 수 있다.

Bandura의 접근은 Skinner의 접근보다 훨씬 더 인지적이다. 관찰학습이 성공하려면 모델의 행동에 주의를 기울이고, 장기기억에 그 행동에 대한 정보를 저장하고, 학습된 행동을 수행하려는 동기(보상에 대한 기대로 유발되는)가 필요하다.

연구 결과

관찰학습은 행동을 실제로 수행하는 것에 기초한 학습만큼 효과적일까? Blandin과 Proteau(2000)는 관찰학습 조건과 사전 신체적인 연습 조건에서 타이밍 과제의 수행

핵심용어

관찰학습 타인의 행동을 관찰하여, 보상받는 행동은 모방하고, 처벌받는 행동은 모방하지 않는 학습

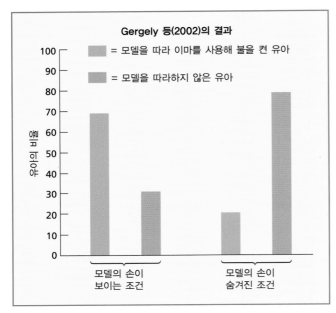

유아의 관찰학습은 맥락의 영향을 강하게 받는다.

이 비슷하다는 것을 발견하였다. 또한 관찰학습 조건의 참여자들도 신체적 연습 조건의 참여자들과 마찬가지로 오류 수정 기제를 효과적으로 발달시켰다.

관찰학습은 Bandura가 생각했던 것보다 훨씬 더 미묘할 수 있다. Gergly 등(2002) 그리고 Király 등(2013)은 14개월 유아가 성인 모델이 이마로 전깃불을 켜는 것을 관찰하고 그대로 수행하게 훈련시켰다. 모델의 손이 보이는 조건에서는 69%의 유아가 이마를 사용하여 불을 켜는 성인의 행동을 모방했다. 그러나 모델의 손이 담요로 감싸져서 책상 아래에 놓여 있을 때는 21%의 유아만이 이마를 사용했다. 즉 유아는 보상받는 행동이라고 항상 모방하지 않고 모델의 행동에 대한 이유를 고려한다.

왜 어떤 아동은 다른 아동에 비해 관찰학습을 더 잘할까? Bandura는 아동의 특정 경험이 매우 중요하다고 보았다. 그러나 Fenstermacher과 Saudino(2007)는 관찰학습에서 일란성 쌍생아가 이란성 쌍생아보다 더 비슷하다는 것을 발견했다. 이런 결과는 유전적 요인 또한 중요하다는 것을 가리킨다.

평가

➕ 관찰학습은 아동과 성인 모두에게서 매우 많이 일어난다. 실제로 관찰학습은 조작적 조건형성보다 더 자주 발생한다.

➕ 관찰학습은 실제 수행에 기초한 학습과 비슷한 정도로 후속 행동에 강력한 효과를 미친다(예 : Blandin & Proteau, 2000).

➖ 관찰학습은 Bandura가 생각한 것보다 훨씬 더 복잡하다. 심지어 유아도 모델의 의도와 상황적 제약을 고려한다(Gergely et al., 2002).

➖ 관찰학습은 Bandura가 생각한 것보다 상황에 대한 개인의 해석에 더 많이 의존한다. 당신이 달리기에서 우승한 학생을 관찰한다고 하자. 당신이 운동에 관심이 없으면, 그 학생이 시간을 낭비하고 있다고 생각하고 그 행동을 모방하려고 하지 않을 것이다.

➖ 관찰학습의 개인차는 Bandura가 강조한 환경 요인뿐만 아니라 유전 요인에도 달려있다.

요약

- 일반 법칙에 초점을 맞춘 실험적 접근과 개인 차를 강조하는 접근 사이의 구분은 중요하다.
- 행동주의는 심리학을 내성법보다는 행동 연구를 강조하는 방향으로 나아가게 하였다. 또한 행동주의는 고전적 조건형성과 조작적 조건형성으로 학습심리학에 중요한 이론적 영향을 미쳤다.
- 인지적 접근은 행동뿐만 아니라 내부 심리과정에 초점을 둔다는 점에서 행동주의와 다르다. 내부 정신과정을 이해하기 위해 행동뿐만 아니라 뇌 활동 증거도 사용하는 인지신경과학은 인지적 접근의 발달을 대표한다.
- 발달심리학은 Freud와 Piaget의 영향을 크게 받았는데 두 사람 모두 성인의 행동이 아동기 학습과 경험에 의존한다는 것을 강조했다.
- 사회심리학은 처음에는 주로 개인에게 초점을 맞추었으나 나중에는 집단 과정을 상세하게 다루는 쪽으로 확장되었다. 사회 상황에서 행동에 미치는 인지과정의 영향에 대한 관심이 점점 더 증가하고 있다.
- 개인차를 강조하는 분야는 생물심리학, 이상심리학, 그리고 지능과 성격에 관한 연구이다. 이들의 공통된 주장은 개인차가 부분적으로 유전에 의존한다는 것이다. 이런 생각은 Charles Darwin의 영향을 받았다. 인간 행동이 우리의 선조가 직면했던 진화적 압력에 달려있다는 Darwin의 주장은 심리학에 중요한 영향을 미쳤다.
- 고전적 조건형성은 중성자극의 제시 직후 나타나는 유쾌한 또는 불쾌한 자극을 예측하기 위한 학습이다.
- 고전적 조건형성은 생존적인 측면에서 가치가 높다(예 : 미각 혐오).
- 고전적 조건형성에 기초한 노출치료는 다양한 공포증 치료에 효과적이다.
- 변동비율 강화계획(예 : 도박, 낚시)은 높은 반응률과 강한 소거 저항이 특징이다.
- 토큰경제는 여러 심각한 문제(예 : 알코올과 코카인 중독)를 치료하는 데 효과적이다.
- 정적처벌과 부적처벌 둘 다 효과적이지만, 전자가 더 많은 부작용을 일으킨다.
- Skinner의 접근은 장기적인 목표를 추구하는 상황보다 즉각적 강화와 처벌에 반응하는 상황에 더 잘 들어맞는다.
- 관찰학습은 일상에서 매우 흔하고, 조작적 조건형성보다 더 효율적이다.
- 관찰학습은 Bandura가 생각한 것보다 더 미묘할 수 있다.

더 읽을거리

- Brennan, J. (2013). *History and systems of psychology*. New York: Pearson. 심리학의 역사에 대해 이해하기 쉽게 서술하고 있다.
- Domjan, M. (2015). *The principles of learning and behavior* (7th ed.). Stamford, CT: Cengage Learning. 이 책은 이 장에서 논의하고 있는 모든 학습이론들에 대한 최신의 매우 상세한 정보를 제공한다.
- Eysenck, M.W., & Brysbaert, M. (2017). *Fundamentals of cognition* (3rd ed.). Abingdon, Oxford: Psychology Press. 이 책의 제1장은 인지심리학의 역사를 상세히 설명하고 있다.
- Leahey, T.H. (1992). The mythical revolutions of American psychology. *American Psychologist, 47*, 308–318. Thomas Leahey는 행동주의와 인지 '혁명'의 시작이 일반적으로 생각하는 것보다 그렇게 극적이지 않다고 주장한다.

질문

1. 인간 행동을 이해하는 행동주의 접근과 인지주의 접근을 비교하라.
2. 개인차를 강조하는 심리학의 주요 접근들에 대해 논하라. 이 접근들 사이의 주요 유사성은 무엇인가?
3. 고전적 조건형성이란 무엇인가? 고전적 조건형성에 대한 실험실 연구와 실생활에서 고전적 조건형성은 어떻게 다른가?
4. Skinner는 조작적 조건형성을 어떻게 설명하는가? 그의 설명에는 어떤 주요 한계점이 있는가?

당신이 인간의 행동을 이해하기 위한 연구를 하고 싶다고 해보자. 예를 들어, 폭력적인 TV 프로그램의 시청이 사람들을 공격적으로 만드는지 알고 싶다. 이 주제는 어떻게 연구할 수 있을까? 얼마나 많은 방법을 사용할 수 있을까? 당신 생각에 가장 유용한 방법은 무엇인가? 왜 그렇다고 생각하는가?

연구 방법

3

이 장은 심리학자가 인간 행동에 대한 연구를 수행할 때 사용하는 주요 방법들에 대해 알아본다. 대부분의 연구는 이론에서 출발한다. 이론은 연구 결과 또는 자료에 대한 일반적인 설명이다. 이론은 또한 다양한 **가설**(hypothesis)을 제공한다. 예를 들어, 어떤 사람들은 다른 사람들보다 더 사교적이라는 이론이 있다고 해보자. 이 이론에서 "사교적인 사람들은 다른 사람들에게 더 자주 미소 지을 것이다", "사교적인 사람들은 말을 더 많이 할 것이다", "사교적인 사람들은 타인의 의견에 더 많이 동의할 것이다"와 같은 여러 가설이 만들어질 수 있다.

심리학자는 자료(특히 행동 자료)를 수집한다. 자료는 다양한 가설을 검증하기 위해 수집된다. 많은 사람들이 이런 자료 수집은 적절한 실험실 실험을 통해 일어난다고 생각하고, 또 말 그대로 심리학에는 수백만 개의 실험실 실험들이 있다. 그러나 앞으로 보게 되겠지만 심리학자는 다양한 연구 방법을 사용하고, 모든 방법이 인간 행동에 대한 유용한 정보를 제공한다.

심리학의 연구 방법들을 읽으면 당신은 어느 것이 최선의 방법일지 궁금할 수 있다. 심리학자들이 사용하는 연구 방법을 골프선수들이 쓰는 골프 클럽과 비교하면 이해가 쉽다. 드라이버는 퍼터보다 더 나은 것도, 더 못한 것도 아니며 단지 다른 목적에 사용될 뿐이다. 이와 마찬가지로 심리학자들이 사용하는 각 연구 방법은 어떤 가설의 검증에는 매우 유용하지만 또 다른 가설을 검증하는 데는 덜 유용하다.

실험법

실험법은 심리학 연구에서 다른 어떤 방법보다 많이 사용된다. **실험법**(experimental method)의 사용은 일반적으로 실험 상황에 대한 높은 수준의 **통제**를 포함한다. 주된

핵심용어

가설 이론에 기초하여 행동에 미치는 특정 요인의 영향에 대한 예측

실험법 실험 상황(특히 독립변수)에 대한 높은 수준의 통제를 포함하는 연구 방법

관심이 되는 상황 요인이 행동에 어떤 영향을 미치는지를 관찰하기 위해 체계적인 조작이 일어난다. 실험법은 통제된 조건에서 일어나는 실험실 실험 또는 보다 자연스러운 조건에서 일어나는 현장 실험에 사용될 수 있다.

실험가설에는 보통 어떤 변수들이 포함되어 있는가?

대부분의 실험실 연구는 실험자가 생각하는 **실험가설**(experimental hypothesis)로부터 시작된다. 간단하게 말해서 이것은 특정 상황에서 무엇이 발생할 것이라는 예측 또는 기대이다. 실험가설의 한 예시로 "큰 소음이 심리학 개론서에 나오는 정보의 학습을 방해할 것이다"를 들 수 있다.

다른 여러 실험가설과 마찬가지로, 위의 가설은 특정 상황 요인(큰 소음의 제시)이 참여자의 행동(정보의 학습)에 영향을 줄 것이라고 예측하고 있다. 이것을 기술적인 용어로 표현하면, 실험가설에는 실험자에 의해 조작되는 **독립변수**(independent variable)가 포함되어 있다. 우리의 예에서 큰 소음의 유무가 독립변수이다.

실험가설은 또한 **종속변수**(dependent variable)를 포함하고 있다(참여자의 특정 행동). 위의 예에서는 학습에 관한 측정치(예 : 이해력 검사)가 종속변수의 평가에 사용될 수 있다. 간단히 말하면, 실험가설은 특정 독립변수가 종속변수에 특정 영향을 미칠 것이라는 예측이다.

실험법을 사용하는 심리학자는 독립변수가 행동에 어떤 효과를 야기한다는 것을 보여주고 싶어 한다. 실험법을 사용하면 인과관계를 밝힐 수 있다는 생각은 맞다. 그러나 언제나 그런 것은 아니다. 예를 들어 더운 나라에서 말라리아에 관한 실험을 한다고 해보자. 참여자의 절반은 창문이 열린 방에서 잠을 자게 하고 나머지 절반은 창문이 닫힌 방에서 잠을 자게 한다. 실험 결과 창문이 열린 방에서 잠을 잔 사람들이 말라리아에 더 많이 걸린 것으로 나타났다. 독립변수(열린 또는 닫힌 창문)가 말라리아 발병과 관련이 있지만, 이 결과는 말라리아의 주요 원인(예 : 감염된 모기)에 대해 아무것도 말해주지 않는다.

실험가설은 종속변수에 미치는 독립변수의 예측 효과로 이루어진다. 그러나 **영가설**(null hypothesis)도 있는데, 이것은 독립변수가 종속변수에 아무런 영향을 주지 않는다는 진술문이다. 앞의 예에서 영가설은 큰 소음이 심리학 개론서의 학습에 아무런 영향도 미치지 않는다는 것이다. 대부분의 실험실 연구의 목표는 연구 결과가 실험가설에 부합하는지 또는 영가설에 부합하는지를 결정하는 데 있다.

큰 소음이 학습을 방해한다는 실험가설을 검증하는 연구를 수행하는 것은 쉬워 보인다. 그러나 몇 가지 문제들은 주의가 필요하다. 첫째, 독립변수를 어떻게 조작할 것인지 결정해야 한다. 앞의 예에서 큰 소음이라고 하였는데, 정확하게 얼마나 큰 소음을 사용할지 정해야 한다. 소음이 극단적으로 크면 참여자의 청각을 손상시킬 수 있

핵심용어

실험가설 특정 실험에서 무엇이 발생할 것인지에 대한 예측. 종속변수에 미치는 특정 독립변수의 영향에 대한 예측을 포함하고 있고, 일반적으로 이론에 기초하여 세워진다.

독립변수 실험자가 실험가설을 검증하기 위하여 조작하는 실험의 상황 측면

종속변수 실험에서 측정하는 참여자의 행동 측면

영가설 독립변수가 종속변수에 아무런 영향을 주지 않을 것이라는 예측

으므로 절대로 사용해서는 안 된다. 그러나 반대로 소음이 너무 작으면 참여자에게
어떤 효과도 발생시키지 못할 수 있다. 또한 의미 있는 소음(예 : 음악 또는 말소리)과
무의미한 소음(예 : 도로 굴착기 소음) 간에 차이가 있을 수도 있다.

둘째, 종속변수를 어떻게 측정할지 결정해야 한다. 참여자가 심리학 개론서에 나오
는 내용을 얼마나 이해했는지 평가하는 문제를 사용할 수 있다. 이때 문제가 너무 쉽
거나 어렵지 않도록 주의해야 한다.

한계

실험법은 사용에 한계가 있다. 현재 우리의 행동에 영향을 미치는 요인들을 생각해보
자(제1장 참조). 이런 요인들 중 하나가 즉각적인 상황인데, 이것의 효과는 실험법을
사용하여 연구할 수 있다. 그러나 우리의 행동은 성격, 지능, 아동기 경험, 최근에 친
구와 싸움을 하였는지 여부, 두통이 있는지 여부 등의 영향을 받는다. 유감스럽게도
이 요인들 중 어느 것도 실험실 실험의 독립변수가 될 수 없다.

혼합변수

실험법을 사용할 때에는 혼합변수를 피하는 것이 무엇보다 중요하다. **혼합변수**
(confounding variable)는 독립변수와 함께 잘못 조작되는 요인들이다. 예를 들어 두 집
단을 사용한 Jenkins와 Dallenbach(1924)의 연구를 살펴보자. 한 집단은 아침에 과제를
학습하고 그날 늦게 기억검사를 받았다. 다른 집단은 동일한 과제를 저녁에 학습하고
하룻밤을 자고 그다음 날에 기억검사를 받았다. 두 번째 집단의 기억 수행이 월등히
우수하였다. Jenkins와 Dallenbach는 수면이 환경 자극에서 오는 간섭을 감소시켰기
때문에 기억에 도움이 되었다고 결론 내렸다.

당신은 이 연구에서 무엇이 잘못되었다고 생각하는가? 두 집단은 학습을 한 시간
대가 달랐고, 이것이 혼합변수로 작용하였다. Hockey 등(1972)은 학습과 기억검사 사
이에 잠을 자는지 여부보다 학습이 일어나는 시간대가 훨씬 더 중요하다는 것을 발견
하였다.

요약하면 혼합변수의 존재는 실험에서 나온 결과를 해석할 수 없게 만든다. 그 이유
는 연구 결과가 실험자가 조작한 독립변수(예 : 학습과 기억검사 사이에 수면 여부) 때
문인지, 아니면 혼합변수(예 : 학습이 일어난 시간대) 때문인지 알지 못하기 때문이다.

어떻게 하면 혼합변수를 피할 수 있을까? 한 가지 방법은 혼합변수를 모든 참여자
에게 동일하게 만들어서 혼합변수를 통제변수로 바꾸는 것이다. 학습에 미치는 소음
의 효과를 연구하려고 하는데 시간대가 결과에 영향을 미칠 수 있다고 하자. 모든 참

핵심용어

혼합변수 잘못하여 독
립변수와 함께 조작되
는 변수로 실험자의 관
심 대상이 아닌 변수

실험연구를 위해 참여자를 선정할 때 무엇을 해야 하는가?

여자를 특정 시간대(늦은 오전)에 검사해서 시간대를 통제변수로 만든다. 이렇게 하면 시간대에 의한 연구 결과의 왜곡을 막을 수 있다. 또는 소음과 무소음 조건 사이에 체계적인 시간대 차이가 없다는 것을 알아낸 다음에 아무 시간대나 무작위로 참여자를 검사할 수도 있다.

참여자 선정

대부분의 심리학 실험들은 100명 이하의 참여자를 사용한다. 실험에 사용되는 참여자는 어떤 큰 **전집**(population, 예 : 대학생)에서 나온 **표본**(sample)이다. 실험자는 표본에게서 얻어진 연구 결과를 전집에 적용할 수 있길 원하고, 따라서 표본에 속한 사람들은 전집의 **대표적 표본**(representative sample)이어야 한다.

대표적 표본은 어떻게 구할 수 있을까? 일반적으로 최선의 방법은 **무작위 표집**(random sampling)을 사용하는 것이다. 예를 들어 전집의 모든 구성원의 이름을 알고 있으면 모자에서 이름을 뽑는 방식처럼 무작위로 표본의 구성원을 선정한다. 유감스럽게도 이들 중 많은 사람이 실험 참여를 거부할 수 있기 때문에 무작위 표집으로 대표적 표본을 얻는다는 보장이 없다. Marcus와 Schulz(2005)는 자발적 참여자와 비자발적 참여자가 다르다는 것을 발견하였다. 자발적 참여자는 비자발적 참여자보다 더 친절하고, 경험에 더 개방적이고, 더 외향적이다.

대표적 표본을 얻기 위한 또 다른 방법은 **할당 표집**(quota sampling)이다. 여성이 55%이고, 18~21세 사이가 80%이고, 21세 이상이 나머지 20%로 이루어진 대학생 전집이 있다고 해보자. 55%가 여성이고 18~21세 사이가 80%가 되도록 표본을 선정하는 것이 할당 표집이다. 전집의 여러 특성들을 잘 알고 있다면 할당 표집은 대표적 표본을 만드는 효과적인 방법이다.

무작위 표집과 할당 표집은 비용과 시간이 많이 든다. 따라서 많은 실험자들이 가용성을 기초로 간단하게 참여자를 선정하는 **기회 표집**(opportunity sampling)을 주로 사용한다. 예를 들어 학교 식당을 나서는 학생에게 연구 참여를 요청하는 것이다. 이 방법은 간단하지만 실험 참여자들이 대표적 표본에 미치지 못할 수 있다는 단점이 있다.

실험설계

학습에 미치는 소음 효과를 관찰하기 위해 독립변수의 서로 다른 수준(예 : 큰 소음 대 소음 없음)에 노출된 두 집단을 비교한다고 해보자. 이 두 집단은 그 밖의 다른 중요한 특성들에서는 차이가 없어야 한다. 예를 들어, 만일 큰 소음을 제시받은 집단의 참여자들의 지능이 모두 매우 낮고, 소음이 없는 집단의 참여자들은 지능이 모두 매우 높다면, 낮은 학습 수행이 큰 소음 때문인지 아니면 지능 수준 때문인지 알 수가 없다.

실험설계는 세 가지 종류가 있다.

- **독립설계**(independent design) : 각 참여자는 독립변수의 한 수준에만 노출된다.
- **대응 참여자설계**(matched participants design) : 각 참여자가 독립변수의 한 수준에만 노출되는 것은 독립설계와 같지만 몇몇 다른 요인들(예 : 능력, 성)에서 두 집단의 참여자들은 서로 대응을 이룬다.
- **반복측정설계**(repeated measures design) : 각 참여자는 독립변수의 서로 다른 수준에 모두 노출된다.

독립설계에서 집단에 참여자를 배정하는 가장 일반적인 방법은 **무작위 할당**(randomization)이다. 우리의 예에서 큰 소음에 노출시킬 참여자와 소음에 노출시키지 않을 참여자를 결정할 때 동전 던지기 같은 무작위 방법을 사용한다. 이렇게 하면 두 집단의 참여자들이 지능, 연령, 성 등에서 비슷할 수 있다. 물론 때로 운이 나쁠 수도 있다!

대응 참여자설계에서는 참여자를 집단에 배정할 때 참여자에 대한 정보를 알아야 한다. 우리의 예에서는 참여자의 지능 수준에 대한 정보가 있어야 한다. 그래야 이 정보를 이용하여 한 집단의 참여자들의 지능과 다른 집단의 참여자들의 지능을 맞출 수 있다.

반복측정설계에서는 모든 참여자가 독립변수의 두 수준에 모두 노출된다. 우리의 예에서 각 참여자는 큰 소음이 있을 때와 소음이 없을 때, 둘 다에서 학습을 하게 된다. 이런 설계에서는 두 집단의 참여자들의 학습 능력이나 지능 수준의 차이에 대해 걱정할 필요가 없다.

반복측정설계의 문제점

반복측정설계의 주요 문제점은 순서 효과가 발생할 수 있다는 것이다. 실험이 진행되는 동안 참여자의 경험이 여러 가지 방식으로 참여자를 변화시킬 수 있다. 예를 들어, 처음에 실험 또는 과제에 대한 유용한 지식을 얻은 것 때문에 두 번째 검사에서의 수행이 더 우수할 수 있다. 또는 피곤하거나 지루해져서 두 번째 검사에서 수행이 더 나빠질 수 있다.

각 참여자가 독립변수의 한 수준에만 노출되는 실험설계는 무엇인가?

핵심용어

독립설계 각 참여자가 독립변수의 한 수준에만 노출되는 실험설계

대응 참여자설계 독립변수의 각 수준에 노출된 참여자들이 특정 요인 또는 요인들(예 : 지능, 성)에서 대응되는 실험설계

반복측정설계 각 참여자가 독립변수의 모든 수준에 노출되는 실험설계

무작위 할당 참여자를 무선 방식(예 : 동전 던지기)으로 집단에 배정하는 방법

우리의 사례는 참여자가 소음에의 노출 여부에 상관없이 두 번째 시행에서 정보를 더 잘 학습할 가능성이 높기 때문에 반복측정설계의 사용이 어려울 수 있다.

모든 참여자를 먼저 소음이 있는 조건에서 학습하게 하고 두 번째로 소음이 없는 조건에서 학습하게 하는 반복측정설계로 실험을 한다고 해보자. 순서 효과 때문에 참여자의 수행이 소음이 없는 조건에서 더 우수할 수 있다. 따라서 더 좋은 방법은 절반의 참여자에게는 소음이 있는 조건에서 먼저 학습을 하고 소음이 없는 조건을 나중에 하게 하지만 나머지 절반은 소음이 없는 조건을 먼저 하고 소음이 있는 조건을 두 번째로 하게 하는 것이다. 이렇게 하면 어떤 순서 효과라도 균형을 이루게 된다. 이것이 연구 결과를 왜곡시키는 순서 효과를 예방하기 위해 사용하는 **역균형화** (counterbalancing)이다.

표준화 절차

실험자가 특정 조건에 있는 모든 참여자를 동일하게 대하는 것은 대단히 중요하다. 즉 표준화 절차가 사용되어야 한다. 예를 들어, 모든 참여자가 정확하게 동일한 지시를 받을 수 있게 지시문을 분명하게 작성한다.

또한 표준화 절차는 참여자로부터 자료를 수집할 때도 필요하다. 교재 학습에 미치는 큰 소음의 효과를 평가한다고 가정해보자. 참여자들에게 기억나는 것을 모두 쓰게 할 수도 있다. 그러나 이렇게 하면 서로 다른 참여자들의 기억 수행을 정확하게 비교하지 못한다. 한 가지 표준화 절차는 모든 참여자에게 학습 내용과 관련된 20개의 동일한 문제를 제시하는 것이다. 그러면 모든 참여자가 0~20점 사이의 점수를 얻게 되고, 집단 간 또는 조건 간 기억 수행을 쉽게 비교할 수 있다.

실험실 실험에서 모든 절차를 표준화하기 어려운 이유 중 하나가 대부분의 실험이 실험자와 참여자의 사회적 만남으로 이루어지기 때문이다. 실제로 남성 실험자는 참여자가 남성일 때보다 여성일 때 더 친절하고, 더 쾌활하고, 더 정직하고, 용기를 주는 행동을 더 많이 한다(Rosenthal, 1966).

Rosenthal(1966)의 연구는 실험자 효과의 한 예이다. **실험자 효과**(experimenter effect)는 실험자가 참여자의 행동에 의도하지 않은 영향을 미치는 것을 말한다(Ambady & Rosenthal, 1996). 실험자 효과의 가장 유명한 사례는 '영리한 한스'라는 말에 대한 이야기이다. 20세기 초 한스는 산수 문제(예 : 어떤 달의 8일은 화요일이다. 그 주의 금요일은 며칠인가?)의 정답을 발굽으로 땅을 두드려서 수를 셀 수 있는 말로 유명했다.

심리학자 Oskar Pfungst는 한스의 재주를 의심했다. 그는 영리한 한스가 질문자의 미묘한 동작에 반응하여 정답을 내놓고 있는 것을 발견하였다. 한스가 한 일은 두드리기 반응의 시작과 끝 신호로 질문자의 동작을 사용한 것이 전부였다!

실험의 인위성

실험법에 기초한 실험실 연구의 한계는 인위성이다. 특히 문제가 되는 것이 **생태학적 타당도**(ecological validity)이다. 실험은 다음 두 가지 이유 때문에 생태학적 타당도가 부족하다.

첫째, 자신이 실험자에 의해 관찰되고 있다는 것을 실험 참여자가 아는 것이 그의 행동에 영향을 미칠 수 있다. 예를 들어, 참여자는 실험자의 가설을 알아내려고 시도할 수 있다. 그 결과 참여자는 '참여자에게 실험가설을 알려주는 단서들의 집합체'인 **요구 특성**(demand characteristics)의 영향을 받게 된다(Orne, 1962).

Young 등(2007)은 멀미를 유발하기 위해 설계된 가상 환경에서 질문지를 사용하여 멀미를 평가하였다. 가상 환경을 경험한 후뿐만 아니라 전에도 질문지를 받은 참여자들이 가상 환경을 경험한 후에만 질문지를 받은 참여자들보다 멀미가 훨씬 더 심하다고 보고하였다. 이 참여자들은 연구가 멀미에 대한 것이라는 요구 특성에 민감해져 있었던 것이다. 먼저 받은 질문지가 그들을 아프게 만들었다!

둘째, 실험자의 행동은 참여자의 행동에 영향을 주지만, 참여자의 행동은 실험자의 행동에 거의 영향을 주지 않는다. Wachtel(1973)은 이 현상을 기술하기 위해 **확고한 실험자**(implacable experimenter)라는 용어를 사용하였다. 그는 이런 현상은 타인을 특정 방식으로 행동하도록 설득하는 일상생활에서 우리의 모습과 큰 차이가 있다고 지적하였다. 심리학 연구는 참여자에게 상황이나 실험자의 행동을 바꿀 수 있는 기회는 전혀 허용하지 않으면서 상황에 대한 개인의 반응에만 초점을 맞추는 지나치게 단순한 관점을 제공할 위험이 있다.

반복 검증

심리학자는 실험에서 얻어진 결과를 보고할 때 다른 심리학자들도 자신과 비슷한 결과를 얻을 수 있기를 원한다. 이것이 실험결과가 다른 사람들에 의해 반복 검증될 수 있다는 **반복 검증**(replication)이다. 연구자가 어떻게 하면 반복 검증의 가능성이 최대화될 수 있을까? 첫째, 실험이 수행된 방식을 상세하게 보고해서 다른 사람들이 정확하게 이해할 수 있도록 한다. 둘째, 표준화된 절차를 사용해야 한다. 셋째, 혼합변수를 피하는 것이 중요하다.

현장 실험

실험실 실험과 현장 실험은 둘 다 실험법이다. 그러나 현장 실험은 더 자연스러운 상황에서 일어나고, 참여자는 자신이 실험에 참여하고 있다는 것을 모른다. 이것 때문에 현장 실험은 실험실 실험보다 인위성이 더 적고, 실험자 효과 및 요구특성의 문제도 덜하다.

두 가지 사례에서 현장 실험의 가치를 살펴보자. 첫째, Shotland와 Straw(1976)는 거리에서 방관자들이 보고 있는 가운데 남자와 여자가 논쟁을 벌이는 장면을 연출했다. 여자는 "나는 당신을 몰라요!" 또는 "내가 왜 당신과 결혼했는지 모르겠어요!"라고 외쳤다. 이것이 부부 싸움이라고 생각했던 방관자들 중에서는 19%만이 싸움에 개입하였지만 모르는 사람들끼리의 싸움이라고 생각했던 사람들은 65%가 개입하였다.

둘째, Gueguen 등(2010)은 현장 실험의 실용적 가치를 보여주었다. 이들은 환자가 어떻게 하면 의사의 처방에 따라 약을 잘 복용하는지 알고 싶었다. 의사가 어떤 환자에게는 잠깐 이마에 손을 얹어 주었고 다른 환자에게는 그렇게 하지 않았다. 접촉이 있었던 환자들이 그렇지 않은 환자들보다 약을 더 잘 복용했다. 일주일 후 접촉이 있었던 환자들은 의사가 자신을 걱정해주고 더 유능하다고 평가하였다. 즉 의사의 매우 단순한 몸짓이 환자들에게 긍정적인 효과를 미칠 수 있다.

한계

현장 실험은 여러 가지 한계가 있다. 첫째, 현실 세계에서는 실험을 통제하기가 쉽지 않다. 둘째, 자신이 실험에 참여하고 있다는 것을 의식하지 못하고 있는 참여자에게서 상세한 정보를 얻기 어렵다. 앞서 기술한 사례에서는 종속변수가 단순하였다[예 : 개입(예/아니요), 약 복용 횟수]. 셋째, 윤리적인 연구는 참여자로부터 미리 자발적 동의를 받도록 되어 있는데 이것이 현장 실험에서는 거의 불가능하다.

평가

➕ 실험실 연구는 실험 통제가 가능하기 때문에 특정 행동의 원인을 밝힐 수 있다. 그러나 현장 실험에서는 이런 통제가 더 적다.

➕ 실험실 실험과 현장 실험에서 나온 결과들은 다른 실험자에 의해 반복 검증될 수 있다.

➕ 모든 실험설계(독립설계 : 대응 참여자 설계, 반복측정설계)는 적절하게 사용될 때 알맞다.

➖ 실험법은 우리의 행동에 영향을 미치는 다른 여러 주요 요인들(예 : 성격, 아동기, 유전자)의 평가에는 사용할 수 없다.

- 심리학이 오직 실험법으로만 연구될 수 있다는 생각을 버려야 한다(David Scott과의 개인적 소통). 곧 보겠지만, 심리학에는 다른 연구 방법들도 많이 있다.

- 실험실 연구의 참여자들이 자연스럽게 행동하지 않는 이유는 그들이 인위적인 상황에서 관찰되고 있기 때문이다. 또한 요구 특성과 확고한 실험자 문제도 잠재하고 있다. 그러나 현장 실험에서는 실험자 효과와 요구 특성이 덜하거나 존재하지 않는다.

- 실험실 연구에서 나온 결과들은 종종 일상생활에서 발견되는 것과 차이가 있다. 즉 생태학적 타당도가 문제이다. 그러나 현장 실험은 생태학적 타당도가 높은 편이다.

그 밖의 연구 방법

심리학에서 실험법이 다른 어떤 연구 방법보다 자주 사용되는 것은 사실이다. 그러나 심리학자들은 다른 연구 방법들도 많이 사용하고 있고 이들 중 일부를 살펴보도록 하자.

관찰연구

관찰연구는 현실 세계에서 행동을 관찰한다는 점에서 현장 실험과 비슷하다. 그러나 중요한 차이가 있는데, 관찰연구를 하는 연구자는 상황에 어떤 통제도 가하지 않은 채 단지 일상생활에서 사람들의 행동을 관찰할 뿐이다.

관찰연구의 한 예시로 놀이터에서 아동의 상호작용을 관찰한다고 해보자. 여아는 남아보다 더 협조적으로 상호작용하는 반면에 남아는 여아보다 더 공격적으로 상호작용한다는 예측이 있을 수 있다.

이 가설을 검증하기 위해 두 명 이상의 관찰자가 여아와 남아의 협조적 행동과 공격적 행동의 수를 기록한다. 이것을 쉬지 않고 계속하기란 상당히 어렵다. 따라서 연구자들은 특정 시간대를 선정하여 관찰 기록하는 시간 표집을 사용한다. 예를 들어 아동의 행동을 10분간 관찰하고 5분 쉬고, 다시 10분간 관찰하는 것을 반복하는 것이다.

두 가지 문제가 관찰연구에서 발생할 수 있다. 첫째, 관찰하고 있는 행동의 범주를 두고 관찰자들 사이에 생각의 차이가 있을 수 있다. 한 관찰자는 가볍게 한 대 치는 것을 공격적인 행동으로 간주하지만 다른 관찰자는 그렇지 않다고 생각할 수 있다. 그러므로 먼저 측정하는 행동에 대한 명확한 정의가 필요하다.

둘째, 기록해야 하는 행동 범주를 정확하게 정의한다고 모든 문제가 해결되지는 않는다. 어떤 관찰자들은 주의를 기울이지 못해 중요한 행동을 놓칠 수도 있다. **관찰자 간 신뢰도**(inter-observer reliability)를 계산해서 관찰자들이 비슷한 판단을 했는지를 볼

핵심용어

관찰자 간 신뢰도 참여자 행동의 평정에서 두 관찰자의 일치 정도

수 있다. 관찰자들이 동의하는 정도가 비슷할수록 관찰자 간 신뢰도는 높다.

횡단 및 종단연구

연령이 두 가지 유형의 기억(제22장 참조)에 어떤 효과를 미치는지 알고 싶다고 해보자.

종단연구는 무엇인가?

1. 일화기억(특정 시간, 특정 장소에서 발생한 사건에 대한 기억)
2. 의미기억(세상에 대한 지식)

가장 쉬운 방법은 한 시점에서 서로 다른 연령의 집단을 검사하는 **횡단법**(cross-sectional method)을 사용하는 것이다. 또 다른 접근은 동일 집단에게 시간을 두고 여러 번 검사를 실시하는 **종단법**(longitudinal method)이다.

어쩌면 당신은 연구 방법과 상관없이 기억에 미치는 연령 효과가 비슷할 것이라고 생각할지 모른다. 그러나 실제로는 그렇지 않다. Rönnlund 등(2005)은 횡단법을 사용하였을 때 35~60세 사이에서 일화기억이 감소한다는 결과를 발견하였다. 이와 대조적으로 종단법을 사용한 연구에서는 35~60세 사이의 일화기억이 상당히 안정적으로 나타났다.

왜 이 두 방법은 상이한 결과를 내놓은 것일까? 횡단법의 문제 중 하나가 젊은 사람들의 평균적인 교육 수준이 나이가 많은 사람들보다 더 높아서 연령과 교육 수준의 혼합이 존재한다는 것이다. Rönnlund 등(2005)이 혼합 효과를 통계적으로 제거하였더니 횡단법의 연구 결과가 종단법에서 얻어진 연구 결과와 훨씬 더 비슷해졌다. 따라서 일화기억 또는 의미기억에 미치는 노화(적어도 60세까지)의 부정적인 영향은 극히 작다고 할 수 있다.

같은 사람들을 쭉 연구하는 것 때문에 종단법이 더 선호된다. 종단법은 연령 집단별 교육 수준의 차이를 염려할 필요가 없다. 아마 당신은 종단연구가 더 좋은데도 불구하고 왜 횡단연구가 더 많이 일어나는지 의아할 것이다. 가장 중요한 이유는 횡단연구가 시간과 비용이 훨씬 더 적게 들기 때문이다. 그러나 종단연구에도 한계점이 있다는 것을 기억해야 한다. 예를 들어, 반복 검사로 인해 연습 효과가 나타날 수 있고, 따라서 나이가 들었을 때의 수행은 인위적으로 부풀려진 것일 수 있다(Salthouse, 2014).

상관연구

폭력적인 TV 프로그램 시청이 아동의 공격 행동을 유발한다는 가설을 세웠다고 해보

핵심용어

횡단법 한 시점에서 서로 다른 집단(예 : 상이한 연령)을 사용하여 연구하는 방법

종단법 한 집단의 참여자들을 비교적 오랜 기간에 걸쳐서 반복적으로 연구하는 방법

자(제7장 참조). 이 가설이 맞는다면 TV에서 폭력적인 장면을 가장 많이 본 아동이 가장 공격적일 것이라는 예측이 가능하다. 이 가설은 폭력적인 프로그램 시청과 공격성 간의 **상관**(correlation) 또는 연합(association)을 계산해서 검증할 수 있다. 이 두 종속변수 사이의 관련성이 높을수록 상관 또는 연합도 높다.

상관연구의 주요 한계점은 연구 결과의 해석이 어렵다는 것이다. 폭력적인 TV 프로그램 시청과 공격성 사이의 정적 상관은 연구가설과 일치하는 것으로 해석할 수 있다. 그러나 또 다른 설명도 가능한데, 공격적인 아동이 비공격적인 아동보다 폭력적인 프로그램을 더 많이 시청하는 것일 수도 있다. 세 번째 설명은 빈곤한 가정의 아동은 부유한 가정의 아동보다 모든 종류의 TV 프로그램을 더 많이 볼 확률이 더 높고, 결핍 환경이 이들을 더 공격적으로 행동하게 만드는 것일 수도 있다.

상관연구의 한계점을 알면서도 왜 연구자들은 상관연구를 수행할까? 첫째, 많은 가설들이 실험법을 사용하여 직접 검증될 수 없기 때문이다. 예를 들어, 흡연이 특정 신체적 질병의 원인이라는 가설을 검증하기 위해 어떤 사람에게는 강제로 흡연을 시키고 또 어떤 사람에게는 흡연을 강제로 막을 수 없다! 그러나 피운 담배 개비 수와 다양한 질병의 발생 확률 간의 연합 또는 상관을 알아보기는 쉽다.

둘째, 상관연구는 실험설계로 할 수 있는 것보다 여러 개의 변수에 대한 수많은 양의 정보를 훨씬 더 빠르게 얻을 수 있다. 예를 들어, 질문지를 사용하여 공격 행동과 수많은 활동(폭력적인 영화 관람, 폭력적인 도서 구독, 직장이나 가정에서의 좌절) 사이의 상관을 연구할 수 있다.

사례연구

많은 수의 참여자를 사용하지 못하는 경우가 있다. 예를 들어, 드문 형태의 뇌 손상이나 매우 이상한 증후를 보이는 환자가 그렇다. 이런 경우에는 한두 명을 상세하게 연구하는 **사례연구**(case study)가 매우 유용하다.

유명한 사례연구로 말에 대해 극단적인 공포증을 가졌던 어린 한스에 대한 Sigmund Freud의 연구를 들 수 있다. Freud에 따르면 어린 한스는 어머니에게 성적인 매력을 느꼈지만 이 일로 아버지에게 야단을 맞을까 매우 두려웠다. 말의 눈가리개와 검정 재갈이 안경과 콧수염이 있는 아버지와 비슷하게 보였기 때문에 아버지에 대한 어린 한스의 공포가 말에게 전이 또는 대치되었다는 것이다.

Freud의 이런 분석은 틀렸다. Freud의 설명에 따르면 한스는 말을 볼 때마다 강한 공포증을 보여야 한다. 실제로는 빠른 속도로 마차를 끌고 있는 말을 볼 때에만 공포를 보였다. 어린 한스의 말에 대한 공포는 말과 마차가 고속으로 질주하다 발생한 심

핵심용어

상관 두 종속변인 또는 참여자의 반응들 사이의 연합

사례연구 한두 명의 개인에 대한 집중적인 연구

각한 사고를 본 후에 시작되었다. 이것이 그에게 말 공포증을 불러일으킨 것이다.

다른 사례연구들은 훨씬 더 흥미로운 사실들을 확인시켜 주었다. 예를 들어, Henry Molaison(HM)의 사례가 있다. 그는 심각한 기억 문제를 가진 기억상실증 환자였다 (제22장 참조). HM이 단순히 매우 손상된 장기기억을 가졌다고 쉽게(그러나 틀린!) 결론내릴 수 있다. 놀랍게도 운동기술을 학습하고 기억하는 그의 능력은 정상이었다.

HM에 관한 사례연구는 장기기억이 하나의 시스템이라는 관점이 틀렸다는 것을 보여준다(제22장 참조). 더 구체적으로, 우리의 기억은 의식적인 회상과 관련된 기억 (예 : 당신은 어디에 사는가?)과 의식적인 회상을 요구하지 않는 기억(예 : 운동기술 의 수행)으로 나누어져 있다.

평가

➕ 사례연구는 이론을 더 잘 이해할 수 있게 해주는 풍부한 정보를 제공한다.

➕ 사례연구는 특정 이론이 틀렸다는 것을 보여줄 수 있다. 예를 들어, HM의 사례는 장기기 억에 대한 선행 이론들이 지나치게 단순했다는 것을 확인시켜주었다.

➖ 특정 한 개인이 그렇다고 다른 사람들도 그렇다고 보기 어렵다. 즉, 사례연구로부터 일반 적인 결론을 이끌어내는 것은 위험할 수 있다. 그러나 HM의 경우에는 다른 기억상실증 환자들에게서도 비슷한 기억 손상 패턴이 나타난다.

➖ 대부분의 사례연구(예 : Freud의 사례연구)는 시간이 오래 걸리는 비구조화된 인터뷰를 사 용한다. 이런 인터뷰에서 나온 증거는 인터뷰하는 사람의 관점에 의해 영향을 받기 쉽다.

윤리적 문제

심리학은 연구와 관련된 윤리적인 논쟁이 다른 어떤 과학 분야보다 더 많다. 그 이유 는 여러 가지이다. 첫째, 모든 심리학 연구는 살아 있는 피조물(인간 또는 동물)을 사 용하고, 이들의 권리가 연구자의 소홀함에 의해 쉽게 침해당할 수 있다.

둘째, 심리학의 연구 결과로 인간의 본질이나 특정 사회집단에 관한 불쾌하거나 수 용하기 어려운 사실들이 드러날 수 있다. 이것은 사회적으로 민감한 연구에서 특히 그렇다. Sieber와 Stanley(1988, p. 49)는 이런 연구를 '직접적으로 연구 참여자에게, 또 는 참여자가 대표하는 계층에게 사회적 영향이나 함의의 가능성이 존재하는 연구'라 고 정의한다.

사회적으로 민감한 연구는 직접 참여자로 참가한 사람들 외에도 많은 사람들에게 위험이 될 수 있다. 예를 들어 "지능에 인종 차이가 있는가?"에 대해 연구하는 연구자가 있다고 해보자. 이것은 참여자가 속한 인종집단의 모든 구성원에게 위험이 될 수 있다.

지능에서 인종 차이에 대한 질문을 하는 것만으로도 즉각적인 윤리적 논쟁을 불러일으킨다. 연구자는 지능에 인종 차이가 있고 이 차이가 매우 중요함을 가정하고 있을 가능성이 높기 때문이다. 이런 가정은 윤리적으로 문제가 된다(그리고 거의 대부분이 틀리다). 지능의 인종 차이에 대한 연구는 인류에 도움이 되는 것이 아니라 오히려 심각한 손상을 가져올 수 있다.

셋째, 심리학 연구로 강력한 사회 통제 기법이 발견될 수 있다. 만일 이런 기법들이 사회에 영향력을 행사하려는 사람이나 독재자에 의해 사용된다면 위험해질 것이 분명하다.

일반 원칙

영국심리학회(BPS)는 영국의 전문 심리학자들을 위한 조직이다. 모든 연구자가 반드시 지켜야 하는 윤리 가이드라인(최근 2009년과 2014년)의 여러 버전들이 나와 있다. 그림은 이런 가이드라인의 가장 중요한 특징들을 보여준다.

윤리적 실험을 위해 무엇이 보장되어야 하는가?

윤리적인 연구의 중요한 필요조건은 다음과 같다 : "심리학자는 연구의 영향을 받을 수 있는 연구 참여자와 그 외의 사람들, 집단, 단체의 입장에서 심리적 안녕, 정신건강, 개인 가치관, 사생활 또는 존엄성을 해칠 수 있는 위험을 피하는 목표를 가지고 모든 연구에 임해야 한다"(British Psychological Society, 2014, p. 11). 더 구체적으로, 영국심리학회 가이드라인의 2104년 버전은 다음 네 가지 윤리적 원칙을 강조하고 있다:

1. 존중 : 연구자는 개인, 문화, 그리고 역할 차이를 존중해야 한다. 무엇보다 연구자가 실험의 내용을 참여자들에게 자세히 말해주고 그들로부터 자발적 동의를 얻는 것이 가장 중요하다.
2. 권한 : 연구자는 연구를 계획하고 수행할 때 자신의 지식과 경험의 한계를 알고 있어야 한다.
3. 책임 : 연구자는 모든 연구를 참여자의 입장에서 생각해야 한다. 참여자에게 이유를 말하지 않고 아무 때나 철회할 수 있다는 말을 해주어야 한다. 실험 후에는 실험에 대한 간단한 설명을 해주어서 참여자가 연구의 성격에 관해 비교적 자세한 정보를 얻을 수 있게 한다.
4. 진실 : 연구자는 참여자와 정직하고 공정한 상호작용이 일어나도록 노력해야 한다. 예를 들어 연구자가 자신의 전문성을 과장해서는 안 된다.

심리학자와 심리학을 공
부하는 학생들이 알아두
어야 하는 윤리 지침

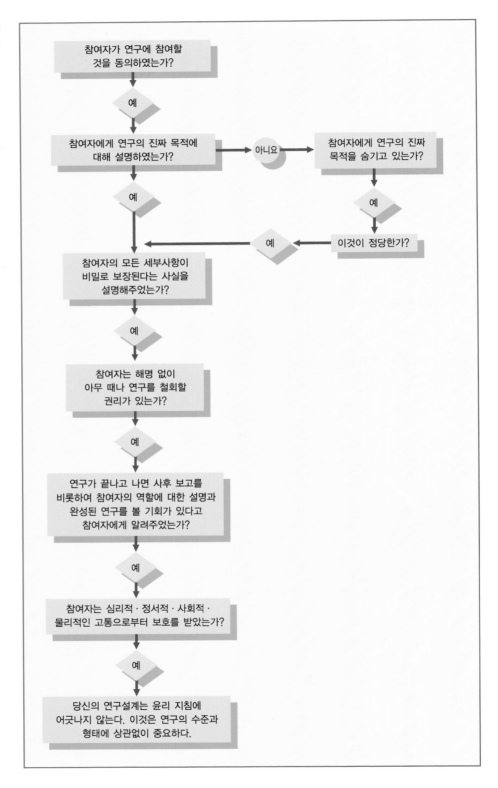

두 가지 문제가 더 있다. 첫째, 윤리적인 연구는 수단과 목적 사이에서 균형을 이루어야 한다. 연구가 윤리적으로 수용 가능한지를 결정할 때 연구의 가치에 초점을 맞춘 손실–이득 분석이 필요하다. 예를 들어, 동물에게 고통을 주는 행위는 연구 목표가 새로운 화장품의 개발이 아닌 심각한 질병 치료법의 발견일 때 더 쉽게 정당화된다. 그러나 실험이 수행되기 전에는 손실과 이득의 예측이 어려울 수 있다(Diener & Crandall, 1978). 어떤 경우에는 연구가 끝나고 오랜 시간이 흐르고 나서야 연구의 가치가 분명히 드러나기도 한다.

둘째, 어느 정도까지 참여자를 속일 것인지도 문제이다. 실험의 핵심 측면이 드러나지 않으면 참여자가 자발적으로 동의할 수 없기 때문에 일반적으로 속임수를 피하는 것이 중요하다. 그러나 속임수는 흔해서, Menges(1973)에 따르면 연구에 대한 모든 정보를 참여자에게 제공한 연구는 미국에서 3%밖에 되지 않는다. 속임수가 정당화될 때도 있는데, 특히 그 효과가 해롭지 않으면 확실히 더 용인되는 경향이 있다. 속이지 않고 그 주제를 연구할 다른 방법이 없으면 더욱 정당화된다.

마지막으로 윤리적 규준에 따라 연구를 수행하려는 움직임이 해를 거듭할수록 점점 늘어간다. 예를 들어, 권위에의 복종에 관한 Milgram의 연구나 Zimbardo의 스탠퍼드 교도소 실험 같은 연구를 수행하는 것이 많은 국가들에서 어렵거나 불가능하다(제15장 참조).

요약

- 실험가설은 특정 실험에서 무엇이 일어날 것이라는 예측이다. 더 구체적으로, 종속변수에 미치는 독립변수의 예측 효과를 말한다.
- 실험법을 사용할 때 혼합변수를 피해야 한다. 이것은 가능한 많은 변수들을 통제함으로써 가능하다.
- 참여자는 특정 전집으로부터 대표적 표본을 구성해야 한다. 이것은 무작위 표집 또는 할당 표집으로 가능하다.
- 실험법에는 독립설계, 대응 참여자 설계, 반복측정설계가 있다.
- 반복측정설계에서는 원하지 않는 순서 효과가 발생한다. 이것은 역균형화로 해결할 수 있다.
- 실험법을 사용할 때에는 표준화 절차를 사용하고, 실험자 효과를 피하고, 생태학적 타당도를 높이려고 노력해야 한다.
- 현장 실험은 참여자가 알지 못하는 상태에서 행동을 평가할 수 있다는 장점이 있다. 그러나 이런 실험은 통제가 쉽지 않다.
- 관찰연구는 매우 많은 정보를 제공한다. 그러나 통제가 부족하고 측정 신뢰도에 대한 논쟁

이 있을 수 있다.

- 횡단연구는 한 시점에서 여러 집단을 연구하지만 종단연구는 한 집단을 여러 시점에서 연구한다. 종단연구가 더 선호되는데 모든 연구결과가 동일 집단에 기초하고 있기 때문이다.
- 상관연구는 동일 참여자에게서 나온 두 행동의 측정치를 비교한다. 상관계수는 특정 행동의 원인을 알려주는 것이 아니기 때문에 연구결과의 해석이 어렵다.
- 사례연구는 한두 명의 개인을 자세히 연구하

는 것이다. 이런 연구들에서 나온 결과는 일반화가 어렵다.

- 사회적으로 민감한 연구는 윤리적 논쟁을 일으키는데 그 이유는 연구에 직접 참여하지 않은 많은 사람들에게 미칠 수 있는 잠재적인 손상 위험 때문이다.
- 윤리적 연구는 존중, 권한, 책임, 진실에 바탕을 두고 있다.
- 제안된 연구가 윤리적으로 수용 가능한지를 결정할 때 손실-이득 분석을 실시해야 한다.

더 읽을거리

- Coolican, H. (2014). *Research methods and statistics in psychology* (6th ed.). Hove, UK: Psychology Press. Hugh Coolican은 이 장에 나오는 대부분의 주제들을 매우 자세하게 설명한다.
- Eysenck, M.W. (2015). AQA psychology: *AS and A-level year 1* (6th ed.). Hove, UK: Psychology Press. 이 책의 제8장은 연구 방법에 대해 상세히 다루고 있고 여러 가지 통계 기법을 기술하고 있다.
- Howitt, D., & Cramer, D. (2014). *Introduction to research methods in psychology* (4th ed.). London: Pearson. 이 책은 연구 방법에 대한 개론서이다.

질문

1. 실험법의 주요 특징은 무엇인가? 실험법의 장점과 단점은 무엇인가?
2. 실험법을 제외하고 심리학자가 사용하는 연구 방법에는 어떤 것들이 있는가? 이런 방법들의 장점과 단점은 무엇인가?
3. 윤리적 연구의 주요 특징은 무엇인가? 연구가 윤리적이어야 하는 중요한 이유는 무엇인가?

Part 1

생물학적 접근

생물심리학은 중요한 접근이다. 생물심리학은 '유전, 진화, 생리학, 특히 신경생리학의 관점에서 인간의 행동과 경험을 연구하는 분야'(Kalat, 1998, p. 1)로 정의된다. 일반적으로 심리학에서 생물학적 접근은 우리의 행동이 어떻게 신체와 뇌의 영향을 받는지에 초점을 맞춘다. 무엇보다 중요한 사실은 우리의 많은 행동이 부모로부터 물려받는 유전자의 영향을 받는다는 것이다.

제4장 ● 행동의 생물학적 기초

유전적 요인의 역할로 뇌의 구조와 행동을 설명하는 생물심리학의 핵심 주제를 살펴본다.

제5장 ● 스트레스

우리에게 친숙한 스트레스의 생리적 측면에 초점을 맞추면서 스트레스의 원인과 특성에 대해 논의한다.

제6장 ● 정서

정서 경험과 관련된 생리적 효과를 비롯하여 정서의 특징에 대해 논의한다.

제7장 ● 공격성

공격성의 원인(유전적 요인의 역할 포함)과 공격성을 감소시키는 방법에 대해 살펴본다.

우리의 행동이 신체와 뇌의 영향을 강하게 받는다는 것은 누구나 동의한다. 이것이 심리학에서 생물학적 접근의 출발점이다. 또한 이 접근은 우리의 행동이 환경(예 : 친구, 경험, 문화)과 유전(물려받은 유전적 구성요소) 중 어느 것의 영향을 더 많이 받는지에 대한 논쟁과도 관련이 있다. 당신은 행동에 유전적 요인이 중요한 영향을 미친다고 생각하는가?

수세기 전 골상학자들은 손으로 두개골의 울퉁불퉁한 형태를 만져서 뇌 기능의 개인차를 밝힐 수 있다고 주장했다. 이 시도는 실패로 끝났다. 당신은 뇌 기능의 신비를 밝히기 위해 어떤 기법을 사용해야 한다고 생각하는가? 골상학자는 뇌의 각 부위마다 고유한 기능이 있다고 가정했다. 당신은 이 가정이 옳다고 생각하는가? 어떻게 결정할 수 있을까?

행동의 생물학적 기초

4

제2장에서 말한 것처럼 Darwin(1859)의 진화론은 심리학에 극적인 영향을 미쳤다. 예를 들어 행동주의자들(예 : Watson, Skinner)이 인간 행동을 이해하기 위해 다른 종 (예 : 쥐)을 연구한 것도 Darwin이 종들 사이의 유사성을 강조했기 때문이다. Sigmund Freud 역시 Darwin의 영향을 강하게 받았다. 본질적으로 Darwin은 인간 행동의 이해 에 생물학이 기여할 수 있는 것이 무엇인지를 심리학자들에게 보여주는 데 중요한 역 할을 하였다.

이 장은 생물학적 접근에 기초한 심리학의 최신 이론과 연구에 초점을 맞춘다. 최 근 Darwin의 영향이 가장 직접적으로 나타나고 있는 생물학적 접근이 진화심리학이 다. 또한 인간 행동에서 유전적 요인의 역할에 대한 우리의 이해를 크게 향상시킨 주 요 연구들을 상세하게 살펴본다. 마지막으로 활동 중에 있는 뇌를 연구할 수 있는 정 교한 기법들 덕분에 뇌의 작동 방식에 대한 우리의 이해가 어떻게 달라졌는지에 대해 논의할 것이다.

진화심리학

진화심리학(evolutionary psychology)은 신체뿐만 아니라 인간의 마음과 행동도 진 화 과정에 의해 형성되었다는 가정에 기초한다. 더 구체적으로, 진화적 압력이 **적응** (adaptation, 생존과 번식 확률을 높이는 유전 특성)을 만들어낸다. 결과적으로 대부 분의 우리의 행동은 적응적이고 우리가 처한 환경에 적합한 행동이다. 그러나 아주 먼 선조 시대에는 적응적 가치가 높았지만 더 이상 그렇지 않은 행동도 있다. 예를 들 어, 음식이 있을 때마다 먹는 행동은 음식이 부족하고 먹을 것을 구하는 데 상당한 에 너지를 필요로 하는 환경에서는 적응적이다. 그러나 현재 서구 사회에서 이런 행동은

핵심용어

진화심리학 인간의 많 은 행동이 다윈의 진화 론으로 설명될 수 있다 는 가정에 기초한 심리 학의 접근

적응 과거 우리 선조에 게 닥쳤던 문제를 해결 하기 위해 진화한 유전 적 기제

더 이상 적응적이지 않고 비만의 극적인 증가를 설명해주고 있다.

연구 결과

인간에게서 한 가지 분명한 적응은 지난 수천 년 동안 우리의 뇌 크기가 상당히 증가하였다는 것이다. Stewart(1977)에 따르면, 700만 년 전 우리 선조의 뇌는 400cc에 불과하였다. 호모 에렉투스에 이르러서는 1,000cc까지 증가하였고 지금은 1,350cc이다. 이런 증가는 엄청난 적응적 가치를 지니는데 다른 어떤 종들보다 더 효과적으로 사고하고 추론할 수 있게 해주기 때문이다. 특이하게도 비율로 보면 인간의 전두영역(사고와 관련된 복잡한 인지기능을 담당하는)이 고릴라보다 더 크지 않다(Kaufman, 2013). 고릴라와 비교하여 더 우수한 우리의 정신능력은 뇌 영역들 사이의 더 효율적인 상호연결에서 나온다.

강박충동장애(OCD) 환자들은 되풀이되는 침투적 사고(강박)와 반복적인 행동(충동)이 특징이다. 신기한 것은 강박충동장애로 고통받는 많은 사람들이 씻기 충동을 가지고 있고 하루에 수십 번씩 손을 씻는다. 이에 대한 그럴 듯한 설명이 많은 우리 선조들이 비위생적 환경 때문에 사망하였고 따라서 인간은 잠재적 감염에 매우 민감하도록 진화하였다는 것이다. Szechtman과 Woody(2004)는 인간에게는 감염을 탐지하는 안전 동기 체계가 있다고 주장한다. 이 체계는 감염 경계에서 단 한 번의 실수도 치명적일 수 있기 때문에 '쉽게 켜지고 어렵게 꺼지는' 특징이 있다. 강박충동장애 환자들은 건강한 사람들보다 이 체계를 끄는 데 더 많은 어려움을 느끼는 사람들이다.

진화론적 접근을 지지하는 증거들은 다른 장에서도 확인할 수 있다. 예를 들어, 진화론적 접근은 비이기적 또는 이타적 행동을 설명할 수 있고(제14장), 데이트와 배우자 선택 전략에서 남녀 차이도 설명해준다(제16장).

평가

⊕ 진화심리학자들은 인간이 어떻게 행동하는지보다 왜 그렇게 행동하는지에 초점을 맞추고 있다는 것에서 다른 심리학자들보다 유리한 위치에 있다.

⊕ 진화심리학자들의 통찰 덕분에 우리는 많은 현상들(예 : 강박충동장애 환자의 손 씻기, 이타적 행동)을 더 잘 이해할 수 있게 되었다.

⊖ 진화심리학은 종 내 구성원들 사이의 개인차보다 대부분의 구성원들에게서 발견되는 적응을 더 잘 설명한다(Confer et al., 2010).

⊖ 모든 인간 행동이 적응과 개인 유전자의 영속으로 설명되지 않는다(예 : 동성애, 자살).

우리 선조가 처했던 환경적 압력에 대한 세부적인 지식이 없고, 따라서 많은 진화적 설명들이 추측에 불과하다.

유전 대 환경

인간은 여러모로 서로 다르다. 어떤 사람은 키가 크고 말랐고 어떤 사람은 키가 작고 뚱뚱하다. 또 지능이 높고 열심히 노력하는 사람이 있지만 지능이 낮고 동기도 낮은 사람이 있다.

　가장 일반적인 수준에서 행동의 개인차는 두 가지 때문이다: 유전(자연)과 환경(양육). 즉 사람들이 서로 다른 이유는 그들이 물려받은 것에서의 차이 때문이거나 그들이 경험한 것에서의 차이 때문이다. 실제로는 대부분의 행동에서 개인차는 유전과 환경 둘 다에 의존할 가능성이 높다.

　자연－양육 논쟁은 유전과 환경의 상대적 중요성에 대한 것으로 이 책의 여러 곳에서 다루고 있다. 예를 들어, 공격성(제7장), 지능(제17장), 그리고 성격(제18장)의 개인차에서 찾아 볼 수 있다.

쌍생아 연구

자연－양육 논쟁을 다루기 위한 최선의 방법이 쌍생아 연구이다. **일란성 쌍생아**(monozygotic twins)는 동일한 수정란 또는 난자에서 나오기 때문에 유전자의 100%를 공유한다. **이란성 쌍생아**(dizygotic twins)는 2개의 서로 다른 수정란 또는 난자에서 나오기 때문에 유전자의 평균 50%를 공유한다.

　만일 어떤 행동이나 특성(예 : 지능)에서 개인차가 유전적 요인에 달려있다면, 일란성 쌍생아는 이란성 쌍생아보다 그 행동이나 특성에서 더 비슷해야 한다. 반대로 만일 환경적 요인이 절대적으로 중요하다면, 이란성 쌍생아와 비교하여 일란성 쌍생아가 더 비슷하지 않을 것이다.

　연구 증거들은 많은 특성과 행동에서 개인차를 만들어내는데 유전과 환경 둘 다 중요하다고 가리키고 있다. 놀라운 사실은 개인차에 영향을 미치는 유전의 효과가 매우 광범위한 영역에서 발견된다는 것이다. 예를 들어, Verhulst와 Hatemi(2013)는 두 종류의 태도에 초점을 맞추고 쌍생아 연구를 수행했다: (1) 사회 이념(예 : 낙태와 이혼에 대한 태도)과 (2) 종교적 태도(예 : 안식일 준수와 진화론에 대한 태도). 두 태도에 대한 일란성 쌍생아의 관점이 이란성 쌍생아보다 훨씬 더 비슷해서 이런 태도에서 개인차가 많은 부분 유전적 요인에 달려있다는 것을 보여주었다.

일반적인 오해

쌍생아 연구에 관한 세 가지 흔한 오해가 있다. 첫째, 사람들은 쌍생아 연구가 유전적 요인에 관한 정보만 제공한다고 생각한다. 그렇지 않다. 쌍생아 연구는 환경적 요인의 중요성에 대한 추정치도 제공한다. 더 구체적으로, 쌍생아 연구는 두 가지 종류의 환경 영향을 평가할 수 있게 해준다:

1. 자녀들을 서로 비슷하게 만드는 가정 내 공유 환경 영향
2. 어떤 한 개인에게 특수한 비공유 환경의 영향

성격에 관한 쌍생아 연구(제18장)를 보자. Sigmund Freud(그리고 다른 여러 학자들도)에 따르면, 아동의 성격은 부모가 제공하는 가정환경에 의해 대부분 결정된다. 스트레스가 많은 가정환경은 아동에게 불안한 성격을 발달시킨다. 만일 Freud가 옳다면, 청소년과 성인의 성격은 대부분 공유 환경 영향에 의존해야 한다.

실제 사례는 어떨까? 주요 성격 요인들에서 개인차의 약 40%가 유전적 요인 때문이고, 거의 60%가 비공유 환경 영향 때문이고, 공유 환경 영향은 극소수이다(Plomin & Daniels, 2011). 즉 아동의 특수 경험(예 : 친구, 학교)이 다른 어떤 환경 영향보다 성격 발달에 극적인 영향을 미친다. 비공유 환경 영향의 또 다른 중요한 원천은 가정 안에서 아동이 부모로부터 받는 서로 다른 양육 방식이다(Plomin & Daniels, 2011).

둘째, 사람들은 행동에 미치는 유전과 환경의 영향이 완전히 독립적이라고 생각한다. 그렇지 않다. Kendler와 Baker(2007)는 스트레스 사건, 양육, 가정환경을 포함하여 몇몇 환경 요인을 살펴보았다. 일란성 쌍생아가 이란성 쌍생아보다 이런 환경 요인들에서 더 유사했다. 즉 유전이 환경 추정치에 영향을 미친다는 것이다.

이 결과를 어떻게 설명할 수 있을까? 일반적으로 연구 결과들은 우리가 환경에 유의미한 영향을 미친다는 것을 보여준다. 더 구체적으로, Plomin(1990)은 개인의 유전적인 자산이 세 가지 방식으로 환경에 영향을 미친다는 것을 확인하였다. 다음은 지능의 개인차에서 이 세 가지 방식이 어떻게 작용하는지를 보여준다:

1. **능동적 공분산** : 유전적 능력에서 차이가 나는 아동들이 그들의 유전적 차이를 강화하는 상황을 찾을 때 일어난다. 예를 들어 높은 지능을 타고난 아동은 낮은 지능을 타고난 아동보다 책을 더 많이 읽고 교육 기간도 더 길다.

2. **수동적 공분산** : 높은 유전적 능력을 타고난 아동의 부모가 낮은 능력을 타고난 아동의 부모보다 아동에게 더 지적인 환경을 제공할 때 일어난다.

3. **반응적 공분산** : 유전의 영향을 받은 개인의 행동이 그를 대하는 타인의 행동 방식에 영향을 미칠 때 일어난다. 예를 들어, 성인은 유전적으로 높은 지적 능력을 타고난 아동과 복잡한 주제에 대해 토론할 확률이 더 높다.

Plomin의 분석에서 어떤 결론을 내릴 수 있을까? 사실 유전적 요인은 지능의 개인차에 두 가지 방식으로 영향을 미칠 수 있다. 첫째, 유전은 지능에 직접적인 영향을 미친다. 둘째, 유전은 지능에 간접적인 영향을 미친다. 즉 유전적 요인이 개인이 살아가는 환경을 결정하고, 이 환경이 그의 지능에 영향을 미친다.

셋째, 사람들은 개인차(예 : 지능)에 미치는 유전의 영향이 변화하지 않는, 고정된 것이라고 생각한다. 이것은 전적으로 틀린 생각이다. 유전의 영향을 평가할 때 특정 전집을 대상으로 하기 때문에 전집에 따라 그 영향은 변화될 수 있다. 두 가지 사례가 있다(제17장). 첫째, 유전적 요인이 성인기 지능의 개인차를 설명하는 정도는 약 80% 이지만 아동기에서는 20%밖에 되지 않는다(Plomin Deary, 2014). 이것은 성인이 아동보다 자신의 환경을 선택하는 것이 훨씬 더 많기 때문이다(예 : 능동적 공분산).

두 번째 예시는 사회경제적 수준이 매우 높거나 매우 낮은 미국 가정에서 아동의 지능에 미치는 유전의 영향이다. Turkheimer 등(2003)은 유전적 요인이 사회경제적 수준이 높은 가정(10%)보다 낮은 가정(72%)에서 지능의 개인차를 설명하는 데 일곱 배 더 중요하다는 것을 발견했다. 사회경제적 수준이 높은 가정의 아동들은 대부분의 환경 조건이 호의적이기 때문에 환경적 요인이 지능에 거의 영향을 주지 않는 것으로 나타난다.

신경계

신경계는 신체에 있는 모든 신경세포를 포함하고 있다. 앞으로 보겠지만, 신경계의 여러 부위는 서로 다른 기능에 특화되어 있다. 신경계는 150~200억 개의 뉴런(신경세포)과 수많은 신경교(다양한 기능을 담당하는 작은 세포들)로 구성되어 있다. 신경계는 2개의 주요 하위체계로 나뉜다.

신경계는 어떤 하위체계로 이루어져 있는가?

- **중추신경계**(central nervous system) : 중추신경계는 뇌와 척수로 구성되며, 뼈와 그 주변을 순환하고 있는 체액으로 보호되고 있다.

핵심용어

중추신경계 뇌와 척수로 구성되어 있고 골격과 뇌척수액의 보호를 받고 있다.

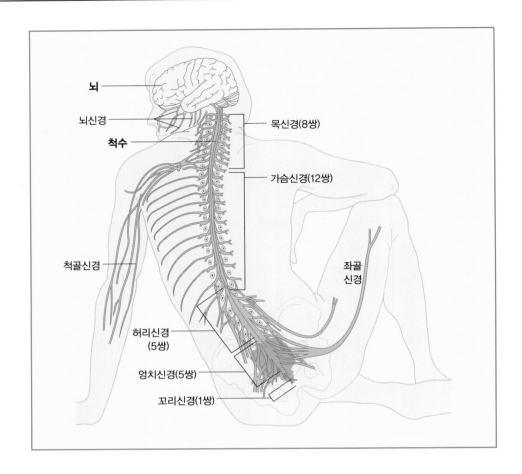

뇌

뇌신경

척수

목신경(8쌍)

가슴신경(12쌍)

척골신경

좌골
신경

허리신경
(5쌍)

엉치신경(5쌍)

꼬리신경(1쌍)

- **말초신경계**(peripheral nervous system) : 말초신경계는 신체의 나머지 다른 신경세포들로 구성된다. 말초신경계는 체신경계(골격근의 수의적 운동에 관여)와 자율신경계(심장 근육 같은 비골격근의 불수의적 운동에 관여)로 나뉜다.

말초신경계

뇌를 상세하게 다루기 전에 말초신경계를 간단히 살펴보자. 말초신경계는 중추신경계 밖에 있는 신경세포들을 말한다.

  말초신경계는 체신경계와 자율신경계로 나뉜다. 체신경계는 외부 환경과의 상호작용에 관여하며, 자율신경계는 신체의 내부 환경에 관여한다.

  체신경계(somatic nervous system)의 일부는 눈, 귀, 골격근, 그리고 피부에서 오는 신호를 중추신경계로 전달한다(위의 그림 참조). 체신경계는 또한 중추신경계에서 오는 신호를 골격근, 피부 등으로 전달한다.

  앞서 언급하였듯이 **자율신경계**(autonomic nervous system)는 비골격근의 움직임을

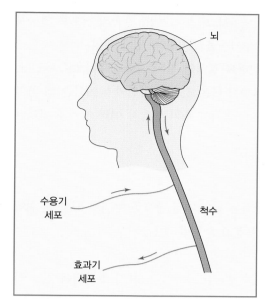

수용기 세포들은 척수를 통해 정보를 뇌로 전달한다. 뇌는 운동 뉴런을 통해 지시를 내린다.

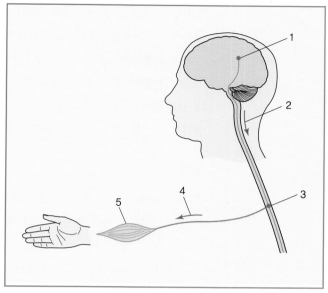

체신경계 : 당신이 손가락을 움직이려고 할 때 어떤 일이 일어날까? (1) 뇌의 결정이 (2) 척수를 통해 (3) 다른 신경세포로 전달되어 (4) 골격근에 도달하고 (5) 근육의 수축 또는 이완을 통하여 손가락이 움직인다.

통제한다. 자율신경계의 통제를 받는 기관들은 심장, 폐, 눈, 위장, 그리고 혈관 등의 내장기관이다. 자율신경계는 교감신경계와 부교감신경계로 나뉜다.

교감신경계(sympathetic nervous system)는 각성과 에너지를 필요로 하는 상황에 관여한다. 교감신경계는 심박률 증가, 위장 활동 감소, 동공 확대나 팽창 그리고 기관지 이완을 유도한다. 이런 변화는 사람들에게 도피나 싸움을 준비시킨다.

부교감신경계(parasympathetic nervous system)는 신체의 에너지 비축에 관여한다. 부교감신경계 활성화에 따른 효과는 교감신경계와 정반대이다. 부교감신경계는 심박률 감소, 위장 활동 증가, 동공 수축, 그리고 기관지 수축을 가져온다.

교감신경계와 부교감신경계는 모두 중요하다. 교감신경계가 과도하게 활성화되지만 부교감신경계가 거의 활성화되지 않는 사람은 할 일이 많아 스트레스가 심한 사람일 것이다.

뇌의 구조

뇌의 첫 번째 특징은 그 복잡성에 있다. 뇌의 구조를 연구하는 것이 뇌의 여러 부위의 기능이나

핵심용어

교감신경계 각성과 에너지를 만들어내는 (예 : 심장박동의 증가를 통하여) 자율신경계의 일부

부교감신경계 각성을 감소시키고 에너지를 비축(예 : 심장박동 감소를 통하여)하는 데 관여하는 자율신경계의 일부

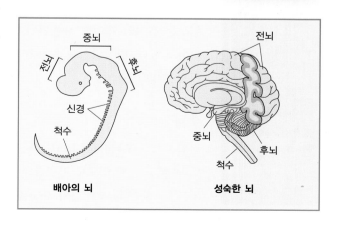

목적을 이해하는 것보다 훨씬 쉽다. 그러나 앞으로 보겠지만, 기술의 진보로 연구자들은 활동 중에 있는 뇌를 관찰하면서 뇌의 기능을 평가할 수 있게 되었다.

가장 일반적인 수준에서 뇌는 세 가지 주요 영역인 전뇌, 중뇌, 후뇌으로 나뉜다. 이 용어는 배아의 뇌에서 그 위치를 확인해서 나온 것으로 성인의 뇌에서는 세 영역의 상대적 위치가 분명하게 보이지 않는다. 전뇌와 후뇌는 각각 여러 개의 독립적인 영역으로 구분된다(Pinel, 1998).

전뇌

전뇌는 뇌에서 가장 중요한 부위이다. 전뇌는 뇌의 가장 중요한 부위로 뇌의 맨 위와 앞쪽에 위치하고 있으면서 네 가지 주요 부분으로 구성되어 있다:

- **대뇌**(cerebrum) : 중추신경계에 있는 뉴런(신경세포)의 70%가 집중되어 있고 사고, 언어 사용, 그리고 그 밖의 인지능력에서 중요한 역할을 한다.
- **변연계**(limbic system) : 이 체계의 주요 부위 중 하나(편도핵)는 여러 정서에 관여한다(제6장 참조). 또 다른 주요 부위(해마)는 학습과 기억에 중요하다.
- **시상**(thalamus) : 주요 기능은 더 높은 수준의 뇌 부위로 정보를 전달하는 중간 정거장과 같은 역할이다. 또한 각성과 수면에도 관여한다.
- **시상하부**(hypothalamus) : 이 구조는 체온, 배고픔, 갈증과 같은 자율 기능의 제어를 비롯하여 여러 가지 기능을 담당하고 있다. 성행동 및 스트레스 반응의 제어에도 관여한다(제5장 참조).

중뇌

중뇌(midbrain)는 여러 중요한 기능을 가지고 있다. 첫째, 중뇌의 일부는 시각과 청각에 관여하고 있다. 그렇지만 대부분의 지각 과정은 전뇌에서 일어난다. 둘째, 중뇌의 일부는 움직임 제어에 사용된다. 셋째, 중뇌는 후뇌의 일부와 함께 망상활성체계를 이루고 있다. 망상활성체계는 수면 조절, 각성에 관여하고 심박율과 호흡률에도 부분적으로 영향을 준다.

후뇌

진화적으로 **후뇌**(hindbrain)는 뇌에서 가장 오래된 구조이다. 후뇌의 구조는 '파충류의 뇌'라고 불릴 정도로 파충류의 뇌 구조를 닮았다. 후뇌는 세 부분으로 구성되어 있고, 각 부분은 하나 이상의 기능을 담당하고 있다.

핵심용어

대뇌 사고, 언어와 관련된 전뇌의 일부

변연계 편도핵, 시상하부, 그리고 격막으로 이루어진 뇌체계로 정서 정보처리에 관여한다.

시상 각성과 수면에 관여하는 전뇌의 일부

시상하부 체온, 배고픔, 목마름, 그리고 성행동의 제어와 관련된 전뇌의 일부

중뇌 시각, 청각, 그리고 운동제어에 관여하는 뇌의 중간 부분

후뇌 '파충류의 뇌'라고도 하며 호흡, 소화, 삼키기, 섬세한 신체 균형 및 의식의 제어에 관여한다.

- 연수 : 망상활성체계의 일부로 호흡, 소화, 그리고 삼키기를 제어한다. 연수의 손상은 사망의 원인이 될 수 있다.
- 뇌교 : 망상활성체계의 일부로 의식의 제어에 관여한다. 뇌교는 메시지를 서로 다른 뇌 부위에 전달하는 중간 정거장의 역할을 하고 있다.
- 소뇌 : 신체의 균형과 협응을 제어하는 기능을 가지고 있다. 자전거 타기 또는 타자 치기처럼 '과학습'된 기술 정보는 소뇌에 저장된다.

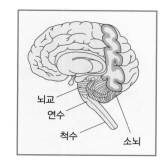

대뇌피질

대뇌피질(cerebral cortex)은 대뇌의 바깥층이다. 두께는 약 2mm에 불과하지만 지각, 사고, 그리고 언어 능력에 절대적으로 중요하다. 대뇌피질은 두 가지 방식으로 나눌 수 있다.

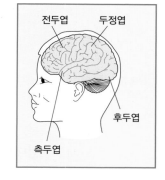

1. 각 반구의 대뇌피질은 전두엽, 두정엽, 측두엽, 후두엽이라고 불리는 4개의 엽 또는 영역으로 나뉜다. 전두엽은 뇌의 앞쪽에 위치하고 있고, 후두엽은 뇌의 뒤쪽에 위치한 피질을 말한다. 다른 2개의 엽으로 위쪽에 위치하고 있는 두정엽과 그 아래에 옆쪽에 위치한 측두엽이 있다.
2. 전체 뇌는 좌반구와 우반구, 2개의 반구로 나뉜다.

기능의 국재화

대뇌피질은 엄청나게 복잡하지만 서로 다른 정보처리에 특화된 뇌 영역들을 확인하는 것이 가능하다. 지금부터는 대뇌피질의 네 가지 엽의 기능을 살펴보도록 하자.

대뇌피질의 네 가지 엽은 무엇인가?

전두엽(특히 전전두엽)은 가장 복잡한 형태의 사고와 관련된 핵심 부위이다. 전두엽이 광범위하게 손상된 환자를 **집행기능장애 증후군**(dysexecutive syndrome, Baddeley, 2007)이라고 한다. 이들은 행동을 계획하고, 조직하고, 점검하고, 그리고 주의를 유지하고 집중하는 데 문제를 보인다.

그림은 다른 뇌 기능의 국재화를 요약하여 보여주고 있다. 첫째, 뇌의 뒤쪽 후두엽에는 시각중추가 위치하고 있다. 후두엽의 많은 부위가 다른 어떤 감각 양상보다 시각정보의 처리에 관여한다. 단어를 짧게 시각적으로 제시하면 이것의 의식적인 지각여부와 상관없이 후두엽이 활성화된다. 의식적인 지각이 일어난, 즉 광범위한 정보처리가 일어난 정보들만이 전두엽에 유의미한 활성화를 일으킨다(Gaillard et al., 2009).

둘째, 청각중추는 측두엽에 있다. 측두엽은 말소리와 음악 같은 청각자극의 처리에

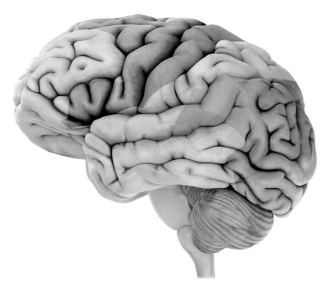

운동중추(빨강), 체감각중추(오렌지), 시각중추(파랑), 청각중추(노랑), 언어중추(브로카 영역 : 보라, 베르니케 영역 : 초록)를 보여주는 인간의 뇌

관여한다. 의식적인 청각정보의 처리는 보통 청각중추의 활성화뿐만 아니라 전전두엽의 활성화를 포함한다.

셋째, 언어중추가 있다. 여러 뇌 영역이 언어 정보처리와 관련되어 있기 때문에 오직 하나의 언어중추가 존재하지 않는다. 예를 들어, 시각중추는 읽기에 관여하고 있고 청각중추는 말소리 이해에 관여하고 있다. 그러나 언어와 가장 관련이 깊은 영역은 브로카(Broca) 영역과 베르니케(Wernicke) 영역이다. 브로카 영역은 언어 산출을, 그리고 베르니케 영역은 말소리 이해를 담당한다.

넷째, 운동중추가 있다. 이 영역은 전두엽에 있으며 수의적 움직임을 계획하고, 제어하고, 실행한다. 한쪽 반구의 운동피질이 손상되면 다른 쪽 신체의 움직임에 문제가 생긴다.

다섯째, 체감각중추가 있다. **체감각**(somatosensation)은 '접촉, 통증, 온도 감각 그리고 팔다리 위치 감각을 포함한 피부 또는 신체와 관련된 지각 정보처리'(Ward, 2010, p. 154)이다. 체감각 중추는 그 구조와 정보처리가 복잡하다. 예를 들어, 우리의 촉각은 피부의 긴장, 떨림, 압력, 그리고 온도에 의존한다.

뇌의 활성화가 이런 특수한 중추에만 국한되어 있지 않다는 사실을 기억하라. 실제로 다른 뇌 영역들(특히 전두엽)은 수많은 정보처리에 관여하고 있다. 예를 들어, 언어정보처리는 브로카 영역과 베르니케 영역뿐만 아니라 적어도 6개의 특수 뇌 영역들이 관여하여 일어난다(Berwick et al., 2013)

반구 특수화

지금까지 대뇌피질의 두 반구가 기능에서 매우 유사한 것처럼 설명하였다. 사실은 그렇지 않다. **반구 편재화**(hemispheric lateralisation)가 존재하는데, 이것은 두 반구가 그 기능에서 차이가 있다는 것을 의미한다. 결론적으로 각 반구의 특수화를 보여주는 여러 증거들이 존재한다. 특정 상황에서 두 반구 중 하나가 정보처리를 책임지는 대뇌 우세를 발견할 수 있다. 예를 들어, 85~90%의 사람들의 언어능력은 좌반구에 기초하고 있다. 전 세계 인구의 약 10%가 왼손잡이이고, 80~85%는 오른손잡이다(소수는 양손잡이이다). 오른손잡이들의 경우 좌반구의 운동중추가 우세한데 신체의 오른쪽은 좌반구에 의해 통제되기 때문이다.

우반구는 어떨까? 시각과 공간적 주의의 일부가 우반구에 위치하고 있다는 증거들이 늘어나고 있다(Hervé et al., 2013). 이 기능이 우반구에 위치하게 된 이유가 좌반구가 언어와 운동제어에 너무 많이 관여함으로써 다른 기능을 위한 용량이 감소되었기 때문이라는 주장이 제기되었다. 그러나 공간 편재화가 왼손잡이보다 오른손잡이에서 더 크지 않고 따라서 위의 주장이 정확한 설명이 아니라는 것을 시사한다.

분리뇌 환자

반구 편재화에 대한 중요하고 흥미로운 증거가 **분리뇌 환자**(split-brain patient)에게서 나왔다. 대부분의 분리뇌 환자는 뇌전증 발작을 감소시킬 목적으로 두 반구를 이어주고 있는 뇌량을 절제하는 수술을 받은 사람들이다.

분리뇌 환자는 어떤 사람인가?

분리뇌 환자가 일상생활에서 큰 어려움을 겪을 것이라고 생각하겠지만 실제로는 그렇지 않다. 분리뇌 환자가 눈을 움직여서 환경에 대한 정보를 두 반구에 모두 도달하게 할 수 있기 때문이다. 이런 환자의 수행이 문제가 있다는 것을 보여주려면 다른 쪽 반구는 알지 못하게 하면서 한쪽 반구에만 시각자극이 들어가도록 **짧게** 제시해야 한다.

분리뇌 환자들이 2개의 의식(각 반구에 하나씩)을 가진 것인지 또는 하나의 의식만 가진 것인지를 두고 많은 논쟁이 일어났다. Sperry(1968, p. 723)는 이들이 2개의 의식을 가지고 있다고 주장하였다 : "덜 중요한 반구(우반구)가 두 번째 독립적인 의식을 구성하면서… 주요 반구(좌반구)에서 일어나는 더 우세한 의식의 흐름과 함께 병렬적으로 작동한다." 그는 좌반구를 우세 반구로 보았는데 보통 언어중추가 그곳에 위치하고 있기 때문이다.

이와 대조적으로, Gazzaniga(예 : 2013)는 우세한 좌반구에 위치하는 의식의 중요성을 강조하였다. 이 체계는 해석자로 알려져 있다. 이것은 "적절한 행동반응을 산출하려고 내적 그리고 외적 사건에 대한 설명을 찾는다"(Gazzaniga et al., 2008, p. 465). 좌반구가 우세하게 된 주요 이유는 언어능력이 좌반구에 위치하고 있기 때문이다. 그러나 Gazzaniga는 우반구에서도 많은 정보처리가 일어난다는 것을 인정한다.

Gazzaniga 등의 관점을 지지하는 증거는 무엇인가? 분리뇌 환자의 주관적 경험을 증거로 들 수 있다. Colvin과 Gazzaniga(2007, p. 189)에 따르면, "뇌량 절제 수술을 받은 후 2개의 자아 또는 2개의 의식 때문에 자신에 대한 느낌이 극적으로 변했다거나 자신의 몸 안에 2개의 자아가 있다고 느끼는 환자는 한 명도 없었다." Hellmann 등

핵심용어

분리뇌 환자 뇌의 양 반구를 이어주고 있는 뇌량이 손상된 사람으로, 두 반구 사이의 직접적인 소통이 불가능하다.

(2013)은 분리뇌 환자(AC)가 시각자극을 볼 때 뇌 활동을 살펴보았다. 우반구에 제시된 자극보다 좌반구에 제시된 자극에 뇌 활동이 훨씬 더 많이 일어났다. 이 결과는 AC가 우반구 자극보다 좌반구 자극에 대한 의식적 자각이 더 컸다는 것을 시사한다.

분리뇌 환자가 2개의 의식 흐름을 가지고 있다는 Sperry의 관점을 지지하는 증거는 무엇인가? 이 관점에 따르면 두 반구 사이에 **충돌**이 발생할 수 있다. Mark(1996, p. 191)는 양쪽 반구에 언어능력을 가진 환자에 대해 다음과 같이 기술하였다 : "그녀는 왼손에 감각이 없다고 말하였다. 내가 그러냐고 하자, 그녀는 자신은 감각이 없지 않다고 말하였다. 그런 다음 "있다" "없다"를 번갈아 가면서 연발하고 나서는 절망적이 되어 "잘 모르겠어요!"라고 말했다"

Baynes와 Gazzaniga(2000)는 쓰기는 우반구에 의해, 그리고 말하기는 좌반구에 의해 제어되는 분리뇌 환자 VJ를 연구하였다. Baynes와 Gazzaniga(2000, p. 1362)에 따르면, "VJ는 자신의 오른손과 왼손의 독립적인 수행에 경악한 첫 번째 분리뇌 환자이다. 그녀는 보이지 않는 자극에 유창하게 써내려가는 자신의 왼손에 당황하였고 그녀가 소리 내어 읽고 철자를 말할 수 있는 단어를 쓰지 못하는 자신의 오른손에 괴로워했다." 추측컨대 이런 결과는 한정된 이중 의식을 시사한다.

요약하면, 분리뇌 환자의 두 반구는 많은 정보처리 활동을 하고 있다. 그러나 우반구가 자신만의 의식을 가진 것 같지는 않다. 만일 두 반구가 각자의 의식을 가지고 있다면 두 반구 사이에 수많은 갈등이 일어날 것인데 그렇지 않기 때문이다.

뇌 연구 방법

최근 몇 년간 과학기술의 놀라운 진보로 뇌 기능에 관한 상세한 정보를 얻을 수 있는 여러 가지 방법이 개발되었다. 이것은 인지신경과학(제2장 참조)의 발달로 이어졌다. 인지신경과학자는 사람이 인지과제를 수행하는 동안 뇌 활동 패턴과 행동 측정치에 대한 정보를 얻는다. 인지심리학자처럼 행동 측정치만 고려하는 것보다 뇌활동과 행동(예 : 과제 수행)을 모두 고려해야 인간의 인지과정을 더 잘 이해할 수 있다는 것이 이들의 주요 가정이다.

뇌 활동을 연구하는 기법들은 뇌 활동이 어디서 일어나고 있는지(공간 해상도) 그리고 언제 일어나는지(시간 해상도)를 얼마나 정확하게 보여주는지에서 차이가 있다. 여기서는 기능적 자기공명영상(functional magnetic resonance imaging, fMRI)과 사건 관련전위(event-related potentials, ERPs), 두 가지 기법에 초점을 맞춘다.

fMRI는 11톤 무게의 자석으로 이루어진 스캐너를 사용한다. fMRI는 적혈구 세포의 산소 농도 수치를 이용하여 활성화된 뇌 영역을 알아낸다. 이것이 BOLD(blood oxygen-level-dependent contrast, 혈중 산소 의존 대비) 신호이다. 신경세포의 활동이 증가하고 BOLD 신호가 변화하는 데 약간의 시간이 소요되기 때문에, fMRI의 시간 해상도는 약 2~3초이다. 그러나 공간 해상도는 대단히 우수하다(대략 1밀리미터). fMRI가 이론적 논쟁을 해결하는 데 어떻게 사용될 수 있는지를 보여주는 사례가 제2장에 나와 있다.

사건관련전위(ERPs)는 뇌 활동을 측정하는 유용한 기법 중 하나이다. 자극을 여러 차례 제시하고, 두피 전극을 사용하여 각 시행에서 뇌 활동 기록을 얻는다. 그런 다음 전체 시행에서 얻어진 기록들을 평균한다. 왜 이렇게 할까? 계속해서 일어나고 있는 뇌 활동이 너무 많고, 뇌파 활동에서 자극에 대한 정보처리 효과를 탐지하기가 어렵기 때문이다. 배경 뇌 활동에서 순수한 자극 효과를 분리하기 위해서는 여러 번의 시행이 필요하다.

ERPs는 뇌 활동의 시간 경과를 매우 정확하게 보여준다. 또한 특정 정보처리가 일어난 시점을 수 밀리초(ms) 이내로 알려줄 수 있다. 그러나 활성화된 뇌 영역에 대해서는 대략적인 정보밖에 제공하지 못한다.

ERPs가 읽기와 관련된 이론적 논쟁의 해결에 어떤 도움을 줄 수 있는지를 보여주는 사례가 있다. 일반적으로 독자는 다음에 나올 단어를 예측하지 않는다는 의견이 많았다. 이런 예측이 틀리는 경우가 많아서 비효율적인 정보처리로 이어지기 때문이

기능적 자기공명영상은 공간 해상도와 시간 해상도 중 어느 것이 더 우수한가?

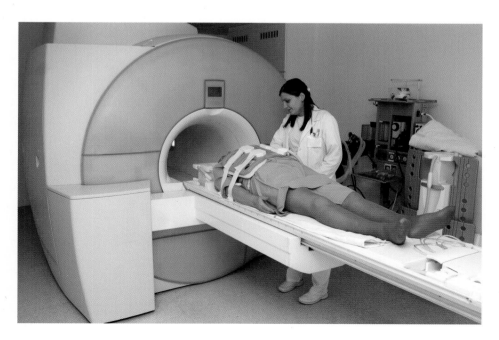

자기공명영상(MRI)은 심리학에서 매우 유용한 정보들을 제공하고 있다.

라는 것이다. 그러나 어떤 이론가들은 이 의견에 동의하지 않았다. 이 문제는 N400 성분(자극 제시 후 400ms 후에 정점을 이루는 부적 파동)에 특별히 초점을 맞추는 ERPs를 사용하여 해결할 수 있다. N400은 제시되는 자극이 독자의 기대와 일치할 때 더 작다.

De Long 등(2005)은 독자에게 다음과 같은 문장을 제시하고 N400을 관찰하였다.

The day was breezy so the boy went outside to fly [a kite/an airplane] in the park.

핵심 결과는 관사 a(kite 앞)보다 관사 an(비행기 앞)에서 더 큰 N400이 나타났다는 것이다. 이런 결과는 독자가 뒤에 나올 가장 그럴듯한 명사를 예측하고 있었기 때문에 일어났다.

신경마법

인지신경과학 덕분에 인간 인지에 대한 우리의 이해는 크게 향상되었다. 그러나 Ali 등(2014)이 명명한 '신경마법(neuroenchantment)'이라는 것에 주의할 필요가 있다. 신경마법은 뇌 활동을 평가하는 것이 심리과정에 대한 직접적인 정보를 제공한다는 가정이다. Ali 등은 신경마법의 위험성을 보여주었다. 이들은 헤어드라이기 같은 폐기물로 만들어진 가짜 신경영상장치에 참여자를 앉게 하였다. 그런 다음 참여자에게 여러 가지 질문(예 : 국가 이름 말하기)을 듣고 자신의 답변에 대해 생각할 것을 요구하였다. 외관상으로 가짜 신경영상장치는 참여자의 마음을 읽고 그가 생각하고 있는 것을 정확하게 알아내는 것처럼 보였다. 놀랍게도 참여자의 4분의 3이 이것이 속임수가 아닌 진짜라고 믿었다.

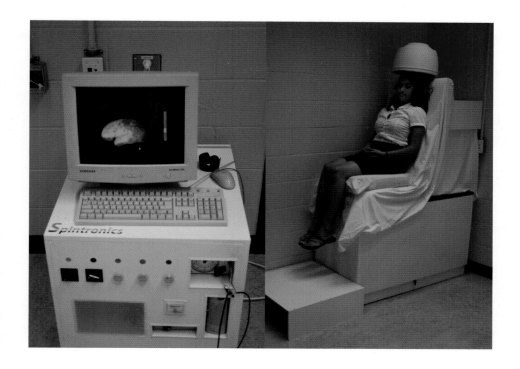

평가

➕ 뇌를 연구하는 다양한 기법들은 언제 그리고 어디서 인지과정이 일어나는지를 밝혀준다.

➕ 인지신경과학은 인지심리학의 주요 이론적 논쟁의 해결에 성공했다는 평가를 받는다.

➖ 뇌의 각 영역이 서로 다른 기능에 특화되어 있다는 가정이 일반적이다. 그러나 이것은 지나치게 단순한 생각이다. 어떤 과제든 그것을 수행할 때 여러 서로 다른 뇌 영역들이 연합하여 동시적 활동이 일어난다.

➖ 인지신경과학의 연구 결과들은 '신경마법' 때문에 과장되게 해석되는 경우가 자주 있다.

➖ 대부분의 인지신경과학 연구는 뇌 활동 패턴과 과제 수행 사이의 연합을 밝혀준다. 그러나 이런 연합이 과제를 수행하는 데 활성화된 모든 뇌 영역이 반드시 필요하다는 것을 의미하진 않는다.

요약

- 진화심리학은 인간이 왜 그렇게 행동하는지를 설명해준다.
- 진화론적 설명은 추측인 경우가 많고 개인차를 설명하지 못한다.
- 쌍생아 연구는 자연−양육 논쟁을 다루는 데 효과적인 방법을 제공한다. 이 연구들은 유전 요인이 행동의 개인차에서 중요한 역할을 한다는 것을 보여준다.
- 개인의 유전적 자산이 행동에 영향을 미치는 방법은 여러 가지 있다. 예를 들어, 능동적 공분산, 수동적 공분산, 반응적 공분산이 있다.
- 신경계는 중추신경계와 말초신경계로 구성된다. 또한 말초신경계는 체신경계와 자율신경계로 나뉜다.
- 자율신경계는 심장, 폐, 눈, 위장, 혈관 같은 내장기관을 제어한다. 자율신경계는 교감신경계와 부교감신경계로 나뉜다.
- 뇌는 세 가지 주요 부위로 나눌 수 있다: 전뇌, 중뇌, 후뇌. 전뇌는 대뇌(사고), 변연계(공격성, 공포, 학습, 기억), 시상(중간 정거장), 그리고 시상하부(자율 기능 제어)로 구성된다. 중뇌는 운동, 수면, 각성에 관여한다. 후뇌는 연수, 뇌교, 소뇌로 구성된다.
- 대뇌피질은 전두엽(뇌의 앞쪽), 후두엽(뇌의 뒤쪽), 두정엽(뇌의 위쪽), 측두엽(뇌의 옆쪽)으로 이루어져 있다. 전두엽은 복잡한 인지활동과 운동처리에 관여하고, 후두엽은 시각정보의 처리에, 측두엽은 청각정보의 처리에, 그리고 두정엽은 언어 정보처리와 체감각 정보처리에 특화되어 있다.
- 언어능력은 좌반구에 위치하고 공간 정보처리는 우반구에 특화되어 있는 반구 특수화가 존재한다.
- 분리뇌 환자에 대한 연구는 좌반구에 기초한 단일 의식을 시사한다.
- fMRI는 정보처리가 일어나고 있는 정확한 뇌 위치에 대한 증거를 제공하고 ERPs는 이러한 정보처리가 정확하게 언제 발생하는지를 알려준다.

더 읽을거리

- Eysenck, M.W. (2015). *AQA psychology: AS and A-level year 1* (6th ed.). Hove, UK: Psychology Press. 이 책의 제6장은 심리학의 생물학적 접근을 자세하게 설명한다.
- Pinel, J.P.J. (2015). *Biopsychology* (9th ed.). New York: Pearson. 이 책은 생물심리학의 모든 주요 주제들에 대한 최신 정보를 제공한다.
- Plomin, R., DeFries, J.C., Knopik, V.S., & Neiderhiser, J.M. (2016). Top 10 replicated findings from behavioural genetics. *Perspectives on Psychological Science, 11*, 3 – 23. Robert Plomin과 동료들은 행동의 개인차에 미치는 유전적 요인의 영향에 대한 연구에서 나온 주요 연구 결과들을 논의하고 있다.
- Stephen, I.D., Mahmut, M.K., Case, T.I., Fitness, J., & Stevenson, R.J. (2014). The uniquely predictive power of evolutionary approaches to mind and behaviour. *Frontiers in Psychology, 5* (Article 1372). 저자들은 진화심리학이 사람이 어떻게 행동하는지를 설명하기 때문에 중요하다고 말한다.

질문

1. Darwin의 진화론은 심리학의 발달에 어떤 영향을 미쳤는가?
2. 반구 특수화에 관한 연구를 기술하고 평가하라.
3. 자연-양육 문제를 이해하는 데 어떤 어려움이 있는지 논하라.
4. 대뇌피질의 주요 영역에는 어떤 것들이 있는가? 각 영역의 주요 기능은 무엇인가?

우리 모두는 스트레스 받고 있을 때의 느낌을 잘 알고 있다. 더욱이 사람들은 이 시대를 '스트레스의 시대'라고 말한다. 대부분의 사람들이 과거에 비해 오늘날의 우리가 훨씬 더 많은 불안과 스트레스를 겪고 있다고 믿고 있고, 불안과 우울을 다룬 신문기사는 지난 30년 동안 두 배 이상 늘었다. 그러나 우리 선조들은 전염병, 짧은 수명, 전쟁, 그리고 빈곤에 시달려야 했다는 사실을 기억하라. 이전 세대보다 현대를 살아가는 우리가 더 불안하고 스트레스가 많다고 볼 수 있을까?

'스트레스'라는 용어가 애매모호하게 사용될 때가 많다. 스트레스의 주요 증후는 무엇이라고 생각하는가? 당신의 일상생활에서 스트레스를 유발하는 주요 요인은 무엇인가? 당신은 스트레스에 어떻게 대처하고 있는가? 스트레스에 대처하기 위한 이런 시도들은 얼마나 성공적인가?

스트레스

'스트레스 요인(stressor)'과 '스트레스(stress)'를 구분할 필요가 있다. 스트레스 요인이 스트레스를 유발하는 상황이라면 스트레스는 스트레스 요인에 대한 반응을 말한다. 더 구체적으로, 스트레스는 "다루기 어렵거나 견디기 어려운 신체, 정서, 사회, 경제, 직업과 관련된 상황, 사건, 또는 경험에서 발생하는 신체적·심리적 부담 또는 긴장이다"(Colman, 2009, p. 735).

스트레스란 무엇인가? 가장 흔한 답은 스트레스 요인(예 : 임박한 시험, 배우자의 거절)에 노출될 때 우리에게 일어나는 것이 스트레스이다. 그러나 이 답은 두 가지 면에서 제한적이다. 첫째, 이것은 우리가 수동적인 존재이고 단순히 환경이 우리에게 영향을 미치도록 내버려 두고 있다고 가정한다.

둘째, 이것은 특정 상황에서 개인의 반응이 상황뿐만 아니라 그의 능력과 성격에도 의존한다는 사실을 무시한다. 예를 들어 처음 운전을 배우는 사람은 운전이 스트레스와 부담으로 느껴지지만 숙련된 운전자는 그렇지 않다.

스트레스에 대한 더 나은 접근은 스트레스를 개인과 환경 간의 상호작용의 결과로 간주하는 것이다. 더 구체적으로, 스트레스는 상황에 대한 지각된 요구가 개인의 대처 능력을 초과할 때 발생한다. 초보 운전자는 운전이 스트레스를 유발한다고 생각하는데, 도로 위에서 일어나는 교통 문제의 대처에 한계가 있기 때문이다. 숙련된 운전자는 여러 운전 상황에 대처할 수 있는 자신감이 있기 때문에 운전을 스트레스로 여기지 않는다.

스트레스는 어떤 영향을 미칠까? 스트레스는 생리, 정서, 인지, 행동, 네 가지에 영향을 준다. 가장 복잡한 생리 효과는 다음 절에서 자세히 논의한다. 정서 효과는 자신의 신체와 정신 상태를 묻는 질문에 답하는 자기보고식 설문지를 사용하여 평가한다 (제6장 참조).

스트레스 상태는 어떤 효과들을 일으키는가?

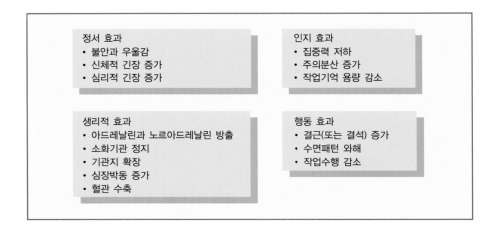

스트레스와 불안은 인지체계에도 여러 부정적인 영향을 미친다. 예를 들어, 과제 수행에 스트레스를 받고 있는 사람은 과제와 관련 없는 자극(예 : 소음)과 내적 사고 (예 : 당면한 문제)에 의한 방해를 피하기 어렵다고 느낀다. 마지막으로 행동 효과는 인지 효과와 연합하여 직무에 효율적으로 기능하는 능력과 동기를 감소시킨다.

스트레스 수준은 점점 증가하고 있는가?

Twenge(2000)는 미국의 아동과 대학생의 불안 특성(불안 경험과 관련된 성격 특성) 수준이 시대가 바뀌면서 증가하였는지 아니면 감소하였는지 궁금했다. 그녀는 두 집 단의 불안 평균 점수가 수십 년 전에 비해 훨씬 높다는 것을 발견하였고, 이는 우리가 스트레스가 많은 세계에 살고 있다는 것을 시사한다. Booth 등(2016)이 57개국을 대 상으로 1970~2010년 사이에 불안 특성이 어떻게 변화하였는지 살펴보았더니 대부분 의 국가들에서 시간이 흐르면서 불안 수준이 증가하였다. 그러나 영국인의 불안 수준 은 지난 40년간 감소했고, 미국에서는 대학생 집단만 불안 수준이 증가한 것으로 나 타났다.

Twenge 등(2010)은 1938~2007년 사이 미국 대학생들의 미네소타 다면성격검사 (Minnesota Multiphasic Personality Inventory, MMPI) 점수를 비교했다. MMPI 점수가 상당히 증가하였고, 따라서 Twenge 등은 "정신질환 진단을 받는 사람들이 과거보다 다섯 배나 더 증가하였다"(p. 145)고 결론 내렸다. 특히 스트레스와 직접적으로 관련 된 우울, 불안, 긴장 척도에서 점수가 크게 증가하였다.

비슷한 결과가 Baxter 등(2014)의 연구에서도 보고되었다. 일반건강설문지(General Health Questionaire)로 평가한 심리적 디스트레스 경향성이 최근 수십 년 동안 크게 증가하였다. 이와 대조적으로 1990~2010년 사이에 일부 국가에서는 불안장애 또는 우울증 발생에서 변화가 발견되지 않았다. 생활습관의 변화(수면시간 단축)가 심리적 디스트레스를 증가시킬 수는 있지만 정신장애에 영향을 줄 정도는 아니다.

왜 많은 국가들에서 스트레스 수준이 증가한 것일까? 물질주의(부와 자산에 초점을 둔)가 중요한 요인이다. 많은 국가들에서 물질주의가 높아지면서 대인관계의 질과 심리적 안녕감이 감소하였다(Kasser, 2016). 다르게 말하면, 오늘날 많은 젊은이들이 물질주의와 사회적 지위를 중요하게 생각하고 타인과의 사회적 관계는 소홀히 하는 '자기중심 세대'이다.

스트레스의 생리학

신체는 스트레스 요인에 어떻게 반응할까? 스트레스는 즉각적인 충격 반응과 이후 이어지는 역충격 반응으로 이루어진다. 첫 번째 충격 반응은 주로 교감신경계 부신수

일반적응 증후군은 무엇으로 구성되어 있는가?

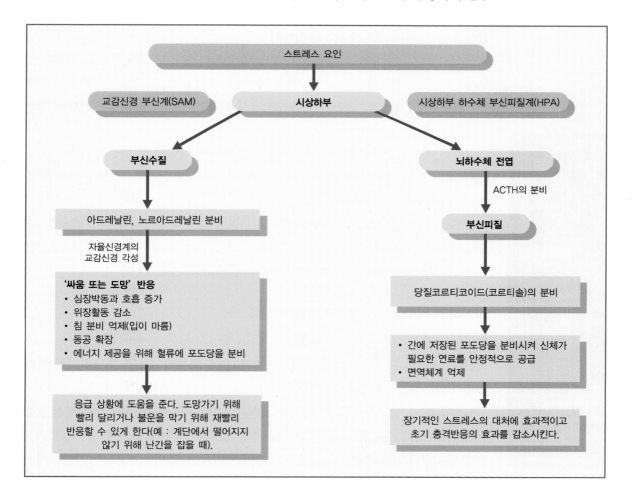

질(SAM)에 의존한다. 이와 대조적으로 두 번째 역충격 반응은 시상하부 뇌하수체 부신(HPA) 축과 관련이 있다.

두 체계의 존재를 알게 된 것은 스트레스 요인이 이 두 체계에 상이한 효과를 일으키기 때문이다. Schommer 등(2003)은 청중 앞에서 연설을 하고 암산 과제를 수행하는 과제를 스트레스 요인으로 사용하여 두 생리체계의 변화를 살펴보았다. 과제가 반복되면서 SAM은 계속해서 강하게 반응하였지만, HPA의 활성화는 상당히 감소하였다. 그러나 두 체계가 완전히 독립적으로 작동하는 것이 아니라 서로 서로 영향을 미친다는 것을 기억하라.

교감신경계 부신수질(SAM) 체계

충격에 대한 초기 반응은 부신수질 체계와 관련이 있다. 자율신경계에서 교감신경계의 활성화(제4장 참조)는 부신수질을 자극한다. 이것은 **아드레날린**(adrenaline)과 **노르아드레날린**(noradrenaline) 호르몬을 분비시킨다. 이 호르몬은 교감신경계의 각성을 증가시키고 부교감신경계의 활동을 감소시킨다.

부신수질의 활동 증가는 '싸움 또는 도망'을 준비시킨다. 더 구체적으로, 각성과 에너지 증가, 근육에서 혈류 흐름 증가, 심장박동과 호흡 증가, 그리고 소화활동 감소를 일으킨다. 또한 부상을 입었을 때 혈액의 손실을 줄이기 위한 혈류 응고 인자의 방출을 증가시킨다.

교감신경계의 부신수질 활동에서 개인차는 어떻게 설명될 수 있을까? Frigerio 등(2009)은 스트레스에 노출되었을 때 유아의 SAM 체계 반응이 부분적으로 유전적 요인에 달려있다는 것을 발견하였다.

끝으로, SAM 활성화가 단지 스트레스와 관련이 있는 것은 아니다. 우리가 SAM 활동 증가를 스트레스의 지표로 인식하는 것은 사실이다. 그러나 때로 우리는 이런 활동을 현재 흥분 상태이고 즐기고 있다는 의미로 해석하기도 한다.

시상하부 뇌하수체의 부신피질(HPA) 축

만일 스트레스 요인에 장시간 노출되면, SAM 체계의 활동이 신체의 자원을 모두 써버린다. 그러면 시상하부 뇌하수체 부신피질(HPA) 축에서 손상을 최소화하기 위한 역충격 반응이 일어난다.

뇌하수체 전엽은 여러 호르몬을 분비하는데 그중 가장 중요한 것이 **부신피질 호르몬**(adrenocorticotrophic hormone, ACTH)이다. ACTH는 부신피질을 자극해서 코르티솔을 만들어낸다. **코르티솔**(cortisol)은 스트레스 반응이 장기간 계속되는 사람에게서

아드레날린과 노르아드레날린은 스트레스와 어떤 관련이 있는가?

핵심용어

아드레날린 교감신경계에서 각성 증가를 일으키는 호르몬으로, 구조와 기능에서 노어아드레날린과 매우 유사하다.

노르아드레날린 교감신경계에서 각성 증가를 일으키는 호르몬으로, 구조와 기능에서 아드레날린과 매우 유사하다.

부신피질 호르몬 스트레스 호르몬인 코르티솔의 분비를 일으키는 호르몬

코르티솔 스트레스가 높은 사람들의 신체에서 많이 발견되는 호르몬으로 '스트레스 호르몬'으로 불린다.

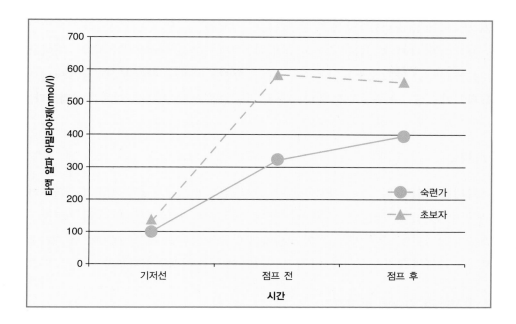

많이 만들어지기 때문에 '스트레스 호르몬'이라고 불린다.

Hare 등(2013)은 스카이다이버를 대상으로 HPA 축의 중요성을 보여주었다. 이들은 초보 스카이다이버(점프 경험이 없는)와 숙련된 스카이다이버(평균 400회 이상의 점프 경험이 있는)를 비교했다. 예상대로, 숙련가가 초보자보다 스트레스(예 : 불안)를 더 적게 보고하였다. 그러나 코르티솔 수준을 지표로 본 HPA 축 활동은 두 집단이 매우 비슷했다. 오랜 훈련을 받은 스카이다이버도 높은 수준의 코르티솔을 분비한다는 것인데 스카이다이빙이 치명적인 결과를 일으킬 수 있기 때문이다.

어떤 스트레스 요인이 HPA 축에 가장 큰 영향을 미칠까? Dickerson과 Kemeny(2004)는 대규모 개관논문에서 사회 평가 같은 통제 불가능한 상황이 ACTH에 가장 큰 변화를 유발하고, 코르티솔 분비가 가장 많고, 회복 기간도 가장 길다는 결과를 발견하였다.

코르티솔과 그 밖의 유사한 호르몬들은 신체에 연료를 안정적으로 공급해주는 것 때문에 유용하다. 또한 혈당 농도의 안정화, 단백질 저장, 염분과 수분의 보존에도 도움을 준다. 부신선이 없는 사람들은 정상적인 수준의 당질코르티코이드를 만들어내지 못한다. 따라서 이들은 스트레스 상황에서 생존을 위한 당질코르티코이드의 추가 공급이 필요하다(Tyrell & Baxter, 1981).

당질코르티코이드는 부정적인 효과도 있다. 바이러스와 박테리아 같은 침입자로부터 신체를 보호하는 면역체계를 억제한다. 이것은 또한 항염증 작용과도 관련이 있어서 상처의 회복 속도를 늦춘다.

요약하면, HPA 활성화의 유익한 효과는 상당한 비용을 치르면서 얻어지는 것이기 때문에 HPA는 높은 수준의 활동을 무한정 지속하기 어렵다. 만일 부신피질이 당질코르티코이드 생산을 중단하면, 혈당 농도를 적정 수준으로 유지하는 능력은 사라진다.

스트레스의 원인

스트레스의 원인에는 여러 가지가 있다. 첫째, 일상의 삶에서 겪는 심각한 생활사건과 골칫거리가 스트레스를 일으킨다. 둘째, 근로자는 직무와 관련된 여러 스트레스 요인에 노출되어 있다. 셋째, 어떤 사람들이 다른 사람들보다 스트레스에 더 취약한 이유는 그들의 성격 때문이다. 이 세 가지 원인에 대해 차례로 살펴보자.

생활사건과 일상의 골칫거리

생활사건과 일상의 골칫거리는 다르다. **생활사건**(life events)은 높은 수준의 스트레스를 유발하는 주요 부정적인 사건들을 말한다(예 : 배우자의 죽음). 이와 대조적으로 일상의 골칫거리는 일상생활에서의 사소한 도전과 방해들이다(예 : 친구와의 말다툼). 사람들은 평균 이틀에 한 번 꼴로 적어도 한 가지의 골칫거리를 경험한다.

생활사건

사회재적응평가척도는 어떤 생활사건을 측정하는가?

Holmes와 Rahe(1967)은 사회재적응평정척도(Social Readjustment Rating Scale)를 사용하여 사람들에게 43개의 생활사건 중에서 지난 6~12개월 사이에 자신에게 일어난 사건을 표시하도록 하였다. 이 생활사건들은 충격 정도에 따라 값이 매겨져 있다. 다음은 이 척도에 들어 있는 생활사건들 중 일부이고 괄호 안의 숫자는 생활 변화 단위이다.

배우자의 사망(100)

이혼(73)

별거(65)

수감(63)

가족의 사망(63)

식습관의 변화(15)

연구 결과

생활사건이 많은 부정적인 결과를 초래한다는 증거들은 상당히 많다. 예를 들어, Rahe와 Arthur(1977)는 최근 심각한 생활사건을 경험한 사람들에게서 심리 질환, 운동 부상, 신체 질환, 심지어 교통사고 확률도 증가되는 결과를 발견하였다. 생활 변화 단위 점수가 300점 이상이었던 사람들의 경우, 심장마비, 당뇨, 결핵, 천식, 불안, 그리고 우울증 같은 많은 신체적·정신적 질환의 위험이 증가하였다(Martin, 1989).

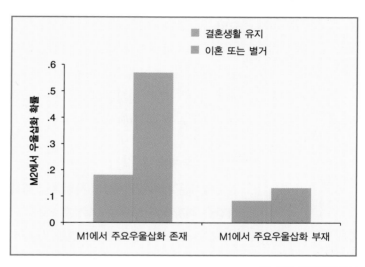

Sbarra 등(2011)은 총 650만 명이 포함된 연구들을 기초로 이혼의 영향을 알아보았다. 이혼한 사람들은 건강 행동의 변화와 장기간 지속되는 심리적 디스트레스로 인한 조기 사망 확률이 결혼생활을 유지하는 사람들보다 20~30% 더 높았다. 그러나 대부분의 사람들은 이혼에 잘 대처한다.

첫 번째 평가(M1)에서 혼인 여부와 우울증 여부에 따른 두 번째 평가(M2)에서 주요우울삽화 확률

Sbarra 등(2013)은 소수의 사람들은 이혼의 후유증에 대처하는 탄력성이 부족하다고 주장하였다. 첫 번째 평가(M1)에서 주요우울삽화를 보이지 않은 사람이 이혼 후(M2)에 삽화를 경험하는 일은 드물었다. 이와 대조적으로 초기 평가에서 주요우울삽화가 있었던 사람은 이혼 후 우울삽화를 경험할 확률이 60%나 되었다.

생활사건의 부정적 효과는 부분적으로 성격에 달려있다. Kendler 등(2004)은 신경증(부정적인 정서 상태와 연합된 성격 특성)이 높은 사람들이 가혹한 생활사건 후에 주요 우울증을 경험하는 확률이 낮은 신경증의 사람들에 비해 네 배나 더 높다는 것을 발견하였다.

일상의 골칫거리

DeLongis 등(1988)은 일상생활에서 일어나는 골칫거리 사건들(예 : 물건 분실, 몸무게 걱정)과 기분 좋은 사건들(예 : 좋은 날씨, 친구와 우호적인 관계)의 효과를 살펴보았다. 골칫거리 사건은 전체적인 건강에 손상을 주었지만 기분 좋은 사건은 거의 영향을 주지 않았다. Stone 등(1987)은 호흡기 질환을 앓는 환자들이 병이 나기 전 10일 동안 어떤 골칫거리 사건과 기분 좋은 사건을 경험하였는지 살펴보았다. 이들은 호흡기

질환을 앓지 않은 통제집단보다 골칫거리 사건을 더 많이 경험하였고 기분 좋은 사건은 더 적게 경험하였다.

　Johnson과 Sherman(1997)은 주요 생활사건을 경험하고 있는 대학생들을 연구하였다. 상당한 수의 일상의 골칫거리 사건까지 경험한 사람들이 정신질환 증후를 더 많이 보고하였다.

요약

심각한 생활사건과 일상의 골칫거리는 신체 건강과 심리적 안녕감에 부정적인 효과를 유발한다. 그러나 생활사건과 골칫거리에 대한 반응은 사람들마다 차이가 있다. 많은 사람들(특히 신경증은 낮고 탄력성은 높은 사람들)이 이혼 같은 매우 심각한 생활사건에도 잘 대처한다.

직장 스트레스 요인

영국에서는 2,500만 이상의 사람들이 힘들고 지루한 일을 하면서 1년에 1,500~2,000시간을 직장에서 보낸다. 직장은 스트레스의 주요 원천이다. 직장 환경과 연합된 여러 요인들이 스트레스를 일으킨다. 특히 다음 세 가지 요인이 중요하다:

1. 높은 직무 긴장(직무 요구는 높은데 직무 통제력은 낮은 경우)
2. 노력−보상 불균형(노력에 비해 상대적으로 낮은 직무 보상)
3. 직장에서 컴퓨터 사용의 증가로 인한 스트레스

낮은 직무 통제

낮은 직무 통제는 스트레스와 관련된 여러 결과를 초래한다. Spector 등(1988)은 낮은 직무 통제가 좌절, 불안, 두통, 위궤양, 그리고 병원 출입을 증가시킨다는 것을 발견하였다. Marmot 등(1997)은 9,000명의 영국 공무원들 중에서 가장 낮은 직급의 공무원이 심장마비로 사망할 확률이 가장 높은 직급의 공무원보다 네 배 더 높다는 것을 발견하였다.

　아마도 이런 차이는 직급이 낮은 사람들의 직무 통제력이 직급이 높은 사람들보다 훨씬 작기 때문에 발생하였을 것이다. 그러나 스트레스 효과에 더 잘 대항하는 사람들이 더 높은 지위에 오를 수도 있다.

노력−보상 불균형

Kuper 등(2002)은 1만 명 이상의 공무원을 11년 동안 연구하였다. 노력−보상 불균형은 높은 스트레스를 암시하는 여러 심각한 결과들과 관련이 있었다: 치명적인 그리고 치명적이지 않은 심장마비, 신체 기능 저하, 그리고 정신 기능 저하. Bohle 등(2015)은 나이 든 호주 근로자들에게서 높은 노력-보상 불균형과 낮은 정신건강 사이의 상관 관계를 발견하였다.

극적인 연구 결과가 Klein 등(2010)에 의해 보고되었다. 높은 노력-보상 불균형을 느끼고 있는 외과 의사가 그렇지 않은 외과 의사보다 소진 증상을 보고하는 확률이 여섯 배 더 많았다. Smith 등(2005)은 노력-보상 불균형이 높은 수준의 분노를 일으 키고, 분노는 심혈관 질환을 유발한다는 것을 발견하였다.

결론

요약하면, 낮은 직무 통제와 노력-보상 불균형은 스트레스를 일으킨다. 그러나 다음 두 가지를 지적할 필요가 있다. 첫째, 직장 스트레스는 다른 것으로도 발생할 수 있다 (예 : 직무의 다양성이 부족하다, 직무에 대한 사회적 평가가 낮다, 직무가 사회화의 기회를 제공하지 못한다). 둘째, 낮은 직무 통제와 스트레스 결과 사이, 그리고 노력-보상 불균형과 스트레스 결과 사이의 상관관계의 존재가 직무 요인이 스트레스 결과의 원인이라는 것을 증명하진 않는다.

과학기술 스트레스

직장에서 컴퓨터 사용의 획기적인 증가는 수천만 직장인들의 삶에 엄청난 영향을 미쳤다. 이런 과학기술 혁명으로 인한 대부분의 변화는 유익하다. 그러나 **과학기술 스트레스**(technostress) 같은 손실도 발생시킨다. 이것은 '직장 근로자들이 ICT(업무에서 정보와 소통기술)의 사용으로 경험하는 정신적 스트레스'(Fuglseth & Sorebo, 2014, p. 161)를 말한다.

Wang 등(2008)은 어떤 조직에서 높은 수준의 과학기술 스트레스가 발생하는지 궁금했다. 이들은 중국인 근로자에 대한 연구에서 두 가지 중요한 요인을 확인하였다. 첫째, 권력의 집중이다. 과학기술 스트레스는 중앙집권적인 회사에서 가장 높았는데, 근로자가 중요한 의사결정 과정(예 : 과학기술 변화)에서 제외되었기 때문이었다. 둘째, 과학기술 스트레스는 혁신을 강조하는 회사에서 높았다.

요약하면, 과학기술 스트레스는 점차 직무 스트레스의 중요한 원천이 되고 있다. 이런 추세를 역전시킬 수 있는 몇 가지 방법이 있다. 예를 들어, 근로자가 복잡한 과학기술 변화를 다룰 것을 요구하는 의사결정과정에 참여하고 있다고 느끼게 만든다. 또한 회사는 근로자에게 컴퓨터 기반 기술에 대한 적절한 훈련을 제공한다.

핵심용어
과학기술 스트레스 과학기술 진보(특히 컴퓨터)에 대처하는 어려움으로 인한 불안 또는 스트레스

현실 속으로 : 소진

소진(burnout)은 "정서적 고갈, 비인간화(동료, 학생, 의뢰인을 향한 냉소적 태도), 개인 성취감 감소가 결합된 증후군으로, 소진의 주된 요소는 정서적 고갈이다"(Schonfeld & Bianchi, 2016, p. 22). 소진은 스트레스 요인(특히 직무와 관련된)에 장기간 노출된 결과로 발생한다.

소진을 측정하는 데 가장 많이 사용되는 도구는 매슬랙 소진 검사도구(Maslach Burnout Inventory, MBI)이다. 원래 이 도구는 Maslach과 Jackson(1981)이 처음 개발하였고 세 번째 개정판이 Maslach 등(1996)에 의해 출간되었다. 소진은 다음 세 가지 차원과 관계가 있다:

1. 정서적 고갈 : 직무로 인해 정서적으로 과도하게 지친 느낌
2. 비인간화 : 자신을 돌보거나 배려하는 사람에 대한 냉담한 반응 또는 비인간적 반응
3. 개인 성취감 : 사람들과의 작업에서 개인이 느끼는 자신감과 성취감

(Maslach & Jackson, 1981, p. 101)

소진은 직무의 성질뿐만 아니라 개인의 성격에도 달렸다. Bakker 등(2006)은 불치병 환자를 돌보는, 스트레스가 높은 직무를 수행하는 상담사의 소진을 연구하였다. 연구자들은 상담사의 빅 파이브 성격 특성(개방성, 성실성, 외향성, 동조성, 신경증, 제18장 참조)을 평가했다. 정서적 고갈, 비인간화, 낮은 개인 성취감, 세 가지 모두 높은 신경증 수준과 연합되어 있었다. 비인간화와 낮은 개인 성취감은 낮은 외향성과 관련이 있었으며, 비인간화는 또한 낮은 지능과도 관련이 있었다. Van der Wal 등(2016)은 마취 전문의를 대상으로 빅 파이브 성격요인들과 소진 간의 관계를 연구하였다. 소진으로 고통받는 의사의 신경증 점수가 그렇지 않은 의사보다 훨씬 높았다.

소진과 우울증 간의 관계에 대해서는 논쟁이 존재한다. 소진은 주로 직무 환경과 관련된 것으로 알려져 있는 반면에 우울증은 일상의 여러 분야에 영향을 미친다. 그러나 Schonfeld와 Bianchi(2006)는 교사들의 소진과 우울증 증상이 서로 높은 상관관계에 있다는 것을 발견했다. 더 구체적으로, 소진으로 고생하는 교사들의 86%가 우울증 진단 기준을 충족시켰다.

소진은 어떤 방법을 사용하여 예방할 수 있을까? 첫째, Maslach(2011, p. 45)는 관계를 형성하는 것이 최선이라고 주장하였다: "직장에서 관계를 형성한 사람들은 그들이 직면한 도전에 더 잘 대처할 수 있고 스트레스에서 회복하기도 더 쉽다." 둘째, 조직이 기능하고 있는 방식에 초점을 맞추는 것이 중요하다. 예를 들어, Leiter 등(2012)은 직장 내 예절 강화 개입을 사용하였다. 이런 보기에 별것 아닌 조직의 변화도 여러 소진 증후(예 : 디스트레스, 낮은 직무 태도)를 감소시켰다.

성격

스트레스 취약성은 개인마다 차이가 있다. 스트레스는 두 가지 중요한 결과를 유발한다: (1) 심리적인 결과(예 : 디스트레스, 건강 문제의 호소)와 (2) 신체적인 결과(예 : 심장질환, 조기 사망). 성격의 개인차는 신체적 결과보다는 심리적 결과와 관련이 더 깊다. 예를 들어, 신경증과 유사한 부정적 감정 차원(불안, 스트레스, 우울감에 대한 취약성)을 살펴보자(제18장 참조). 부정적 감정이 높은 사람들은 낮은 사람들보다 건강 문제(예 : 두통, 심장박동)를 더 많이 호소하고 스트레스를 받고 있다는 이야기도

더 많이 한다. 그러나 부정적 감정과 객관적인 신체적 측정치(예 : 관상동맥 심장병, 고혈압) 사이의 상관관계를 보여주는 실질적인 증거는 없다(Watson & Pennebaker, 1989).

질병과 신체건강

성격과 신체질환 간의 관계에 대한 가장 유명한 연구는 적대감, 조바심, 시간 압박감 이 특징인 **A형 성격**(Type A personality)에 기초하였다. 이와 대조적으로 **B형 성격**(Type B personality)은 더 느긋하고 덜 경쟁적이다. Rosenman 등(1975)은 8년 반의 연구를 통해 충격적인 결과를 보고하였다. A형의 사람들이 관상동맥 심장병에 걸리는 확률 이 B형보다 거의 두 배나 더 높았다. 이들 자료를 사후 분석한 연구에서는 A형의 적 대감이 심장질환의 가장 큰 원인이라는 사실이 발견되었다(Matthews et al., 1977). 그 러나 최근 연구 결과에 따르면, A형 성격과 관상동맥 심장병 간의 상관관계는 매우 작다(Myrtek, 2001).

Denollet(2005)은 D(Distressed)형 성격이 스트레스에 가장 취약하다고 주장하였다. **D형 성격**(Type D personality)은 다음 두 가지 특성을 지닌 사람들이다;

1. 높은 수준의 부정적 감정 또는 신경증(불안, 우울 같은 부정적인 정서 상태를 자주 경험한다)
2. 높은 사회적 억제(사회적 상황에서 행동 억제)

Mols와 Denollet(2010)은 D형 성격의 사람들이 스트레스 수준이 높고 정신적으로 건강하지 못하다는 것을 발견하였다(우울증, 불안, 그리고 외상후 스트레스장애). 이 들은 또한 신체적으로도 건강하지 못했다. Denollet(2005)은 일반 전집의 19%만이 D 형 성격을 가지고 있다는 것을 발견하였다. 그러나 긴장 수준이 높은 사람들(고혈압 환자) 중에서는 54%가, 그리고 관상동맥 심장병 환자들 중에서는 27%가 D형 성격이 었다. D형 성격의 심장병 환자 중 27%가 10년 이내에 사망하였던 것에 비해 D형이 아닌 환자 중 사망한 사람은 7%에 불과하였다.

Grande 등(2012)은 수많은 연구들을 기초로 메타 분석을 실시했다. 심장병과 모든 다른 질환에서 D형 환자들의 사망률이 다른 환자들보다 더 높았다. 그러나 이런 상관 관계가 이전 연구에 비해 최근 연구에서는 더 작게 나타난다. 이 결과는 D형 성격과 신체 건강 사이의 상관관계가 중간 정도라는 것을 시사한다.

핵심용어

A형 성격 조바심, 경쟁심, 시간적 압박감, 적대감이 특징인 성격 유형

B형 성격 A형의 성격 특징이 없는, 삶에 대한 느긋한 태도가 특징인 성격 유형

D형 성격 높은 부정적 감정과 사회적 억제가 특징인 성격 유형

결론

A형과 D형의 사람들과 부정적 감정이 높은 사람들은 높은 스트레스 수준을 보고한다. 그러나 이들이 스트레스 때문에 신체적 증후 또는 질병에 대한 취약성이 증가되었다는 증거는 없다. 이 결과를 어떻게 받아들일 수 있을까? 이런 사람들은 애매한 자극을 위협적인 정보로 해석하는 **해석편향**(interpretive bias)을 보인다. 예를 들어, 이들은 일상의 작은 통증과 고통도 자신의 건강에 심각한 문제가 발생한 것으로 해석하는 경향이 다른 사람들보다 더 높다.

스트레스는 어떻게 질병을 일으키는가?

스트레스가 질병을 일으키는 방식은 두 가지이다.

1. 질병에 맞서 싸우는 신체 능력을 감소시키는 직접적인 방식(예 : 면역체계의 손상)
2. 스트레스를 겪는 사람이 건강하지 못한 생활습관을 채택하는 간접적인 방식(예 : 흡연, 과음)

직접 경로

스트레스가 **면역체계**(immune system)를 손상시켜서 질병이 발생한다고 알려져 있다. 면역체계의 세포들은 스트레스 반응과 관련된 여러 호르몬과 신경전달물질에 반응하는 수용기를 가지고 있다. 이 세포들이 스트레스가 면역체계 기능에 어떻게 영향을 미치는지를 설명해준다.

먼저 자연 면역과 특수 면역을 구분할 필요가 있다. 자연 면역에 관여하는 세포들은 효과가 빠른 다목적 세포들이다. 이와 대조적으로 특수 면역과 관련된 세포들은 효과가 제한적이고 오래 지속된다.

Segerstrom과 Miller(2004)는 만일 면역체계 기능이 단기적인 스트레스만으로도 손상을 입는다면 인류의 생존에 해가 되었을 것이라고 주장한다. 이들은 스트레스와 면역체계에 대한 연구들을 개관하고 다음과 같은 결론에 도달했다:

핵심용어

해석편향 애매한 자극이나 상황에 대한 부정적으로 편향된 또는 왜곡된 해석

면역체계 질병과의 싸움에 관여하는 신체의 세포체계

- 단기적인 스트레스 요인(예 : 대중 연설)은 자연 면역을 증가시킨다.
- 배우자의 사망으로 인한 스트레스는 자연 면역을 감소시킨다.
- 재난으로 인한 스트레스는 자연 면역과 특수 면역을 약간 증가시킨다.

- 생활사건은 55세가 넘은 사람들에게서만 자연 면역과 특수 면역을 감소시킨다.

간접 경로

생활습관은 간접적인 경로를 통해서도 질병과 수명에 중요한 영향을 미친다. Breslow 와 Enstrom(1980)은 일곱 가지 건강행동을 연구하였다—금연, 아침식사 거르지 않기, 하루 두 잔 이상 알코올 섭취하지 않기, 규칙적인 운동, 매일 7~8시간의 규칙적인 수면, 식사 외에 간식 먹지 않기, 정상 체중의 10% 이상 초과하지 않기. 9년 반 동안의 추적연구에서 이 일곱 가지 건강 행동을 모두 실천한 사람들의 사망률은 세 가지 미만을 실천한 사람들의 사망률의 23%에 불과했다.

Fortin 등(2014)은 다섯 가지 생활습관 요인들을 살펴보았다: 흡연, 과음, 과일과 채소 섭취 부족, 신체활동 부족, 과체중 또는 저체중. 좋지 않은 생활습관을 네 가지 이상 가진 남성은 좋은 않은 생활습관이 하나도 없거나 하나만 있는 남성보다 셋 이상의 만성질환으로 고생할 확률이 다섯 배나 되었다. 여러 개의 좋지 않은 생활 습관을 가진 여성은 하나 정도 가진 여성보다 여러 만성질환으로 고생할 확률이 세 배 더 많다.

스트레스를 겪고 있는 사람들은 그렇지 않은 사람들보다 건강하지 못한 생활습관을 갖는 경향이 있다. 이들은 흡연을 더 많이 하고, 술을 더 많이 마시고, 운동을 덜 하고, 그리고 잠도 더 적게 잔다(Cohen & Williamson, 1991). Siegrist와 Rodel(2006)은 46개의 연구에서 나온 증거들을 개관했다. 남성의 경우 높은 수준의 직무 스트레스는 과체중, 그리고 과음과 연합되어 있었다.

Mainous 등(2010)은 일상 스트레스가 동맥경화와 관련이 있다는 것을 발견하였다. 이것은 부분적으로 스트레스를 겪고 있는 사람들이 담배를 많이 피우고, 열량이 높은 음식을 섭취하고, 덜 활동적인 생활습관을 가지기 때문이다.

요약하면, 면역체계에 미치는 스트레스 요인의 효과는 스트레스 요인의 성질과 그 지속기간에 달려있다. 추가적으로 두 가지를 지적할 필요가 있다. 첫째, 스트레스를 많이 받고 있는 사람의 면역체계 기능도 정상 범위에 있다는 연구 결과(Bachen et al., 1997)는 스트레스가 신체 건강에 미치는 효과가 크지 않다는 것을 시사한다.

둘째, 면역체계는 매우 복잡하다. 따라서 스트레스가 면역체계의 기능을 손상시킨다는 단순한 주장은 맞지 않은데 스트레스는 면역체계의 특정 작은 부분에만 영향을 미치기 때문이다.

스트레스 감소법

앞에서 스트레스와 스트레스의 유발 요인들을 알아보았다. 우리는 일상의 스트레스를 어떻게 해결할 수 있을까? 지금부터 주요 방법 몇 가지를 살펴보도록 한다.

스트레스 예방 훈련

스트레스 예방 훈련의 주요 단계는 무엇인가?

스트레스 감소에 가장 많이 사용되는 개입 중 하나가 Meichenbaum(1985)이 개발한 스트레스 예방 훈련이다. 다음 세 단계로 구성되어 있다:

1. 평가 : 치료자는 개인이 가진 문제에 대해 함께 이야기하고 제거 방법에 대한 개인의 생각을 묻는다.
2. 스트레스 감소기법 : 개인은 이완과 자기 지시 같은 다양한 스트레스 감소 기법을 학습한다. 예를 들어 "내가 침착하면 이 상황을 해결할 수 있어", "쓸데없는 걱정은 그만해" 같은 것이다.
3. 적용과 마무리 : 개인은 두 번째 단계에서 배운 스트레스 감소 기법을 힘든 상황에서 사용하는 것을 상상한다. 그런 다음 실제 상황에서 이 기법을 사용한다.

Keogh 등(2006)은 중요한 시험을 몇 주 앞둔 청소년들에게 스트레스 예방 훈련과 유사한 개입을 실시하였다. 개입은 시험 성적을 유의미하게 향상시켰다. 또한 개입은 시험에 성공적으로 대처할 수 있다는 자신의 능력에 대한 이들의 부정적인 태도와 생각을 감소시킴으로써 정신건강을 향상시켰다.

컴퓨터 기반 개입(사이버 개입)을 사용하는 스트레스 예방 훈련이 점점 더 많아지고 있다. Sereno 등(2014)은 사이버 개입 연구들을 개관하고 스트레스 예방 훈련이 여러 환경에서 스트레스 감소에 효과적이라는 결론을 내렸다.

대부분의 연구는 스트레스에 대한 자기 보고 측정치를 사용한다. 이런 측정치가 가진 한계점은 개인이 훈련의 유익한 효과를 과장할 수 있다는 것이다. 한 가지 대안은 '스트레스 호르몬'인 코르티솔 호르몬을 측정하는 것이다. Gaab 등(2003)은 참여자를 스트레스 상황에 노출시키는 연구를 수행했다. 스트레스 상황에 노출되기 전에 스트레스 예방 훈련을 받은 사람의 코르티솔 수준이 통제집단보다 더 낮았다. 또한 이런 상황에서 이들이 느끼는 스트레스도 더 적었고, 대처에도 더 많은 자신감을 나타냈다.

평가

➕ 스트레스 예방 훈련은 장기적과 단기적 스트레스 요인, 둘 다에서 스트레스(자기 보고와 코르티솔 수준으로 평가한)를 감소시킨다..

➕ 스트레스 예방 훈련은 미래 스트레스 요인의 부정적 효과로부터 개인을 보호할 수 있다.

➖ 스트레스 예방 훈련은 여러 단계로 구성되어 있고, 이들 중 어떤 것이 실제로 유익한 효과를 발생시키는지 알기 어렵다.

➖ 스트레스 예방 훈련의 유익한 효과는 구체적인 훈련 요소 때문이 아니라 대부분의 개입에 공통적으로 존재하는 일반 요인들(치료자의 따뜻함, 치료자와 내담자 사이의 신뢰) 때문일 수 있다.

대처 전략

스트레스 감소와 관련된 많은 연구들이 대처에 초점을 두고 있다. 대처는 '위협, 상해, 그리고 손실을 예방하거나 감소시키려는, 또는 관련된 고통을 감소시키려는 노력'으로 정의한다(Carver & Connor-Smith, 2010, p. 685). 대처에는 문제 중심 대처와 정서 중심 대처가 있다. **문제 중심 대처**(problem-focused coping)는 스트레스 상황에 직접 작용하는 행위나 생각이다(예 : 목표지향적 행동 또는 직접적인 행동, 결정 내리기, 계획하기). 이와 대조적으로, **정서 중심 대처**(emotion-focused coping)는 스트레스 상황에서 경험하는 정서 상태를 감소시키거나 변화시키려는 시도이다(예 : 오락, 상황 회피, 사회적 지지 찾기).

당신은 문제 중심 대처와 정서 중심 대처 중 어느 것이 더 효과적인 전략이라고 생각하는가? 아마 스트레스 상황에 직면하는 것을 바람직하다고 생각하는 서구사회 사람이라면 문제 중심 대처를 선택했을 것이다. 또 다른 관점은 **대처 유연성**(coping flexibility)을 강조하는데, 이것은 '대처 전략들의 배치에서 개인이 보이는 가변… 그리고 적응에 도움이 되는 방식으로 이런 가변성을 보이는 능력'이다(Cheng et al., 2014, p. 1582).

대처 유연성 관점에 기초한 여러 이론들이 제안되었다. 예를 들어, Zakowski 등 (2001)은 적합성 가설을 제안하였다. 이 가설은 스트레스 요인을 통제할 수 있을 때는 문제 중심 대처를 사용하는 것이 더 낫지만 스트레스 요인을 통제할 수 없을 때는 정서 중심 대처를 사용하는 것이 더 낫다고 주장한다.

Cheng 등(2014)은 3단계 모형을 제안했다.

핵심용어

문제 중심 대처 스트레스 원천에 직접적으로 작용하여 스트레스 상황에 대처하는 일반 전략

정서 중심 대처 부정적인 정서 상태를 감소시켜서 스트레스 상황에 대처하는 일반 전략

대처 유연성 다양한 대처 전략을 유연하게 사용하여 스트레스 상황에 반응하는 사람이 그렇지 않은 사람들보다 더 나은 심리적 적응을 보인다는 관점

1. 계획 : 특정 스트레스 상황에서 최적의 전략 선택하기
2. 실행 : 평가 대처(현재 대처 전략을 바꾸는 결정 내리기)와 적응 대처(더 나은 대처 전략 찾기)
3. 피드백 : 선택한 대처 전략의 성공 여부를 점검하기

연구 결과

이 모든 관점들은 증거들에 의해 지지되고 있다. Penley 등(2002)은 대처 전략과 건강 관련 결과를 연결한 수많은 연구들을 개관했다. 신체적 심리적 건강은 문제 중심 대처와 정적인 상관관계에 있었지만 정서 중심 대처(회피, 소망적 사고)와는 부적인 상관관계에 있었다.

Zakowski 등(2001)은 적합도 가설을 지지하는 증거를 보고하였다. 참여자들이 스트레스 요인을 통제할 수 없다고 지각할 때보다 통제할 수 있다고 지각할 때 문제 중심 대처를 더 많이 사용하였다. 그러나 스트레스 요인을 통제 불가능한 것으로 지각하였을 때는 정서 중심 대처를 더 많이 사용하였다. 스트레스에 대한 자기 보고 측정치와 행동에 미치는 정서 중심 대처의 효과는 적합도 가설의 예측과 일치하였다. 즉 이 대처 전략은 통제할 수 없는 스트레스 요인에서 더 효과적이었다. 그러나 스트레스에 미치는 문제 중심 대처의 효과가 스트레스 요인의 통제성에 따라 변화하지 않은 결과는 가설과 일치하지 않는다.

Forsythe와 Compas(1987)는 주요 생활사건에서 문제 중심 대처와 정서 중심 대처의 효과를 살펴보았다. 연구 결과는 적합도 가설의 예측과 일치하였다. 통제 가능한 사건에서는 문제 중심 대처를, 그리고 통제 불가능한 사건에서는 정서 중심 대처를 사용하였을 때 심리적인 문제가 더 적게 발생하였다.

Kato(2015)는 대처 유연성의 두 가지 측면(평가 대처와 적응 대처)에서 개인차를 연구하였다. 예측대로 두 측면 모두 더 나은 심리적 건강(낮은 우울증)과 관련되어 있었다.

Cheng 등(2014)은 대략 6만 명의 참여자가 포함된 연구들을 기초로 메타분석을 실시하였다. 대처 유연성과 심리적 적응 사이에 일관된 정적 상관관계가 나타났다. 이 관계는 집단주의 문화(집단 응집력을 강조하는)보다 개인주의 문화(개인의 책임을 강조하는)에서 더 약했다. 왜 그럴까? 개인주의 문화는 집단주의 문화보다 자기 주장을 더 중요하게 생각하고 상황에 따라 개인의 행동을 유연하게 변화시키는 것을 덜 중요하게 생각한다.

평가

➕ 문제 중심 대처와 정서 중심 대처, 둘 다 수많은 스트레스 상황에서 활용할 수 있다.

➕ 대처 유연성을 강조하는 여러 접근들(적합성 가설, Cheng 등의 모형)이 많은 지지를 받고 있다.

➖ 사람들이 사용하는 대처 전략이 그들의 심리적 적응에 영향을 준다는 증거는 많다. 그러나 사람들의 심리적 적응 역시 대처 전략의 선택에 영향을 줄 가능성이 크다. 즉 인과성이 양방향으로 작용한다.

➖ 문제 중심 대처와 정서 중심 대처가 완전히 독립적이지 않다. Skinner 등(2003, p. 227)이 지적한 것처럼 "계획 세우기가 문제만 해결하게 만드는 것이 아니라 정서도 안정시킨다."

➖ 문제 중심 대처와 정서 중심 대처의 중요성에도 사람들은 자주 다른 대처 전략을 사용한다. 그 예로 반추(자기 비난, 걱정) 그리고 무기력(예 : 활동 부족, 수동성)이 있다(Skinner 등, 2003).

➖ 문제 중심 대처는 긍정적인 결과와 부정적인 결과, 둘 다 가져올 수 있기 때문에 그 효과성을 평가하기 어렵다. Wu 등(1993)에 따르면, 자신의 실수를 두고 책임을 인정한 의사들이 직무 습관에서는 건설적인 변화를 보이지만(긍정적인 결과) 더 많은 디스트레스를 경험하기도 한다(부정적인 결과).

사회적 지지

사회적 지지는 스트레스 감소에 얼마나 중요할까? 먼저 사회적 지지의 두 가지 의미를 살펴보자.

1. **사회망** : 사회적 지지를 제공할 수 있는 사람의 수(사회적 지지의 양)
2. **지각된 지지** : 이 사람들이 제공할 수 있는 사회적 지지의 강도(사회적 지지의 질). 보통 이것을 사회적 지지로 정의한다.

Schaefer 등(1981)에 따르면 지각된 지지는 건강 및 안녕과 정적 상관관계에 있지만, 사회 망의 크기는 안녕과 관계가 없었다. 때로 사회 망과 안녕 사이에 부적 상관관계가 발견되는데, 큰 사회 망을 유지하는 데 시간이 많이 들고 부담도 크기 때문이다.

지각된 지지는 스트레스를 감소시킨다. Brown과 Harris(1978)는 최근 심각한 생활사건을 경험한 여성들을 연구했다. 친한 친구가 있는 사람들의 경우 10%만이 우울증을 경험한 데 비해 친한 친구가 한 명도 없는 사람들은 37%가 우울증을 앓았다. Becofsky 등(2015)은 연구 시작 당시 평균 연령이 53세인 참여자들을 13년 동안 관찰하고 사회적 지지가 수명에 미치는 영향을 평가하였다. 아무런 사회적 지지가 없는 사람들에 비해 배우자나 동료의 지지를 받는 사람들과 몇몇 친구와 규칙적으로 접촉을 하는 사람들의 사망률이 각각 19%와 24% 감소하였다.

사회적 지지는 어떻게 사망률을 감소시키는 것일까? Uchino(2006)는 관련 증거를 살펴보았다. 사회적 지지는 심혈관 기능(예 : 혈압 감소)에 긍정적인 변화를 일으키고, 신경호르몬 기능(예 : 코르티솔 감소)과도 관련이 있고, 면역체계 기능을 향상시켰다.

사회적 지지가 항상 유익한 효과를 발휘하는 것은 아니다. Kirsch와 Lehman(2015)은 연설이라는 스트레스 과제를 수행하는 여학생들을 연구했다. 사회적 지지는 연설 방법을 도와주는 형태로 제공되었다. 참여자가 연설을 연습하기 전에 제공된 사회적 지지는 연설을 하는 동안의 스트레스 반응을 줄였다. 그러나 연설 연습 후에 주어진 사회적 지지는 부정적인 평가의 표시(참여자의 연설이 충고가 필요할 정도로 잘하지 못했다는 표시)로 지각될 수 있다. 실제로 이 조건에서 제공된 사회적 지지는 연설하는 동안 스트레스 반응을 줄이지 못했다.

사회적 지지는 우울한 사람을 더 우울하게 만들기도 한다. 이것은 사회적 지지가 우울한 사람의 기본 심리적 욕구를 위협할 때 발생한다(Ibarra-Rovillard & Kuiper, 2011). 예를 들어, 친구들이 우울증이 있는 사람을 과잉 통제하는 태도를 취하면, 그는 자신이 삶에 대한 통제력을 잃고 있다고 느낄 수 있다.

성차

Luckow 등(1998)은 26개의 연구들 중 25개에서 여성이 남성보다 사회적 지지를 더 많이 원한다는 것을 발견하였다. Taylor 등(2000)은 이러한 성차에 기초한 이론을 개발하였다. 그녀는 남성은 보통 스트레스 상황에 '싸움 또는 도망가기'로 반응하는 반면에 여성은 '돌보기와 친구 맺기'로 반응한다고 주장하였다. 즉 여성은 스트레스 요인에 타인을 보살피는 반응(돌보기 반응)으로 대처하거나 타인의 사회적 지지를 적극적으로 추구하는 반응(친구 맺기 반응)으로 대처한다는 것이다. Turton과 Campbell(2005)도 설문지를 사용한 연구에서 여성이 남성보다 스트레스 상황에서 돌보기와 친구 맺기 전략을 더 많이 사용한다는 것을 발견하였다.

Taylor 등(2000)은 **옥시토신**(oxytocin, '포옹 호르몬'으로 불린다)이 돌보기와 친구 맺기 반응에 중요한 역할을 한다고 주장하였다. Taylor 등의 이론과 직접적으로 관련된 증거로 옥시토신 효과가 남성 성 호르몬에 의해 감소하지만 여성 성 호르몬인 에스트로겐에 의해 증가하는 것을 들 수 있다. Cardoso 등(2013)은 사회적 거부 스트레

핵심용어

옥시토신 사교성을 증가시키고 불안을 감소시켜서 안녕감을 촉진시키는 호르몬

스를 경험했던 사람들을 연구하였다. 옥시토신 투여는 타인에 대한 이들의 신뢰를 증가시켰고, 그 결과 사회적 지지를 추구하는 확률을 증가시켰다.

평가

➕ 높은 수준의 지각된 사회적 지지는 신체 및 정신건강, 그리고 수명에 여러 유익한 영향을 미친다.

➕ 지각된 사회적 지지는 심혈관 질환, 신경호르몬, 그리고 면역체계의 기능에 유익한 영향을 미친다.

➕ 여성은 스트레스 상황에서 돌보기와 친구 맺기 반응을 선호하는 반면에 남성은 싸움 또는 도망 반응을 선호한다.

➖ 사회적 지지와 긍정적 결과(스트레스 감소, 신체 건강 증진) 사이의 연합이 언제나 사회적 지지가 긍정적 결과를 가져온다는 의미는 아니다. 인과관계가 반대일 수도 있어서 스트레스가 많고 신체 건강이 좋지 못한 사람들이 다른 사람들보다 높은 수준의 사회적 지지를 더 힘들다고 느낄 수도 있다.

➖ 사회적 지지가 항상 유익한 영향을 미친다는 생각은 옳지 않다. 사회적 지지는 과잉 통제되고 있다거나 부정적인 사회평가를 가리키는 것으로 지각될 수 있다(예 : Ibarra-Rouillard & Kuiper, 2011; Kirsch & Lehman, 2015).

요약

- 스트레스는 개인과 환경의 상호작용으로 일어난다.
- 스트레스 반응은 교감신경계의 부신수질(SAM)이 관여하는 초기 충격반응과 그 이후에 일어나는 뇌하수체의 부신피질(HPA) 축이 관여하는 역충격 반응으로 이루어진다. 코르티솔 호르몬은 HPA 축 안에서 활성화에 특히 중요하다.
- 혹독한 생활사건과 일상의 골칫거리는 다양한 신체적·심리적 스트레스 반응과 연합되어 있다. 그러나 탄력적인 사람들(예 : 신경증이 낮은 사람)은 생활사건과 골칫거리의 영향을 비교적 덜 받는다.
- 직무 스트레스 요인들 중 가장 큰 손상을 일으키는 두 가지는 낮은 직무 통제와 노력－보상 불균형이다.
- 과학기술 스트레스는 점차 흔한 직무 스트레스가 되고 있다.
- 소진은 정서적 고갈, 비인간화, 성취감 결여로 이루어진다. 이런 증상은 신경증이 높은 사람들에게 많이 나타나고 우울증과도 관련이 있다.
- A형 성격과 D형 성격이 신체적인 스트레스 반응과 건강에 미치는 효과는 크지 않다.

- 스트레스는 면역체계를 손상시키거나(직접 경로), 건강하지 못한 생활습관을 갖게 하여 (간접 경로) 신체적인 질병을 일으킬 수 있다.
- 스트레스 예방 훈련은 이완과 자기 진술 대처 같은 기법을 통해 스트레스를 감소시킨다.
- 스트레스 요인이 통제 가능할 때는 문제 중심 대처가 정서 중심 대처보다 스트레스를 더 효과적으로 감소시킨다. 그러나 스트레스 요인이 통제 불가능할 때는 정서 중심 대처가 더

효과적이다.
- 스트레스 요인에 대한 반응에서 심리적 적응은 대처 유연성을 보이는 사람들에게서 더 크다.
- 여성은 남성보다 스트레스 요인에 대한 반응으로 사회적 지지를 더 자주 사용한다. 일반적으로 사회적 지지는 스트레스를 감소시키지만, 개인의 기본 심리적 욕구가 위협받는다고 지각되면 부정적인 효과를 일으킬 수 있다.

더 읽을거리

- Cheng, C., Lau, H.-P.B., & Chan, M.-P. S. (2014). Coping flexibility and psychological adjustment to stressful life changes: A meta-analytic review. *Psychological Bulletin*, 140, 1582–1607. 이 논문의 저자들은 스트레스 사건에 대한 유연한 대처와 관련된 이론과 연구들을 광범위하게 논의하고 있다.
- Marks, D.F., Murray, M., Evans, B., & Estacio, E.V. (2015). *Health psychology: Theory, research and practice* (4th ed.). London: Sage. 이 책의 제12장은 스트레스와 대처에 관한 쟁점을 다룬다.
- Rice, V.H. (Ed.) (2012). *Handbook of stress, coping, and health* (2nd ed.). London: Sage. Virginia Rice는 이 책에서 스트레스, 대처, 그리고 건강의 모든 중요한 측면을 다루고 있다.
- Schaufeli, W.B., Leiter, M.P., & Maslach, C. (2009). Burnout: 35 years of research and practice. *Career Development International*, 14, 204–220. 이 논문은 소진에 대한 우리의 이해가 어떻게 변화되어 왔는지를 보여준다.
- Segerstrom, S.C., & Miller, G.E. (2004). Psychological stress and the human immune system: A meta-analytic study of 30 years of inquiry. *Psychological Bulletin, 130*, 601–630. 시사하는 바가 많은 이 논문은 면역체계에 미치는 스트레스의 효과를 다룬 수백 개의 연구들을 개관하여 보여준다.

질문

1. 생리 과정에 미치는 스트레스의 효과는 무엇인가? 이 효과는 시간이 경과하면서 어떻게 변하는가?

2. 스트레스가 면역기능을 손상시켜서 신체적 질병을 일으킬 수 있다는 주장이 있다. 이 주장을 지지하는 확신할만한 증거가 있는가?

3. 한 친구가 스트레스에 어떻게 대처해야 할지 당신의 충고를 구한다고 하자. 당신은 연구 증거를 기초로 어떤 충고를 해줄 수 있는가?

4. 소진에 가장 취약한 사람들은 어떤 사람들인가? 어떻게 하면 소진을 예방할 수 있을까?

5. 스트레스를 일으키는 가장 중요한 요인은 무엇인가? 어떤 사람들이 스트레스에 더 위험한가?

아마 당신은 약한 정서를 경험하고 있는지 아니면 아무런 정서도 경험하고 있지 않은지를 알기 어렵다고 느낄 때가 있을 것이다. 당신은 이것을 어떻게 결정할 수 있는가? 슬픔, 행복, 공포, 분노를 비롯하여 많은 정서들이 있다. 각 정서는 정서와 연합된 생리활동에서 차이가 있을까?

우리는 때로 불안하고 우울하다고 느낀다. 당신은 이런 정서에서 벗어나길 원하는가? 아니면 당신 생각에 이런 부정적인 정서도 우리의 삶에서 유용한 기능을 하는가?

정서

6

■ ■ ■ ■ ■ ■ ■ ■ ■ □

우리의 삶에서 정말 중요한 사건들은 거의(또는 전부)가 높은 수준의 정서와 연합되어 있다. 새로운 관계가 시작될 때 우리는 흥분되고, 중요한 시험에 통과하면 기분이 좋고, 중요한 목표를 달성하지 못하면 우울하다. 즉 정서는 우리의 삶에서 핵심 역할을 한다.

'정서'는 어떻게 정의할 수 있을까? Colman(2009, p. 244)에 따르면, 정서는 '단기간 지속되는 평가적 · 감정적 · 의도적인 심리 상태'이다. 어떤 사람이 정서 상태를 경험하고 있다는 것은 여러 가지 방식으로 드러난다 :

1. 대부분의 정서는 전형적인 표정과 연합되어 있다(예 : 행복과 미소).
2. 자율신경계와 뇌에서 특정 활동 패턴이 발견된다(제4장 참조).
3. 주관적인 정서 상태가 존재한다.
4. 개인의 행동에서 그의 정서 상태가 드러난다.

공포를 통해 자세하게 살펴보자. 일반적으로 공포를 느끼는 사람은 다음과 같은 표정을 짓고 있다 : 눈썹을 치켜세워 함께 모으고, 평소보다 눈을 더 크게 뜨고, 입술을 꽉 다물고, 아랫입술에 긴장이 나타난다. 공포는 또한 자율신경계의 활동을 증가시킨다(예 : 빠른 심박률과 땀 분비). 공포를 느끼는 사람들은 '초조한', '깜짝 놀란', 그리고 '겁먹은' 같은 형용사를 사용하여 자신의 감정을 기술한다. 끝으로 공포를 느끼는 사람은 두려운 대상으로부터 도망가거나 회피하는 행동을 한다.

정서 대 기분

정서와 기분 사이의 주요 차이는 무엇인가? 첫째, **기분**(moods)은 일반적으로 정서보

핵심용어

기분 정서와 비슷한 상태지만 일반적으로 더 오래 지속되고, 덜 강하고, 이유가 분명하지 않다.

다 오래 지속된다. 둘째, 기분은 정서보다 덜 강하다. 그래서 우리는 정서에는 주의를 기울이지만, 기분은 단순히 일상 활동의 배경으로 작용할 때가 많다. 셋째, 우리는 특정 정서를 경험하는 이유는 알지만 특정 기분을 느끼는 이유는 분명하지 않은 경우가 많다.

여성 대 남성

여성은 남성보다 더 정서적인가?

여성이 남성보다 더 정서적이라고 알려져 있고 대부분의 증거들도 이를 지지한다. Brody와 Hall(2008)은 37개국에서 남성보다 여성의 정서가 더 강하고, 더 오래 지속되고, 표현도 더 직접적이라는 것을 발견하였다. 그러나 모욕, 고독, 교만, 흥분, 죄책감 같은 정서에서는 성차가 나타나지 않았다.

여성은 남성보다 타인의 정서 상태에도 더 민감하다. Thompson과 Voyer(2014)는 수많은 연구들을 개관하고 이에 대한 지지 증거들을 보고하였다. 여성은 특정 정서(특히, 화, 슬픔, 공포 같은 부정적인 정서)의 인식에서 남성보다 우수하였다. 그러나 이 모든 성차가 그렇게 크지 않다는 사실을 기억하라.

남성과 여성의 차이는 어디서 오는 것일까? 많은 문화권에서 남성은 독립적이고 경쟁적일 것을 요구받고, 여성은 협력과 이타심을 기대받으면서 성장한다(제11장 참조). 정서를 표현하고 인식하는 능력은 독립성을 훈련받는 사람보다는 협력을 훈련받는 사람에게 훨씬 더 중요하다.

정서는 얼마나 유용한가?

아마 높은 수준의 불안과 우울증으로 고통받고 있는 사람들은 이런 정서들이 불필요하고 달갑지 않다고 생각할 것이다. 불안하고 우울해지기를 원하는 사람이 극소수에 불과하다는 사실을 생각하면 맞는 말일 수 있다. 또한 불안과 우울은 우리의 활동을 방해한다. 예를 들어, 불안은 집중과 주의 통제를 손상시킨다(Eysenck et al., 2007).

이런 주장에도 최근에는 모든 정서가 나름 유용하고 중요한 기능을 가지고 있다는 관점이 우세하다. 예를 들어, 우울 또는 슬픔의 적응적 기능이 여러 이론들에서 밝혀졌다. 이 이론들이 발견한 주요 기능은 다음과 같다: "인지에 영향을 미쳐서 손실을 피하게 하고, 에너지를 비축하게 하고, 달성 불가능한 목표를 포기하게 하고, 항복 신호를 보내고, 자원을 구하고, 분석적 사고를 촉진한다"(Durisko et al., 2015, p. 315). 본질적으로 우울 또는 슬픔은 성취할 수 없는 현재의 목표를 버리고 에너지를 비축해서 현실적인 목표를 추구할 수 있게 해준다.

불안의 기능은 무엇일까? 불안 또는 공포는 잠재적인 환경 위협에 선택적으로 주의를 기울이게 하고, 재빠른 위험 탐지는 위협적인 환경에서 생명을 보존할 수 있게 한다(Eysenck, 1992). 공포와 불안의 또 다른 기능은 싸움 또는 도망을 촉진시키는 생리 활동의 증가이다.

Lee 등(2006)은 불안의 또 다른 장점을 발견하였다. 13세 때 교사에 의해 불안이 높다는 평가를 받았던 사람들은 그렇지 않은 사람들에 비해 25세 이전에 사망할 확률이 여섯 배나 더 낮았다. 왜 그럴까? 불안한 사람들은 조심스럽고 위험을 감수하려고 하지 않기 때문이다.

부정적인 정서는 쓸모가 없다는 생각과 이런 정서들도 유용한 기능이 있다는 증거 사이의 간극을 어떻게 메울 수 있을까? Levenson(1999, p. 496)은 모든 것이 우리가 수용하는 관점에 달려있다고 주장하였다.

> 정서에 사로잡히기 전에 무엇을 성취하려는 관점에서 보면, 후속 정서 행동은 혼란스럽고 무질서해 보일 것이다. 그러나 유기체의 생존이라는 관점에서 보면, 정서 행동은 우아하고 적응적이며 고도로 조직화되어 있다.

얼마나 많은 정서가 존재하는가?

"얼마나 많은 정서가 존재하는가?"라는 질문은 간단해 보인다. 유감스럽게도 이 질문에 대한 답변들은 일관적이지 않다. 한 가지 이유는 질문이 다소 애매하기 때문인데, 기본 정서(다른 종과 공유하는)만 다루어야 할지 아니면 기본 정서에서 도출된 복잡한 정서(예 : 수치심, 죄책감)까지 포함시켜야 하는지가 분명하지 않다. 또한 정서들 사이의 경계가 모호해서 어떤 정서를 경험하고 있는지를 알기 어려울 때가 많다.

지금부터는 (1) 표정, (2) 자기 보고에서 얻어진 증거들을 기초로 가장 기본적인 정서들을 살펴보도록 한다.

표정

모두가 매우 다양한 표정을 짓고 있고, 기본 정서마다 자기만의 독특한 표정이 있다는 가정은 그럴듯해 보인다. Ekman 등(1972)은 미국인을 대상으로 얻어진 연구들을 개관하고 관찰자가 얼굴에서 여섯 가지 정서는 확실하게 탐지할 수 있다는 결론을 내렸다: 행복, 놀람, 분노, 슬픔, 공포, 경멸과 결합된 혐오.

Ekman 등(1972)의 개관논문에 포함된 대부분의 연구들은 미국에서 수행된 것이었다. Ekman 등(1987)은 전 세계 다른 곳에서도 비슷한 결과를 얻을 수 있는지 궁금했

다. 실제로 터키, 그리스, 수마트라, 그리고 일본을 포함하여 10개국 사람들 모두 얼굴에 나타나는 정서를 비슷하게 판단한다는 것을 발견하였다.

표정을 사용하여 정서 상태를 평가할 때 주의할 것이 있다. 우리는 어떤 분명한 표정 없이도 정서를 경험할 때가 있다(Matsumoto, 2009). 더 일반적으로, 표정에 대한 대부분의 연구들이 정서 **산출**이 아닌 정서 인식에 초점을 맞추고 있다.

정서와 연합된 표정을 재인하는 과제에서 문화권의 차이가 나타나지 않는데, 이는 정서의 표현이 선천적임을 시사한다.

자기 보고 접근

사람들에게 형용사(예 : 슬픈, 외로운, 행복한, 화난)를 제시하고 현재 자신의 감정을 나타내는 형용사를 선택하게 하여 정서 상태를 평가할 수 있다. 이런 자기 보고 설문지 중 하나가 긍정 및 부정 감정 척도(Positive and Negative Affect Schedule, PANAS-X, Watson & Clark, 1994)이다. 이 설문지는 11개의 정서 또는 기분(공포, 슬픔, 적개심, 죄책감, 수줍음, 피로, 놀람, 명랑, 자신감, 조심성, 평온)을 측정한다. 이런 설문지의 문제점은 많은 정서들이 서로 비슷해서 분명하게 구분되지 않는다는 것이다.

Watson과 Clark(1992)는 연구 증거들이 위계모형(그림 참조)을 지지한다고 주장하였다. 모형의 하위 수준에는 서로 관련이 높은 (그러나 구분은 되는) 여러 정서 상태들이 놓여 있다. 상위 수준에는 긍정 감정과 부정 감정으로 불리는 일반적이고 서로 관련이 없는 두 요인이 존재하고 있다. 모든 정서 상태 또는 기분 상태는 긍정 감정과 부정 감정으로 이루어진 2차원 구조에 연결될 수 있다.

2수준 정서위계모형

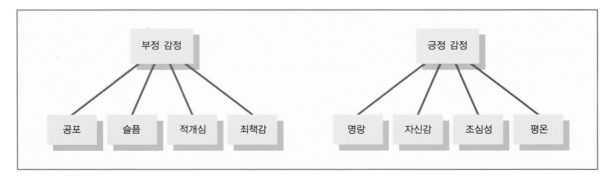

이런 위계모형을 지지하는 증거가 Lindquist 등(2014)에 의해 보고되었다. 이들은 뇌 손상으로 개념과 세계에 대한 지식에서 심각한 장애를 보이는 **의미 치매**(semantic dementia) 환자들을 연구했다. 이 환자들에게 다양한 정서(화, 슬픔, 공포, 혐오, 행복)를 표현하고 있는 얼굴 사진을 보여주었다. 이들은 과제가 언어 사용을 요구하지 않을 때에도 긍정 정서와 부정 정서 사이는 확실하게 구분할 수 있었지만 부정 정서들 사이는 구분하지 못하였다. 즉 언어가 위계의 하위 수준에서는 중요한 역할을 하지만 긍정 감정과 부정 감정 사이의 구분에는 결정적이지 않다.

정서위계모형에 따르면 어떤 특수 정서에 대한 자기 보고 평가로 무엇을 측정하는가?

결론

Levenson(2011)은 어떤 정서가 기본 정서로 간주되려면 다음의 준거들을 충족해야 한다고 주장하였다:

1. 독특성(생리학과 정서를 유발하는 요인에서 다른 정서들과 확실하게 구분되어야 한다)
2. 기능성(생존 관련 도전이나 기회를 해결하는 데 유용하다)
3. 고정성(신경계에 내재되어 있어서 모든 문화권에서 발견된다)

Levenson(2011)은 정서 문헌들을 개관하고 행복, 놀람, 분노, 슬픔, 공포, 혐오가 기본 정서라는 Ekman 등(1972)의 의견에 동의하였다. 그러나 그는 그 밖에도 세 가지 다른 기본 정서가 존재한다고 주장하였다: 안도/만족, 흥미, 사랑.

정서의 심리학적 이론

혼란스러울 정도로 많은 정서 이론들이 있다. 여기서는 역사적으로 중요하면서 최신 주요 이론으로 이어지고 있는 두 정서 이론에 대해 살펴본다.

James-Lange 이론

정서에 관한 최초의 중요한 이론이 19세기 말 미국의 William James와 덴마크의 Carl Lange에 의해 독립적으로 제안되었다. James(1890, p. 451)는 이 이론의 핵심을 다음과 같이 기술하였다: "우리가 어떤 강력한 정서를 상상하고 나서 이 정서와 관련된 모든 신체적 증상을 생각해내려고 하면, 우리에게 남아있는 것이 아무것도 없다는 것을 알게 된다." 즉 신체 상태에 대한 우리의 자각이 정서 경험에서 중요한 역할을 한다는

James-Lange 이론에 따르면, 신체 상태와 정서는 어떻게 연관되어 있는가?

핵심용어

의미 치매 뇌 손상으로 인해 단어 의미를 평가하는 데 상당한 문제를 경험하는 환자

것이다.

이 이론은 반직관적으로 보인다. 예를 들어, 우리는 보통 행복해서 웃는다고 생각한다. 이 이론은 이와 반대로 우리가 웃기 때문에 행복하다고 말한다. 만일 James-Lange 이론이 맞다면 모든 정서는 고유의 신체 상태(예 : 생리적 각성 패턴, 표정)와 연합되어 있어야 한다.

연구 결과

앞에서 기본 정서들이 독특한 표정과 연합되어 있다는 것을 보았다(Ekman et al., 1972). Nummenmaa 등(2014)은 13개의 정서에서 신체 상태의 차이를 발견하였다. 각 정서마다 특정 신체 영역이 중성적인 정서 상태일 때보다 더 강하게 또는 더 빠르게 활성화되었다: 이 영역들은 그림에서 빨간색으로 표시되어 있다. 연구자들은 활성화가 더 약해지거나 더 느려지는 영역들도 확인하였다: 이 영역들은 파란색으로 표시되어 있다. 중요한 사실은 이것이 서구 유럽인과 동아시아인에게서 매우 비슷했다는

기본 정서(상단)와 비기본 정서(하단)의 신체 지도. 신체 지도는 각 정서를 경험할 때 활성화가 증가되는 영역(따뜻한 색채)과 감소되는 영역(차가운 색채)을 보여준다. Nummenmaa et al. (2014)

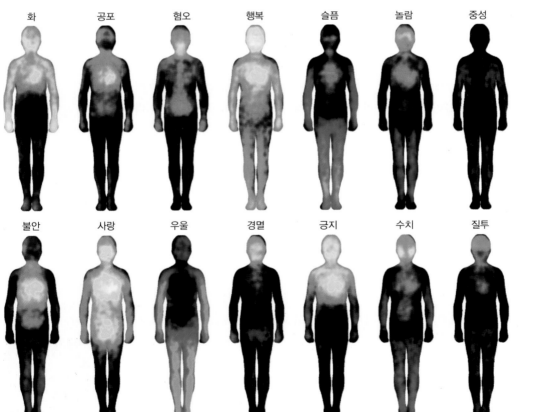

것이다.

척수 손상 환자는 자신의 신체 각성에 대한 자각이 극적으로 감소한다. James-Lange 이론에 따르면, 이런 환자는 건강한 사람에 비해 정서 경험의 강도가 감소해야 한다. 연구 결과는 일관적이지 않다. Deady 등(2010)은 척수 손상 환자도 건강한 통제집단만큼 강렬한 정서를 경험한다는 것을 발견하였다. 그러나 Salte 등(2013)은 이런 환자가 긍정적인 정서는 통제집단보다 더 적게 경험하지만 부정적인 정서 경험은 비슷하다는 것을 발견하였다.

또 다른 지지 증거가 표정을 조작한 연구들에서 보고되었다. Strack 등(1988)은 참여자들에게 이빨 사이에 펜을 물게 하여 미소를 촉진시키거나 입술 사이에 펜을 물게 하여 미소를 억제시켰다. 전자 조건의 참여자들이 후자 조건의 참여자들보다 만화를 더 재미있다고 느꼈다. Marzoli 등(2013)은 태양을 바라보면서 얼굴을 찡그리는 것이 분노와 공격성을 증가시킨다는 것을 발견하였다.

보톡스 주사는 얼굴 주름을 감소시키지만 표정을 마비시킨다. James-Lange 이론(그리고 Niedenthal, 2007의 최신 이론)에 따르면, 보톡스 주사를 맞은 사람은 통제집단보다 정서 경험이 더 약해야 한다. 참여자들에게 긍정적인 비디오 장면과 부정적인 비디오 장면을 제시한 연구에서 Davis 등(2010)은 이 예측을 지지하는 증거를 얻을 수 있었다.

보톡스의 임상적 타당성을 보여주는 증거들이 점차 증가하고 있다. Magid 등(2015)은 찡그리는 얼굴 근육의 활동을 감소시키는 보톡스 주사를 맞은 우울증 환자에 대한 연구들을 개관하였다. 보톡스 주사가 우울증 증상을 감소시켰다.

평가

➕ 여러 정서들이 고유의 표정 또는 신체 상태와 연합되어 있다는 것을 보여주는 증거는 많다.

➕ 표정의 조작은 예측대로 정서 경험에 영향을 미친다.

➖ 정서적 신체 상태가 일어나는 이유가 분명하지 않다. 나중에 논의하겠지만 정서적 신체 상태는 현재 상황을 호의적 또는 위협적으로 평가하는 인지 과정에 의해 유발될 가능성도 있다.

➖ 표정을 조작한 대부분의 연구들이 미소-행복감과 찡그림-슬픔에 초점을 맞추고 있기 때문에 이 이론이 다른 정서에도 적용될 수 있는지가 분명하지 않다.

➖ James(1890)는 어떤 신체 변화는 정서 경험을 일으키지만 어떤 신체 변화는 그렇지 않다고 주장하였다. 그러나 아무도 이 두 종류의 신체 변화가 어떤 속성에 의해 결정되는지 설명하지 않는다.

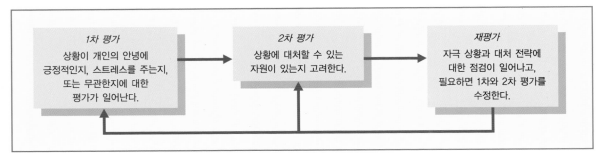

1차 평가
상황이 개인의 안녕에
긍정적인지, 스트레스를 주는지,
또는 무관한지에 대한
평가가 일어난다.

2차 평가
상황에 대처할 수 있는
자원이 있는지 고려한다.

재평가
자극 상황과 대처 전략에
대한 점검이 일어나고,
필요하면 1차와 2차 평가를
수정한다.

인지 평가

평가 이론

인지 평가는 어떻게 구 성되는가?

인지 과정이 우리가 정서를 언제 경험하고 특정 상황에서 어떤 정서를 경험할지에 영향을 미친다. 특히 중요한 것이 **인지 평가**(cognitive appraisal)인데, 이것은 우리의 목표, 관심, 안녕과 관련된 상황에 대한 판단 또는 평가이다. 인지 평가는 유사한 상황에 대한 사전 경험에 기초한 하향 정보처리과정으로 일어나고, 1차 평가, 2차 평가, 재평가로 구분할 수 있다.

평가 이론가들(예 : Scherer & Ellsworth, 2009)은 각 정서가 자기만의 독특한 평가 패턴에 의해 유발된다고 주장한다. 예를 들어, 만일 당신이 현재 상황을 어떤 사람의 탓으로 돌리면 당신은 화를 경험하고, 당신은 이 상황을 당신에게 통제와 힘이 주어져 있는 상황으로 평가한다.

Smith와 Kirby(2001)는 인지 평가가 기억 활성화를 기초로 의식적인 자각 수준 아래에서 자동적인 정보처리과정으로 발생할 수 있다고 주장하였다. 이것은 우리가 자각하지 못하는 자극이 정서 상태를 유발할 수 있다는(믿기 어려운!) 주장이다.

연구 결과

사람들은 자신의 정서 상태를 구별하는 능력(정서 분화)에서 차이가 있다. Erbas 등(2015)은 평가 이론에 따르면 정서들 사이에 정서 패턴의 중복이 더 적은 사람들이 더 많은 사람들보다 정서 분화가 더 클 것이고 주장하였다. 이들은 정확히 그런 결과를 발견하였다.

Kuppens 등(2003)은 화와 관련된 네 가지 평가 요소(목표 장애물, 타인 책임, 불공정성, 통제)를 연구하였다. 어떤 평가 요소도 최근 일어난 불쾌한 상황에서 화를 경험하는 데 중요하지 않았다. 예를 들어, 어떤 참여자들은 불공정함 또는 목표 장애물의 존재에 대한 평가 없이도 화를 느꼈다. 즉 인지 평가와 경험한 정서 사이에 복잡한 관계가 존재한다는 것이다.

핵심용어

인지 평가 현재 상황에 대한 개인의 해석으로 정서 경험의 종류와 강도를 결정하고 그 상황에 대처할 자원이 있는지도 평가한다.

Winkielman 등(2005)은 목마른 사람들에게 식역하(의식적으로 자각하지 못하는 수준)로 행복한 얼굴과 화난 얼굴을 제시하였다. 행복한 얼굴을 제시받은 사람들이 화난 얼굴을 제시받은 사람들보다 컵에 음료수를 두 배 더 많이 따르고 마셨다. 이 연구 결과는 정서 자극의 무의식적 정보처리가 정서 반응을 유발할 수 있다는 것을 시사한다.

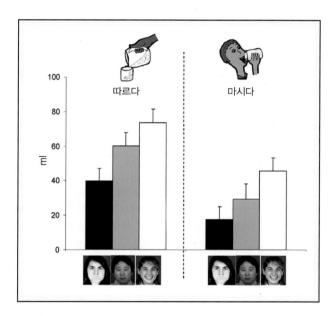

행복한 얼굴 대 화난 얼굴에 대한 무의식적 감정 반응이 소비 행동과 가치 판단에 영향을 미친다. Winkielman et al. (2005).

평가

➕ 평가 과정은 우리가 정서를 경험할지 그리고 어떤 정서를 경험할지에 영향을 미친다.

➕ 특정 상황에서 정서 경험의 개인차는 부분적으로 사람들마다 다른 평가에 의해 결정된다.

➕ 의식적인 평가 과정과 자동적인 평가 과정 사이의 구분은 유용한 것으로 입증되었다.

➖ 평가와 특정 정서 사이의 연결은 그렇게 강하지 않고 유연하다.

➖ 평가 이론은 평가 패턴이 어떤 정서를 경험할지를 결정한다고 가정한다. 그러나 실제로 평가와 정서 경험은 서로 뒤섞여 있다(McEachrane, 2009). 즉 인지와 정서가 분명하게 구분되지 않는다.

➖ 평가 이론은 정서에 영향을 미치는 신체 상태의 중요성을 대단히 과소평가한다.

현실 속으로 : 정서 조절과 정서 평가

평가에 대한 연구는 **정서 조절**(emotion regulation)이라는 더 폭넓은 관점에서 찾아볼 수 있는데, 정서 조절은 '즉흥적인 정서 반응을 극복하기 위한 심사숙고하고 노력을 요구하는 정신 과정'(Koole, 2009, p. 6)이라고 할 수 있다. 정서 조절은 주로 부정적인 정서 상태를 긍정적인 정서 상태로 바꾸거나 감소시키는 데 사용되고 일상생활에서 매우 중요하다.

Gross와 Thompson(2007)의 정서 조절 정보처리 모형은 매우 영향력 있는 이론이다. 우리는 잠재적인 스트레스 상황을 회피하거나(상황 선택), 이 상황에 친구를 동참하게 만들어서 상황적 스트레스를 감소시키는 것으로(상황 수정) 정서 상태의 변화를 시도할 수 있다. 그러나 대부분의 정서 조절 전략들은 주의 배정 단계[예 : 정서 정보에서 주의를 다른 곳에 돌리는 **기분 전환**(distraction)] 또는 인지 변화 단계[예 : 정서 정보를 정교화하고 의미를 변화시키는 **재평가**(reappraisal)]에서 사용된다.

Webb 등(2012)은 Gross와 Thompson(2007)의 모형과 관련된 정서 조절의 효과성을 평가하기 위해 메타분석을 실시하였다. 전체적으로 인지 변화와 관련된 전략이 정서에 미치는 효과는 중간 정도이고, 반응 수정과 관련된 전략의 효과는 작고, 주의 배정과 관련된 전략의 효과는 유의미하지 않았다.

불안장애와 주요우울장애 환자들은 정서 조절 문제를 가지고 있고, 따라서 이들의 증후는 정서 조절 전략을 통해 감소될 수 있을 것이다. Ablao 등(2010)은 다양한 전략들을 연구하였다. 많은 연구들에서 재평가, 수용(자신이 겪고 있는 감정과 생각을 인정한다), 문제해결이 모두 불안과 우울증을 감소시키는 것으로 나타났다. 이와 대조적으로 반추(정서 문제에 대한 강박적 사고)와 회피(사고와 감정에 대해 깊이 생각하지 않는)는 둘 다 불안과 우울증을 증가시켰다.

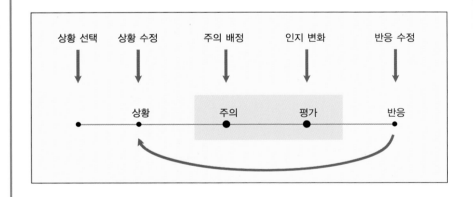

요약

- 정서는 보통 표정, 신체와 뇌의 활동 패턴, 주관적인 감정 상태, 행동과 연합되어 있다.
- 여성은 남성보다 더 정서적인 경향이 있고, 타인의 정서 상태에도 더 민감하다.
- 모든 정서 상태(부정적인 정서조차)는 유용한 기능을 완수하고 있다. 예를 들어 불안은 잠재적 위협에 주의를 초점화시킨다.
- 대략 여섯 가지 정서들이 독특한 표정과 연합되어 있다.
- 자기 보고 자료에 따르면 두 가지 독립적인 정서 요인(부정 감정과 긍정 감정) 더하기 여러 개의 특수한 정서 상태들이 존재한다.
- 기본 정서를 확인하기 위한 세 가지 준거는 다음과 같다: 독특성, 기능성, 고정성
- James-Lange 이론은 정서 경험에서 신체 증후의 역할은 과대평가하면서 인지 과정의 역할은 과소평가한다.
- 평가 이론에 따르면, 상황에 대한 우리의 해석이 어떤 정서를 경험할지를 결정한다. 이런 해석은 의식적인 정보처리에 기초하여 느리게도 일어나지만 의식적 자각 없이 빠르게도 일어날 수 있다.
- James-Lange 이론과 평가 이론에서 나온 통찰들을 결합하여 정서 경험을 설명할 수 있다.
- 다양한 정서 조절 전략들이 있다. 이들 중 인지 변화에 초점을 맞춘 전략이 가장 효과적이다.
- 불안장애와 우울증으로 고통받는 환자들은 비효율적인 정서 조절 전략을 가지고 있고, 전략의 사용에서도 융통성이 나타나지 않는다.
- 효과적인 정서 조절 전략을 가르치는 정서 조절 치료는 불안과 우울증 치료에 효과적인 것으로 입증되었다.

더 읽을거리

- Sander, D., & Scherer, K. R. (2009) (Eds.). *The Oxford companion to emotion and the affective sciences*. Oxford: Oxford University Press. David Sander와 Klaus Scherer가 편집한 이 책에는 정서와 관련된 주요 주제들에 대한 짧은 논문들이 포함되어 있다.
- Smith, R., & Lane, R.D.(2015). The neural basis of one's own conscious and unconscious emotional states. *Neuroscience and Biobehavioral Reviews, 57*, 1–29. 이 논문은 정서에 대한 폭넓은 설명을 제공하기 위해 선행 이론들의 요소들을 결합한 이론적 접근을 제시한다.

질문

1. 정서는 무엇인가? 정서는 어떻게 측정될 수 있는가?

2. 얼마나 많은 정서들이 존재하는가? 관련 연구들을 참고하여 논의하라.

3. 정서에 관한 두 이론을 간단히 기술하라. 이 이론들의 장점과 단점은 무엇인가?

4. '정서 조절'은 무엇인가? 개인의 심리적 안녕을 향상시키는 데 정서 조절 전략은 어떻게 사용되는가?

타인을 향한 적대적인 말투에서 신체적인 공격까지 공격성의 형태는 다양하다. 어쩌면 당신은 매우 공격적이어서 다루기 힘든 어떤 사람을 만나는 불운을 경험한 적이 있을 것이다. 다행스럽게도 대부분의 사람들은 그렇지 않다.

어떤 사람은 점잖고 친절한 데 반해 또 다른 사람은 공격적인 이유가 무엇이라고 생각하는가? 성격의 문제인가 아니면 그가 한 경험 때문인가? 남성은 여성보다 더 공격적인가? 대중매체의 책임인가? 공격적인 자녀 때문에 걱정이 많은 부모에게 어떤 충고를 할 수 있을까?

공격성

공격성은 정확하게 무엇인가? **공격성**(aggression)은 '상해를 입히기 위해 다른 사람에게 의도적으로 고통을 주는 행위'(Vaughan & Hogg, 2014, p. 450)이다. 상해는 의도적이고 계획적이어야 한다는 것을 기억하라. 얼음에 미끄러져 우연히 다른 사람과 부딪친 행위는 공격성이 아니다. 또한 피해자가 상해를 피하고 싶어 한다는 점도 알아둘 필요가 있다. 채찍으로 맞는 것을 성적 쾌락으로 여기는 피학대성 변태성욕자에게 상대방의 때리는 행동은 공격 행동이 아니다.

우리는 다양한 유형의 공격성 사이를 구분할 필요가 있다. **반응적 공격성**(reactive aggression, 또는 적대적 공격성)은 도발에 대한 분노 반응이다. 이와 대조적으로, **주도적 공격성**(proactive aggression, 또는 도구적 공격성)은 특정 목표를 달성하기 위해 미리 신중하게 계획된 행동이다. 반응적 공격성이 높은 아동과 청소년이 주도적 공격성이 높은 아동과 청소년보다 또래에게 거부당하는 확률이 더 높다(Card & Little, 2006).

특정 개인의 반응적 공격성과 주도적 공격성 수준은 비슷한 경향이 있다. Kaat 등(2015)은 아동을 대상으로 한 연구에서 이 두 공격성 사이의 상관계수가 +.57로 상당히 높다는 것을 발견하였다. 즉 공격 행동은 신중한 계획과 분노, 둘 다를 포함하는 경우가 많다.

외현 공격성과 관계 공격성 사이를 구분하는 것도 중요하다. 외현 공격성은 신체적 행위 또는 언어적 위협으로 다른 사람을 해하려는 것이라면 관계 공격성은 타인의 관계와/또는 명예를 손상시키는 것이 목표이다.

외현과 관계 공격성 사이의 구분은 직접과 간접 공격성 사이의 구분과 비슷하다. 직접 공격성은 물리적 힘의 사용을 포함한다(예 : 구타). 이와 대조적으로 간접 공격성은 더 미묘한 기법(예 : 험담, 나쁜 소문 퍼트리기)으로 남성보다 여성이 더 많이 사

핵심용어

공격성 다른 사람에게 상해를 입히거나 손상을 주기 위하여 치밀하게 의도된 행동 형태

반응적 공격성 도발에 대한 분노에 의해 야기된 공격 행동으로 다혈질적인 공격성

주도적 공격성 어떤 목표를 달성하기 위해 미리 계획된 공격 행동의 형태로 냉담한 공격성

용한다(Archer & Coyne, 2005). 이런 두 종류의 공격성이 존재하는 이유는 무엇인가? 사람들이 외현 또는 직접 공격성의 대가가 크다고 느낄 때 관계 또는 간접 공격성을 사용하는 것이 주요 이유이다.

역사적 그리고 문화적 요인

인간은 자주 공격적이고 폭력적으로 행동한다(예 : 지난 6,000년간 1만 5,000건 이상의 전쟁이 일어났다). 우리는 인간 사회가 점점 더 공격적이 되어 간다고 알고 있다(예 : 유태인 대학살, 르완다의 민족 몰살, 그리고 제1, 2차 세계대전). 그러나 Pinker(2011)는 인간의 폭력성이 상당히 감소했다고 주장한다(특히 서구 사회에서). 과거 부족사회에서 살해당한 사람의 비율을 20세기에 적용하면, 실제로 살해당한 사람의 수가 1억 명이 아니라 20억 명이 된다는 것이다. Pinker는 이런 감소가 일어난 이유를 인간 생명의 가치가 과거보다 현재 더 높아진 것과 국가 권력의 증가로 인한 '문명화 과정' 때문으로 보았다.

최근 수십 년 동안 그 전에 비해 전쟁에서 사망하는 사람이 줄어들은 것은 맞다. 그러나 이것은 문명화 과정이 아닌 핵무기 때문이라고 볼 수 있다. 더욱이 전쟁이 아닌 다른 이유로 사망하는 사람은 늘고 있다. 무엇보다 중요한 사실은 최근에 대규모의 파괴적인 전쟁이 없었다고 다음 10년 안에 전쟁이 발생하지 않는다고 보기 어렵다는 것이다(Cirillo & Taleb, 20135). 유추하면, 우리는 오랫동안 폭발하지 않은 화산이 가까운 미래에도 폭발하지 않는다고 가정해서는 안 된다.

문화 차이

공격성과 폭력은 문화권 차이가 크다. 예를 들어, 10만 명당 살인율이 남아프리카는 46명, 미국은 5.6명, 그리고 영국은 2명이다(McGuire, 2008). 폭력이 거의 없는 사회도 있다. 예를 들어 말레이시아 반도의 취웅 사람들의 언어에는 싸움, 공격성, 그리고 전쟁이라는 단어조차 없다(Bonta, 1997). 이들은 규칙을 지키지 않으면 초인간(신령)이 병에 걸리게 한다고 믿는다.

공격성과 폭력으로부터 자유로운 사회는 그 원인이 무엇일까? Bonta(1997)는 이런 사회의 90% 이상이 협력을 신뢰하고 경쟁을 반대한다는 것을 발견하였다. **사회 규범**(social norm)이 중요하다. 이런 규범이 미국인을 경쟁적이고 진취적이 될 것을 장려하고, 이것이 미국의 높은 공격성 수준을 부분적으로 설명한다.

핵심용어

사회 규범 한 집단(예 : 가정, 조직) 안에서 합의된 행동 규준

상황 요인

당신이 분노를 경험하고 공격성을 느꼈던 상황을 생각해 보라. 추측컨대 누군가에 의해 또는 무엇인가에 의해 방해를 받거나 좌절한 상황이었을 것이다. 나는 급한 일로 컴퓨터 작업을 하려는데 컴퓨터가 작동을 하지 않으면 화가 난다. 콜로라도의 한 남성은 이런 분노로 자신의 컴퓨터에 권총을 여덟 발이나 발사했다.

좌절-공격성 가설에 따르면, "공격성은 언제나 좌절의 결과이다"(Dollard et al., 1939, p. 1). 이 가설은 매우 영향력이 있지만 너무 단순하다. 예를 들어, Kuppen 등 (2003)은 사람들에게 최근에 경험한 불쾌한 상황을 회상하도록 하였다. 세 가지 요인이 분노 발생을 예측하였다: (1) 목표 장애물 : 현재의 목표가 위협을 받는다, (2) 타인 책임 : 다른 사람 탓이다, (3) 상황이 불공정하게 지각된다. 주요 연구 결과는 어떤 하나의 요인만으로는 분노를 경험하지 않는다는 것이다. 즉, 분노(그리고 공격성)는 여러 다양한 요인들의 결합으로 유발된다.

Roidl 등(2014)은 이 요인들이 어떻게 관련되어 교통 상황에 대한 운전자의 반응이 결정되는지를 연구하였다. 운전자는 목적지에 빨리 도착한다는 목표 또는 안전 운전이라는 목표를 가지고 있었다. 운전자의 분노(그리고 난폭한 운전) 수준은 교통 상황이 다른 사람 탓일 때, 그리고 목표 장애물이 존재할 때 가장 컸다. 예를 들어, 공사 구간에서 긴 정체는 안전 운전이 목표일 때보다 목적지에 빨리 도착하는 것이 목표일 때 더 큰 분노를 만들어냈다.

일상의 많은 상황이 분노 및 공격성과 연합되어 있다. 대중매체의 폭력, 폭력적인 비디오 게임, 그리고 가정환경이 그 예이다. 나중에 이것들을 자세히 살펴보기로 하고, Bandura와 동료들의 공격성에 관한 고전적 연구부터 다루도록 한다.

사회학습

Bandura(예 : 1977, 제2장 참조)는 사회학습이론을 제안하였는데, 이 이론에 따르면 공격 행동은 타인의 행동을 관찰하고 모방하는 관찰학습의 영향을 받는다. 더 일반적으로, "공격 행동의 구체적인 형태, 공격 행동이 나타나는 빈도, 공격 행동이 일어나는 상황, 그리고 구체적 공격 대상이 대부분 사회학습 요인들에 의해 결정된다"(Bandura, 1977, p. 5).

사회학습이론의 주요 예측은 두 가지이다. 첫째, 공격적으로 행동하는 누군가를 관찰한 사람이 하는 행동은 그가 관찰한 사람의 행동과 비슷할 것이다. 둘째, 관찰자는 처벌받는 행동보다 강화받는 행동을 모방할 가능성이 더 높다.

연구 결과

Bandura 등(1963)은 보보 인형을 사용하여 고전적 연구를 수행하였다. 이 인형은 공기로 채워져 있고 아랫부분에 무게 중심이 있어서 맞아도 쓰러지지 않고 다시 제자리에 서도록 만들어졌다. 어린 아동은 성인 여성 모델이 보보인형에게 공격적 또는 비공격적으로 행동하는 동영상을 보았다. 공격적으로 행동하는 모델을 본 아동이 보보인형을 훨씬 더 많이 공격하였다.

Bandura(1965)는 보보 인형을 가지고 후속 연구를 수행했다. 예측대로 아동은 성인 모델의 공격성이 처벌을 받았을 때(모델은 미래의 공격 행동에 대한 경고를 받았다) 보다 강화를 받았을 때 모델의 공격성을 훨씬 더 많이 모방하였다.

Coyne 등(2004)은 11~14세 아동들에게 직접 또는 간접 공격성을 보여주는 비디오를 제시했다. 두 종류의 공격성 모두 아동들에게서 공격 행동을 불러일으켰다. 직접 공격성을 본 아동은 직접 공격성을 더 많이 보였고, 간접 공격성을 본 아동은 간접 공격성을 더 많이 보였다.

성인 '모델'과 아동이 보보 인형을 공격하고 있다.

평가

➕ 공격 행동이 주로 관찰학습에 의존한다는 증거는 많다.

➕ 공격 행동의 모방은 모델이 처벌받을 때보다 강화받을 때 훨씬 더 많이 일어난다.

➕ 예측대로, 아동이 보이는 공격 행동은 그가 관찰한 행동과 비슷하다(Coyne et al., 2004).

- 맞아도 다시 제자리에 서는 보보 인형은 새롭고 신기하다. 보보 인형을 본 적이 없는 아동은 이전에 보보 인형을 보았던 아동보다 공격 행동을 모방하는 확률이 다섯 배 더 높았다(Cumberbarch, 1990).
- Bandura는 모델의 행동에 대한 아동의 모방을 과장했다. 예를 들어, 다른 아동을 향한 공격 행동의 모방은 보보 인형을 향한 공격 행동의 모방보다 훨씬 더 적게 일어난다.
- 사회학습 접근은 공격 행동에 영향을 주는 심리 과정과 생물학적 요인의 역할을 과소평가한다(다음 절 참조).

대중매체 폭력

서양에서는 평균 16세가 될 때까지 TV에서 수천 건의 폭력적인 살인을 보게 된다. 폭력적인 TV 프로그램을 가장 많이 시청한 아동이 가장 공격적인 경향이 있다. 그러나 이 결과에 대한 해석은 쉽지 않다. 폭력적인 프로그램의 시청이 공격 행동을 일으킨 것일 수 있지만, 원래 공격적인 아동이 비공격적인 아동보다 공격적인 프로그램을 더 많이 볼 수도 있다: 인과성의 문제가 존재한다. 물론 이 두 가지 해석 모두 옳을 수 있다.

또 다른 문제도 있다. 대부분의 연구들이 단기적인 효과(대중매체 폭력에 노출되는 시간이 30분 이내)에 초점을 맞추고 있다. 사회에 미치는 영향을 고려할 때 장기적인 효과가 더 중요하므로 이 효과에 대해서도 살펴보도록 할 것이다.

연구 결과

Leyens 등(1975)은 직접 인과성 문제를 다루었다. 벨기에의 한 학교에서 비행 청소년들을 위한 특별 영화 주간이 마련되었다. 이 주간 동안 어떤 청소년들에게는 폭력 영화를, 또 다른 청소년들에게는 비폭력 영화를 보여주었다. 그 결과 폭력 영화를 본 청소년들은 신체적 공격성과 언어적 공격성이 증가했으나, 비폭력 영화를 본 청소년들 중에서는 그런 사람이 없었다. 그러나 폭력 영화의 효과는 영화를 본 직후에 가장 컸다.

Williams(1986)는 캐나다의 외딴 지역에 사는 6~11세 아동에게 미치는 텔레비전 도입 효과를 연구하였다. 텔레비전이 도입되고 나서 2년간 이들의 공격 행동은 유의미하게 증가하였다.

대중매체의 폭력이 공격 행동에 미치는 영향은 부분적으로 성격의 개인차에 달려 있다. Zillmann과 Weaver(1997)는 남성 참여자들에게 불필요한 폭력 장면이 포함된

대중매체 폭력의 효과는 단기적인가? 또는 장기적인가? 아니면 둘 다인가?

영화를 보여주었다. 정신증(냉담과 적개심이 포함된 성격 차원)이 높은 사람들만이 영화를 보고 나서 갈등 해결 방법으로 폭력을 더 많이 사용하였다.

Huesmann 등(2003)은 6~10세 사이에 텔레비전 폭력에의 장기적인 노출 효과를 연구하였다. 아동기 때 텔레비전 폭력에의 노출 시간은 15년 후 성인의 공격 행동을 예측하였다. 그러나 아동기의 공격성은 성인기 대중매체 폭력에의 노출을 예측하지 못하였다. 종합하면, 이 연구 결과는 대중매체 폭력이 공격 행동으로 이어질 수 있지만 그 반대는 아니라는 것이다.

Coyne(2016)은 텔레비전에서 관계 공격성과 신체 공격성을 보는 것이 청소년들 사이에서 어떤 효과를 발생시키는지를 3년 넘게 살펴보았다. 관계 공격성의 시청은 미래의 관계 공격성을 예측하였다. 그러나 초기 관계 공격성 수준은 이후 관계 공격성 시청 시간을 예측하지 못하였다. 신체 공격성에서는 결과가 달랐다. 신체 공격성의 시청은 미래 신체 공격성을 예측하였고, 초기 신체 공격성 수준은 이후 텔레비전에서 신체 공격성에의 노출을 예측하였다.

Coyne(2016)의 연구 결과는 무엇을 뜻하는가? 첫째, 관계 공격성과 신체 공격성의 관찰은 초기 공격 수준을 고려한다고 해도 장기적으로 공격 행동을 증가시킨다. 둘째, 텔레비전 폭력에의 노출은 사전 신체 공격성 수준에 의해서는 영향을 받지만, 사전 관계 공격성 수준의 영향은 받지 않는다. 두 공격성 간에 왜 이런 차이가 나는지는 분명하지 않다.

Comstock과 Paik(1991)은 대중매체 폭력 효과를 다룬 연구들을 개관했다. 이들은 공격성에 미치는 대중매체의 폭력 효과를 증가시키는 5개 요인을 밝혀냈다:

1. 폭력 행동이 원하는 것을 얻을 수 있는 효과적인 방법으로 제시되고 있다.
2. 폭력적인 인물이 시청자와 비슷한 사람으로 묘사되고 있다.
3. 폭력 행동이 자연스럽게 제시되고 있다.
4. 폭력 희생자의 고통은 보이지 않는다.
5. 폭력 행동을 시청하는 동안 시청자가 정서적으로 흥분되어 있다.

평가

➕ 대중매체 폭력이 이후 공격 행동(관계 공격성과 신체 공격성)을 유발할 수 있다는 증거가 장기간에 걸친 연구(종단연구)에서 발견되었다.

➕ 공격성에 미치는 대중매체 효과에 영향을 주는 요인들(예 : 공격자와 시청자 간의 유사성, 희생자의 고통이 나타나는 정도)이 확인되었다.

➖ 많은 연구들이 단순히 텔레비전 공격성에의 노출과 공격성 간의 상관관계를 다루고 있다. 이런 연구들은 인과성을 밝힐 수 없다.

➖ 공격 행동에 미치는 텔레비전 폭력 효과에 영향을 주는 다양한 요인들이 포함된 종합적인 이론은 아직 없다.

폭력적인 비디오 게임

젊은이들(특히 남아)이 폭력적인 비디오 게임을 하며 보내는 시간이 지난 15년 동안 극적으로 증가하고 있다. Anderson 등(2010)은 메타분석에서 폭력적인 비디오 게임에의 노출이 공격적인 행동, 공격적인 사고, 공격적인 정서, 그리고 생리적 각성과 연합되어 있다는 것을 발견하였다. 그러나 대부분의 효과들은 그렇게 크지 않았다. 이 연구 결과는 동양과 서양에서 비슷했고 연령이나 성의 영향을 거의 받지 않았다.

이러한 연구들은 단순히 비디오 게임을 하는 시간과 공격성 사이의 상관관계만 보여준다. 이런 상관관계는 폭력적인 비디오 게임이 공격성을 유발한 것 때문일 수도 있고, 또는 공격적인 성격을 가진 사람이 폭력적인 비디오 게임을 더 많이 한 것 때문일 수도 있다. Willoughby 등(2012)은 청소년을 대상으로 3년 동안 수행한 연구에서 보다 확실한 증거를 얻었다. 폭력적인 게임을 많이 할수록 이후 공격성이 높게 나타났는데, 심지어 연구자들이 사전 공격성 수준을 통제하였는데도 그러했다. 이런 결과는 폭력적인 비디오 게임이 공격 행동을 증가시킨다는 것을 시사한다.

폭력적인 비디오 게임과 후속 공격 행동 간의 상관관계 강도는 연구들마다 약간의 차이가 있다. Ferguson(2015)은 메타분석에서 이 두 요인 사이의 전체적인 상관계수가 +.06으로 유의미하지만 매우 작다는 것을 발견하였다. 따라서 Ferguson은 "아동의 안녕에 미치는 폭력적인 비디오 게임 효과는 매우 미미하다"(p. 655)라고 결론 내렸다. 그러나 다른 메타분석 연구(Boxer et al., 2015)에서 나온 상관계수는 그가 보고한 것보다 조금 더 컸다. 따라서 폭력적인 비디오 게임과 공격성은 작기는 하지만 상관이 있는 것은 맞다.

폭력적인 비디오 게임으로 공격성이 (작지만) 증가하는 이유는 무엇일까? 이 주제는 다음 절에서 다룰 것이다. 그러나 증거들은 폭력적인 비디오 게임으로 유발되는 인지(예 : 폭력적인 생각)가 중요한 역할을 한다고 가리킨다.

일반 공격성 모형은 상황 단서와 개인차가 부정적인 감정, 각성, 부정적인 인지를 유발할 수 있다고 보는가?

일반 공격성 모형

Anderson과 Bushman(2002)은 공격성에서 상황 요인을 강조하는 일반 공격성 모형을 제안하였다. 이들의 이론적 접근은 Bandura의 사회학습이론보다 더 포괄적이다. 이들의 모형은 네 단계로 이루어져 있다:

- 단계 1 : 주요 변수는 상황 단서(예 : 무기의 존재)와 개인차(예 : 공격적인 성격)이다.
- 단계 2 : 단계 1에서 일어난 것이 단계 2에서 다양한 효과를 일으킨다. 예를 들어, 감정(예 : 적대감), 각성(예 : 자율신경계의 활성화), 인지(예 : 적대적 생각)를 유발한다.
- 단계 3 : 단계 2에서 일어난 것은 평가 과정으로 이어진다(예 : 상황 해석, 가능한 대처 전략, 공격적으로 행동한 것의 결과).
- 단계 4 : 단계 3의 평가 과정의 산출물에 의존하여 개인은 공격적으로 행동할지 또는 비공격적으로 행동할지를 결정한다.

연구 결과

앞서 논의된 몇몇 연구 결과들은 이 모형의 가정과 일치한다. 예를 들어, 우리는 폭력적인 비디오 게임을 하는 것이 감정, 생리적 각성, 그리고 인지에 미치는 예측 효과를 보았다(Anderson et al., 2010).

이 모형은 단계 2와 3에서 일어나는 인지 과정이 공격 행동을 결정하는 데 매우 중요하다고 가정한다. 지지 증거 중 하나가 무기를 보는 것만으로도 공격적으로 행동할 확률이 증가하는 **무기 효과**(weapon effect)에 대한 연구이다(Berkowitz & LePage, 1967). Anderson 등(1998)은 무기를 보는 것이 공격 관련 생각(예 : 폭행, 파괴, 고문)에의 접근성을 증가시키는 것을 발견하였다. 이런 생각은 공격 행동으로 이어질 수 있다. Berkowitz(1968, p. 22)의 말을 빌리면 "손가락이 방아쇠를 당기지만, 방아쇠가 손가락을 당기기도 한다."

이 모형에 따르면, 성격은 공격 행동에 영향을 준다. 이 예측을 지지하는 증거가 관계 공격성 또는 간접 공격성에 관한 Schmidt와 Jankowski(2014)의 연구에서 보고되었다. 신경증(높은 수준의 불안)이 높고 친화성은 낮은 학생들이 신경증은 낮고 친화성이 높은 학생들보다 관계 공격성을 더 많이 보였다.

이 모형은 상황에 대한 개인의 인지와 해석이 그가 공격 행동을 할지 말지에 영향을 미친다고 가정한다. Hasan 등(2012)은 폭력적 비디오 게임으로 유발된 인지를 연

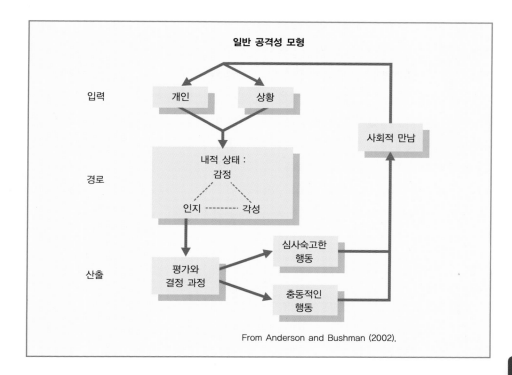

일반 공격성 모형

입력 → 개인 / 상황

경로 → 내적 상태 : 감정 / 인지 ----- 각성

산출 → 평가와 결정 과정 → 심사숙고한 행동 / 충동적인 행동

사회적 만남

From Anderson and Bushman (2002).

구했다. 연구자들은 이런 게임이 **적대성 기대 편향**(hostile expectation bias)을 만들어내는 것을 발견하였다. 이 연구 결과와 적대성 기대 편향이 활성화된 사람들이 나중에 더 공격적으로 행동한다는 후속 연구 결과는 일반 공격성 모형의 예측과 일치한다.

Bègue 등(2010)은 참여자들에게 모호한 행동(예 : "그녀는 그 남자의 차를 가로막았다")이 의도적인지 또는 우발적인지를 결정하게 하였다. 술을 많이 마신 참여자들은 술을 전혀 마시지 않은 참여자들에 비해 행동을 의도적으로 해석하는 경우가 더 많았다. 이것은 술을 마시면 사람들이 공격적이 되는 이유를 설명해준다.

사람들에게 공격성이 강화받거나 처벌받는 폭력 비디오 게임을 하게 하였더니 처벌 조건보다 강화 조건의 사람들이 더 공격적으로 행동하는 것을 발견했다고 해보자. 일반 공격성 모형에 따르면 이것은 강화 조건의

사람들이 처벌 조건의 사람들보다 공격적이고 적대적인 생각을 더 많이 했다는 의미일 것이다. 이 모형에 따르면 게임이 끝나고 강화 조건의 참여자들이 처벌 조건의 참여자들보다 더 공격적으로 행동해야 한다.

Sauer 등(2015)은 위에 기술한 가설을 검증하는 연구를 수행했다. 그러나 사후 게임 공격성에서 두 집단 사이에 차이가 없었다. 모형의 예측이 틀린 이유는 무엇일까? 주요 이유는 우리의 행동이 즉각적인 사회적 상황의 영향을 강하게 받는다는 데 있다. 한 상황에서 적대적 사고가 공격 행동으로 이어져야 한다는 결정이 다른 상황에서도 반드시 옳다는 의미는 아니다. 우리가 얼마나 공격적으로 행동할지는 모형이 주장하는 것보다 현재 상황의 세부적인 요인에 더 많이 의존한다.

평가

➕ 일반 공격성 모형은 선행 공격성 이론들보다 그 범위가 포괄적이다.

➕ 모형의 예측대로 공격 행동은 부분적으로 성격의 개인차, 그리고 인지적 해석과 편향에 의해 결정된다.

➖ 부정적 감정, 각성 그리고 부정적 인지 모두가 복잡한 방식으로 행동에 영향을 미친다. 따라서 한 개인의 공격 행동 여부를 예측하기란 매우 어렵다.

➖ 모형은 공격 행동이 일차적으로 학습에 의존한다고 가정하고 있다. 이것은 공격 행동에 영향을 주는 유전적 요인의 역할을 최소화하고 있다(Ferguson & Dyck, 2012).

➖ 일반 공격성 모형은 상세한 이론적 설명이 아닌 일반적인 틀을 제공한다.

➖ 한 상황(예 : 폭력적 비디오 게임)에서의 공격 행동은 일반 공격성 모형이 예측하는 것보다 다른 상황으로 잘 전이되지 않는다.

가족과정

한 가족 구성원의 공격 행동이 다른 가족 구성원에게 더 강한 공격 행동을 일으키는 가족과정 패턴을 무엇이라고 하는가?

Patterson(예 : 2002)은 아동의 공격 행동이 가족과정에 매우 많이 달려있다고 주장하였다. 더 구체적으로, 그는 단순히 아동 또는 부모의 행동이 아니라 전체적인 가정의 기능이 중요하다고 주장하였다.

가정의 중요성은 가족의 상호작용 패턴을 관찰한 Patterson 등(1992)의 연구에서 확인되었다. 공격적인 아동의 가정에는 공격성을 악화시키는 전형적인 패턴이 존재한다.

1. 아동이 공격적으로 행동한다(예 : 어머니의 요청을 거부한다).
2. 어머니가 공격적으로 반응한다(예 : 아동에게 화를 내고 소리를 지른다).
3. 아동은 더 공격적이고 적대적인 방식으로 반응한다(예 : 어머니에게 큰소리로 말대꾸한다).
4. 어머니가 이전보다 더 공격적으로 반응한다(예 : 아이를 때린다).

이런 행동 패턴은 부모 또는 아동의 작은 공격성이 다른 구성원의 공격 행동에 의해 증가하는 **강압적 순환**(coercive cycle)을 만들어낸다. Patterson 등(1992)에 따르면, 공격적인 가정에서 부모와 자녀의 대부분의 공격 행동은 상대방의 공격 행동을 중단시키려는 시도로 일어난다. 그러나 이런 시도가 더 심한 공격성을 도발한다.

Smith 등(2014)은 어머니와 2~5세 자녀 사이의 상호작용을 연구했다. 어머니의 공격 행동은 아동의 불순종을 증가시켰고, 이후 아동을 더 공격적으로 행동하게 만들었다. 이와 대조적으로 아동의 공격 행동은 어머니의 공격성을 증가시키지 않았다. 이 연구 결과는 강압적 순환을 예방하는 데 어머니의 역할이 중요하다는 것을 시사한다.

Patterson 등(1992)에 따르면, 강압적 순환에 갇힌 아동의 공격 행동은 가정 밖에서 또래의 거부 같은 문제를 일으키고, 이후 일탈 행동과 비행으로 이어질 수 있다. 공격적인 청소년은 비공격적인 청소년보다 13세 또는 14세에 불량 서클에 가입할 확률이 더 높다. 이것은 16세 또는 17세에 일탈 행동을 유발하고, 18세 또는 19세에 폭력으로 이어진다(Dishion et al., 2010).

평가

⊕ 가족과정은 아동을 공격적으로 만드는 데 중요한 역할을 한다.

⊕ 많은 공격적인 가정에서 강압적 순환이 발견되고, 이런 순환은 아동에게 장기적인 부정적 결과를 가져온다.

⊕ 아동은 평소에 자신을 무시하는 부모의 주의를 끌기 위해 공격적으로 행동하는 경우가 많다.

⊖ 일부 가정에 존재하는 강압적 순환이 유전적 요인으로 발생할 가능성이 일반적으로 생각하는 것보다 더 높을 수 있다. 즉 아동이 공격적인 이유가 가정 내에서 특별한 사건 때문이 아니라 부모로부터 물려받은 유전자 때문일 수 있다는 것이다. 공격성에 미치는 유전의 영향은 다음 절에서 논의한다.

핵심용어

강압적 순환 한 가족 구성원의 공격성이 다른 구성원의 더 강한 공격 행동을 만들어내는 가족의 행동 패턴

생물학적 접근

남성이 여성보다 신체적 또는 심리적으로 더 공격적이라고 보는가?

지금까지는 공격 행동에 미치는 주요 외부 또는 환경적 영향을 알아보았다. 그러나 내부 영향도 중요하다. 생물학적 접근에 따르면, 어떤 사람이 다른 사람보다 더 공격적인 이유는 유전자 때문이다. 또한 여성보다 남성의 외현 공격성이 더 높은 이유도 생물학적 요인 때문이라고 주장한다. 예를 들어, 남성의 높은 **테스토스테론**(testosteron) 수준이 이들의 강한 신체적 공격성을 부분적으로 설명한다.

연구 결과

쌍생아 연구는 공격성에서 유전 요인의 영향을 알 수 있게 해준다. 만일 일란성 쌍생아(유전자를 100% 공유)가 공격성 수준에서 이란성 쌍생아(유전자를 50% 공유)보다 더 비슷하다면, 유전 요인이 공격성을 결정하는 데 중요한 역할을 한다고 볼 수 있다.

Tuvblad 등(2009)은 쌍생아를 대상으로 공격성을 연구했다. 9세 또는 10세의 반응적 또는 다혈질적 공격성에서 개인차의 26%가, 그리고 주도적 공격성에서는 개인차의 32%가 유전 때문이었다. 11~14세가 되었을 때 이 두 공격성 모두에서 이 수치가 50%까지 증가하였다. Kendler 등(2015)은 일란성 그리고 이란성 남자 쌍생아를 대상으로 범죄에서 유전 요인을 연구했다. 유전 요인이 폭력적 범죄사건(예 : 폭행)에서 개인차의 45%를 설명하였다.

성차

많은 사람들이 여성보다 남성이 더 공격적이라고 생각한다. 이런 신념은 옳은 것일까? 극단적인 폭력 사례에 초점을 맞추면 분명히 그렇다. Brehm 등(1999)은 미국 법무부에서 내놓은 수치들을 살펴보았다. 1996년 미국 살인자의 90%는 남성이었다. 이런 남녀의 불균형은 대부분의 다른 나라에서도 발견된다.

많은 증거들이 공격성의 성차가 공격 행동의 종류에 달려있다고 말하고 있다. 남성은 외현 공격성을 여성보다 더 많이 보이고 또한 그런 공격성의 표적이 되는 경우도 더 많다(Archer & Coyne, 2005). 이와 대조적으로 여성은 관계 공격성을 남성보다 더 많이 보인다(Archer & Coyne, 2005). 이것은 남성보다 여성이 자신의 외현 공격성이 신체적 보복으로 이어질 것에 대한 걱정을 더 많이 하기 때문일 것이다.

남성의 신체적 공격성이 언제나 여성보다 더 높을까? Bettencourt와 Miller(1996)는 여러 연구들에서 나온 결과들을 종합한 후에 "아니요"라고 답했다. 남성은 보통 중립적 또는 모호한 상황에서는 여성보다 더 공격적으로 행동한다. 그러나 좌절하거나, 위협받거나, 또는 모욕을 당했을 때에는 공격성의 성차가 훨씬 더 작다.

핵심용어

테스토스테론 여성보다 남성에게 훨씬 더 많이 분비되는 공격성 및 성 행동과 관련된 성호르몬

Cohen-Kettenis와 van Goodzen(1997)은 신체 공격성의 성차에서 성호르몬인 테스토스테론의 역할을 살펴보았다. 이들은 호르몬 처치를 받는 성전환자들을 연구했다. 여성에서 남성으로 전환한 사람들은 많은 양의 테스토스테론을 투여받고, 남성에서 여성으로 전환하는 사람들은 남성 호르몬을 박탈하고 여성 호르몬을 투여받는다. 생물학적 접근의 예측대로, 여성에서 남성으로 전환한 사람들은 호르몬 처치를 받는 동안 공격성이 증가하였다. 이와 반대로 남성에서 여성으로 전환한 사람들의 공격성은 더 낮아졌다.

테스토스테론이 공격성 증가를 일으키는 이유는 무엇일까? Mehta와 Beer(2009)는 사회적 도발에 노출된 참여자들을 대상으로 이 문제를 연구하였다. 예측대로 테스토스테론 수준이 높은 사람들이 이러한 도발에 더 공격적으로 반응했다. 더 흥미로운 사실은 테스토스테론이 충동 제어와 자기 조절에 관여하는 뇌 영역의 활동을 감소시킨다는 것이다. 즉 테스토스테론은 화가 날 때 공격성을 억제하는 경향성을 감소시킨다.

대부분의 연구들은 남성과 여성의 테스토스테론의 기저 수준에 초점을 맞추고 있다. 그러나 Carré와 Olmstead(2015)는 경쟁 상황에서 남성의 공격성과 테스토스테론 수준의 변동성 사이의 정적 상관(여성은 그렇지 않음)을 보여주는 연구 결과를 보고하였다. 따라서 테스토스테론의 기저 수준뿐만 아니라 변동성을 연구할 필요가 있다.

평가

- ➕ 쌍생아 연구는 유전이 공격 행동의 개인차를 설명하는 데 중요한 요인임을 보여준다.
- ➕ 남성 호르몬 테스토스테론은 공격성 수준의 증가와 연합되어 있다.
- ➕ 높은 수준의 테스토스테론은 충동 제어와 자기 조절 감소와 연합되어 있다.
- ➖ 생물학적 접근이 예측하는 것보다 공격성에서의 성차(특히 간접 공격성)는 그렇게 크지 않다.
- ➖ 생물학적 요인이 환경 요인과 결합하여 어떻게 공격 행동을 유발하는지에 대해 밝혀야 할 것이 많다.
- ➖ 공격 행동을 유발하는 데 테스토스테론의 기저 수준과 변동성의 역할을 밝히기 위한 더 많은 연구가 필요하다.

공격성 감소시키기

어떻게 하면 아동과 청소년의 공격성을 줄일 수 있을까? 한 접근은 부모의 관여가 약간은 포함되지만 직접 아동의 행동 변화에 초점을 맞추는 방법이다(아동 중심 개입). 다른 접근은 부모와 가족 역동성(예 : 강압적 순환)에 더 초점을 두는 것이다. 이 두 접근에 대해 간단히 살펴보도록 하자.

아동 중심 개입

Wilson 등(2003)은 공격성을 줄이기 위한 개입에 참여한 아동들을 살펴보았다. 거의 모든 개입이 유익한 효과를 일으켰지만 특히 사회성 증진 훈련과 행동 개입이 가장 효과적이었다.

사회성 증진 훈련에는 소통 기술, 갈등 해결, 자기 진술(예 : "흥분하지 말고 침착하자"), 그리고 공감(타인의 감정 이해하기)이 포함되어 있다. 공격적인 아동과 청소년은 보통 공감을 거의 보이지 않는데(de Wied et al., 2010), 이들이 왜 다른 사람들을 공격하는지를 설명해준다. Zahavi와 Asher(1978)는 공격적인 청소년들에게 공격 행동이 다른 사람을 다치게 하고, 불행하게 만들고, 화나게 한다고 말해주었다. 이것은 공감을 증가시켰고 공격 행동을 크게 감소시켰다.

가장 일반적인 행동 개입은 아동이 타인을 돕거나 비공격적으로 행동할 때 보상이나 강화를 주는 것이다(Parke & Slaby, 1983). 타임아웃기법을 사용할 수도 있다. 이는 공격적으로 행동하는 아이를 장난감 가지고 놀기 같은 즐거운 활동을 계속하지 못하도록 막거나 자기 방으로 보내는 방법이다.

보상을 제거하는 또 다른 방법은 부조화 반응 기법이다. 이것은 아동이 성인의 관심이라는 보상을 얻기 위해 공격적으로 행동한다는 가정에 기초한다. 이 기법에서 아동의 공격 행동은 무시되고(관심이라는 보상을 제거하기 위하여) 친사회적 행동은 강화를 받는다. 이 기법은 공격성을 상당히 감소시킨다(Slaby & Crowley, 1977).

타임아웃기법에서 공격적으로 행동하는 아동은 어떻게 되는가?

현실 속으로 : 강압적 순환과 가족 진단

앞에서 우리는 가족 역동성이 아동의 공격 행동을 증가시키는 데 중요한 역할을 한다는 것을 보았다. 어머니와 아동이 상대방의 공격성에 공격적으로 반응할 때 두 사람 사이의 공격성이 급격하게 상승하는 강압적 순환이 특히 중요하다. 아동의 공격성을 줄이는 효과적인 방법 중 하나가 가정에서 강압적 순환을 없애기 위한 부모 중심 개입이다. Patterson 등(1992)은 정확하게 이것을 실시했다. 다음은 개입에 포함된 단계들 중 일부이다:

1. 부모에게 강압적 순환과 그 부작용(예 : 공격성 상승)에 대해 설명한다.
2. 자녀의 공격 행동을 용인하지 말아야 한다고 강조한다.
3. 자녀의 공격성에 공격적으로 반응하지 않도록 지시한다.

4. 자녀의 합리적인 행동에는 보상을 주고 공격적인 행동에는 보상을 제거하는 원칙을 세우게 한다.
5. 자녀가 긍정적 또는 바람직한 행동을 보일 때 따뜻함과 애정을 표시한다.

Lundahl 등(2006)은 아동의 파괴 행동을 줄이기 위해 부모 훈련(Patterson et al., 1992이 사용한 기법을 포함하여)을 사용한 연구들을 개관했다. 전반적으로 훈련 효과는 유익했고, 몇몇 효과는 훈련이 끝나고 수개월 뒤에도 유지되었다.

대부분의 개입은 아동에게 나타나고 있는 높은 수준의 공격성을 줄이기 위해 실시된다. 이것은 질환이 발생하길 기다렸다 치료하는 질환 모형과 비슷하다. 최근에는 문제가 발현되기 전에 개입을 제공하여 문제 발생 자체를 예방하는 치과 모형이 강조되고 있다. 731개 가정을 대상으로 하는 대규모 연구에서 이 방법을 사용하였다(Sitnick et al., 2015, Smith et al., 2014). 3년 동안 가족 진단(Family Check-Up, FCU) 개입을 여러 번 시행하였다. 이 개입은 양육 환경에서 세 가지 주요 측면에 초점을 맞추었다: 긍정적 행동의 지지(예 : 긍정 행동에 대한 강화), 한계 설정과 감독, 관계의 질. 더 일반적으로, FCU는 대화를 촉진하는 협동 기법의 사용과 핵심 주제에 주목하게 하는 분위기를 조성하여 변화하고자 하는 가족의 동기를 높인다.

핵심 발견은 무엇인가? 첫째, FCU는 집과 학교에서 아동의 공격성을 감소시켰다. 둘째, FCU가 강조하는 아동과 양육자 사이의 긍정적인 관계는 특히 효과적이었다. 아동의 공격 행동에 미치는 이런 긍정적인 관계의 유익한 효과는 2년 뒤에 발생했는데, 이런 관계가 개입이 일어나는 동안 강압적 순환의 발생을 감소시켰기 때문이었다.

요약하면 증거들에 따르면 "치료보다 예방이 낫다." 즉 일상생활에서 아동의 공격 행동이 나타날 때까지 개입을 늦추기보다 미리 아동이 공격적이 되는 것을 막는 편이 훨씬 낫다.

요약

- 반응적 공격성(분노에 의해 유발되는)과 주도적 공격성(원하는 결과에 대한 기대로 일어나는) 사이의 구분은 중요하다.
- 또 다른 중요한 구분이 외현 또는 직접 공격성과 관계 또는 간접 공격성이다. 외현 또는 직접 공격성의 대가가 크다고 느낄 때 후자가 선호된다.
- 지난 100년 동안 인간 폭력성이 감소된 이유는 문명화 과정이 아닌 핵무기의 존재 때문일 수 있다. 공격성과 폭력성이 매우 낮은 문화권은 협동의 장점과 경쟁의 단점을 강조하는 사회규범을 가지고 있다.
- 분노는 보통 개인의 목표가 좌절되고, 다른 사람 탓이라는 생각이 들고, 상황이 불공정하다고 지각될 때 일어난다.
- 대중매체의 폭력은 공격 행동을 유발할 수 있는데, 이것은 부분적으로 관찰학습에 달려 있다.
- 폭력적인 비디오 게임은 공격 행동을 약간 증가시키는데, 이 효과는 부분적으로 인지 과정

(특히 적대성 기대 편향)에 달려있다.

- 일반 공격성 모형에 따르면 공격 행동은 인지 해석과 편향, 그리고 성격의 영향을 받는다. 이 모형은 상세한 이론적 설명을 제공하지 못하고 유전적 요인들을 과소평가하고 있다.
- 아동의 공격 행동은 부분적으로 가족과정(예 : 강압적 순환)의 영향을 받는다.
- 남성은 여성보다 직접 또는 외현 공격성을 더 많이 보인다. 남성은 테스토스테론 수준이 여

성보다 더 높고, 이것이 충동 제어를 감소시킨다. 그러나 여성은 남성보다 관계 공격성을 더 많이 사용한다.

- 소통 기술, 갈등 해결, 공감 증가를 포함하는 아동 중심 개입은 공격성 감소에 효과적인 것으로 증명되었다.
- 가족 역동성을 변화시키는 개입(예 : 가족 진단)이 아동의 공격성 증가를 막을 수 있다.

더 읽을거리

- Archer, J. (2009). Does sexual selection explain human sex differences in aggression? *Behavioural and Brain Sciences, 32,* 249−311. John Archer 는 공격성의 성차가 우리의 진화 역사에서 주로 생물학적 요인에 달려있다고 주장한다.
- Ferguson, C. J., & Dyck, D. (2012). Paradigm change in aggression research : The time has come to retire the General Aggression Model. *Aggression and Violent Behavior, 17,* 220−228. 일반 공격성 모형의 한계와 문제점이 이 논문에 상세하게 기술되어 있다.

- Greitemeyer, T., & Mügge, D.O. (2014). Video games do affect social outcomes : A meta-analytic review of the effects of violent and prosocial video game play. *Personality and Social Psychology Bulletin, 40,* 578−589. 이 논문은 폭력적인 비디오 게임이 공격성에 미치는 효과에 대한 최근 연구들을 개관하고 있다.
- Vaughan, G. M., & Hogg, M.A. (2014). *Social psychology* (7th ed.). London Prentice Hall. 이 책의 제12장은 공격성에 관한 이론과 연구를 다루고 있다.

질문

1. 공격성에 대한 생물학적 접근을 기술하고 평가하라.
2. 대중매체의 폭력과 폭력적 비디오 게임이 공격성을 증가시킨다는 관점을 지지하는 증거는 무엇인가? 그 증거를 가장 잘 설명할 수 있는 방법은 무엇인가?
3. 아동이 공격적으로 행동하지 않는 것은 매우 중요하다. 비공격적인 아동으로 키우기 위해 어떤 접근을 추천하겠는가?

Part 2

발달 접근

발달심리학은 출생부터 죽음에 이를 때까지 일어나는 심리적 변화를 다룬다. 그러나 여기서는 유아기와 아동기에 초점을 맞추려고 하는데, 이 시기에 가장 극적인 발달이 일어나기 때문이다. 발달심리학은 성인의 행동을 이해하는 데도 매우 중요하다(이 점을 최초로 언급한 심리학자가 Sigmund Freud이다).

제8장 ● 인지 발달

어린 아동의 사고와 추론 능력이 빠르게 발달하는 이유와 방식에 대해 알아본다.

제9장 ● 언어 발달

어린 아동은 놀라운 속도로 언어를 획득하는데, 이것이 어떻게 일어나는지 그 신비를 파헤친다.

제10장 ● 도덕성 발달

아동이 복잡 미묘한 도덕적 가치를 어떻게 발달시켜나가는지 그 과정에 대해 논의한다.

제11장 ● 성과 성차

아동은 아주 일찍부터 자신이 여성인지 남성인지 그리고 남성 또는 여성과 연합되어 있는 문화적 기대도 잘 이해하는데, 이것을 어떻게 하는지 살펴본다.

유아와 어린 아동의 사고와 추론 능력이 큰 아동이나 성인에 비해 많이 떨어지는 것은 분명하다. 이것은 이들에게 자유자재로 다룰 수 있는 지식이 별로 없기 때문일 수 있다. 아니면 우리와는 다른 방식으로 세상을 보고 생각하기 때문일 수 있다. 예를 들어, 내 아이는 어릴 때 사람의 신장으로 나이를 알 수 있다고 생각했다. 보통 4세 아동은 5세 아동보다 작고, 3세 아동은 4세 아동보다 작기 때문에 이런 오류가 아주 이상한 것은 아니다. 어린 아동의 마음에 무슨 일이 일어나는 것일까?

인지 발달

사람은 유아기와 청소년기 사이에 모든 것에서 엄청나게 많은 변화를 경험한다. 가장 놀라운 변화 중 하나가 인지 발달이다. 인지 발달을 연구한 가장 영향력 있는 학자는 스위스의 심리학자 Jean Piaget였다. 러시아 심리학자 Lev Vygotsky 또한 매우 중요하기 때문에, Piaget와 그의 관점을 상세하게 논의한다. 그런 다음 Robert Siegler의 최신 이론을 살펴보도록 한다.

마지막으로 우리는 다른 사람이 무엇을 생각하고 느끼는지를 이해하는 아동의 능력이 어떻게 발달하는지 알아본다. 아동이 다른 사람들과 효과적으로 소통하려면 이 능력은 기본적으로 중요하다.

발달심리학자 Jean Piaget, c. 1975.

Piaget 이론

Jean Piaget(1896~1980)는 역사상 가장 유명한 발달심리학자이다. 그는 아동이 다음 두 과정을 사용하여 자신을 둘러싼 세계에 적응하는 것을 학습한다고 주장하였다:

- **조절**(accommodation) : 개인의 인지구조를 변화시켜서 외부 세계에 적응한다.
- **동화**(assimilation) : 개인의 현재 인지구조에 맞추어 외부 세계를 해석한다.

동화의 가장 적절한 예시가 모방이다. 모방이 일어날 때 개인은 누군가의 행동이나 생각을 단순히 복사하는 것일 뿐 사전 지식은 바뀌지 않는다. 놀이 또한 아동이 기분에 따라 현실을 해석하는 동화의 확실한 예이다(예 : 머리빗을 마이크로 사용해서 논다).

아동이 현재 자신의 지식으로 경험을 이해하지 못할 때, 아동은 실제로 발생한 것과 발생할 것으로 기대한 것 사이에서 갈등을 경험한다. 이것은 불평형이라는 불쾌한 상

머리빗을 마이크인 척하는 놀이는 동화의 한 예이다.

태를 만들어내고, 평형 상태를 회복하기 위해 동화와 조절을 사용하는 **평형화**(equilibration) 과정으로 이어진다.

인지 발달 과정에서 실제로 일어나는 것은 무엇일까? 한 가지 관점은 아동이 생각하는 방식에서 엄청난 변화가 일어난다는 것이다. 또 다른 관점은 아동의 사고방식은 크게 변화하지 않고, 인지 발달이 주로 지식의 증가에 달려있다는 것이다. Piaget는 전자의 관점을 강하게 지지했다.

Piaget는 **임상법**(clinical method)을 사용하여 연구하였다. 이것은 연구자(예 : Piaget)가 비형식적인 면접을 통해 아동이 문제를 어떻게 이해하는지를 평가하는 방법이다. 이런 접근은 비교적 '자연스러운' 방법으로 제3장에서 논의한 실험법과는 큰 차이가 있다. 이 방법은 구조화되어 있지 않아서 연구자의 질문 선택과 아동의 답변에 대한 해석이 편향될 수 있다는 단점을 가지고 있다.

Piaget는 아동이 단계마다 서로 큰 차이가 나는 네 단계의 인지 발달을 거친다고 주장하였다.

1. 감각-운동 단계

감각-운동 단계(sensori-motor stage)는 출생부터 약 2세까지다. 이 시기는 유아가 주변 환경을 돌아다니면서 많은 지식을 습득하는 행위지능 단계이다. 이 단계의 주요

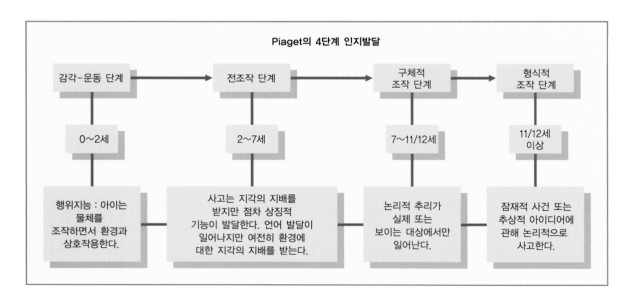

성취는 대상이 눈에 보이지 않아도 대상의 존재를 자각하는 **대상영속성**(object permanence) 개념을 획득하는 것이다. 감각-운동 단계 초기에 있는 유아는 대상이 계속하여 존재한다는 것을 의식하지 못한다. 즉 말 그대로 "눈에서 사라지면 마음에서도 사라진다."

2. 전조작 단계

전조작 단계(pre-operational stage)는 2~7세까지 지속된다. 이 단계의 사고는 지각의 지배를 받는다. 그 결과 종종 오류가 발생하는데, 사물이 보이는 것과 항상 같지 않기 때문이다. Piaget는 전조작기 아동이 특정 상황의 일부에만 주의를 기울이는 것을 **집중화**(centration)라고 불렀다.

집중화로 인한 오류는 보존 연구에서 잘 드러난다. **보존**(conservation) 개념은 대상의 하나 또는 그 이상의 차원이 변해도 특정 속성은 그대로인 것을 이해하는 것이다.

Piaget의 고전적인 연구에서 같은 양의 액체가 담긴, 모양과 크기가 같은 두 유리잔을 아동에게 제시하였다. 아동이 두 유리잔의 액체의 양이 같다고 동의하면 한 유리잔에 있는 액체를 더 가늘고 긴 유리잔에 옮겨 담는다.

Piaget의 양의 보존 개념 연구. (a) 아동은 I과 II에 담긴 액체가 같은 양이라고 동의한다. 그러나 I의 액체를 더 가늘고 긴 II에 부으면(b와 c), 전조작기 아동은 양이 다르다고 말한다.

전조작기 아동은 보존 개념이 없기 때문에 새로운 유리잔의 액체가 더 많다고 하거나(더 높기 때문에), 원래 유리잔에 있는 액체가 더 많다고(더 넓기 때문에) 말한다. 두 경우 모두 아동이 오직 한 차원(높이 또는 넓이)에만 집중하기 때문이다.

Piaget에 따르면, 전조작기 아동에게는 바뀐 물체(또는 숫자)가 원래 상태로 되돌아갈 수 있다는 것을 이해하는 능력인 **전환성**(reversibility)이 결여되어 있다. 위 실험에서 전환성은 다른 유리잔에 옮겨진 액체를 원래 유리잔에 다시 부으면 이전 상태로 되돌아가는 것을 아는 것이다.

Piaget 이론에 따르면 아동이 전환성 개념을 획득하고 나면 대부분의 보존 과제에서 성공할 수 있어야 한다. 그러나 Piaget를 비판하는 사람들은 보존 과제에서의 수행이 경험과 문화적 요인에 달려있다고 주장한다. 예를 들어, Dasen(1994)은 호주 원주

핵심용어

대상영속성 대상이 보이지 않아도 계속하여 존재한다는 생각

집중화 특정 상황에 존재하는 정보의 일부에만 주의를 기울이는 경향성

보존 대상의 다른 측면들이 변해도 특정 측면은 일정하게 유지된다는 것을 이해하는 인지 능력

전환성 수행된 조작을 머릿속에서 되돌리는 능력

민에 대한 연구를 수행했다. 두 유리잔 문제에서 원주민 아동은 11~13세(유럽 아동보다 5년 또는 6년 늦은)가 되어서야 보존 개념을 보였다. 그러나 공간 추리와 관련된 보존 과제에서 이들의 수행은 우수하였다. 물웅덩이를 발견하고 사냥을 하는 데 필요한 우수한 공간 기술의 발달은 원주민 아동에게 중요하지만 물의 양을 정확하게 아는 것은 별로 중요하지 않다는 것을 생각하면 이 연구 결과는 당연하다.

McGarrigle과 Donaldson(1975)은 보존 과제를 제시받은 전조작기의 아동이 실험자가 물의 양을 의도적으로 바꾸었다는 생각을 한다고 주장하였다. 이것이 보존 개념과 반대의 편향을 일으킨다는 것이다. McGarrigle과 Donaldson은 여러 보존 과제를 사용하여 자신들의 생각을 검증하였다. 6세 아동들에게 두 줄로 나열된 작은 원반들을 제시하자, 모두가 두 줄에 있는 원반의 수가 같다고 동의했다. 그런 다음 실험자가 의도적으로 신중하게 한쪽 줄의 원반을 흩어 놓거나 또는 장난감 곰이 우연히 흩어 놓는 것처럼 만들었다.

McGarrigle와 Donaldson(1975)은 무엇을 발견하였을까? 실험자가 원반을 신중하게 흩어 놓은 조건에서 보존 개념을 보인 아동의 비율은 16%에 불과하였다. 이와 대조적으로 장난감 곰이 원반을 흩어 놓은 조건에서는 네 배나 더 많은 62%의 아동에게서 보존 개념이 나타났다. 즉 아동의 보존 능력은 실험자가 상황을 신중하게 변화시킬 때 크게 감소될 수 있다.

자기중심성

전조작 단계의 아동은 자기중심성도 보인다. 아동은 자신이 세상을 보는 대로 다른 사람들도 똑같이 보고 있다고 가정하는데, 이것이 **자기중심성**(egocentrism)이다. Piaget는 3차원의 3개의 산 모형 과제를 아동에게 제시하여 자기중심성을 증명하였다. 아동은 특정 각도에서 산 모형을 바라보고 있고 반대편에는 인형이 놓여있다. 4세 아동은 자신이 본 산의 모습과 인형이 본 산의 모습이 같다고 생각하는 자기중심성을 보인다. 아동이 7세 또는 8세가 되어야 인형이 본 것을 정확하게 이해할 수 있다.

Hughes(1975)는 더 간단하고 아동의 현실에 맞는 상황을 이용하였다(143쪽 상단 그림 참조). 아동에게 그림 속의 소년이 두 경찰이 볼 수 없는 곳에 인형을 숨기려면 어디에 인형을 두어야 할지 물었다. 3세 반에서 5세 사이의

McGarrigle과 Donaldson에 따르면, 실험자가 두 줄 중 하나를 신중하게 재배열하는 조건에서는 6세 아동 중 소수만이 두 줄의 원반 수가 같다고 말하지만, '장난꾸러기 곰'이 우연히 원반을 흩뜨려 놓은 조건에서는 대부분의 아동이 두 줄의 원반 수가 같다고 대답했다.

아동들 중 90%가 자신이 아닌 두 경찰의 관점에서 상황을 이해하고 이 과제를 성공적으로 수행했다. 즉 아동의 경험과 밀접한 관련이 있는 과제에서는 어린 아동도 자기중심성에서 벗어난 것으로 나타난다.

Piaget가 어린 아동의 자기중심성을 얼마나 과장했는지를 보여주기 위해 사용된 실험 상황

Piaget는 자기중심성의 두 가지 의미를 분명하게 구분하지 않았다: (1) 다른 사람이 다른 관점을 가지고 있다는 것을 전혀 이해하지 못한다, (2) 다른 사람이 다른 관점을 가지고 있다는 것은 어느 정도 이해하고 있지만 이 정보를 효과적으로 사용하는 능력이 부족하다(Kesselring & Müller, 2011). Aebli 등(1968)의 연구에서 3개의 산 모형 과제를 제시받은 많은 아동이 자기중심성을 보였지만 모형의 반대쪽에 있는 인형이 다른 관점을 가졌다는 것을 인정하였다(두 번째 의미의 자기중심성).

자기중심성에서 비자기중심성으로 전환은 인지 발달의 매우 중요한 측면이다. 예를 들어, 타인과의 성공적인 사회적 상호작용은 상대방의 신념과 가치에 대한 합리적인 자각에 달려있다. 이 주제에 대한 최신 연구들은 이 장의 마지막에 있는 마음 이론에서 논의될 것이다.

3. 구체적 조작 단계

Piaget에 따르면, 구체적 조작 단계(concrete operations stage)는 7~11세 또는 12세까지 지속된다. 이 시기의 주요 발달은 생각이 지각에 의존하는 경향성이 줄어든다는 것이다. 예를 들어, 문제의 여러 속성들에 주의를 분산하고 이런 속성들을 서로 연결할 수 있는 **탈중심화**(decentration)가 일어난다. 전조작기 아동의 제한된 주의 초점 또는 중심화와는 뚜렷한 대조를 보인다.

이런 진보에 기초하여 다양한 논리 및 수학적 조작이 발달한다. 이러한 조작으로 +, −, ÷, ×, >, < 같은 기호로 표시된 행위들을 들 수 있다. 이러한 조작의 가장 중요한 특징이 앞에서 논의한 전환성인데, 변화의 결과를 역으로 변화시키면 원래 상태가 되는 것을 아는 것이다. 예를 들어, 9에 5를 더해서 14를 만든 다음 14에서 5를 빼면 다시 9가 되는 것을 이해한다.

일반적으로 인지 조작은 Piaget가 **집단**(group)이라고 부른 하나의 체계 또는 구조로 조직화된다. 예를 들어 '더 큰' 같은 조작은 '더 작은'과 함께 생각해야 한다. 아동이 "A가 B보다 더 크다"가 "B가 A보다 더 작다"와 같은 뜻임을 깨닫지 못한다면 전자를

핵심용어

탈집중화 문제의 여러 측면들에 동시에 집중하고 이해하는 능력

집단 관련된 여러 인지 과정 또는 조작들의 조직화된 구조

확실하게 이해했다고 보기 어렵다.

이 단계 아동의 주요 한계는 사고가 자신의 직접 경험에 기초한 **구체적 상황**에 제한되어 있다는 것이다. 즉각적인 현실에 의존한 사고에서 추상적인 사고의 세계로 들어가는 능력은 오직 인지 발달의 네 번째 단계에서만 나타난다.

4. 형식적 조작 단계

아동이 11세 또는 12세가 되면 단순히 현실 세계가 아닌 가능성의 세계를 생각하는 능력이 발달하는 형식적 조작 단계(formal operations stage)로 들어간다. 형식적 조작 단계의 아동은 구체적 조작 단계의 아동보다 생각을 훨씬 더 많이 조작할 수 있다. 다시 말하면 이들은 생각에 대한 생각을 할 수 있고 자신의 마음을 통제하는 능력도 발달한다.

Piaget는 많은 청소년들이 모든 복잡한 인지 과제에서 똑같이 형식적 조작 단계에 도달하는 것은 아니라고 하였다. 이런 일이 발생하는 이유 중 하나는 특정 과제에서의 수행이 이들의 흥미와 적성에 달려있기 때문이다.

연구 결과

Low와 Hollis(2003)는 아동에게 사람에게 세 번째 눈이 있다면 신체 중 어디에 있으면 좋을지 그리고 그 이유를 물었다. 6~12세 사이의 아동은 대부분 세 번째 눈을 이마에 두겠다고 하였다. 이와 대조적으로 성인은 훨씬 유용한 제안(예 : 세 번째 눈을 머리 뒤에 두어 후방을 볼 수 있게 하겠다)을 하였는데, 이것은 자신이 경험하지 않은 가능성의 세계에 대해 생각하는 형식적 조작의 증거이다.

형식적 조작 단계의 아동을 기술하라

Shayer와 Ginsburg(2009)는 13~14세를 대상으로 실시된 형식적 조작 검사에서 1976년과 2006/7년의 수행을 비교하였다. 많은 아동들이 형식적 조작 단계에 도달했다는 증거를 전혀 보이지 않거나 거의 보이지 않았다. 또한 이유가 분명하지 않은데, 2006/7년의 평균 수행 수준이 1977년보다 훨씬 더 낮았다.

형식적 조작 검사의 수행과 IQ 사이에 비교적 높은 상관관계가 발견된다(Bradmetz, 1999). 이것은 형식적 사고와 관련된 일부 인지능력이 지능검사가 평가하는 능력과 비슷하기 때문이다. 따라서 IQ가 낮은 청소년과 성인은 형식적 조작 단계에 도달하지 못할 가능성이 높다.

평가

➕ Piaget의 이론은 아동이 비이성적·비논리적 사고에서 이성적·논리적 사고로 어떻게 변화하는지를 설명하려는 놀라울 정도로 야심차고 포괄적인 이론이었다.

➕ Piaget는 인지 발달의 여러 매력적인 측면들(예 : 대상영속성, 보존, 자기중심성)을 발견하였다.

➕ 아동이 특정 기본 조작(예 : 전환성)을 학습하고 나면 이런 조작이 수많은 문제를 해결할 수 있게 해준다는 관점은 가치가 있다.

➕ Piaget의 생각은 교육 현장에 큰 영향을 미쳤다(나중에 논의됨).

➖ Piaget의 단계 이론은 단계들 사이의 차이는 과대평가하면서 단계 내에서의 차이는 과소평가했다. 인지 발달은 Piaget가 생각한 것만큼 그렇게 매끄럽지 않다.

➖ Piaget는 내적 동기가 인지 발달에 중요하다고 강조하면서 부모나 교사가 제공하는 외적 동기는 중요하게 보지 않았다(다음 절 참조).

➖ Piaget가 선호한 임상법은 비과학적이고 연구자의 편향된 해석에서 자유롭지 못하다.

➖ Piaget의 이론은 인지 발달이 무엇인지에 대해서는 이야기하지만 이런 인지 발달이 왜 또는 어떻게 일어나는지는 말해주지 않는다. 이 이론에 따르면 한 발달단계에서 다음 단계로 '기적 같은 이행'(Siegler & Munakata, 1993)이 일어난다.

Vygotsky 이론

Piaget의 이론과 Vygotsky의 이론 간에는 비슷한 점이 많지만 한 가지 중요한 차이가 있다(Lourenco, 2012). Piaget는 인지 발달의 동력으로 아동의 내적 동기(자기 발견)를 강조하였다. 즉 아동은 '꼬마 과학자'이다. 이와 대조적으로 Vygotsky는 아동의 인지 발달이 부모, 교사, 다른 아동이 제공하는 외적 사회 영향으로 크게 촉진된다고 주장하면서 아동을 '꼬마 견습생'으로 보았다. 두 학자 사이에 근본적인 차이가 있는 것이 아니라 강조점이 달랐다는 것을 기억하라. 예를 들어, 두 사람 모두 내적 요인과 외적 요인의 중요성을 인정하였다(Shayer, 2013).

Vygotsky는 아동의 학습이 효과적이려면 근접발달영역에서 일어나야 한다고 주장한다. **근접발달영역**(zone of proximal development)은 아동이 혼자서 성취할 수 있는 수준과 다른 사람의 도움을 받아서도 성취할 수 없는 수준 사이에 있는 영역이다. 근접발달영역은 두 가지 기본 특징을 가진다(Wass & Golding, 2014). 첫째, 혼자 검사받을 때는 특정 기술이 없는 것처럼 보인 아동이 필요한 지식을 갖춘 사람이 있는 사회적 맥락에서는 더 높은 수준의 수행을 보일 수 있다. 둘째, 아동의 이해 수준이 적절

Vygotsky에 따르면 아동은 언제 가장 잘 학습하는가?

핵심용어
근접발달영역 아동의 현재 인지 수준과 잠재적 수준 사이에 있는 인지발달영역

한 도전을 받을 때, 아동은 새로운 지식을 실패하지 않고 빠르게 획득할 가능성이 가장 높다.

Vygotsky는 인지 발달에서 언어의 중요성을 강조하였다. 아주 어린 아동의 언어와 사고는 병렬적으로 발달하면서 서로에게 거의 영향을 주지 않는다. 조금 더 나이가 들면 아동은 생각과 문제해결에 도움이 되는 혼잣말을 사용한다. 7세경이 되면 자기중심적 언어(다른 사람에게 주의를 주지 않으면서 하는 말)가 내적 언어로 바뀐다. 이 내적 언어가 사고에 직접적인 도움이 된다.

연구 결과

Moss 등(1992)은 어머니의 근접발달영역 사용을 다룬 연구들을 개관하였다. 어머니들이 사용하는 전략에는 세 가지 중요한 특징이 있었다. 첫째, 어머니는 자녀가 혼자서 수행할 수 없는 새로운 기술을 가르쳤다. 둘째, 어머니는 자녀가 자발적으로 보인 유용한 문제 해결 전략을 유지하도록 격려했다. 셋째, 어머니는 미성숙하고 부적절한 행동을 버리도록 자녀를 설득했다. 이 세 전략은 아동의 효과적인 학습을 성공적으로 촉진시켰다.

내적 언어가 사고에 도움이 된다는 Vygotsky의 생각은 많은 지지를 받고 있다. 내적 언어를 많이 사용하는 아동이 적게 사용하는 아동보다 어려운 과제를 더 잘 수행하였다(Jones, 2007). Benigno 등(2011)의 연구에서는 4~5세 아동에게 여러 회기에 걸친 계획수립 과제를 연습시켰다. 일부 아동에게서 수행이 눈에 띄게 향상되었다. 이런 향상이 나타나기 전 내적 언어의 증가가 관찰되었고, 이것은 이들이 과제에 적극적으로 몰입했다는 표시이다.

Vygotsky는 발달과정에서 자기중심적 또는 사적 언어에서 내적 언어로 전환이 일어나고, 7세가 넘으면 자기중심적 언어는 거의 사라진다고 주장하였다. 그러나 이 가정은 부분적으로만 지지되었다. Martiner 등(2011)은 4세 반, 6세 반, 그리고 8세 반 아동에게 다른 아동이 따라 그릴 수 있게 방의 구조를 그림으로 묘사하는 과제를 제시하였다. Vygotsky의 예언대로, 가장 어린 아동이 내적 언어를 가장 적게 보였고 연령이 높아질수록 뚜렷한 증가가 관찰되었다. 그러나 자기중심적 언어와 관련된 연구 결과는 Vygotsky를 지지하지 않았다. 자기중심적 언어는 4세 반에서 6세 반 사이에 크게 증가했으나 6세 반에서 8세 반 사이에는 변화가 거의 없었다.

평가

➕ Vygotsky가 인지 발달에서 사회적 환경의 중요성을 강조한 것은 정확하였다.

➕ Vygotsky의 예측대로 내적 언어는 어린 아동의 문제해결 활동에 도움이 되는데, 아마 이 것이 문제에 적극적으로 관여하게 만들기 때문일 수 있다.

➖ Vygotsky는 인지 발달에서 내적 동기와 호기심의 역할을 과소평가하였다.

➖ Vygotsky는 체계적인 인지발달이론의 개발에는 실패했다.

➖ Vygotsky는 어떤 사회적 상호작용(예 : 일반적인 격려 대 구체적인 지시)이 학습에 유익 한지 구체적으로 명시하지 않았다.

현실 속으로 : 과학교육을 통한 CASE

Piaget와 Vygotsky의 주요 개념들은 실생활에서 아동의 학습을 향상시키기 위해 자주 활 용된다. 여기서는 영국 중학교에서 효과적인 사고 증진을 위해 고안된 CASE(cognitive acceleration through science education, 과학교육을 통한 인지 촉진) 프로그램을 살펴보도 록 하자(Shayer, 1999).

CASE 프로그램의 전형적인 수업은 다음과 같은 순서로 일어나는 다섯 가지 주요 특징을 포함 하고 있다:

1. 구체적 준비 : 교사는 장면을 설정하고 학생들에게 앞으로 배울 과학 용어를 확실하게 이해 시킨다.
2. 인지 갈등 : 학생은 예상하지 못했던 생각이나 결과에 노출된다.
3. 구성 : 2단계에서 만들어진 인지 갈등이 집단 토의를 통해 해결된다.
4. 상위 인지 : 학생은 까다로운 문제에 주목하고 자신의 생각을 설명할 것을 요구하는 개방형 질문을 받는다.
5. 다리 놓기 : 학생의 새로운 이해를 그들의 일상 경험과 연결시킨다.

CASE 프로그램은 Piaget와 Vygotsky의 여러 개념들을 이용하고 있다. 첫째, 교사가 자신의 방 대한 지식을 사용하는 것은 Vygotsky의 생각과 일치한다. 둘째, 인지 갈등의 사용은 Piaget가 강조하는 불평형과 비슷하다. 셋째, 상위인지 단계는 학생에게 Piaget의 자기 발견과 비슷한 과 정을 요구한다. 넷째, 구성 단계는 Vygotsky의 또래 교습(다른 친구의 지도를 받는)과 닮았다.

CASE 프로그램은 매우 효과적인 것으로 증명되었다. 예상대로, CASE에 참여한 학생은 과 학 수행이 향상되었을 뿐만 아니라 수학과 영어 같은 다른 교과목에서도 더 나은 수행을 보였다 (Adey, 1993). 호주에서는 CASE 프로그램에 참여한 학생들의 과학 추리가 향상되는 결과가 발 견되었고, 특히 대학교 진학을 목표로 하는 학생들이 그러했다(Venville & Oliver, 2015).

요약하면, CASE 프로그램은 인지발달이론이 학생의 학업 수행 향상에 어떻게 사용될 수 있는 지를 보여주었다. 그 효과가 성공적이어서 CASE 프로그램은 다른 과목(예 : 수학, 미술)으로 확 장되고 있다.

중복곡선모형

Piaget의 중심 목표는 아동이 발달하면서 일어나는 인지의 변화를 이해하는 것이었다. 이를 위해 그는 특정 한 시점에서 서로 다른 연령대에 있는 아동들의 인지 능력을 비교하였다. 그러나 Piaget는 인지 변화가 일어나는 과정을 관찰할 수 없었고 따라서 이 방법은 그의 목표 달성에 적합하지 않다는 것을 의미하였다.

Siegler는 인지 변화의 본질을 더 상세하게 연구할 수 있는 실험 방법을 개발했다. 이 접근이 아동에게 단기간에 걸쳐 동일한 인지 과제를 반복적으로 수행하게 하는 **미시발생적 방법**(microgenetic method)이다.

Siegler(2007)는 중복곡선모형(overlapping waves model)을 제안하였다. 이 모형의 주요 가정은 모든 아동이 특정 시기에 특정 유형의 문제에 대한 다양한 사고방식 또는 전략을 갖고 있다는 것이다. 결과적으로 아동에게 예상 외로 매우 **다양한 전략의 사용**이 나타난다. Siegler(2007, p. 104)에 따르면, "다양성은 어디에나 존재해서, 모든 연령에서, 모든 영역에서, 그리고 학습의 모든 시점에서 발생한다." 이 가정은 특정 발달 단계에 있는 아동의 인지 과정에는 일관성이 있어야 한다는 Piaget의 관점과는 큰 차이가 있다.

아동은 전략 선택을 어떻게 향상시키는 것일까? 이 모형에 따르면, 아동은 문제 해결의 속도와 정확성이 전략에 따라 어떻게 달라지는지를 생각하는 것으로 점차 세부적인 지식을 습득해 나간다. 이렇게 하여 아동은 점점 더 자주 최선의 전략을 선택하고, 일반적으로 효과적인 전략이 모든 유형의 문제에 효과적이지 않을 수 있다는 것을 학습한다.

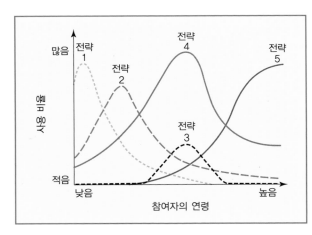

Siegler의 중복곡선모형

연구 결과

Siegler에 따르면 인지 발달은 무엇인가?

동일한 문제를 짧은 시간 간격으로 제시할 때조차 다양한 전략의 사용이 나타난다(Siegler & McGilly,1989). 처음에 사용한 전략보다 나중 전략이 더 열등한 경우도 있기 때문에 이런 변화가 학습 때문이라고 보기 어렵다. 이와 비슷하게 13개월 반 유아와 18개월 유아들의 계단을 내려가는 방법(걸어 내려가기, 계단에 털썩 앉아서 엉덩이로 내려가기, 뒤로 걸어내려 가기)은 시행마다 다르다(Berger et al., 2015).

초기에 특정 종류의 문제에 여러 다양한 전략을 사용했던 아동이 오직 하나 또는 두 개의 전략만 사용했던 아동보다 보통 더 빠르게 학습한다. 왜 그럴까? 여러 다른 전략들에 접근할 수 있는 아동은 우세한(그러나 비효과적인) 전략을 다른 것으로 대체하기 더 쉽다(Siegler, 2007).

Siegler와 McGilly(1989)는 아동이 어떻게 새로운 전략을 학습하는지 알아보았다. 이들은 4, 5세 아동에게 3+8=? 같은 덧셈 문제를 주었다. 어린 아동이 사용하는 가장 효과적인 전략 중 하나는 세기 전략으로, 더 큰 숫자에서 시작하여 하나씩 세어가는 것이다. 앞의 예에서 8에서 시작하여 9, 10, 11을 센다.

Siegler와 McGilly(1989)의 연구에서 처음부터 이 방법을 사용한 아동은 한 명도 없었다. 그러나 집중적인 연습과 함께 거의 모든 아동이 세기 전략을 발견하였다. 일반적으로 아동은 새로운 전략을 사용하기 직전에 문제해결에 걸리는 시간이 더 길어졌다. 이것은 아동이 신중하게 최선의 전략을 생각했다는 것을 의미한다.

중복곡선모형의 예측대로, 아동은 세기 전략을 발견한 후에도 한동안은 다른 전략을 계속해서 사용하였다. 그러나 이들은 다른 전략으로는 해결하기 어려운 도전적인 문제(예 : 2+26)를 제시받고 난 다음에는 세기 전략을 훨씬 더 많이 사용하였다.

마지막으로 Siegler와 McGilly(1989)는 흥미로운 연구 결과를 발견하였다. 세기 전략을 사용했던 여러 명의 아동들이 그 사실을 의식하지 못하였다는 것이다. 심지어 어떤 아동은 동영상 증거에도 불구하고 자신이 그 전략을 사용했다는 것을 부정했다. 즉 아동의 전략 선택이 암묵적 지식(의식적 자각이 없는 지식)에 의해 일어날 수 있다는 것이다.

미시발생적 방법으로 발견되는 급격한 전략 변화가 일상생활에서도 일어날까? Siegler와 Svetina(2002)는 6, 7세 아동의 문제해결 연구에서 이 문제를 다루었다. 미시발생적 방법과 일상생활에서 발견되는 전략 변화의 패턴은 놀라울 정도로 유사했다.

평가

➕ 미시발생적 방법은 시간이 흐르면서 일어나는 인지기능의 변화 방식을 상세하게 연구하는 데 매우 유용한 방법임이 입증되었다.

➕ 중복곡선모형은 아동에게 나타나는 다양한 전략 사용을 설명할 수 있지만, 선행 이론들 (Piaget의 이론을 포함하여)은 그럴 수 없다.

➕ 많은 인지 발달이 다양한 인지 전략들 사이의 경쟁에 달려있다.

➖ 중복곡선모형은 명확하게 정의된 전략이 포함되지 않은 과제에는 적용하기 어렵다.

➖ 아동이 새로운 전략을 발견하는 방법과 이런 발견을 촉진시킬 수 있는 방법에 대해 아직 밝혀져야 할 것들이 많다.

마음 이론

마음 이론은 몇 세에 발달하는가?

앞에서 우리는 어린 아동이 자기중심적이라는 것을 보았다. 즉 어린 아동은 다른 사람의 신념이나 세상을 보는 방식이 자신과 다르다는 것을 자각하지 못한다. Piaget는 아동이 7세 또는 8세가 되면 자기중심성이 상당히 감소한다고 가정하였다. 그러나 후속 연구들(예 : Hughes, 1975)은 자기중심성이 그보다 더 어린 나이에 사라진다는 증거를 제시하였다.

세계에 대한 타인의 생각이 자신과 다를 수 있다는 것을 이해하는 능력은 매우 중요하다. 만일 아동이 모든 사람이 같은 생각을 가지고 있다고 가정한다면 사회적 소통은 매우 제한될 것이다. 즉 이런 가정을 하는 아동은 친구를 사귀고 집단에 성공적으로 소속되기 어렵다.

최근 연구는 '자신과 타인의 마음 상태를 추론하는 능력'(Schurz & Perner, 2015, p. 1)을 의미하는 **마음 이론**(theory of mind)을 중심으로 돌아가고 있다. 마음 이론을 소유한 아동과 성인은 다른 사람들의 생각과 감정을 이해할 수 있는 '마음 판독자'이다. 마음 이론은 인간을 다른 어떤 종보다 더 지적인 존재로 만들어준다.

우리는 다른 사람의 마음 상태를 추론하는 능력이 부족한 아동을 통해 마음 이론이 얼마나 중요한지를 알 수 있다. 이러한 능력이 결여된 **자폐증**(autism) 아동은 사회적 상호작용을 하지 못하고(예 : 또래관계를 형성하지 못하고 혼자 놀기를 선호한다), 소통의 장애(예 : 대화를 꺼린다)를 겪는다.

마음 이론은 어떻게 측정할 수 있을까? 마음 이론을 연구하는 한 가지 방법은 틀린 믿음 과제를 사용하는 것이다. 예를 들어, Wimmer와 Perner(1983)는 아동에게 다음과 같은 이야기를 제시했: 맥시가 초콜릿을 파란색 찬장 안에 넣었다. 그가 방을 나간 동안, 그의 어머니가 초콜릿을 초록색 찬장으로 옮겼다. 맥시가 방으로 돌아와서 어떤 찬장에서 초콜릿을 찾을지를 아동에게 질문한다.

대부분의 4세 아동은 맥시가 초록색 찬장에서 초콜릿을 찾아야 한다고 틀린 답을 말한다. 이것은 마음 이론의 부재를 보여주는데, 이런 아동은 단순히 맥시의 생각이 자신과 같다고 가정한 것이다. 이와 대조적으로 대부분의 5세 아동은 정답을 이야기한다.

연구 결과

Wellman 등(2001)은 7개국에서 수행된 수많은 틀린 믿음 연구들을 개관했다. 대부분의 3세 아동의 수행은 낮지만, 5세가 되면 대부분이 정답을 말하였다. 그러나 유아도 특정 측면의 마음 이론을 소유하고 있다는 연구 증거도 있다. 예를 들어, Onishi와 Baillargeon(2005)은 15개월 유아에게 다음과 같은 장면을 보여주었다: 한 남자가 초록 상자 안에 들어 있는 수박 조각을 보고 있다, 남자가 잠시 보지 않는 동안 수박 조각을 노란색 상자로 옮긴다, 남자가 수박 조각을 꺼내려고 두 상자 중 하나에 손을 뻗는다. 유아는 남자가 노란색 상자에 손을 뻗을 때 장면을 더 오래 응시하는데 남자의 생각과 행위 사이에 불일치가 존재하기 때문이다.

생각했던 것(예 : Wellman et al., 2001)보다 훨씬 더 어린 나이부터 마음 이론이 나타난다는 Onishi과 Baillargeon(2005)의 연구 결과는 어떻게 설명될 수 있을까? 영향력 있는 답변이 Apperly와 Butterfill(2009)에 의해 제공되었다. 이들은 마음 이론 과제의 성공적인 수행이 서로 다른 두 가지 체계와 관련이 있다고 주장하였다: 인지적으로 효율적이지만 제한적이고 유연성이 없는 단순한 체계와 유연하고 언어 발달과 신념에 대한 지식에 의존하는 복잡한 체계. 유아는 전자는 소유하고 있지만 후자는 아직 없기 때문에 어떤 마음 이론 과제에서는 성공하지만 복잡한 체계를 요구하는 언어 과제에서는 성공하지 못한다.

Apperly와 Butterfill(2009)의 이중체계 접근 덕분에 많은 실험 결과를 이해할 수 있게 되었다. 그러나 이것은 2세 아동의 능력을 **과소평가**한다. 이 시기의 아동도 이 접근이 예측하는 것보다 훨씬 더 광범위한 마음 이론 과제에서 우수한 수행을 보인다(Christensen & Michael, 2016).

이제 자폐증을 살펴보자. 자폐아가 마음 이론에 문제가 있다는 것을 보여주는 증거는 수도 없이 많다. 예를 들어, Baron-Cohen 등(1985)은 4세 정상 아동과 정신연령이 4세인 자폐아에게 틀린 믿음 과제를 제시하였다. 정상 아동의 80%가 이 문제를 해결하였지만 자폐아의 경우에는 20%에 불과하였다.

자폐아에게 마음 이론이 없는 것은 이들의 일반 인지 능력의 결함 때문이다. Pellicano(2010)는 한 연구에서 4세 자폐아들의 여러 집행 기능(예 : 억제적 통제)과 상황을 해석할 때 주어진 정보를 모두 사용하는 능력인 **중앙 응집**(central coherence)을 측정하였다. 4세 때 집행 기능과 중앙 응집으로 4~7세 사이의 마음 이론 발달을 예측할 수 있었다.

다른 아동과의 상호작용에서 나타나는 자폐아의 낮은 사회적 기술 역시 마음 이론의 부재 때문이라고 알려져 있다. 그러나 문제가 더 복잡할 수 있다는 것을 보여주는 증거도 있다. Peterson 등(2016)은 이런 아동의 낮은 사회적 기술이 마음 이론의 부재보다 손상된 언어능력에 달려있다는 것을 발견하였다.

핵심용어

중앙 응집 맥락을 고려하여 정보를 해석하는 능력, '큰 그림을 보는' 능력

평가

➕ 마음 이론의 발달은 아동의 사회적 기술 획득에 매우 중요하다.

➕ 마음 이론의 발달에 필요한 몇몇 인지능력(예 : 집행 기능, 중앙 응집, 언어)이 밝혀졌다.

➕ 일상생활에서 마음 이론의 중요성은 이 능력이 결여된 아동(자폐아)에게 나타나는 문제에서 잘 드러난다.

➖ 마음 이론을 이해하는 데 중요한 처리체계의 본질이 무엇인지는 아직 불분명하다 (Apperly & Butterfill, 2009; Christensen & Michael, 2016).

➖ 틀린 믿음 과제에서 성공적인 수행은 단순히 마음 이론의 소유를 넘어 더 많은 것들과 관련이 있다. 예를 들어, 이 과제는 동기와 정보처리 자원도 요구한다(Samson & Apperly, 2010).

요약

- Piaget는 환경에 대한 적응이 조절과 동화를 요구한다고 주장한다.
- Piaget는 4개의 발달 단계를 확인하였다: (1) 감각-운동(행위 지능), (2) 전조작(지각의 지배를 받는 사고), (3) 구체적 조작(실제 세계에 인지 체계를 적용), (4) 형식적 조작(가능성의 세계에 인지 체계를 적용, 사고에 대한 사고).
- Piaget는 일반 인지 조작의 중요성은 과장하면서 특수한 학습 경험의 중요성은 최소화하였다. 그는 또한 아동의 인지능력을 과소평가하였고 인지발달 단계를 설명한 것이 아니라 기술했다.
- Vygotsky는 외적 사회영향이 인지발달에 중요하다고 주장한 반면에 Piaget는 내적 동기의 영향과 자기 발견을 강조하였다.
- Vygotsky에 따르면, 아동의 학습은 근접발달 영역에 기초한 전략에 의해 향상된다.
- 아동이 자신의 사고를 이끌어 가는 데 내적 언어를 사용한다는 Vygotsky의 주장을 지지하는 증거는 많다.
- Piaget와 Vygotsky의 이론을 결합한 과학교육 인지촉진(CASE) 프로그램은 학생들의 학업 수행을 향상시키는 데 매우 효과적임이 증명되었다.
- Siegler는 아동에게 동일한 인지 과제를 비교적 짧은 시기 동안 반복적으로 수행하게 하는 미시발생적 방법을 개발하였다.
- Siegler는 아동이 이전에 생각했던 것보다 훨씬 더 다양한 전략을 사용한다는 것을 발견하였다. 향상된 전략 사용은 문제해결의 정확성과 속도를 생각하는 것 때문에 일어난다.
- 마음 이론(마음 읽기)은 보통 4세경에 발달하지만, 마음 이론의 다른 많은 측면들이 2세 이전에도 나타난다.
- 자폐아에게는 마음 이론이 결여되어 있다. 이것은 손상된 집행 기능, 가용할 수 있는 모든 정보를 사용하는 능력 부족, 손상된 언어 기술이 원인이다.

더 읽을거리

- Defeyter, M. A. (2011). Cognitive development. In A. Slater & G. Bremner (Eds.), *An introduction to developmental psychology* (2nd ed., pp. 287-318). Chichester, UK: Wiley-Blackwell. 이 장은 인지 발달의 주요 접근들을 개관하고 있다.
- Loureço, O. (2012). Piaget and Vygotsky: Many resemblances, and a crucial difference. *New Ideas in Psychology*, *30*, 281-295. Orlando Lourenco는 Piaget와 Vygotsky의 이론적 입장을 비교하였다.
- Newcombe, N. S. (2013). Cognitive development: Changing view of cognitive change. *Wiley Interdisplinary Reviews: Cognitive Science*, *4*, 479-491. Nora Newcombe은 주요 인지발달이론들의 역사를 잘 설명하고 있다.
- Siegler, R. S. (2007). Cognitive variability. *Developmental Science*, *10*, 104-109. Robert Siegler는 인지 발달을 설명하는 자신의 중복곡선모형이 지닌 함의를 짧고 명확하게 설명하고 있다.

질문

1. Piaget의 인지발달이론을 기술하라. 이 이론의 장점과 단점은 무엇인가?
2. 인지 발달에 관한 우리의 이해에 Vygotsky는 어떤 공헌을 하였는가?
3. Siegler의 중복곡선모형을 기술하라. 이 모형은 선행 이론들보다 어떤 점에서 더 나은가?
4. 마음 이론은 무엇인가? 대부분의 아동이 마음 이론을 발달시키는데 어떤 아동은 그렇지 못한 이유는 무엇인가?

인류에게 언어는 대단히 중요하다. 또한 언어는 우리와 다른 동물 사이에서 가장 의미 있는 차이 중 하나이다. 교육과 직업 환경에서 언어가 중요하기 때문에 언어를 사용하고 이해하는 능력이 없는 사람은 대단히 불리하다. 또한 친구를 사귀려면 효과적인 소통이 필요하고, 소통은 대부분 언어로 일어난다.

언어의 숙달은 복잡한 기술이다. 그런데도 거의 모든 아동이 이것을 대단히 쉽게 해낸다. 더욱이 언어는 다른 인지 능력(예 : 사고, 추리)이 발달하기 전 매우 이른 나이에 발달한다. 아동은 이것을 어떻게 해내는 것일까?

침팬지에게 언어를 가르치려는 시도가 여러 차례 있었다. 당신은 이런 시도가 성공적이었다고 생각하는가?

언어 발달

9

언어는 어떻게 정의되는가?

언어는 무엇인가? Harley(2013, p. 5)에 따르면 언어는 "우리를 소통할 수 있게 해주는 상징 및 규칙 체계이다. 상징은 다른 것들을 나타낸다. 음성 또는 문자로 된 단어들이 상징들이다. 규칙은 단어들이 문장을 형성하기 위해 배열되는 방식을 명시한다." Hockett(1960)은 언어와 비언어를 구별하기 위한 다음과 같은 준거를 제시하였다:

- 의미성(semanticity) : 단어 또는 단위는 의미를 가져야 한다.
- 임의성(arbitrariness) : 단어의 형태 또는 소리와 그 의미 사이에 임의적 연결이 존재한다.
- 대치성(displacement) : 언어는 기술하는 대상이 존재하지 않아도 산출될 수 있다.
- 기만성(prevarication) : 언어는 거짓말과 농담을 하는 능력을 포함한다.
- 생산성(productivity) : 셀 수 없이 많은 다양한 생각이 언어를 사용하여 소통될 수 있다.

엄청난 속도로 언어를 습득하는 어린 아동의 놀라운 성취는 잘 알려져 있다. 18개월이 되면 아동은 매일 10개 이상의 단어를 학습한다. 2세가 되면 대부분의 아동이 수백 개의 메시지 소통을 위해 언어를 사용한다.

5세 아동은 학교에 들어가지 않아도 이미 모국어의 문법규칙을 거의 다 알고 있다. 매우 소수의 부모들만이 자녀에게 문법교육을 시키는데도 말이다. 실제로 대부분의 부모는 이런 규칙을 의식적으로 자각하지도 않는다! 즉 어린 아동은 복잡한 문법규칙을 '저절로' 알게 된다.

이 장에서는 먼저 언어 발달의 단계를 기술할 것이다. 그런 다음 아동이 언어처럼 복잡한 것을 어떻게 그렇게 빠르고 노력도 기울이지 않으면서 습득할 수 있는지를 알아본다. 마지막으로, 침팬지에게 언어를 가르치는 시도에 대해 논의한다. 이런 시도가 성공적이었는지를 두고 많은 논쟁이 있다.

언어 발달 단계

먼저 **수용언어**(receptive language, 언어 이해)와 **산출언어**(productive language, 언어 표현 또는 말하기)를 구분하는 것이 중요하다. 여기서는 산출언어에 초점을 맞추고 있지만 산출언어와 수용언어는 서로 밀접한 관련이 있다.

성인뿐만 아니라 아동 역시 산출언어보다 수용언어가 더 우수하다. 따라서 아동의 말이 그의 언어 지식 전부를 보여준다고 생각하면 아동의 언어능력을 과소평가하는 것이다.

아동은 언어에 대한 다음 네 종류의 지식을 습득한다.

1. **음운론**(phonology) : 언어의 소리체계
2. **의미론**(semantics) : 의미에 대한 학습
3. **통사론**(syntax) : 특정 언어에서 단어의 순서를 결정하는 규칙들
4. **실용론**(pragmatics) : 단어와 문장의 의미에 영향을 미치는 상황과 맥락 요인의 영향에 대한 학습

아동이 언어에 대한 지식을 위에 기술한 순서로 습득한다는 가정이 일반적이다(예 : 음운론에서 시작해서 실용론으로 끝이 난다). 앞으로 보게 되겠지만 이런 가정은 지나치게 단순하다. 특히 중요한 사실은 아동이 단어와 단어의 의미에 대한 지식을 습득하는 시기에 문법에 대한 지식도 함께 습득한다는 것이다.

초기 단계

유아는 매우 이른 나이에 발성을 시작한다. 6개월까지의 초기 옹알이는 전 세계 어디서나 비슷하다. 8개월쯤 되면 유아의 발성에서 유아가 들은 언어의 징후가 나타난다. 성인은 때로 유아의 옹알이에서 유아가 프랑스, 중국어, 아랍어 또는 영어 중 어느 언어에 노출되어 있는지를 정확하게 추측할 수 있다(De Boysson-Bardies et al., 1984).

18개월이 될 때까지 유아는 한 단어 발화(그러나 많은 정보를 담고 있는)에 한정되어 있다. 유아가 사용하는 단어의 3분의 2는 흥미를 끄는 물체나 사람을 일컫는 명사이다. 유아가 때로 모든 남자를 "아빠"라고 부르는 것처럼 단어는 실제보다 더 많은

대상에 적용되어 사용된다(과잉확장).

언어 발달의 두 번째 단계는 18개월경부터 시작된다. 이 단계에서 아동은 전보문처럼 축약된 **전보어**(telegraphic speech)를 사용한다. 더 구체적으로, 아동은 명사와 동사 같은 내용 단어는 사용하지만 기능 단어(예 : a, the, and), 대명사, 그리고 전치사는 사용하지 않는다. 이 단계에 있는 아동의 발화는 대부분 두 단어에 한정되어 있지만 수많은 의미로 소통할 수 있다. 예를 들어 '아빠, 의자'는 "나는 아빠 의자에 앉고 싶어", "아빠가 의자에 앉아 있어" 또는 "아빠, 아빠 의자에 앉아"를 의미할 수 있다.

유아는 매우 일찍부터 발성 행동을 보인다. 사진 속의 아기는 엄마의 얼굴을 보면서 미소 짓고 엄마의 아기 말투에 반응하고 있다. 이 시기 유아의 발성은 전 세계 모든 지역에서 동일하지만 8개월쯤 되면 발성에서 유아가 어떤 언어에 노출되었는지 나타나기 시작한다.

24개월이 되면 대부분의 아동이 세 단어 이상을 말하고, 36개월부터는 완전한 문장을 사용하기 시작하고, 문법 지식도 점점 정확해진다.

어휘와 문법

아동의 언어는 2~5세 사이에 크게 발달한다. 예를 들어, 최대 문장 길이는 24개월 때의 4개 형태소(의미 단위)에서 30개월에 8개까지 증가한다(Fenson et al., 1994). 아동은 전치사, 접두사, 접미사 같은 다양한 **문법 형태소**(grammatical morpheme)를 습득한다(예 : in, on, −s, the).

아동은 여러 문법 형태소를 같은 순서로 학습한다. 아동은 간단한 것부터 시작해서(예 : 문장에 'in'과 'on'을 포함하기), 더 복잡한 것으로 학습해 나간다(예 : they are를 they're로 줄이기).

> **핵심용어**
>
> **전보어** 둘 또는 세 개의 단어에 많은 정보가 담긴 전보문과 비슷한 아동의 초기 언어
>
> **문법 형태소** 전치사, 접두사, '접미사처럼 문장의 문법구조를 알려주는 단어들

아동(특히 어린 아동)이 성인의 말을 모방할 때가 종종 있다. Bannard 등 (2009)은 3세 아동이 '맹목적 모방'을 한다는 증거를 발견하였다. 예를 들어, 아동은 성인이 방금 말한 모든 것을 복사하였는데, 심지어 소통에 필요없는 말도 모방했다. 그러나 Berko(1958)는 아동이 단순히 모방하지 않는다는 것을 보여주는 연구 증거를 보고하였다. 그는 아동에게 상상의 동물 또는 새 그림을 보여주고, "This is a wug. Now there are two _____"라고 하였다(그림 참조).

This is a wug

Now there is another one.
There are two of them.
There are two _____.

이전에 이 단어를 결코 들어본 적이 없는데도 불구하고 심지어 어린 아동도 규칙 복수형인 'wugs'를 만들어 냈다.

아동이 단순히 모방하지 않는다는 것을 보여주는 또 다른 증거는 문법적 오류에서 찾아볼 수 있다(예 : 아동은 "The dog ran away" 대신에 "The dog runned away"라고 말한다). 적용하지 말아야 하는 상황에 문법규칙을 사용하는 이런 오류를 **과규칙화**(over-regularization)라고 한다. 그러나 이런 오류가 정말로 문법 규칙을 잘못 적용한 것 때문이라면, 과규칙화는 실제 일어나고 있는 것보다 훨씬 더 많이 일어나야 할 것이다. 사실은 아동의 언어 노출이 결정적이다. 즉 자주 들었던 불규칙 단어에서 과규칙화가 드물게 들은 불규칙 단어에서 그것보다 더 적게 일어난다(Gogate & Hollich, 2010). 어린 아동은 문법을 습득하기 전에 어휘를 습득한다고 알려져 있다. 그러나 Labrell 등(2014)은 17~42개월 사이의 아동에게서 어휘와 문법이 매우 비슷한 속도로 발달하는 것을 발견하였다. Dionne 등(2003)은 2~3세 유아의 어휘와 문법 수준을 평가하였다. 2세 때의 어휘력이 3세 때의 문법 수준을 예측하였고, 2세 때의 문법 수준이 3세 때의 어휘력을 예측하였다. 이러한 결과는 어휘와 문법 발달의 기저에 비슷한 정보처리과정이 놓여있다는 것을 시사한다.

요약하면, 대부분의 어린 아동은 18~36개월 사이에 놀라운 언어 발달을 보인다. 아동의 어휘는 수백 개 또는 수천 개의 단어로 확장되고, 문장은 점점 더 길어지고, 아동이 하는 말은 문법적으로 정확해진다.

언어발달이론

어린 아동은 어떻게 그렇게 놀랍도록 빠른 속도로 언어를 습득하는 것일까? 대부분의 이론들은 인사이드-아웃 이론(inside-out theory)과 아웃사이드-인 이론(outside-in theory)으로 구분할 수 있다. 인사이드-아웃 이론의 대표적인 학자들(예 : Chomsky, Pinker)은 언어 발달이 주로 내부 요인에 의존하고 아주 조금만 아동의 경험에 의존한다고 주장한다. 이와 대조적으로, 아웃사이드-인 이론가들(예 : Bruner, Tomasello)은 언어 경험과 그 밖의 환경적인 영향이 가장 중요하다고 주장한다. 지금부터 인사이드-아웃과 아웃사이드-인 이론적 접근에 대해 논의해보자.

인사이드-아웃 이론

Chomsky(1957)는 언어는 여러 독특한 특징(예 : 문법 또는 통사)을 가지고 있고 인간만이 언어를 습득할 수 있다고 주장하였다. 인간이 선천적인 보편 문법(모든 인간의 언어에서 발견되는 문법 규칙 세트)으로 이루어진 언어획득장치를 소유하고 있다는 그의 주장은 특히 중요하다. Chomsky의 말을 빌리면, "어떤 보편 문법이든지 그것은 우리의 유전 구조를 가리키기 위한 이름일 뿐이다"(Baptista, 2012, pp. 362-363).

언어획득장치란 무엇인 가?

Chomsky(1986)는 이후 언어획득장치를 모든 언어에 공통적인 보편 문법 개념으로 대체하였다. 이 보편 문법은 여러 **언어 보편성**(linguistic universals)들로 구성되어 있다. 그가 주장하는 언어 보편성의 사례로 어순, 명사와 동사 간의 구분이 있다. 영어의 전형적인 어순은 주어–동사–목적이다(예 : The man kicked the ball). 또 다른 언어 보편성의 예시는 **귀환**(recursion)이다.

왜 Chomsky는 선천적인 보편 문법 개념을 제안하였을까? 첫째, 그는 이것이 오직 인간만이 언어를 완벽하게 발달시키는 이유를 설명해준다고 주장하였다. 둘째, Chomsky는 전 세계 언어들에서 발견되는 광범위한 유사성이 보편 문법의 존재를 가리킨다고 주장하였다. 셋째, Chomsky는 엄청나게 빠른 속도로 일어나는 어린 아동의 언어 발달을 음성 언어에의 노출로 설명하기에는 한계가 있다고 주장하였다.

Chomsky에 따르면 언어 습득이 부모와 다른 사람들이 제공하는 환경의 노출에 의존하는 정도는 제한적이다. 이런 경험에 의해 결정되는 것은 아동이 어떤 언어를 학습하게 될지 정도라는 것이다.

Pinker(1989)는 Chomsky의 접근에 많은 부분 공감하였지만, 그는 언어에의 노출을 더 중요하게 보았다. 예를 들어, Pinker는 아동이 적절한 단어 범주에 단어를 할당하는 '의미 자동 처리'를 사용한다고 주장하였다. 어린 아동이 돌을 던지는 행동을 하는 다른 남아를 보면서 "William is throwing a stone"이라는 문장을 듣는다고 해보자. 아동은 관찰에서 'William'이 행위자이고, 'stone'이 목적어이고, 'is throwing'이 행위임을 알게 된다. 그런 다음 아동은 단어 범주에 대한 자신의 내부 지식을 이용하여 'William'이 그 문장의 주어이고, 'stone'이 목적어이며, 'is throwing'이 동사라는 것을 이해한다.

Bickerton(1984)은 Chomsky의 영향을 받아 언어 생체 프로그램 가설을 제안하였다. 이 가설에 따르면, 생애 초기에 언어에 노출되지 않아도 아동은 자신의 문법을 만들어낸다.

연구 결과

Chomsky의 관점은 몇몇 증거들에 의해 지지된다. 예를 들어 Greenberg(1963)는 수많은 언어의 어순을 살펴보았다. 이들이 연구한 언어의 98%에서 주어가 목적어에 선행되어 나타났는데, 이것은 인간 유전자에 의해 결정되는 언어 보편성일 수 있다. 그러

핵심용어

언어 보편성 전 세계 대부분의 언어에서 발견되는 특징들(예 : 어순, 명사와 동사의 구분)

귀환 하나 이상의 절을 추가하여 단순한 문장을 더 복잡한 문장으로 바꾸는 것

나 다른 설명도 가능하다. 주어는 문장이 무엇에 대한 것인지를 가리키는 반면에 목적어는 주어의 영향을 받는 사람 또는 사물이다. 주어가 중요하기 때문에 목적어에 선행되는 것이지 어떤 유전적인 것과 상관이 없을 수 있다.

언어 생체 프로그램 가설을 지지하는 증거가 Senghas 등(2004)에 의해 제시되었다. 이들은 특수학교에 다니는 니카라과 청각장애 아동들에게 스페인어를 가르쳤던 시도를 살펴보았다. 대부분의 이런 시도는 실패로 끝났지만, 그럼에도 이 아동들은 언어를 학습했다. 이들은 새로운 몸짓 체계를 발달시켰고 나중에 입학하는 다른 아동들에게까지 전파되는 수화로 확장되었다. 니카라과 수화는 스페인어 또는 정상 아동이 하는 몸짓과 관련이 없기 때문에 다른 언어의 영향을 거의 받지 않은 순수하게 새로운 언어라고 볼 수 있다.

Senghas 등(2004)의 연구 결과는 보편 문법 개념과 일치한다. 그러나 대안 설명도 존재한다. 이 연구 결과는 인간이 언어를 습득하고(문법 규칙을 포함하여) 다른 사람들과 소통하려는 선천적인 동기가 강하다는 것을 보여주는 증거로 볼 수도 있다.

Chomsky의 관점에 대한 비판이 점점 증가하는 것에는 두 가지 이유가 있다. 첫째, 전 세계 언어는 Chomsky가 가정하는 것보다 매우 차이가 크다. 주요 유럽어들이 서로 매우 비슷하다는 것은 인정한다. 그러나 전 세계 6,000~8,000개의 언어들에서는 큰 차이가 나타난다. Evans와 Levinson(2009, p. 429)은 전 세계 언어들을 살펴보고 다음과 같이 결론지었다: "모든 언어가 언어 보편성을 보인다는 직접적인 의미의 증거는 거의 없다." 예를 들어, 아마존 언어 피라항(Pirahã)에는 앞에서 논의한 귀환이 없다는 증거가 있다(Everett, 2005). 피라항에 귀환의 존재 여부를 결정하는 것은 매우 어렵다. 그러나 Futrell 등(2016)의 철저한 연구에서 그것에 대한 어떤 강력한 증거도 발견되지 않았다.

둘째, 어린 아동에게 노출되는 언어적 자극은 Chomsky가 생각하는 것보다 훨씬 더 풍부하다. 대부분의 아동은 이해하기 쉬운 아동 지향적 언어에 노출된다. **아동 지향어** (child-directed speech)는 매우 짧은 단순한 문장, 느린 말 속도, 제한된 어휘의 사용을 의미한다. 이런 언어는 아동의 언어 학습 능력을 촉진시킨다.

핵심용어

아동 지향어 어린 아동이 이해하기 쉽도록 부모 또는 보호자가 사용하는 짧고, 단순하고, 느린 문장의 말

평가

➕ Chomsky 이론 같은 인사이드-아웃 이론은 거의 모든 아동이 굉장히 빠르게 모국어를 익히는 이유를 잘 설명한다.

➕ Chomsky의 이론적 접근은 인간만이 언어(또는 적어도 복잡한 언어)를 사용한다는 것을 보여주는 증거에 의해 지지된다.

➕ 특수 유전자가 언어 습득에 영향을 미친다는 증거가 있다.

➖ 언어는 놀라울 정도로 빠르게 변화한다. 예를 들어, 모든 인도–유럽어는 1만 년 전 공통 원천에서 발생했다(Baronchelli et al., 2012). Chomsky가 강조하는 생물학적 진화는 이런 변화를 따라갈 수 없다.

➖ 전 세계 언어들은 Chomsky가 가정하는 것보다 매우 큰 차이가 있고 언어 보편성도 거의 또는 전혀 존재하지 않는다.

➖ 부모가 아동 지향어를 사용한다는 것은 어린 아동이 받는 언어 자극이 Chomsky가 생각하는 것보다 훨씬 더 풍부하다는 의미이다.

➖ 언어를 습득하는 인간의 능력은 언어와 관련된 유전적 구조 때문이라기보다 우리의 일반 능력들(예 : 지각, 주의, 학습, 사고) 때문일 수 있다.

아웃사이드–인 이론

아웃사이드–인 이론가들(예 : Tomasello, 2005)은 어린 아동의 언어 습득에서 학습과 경험의 역할을 강조한다. 기본적으로 아웃사이드–인 이론가들은 아동이 경험하는 언어적 자극만으로 언어 습득이 충분하다고 본다. 이것은 Chomsky의 입장과 첨예한 대조를 이룬다. 우리는 앞에서 부모가 아동 지향어를 사용하여 어린 아동의 언어 발달을 쉽게 만든다는 것을 보았다.

Tomasello(2005)에 따르면 언어 발달은 아동이 경험하는 장면이나 사건에 대한 이들의 인지적 이해에 달려있다. 따라서 아동의 특수 언어 기술(예 : 문법)의 학습은 점진적인 경향을 보인다. 또한 어린 아동의 제한된 인지 능력은 때로 이들의 초기 언어 사용이 들은 것을 그대로 복사하거나 모방하는 것으로 이루어질 수 있다는 것을 의미한다.

연구 결과

아동 지향어는 여러 가지 특징이 있다. 부모는 아동이 산출하는 문장보다 약간 더 길고 복잡한 문장을 사용하는 경향이 있다(Bohannon & Warren-Leubecker, 1989). **확장**(expansion)은 아동이 방금 말한 것을 부모가 문법적으로 완벽하게 바꾸어 말해주는 것이다. 예를 들어 아동이 "Cat out"이라고 말하면, 어머니는 "The cat wants to go out"이라고 반응한다.

Saxton(1997)은 이런 확장을 통해 아동이 자신의 틀린 말을 정확한 말과 즉각적으

핵심용어
확장 아동이 방금 한 말을 더 완벽하고 정확한 문장으로 바꾸어 해주는 성인의 말

아동 지향어는 아동의 언어 기술 습득에 어떻게 도움이 되는가?

로 대조할 수 있다고 주장하였다. 예를 들어, 아동이 "He shooted bird!"라고 말하면 성인이 "He shot the bird!"라고 말해준다.

실제로 아동 지향어를 많이 사용하는 부모를 둔 아동의 언어 발달이 그렇지 않은 아동보다 더 빠르다(Rowe, 2008). 핵심은 대부분의 부모가 자녀의 현재 능력에 맞추어 언어 습득에 필요한 환경적 지원을 한다는 것이다. Schieffelin(1990)은 뉴기니의 칼루리족(Kaluli)에게서 예외적인 결과를 발견하였다. 이 부족의 성인은 아동을 대할 때 성인에게 하듯이 말을 하는데도 아동은 정상적인 속도로 언어 발달을 한다. 그러나 칼루리족 아동은 공통된 이해와 언어 발달을 촉진시키는 사회 공동체적 활동에 참여하면서 성장한다(Ochs & Schieffelin, 1995).

아웃사이드-인 이론가들은 어린 아동이 Chomsky가 생각하는 것보다 훨씬 더 천천히 언어를 습득한다고 주장한다. 말하기 시작하고 나서 첫 2년간 아동의 언어는 대단히 제한적이다(Bannard et al., 2009). 예를 들어, 이들은 소수의 친숙한 단어만 사용하고 방금 들은 말을 반복하는 경우가 흔하다. Bannard 등(2013)은 3세 아동이 종종 '맹목적 복사'를 한다는 것을 발견하였다. 예를 들어, 아동은 상황에 맞지 않는데도 성인이 방금 말한 모든 것을 그대로 모방한다.

Mathews 등(2005)은 아동이 문법을 느리게 배운다는 것을 보여주는 증거를 제시하였다. 이들은 2~3세 아동에게 문법에 맞지 않게 주어-목적어-동사의 순서(예 : Bear elephant tugged)로 된 짧은 문장을 제시하였다. 아동은 문장 속의 동사가 친숙하지 않을 때는 자기가 들은 문법에 맞지 않는 어순을 복사하는 일이 많았다. 그러나 동사가 친숙할 때에는 문법에 맞지 않는 말을 그대로 복사하는 일은 거의 일어나지 않았다.

이 연구 결과는 정확한 문법의 사용이 점진적 과정이라는 것을 가리킨다. 친숙하지 않은 동사를 사용하기 여러 달 전에 친숙한 동사부터 시작한다. 이것은 아동의 언어 발달이 특별한 언어 경험과 밀접한 관련이 있다고 할 때 기대할 수 있는 결과이다.

평가

➕ 아동 지향어는 어린 아동의 요구에 잘 맞추어지기 때문에 이것에의 노출은 아동의 언어 습득에 상당한 도움을 준다.

➕ 아동의 제한된 인지능력은 언어 습득이 점진적이고, 오류가 발생하기 쉽고, 때로는 들은 언어를 복사한다는 것을 의미한다.

➖ 아동 지향어에 적게 노출된 아동의 언어 습득에 대해 더 많은 것을 알아낼 필요가 있다.

➖ 어린 아동이 모방적인 언어에서 창의적인 언어로 옮겨가는 과정에 대해서는 밝혀야 할 것이 많이 있다.

동물의 언어

다른 종의 언어에 대한 연구가 중요한 이유는 두 가지이다. 첫째, 이런 연구는 오직 인간만이 언어를 가지고 있다는 Chomsky의 이론적 가설과 직접적인 관련이 있다. 둘째, 다른 종의 언어를 연구하는 것은 정확하게 언어가 무엇인지에 대해 생각할 수 있게 해준다. 이제 보겠지만 침팬지는 흥미로운 검증 사례이다. 침팬지는 언어의 특징 중 일부(전부는 아니지만)를 습득할 수 있다. 따라서 이들이 언어를 소유한 것인지 아닌지를 결정하기 어렵다.

Skinner에 따르면 언어는 어떻게 발달하는가?

　침팬지에 대한 연구를 논의하기 전에 한 가지 알아야 할 것이 있다. 침팬지의 성대는 인간과 매우 달라서 인간의 소리를 낼 수 없다. 따라서 침팬지는 다른 방식으로 언어를 산출하는 훈련을 받는다(예 : 수화).

연구 결과

일반 침팬지와 보노보, 이 두 종류의 침팬지는 인간 종에 가장 가깝다고 알려져 있다. Allen과 Beatrice Gardner(1969)는 워쇼(Washoe)라는 한 살짜리 암컷 일반 침팬지에게 미국 수화를 가르쳤다. 4년 동안의 훈련 뒤에 워쇼는 132개의 수화를 할 수 있게 되었다. 또한 워쇼는 수화를 의미 있게 배열할 수 있었는데, 이것은 워쇼가 문법의 기본 특징을 이해했다는 것을 시사한다. 그러나 Terrace 등(1979)은 워쇼가 언어를 습득했다는 Gardner의 주장을 반박했다. 워쇼는 대부분의 시간을 교사가 방금 했던 수화를 단순히 모방하는 것으로 보냈다는 것이다. 이것은 워쇼가 문법을 전혀 이해하지 못했거나 아주 조금 이해했다는 의미이다.

침팬지는 훈련으로 언어의 어떤 측면을 학습할 수 있는가?

　일반적으로 아동의 언어 사용은 대화하고 있는 사람의 반응에 대응하여 일어난다. 예를 들어, 아동은 상대방이 자신이 말한 것을 이해하지 못한 것 같으면 메시지를 반복한다. Genty 등(2015)은 보노보의 소통이 상대방에 대한 반응으로 일어나는 것을 발견하였다. 보노보는 처음 소통 시도가 실패하면 종종 새로운 수화로 바꾸었다. 이들이 산출한 수화는 상대방(성인)을 알고 있는지 여부에 따라 달라졌다. 즉 친숙한 상대에게는 메시지를 반복하는 것을 더 많이 하는 반면에 친숙하지 않은 상대에게는 원래 메시지를 변형하는 일이 더 많았다. 즉 보노보는 상대방의 요구에 맞추어 소통에 변화를 주는 점에서 인간과 비슷하다고 할 수 있다.

　보노보의 언어 습득에서 주요 한계는 무엇인가? 첫째, 보노보의 언어에서 나타나는 사회적 상호작용의 동기는 어린 아동(12~24개월 사이)의 그것보다 훨씬 더 적다. 어린 아동은 의도, 주의 끌기, 누군가에게 무엇을 제공하기, 과거 행위 등을 언급하기 위해 말을 하지만 보노보가 이런 목적으로 하는 말은 5%밖에 되지 않는다(Lyn et al., 2014). 이와 대조적으로 보노보가 하는 말의 80%는 요구(예 : 먹이를 달라는 요구)이다. 즉 보노보는 소통과 협력을 위해 언어를 사용하는 것이 인간에 비해 훨씬 적다.

둘째, 아동의 언어 기술은 2세 이후에 극적으로 발달해서 보노보의 언어 능력을 훨씬 능가한다. 예를 들어, 아동의 언어는 생산성(수많은 생각을 표현)이 크게 증가하고 문장 길이와 문법 구조의 사용도 훨씬 더 복잡해진다.

요약하면, 우리는 침팬지가 언어를 습득할 수 있는지에 대한 질문에 "예" 또는 "아니요"로 답하기 어렵다. 침팬지는 언어의 많은 측면을 학습할 수 있지만, 침팬지의 언어는 어린 아동보다도 분명히 떨어지기 때문이다.

현실 속으로 : 칸지와 판바니샤 사례 연구

침팬지 종에 속하는 보노보는 일반 침팬지보다 더 우수한 언어 기술을 가지고 있다. 가장 유명한 두 마리의 보노보가 1980년 10월 28일에 태어난 수컷 보노보 칸지와 1985년 11월 17일에 태어난 그의 이복 여동생 판바니샤이다. 이 사례 연구를 통해 보노보의 언어 성취에 대해 알아보자.

칸지는 **렉시그램**(lexigrams)으로 이루어진 키보드를 사용하여 언어 교육을 받았다. 17개월에 칸지는 약 60개의 기호를 이해할 수 있었고, 키보드의 해당 기호를 눌러서 50개의 기호를 만들어낼 수 있었다(Savage-Rumbaugh et al., 1986). 그의 이해력은 특히 우수해서, 언어 이해 검사에서 109개 단어의 정답을 맞혔다. 그러나 시간이 흘러도 그의 발화 길이는 단지 약간만 증가하였고, 이 점은 어린 아동과 차이가 있었다. 또한 대부분의 그의 발화는 단일 렉시그램으로 구성되었다(평균 발화 길이가 1.15 렉시그램이었다).

Savage-Rumbaugh 등(1993)은 8세 때 칸지의 언어 이해를 2세 여아 알리아와 비교하여 보았다. 문법 지식은 칸지와 알리아가 명령에 반응하는 것을 통해 검사되었다. 칸지는 시행의 72%에서 그리고 알리아는 66%에서 정확하게 반응하였는데, 이것은 칸지의 문법 이해가 상당하다는 것을 가리킨다. 그러나 대부분의 명령이 문법 지식을 요구하지 않는다는 문제가 제기되었다. 예를 들어, "Take the snake outdoors"의 경우 야외를 뱀에게 가져가라는 건 있을 수 없고 뱀을 야외로 가져가라는 의미만 있다! 명령을 해석하는 데 문법 지식이 필요한 경우에 칸지의 수행은 우연 수준보다 단지 약간 더 높았다(예 : "Put the noodles on the hotdogs" 대 "Put the hotdogs on the noodlles"). 결론적으로 칸지는 문법을 전혀 이해하지 못했거나 약간만 이해했다고 볼 수 있다.

판바니샤는 태어날 때부터 언어에 노출되었고 단언컨대 다른 어떤 침팬지보다 우수한 언어 기술을 발달시켰다. 그녀는 400개의 렉시그램이 포함된 특별히 설계된 키보드를 사용하였다. 그녀가 키보드에서 일련의 키를 누르면 컴퓨터가 순서대로 인공 음성으로 바꾸었다. 판바니샤는 14세에 3,000개의 단어를 학습하였고 정확한 문법에 맞추어 상징들을 통합하였다(예 : Please can I have an iced coffee?). 연구자 중 한 명인 Bill Fields가 판바니샤에게 무슨 일이 있었는지 묻자 그녀는 "Kanzi bad keyboard"라고 답하였다. 칸지가 이렇게 말한 것은 얼마 전 키보드를 부셨기 때문이었다.

침팬지의 언어에는 자발성이 없고 오직 현재만을 말하고 있다는 주장이 종종 제기된다. 그러나 판바니샤, 칸지, 그리고 일반 침팬지에 대한 Lyn 등(2011)의 연구는 그렇지 않다는 것을 보여주었다. 이들은 침팬지 발화의 74%가 자발적이라는 것을 발견하였다. 또한 침팬지도 어린 아동만큼 자주 과거에 대해 이야기하고 미래의 의도를 언급하는 반응도 많이 한다. Lyn 등(2014)의 후속 연구에서는 보노보(판바니샤와 칸지 포함)가 과거에 본 적이 있는 물체(현재에는 더 이상 존재하지 않는)에 대해 소통할 수 있다는 것을 보여주었는데, 이것은 언어의 주요 준거 중 하나이다.

요약하면 칸지와 판바니샤의 언어 기술은 워쇼를 훨씬 능가하였고 언어의 많은 측면을 습득하는 인상적인 능력을 보여주었다. 이들과 다른 보노보들의 언어 능력을 평가한 연구 결과가 곧 발표될 것이다.

연구자 Sue Savage-Rumbaugh와 함께 있는 칸지

평가

➕ 침팬지(특히 보노보)는 렉시그램의 형태로 수백 개의 단어를 학습하고 이런 렉시그램에 대한 상당한 이해를 보인다. 이들의 성취는 의미성, 임의성, 대치성을 포함하여 Hockett(1960)이 제안한 언어의 몇 가지 준거를 만족시킨다.

⊕ 보노보는 상대방에 맞추어 다르게 반응하는 것처럼 소통 방식에서 융통성을 보인다(예 : 친숙한 상대와 친숙하지 않은 상대에게 다르게 소통한다).

⊕ 보노보의 언어 이해 능력은 어떤 면에서 2세 아동의 능력과 비슷하다.

⊖ 보노보의 언어는 대부분 매우 짧은 발화에 한정되어 있고 이들이 표현하는 생각은 2세 아동보다 훨씬 더 단순하다.

⊖ 보노보가 소통과 협력을 촉진시키기 위해 언어를 사용하는 확률은 어린 아동보다 훨씬 적다.

⊖ Chomsky(출처 : Atkinson et al., 1993)가 지적하였듯이 "만일 동물이 언어 같은 생물학적으로 이득이 되는 능력을 가지고 있으면서 지금까지 사용하지 않고 있다면, 그것은 인간이 나는 것을 배울 수 있다는 것과 비슷한 진화적 기적이다."

요약

- 언어를 위한 여러 준거들이 제안되었다. 이런 준거에는 의미성, 임의성, 대치성, 기만성, 생산성이 있다.
- 아동은 산출 언어보다 수용 언어가 더 우수하다. 산출 언어는 한 단어 발화로 시작해서 내용어가 강조되는 전보어로 넘어간다.
- 아동은 때로 성인의 언어를 모방하지만, 문법 규칙을 습득하기도 한다.
- Chomsky는 인간이 언어획득장치를 소유하고 있고 언어 보편성이 존재한다고 주장하였다. 이 두 가설 모두 옳지 않고, 전 세계 언어는 Chomsky가 가정하는 것보다 훨씬 더 다양하다.
- 언어 생체프로그램 가설에 따르면 아동은 언어에 매우 적게 노출되어도 문법을 만들어낼 수 있다. 소통에 대한 인간의 강한 동기를 보여준 니카라과 청력장애 아동에 대한 연구에서 이 가설을 지지하는 몇 가지 증거가 발견되었다.
- 아웃사이드-인 이론가들은 아동 지향어(아동의 요구에 맞추어진)가 언어 습득에 중요한 역할을 한다고 주장한다.
- 아웃사이드-인 이론가들에 따르면 아동의 언어 습득은 부분적으로 일상 경험에 대한 이해에 달려있다. 이것은 아동이 점진적으로 언어를 습득할 것이라는 예측을 하게 한다.
- 침팬지에 대한 연구는 언어가 인간에게만 특별한 것인지에 대한 논쟁과 관련이 있다.
- 보노보는 많은 어휘를 습득할 수 있고 수많은 메시지를 소통할 수 있다.
- 침팬지의 소통은 어린 아동의 그것보다 훨씬 제한적이다. 예를 들어, 긴 발화는 몇 개 안 되고 문법 지식을 소유하고 있다는 증거도 제한적이다.

더 읽을거리

- Christiansen, M. H., & Chater, N. (2015). The language faculty that wasn't: A usage based account of natural language recursion. *Frontiers in Psychology*, 6(Article 1182). Morten Christiansen과 Nick Chater는 언어 발달에 대한 Chomsky의 이론이 가진 주요 문제점을 설명하고 있다.
- Harley, T. A. (2013). *The psychology of language: From data to theory*(4th ed.). Hove, UK: Psychology Press. 이 책의 제3장과 제4장은 아동과 동물의 언어 발달을 다루고 있다.
- Mitchell, P., & Ziegler, F. (2012). *Fundamentals of developmental psychology*. Hove: Psychology Press. 이 책의 제12장은 언어 발달에 초점을 맞추고 있다.
- Smith, P.K., Cowie, H., & Blades, M. (2015). *Understanding chilren's development* (6th ed.). Chichester: Wiley. 언어 발달이 이 책의 제12장에 논의되어 있다.

질문

1. 언어 발달의 초기 단계에 대해 기술하라. 일어나는 주요 변화는 무엇인가?
2. 인사이드-아웃 이론의 주요 가설은 무엇인가? 이 이론은 얼마나 성공적인가?
3. 아동의 언어 습득을 촉진하는 주요 환경 영향들은 무엇인가?
4. 침팬지에 대한 연구는 침팬지가 언어를 습득할 수 있다는 것을 보여주었는가?

대부분의 아동은 성장하면서 상당한 도덕성 발달을 보인다. 특히 중요한 사실은 아동이 타인과 상호작용하고 행동할 때 무엇이 적합하고 부적합한지를 점점 더 분명하게 이해하게 된다는 것이다. 아동의 행동은 도덕적 가치의 영향을 점점 많이 받게 되고, 합당한 도덕 규준에 맞지 않는 행동을 하게 되면 죄책감과 수치심을 경험한다.

아동기 동안의 도덕성 발달은 어떤 요인들에 의해 일어나는 것일까? 도덕성 발달은 주로 부모한테 달려있는가? 아니면 다른 아동에게서 학습하는 것인가? 또는 유전적 요인에 달려있는가? 타인의 행동을 모방함으로써 아동은 도덕적 행동을 하는 것인가?

도덕성 발달

10

이 장은 아동이 성인으로 성장하면서 일어나는 도덕성 발달을 다룬다. '도덕성'이란 무엇인가? Villegas de Posada와 Vargas-Trujillo(2015, p. 408)에 따르면, **도덕성**(morality)은 "무엇이 옳고 그른지를 규정하는 행동 강령에 맞추어 행동하는 것으로, 다른 사람을 해치는 것을 막고… 자선행위를 촉진한다."

도덕성은 왜 중요한가? 한 가지 결정적인 이유는 사회가 적절하게 기능하려면 무엇이 옳고 그른지에 대한 합리적인 동의가 필요하다는 것이다. 물론 어떤 도덕적 주제들(예 : 동물실험, 핵무기)은 특정 사회 안의 개인들 사이에 매우 큰 차이가 있을 수 있다. 그러나 만일 모든 도덕적 주제에 대해 논쟁을 벌여야 한다면 사회는 혼란스러울 것이다.

인간의 도덕성은 세 가지 주요 성분으로 이루어져 있다:

도덕성의 주요 성분들에는 어떤 것이 있는가?

1. 인지 : 도덕적 주제에 대한 생각과 옳고 그름에 대한 판단으로, 도덕적 추리와도 관련이 있다.

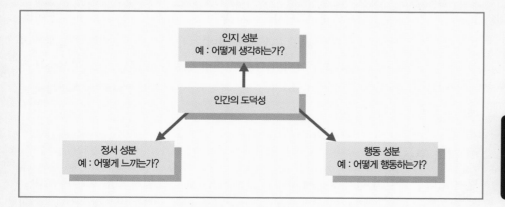

핵심용어

도덕성 생각과 행동의 옳고 그른 방식을 확인하는 데 사용하는 가치 체계

2. 정서 : 도덕적 사고 또는 행동과 연합된 감정(자부심, 죄책감)

3. 행동 : 정직한 행동 또는 거짓말, 도둑질, 부정행위 같은 행동

도덕성 발달의 일관성

우리는 한 개인이 세 가지 성분의 도덕성 사이에서 일관성을 보일 것이라고 생각할 수 있다. 예를 들어, 도덕적 추리(인지 성분)가 잘 발달한 사람은 정서와 행동 성분의 도덕성 수준도 높을 것이라고 생각한다. 그러나 실제로는 세 성분이 불일치할 때도 종종 있다.

Villegas de Posada와 Vargas-Trujillo(2015)는 도덕적 추리와 행동 성분을 비교하는 수많은 연구들을 기초로 메타분석을 실시하였다. 행동 성분은 여러 가지 방법으로 평가되었다: (1) 실생활(예 : 사소한 규칙 위반), (2) 정직성(예 : 시험에서 부정행위), (3) 이타심(예 : 도움 주기와 공유하기). 이들은 인지 성분과 이 세 가지 행동 성분 측정치 사이에서 유의미한 정적 상관을 발견하였다. 그러나 이 상관관계의 강도는 상당히 작고, 따라서 인지 성분과 행동 성분 사이에 많은 불일치가 존재한다고 볼 수 있다.

도덕적 추리와 행동 사이에 이런 격차는 왜 일어나는 것일까? 한 가지 이유는 높은 수준의 도덕적 추리를 하는 사람일지라도 유혹에 직면하면 자신이 잘못되었다는 것을 알면서도 비도덕적으로 행동하기 때문이다. 예를 들어 도둑질은 잘못이라고 강하게 믿고 있는 사람이 가게에서 거스름돈을 더 많이 받고도 아무 말도 하지 않는다.

그러나 때로 사람들은 그들이 생각하는 것보다 더 도덕적으로 행동하기도 한다. Teper 등(2011)은 학생들에게 수학 시험에서 부정행위를 할 수 있는 기회를 주었다. 학생들이 예측한 것보다 부정행위는 더 적게 일어났다. 이유는 무엇일까? 실제로 부정행위를 할 수 있는 기회가 주어지면 단순히 이런 상황에서 어떻게 할 것이라고 생각할 때보다 정서적 각성이 더 높아진다. 즉 정서적 각성이 부정행위의 유혹에서 브레이크처럼 작용한다.

이 장의 구조

먼저 도덕성 발달의 인지 성분에 초점을 맞춘 Kohlberg의 도덕성 발달 이론에 대해 논

의할 것이다. 그런 다음 도덕성에서 성차를 이해하기 위한 두 이론적 접근을 다룬다.

아동과 청소년이 얼마나 도덕적으로 행동할지는 주로 부모와 또래에 달려있기 때문에 부모와 또래의 영향을 살펴본다.

Kohlberg의 인지발달이론

Lawrence Kohlberg(1927~1987)는 Jean Piaget의 영향을 많이 받았다. Piaget은 아동의 인지 발달이 불변하는 일련의 단계를 거쳐 일어난다고 주장하였고, Kohlberg는 도덕성 발달도 마찬가지라고 보았다. Kohlberg에 따르면 도덕성 발달은 도덕적 추리의 변화와 아동의 인지능력 발달에 대부분 달려있다.

Kohlberg(예 : 1963)는 아동과 청소년에게 도덕적 딜레마를 담고 있는 이야기를 제시하여 자신의 인지발달이론을 검증하였다. 예를 들어, 약사가 요구하는 너무 비싼 약값을 지불할 형편이 안 돼서 죽어가는 아내를 위해 약을 훔친 사람을 당신은 어떻

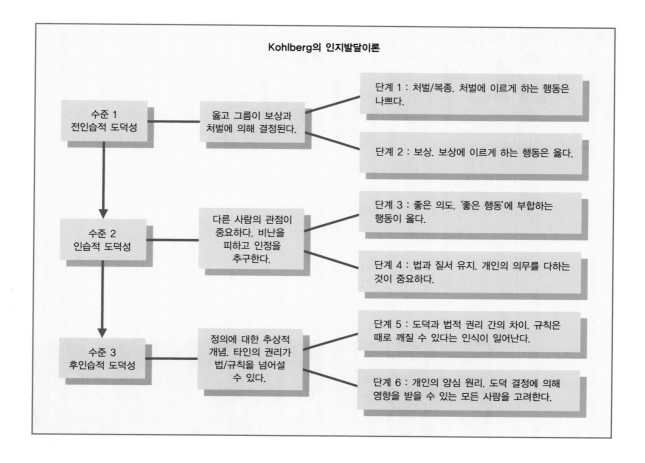

Kohlberg 이론의 어느 수준 또는 어느 단계에서 아동은 처벌과 복종 지향적인가?

게 생각하는가?

Kohlberg의 이론은 각 수준에서 두 단계로 이루어진 3수준의 도덕성 발달을 가정하고 있다:

- 수준 1 : **전인습적 도덕성**(pre-conventional morality). 무엇이 옳고 그른지에 대한 판단이 도덕적 논쟁보다 나중에 일어날 강화 또는 처벌에 의해 결정된다.
- 수준 2 : **인습적 도덕성**(conventional morality). 이 수준의 아동은 타인의 인정을 받고 잘못된 행동에 대한 비난을 피하는 것이 중요하다.
- 수준 3 : **후인습적 도덕성**(post-conventional morality). 타인의 권리가 법과 규칙을 지키는 것보다 더 중요하다는 인식이 증가하고 정의의 추상적인 개념에 더 초점을 맞춘다.

연구 결과

모든 아동이 동일한 단계를 거쳐 발달한다는 이 이론의 핵심 가정은 몇몇 증거에 의해 지지되었다. Colby 등(1983)은 20년 종단연구를 통해 단계 1과 2에서의 낮은 도덕 추리와 단계 3과 4에서의 그에 상응하는 높은 도덕 추리를 발견하였다. Snarey(1985)는 26개 문화권의 대부분의 사람들이 동일한 순서로 도덕성 발달 단계를 거친다고 보고하였다.

그러나 사람들의 도덕적 추리는 비일관적일 때가 많다. 한 개인의 도덕적 추리가 도덕적 딜레마에 따라 달라진다는 것이다. Krebs와 Denton(2005, p. 633)은 이런 불일치를 다음과 같이 설명하였다: "도덕성 발달은 사람들이 획득한 마지막 구조로 규정되는 것이 아니라 이들이 가용할 수 있는 도덕적 추리 구조의 확장으로 규정된다."

핵심용어

전인습적 도덕성 Kohlberg 이론의 첫 번째 도덕성 발달 수준으로, 이 수준의 도덕적 추리는 좋은 행동과 나쁜 행동에 대한 보상과 처벌에 집중한다.

인습적 도덕성 Kohlberg 이론의 두 번째 도덕성 발달 수준으로, 이 수준의 도덕적 추리는 타인의 인정을 받는 것에 집중한다.

후인습적 도덕성 Kohlberg 이론의 세 번째 도덕성 발달 수준으로, 이 수준의 도덕적 추리는 보편적 가치와 정의에 집중한다.

나이가 많은 아동 또는 청소년이 어린 아동보다 여러 도덕적 딜레마에서 불일치 반응을 더 자주 보이는데, 이것은 이들이 도덕적 추리와 관련된 지식을 더 많이 소유하고 있기 때문으로 볼 수 있다.

개인의 도덕성 발달 단계로 그의 행동을 예측할 수 있다는 가정은 타당해 보인다. 이런 예측을 지지하는 몇 가지 증거들이 있다. Kohlberg(1975)는 전인습적 수준의 학생이 후인습 수준의 학생보다 부정행위를 약 다섯 배 더 많이 한다는 것을 발견하였다.

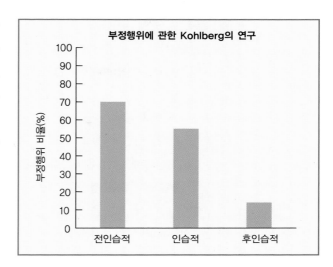

평가

➕ 도덕적 추리에 대한 Kohlberg의 단계 이론은 매우 영향력이 있다.

➕ 단계의 순서를 지지하는 증거가 Kohlberg에 의해 미국의 연구들과 문화 간 연구들에서 확인되었다.

➖ 도덕적 추리 단계가 불변하는 순서로 일어난다는 관점은 지나치게 엄격하다.

➖ Kohlberg는 도덕성의 정서 성분과 행동 성분을 상대적으로 무시하였고, 이것은 그의 접근이 너무 제한적이라는 의미이다(Lapsley & Carlo, 2014).

➖ 사람들의 도덕적 추리 수준은 일상의 도덕적 딜레마 상황보다 Kohlberg가 사용한 것 같은 가상의 시나리오에서 더 높게 나타난다. 그 이유는 "당신이 잃을 것이 없을 때는 도덕적이 되기가 더 쉽다"(Walker et al., 1995, pp. 381–382).

➖ 나중에 보게 되겠지만 Kohlberg는 어린 아동의 도덕성 발달을 과소평가했다. 어린 아동은 자기중심적이어서 도덕적 사안들에 큰 관심이 없다는 그의 주장은 검증된 적이 없다.

최근의 이론적 발달

Kohlberg의 영향력 있는 이론이 제안되고 나서 최근 도덕성 발달 이론과 연구에서는 두 가지 변화가 일어나고 있다. 첫째, 도덕성 발달에 대한 더 폭넓은 접근이 필요하다는 인식이 점차 증가하고 있다. 이런 접근은 도덕 감정(예 : 공감, 연민, 죄책감, 수치심)과 다른 아동이나 성인과의 상호작용 상황에서 아동의 행동에 주목한다.

둘째, 어린 아동의 도덕성 발달이 매우 제한적이라는 Kohlberg의 가설은 기각되었다. 대신 어린 아동도 "사람들의 목표, 감정, 욕구에 대한, 그리고 이런 정신 상태가 다른 사람들의 행위에 의해 어떻게 영향을 받는지에 대한 비자기중심적인 자각을 한 다"는 관점이 일반적이다(Thompson, 2012, p. 426).

연구 결과

한 살 된 어린 아동도 도덕성의 몇 가지 기본 특성을 보인다. 예를 들어, Hamlin (2015)은 6개월 된 유아들을 연구하였다. 이들은 다른 인물에게 도움 행동을 하지 않는 사람보다 도움 행동을 하는 사람에게 더 많은 주의를 주었다. 유아의 행동 또한 영향을 받아서, 도움을 주지 않는 사람보다 도움을 주는 사람에게 더 많이 접근하였다.

Brownell 등(2013)은 18~24개월 사이의 아동이 아무것도 가지고 있지 않은 성인에게 장난감과 음식을 나누어주는지를 살펴보았다. 나이가 많은 아동은 73%가, 그리고 어린 아동은 28%가 자발적으로 나누어 주었다.

왜 인간은 아주 어린 나이에도 타인에 대한 걱정과 도움 행동을 보이는 것일까? 진화의 역사 속에서 우리의 선조는 생존을 위해 항상 싸워야 했다(예 : 충분한 식량을 구하기 위해). 그래서 심지어 매우 어린 아동일지라도 가능한 많은 기여를 하는 것이 실질적으로 중요했다.

성차 : 이론적 설명

도덕성에서 성차에 대한 주제는 오래 동안 많은 관심을 받아왔다. 이 주제와 관련된 첫 번째 주요 이론을 제안한 사람이 Carol Gilligan(1977, 1982)이다.

그녀는 Kohlberg 이론의 성차별적 편향을 좋아하지 않았다. Kohlberg의 이론은 원래 남성 참여자들의 면접을 기반으로 하였고, 이것이 그의 이론에서 편향을 만들어냈을 수 있다. 주요 결과는 대부분의 남성의 도덕성 발달이 4단계로 나온 반면에 대부분의 여성은 3단계로 분류되었다는 것이다.

Gilligan은 Kohlberg가 여아와 남아 간의 도덕성 발달의 차이를 인식하지 못하였다고 주장하였다. 더 구체적으로, 남아는 법과 도덕 원리의 사용에 초점을 맞춘 **정의의 도덕성**(morality of justice)을 발달시킨다면 여아는 인간의 안녕과 타인에 대한 연민에 초점을 맞춘 **보살핌의 도덕성**(morality of care)을 발달시킨다. Gilligan에 따르면, Kohlberg는 정의의 도덕성을 보살핌의 도덕성보다 우월하다고 보는 성차별적 편향을 가지고 있다. Gilligan은 도덕적 추리이론이 이 두 가지 유형의 도덕성을 똑같이 중요하게 다루어야 한다고 주장하였다.

핵심용어

정의의 도덕성 도덕성 판단에서 법과 도덕 원리를 중요하게 강조하는 도덕성의 한 형태

보살핌의 도덕성 도덕성 판단에서 인간의 안녕과 동정심을 중요하게 강조하는 도덕성의 한 형태

Friesdorf 등(2015)은 도덕적 추리에서 성차에 주목하였다. 이들의 출발점은 도덕성 판단에 관한 Green(2007)의 이중정보처리모형이었다. 이 모형에 따르면, 중요한 도덕적 딜레마에 맞닥뜨렸을 때 우리가 내리는 결정은 인지적 정보처리에 더 의존하든지 아니면 정서적 정보처리에 더 의존할 수 있다. 예를 들어, 육교 문제를 생각해보자. 전차가 오고 있는데 내버려 두면 다섯 명의 인부가 죽는다. 이

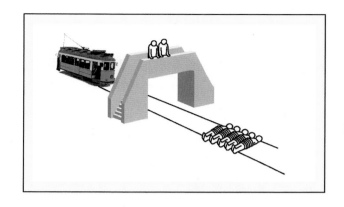

들을 구할 수 있는 유일한 방법은 육교 위에 있는 낯선 사람 한 명을 밀어 떨어뜨리는 것이다. 낯선 사람은 죽게 되지만 인부들은 살 수 있다.

이 상황에서 당신이라면 어떻게 하겠는가? 당신은 낯선 사람을 희생시키기로 결정할 수 있는데 그렇게 하지 않았을 때와 비교하여 네 명의 생명을 더 구할 수 있기 때문이다. 이 결정은 인지적 정보처리에 기초한 것이다. 또는 당신은 누군가에게 직접적인 위해를 가하는 것이 두려워서 다리 위의 낯선 사람을 밀지 않기로 결정할 수 있다. 이 결정은 정서적 정보처리에 기초한 것이다.

Friesdorf 등(2015)의 도덕적 추리 이론은 방금 기술한 것과 같은 딜레마에 기초하였다. 이들은 타인에게 위해를 가할 때 남성보다 여성이 더 강한 정서를 경험한다고 주장하였다. 한 가지 이유는 여성이 남성보다 타인의 정서 상태를 더 잘 인식하기 때문이다(Hall & Schmid Mast, 2008). 따라서 연구자들은 여성이 남성보다 도덕적 딜레마에서 정서적 정보처리에 기초한 결정을 내릴 가능성이 더 높다고 예측하였다.

연구 결과

Gilligan 이론을 검증한 연구들은 일관성 없는 결과를 내놓고 있다. Jaffee와 Hyde (2000)는 남성과 여성의 도덕적 추리를 비교한 수많은 연구들을 철저히 검토하였다. 전체적으로 여성보다 남성이 정의 추리를 더 많이 하기는 하였지만 그 경향성은 매우 작았다. 남성보다 여성이 보살핌 추리를 더 많이 하는 경향성은 약간 더 큰 것(여전히 작지만)으로 나타났다.

연구들은 몇 가지 흥미로운 문화 간 차이를 보여주었다. 예를 들어, Skoe(1998)는 Gilligan이 예측하는 것처럼 캐나다와 미국에 사는 17~26세 사이의 여성이 남성보다 보살핌에 기초한 이해를 더 많이 보인다는 것을 발견하였다. 그러나 직업과 사회 전반에서 양성평등을 강조하는 문화권인 노르웨이에서는 보살핌 추리에서 성차가 발견

Gilligan에 따르면 여아와 남아는 어떤 도덕성을 발달시키는가?

되지 않았다.

이제 Friesdorf 등(2015)의 이론으로 돌아가 보자. Fumagalli 등(2010)은 육교 문제를 사용하였다. 남성이 여성보다 낯선 사람을 희생시키는 확률이 더 높았는데, 이는 남성이 정서의 영향을 덜 받는다는 것을 의미한다. 이런 결과는 이론과 일치한다.

Friesdorf 등(2015)은 도덕적 추리에서 성차에 대한 자신들의 이론을 검증하기 위해 메타분석을 실시하였다. 이들은 두 가지 주요 결과를 보고하였다. 첫째, 여성은 남성보다 도덕적 딜레마의 해결에서 정서적 정보처리를 사용하는 경향이 더 높았다. 둘째, 남성은 여성보다 도덕적 딜레마의 해결에서 인지적 정보처리를 더 많이 사용하였다. 이들의 주요 결론은 다음과 같다 : "도덕적 딜레마와 관련된 판단에서 성차는 결과에 대한 인지적 평가의 차이 때문이 아니라 위해를 가하는 것에 대한 감정적 반응의 차이 때문에 일어난다."(p. 696).

평가

➕ 남성은 정의의 도덕성을 발달시키는 반면에 여성은 보살핌의 도덕성을 발달시킨다는 Gilligan의 가설에 대한 약한 지지 증거가 있다.

➕ 남성보다 여성의 도덕적 추리가 정서에 더 많이 의존한다는 관점을 지지하는 강력한 증거들이 존재한다. 이것은 타인의 정서 경험을 더 잘 인식하고 공감하는 여성의 능력을 반영하는 것일 수 있다.

➕ Friesdorf 등(2015)의 연구 결과는 도덕적 추리에서 중요한 성차가 존재하고, 더 많은 연구가 필요하다는 것을 보여준다.

➖ Gilligan의 이론적 접근은 흥미롭지만 많은 연구들에 의해 지지를 받고 있지는 못한다.

부모, 또래, 유전적 요인

아동의 도덕성 발달에 영향을 미치는 요인을 발견하는 것은 이론적인 측면과 실용적 측면 모두에서 중요하다. 일반적으로 가장 강력한 영향을 미치는 환경 요인은 아동의 부모와 **또래**(peer)이다. 우리는 또한 도덕성 발달에 미치는 유전의 영향에 대해서도 살펴볼 것이다.

핵심용어

또래 아동과 비슷한 연령대의 다른 아동들

Hoffman의 양육 방식 중 아동의 도덕성 발달에 가장 효과적인 것은 무엇인가?

부모

Hoffman(1970)은 자녀의 도덕성 발달을 위해 부모가 사용하는 세 가지 양육 방법을

확인하였다:

1. 유도(induction) : 특정 행동이 나쁜 이유와 타인에게 해가 될 수 있다는 것을 설명하는 방법
2. 권력 주장(power assertion) : 자녀에게 부모의 권력을 행사하여 때리고, 특권을 제거하고, 험한 말을 사용하는 방법
3. 사랑 철회(love withdrawal) : 자녀의 나쁜 행동에 관심이나 사랑을 주지 않는 방법

Brody와 Shaffer(1982)는 개관논문에서 유도가 86%의 연구에서 도덕성 발달을 향상시키고 있는 것을 발견하였다. 이와 비교하여 권력 주장은 단지 18%의 연구에서, 그리고 사랑 철회는 42%의 연구에서 도덕성 발달을 향상시켰다. 때리기 형태의 권력 주장은 아동에게서 도덕적 가치의 내면화를 감소시키고 비행과 반사회적 행동을 증가시켰다(Gershoff, 2002).

유도의 중요성을 보여주는 추가적인 증거가 청소년을 대상으로 한 Patrick과 Gibbs(2012)의 연구에서 보고되었다. 부모의 유도(타인에게 가해진 위해를 강조하고 부모의 실망을 표현)는 어머니들이 가장 많이 사용하는 기법이었다. 청소년은 유도를 권력 주장과 사랑 철회보다 더 공정하고 더 적절하다고 생각하였다. 무엇보다 중요한 결과는 청소년의 더 높은 도덕 정체성 발달이 부모의 유도와는 정적 상관관계에 있었지만 권력 주장과 사랑 철회는 그렇지 않았다는 것이다.

유도가 효과적인 이유는 무엇인가? Hoffman(2000)에 따르면 유도는 부모의 규준이 자녀에게 직접 전달되는 방법이다. 부모의 유도가 일어나는 동안 아동이 정서적으로 약간 각성된 상태인 것이 바람직하다. 그래야 아동이 관찰되고 있지 않을 때에도 부모의 요구를 계속해서 따를 가능성이 높다.

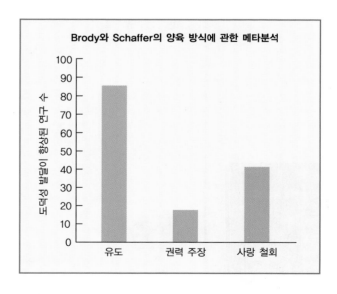

현실 속으로 : 시간에 따른 도덕성 발달

수년에 걸쳐 지속적으로 아동을 연구하면 일상생활에서 아동의 도덕성이 어떻게 발달하는지 이해할 수 있다. 이런 연구들(종단연구)은 인과관계를 밝혀준다. 즉 특정 한 시점에 존재하는 요인들이 나중 시점의 아동의 도덕성 발달과 어떤 관련이 있는지를 알려준다. Kochanska 등(2008), Kochanska 등(2010), Kochanska와 Kim(2014)은 인상적인 종단연구들을 수행했다.

이 연구들에서 나온 핵심 요인은 어머니와 아동 사이의 상호반응성 지향이었다. **상호반응성 지향**(mutually responsive orientation)은 '상호간의 긍정적인, 상호 유대적인, 수용적인, 협력적인 부모-자녀 관계'를 말한다(Kochanska & Kim, 2014, p. 9). 생후 첫 2년 동안의 상호반응성 지향은 52개월 때 아동의 도덕적 행동을 잘 예측하였다(Kochanska et al., 2008). 한 가지 이유는 어머니와 아동 사이의 강한 정서적 유대감이 아동에게 어머니의 도덕성 지도를 더 잘 수용하게 만들기 때문이다.

Kochanska 등(2010)은 25~80개월까지 아동의 성장 과정을 연구하여 도덕성 발달과 관련된 여러 요인들을 발견하였다. 첫째, 부모 규칙의 내면화(금지된 장난감을 가지고 놀고 싶은 유혹에 저항하는 아동의 능력을 평가하였다). 둘째, 부모에 대한 공감적 관심(아동이 부모의 손가락을 때려서 아프게 했을 때 아동의 디스트레스를 평가하였다). 셋째, 각 아동의 **도덕적 자아**(moral self, 아동의 도덕적 신념 및 행동과 관련된 여러 질문으로 평가하였다). 이 모든 요인들은 이후 아동의 도덕성 발달 수준을 잘 예측하였다.

Kochanska와 Kim(2014)은 아동들 사이의 도덕성 발달의 차이가 유전적 요인에도 달려있다고 주장하였다. 이들은 **의도적 통제**(effortful control)에 주목하였는데, 이것은 "우세한 반응을 신중하고 능동적으로 억제하는 능력이다… 아동이 규칙-호환 행동을 비롯하여 자기 조절 행동을 할 수 있게 해준다"(p. 9). 이들은 또한 부모와 아동 간의 오랜 자연스러운 상호작용으로 평가한 상호반응성 지향에 주목하였다. 67개월 때의 도덕성 발달은 몇 년 전에 평가한 의도적 통제와 상호반응성 지향으로 잘 예측되었다.

핵심용어

상호반응성 지향 부모와 아동 간의 상호 협조적인 관계

도덕적 자아 도덕적 가치, 규칙의 내면화, 죄책감, 공감 등에 대한 개인의 자기 지각

의도적 통제 우세한 반응(예 : 규칙을 위반하는 행동)을 억제하는 능력과 관련된 성격 특질

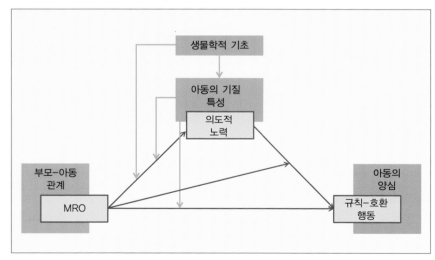

상호반응성 지향(MRO)과 의도적 노력이 도덕적 행동(규칙-호환 행동)에 영향을 미치는 방식에 대한 모형. 출처 : *Kochanske & Kim (2014).*

> 요약하면 자연적 종단 가족 연구들을 통해 아동의 도덕성 발달에 영향을 미치는 주요 요인들이 확인되었다. 이런 요인들에는 상호반응성 지향, 규칙의 내면화, 공감적 관심, 도덕적 자아, 의도적 통제가 있다. 가장 중요한 결과는 환경적 요인(특히 상호반응성 지향)이 의도적 노력에서 생물학적인 개인차와 상호작용하여 아동의 도덕성 발달에 영향을 미친다는 것이다.

또래

아동과 청소년은 또래의 영향을 강하게 받는다. Berndt(1979)는 9~18세 사이의 아동과 청소년에게 반사회적 행동을 하라는 친구들의 압력에 어떻게 반응할 것인지 질문하였다. 모든 연령대가 또래 압력의 영향을 받았다(특히 15세 청소년).

Kandel(1973)은 부모와 가장 친한 친구가 약물을 사용하거나 또는 사용하지 않는 청소년들의 마리화나 사용을 연구하였다. 부모가 약물을 사용하지만 가장 친한 친구가 약물을 사용하지 않을 때에는 청소년의 17%만이 마리화나를 사용하였다. 이와 대조적으로 가장 친한 친구들이 마리화나를 하면 청소년의 56%가 마리화나를 사용하였다. Dishion과 Owen(2002)은 탈선한 친구를 가진 청소년의 약물 사용이 증가하는 것을 발견하였다. 또한 약물의 사용은 탈선한 친구를 사귈 확률을 증가시켰다.

또래가 도덕적 추리에 긍정적인 영향을 미칠 수 있다는 증거가 10~13세 사이의 초기 청소년기에 관한 Schonert-Reichl(1999)의 연구에서 보고되었다. 친한 친구가 많은 청소년의 도덕적 추리가 친한 친구가 별로 없는 청소년보다 더 발달하였다.

요약하면, 친구는 아동기와 청소년기의 도덕성 발달과 행동에 강한 영향을 미친다. 이 영향이 긍정적일지 또는 부정적일지는 지배 문화, 친구의 도덕적 가치에 달려 있다.

반사회적으로 행동하라는 또래의 압력에 특히 영향을 많이 받는 나이는 몇 살인가?

유전적 요인

성격에서 개인차가 유전적 요인에 의존하는 정도는 중간 정도이다(제18장 참조). 따라서 성격이 도덕적/비도덕적 행동과 연합되어 있다는 증거는 유전적 요인이 도덕적 행동과 관련이 있다는 것을 시사한다. 이런 증거가 Le 등(2014)에 의해 보고되었다. 이들은 청소년의 성격을 측정하였고 18년 후 비생산적인 직무행동(예 : 절도, 결근)을 평가하였다. 실제로 동조성과 성실성에서 높은 점수를 받은 사람들은 낮은 점수를 받은 사람들보다 비생산적인 직무행동을 더 적게 보였다.

Campbell 등(2009)은 쌍생아 연구를 수행했다. 일란성 쌍생아의 도덕성 발달이 이란성보다 더 유사하였다. 일란성 쌍생아는 유전자의 100%를 공유하고, 이란성 쌍생아는 50%만 공유하고 있기 때문에 이것은 유전적 요인이 도덕성 발달에 영향을 미친다는 강력한 증거이다.

요약

- 도덕성은 인지, 정서, 행동 성분으로 나누어 질 수 있다.
- 때로 이 세 가지 성분의 도덕성 사이에 불일치가 존재한다. 예를 들어, 사람들은 자신이 틀렸다는 것을 알면서도 행동을 할 때가 있다.
- Kohlberg는 도덕성 발달이 항상 전인습적 수준에서 시작해서 인습적 수준을 거쳐 후인습적 수준으로 일어난다고 주장하였다. 문화 간 차이 연구에서 그의 관점을 지지하는 몇 개의 증거가 발견되었다.
- Kohlberg는 도덕성의 인지 성분에 초점을 맞추고 정서와 행동 성분을 무시하였다. 그는 또한 아동의 도덕성 발달 수준을 과소평가하였다: 도덕적 관점의 어떤 기본 특징은 생후 첫 1년에도 나타난다.
- Gilligan은 남성은 정의의 도덕성을 발달시킨다면 여성은 보살핌의 도덕성을 발달시킨다고 주장하였다. 이 주장을 지지하는 증거는 많지 않다.
- 여성의 도덕적 추리가 남성보다 정서적 정보 처리에 더 많이 의존한다는 가설은 많은 증거들에 의해 지지된다.
- 아동의 도덕성 발달에는 유도(행동이 타인에게 해가 되는 이유를 설명하는 방법)에 기초한 양육 방식이 도움이 된다. 이와 대조적으로 부모의 권력 주장은 아동에게 부정적인 효과를 미친다.
- 아동의 도덕성 발달은 아동과 부모 사이의 상호반응성 지향과 아동이 의도적 통제 같은 성격 특질을 얼마나 소유하고 있는지에 주로 달려있다.
- 또래는 청소년의 도덕성 발달에 부정적인 영향을 미칠 수 있다(예 : 약물 남용). 그러나 친한 친구가 많은 청소년이 친구가 없는 청소년보다 더 발달된 도덕적 추리를 보인다.
- 쌍생아 연구는 도덕성 발달이 부분적으로 유전적 요인에 달려있다는 것을 가리킨다.

더 읽을거리

- Hart, D., Watson, N., Dar, A., & Atkins, R. (2011). Prosocial tendencies, antisocial behaviour, and moral development in childhood. In A. Slater & G. Bremner (Eds), *An introduction to developmental psychology* (2nd ed., pp. 334–356). Chichester, UK: Wiley-Blackwell. 도덕성 발달에 도움 또는 방해가 되는 요인들이 이 장에 논의되어 있다.
- Lapsley, D., & Carlo, G. (2014). Moral development at the crossroads: New trends and possible futures. *Developmental psychology, 50*, 1–7. Daniel Lapsley와 Gustavo Carlo는 도덕성 발달에 관한 이론과 연구가 과거에 비해 최근 얼마나 광범위해졌는지를 분명하게 보여준다.
- Leman, P., Bremner, A., Parke, R. D., & Gauvain, M. (2012). *Developmental psychology*, New York: McGraw-Hill. 이 책의 제14장은 도덕성 발달을 상세하게 다루고 있다.
- Thompson, R. A. (2012). Whither the preconventional child? Toward a life-span moral development theory. *Child Development Perspectives, 6*, 423–429. Ross Thompson은 많은 도덕성 발달이 놀라울 정도로 이른 나이에 일어난다는 것을 보여주는 연구와 이론에 대해 논의하고 있다.

질문

1. 도덕성의 주요 성분에는 어떤 것들이 있는가? 이 성분들이 종종 일치하지 않는 이유는 무엇인가?
2. Kohlberg의 도덕발달이론을 기술하라. 이 이론이 과거에 비해 현재 영향력이 감소한 이유는 무엇인가?
3. 도덕성에서 성차는 존재하는가? 이 차이는 어떻게 설명할 수 있는가?
4. 부모가 아동의 도덕성 발달에 영향을 미치는 방법에는 어떤 것이 있는가?

많은 사람들이 남성과 여성 사이의 심리적 차이에 사로잡혀 있다. 우리가 생각하는 행동, 능력, 그리고 태도에서 남녀 간의 차이는 정말 맞는 것일까? 아니면 단순한 고정관념일 뿐일까?

왜 대다수 남아와 여아는 같은 성의 아이들과 놀려고 할까? 왜 남아와 여아는 좋아하는 장난감이 다를까? 남아와 여아 간의 이런 차이는 유전(자연) 때문인가 아니면 환경(양육) 때문인가? 이 장은 성과 관련된 이런 여러 질문에 답한다.

성과 성차

11

아기가 태어나면 누구나 묻는 질문이 "아들인가 또는 딸인가?"이다. 그리고 부모 또는 사람들이 아기를 대하는 방식은 아기의 성에 의해 큰 영향을 받는다. 아동이 성장하면서 자신에 대한 생각이나 세상에서 자신의 위치에 대한 생각도 아동이 남아 또는 여아인지에 많은 영향을 받는다. 2세가 되면 아동은 자신이 남자인지 여자인지를 안다. 3세 아동의 3분의 2 정도가 같은 성의 아이들과 놀기를 선호한다(La Freniere, 1984).

시작하기 전에 '성(sex)'과 '성(gender)' 용어에 대해 설명할 필요가 있다. 성(sex)은 여아와 남아의 생물학적 차이를 말한다면, 성(gender)은 사회적으로 결정된 성차를 의미한다. 그러나 최근에는 생물학적 차이를 말할 때도 젠더라는 용어를 사용하는 사례가 늘고 있다.

3세 또는 4세부터 아동은 남성과 여성에 적합한 활동(예 : 가사일)과 직업(예 : 의사, 간호사)에 대한 상당히 고정된 신념을 가진다. 이것을 **성 역할 고정관념**(gender-role stereotype)이라고 한다. **성 유형 행동**(gender-typed behavior)은 특정 문화권 안에서 성 역할 고정관념과 일치하는 행동이다. 즉 그 문화권이 남아 또는 여아에게 기대하는 행동을 말한다.

성 정체성

성 유형 행동(sex-typed behavior)에 가장 중요한 영향을 미치는 것이 **성 정체성**(gender identity)이다. 성 정체성은 남성 또는 여성이라는 개인의 자각을 말하고, 성 유형 행동의 주요 결정요인이다. Halim 등(2014)은 3~6세 아동에 관한 연구에서 성 정체성의 중요성을 보여주었다. 약 50%의 아동이 일정 기간 동안 성 유형 의상(예 : 여아의 드레스)을 고집하였다. 성 정체성 점수가 높은 아동은 낮은 점수의 아동보다 성 유형 의

상을 더 선호하였다. 흥미로운 결과는 아동이 성 유형 의상을 입는 정도가 부모의 선호와 관련이 없었다는 것이다.

Egan과 Perry(2001)는 성 정체성이 자신이 속한 성의 구성원이라는 느낌, 생물학적으로 결정된 성에 대한 만족감, 그리고 성 역할 고정관념에 맞는 행동을 요구하는 부모와 또래에게서 받는 압박감도 포함한다고 주장하였다. 이들은 10~14세 아동에게서 성 정체성의 이런 측면들을 측정하였다. 이 세 측면 모두에서 남아의 점수가 여아보다 더 높았다. 이 연구 결과는 고정관념과 일치하는 행동이 남아에게 더 중요하다는 것을 보여준다. 앞에서 논의한 Halim 등(2104)의 연구에서도 비슷한 결과가 발견되었다. 약 35%의 남아가 다른 성의 의상을 회피하였는데 이것은 여아의 비율이 10%에 미치지 않았던 것과 비교된다.

앞에서 말했듯이 대부분의 여아는 여아와 놀고 싶어 하고 남아는 남아와 노는 것을 선호한다. 이러한 성 분리는 3세부터 아동기 동안 계속된다. 이런 성 분리는 왜 일어나는 것일까? 아동은 자신의 성 정체감을 발달시키려고 동기화되어 있고, 자신과 같은 성의 아동과 함께 놀면 이런 동기를 충족시킬 수 있다. 또한 아동은 성 유형 행동을 점점 더 선호하게 되는데, 같은 성의 아동과 어울리면 성 유형 행동을 더 쉽게 할수 있다.

관찰된 성차

대부분의 문화권에는 수많은 성 역할 고정관념이 존재한다. 다행히도 이런 고정관념들 중 상당수가 점점 사라지고 있는 추세이다. 예를 들어, 남성은 나가서 일을 해야지 집안일을 하거나 아이를 돌보는 일은 하지 말아야 하며, 여성은 아이를 돌보면서 하루 종일 집에 있어야 한다고 생각하는 사람은 거의 없다.

어떤 성 역할 고정관념은 지능 및 성격과 관련이 있다. 예를 들어, 일반적으로 남아는 공간능력에서 더 뛰어나고 여아는 언어능력에서 더 뛰어나다고 생각한다. 또한 여아가 남아보다 더 불안하고, 남아는 여아보다 더 공격적이라고 생각한다.

심리적 성차와 관련하여 두 극단적인 주장이 존재한다. John Gray(1992)는 자신의 베스트셀러 화성에서 온 남자, 금성에서 온 여자(*Men are from Mars, Women are from Venus*)에서 성차의 존재를 강하게 주장하였다. 이와 대조적으로, Hyde(2005, p. 590)는 "남성과 여성이 전부는 아니어도 대부분의 심리적 변인들에서 서로 비슷하다"는 **성 유사성 가설**(gender similarity hypothesis)을 제안하였다.

연구 결과

Zell 등(2015)은 1,200만 명이 넘는 참여자들로부터 얻어진 연구 결과를 기초로 심리적 성차를 철저하게 분석하였다. 이들의 연구 결과는 대부분 성 유사성 가설과 일치하였다. 남성과 여성 사이의 386개의 비교에서 발견된 차이 중 46%는 작았고 나머지 39%는 매우 작았다.

그러나 Zell 등(2015)은 386개의 성 비교 중 일부에서는 큰 차이를 발견하였다. 이런 성차의 사례(내림차순)는 다음과 같다:

1. 남성성 대 여성성 특질(적극적, 독립적 대 친절한, 타인에 대한 이해)
2. **심적 회전**(mental rotation) 능력(물체를 회전하였을 때 일어날 수 있는 것을 상상하는 능력으로 공간능력의 중요한 측면. 남아가 더 높다)
3. 또래 애착(여성이 더 높다)
4. 사람 대 사물에 대한 흥미(여성이 더 높다)
5. 공격성(남성이 더 높다. 제7장 참조)
6. 영화–유도 공포(여성이 더 높다)

발견된 성차의 85%가 작거나 매우 작았기 때문에 남성과 여성이 근본적으로 비슷하다는 결론이 맞는 것 같다. 그러나 반드시 그렇다고 보기 어려운 것이 85%의 작은 차이보다 15%의 중간 크기의 성차가 심리적으로 의미가 있는 더 중요한 요인들일 수 있기 때문이다(Zuriff, 2015). 따라서 확실하게 증명되지는 않았지만 증거들은 성 유사성 가설을 지지한다고 말하는 것이 맞다.

지능에 성차가 있다면 어떤 것에서 있을까? 이미 보았듯이 심적 회전 과제에서는 남아가 여아보다 우수하다. 쓰기 기술에서도 상당히 큰 성차가 존재한다. 예를 들어 Reynolds 등(2015)은 쓰기 표현과 철자법에서 여아가 남아보다 우수하다는 것을 발견하였다.

남아가 여아보다 수학을 더 잘한다고 알려져 있다. 그러나 이것에 대한 지지 증거는 거의 없다. Lindberg 등(2010)은 100만 명 이상의 사람들(대부분 미국인)을 대상으로 한 연구 결과에서 수학 능력에서 성차를 발견하지 못하였다. Else-Quest 등(2010)의 69개국의 문화 간 연구에서는 남아가 여아보다 수학을 더 잘하는 것으로 나타났지만 그 차이는 매우 작았다. 예측대로 이런 성차는 남성에게 모든 결정권이 주어져 있고 여성은 기회를 얻기 어려운 국가에서 가장 컸다.

핵심용어

심적 회전 물체의 방향이 공간에서 회전하였을 때 물체의 모습을 상상하는 공간능력검사

지능의 여러 측면에서 발견되는 이런 (작은) 성차를 어떻게 설명할 수 있을까? 미디어는 종종 '남성의 뇌'와 '여성의 뇌' 사이에 큰 차이가 존재한다고 주장한다. 최근 신경과학에서 나온 증거에 따르면, 남성의 뇌는 여성의 뇌보다 각 반구 내에서의 소통을 더 잘하는 반면에 여성의 뇌는 남성의 뇌보다 두 반구 간 소통을 더 잘한다(Ingalhalikar et al., 2014). 즉 남성의 뇌는 지각과 행위 사이의 연결이 촉진되도록 설계되었다면 여성의 뇌는 분석적 정보처리와 직관적 정보처리 사이의 소통이 향상되도록 설계되었다는 것이다.

그러나 남성과 여성의 뇌 차이를 과장하지 않는 것이 중요하다. Joel 등(2015, p. 15468)은 1,400명이 넘는 사람들의 뇌 구조를 살펴보고 다음과 같은 결론을 내렸다:

> 인간과 인간의 뇌는 속성들의 독특한 '모자이크'로 이루어져 있다. 어떤 것은 남성과 비교하여 여성에게 더 흔하고, 어떤 것은 여성과 비교하여 남성에게 더 흔하다. 또 어떤 것은 여성과 남성 모두에게 흔하다⋯ 인간의 뇌는 2개의 뚜렷한 범주 ─ 남성의 뇌 또는 여성의 뇌 ─ 로 나뉠 수 없다.

성격

Else-Quest 등(2006)은 아동의 성격에서 성차를 다룬 여러 연구들을 개관하였다. 여아는 정신적인 노력을 필요로 하는 통제 과제, 특히 지각적 민감성과 억제적 통제에서 남아보다 높은 점수를 받았다. 남아는 외향성, 특히 높은 강도의 쾌정서 차원과 활동성에서 여아들보다 점수가 더 높았다. 그러나 이러한 성차의 강도는 그렇게 크지 않았다. 55개국 성인의 성격에 관한 비교문화 연구에서 여성이 내향성, 친절성, 성실성 그리고 신경증(부정적 정서를 경험하는 경향성) 점수에서 남성보다 약간 더 높은 것으로 나타났다(Schmitt et al., 2008).

이런 결과가 '남성의 성격' 그리고 '여성의 성격'이 존재한다는 것을 보여주는 것은 아니다. 이유는 두 가지이다. 첫째, 대부분의 성격 특질에서 남성과 여성 사이에 유사성과 중복되는 부분이 존재한다. 둘째, 대다수 사람들은 '남성'과 '여성'의 성격 특질이 혼합된 성격을 가지고 있다. 즉 극소수의 사람들만이 남성의 성격 또는 여성의 성격을 가졌다고 할 수 있다.

성발달이론

앞에서 우리는 대부분의 아동이 성 유형 행동을 상당히 많이 보인다는 것을 보았다.

그러나 이런 행동을 유발하는 요인들을 확인하기는 어렵다. 이제 이 분야의 주요 이론들을 살펴보려고 한다. 대부분의 이론들은 환경적 요인(예 : 부모의 영향)에 초점을 맞추고 있다. 그러나 어떤 이론가들은 생물학적 요인을 강조하고, 따라서 마지막에 생물학적 접근에 대해 논의한다.

사회인지이론

성 발달에 관한 가장 영향력 있는 접근 중 하나가 사회인지이론이다. 사회인지이론을 이해하기 위해서는 먼저 이 이론이 생겨난 사회학습이론(제2장 참조)부터 설명하는 것이 유용할 것이다. 사회학습이론(예 : Bandura, 1977)에 따르면, 성 발달은 아동의 경험의 결과이다. 아동은 강화를 받는 행동은 계속하고 처벌받는 행동은 회피하는 것을 학습한다.

사회는 남아와 여아가 어떻게 행동해야 한다는 기대를 가지고 있기 때문에 강화와 처벌의 사용은 성 유형 행동을 만들어낸다. 예를 들어 많은 부모들이 여아에게는 인형 놀이를, 그리고 남아에게는 총 놀이를 장려한다(Leaper, 2013).

Bussey와 Bandura(1999)는 사회인지이론에서 성 발달을 촉진시키는 세 가지 형태의 학습을 확인하였다:

1. **관찰학습**(observational learning) : 아동은 타인의 행동을 모방한다. 모방은 같은 성의 모델에게서 더 많이 일어난다.
2. **직접교습**(direct tuition) : 다른 사람들이 아동에게 성 정체성과 성 유형 행동에 대해 가르친다.
3. **수행경험**(enactive experience) : 아동은 행위에서 발생하는 결과를 통하여 성 유형 행동을 학습한다.

연구 결과

거의 모든 유아와 어린 아동은 부모의 행동에 의해 많은 영향을 받는다. 예를 들어, 부모(특히 아버지)는 딸보다 아들에게 더 엄격한 기대를 가지는 경향이 있다(Leaper, 2013). 앞에서 말했듯이 많은 부모들이 자녀에게 성 역할 고정관념과 일치하는 장난감을 제공한다. 예를 들어 여아가 인형을 가지고 놀면 강화를 받지만 나무에 오르면 처벌을 받는다(Fagot & Leinbach, 1989). 직접교습을 가장 많이 사용하는 부모의 자녀가 성 유형 행동을 가장 많이 보인다.

그러나 아동이 성 역할 고정관념을 습득하는 정도는 가정마다 다르다. 미혼모의 아

사회인지이론에 따르면 무엇이 성 역할 행동의 발달과 관련이 있는가?

핵심용어

관찰학습 타인의 행동을 관찰하여, 보상받는 행동은 모방하고, 처벌받는 행동은 모방하지 않는 학습

직접교습 타인의 지시에 의해 아동의 성 유형 행동과 성 정체성을 발달시키는 방법

수행경험 보상 또는 처벌의 결과로 특정 문화권이 기대하는 성 행동을 학습한다는 관점

동은 결혼한 어머니를 둔 아동보다 성 유형 지식이 더 적었다(Hupp et al., 2010). 이것은 결혼하지 않은 어머니가 결혼한 어머니보다 전통적인 '남성적' 행동을 할 가능성이 더 높기 때문에 일어났다.

자녀의 성 발달에 미치는 부모의 영향(예 : 직접교습)을 과장하지 말아야 한다. Golombok과 Hines(2002)의 개관논문에 따르면 현실에서 부모가 자녀의 성 유형 행동을 격려하고 성 유형이 아닌 행동을 제지하는 경향은 미미하였다. 또한 부모에게서 받는 온정, 성취 장려, 훈육, 상호작용은 남아와 여아가 똑같았다.

Hallers-Haalboom 등(2014)은 아동의 성이 놀이에서 자녀와 상호작용하는 아버지와 어머니의 행동에 특별히 영향을 미치지 않는다는 것을 발견하였다. 그러나 부모의 성은 효과가 있어서, 어머니는 아버지보다 자녀에게 더 세심하고 덜 강요적으로 행동하였다.

또래는 성 발달에 영향을 미친다. Kowalski(2007)는 한 아동이 성에 부적합한 장난감을 가지고 놀 때 유치원 아동들의 부정적인 반응을 살펴보았다. 이런 반응들로는 조롱, 교정(예 : "인형은 여자애들에게나 줘버려"), 그리고 성 정체성의 부정(예 : "제프는 여자애야!") 등이 있었다. 이런 반응들은 수행경험의 사례이다.

일반적으로 또래 효과는 **성 분리**(gender segregation)에 달려있다. 남아가 다른 남아와 놀이에 많은 시간을 보낼수록 더 '남아스러운' 행동을 할 가능성이 높다(예 : 더 활동적이고 공격적인 행동). 다른 여아와 많은 시간을 보내는 여아는 더 '여아스러운' 행동을 한다(Hanish & Fabes, 2014). 성 분리로 일어나는 대부분의 성 발달은 관찰학습, 직접교습, 수행경험 같은 학습 형태와 관련이 있다.

어린 아동은 미디어(예 : 텔레비전, 영화)를 통해 상당히 많은 성 유형 행동에 노출된다. 또한 많은 아동이 하고 있는 비디오 게임을 통해서도 성 유형 행동에 노출된다. Dill과 Thill(2007)은 비디오 게임에서 수많은 성 고정관념을 발견하였다. 예를 들어 비디오 게임에 나오는 남성 캐릭터의 33%가 매우 '남성다운' 행동을 하고, 여성 캐릭터의 62%는 '미의 환영(vision of beauty)'이다. 또한 남성 캐릭터는 여성보다 더 공격적으로 행동한다(83% 대 62%).

평가

➕ 사회인지이론은 성 발달이 일어나고 있는 사회 맥락을 정확하게 강조한다.

➕ 관찰학습, 직접교습, 수행경험 모두 성 발달에 기여한다(Leaper, 2013). 그러나 이들의

효과는 그렇게 크지는 않다.

🔘 이 이론은 특수한 형태의 행동에 대한 아동의 학습에 초점을 맞추고 있다. 곧 보게 되겠지만 아동은 일반적인 학습도 한다(예 : 자신의 성에 대한 조직화된 지식 획득).

🔘 이 이론은 아동을 다른 사람들(부모, 또래)과 이들이 제공하는 강화와 처벌의 영향을 강하게 받는 수동적인 존재로 가정하고 있다. 그러나 아동은 취미와 활동이 비슷한 친구를 선택하는 것으로 또래와의 상호작용에 능동적인 영향을 미칠 수 있고, 대화와 행위를 통해 부모의 행동에도 영향을 미칠 수 있다.

자기사회화이론

자기사회화이론(예 : Martin et al., 2004)은 성도식이론(Martin & Halverson, 1987)으로부터 나왔다. 자기사회화 이론의 핵심 가설은 아동이 성에 관한 지식을 발견하려고 매우 동기화되어 있는 '성 탐정'이라는 것이다. 아동이 성에 대해 획득한 지식은 성 관련 지식을 조직화하고 해석하는 데 영향을 미치고 행동에도 영향을 미친다. 가장 중요한 것이 성 정체성("나는 남자다" 또는 "나는 여자다") 개념이다. 이것은 매우 어린 나이에 발달되고 아동에게 주요 사회 정체성을 제공한다.

> 자기사회화이론에 따르면 아동이 자신의 성과 반대 성에 대한 성 도식을 언제 발달시키는가?

시간이 흐르면서 아동은 점점 더 많은 세부적인 성 관련 지식을 습득한다. 이런 지식에는 **성 도식**(gender schemas)이 포함되어 있다. Martin 등(1990)은 성 도식의 발달이 다음 3단계를 거친다고 주장하였다.

1. 아동은 각 성과 연합된 특별한 정보들을 학습한다(예 : 남아는 총을 가지고 놀고 여아는 인형을 가지고 논다).

2. 4세 또는 5세 이후의 아동은 더 복잡한 성 도식을 형성하기 위하여 자신이 소유한 성 관련 지식들을 함께 연결한다. 그러나 이는 오직 자신의 성에 한해서만 가능하다.

> **핵심용어**
>
> **성 도식** 각 성에 적합한 행동에 대한 수많은 신념들로 이루어진 장기기억에 저장된 조직화된 지식

남아와 여아는 서로 다른 장난감을 선호하는 경향이 있다. 이것은 본성인가 양육의 결과인가?

3. 8세 이후의 아동은 자신의 성뿐만 아니라 반대의 성에 대해서도 복잡한 성 도식을 형성한다.

자기사회화이론은 사회인지이론과 어떻게 다른가? 자기사회화이론에 따르면, 어린 아동은 성에 대한 학습에서 매우 능동적인 역할을 수행하고 점차 성에 대한 일반적인 지식과 이해를 획득한다. 이와 대조적으로 사회인지이론은 어린 아동을 수동적인 존재로 간주하고 성 유형 행동에 대한 특수한 학습을 강조한다. 사회인지이론에 따르면 어린 아동은 같은 성을 가진 모델의 행동을 관찰하고 모방하는 것으로 성 유형 행동을 학습한다. 그러나 이것이 일어나기 위해서는 아동은 자신의 성이 무엇인지 알아야 한다. 즉 성 정체성의 어떤 측면을 획득하고 있어야 한다.

자기사회화이론은 성 발달에서 아동의 역할을 더 많이 강조한다(예 : 아동의 내적 인지 구조와 과정). 이와 대조적으로 사회인지이론에서는 환경이 성 발달에 더 중요하다. 물론 실제로는 아동과 환경 둘 다 성 발달에 기여한다.

연구 결과

Martin 등(1990)은 자신들의 3단계 이론을 검증하여 보았다. 아동에게 성은 밝히지 않았지만 특별한 성 유형 특징(예 : 간호사)을 가진 어떤 사람에 대해 말해주고 이 사람의 다른 특징을 예측하게 하였다. 어린 아동은 이 과제를 잘 수행하지 못하였는데 2단계에 도달하지 못했기 때문이다. 더 나이가 많은 아동은 성 관련 특징이 자신의 성과 일치할 때 수행을 잘하였는데 이는 아동이 2단계에 도달했기 때문일 것이다. 3단계에 도달한 8세 이상의 아동은 성 관련 특징과 자신의 성 사이의 일치 여부와 상관없이 수행이 좋았다.

자기사회화이론에 따르면 많은 성 유형 행동은 성 정체성의 영향을 받는다. 아동은 일찍부터(2세경) 성 유형 행동을 보이기 때문에 성 정체성 또한 일찍 발달해야 한다. 이 예측을 지지하는 증거들은 많다(Halim & Lindner, 2013). 예를 들어, Zosuls 등 (2009)은 21개월 아동의 68%가 성 꼬리표(예 : "boy", "girl")를 사용하는 것을 발견하였다.

이 이론에 따르면 성 정체성을 획득한 아동이 그렇지 않은 아동보다 성 유형 행동을 더 많이 보여야 한다. Zosuls 등(2009)은 이 예측을 지지하는 증거를 발견하였다. 성 꼬리표를 사용하는 남아가 그렇지 않은 남아보다 인형이 아닌 트럭을 가지고 노는 확률이 더 높았고 여아에게서는 정반대의 결과가 나타났다.

Trautner 등(2005)은 유치원 이후부터 5년 동안 아동을 추적 연구하였다. 남아의 경우 이들의 성 지식으로 성 유형 장난감이나 활동(예 : 트럭, 세차 놀이)의 선호를, 그리고 여아와 연합된 장난감이나 활동(예 : 인형, 요리놀이)의 회피를 예측할 수 있었다. 그러나 여아의 성 지식이 장난감과 활동에 대한 이들의 선호와 회피를 예측하는 정도가 훨씬 더 작은 것으로 나타났다. 이것은 여아가 남아의 장난감과 활동에 대한 평가가 더 좋다고 생각하기 때문인 것으로 보인다.

Zosuls 등(2009)과 Trautner 등(2005)은 성 지식이 성 유형 행동과 연합되어 있는 것을 발견하였다. 그러나 이것이 전자가 후자의 원인이라는 것을 증명하진 않는다. Bradbard 등(1986)은 이것을 직접 검증하였다. 이들은 아동에게 성 중립적인 물건들(예 : 도둑 경보장치, 피자 커터)을 보여주면서 어떤 것은 '남아' 물건이고, 또 다른 것은 '여아' 물건이라고 말해주었다. 아동은 자신의 성과 일치하는 물건을 가지고 노는 데 훨씬 더 많은 시간을 보냈다. 일주일이 지난 뒤에도 아동은 어떤 물건이 남아 물건이고 여아 물건인지 기억하고 있었다.

Weisgram 등(2014)은 남성 색채(파랑)와 여성 색채(분홍)로 칠해진 새로운 물체(호두까기, 신발 형틀)를 '남아용' 또는 '여아용'으로 기술한 연구에서도 비슷한 결과를 얻었다. 여아는 '남아용' 물체보다 '여아용' 물체에 훨씬 더 많은 관심을 보였다. 또한 이들은 같은 남아용 물체라도 분홍색 남아용 물체보다 파란색 남아용 물체에 관심이 더 적었다.

평가

➕ 심지어 어린 아동도 도식 기반 지식을 사용하여 자신과 세계를 능동적으로 이해하려고 한다는 가정은 타당하다. 이런 인지적 접근은 많은 지지를 받고 있다.

➕ 성 정체성과 성 도식으로 이루어진 아동의 지식은 이들의 행위(예 : 성 유형 행동)에 영향을 미친다.

➖ "표준의, 백인, 중류계층, 미국 아동이 아닌 참여자를 대상으로 한 자기사회화 연구는 거의 없다"(Halim & Lindner, 2013, p. 3).

➖ 성 정체성과 행동 사이의 상관관계가 그렇게 강하지 않다. Bussey와 Bandura(1999, p. 679)가 지적하였듯이, "아동은 자신을 '나는 여자다' 또는 '나는 남자다'로 범주화하지 않고 상황에 따라 도식에 맞추어 행동한다."

➖ 성 유형 행동의 결정에 부모, 또래 영향 같은 사회적 요인과 자기사회화가 어떻게 상호작용하는지에 대해서는 밝혀진 것이 거의 없다.

생물학적 접근

남아와 여아 사이의 생물학적 차이가 성 발달에 어떤 역할을 할 수 있다. 예를 들어, 6주된 태아도 여아보다 남아의 테스토스테론 수준이 더 높고, 에스트로겐은 정반대의 양상이 나타난다.

성 발달에 영향을 미치는 생물학적 요인과 사회적 요인의 효과를 독립적으로 밝히기는 매우 어렵다. 왜 그럴까? 주요 이유는 남아와 여아 사이에 체계적인 생물학적 그리고 사회적 차이가 존재하기 때문이다. 가장 좋은 방법은 생물학적으로는 남아인데 여아로 양육된 아동 또는 생물학적으로는 여아지만 남아로 양육된 아동을 연구하는 것이다. 다음 절에서 이러한 접근에 대해 논의한다.

생물학적 요인의 역할을 연구하는 또 다른 방법은 쌍생아 연구를 수행하는 것이다. 이 접근에 대해서는 간단히 살펴본다.

현실 속으로 : 도미니카공화국의 남근증후군

Julianne Imperato 박사는 1970년대 남아로 바뀐 여아가 있다는 소문을 듣고 도미니카공화국의 오지로 여행을 떠났다. 그녀는 이 소문이 사실이라는 것을 발견하였다. 생물학적으로 남성이었지만 외부 생식기가 여성으로 보여서 여아로 양육되는 여러 명의 아동을 만날 수 있었다. 사춘기에 이들은 남성 생식기가 발달하였고 보통의 청소년처럼 보였다(성긴 수염만 제외하면). 이들을 남근증후군(Guevedoces, 12세 때 남근)이라고 부른다. 이것은 손상된 효소 때문에 유발되고 사춘기에 갑자기 분출되는 많은 양의 테스토스테론에 의해 원래의 성으로 돌아간다.

Imperato-McGinley 등(1974)은 도미니카공화국의 바티스타(Batista) 가족을 연구했다. 4명의 아들이 남근 증후군이었다. 이들은 아동기 동안 여아로 양육되었고 스스로를 여성이라고 생각하였다. 그런데도 이들 모두 청소년기에 남성의 역할에 잘 적응하였다. 즉 이들은 '남성'의 직업을 가졌고, 결혼을 했고, 사회에서 남성으로 인정받았다. Zhu와 Imperato-McGinley(2008)는 같은 조건에 있는 18명의 남성을 연구했다. 이들 중 17명(94%)이 16세경에 여성에서 남성으로 성 정체성을 성공적으로 변화시켰다.

도미니카공화국의 몇 명의 남근증후군은 사춘기 이전부터 이미 남성적인 행동을 하였다. 예를 들어, Jonny(어려서는 Felicita로 불렸던)는 그의 초기 아동기를 다음과 같이 회상했다: "나는 여자애처럼 드레스 입는 것을 좋아하지 않았고, 여아용 장난감을 사다주면 그것을 가지고 놀지 않았다. 남자애들이 놀고 있으면 그들과 함께 공을 찼다."

요약하면 남성증후군에 대한 연구 결과들은 성 정체성이 반드시 사회적 요인에 달려있는 것이 아님을 보여준다. 아동기 동안 여성으로 양육되었음에도 불구하고 대부분의 남성증후군이 청소년기에 남성 성 정체성을 발달시키는 데 문제가 없기 때문이다.

선천성 부신과형성

선천성 부신과형성(congenital adrenal hyperplasia)이라고 불리는 흥미로운 사례가 있다. 이것은 태아가 많은 양의 **안드로겐**(androgen, 남성 성호르몬)에 노출된 것 때문에 유발되는 유전질환이다. 출생 시점에 이르면 이 호르몬 수준은 정상으로 돌아간다. 이 질환은 남아와 여아 모두에게 일어난다. 그러나 대부분의 연구가 여아에게 초점을 맞추고 있는데, 이들이 경험하는 사회적 경험(여아로 양육되는)과 남성 성호르몬에의 초기 노출(생물학적 요인) 사이의 갈등 때문이다. 이것이 행동에 더 많은 영향을 미치는 요인이 어떤 것인지를 알게 해준다.

Berenbaum과 Beltz(2011)와 Hines 등(2015)은 그 증거들을 개관하였다. 선천성 부신과형성 여아는 남성적인 활동을 선호하였다(예 : 남성 유형 장난감, 남성의 친구). 이런 여아들의 거의 대부분이 다른 여아보다 더 약한 여성 정체성을 가지고 있고 거친 운동을 더 좋아했다. 성인이 되어 이들이 남성 지배적인 직업을 선택하는 확률은 다른 여성들 보다 두 배 더 높았고, 이성애적 성적 지향을 가지고 있지 않을 확률(30% 대 5%)은 여섯 배 더 높았다.

왜 선천성 부신과형성 여성은 다른 여성보다 더 남성처럼 행동할까? 태아기 때 남성 성호르몬에의 노출과 직접 연합되어 있는 생물학적 요인이 원인일 수 있다. 또는 이들의 부모가 남성 유형 취미와 활동을 장려했기 때문일 수 있다. 그러나 Pasterski 등(2005)은 선천성 부신과형성 딸을 가진 부모들이 여아용 장난감을 가지고 놀도록 장려한다는 것을 발견하였다. 또한 이들은 딸이 여아용 장난감을 가지고 놀 때 여아를 둔 다른 부모들보다 긍정적인 피드백을 더 많이 하였다.

핵심용어

선천성 부신과형성 태아기 동안 비정상적으로 높은 남성 성호르몬에 노출되는 것 때문에 발생하는 부신선의 유전 장애

안드로겐 여성보다 남성에게 훨씬 더 많이 분비되는 남성 성호르몬(예 : 테스토스테론)

성 불편증

마지막으로 **성 정체성 장애**(gender identity disorder)에 대해 살펴보자. 쌍생아 연구의 합치율(쌍생아 중 한 명이 이 조건을 가지고 있을 때 다른 한 명도 이것을 가지고 있을 확률)을 통해 이 장애에서 생물학적 요인의 영향을 알아볼 수 있다. 생물학적 요인이 중요하다면 일란성 쌍생아(유전자의 100% 공유)는 이란성 쌍생아(유전자의 50% 공유)보다 더 높은 합치율을 보여야 한다.

Heylen 등(2012)은 관련 참고문헌들을 개관하였다. 이들은 이란성 쌍생아의 합치율이 0%인 반면에 일란성 쌍생아의 합치율이 39%에 이른다는 것을 발견하였다. 즉, 유전적 요인이 성 정체성 장애의 발달에 중요한 영향을 미친다. 그러나 일란성 쌍생아의 합치율이 100%에 많이 못 미치는 결과는 환경 요인도 중요하다는 것을 가리킨다.

평가

- ⊕ 생물학적 요인이 성 발달에 중요한 역할을 한다는 관점은 남근증후군, 선천성 부신과형성에 대한 연구와 쌍생아 연구에 의해 지지된다.

- ⊕ 선천성 부신과형성을 가진 여성의 남성적인 취미와 행동에 대해 사회적 또는 환경적 해석을 제시하기는 어렵다.

- ⊖ 많은 연구에서 참여자는 매우 희귀한 장애를 가지고 있다. 여기서 얻어진 연구 결과를 전집에 일반화할 수 있을지가 의문이다.

- ⊖ 생물학적 접근은 한계가 있는데 성 발달에서 사회적 요인들(예 : 부모, 미디어, 다른 아동)의 역할을 경시하고 있기 때문이다.

- ⊖ 어떤 문화 간 차이는 순전히 생물학적 용어로 설명하기 어렵다. 예를 들어, 181 문화권에 대한 Wood와 Eagly(2002)의 연구에서 남성 지배적 문화권이 67%였던 반면에 여성 지배적 문화권은 3%에 불과하였다. 이렇게 큰 차이는 환경적 영향을 반영하는 것일 수 있다.

핵심용어

성 정체성 장애 개인이 인지하는 성과 생물학적 성 사이의 갈등과 연합된 디스트레스

양성성 여성적 특성과 남성적 특성을 모두 소유하고 있는 개인을 기술하는 용어

남성성과 여성성, 둘 다 높은 사람들을 지칭하는 Bem의 용어는 무엇인가?

남성성과 여성성

한때는 남성적 특질(도구적 또는 성취적 역할에 기초한)과 여성적 특질(표현적 또는 공동체 역할에 기초한) 사이의 구분이 흔한 일이었다. 또한 남성이 주로 남성적 특질을 소유할 때 심리적으로 더 잘 적응할 확률이 높고, 여성은 주로 여성적 특질을 소유할 때 심리적으로 더 잘 적응한다고 가정하였다. 이것이 일치 모형이다.

Bem(1985)은 이 관점에 동의하지 않았다. 그녀는 남성과 여성의 특질을 모두 가진 사람을 기술하는 **양성성**(androgyny)에 주목하였다. 그녀는 양성성의 사람들의 심리적 안녕감이 가장 높다고 주장하였다. 이것이 양성성 모형이다.

　다른 이론가들(예 : Adams & Sherer, 1985)은 사회가 남성적 특질(예 : 자기주장)에 큰 가치를 부여한다고 주장하였다. 따라서 사람들(남성 또는 여성)이 남성적 특질을 많이 소유할수록 심리적 안녕감이 더 높아진다고 보았다. 이것은 남성성 모형이다.

연구 결과

세 모형 모두 증거들에 의해 지지되고 있다. 그러나 몇 년 전만 해도 남성성 모형을 지지하는 증거들이 가장 많았다. Bassoff와 Glass(1982)는 정신건강에 관한 26개의 연구들을 개관하였다. 양성성을 가진 평균의 사람들이 여성성이 높은 사람들보다 정신적으로 더 건강하였다. 그러나 양성성을 가진 사람들의 정신건강이 남성성이 높은 사람들보다 더 좋지는 않았다. 즉, 양성성 자체보다 높은 남성성이 정신건강에 중요한 것으로 보였다.

　남성성의 특성을 소유하는 것이 이득이 되는 이유는 무엇일까? Williams와 Best(1990)가 이 질문의 답을 제시하였다. 이들은 14개국의 대학생들에게 '현재의 나'와 '이상적인 나'에 대해 기술하도록 하였다. 남성과 여성 모두 현재의 나보다 이상적인 나에서 여성적인 특성보다 남성적인 특성을 더 많이 기술하였다.

　최근의 연구는 양성성 모형을 지지하는데, 이는 과거에 비해 남성 지배적인 경향이 줄어들었음을 시사한다. Cheng(2005)은 대학 입학 후 첫 3개월 동안 스트레스 상황에 대처하고 있는 학생들을 연구했다. 양성성의 학생들이 적절한 대처 전략을 가장 많이 사용하고 있었다.

　양성성이 정신건강에 미치는 효과는 무엇인가? Lefkowitz와 Zeldow(2006)는 높은 남성성과 여성성 둘 다 더 좋은 정신건강과 연합되어 있음을 발견하였다. 남성성과 여성성이 모두 높은 사람들(양성성)의 정신건강이 가장 좋았다. 비슷하게 Flett 등(2009)은 우울증 환자들의 남성성과 여성성 수준이 모두 낮다는 것을 발견하였다.

　끝으로, 일치 모형에 대한 증거는 제한적이다. Udry와 Chantala(2004)는 청소년이 자신의 성격과 매우 다른 성격의 반대 성에게 매력을 느낀다고 주장하였다. 즉 '독특한 사람'에게 성적으로 끌린다는 것이다. 남성성이 높은 남성과 여성성이 높은 여성이 커플일 때 관계 초기에 성관계를 할 가능성이 가장 높았다.

요약

- 성 유사성 가설에 따르면 남성과 여성은 대부분의 심리적 요인들에서 아주 약간의 차이만 보인다. 대부분의 증거가 이 가설과 일치한다.
- 평균적으로 여성이 남성보다 내향성, 친절성, 성실성 그리고 신경증에서 점수가 더 높다.
- 사회인지이론에 따르면 성 발달은 관찰학습, 직접교습, 수행경험(긍정 또는 부정 결과)에 달려있다.
- 사회인지이론은 아동이 수동적이고 성에 대한 매우 특수한 학습을 하는 정도를 과장하고 있다.
- 자기사회화이론에 따르면 아동은 성에 관한 학습에서 능동적인 역할을 하고 일반 지식과 이해를 획득하는 '성 탐정'과 같다.
- 대다수의 남성증후군은 처음에 여성으로 양육되지만 사춘기 때 남성의 성 역할에 성공적으로 적응한다.
- 자궁에서 높은 수준의 남성 성호르몬에 노출된 여아는 그렇지 않은 여아보다 비이성애적 성적 지향과 남성 지배적인 직업을 선택하는 확률이 더 높다.
- 생물학적 이론들은 성 발달에서 사회 문화적 요인들의 영향을 설명하지 못한다.
- 남성성 특질이 도구적 또는 성취적 역할과 관련이 있다면 여성성 특질은 표현적 또는 공동체적 역할과 관련이 있다고 알려져 있다. 그러나 양성성의 사람들은 남성과 여성의 특질을 모두 가지고 있다.
- 초기 연구는 남성성이 심리적·신체적 안녕감과 관련이 높다는 것을 보여준다. 그러나 최근 연구는 안녕감과 관련이 가장 높은 것은 양성성이라고 가리키고 있다.

더 읽을거리

- Halim, M.L., & Lindner, N.C. (2013). Gender self-socialisation in early childhood. In R.E. Tremblay, M. Boivin, & R.De.V. Peters (Eds.), *Encylopaedia on early childhood development* (pp. 1–6). Montreal, Quebec: Centre of Excellence for Early Childhood Development and Strategic Knowledge Cluster on Early Child Development. 저자들은 자기사회화이론과 이것을 검증하는 연구들을 개관하고 있다.
- Hanish, L.D., & Fabes, R.A. (2013). Peer socialisation of gender in young boys and girls. In R.E. Tremblay, M. Boivin, & R.De.V. Peters (Eds.), Encylopaedia on early childhood development (pp. 1–4). Montreal, Quebec: Centre of Excellence for Early Childhood Development and Strategic Knowledge Cluster on Early Child Development. 이 논문은 또래가 아동의 성 발달에 영향을 미치는 방식에 대해 개관하고 있다.
- Hines, M., Constantinescu, M., & Spencer,

D. (2015). Early androgen exposure and human gender development. *Biology of Sex Differences*, 6, 1–10. 이 논문은 성 발달에서 생물학적 영향에 관한 연구들을 개관하고 있다.

• Zell, E., Krizan, Z., & Teeter, S.R. (2015). Evaluating gender similarities and differences using meta-synthesis. *American Psychologist*, 70, 10–20. Ethan Zell과 동료들은 성차에 관한 수많은 연구들을 개관하여 보여준다.

질문

1. 흔히 행동과 성격에 많은 성차가 존재한다고 생각한다. 이런 생각을 성 유사성 가설에 대한 연구와 관련지어 논의하라.

2. 성 발달과 성차에 대한 생물학적 접근을 기술하라. 이 접근은 얼마나 성공적인가?

3. 성 발달에 관한 사회인지이론과 자기사회화 이론을 비교하라.

Part 3

사회적 접근

지금부터는 '실제로 존재하거나 상상 속 또는 암묵적인 타인에 의해 우리의 행동, 정서, 사고가 영향을 받는 방식을 과학적으로 연구하는 분야'(Hogg & Vaughan, 2005, p. 655)인 사회심리학에 대해 살펴본다.

우리는 혼자일 때보다 친구와 경쟁하면서 달리기를 할 때 더 빠르다는 것을 잘 알고 있고, 이것은 수행이 타인의 존재에 의해 영향을 받는다는 것을 의미한다. 당신은 실제로는 농담을 이해하지 못했으면서 친구가 웃어서 따라 웃었던 적이 있을 것이다. 아무도 우리에게 그렇게 행동하라고 요구하지 않지만 우리의 행동은 타인에 의해 영향을 받는다.

제12장 ● 애착과 발달

어린 아동에게 필수적인 애정 어린 애착과 이런 애착의 박탈로 인한 엄청난 손상 효과에 대해 알아본다.

제13장 ● 편견과 차별대우

사람들이 다른 집단에게 편견을 가지게 되는 이유에 대해 논하고 편견을 감소시키는 실제적인 방법들을 제안한다.

제14장 ● 친사회적 행동

우리가 타인을 돕는(때로는 돕지는 않는!) 이유에는 어떤 것들이 있는지 알아본다.

제15장 ● 사회 영향

우리 대부분은 놀라울 정도로 타인의 행동에 동조하고, 권위에 복종한다. 사회 영향이 이렇게 강한 이유를 알아본다.

제16장 ● 사회지각과 매력

우리는 왜 어떤 사람은 다른 사람들에 비해 더 매력적이라고 생각하는지, 그리고 타인 행동의 원인을 어떻게 결정하는지에 대해 논의한다.

대다수 유아가 어머니에게 강력한 애착을 발달시키고, 애착은 정서발달에 중요한 역할을 한다. 이것은 왜 일어나는가? 당신은 애착이 선천적이라고 보는가? 아니면 어머니와 유아 사이의 상호작용의 질에 달려있다고 생각하는가? 부모에 대한 아동의 애착은 보육시설에 맡겨지거나 또는 이혼과 같은 사건에 의해 방해를 받을 수 있다. 이런 상황에 놓인 아동을 행복하게 또는 불행하게 만드는 요인은 무엇이라고 생각하는가?

애착과 박탈

■ ■ ■ ■ ■ ■ ■ ■ ■ □

유아는 태어나서 자신을 둘러싼 세계와 타인에 대해 매우 빠르게 학습하기 시작한다. 이런 초기 학습의 결정적인 요인이 정서 영역에서도 일어난다. 이 장은 아동의 정서 발달에 영향을 미치는 요인들에 초점을 맞춘다. 또한 아동이 타인과 긴밀한 유대감을 발달시키는 데 방해가 되는 요인들(예 : 분리, 부모의 이혼)을 알아보고, 끝으로 어린 아동에게 미치는 탁아의 영향에 대해 살펴본다.

애착

정서발달의 핵심 요소는 애착이다. **애착**(attachment)은 "상호작용에서는 기쁨과 즐거움을, 그리고 스트레스 상황에서는 편안함을 느끼게 해주는 우리 삶에서 특별한 사람들과 가지는 강력하고 애정 어린 유대감"이다(Berk, 2013, p. 426). 대부분의 경우 유아의 애착 대상은 어머니이다. 그러나 유아가 지속적으로 접촉하는 다른 사람들에게도 강한 애착을 형성하는 일이 자주 있다. Main과 Weston(1981)은 유아의 4분의 1이 아버지와 어머니 모두에게, 4분의 1은 어머니에게, 그리고 다른 4분의 1은 아버지에게 안정적인 애착을 형성하고 있음을 발견하였다.

Schaffer와 Emerson(1964)은 18개월 된 유아들의 매우 소수(13%)만이 오직 한 사람에게 애착을 형성하고, 32%는 다섯 가지 이상의 애착을 형성한다는 것을 발견하였다. 이런 애착에는 어머니뿐만 아니라 아버지, 조부모, 형제자매가 포함되어 있었다.

Bowlby(1969, 1988)는 애착이 다음 다섯 단계를 걸쳐 발달한다고 주장하였다.

1. 유아는 모든 사람에게 비슷하게 반응한다.
2. 5개월이 되면 유아는 사람들을 **구별**하기 시작한다(예 : 주로 엄마에게 미소 짓는

핵심용어

애착 두 사람(예 : 어머니와 아동) 사이의 강한 정서적 관계

반응을 보인다).

3. 유아가 7개월이 되면 엄마 또는 보호자 가까이 있으려고 한다. 엄마가 떠나면 유아는 화를 내는 것으로 '분리 저항'을 보인다.

4. 3세가 되면 아동은 보호자의 욕구를 고려한다.

5. 5세부터 아동은 아동-보호자 관계에 대한 내적 표상을 갖게 된다. 그 결과 아동이 보호자를 잠시 보지 못할 때에도 애착은 유지된다.

애착 유형

Ainsworth는 미국 유아의 대다수가 어머니에게 어떤 애착 유형을 보인다고 하는가?

어머니와 아동 사이의 애착은 어떻게 평가할 수 있을까? 가장 많이 사용하는 방법이 낯선 상황 검사이다(Ainsworth & Bell, 1970). 8개의 짧은 상황에서 유아(보통 약 12개월 정도의 유아)의 반응을 관찰한다. 유아는 어머니와 함께 있거나, 어머니와 낯선 사람 둘 다와 함께 있기도 하고, 혹은 낯선 사람과 단 둘이 있거나, 아무도 없이 혼자 남겨지기도 하는 여러 가지 상황을 경험하게 된다.

낯선 상황 검사에서 낯선 사람에 대한 유아의 반응, 어머니와의 분리에 대한 유아의 반응, 특히 어머니와 다시 만났을 때의 유아의 반응을 모두 기록한다. 이런 반응들을 기초로 유아의 애착을 다음 세 가지 범주 중 하나로 분류한다:

1. **안정애착**(secure attachment) : 유아는 어머니의 부재에 슬퍼하지만 어머니가 돌아오면 빠르게 만족감을 느끼고 즉각적으로 어머니와의 접촉을 시도한다. 어머니에 대한 반응과 낯선 사람에 대한 유아의 반응 사이에 분명한 차이가 있다. 미국 유아의 약 70% 정도가 안정애착아이다.

2. **저항애착**(resistant attachment) : 유아는 어머니와 함께 있을 때 불안해하며, 어머니가 떠났을 때 매우 슬퍼하고, 어머니가 돌아온 후에도 어머니와 접촉하기를 꺼려하고, 낯선 사람을 경계하는 반응을 보인다. 미국 유아의 약 10%가 저항애착아이다.

3. **회피애착**(avoidant attachment) : 유아는 어머니와 접촉하려 하지 않고, 어머니와의 분리에 약간 슬퍼하고, 어머니가 다시 돌아와도 접촉하기를 꺼린다. 회피애착 유아는 어머니를 대하는 방식이 낯선 사람과 다르지 않다(즉 무시하거나 회피하는 반응을 보인다). 미국 유아의 약 20%가 회피애착아이다.

핵심용어

안정애착 어머니가 부재 후 다시 돌아왔을 때 어머니에 대한 유아의 강력하고 만족스러운 애착

저항애착 어머니가 부재 후 다시 돌아왔을 때 접촉하기를 거부하는 어머니에 대한 유아의 불안정한 애착

회피애착 어머니가 부재 후 다시 돌아왔을 때 접촉하기를 회피하는 어머니에 대한 유아의 불안정한 애착

Main 등(1985)은 네 번째 애착 유형으로 혼란형 애착, 즉 체계가 없는 혼란된 애착을 발견하였다. 이 애착 유형을 가진 유아는 낯선 상황에서 어떤 일관된 전략을 보이

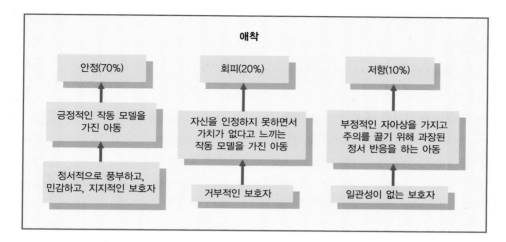

Ainsworth와 Bell (1970)의 애착 유형

지 않는다. 즉, 이들의 행동은 접촉과 회피가 혼란스럽게 뒤섞여 있다.

차원 이론

모든 아동을 세 가지(또는 네 가지)의 애착 범주로 분류할 수 있다면 아주 깔끔할 것이다. 그러나 현실은 그렇지 못하다. 따라서 Fraley와 Spieker(2003)는 범주 대신 **차원**(매우 낮은 차원에서 매우 높은 차원으로 변화하는)을 사용하였다. 이들은 두 가지의 애착 차원을 확인하였다:

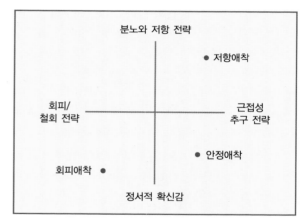

1. 회피/철회 대 근접성 추구 전략 : 아동이 어머니와 물리적 근접성을 추구하는 정도
2. 분노와 저항 전략 대 정서적 확신감 : 애착 대상의 행동에 대한 아동의 정서적 반응

2차원 모형(근접성 추구 대 회피/철회, 분노와 저항 대 정서적 확신감) 내에서 안정애착, 저항애착, 회피애착의 위치

차원 접근이 Ainsworth와 Bell(1970)의 범주 접근보다 더 선호되는 이유는 무엇일까? 이 이론은 애착 행동에서 작은 개인차도 고려하고 있기 때문에 각 아동의 애착 행동을 정확하게 평가할 수 있게 해준다.

애착 이론

왜 어떤 유아는 어머니에게 안정애착을 형성하는데 다른 아동은 그렇지 않은가? Ainsworth 등(1978)은 자신들의 모성 민감성 가설에서 영향력 있는 답변을 제시하였다. 이 가설에 따르면 어머니(또는 다른 보호자)의 민감성이 결정적으로 중요하다, 즉 안정애착 아동의 어머니는 아동의 요구에 민감하고, 빠르고, 적절하게 반응한다.

De Wolff와 van IJzendoorn(1997)은 모성 민감성과 유아의 애착 안정성 사이의 정적 (그러나 미약한) 상관을 발견하였다. 자극(유아를 향한 어머니의 모든 행위)과 태도(유아를 향한 어머니의 긍정 정서 표현)와 같은 어머니의 다른 행동 측면도 중요하였다.

모성 민감성 가설은 어머니의 역할을 과장하고 있다. 유아의 애착 안정성은, 비록 모성 민감성보다 덜하기는 하지만, 부성 민감성에도 달려있다(Lucassen et al., 2011). 최근 아버지의 육아 참여가 점점 증가하고 있음에도 불구하고 부성 민감성의 중요성이 강조되지 않는 것은 놀라운 일이다.

모성 민감성 가설은 애착 유형에 영향을 미치는 유아 자신의 역할을 무시하고 있다. 예를 들어, Kagan(1984)은 기질가설을 제안하면서 유아의 기질 또는 성격(유전적 요인에 의해 결정되는 정도가 중간이라고 알려진)이 어머니에 대한 애착에 영향을 미친다고 주장하였다. 아동의 유전적 요인이 중요하다는 것을 보여주는 몇몇 연구 증거들이 있다. O'Connor와 Croft(2001)는 일란성 쌍생아(유전자의 100%를 공유)의 애착 유형 합치율이 이란성 쌍생아(유전자의 50%만 공유)보다 더 높다는 것을 발견하였다.

아동의 기질이 중요하다면 불안한 유아는 그렇지 않은 유아보다 어머니와 안정애착을 형성할 가능성이 더 적을 것으로 예상할 수 있다. 그러나 대부분의 연구 증거에 따르면 실제로 유아의 기질이 애착 유형에 미치는 영향력은 아주 작다. 더 구체적으로, 유아의 애착은 유전적 요인과 모성 민감성의 결합에 달려있다. Spangler 등(2009)은 혼란형 애착이 대부분 특수한 유전자를 가진 유아에게서만 나타난다는 것을 발견하였다. 그러나 이런 유전의 영향은 어머니가 민감하게 반응하지 않은 유아에게서만 발견되었다. 이 연구 결과(그리고 Sprangler, 2013에서 논의되고 있는 다른 비슷한 연구 결과)는 모성 민감성이 특히 유전적 위험이 높은 유아에게 더 중요하다는 것을 의미한다.

애착 유형의 장단점

당연히 건강한 정서 및 사회성 발달과 밀접하게 연합되어 있는 애착 유형은 안정애착이다. 예를 들어, Stams 등(2002)의 연구 결과에 따르면 12개월에 어머니와 안정애착을 형성한 아동은 7세 때에 뛰어난 사회성 발달과 인지발달을 보였다. 하지만 몇몇 연구는 유아기 때 안정애착으로 몇 년 뒤 안정애착을 예측할 수 있는 정도가 중간 정도라고 보고하고 있다(Pinquart et al., 2013).

Groh 등(2015)은 애착유형과 아동의 외현화(예 : 공격성, 반사회적 행동) 및 내면화

(예 : 불안, 우울) 징후 사이의 관계를 살펴보았다. 혼란형 애착, 회피애착, 저항애착
모두 외현화 징후와 관련이 있다면 오직 회피애착만이 내면화 징후와 관련이 있었다.

회피애착이나 저항애착은 어떤 장점이 있을까? Ein-Dor(2015)는 그 답이 "예"인 증
거들을 살펴보았다. 저항애착을 가진 사람들은 위협에 매우 경계적인 반응을 보인다.
다른 사람들과 비교하여 이들은 위험(예 : 화재 경보)에 더 빠르게 반응하고 속임수를
더 잘 발견한다. 회피애착의 사람들은 자기 보호에 초점을 맞추고 있기 때문에 위험
이 닥치면 탈출 경로를 더 잘 발견한다.

문화 간 차이

어머니-유아 애착 행동은 많은 부분 무엇이 적합한 행동인지에 대한 문화적 기대에
달려있다. 이것이 옳다면 우리는 애착 행동에서 문화권에 따른 큰 차이를 기대할 수
있다. Sagi 등(1991)은 4개 국가에서 낯선 상황 검사를 실시하여 이 문제를 연구하였
다. 독일 유아는 안정애착이 가장 적고 회피애착이 가장 많았다. 왜 그런 것일까? 독
일 부모가 독립적이고, 복종적인 유아를 선호하기 때문으로 보인다(Grossman et al.,
1985).

일본의 경우 회피애착을 보인 유아가 한 명도 없었다. 1980년대 일본의 어머니는
유아를 낯선 사람에게 맡기는 일이 거의 없었기 때문에 낯선 상황 검사에서 유아는
처음으로 낯선 사람과 단 둘이 있는 새로운 경험에 직면한다고 볼 수 있다. 일본인은
유아의 안정애착이 정서적 의존성을 의미하는 어리광과 관련이 있다고 생각한다. 일

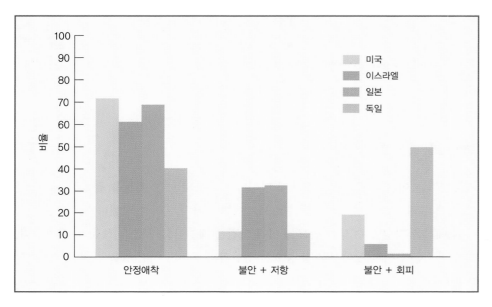

국가들마다 아동의 애착
유형은 차이가 있다. 그
래프는 Sagi 등(1991)의
연구를 요약한 것이다.

본에서는 의존적으로 행동하고 많은 관심을 요구하는 유아를 적응적으로 보는 반면에 서구 사회에서는 불안정한 애착으로 간주된다(Rothbaum et al., 2000).

일본의 유아에게서는 어떤 애착 유형이 가장 적게 발견되는가?

Sagi 등(1991)은 이스라엘 유아 중 소수만이 회피애착이라는 것을 발견하였다. 이스라엘 유아는 키부츠(집단농장)에서 살면서 낯선 사람들의 돌봄을 받는다. 그런데도 이들은 어머니와 친밀한 관계를 맺고 회피적이지 않았다.

우리는 문화 차이를 과장해서는 안 된다. Van IJzendoorn과 Kroonenberg(1988)는 낯선 상황 검사가 사용된 수많은 연구들을 분석하였다. 국가 내에서 얻어진 연구 결과들의 편차가 국가 간 편차보다 훨씬 더 컸다. 즉, 영국, 미국 또는 그 밖의 국가 내에 하나의 문화만 존재하는 것이 아니다.

평가

➕ Ainsworth의 세 가지 애착 유형은 많은 증거들에 의해 지지되고 있다.

➕ 더 나은 정서 발달과 사회성 발달은 안정애착과 관련이 있다. 그러나 저항애착과 회피애착도 약간의 장점은 있다.

➕ 모성 민감성으로 유아의 애착 안정성을 예측할 수 있다(특히 유전적 위험이 높은 유아의 경우).

➖ 애착의 개인차 측면에서는 차원 접근이 전통적인 범주 접근보다 더 정확한 평가를 제공한다.

➖ 부성 민감성도 유아의 애착을 어느 정도 예측할 수 있음에도 불구하고 무시되고 있다.

➖ 대부분의 이론들이 애착 유형에 영향을 미치는 요인들 간의 복잡한 상호작용(예 : 유전-환경 상호작용)을 다루지 않고 있고 있기 때문에 지나치게 단순한 경향이 있다.

➖ 애착 행동에는 중요한 문화 간 차이가 존재한다. 그러나 우리는 여전히 이런 차이를 만들어내는 요인들을 이해하지 못하고 있다.

박탈과 결핍의 효과

Bowlby의 모성 박탈 가설에 따르면 모성 유대감의 단절은 어떤 효과들을 발생시키는가? 그리고 이들은 얼마나 심각한가?

지금까지는 어머니 또는 보호자에게 형성하는 유아의 애착 유형을 결정하는 요인들에 대해 살펴보았다. 불행하게도 현실세계에는 유아의 애착을 방해하거나 또는 처음부터 애착을 형성할 수 없게 만드는 여러 사건들(예 : 이혼, 부모의 죽음)이 존재한다. 이 절에서는 유아의 삶에서 가장 중요한 성인과의 분리가 어떤 일을 발생시키는지 살펴본다.

모성 박탈 가설

아동정신분석학자인 John Bowlby(1907~1990)는 어머니와의 분리가 아동에게 미치는 효과에 대한 매우 영향력 있는 이론을 제안하였다. Bowlby(1951)는 "유아는 어머니와 유아 모두에게 만족과 즐거움을 주는, 따뜻하면서 내면적으로 깊고 지속적인 관계를 경험해야 한다"고 주장하였다.

이 주장에 반대하는 사람은 아마 아무도 없을 것이다. 그러나 Bowlby(1951)는 많은 논쟁을 불러일으킨 **모성 박탈 가설**(maternal deprivation hypothesis)도 제안하였다. 이 가설에 따르면 생애 초기 아동과 어머니 사이의 유대감 단절은 아동의 지적·사회적·정서적 발달에 심각한 영향을 미친다. 또한 그는 모성 박탈의 이런 부정적 효과가 약 25%의 아동에게서 영구적이며 비가역적이라고 주장하였다.

Bowlby는 다른 두 가지 중요한 가설도 제안하였다. 첫째, 그는 **단일 굴성 가설**(monotropy hypothesis)에서 유아가 오직 한 사람(대개 어머니)에게만 강력한 애착을 형성한다고 주장하였다. 둘째, 그는 어머니 또는 보호자에 대한 애착이 발생하는 **민감기**(critical period)가 존재한다고 주장하였다. 이 민감기는 1~3세 사이 어느 시점에서 끝이 난다. 그 이후에는 어머니 또는 보호자에게 강력한 애착을 형성하는 것이 불가능하다.

Rutter(1981)는 Bowlby의 생각이 세 가지 점에서 지나치게 단순하다고 지적하였다. 첫째, Bowlby는 박탈과 결핍을 구분하지 않았다. **박탈**(deprivation)은 아동이 강한 애착을 형성하였지만 애착의 대상자로부터 분리가 일어난 경우를 말한다. **결핍**(privation)은 아동이 친밀한 애착을 한 번도 형성하지 못하였을 때 일어난다. Rutter는 박탈보다 결핍이 더 심각하다고 주장하였다. 그는 Bowlby가 박탈 때문이라고 보았던 많은 부정적인 효과가 실제로는 결핍 때문이라는 것을 발견하였다.

둘째, Rutter(1981)는 박탈이 장기적인 문제를 야기한다는 Bowlby의 관점에 동의하지 않았다. 대신 Rutter는 박탈 효과가 분리 이유에 달려있다고 주장하였다.

셋째, Rutter(1981)는 장기적인 모성 박탈의 부정적인 효과를 되돌리기 매우 어렵다는 Bowlby의 가설에 회의적이었다. 그는 박탈을 경험한 아동일지라도 사랑이 많은 가정에서 양육되면 회복될 수 있다고 주장하였다.

연구 결과

모성 박탈이 심각한 손상을 일으킨다는 Bowlby의 가설을 지지하는 증거로 간주되는 연구들은 시설기관(예 : 보육원)에서 생활하는 아동들에게서 나왔다. 예를 들어, Spitz(1945)는 남미의 매우 열악한 보육원에 살고 있는 아동들이 무관심, 무기력, 식욕

부진에 시달린다는 사실을 발견하였다. Goldfarb(1947)은 입양되기 전 매우 열악하고 부적절한 보육원에서 생애 초기를 보냈던 아동들을 연구하였다. 보육원에서 머문 기간이 길었던 아동들(3년)은 몇 달만 머물렀던 아동들보다 외톨이가 되거나 공격적일 가능성이 더 높았다.

이런 연구들에서 나온 증거는 해석이 쉽지 않다. 모성 박탈(또는 결핍)이 아동에게서 나타나는 부정적인 효과의 원인일 수 있다. 그러나 이런 효과들 중 어떤 것은 시설기관의 열악한 환경 때문에 발생할 것일 수도 있다. 예를 들어 Goldfarb(1947)의 연구에 참여한 아동들은 보육원 직원들로부터 받은 사랑과 관심도 매우 적었다.

어떤 연구 증거가 Bowlby의 모성 박탈 가설을 지지하는가?

Bowlby는 어머니와의 분리 기간이 길면 분리의 원인과 상관없이 아동이 치명적인 손상을 입게 된다고 주장하였다. 그러나 Rutter(1970)는 어린 시절 일정 기간 동안 어머니와 분리된 경험이 있는 9~12세 사이 소년들에 대한 연구에서 상반되는 증거를 보고하였다. 이들 중 어떤 소년들은 잘 적응하였지만 다른 소년들은 그렇지 못하였다. 적응적인 소년들은 주택 문제 또는 신체적 질병 같은 요인들로 어머니와 분리되었던 아동들이었다. 이와 반대로 부적응적 행동을 보이는 대다수 소년들은 가족 문제(예 : 정신질환) 때문에 분리되었던 소년들이었다. 즉 분리 자체보다 가족 불화가 아동에게서 문제를 유발한다.

Bowlby는 모성 박탈의 부정적 효과가 비가역적이라고 가정하였다. 반대 증거가 Hodges와 Tizard(1989)의 결핍에 관한 연구에서 보고되었다. 이들은 생애 초기를 시설기관에서 보낸 경험이 있는 아동들을 연구하였다. 이 아동들은 시설기관에서 2세가 될 때까지 평균 24명의 보육사에 의해 돌봄을 받았다. 이들 중 어떤 아동은 자기 가족에게 다시 돌아갔고, 어떤 아동은 새 가정에 입양되었다. 대부분의 입양 아동은 양부모와 친밀한 관계를 형성하였지만, 자기 가족에게 되돌아간 아동은 그렇지 못한 경우가 많았다. 이유는 친부모에게 아동이 다시 돌아오기를 진심으로 원했는지에 대한 확신이 없었기 때문이었다. 두 집단의 아동 모두 학교에서 주의를 끌려는 행동과 과잉친절을 보였고, 그 결과 친구들 사이에서 인기가 없었다.

Hodges와 Tizard(1989)는 16세 때 입양 아동의 가족관계가 시설기관에서 지낸 적이 없는 아동만큼이나 좋다는 것을 발견하였다. 자신의 가족에게 다시 돌아간 16세 소년과 부모 사이에는 애정이 별로 없었다. 그러나 두 집단 모두 특별한 친구를 만들거나 다른 청소년을 정서적 지지자로 만드는 일이 다른 아동들보다 더 적었다.

무엇보다 Hodges와 Tizard(1989)의 연구는 분리의 장기적인 효과가 박탈 또는 결핍이 발생한 이후의 환경에 아주 많이 달려있다는 것을 보여주었다. 입양 부모가 사랑과 포용으로 돌보면 박탈을 경험한 아동일지라도 친밀한 관계를 발달시키고 잘 적응할

수 있게 된다. 박탈 아동이 자신을 진심으로 원하지 않은 가족에게 되돌아가면 발달
은 순조롭지 않다.

요약하면, 지금까지 Bowlby의 모성 박탈 가설을 지지하는 것으로 보이는 연구와 그
렇지 않은 연구를 살펴보았다. 그림은 이 두 가지 유형의 연구 증거들을 정리한 결과
이다.

극단적 결핍

우리가 보았듯이 모성 박탈의 부정적 효과는 대부분 회복된다. 지금부터는 다른 사람
과 친밀한 사랑의 관계를 경험한 적이 없는 결핍에 대해 살펴보자. 아동이 입양되기
전 끔찍한 조건에서 몇 년을 보낸다면 극단적 결핍이 일어난다. Bowlby의 이론에 따
르면, 이런 아동은 회복할 수 없는 손상으로 고통받게 될 것이다. 그러나 놀랍게도 그
렇지 않은 경우가 많이 있다.

Koluchová(1976)는 태어나서 7세까지 대부분의 시간을 지하실에 갇혀 지내야 했던
한 일란성 남자 쌍생아(안드레이와 바냐)에 대해 연구하였다. 이들은 거의 말을 하지
못하였고 주로 몸짓에 의존하였다. 다행히 이들은 9세경에 매우 헌신적인 여성에게

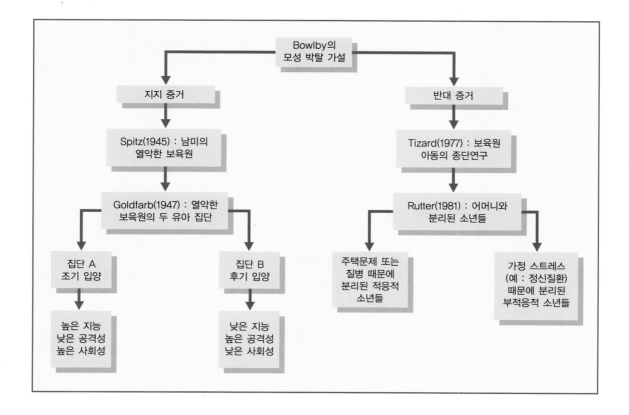

기본적인 음식은 제공받았지만 사람과의 접촉과 따뜻함을 느끼지 못해 우울증을 겪는 1980년대 루마니아 고아들의 박탈 상황이 방송 매체를 통해 보도되었다.

입양되었다. 이들이 14세가 되었을 시점에 이들의 행동은 정상이 되었다. 20세에 이들의 지능은 평균 이상이었고 입양 가족과도 매우 바람직한 관계를 형성하고 있었다. 이들은 고등교육을 받고 두 사람 모두 결혼을 해서 자녀를 낳고 잘 살고 있다.

결핍의 장기적인 효과에 대한 중요한 증거가 영국-루마니아 입양아 연구에서 발견되었다. 이 연구는 영국 가정에 입양되기 전 매우 열악한 시설기관에서 몇 년을 보냈던 루마니아 아동들을 대상으로 하고 있다. 이 아동들은 15세까지 여러 번의 검사를 받았다.

이 연구로부터 네 가지 중요한 결과가 발견되었다.

1. 루마니아 아동 대부분이 입양 이후 사회성 발달 및 인지발달을 따라 잡았다(O'Connor et al., 2000).
2. 결과는 아동에 따라 차이가 있었다(Rutter et al., 2010). 대다수의 아동은 시설기관에서의 경험으로부터 거의 완전히 회복되었지만, 소수는 그렇지 못하였다.
3. 정서발달, 행동 문제, 또래와의 상호작용에 영향을 미치는 시설기관에서 초기 경험의 장기적인 부정적 효과는 놀라울 정도로 매우 작았다. 이 결과는 Bowlby의 모성 박탈 가설의 예측과는 정반대이다.
4. 소수의 아동은 인지장애, 낯선 사람에 대한 과도한 친절, 무관심, 과잉 활동 같은 문제를 보였다. 가장 중요한 것은 사회적 인지와 행동에서의 손상이다(앞에

현실 속으로 : 세자리나

진 라일리(54)와 그녀의 남편 피터(58)는 루마니아 아동을 입양하였다. 이들이 부카레스트의 보육원에서 처음 세자리나를 만났을 때 아이는 8살이었다. 아이는 보육원에서 지내는 동안 가족 방문을 경험한 적이 한 번도 없었다. 세자리나는 심술궂고 전혀 훈련이 되어 있지 않았다. 그녀의 근육은 운동 부족으로 쇠약해져 있었고, 자주 두들겨 맞았다. 그녀의 사회적 기술은 2세 수준이었다.

처음 영국에 왔을 때 세자리나는 '야생 동물'처럼 뛰어다녔고 언제나 관심의 중심에 있기를 원했다. 루마니아에서 학교 교육을 받은 적이 없었지만 그녀는 머리가 매우 좋아서 공부를 잘하는 아이들이 다니는 중등학교에 들어갔다. 세자리나는 점점 더 행복해졌고, 라일리 가족과 만나고 나서 몇 년 동안 사회적 기술도 발달하였다. 그러나 그녀는 여전히 순진하고 정서적으로 미성숙하였다. 청소년기에 이르러 세자리나도 다른 청소년들이 좋아하는 것들(예 : 패션, 팝 음악)을 좋아했지만 자신은 다른 소녀들과 다르다고 생각하였다. 그녀는 애정 표현이 어려웠고 포옹이나 입맞춤을 좋아하지 않았다. 진 라일리에 따르면 "학대를 경험한 아동은 인간관계를 이해하고 대처하는 데 어려움을 느낀다."

라일리 가족이 루마니아에서 또 한 명의 고아, 아우구스티나를 입양하면서 세자리나에게서 긍정적인 발달이 일어났다. 세자리나는 자신보다 8살 어린 아우구스티나와 자기 방에서 함께 지내는 것에 대단히 기뻐했다. 그녀는 아우구스티나가 입양되었을 때 매우 행복해 했고 어린 그녀를 먹이고 목욕시키는 일을 기꺼이 도왔다.

또 다른 긍정적인 점은 세자리나가 더 이상 생모를 탓하지 않게 되었다는 것이다: "그녀가 어렸다는 것을 알고 있어요. 그녀가 나를 가졌을 때 15살 아니면 16살로 학교에 다니고 있었고, 이름은 비올레타였어요. 내가 16살이었을 때를 생각하면 나도 아기를 가졌다면 무엇을 해야 할지 아무것도 몰랐을 거예요. 그래서 나는 그녀를 탓하지 않기로 했어요. 야속하다고 생각하지 않아요."

(1995년 12월 15일자 일간지 '인디펜던트'에서 발췌)

서 논의한 세자리나의 사례처럼). 결핍의 이런 부정적인 결과는 **박탈-특수 문제**(deprivation-specific problems)라고 불리는데(Kumsta et al., 2015), 생애 초기 다른 종류의 역경(예 : 신체적 또는 성적 학대)을 경험한 아동이 보이는 문제와는 차이가 나기 때문이다.

평가

➕ 아동의 초기 경험은 사회성과 정서발달에 장기적인 영향을 미치는 경우가 많다. 이런 부정적인 효과 중 많은 것이 박탈-특수 문제이다.

➕ 박탈보다 결핍의 부정적인 효과가 더 크다는 Rutter의 가설은 지지를 받고 있다.

➕ 모성 박탈의 부정적인 효과 대부분이 회복될 수 있다는 Rutter의 주장은 연구들에 의해 강력한 지지를 받고 있다.

핵심용어

박탈-특수 문제 다른 종류의 아동기 역경 뒤에는 잘 나타나지 않는, 박탈 이후에 발견되는 문제들(예 : 사회성 결여, 강하지만 제한된 관심)

➕ 박탈의 효과가 분리 이유에 달려있다는 Rutter의 주장은 옳다.

➖ Bowlby가 박탈과 결핍을 구분하지 못한 것은 분명하다.

➖ Bowlby는 과거의 박탈 또는 결핍의 부정적인 효과가 애정 어린 환경에 의해 역전될 수 있는 정도를 과소평가하였다.

이혼과 탁아의 효과

Hetherington 등(1982) 에 따르면 이혼 이후 어떤 단계가 나타나는가?

최근 10년간 서구 사회(그리고 다른 많은 문화권)에서는 아동의 애착을 방해하는 원인들이 점점 더 늘어나고 있다. 예를 들어, 60년 전만 해도 영국의 이혼율은 5% 미만이었지만 지금은 40%에 이르고, 미국은 이보다 더 높다.

또한 어머니가 일하는 동안 일주일에 며칠을 탁아소에 맡겨지는 아동의 수도 점점 증가하고 있다. 6세 이하 미국 아동의 80%가 일주일에 40시간을 부모 없이 지낸다. 이 절은 아동의 안녕에 영향을 미치는 이혼과 탁아에 초점을 맞춘다.

이혼

이혼은 아동에게 일련의 적응 단계를 요구한다. 첫째, 부부의 갈등이 아동을 힘들게 한다. 둘째, 이혼의 결과로 실제 분리가 발생한다. 셋째, 부모와 아동은 이사, 부모의 재혼 같은 다양한 적응 문제에 부딪히게 된다.

소녀와 소년에게 미치는 이혼의 단기와 장기 효과는 무엇인가?

Hetherington 등(1982)은 4세 아동을 대상으로 2년에 걸친 이혼의 영향을 보고하였다. 이혼 후 1년여 기간은 **위기 단계**(crisis phase)이다. 이 기간 동안 어머니는 예전보다 더 엄격해지고 애정 표현을 잘 하지 않는다. 그 때문에 아동(특히 소년)은 더 공격적이고 융통성 없는 방식으로 행동한다. 이 첫 해 동안 아버지는 덜 엄격한 경향이 있고, 아이에게 종종 특별한 기쁨을 선사하기도 한다.

적응 단계(adjustment phase)는 보통 이혼 후 2년경에 도달한다. 아이의 생활은 일상을 되찾고 질서가 잡힌다. 그리고 어머니는 다시 인내심과 이해심을 가지고 아이를 대하게 된다. 전체적으로 위기 단계에 비해 정서적 디스트레스가 감소한다. 그러나 부모가 이혼한 소년은 부모가 이혼하지 않은 소년보다 사회적 관계를 잘 맺지 못하고 반항 행동을 더 많이 보인다.

이혼의 부정적인 효과는 부분적으로 이혼 시점의 아동의 연령에 달려있다(Lansford, 2009). 이혼 시점에 아동이 어리면 행동상의 문제를 더 많이 보인다. 그러나 이성 관계나 학업 성취에서의 문제는 부모가 이혼할 때 연령이 높은 아동에게서

핵심용어

위기 단계 이혼 후 첫 번째 기간으로, 이 기간 동안 어머니는 평소보다 애정 표현을 덜 한다.

적응 단계 이혼 후 두 번째 기간으로, 위기 단계 다음에 오고 위기 단계보다 정서적 스트레스가 더 적다.

더 많이 나타난다. Hetherington과 Kelly(2002)는 부모가 이혼하지 않은 아동의 10%가 심각한 사회적 · 정서적 · 심리적 문제를 경험하는 것과 비교하여 부모가 이혼한 아동은 25%가 이런 문제를 겪는 것을 발견하였다. 부모의 이혼을 경험했던 아동은 이혼이 발생한 지 10년이 지난 뒤에도 부모의 이혼을 자신의 삶에서 가장 큰 스트레스 사건이라고 생각한다(Wallerstein, 1984).

이혼한 부모는 자신의 자녀에게 스트레스가 많은 어려운 가정환경만 제공하는 것이 아니다. 이들은 또한 유전자도 제공하고 있다. 즉 아동에게서 나타나는 이혼의 부정적인 효과가 이혼 자체보다 이들이 물려받은 유전자 때문일 수도 있다. O'Connor 등(2003)은 부모가 불안한 성격 특성을 가지고 있는 것 때문에 유전적으로 위험에 놓여 있는 아동들을 연구하였다. 이 유전적 위험은 부모가 이혼한 아동의 부적응을 매우 잘 예측하였지만 부모와 함께 살고 있는 아동의 부적응은 예측하지 못하였다. 따라서 부모와의 분리에 의한 부정적인 효과는 유전의 위험이 높은 아동에게서 더 크게 나타난다고 할 수 있다.

요약하면 대다수 아동은 부모의 이혼으로 극단적으로 높은 수준의 스트레스를 경험한다. 아동기에 부모의 이혼을 경험한 성인은 그렇지 않은 성인에 비해 우울증과 같은 여러 정서적 · 심리적 문제들에 더 취약하다. 그러나 이런 취약성은 이혼 자체뿐만이 아니라 이혼한 부모로부터 물려받은 유전자 때문이기도 하다.

탁아

앞에서 논의한 연구들은 디스트레스를 유발하는, 어머니와 유아 사이의 장기적인 분리에 대해 다루고 있다. 그러나 서구 사회 유아의 50%는 어머니의 직업 때문에 일주일에 며칠을 떨어져 지내는 단기적인 분리를 경험한다. 이런 유아들도 고통을 겪게 될까? 놀랍게도 이 질문에 대한 대부분의 답변은 '아니요'이다. 그러나 일에 대한 어머니의 태도는 고려할 필요가 있다. Harrison과 Ungerer(2002)는 유아가 태어난 첫 해에 직장에 복귀한 어머니들을 연구하였다. 어머니가 직업에 몰두하지 못하고 탁아에 대한 불안감을 가지고 있으면, 유아는 어머니에게 안정적인 애착을 형성할 가능성이 더 적었다.

Erel 등(2000)은 다음과 같은 7개의 아동발달 측정치를 사용하여 탁아 효과에 대한 상세한 개관 연구를 수행하였다:

1. 어머니에 대한 안정애착 대 불안정애착
2. 애착 행동 : 회피와 저항(불안정애착), 탐색(안정애착)

탁아에 대한 *Erel* 등 *(2000)*의 개관 연구에 따르면, 탁아는 또래와의 사회적 상호작용, 어머니에 대한 애착 같은 아동의 발달에 영향을 미치지 않는다.

3. 어머니 – 아동 상호작용 : 어머니에 대한 반응성, 어머니를 보고 미소 짓기, 어머니에 대한 순종 등

4. 적응 : 자존감, 문제 행동의 부재 등

5. 또래집단과의 사회적 상호작용

6. 부모가 아닌 다른 성인들(예 : 친척, 교사)과의 사회적 상호작용

7. 인지발달 : 학교 수행, IQ 등

Erel 등(2000)은 위에 기술한 7개의 측정치에서 어떤 탁아 효과도 발견하지 못하였다. 이것은 아동의 성, 주당 탁아 시간, 아동이 탁아시설에 머문 개월 수와도 상관이 없었다.

　국립아동건강 · 인간발달연구소(NICHD)는 탁아에 대한 수많은 연구를 수행하였다. 한 연구 보고서(NICHD, 2003)에 따르면, 탁아시설에서 많은 시간을 보낸 아동은 더 높은 수준의 공격성(예 : 싸움)과 자기주장(예 : 관심 끌기)을 보인다. 그러나 탁아에도 여러 종류가 있다(예 : 조부모가 돌보는 경우, 집에서 베이비시터가 돌보는 경우, 탁아시설에 맡겨지는 경우 등). Love 등(2003)은 NICHD(2003) 연구를 재분석한 결과 친족이 제공하는 탁아에서는 공격성과 자기주장이 증가하지 않는 것을 발견하였다.

　Huston 등(2015)은 이전 연구 결과를 재확인하였다. 탁아 효과가 어린 아동의 긍정

적인 행동(예 : 협동)에서는 광범위하게 관찰되지 않았지만, 공격성은 약간 증가하였고, 자기통제는 감소하였다. 공격성과 자기통제에 미치는 탁아의 부정적인 효과는 어머니에 대한 애착이 감소해서가 아니라 아동과 돌보는 사람 사이의 좋지 않은 관계와 다른 또래 아동과의 부정적인 상호작용이 원인이었다.

어린 아동에게 미치는 탁아 효과에 대해 이야기하면 우리는 일하러 나가는 어머니로 인한 어머니-아동 애착에 미치는 탁아의 효과를 생각하지 않을 수 없다. 종합하면 탁아는 애착에 어떤 영향도 미치지 않는다. 이 효과는 유의미하지 않지만 어머니에게서 여러 가지 의미 있는 효과가 발견된다. 긍정적인 효과로는 보통 일하러 나가는 어머니는 집에만 있는 어머니보다 자존감이 더 높고 우울증이 더 적다. 부정적인 측면으로는 일하러 나가는 어머니는 자녀의 욕구에 덜 민감하고 자극을 더 적게 제공한다.

일반적으로 유아가 탁아에 잘 적응하는 연령은 언제인가? 그리고 어머니의 환경이 문제가 되는가?

요약

- 낯선 상황 검사에서 어머니에 대한 미국 유아의 애착은 안정애착아가 70%, 회피애착아가 20%, 저항애착아가 10%로 나타났다.
- 낯선 상황 검사에서 개인차는 회피/철회 대 근접성 추구, 분노와 저항 대 정서적 확신이라는 두 차원으로 알아낼 수 있다.
- Ainsworth는 어머니에 대한 유아의 애착이 주로 어머니의 민감성에 달려있다는 모성 민감성 가설을 주장하였다. 이 이론은 애착에서 유아의 성격과 아버지의 역할을 과소평가하고 있다.
- 각 아동의 애착 유형은 다양한 요인들(예 : 유전자, 모성 반응성)의 복잡한 상호작용의 결과이다.
- 애착 유형에 유의미한 문화 간 차이가 존재한다.
- Bowlby는 유아가 어머니와 따뜻하고 지속적인 애착을 형성하는 것이 매우 중요하다고 주

장하였다. 그는 모성 박탈을 경험한 유아가 심각하고 회복할 수 없는 정서적 문제로 고통받게 된다고 보았다.
- Bowlby는 단일굴성 가설에서 아기가 오직 한 사람에게 강한 애착을 형성하는 경향성을 가지고 태어난다고 주장하였다. 이 이론을 지지하는 증거는 거의 없다.
- Bowlby는 모성 박탈의 부정적인 효과를 과장하였는데 이 효과는 보통 회복 가능하다. 대부분의 사례에서 실제로 문제가 되는 것은 분리가 아니라 가족의 불화이다.
- 아동은 박탈보다 결핍(친밀한 관계를 형성해 본 적이 없는 경우)에 노출되었을 때 더 많은 문제를 경험한다. 그러나 극단적인 결핍의 부정적인 효과도 대부분 회복될 수 있다.
- 가정에서 이혼에 대한 반응은 두 단계로 이루어진다. 초기 위기 단계가 지나고 두 번째로 적응 단계가 이어진다.

- 이혼 가정의 아동에게서 발견되는 몇몇 부정적인 효과는 그들이 물려받은 유전자에 원인이 있다.
- 아동의 정서, 사회성 및 인지발달에 미치는 탁아의 부정적인 효과는 크지 않다. 공격성과 자기주장의 증가는 특정 형태의 탁아와 관련이 있다.

더 읽을거리

- Berk, L. E. (2012). *Child development* (9th ed.). New York: Pearson. 이 책의 제10장에는 아동의 애착에 대한 상세한 설명이 실려 있다.
- Kumsta, R., Kreppner, J., Kennedy, M., Knights, N., Rutter, M., & Sonuga-Barke, E. (2015). Psychological consequences of early global deprivation: An overview of findings from the English & Romanian Adoptees Study. *European Psychologist*, *20*, 138 – 151. 이 논문은 아동의 후속 발달에 미치는 심각한 결핍 효과에 대한 저자들의 주요 연구들을 훌륭하게 개관하고 있다.
- Leman, P., Bremner, A., Parke, R. D., & Gauvain, M. (2012). *Developmental psychology*. New York: McGraw-Hill. 이 책의 제7장은 아동 애착을 상세하게 다루고 있다.
- Meins, E. (2011). Emotional development and early attachment relationships. In A. Slater & G. Bremner (Eds.), *An introduction to developmental psychology* (2nd ed., pp. 141 – 164). Chichester: Wiley-Blackwell. Elizabeth Meins는 생애 초기 애착과 관련된 연구들을 개관한다.

질문

1. 어머니에 대한 유아의 애착을 범주 접근과 차원 접근으로 논하라.
2. 어머니에 대한 유아의 애착에 영향을 미치는 주요 요인들에는 무엇이 있는가?
3. 아동에게 미치는 박탈과 결핍의 효과를 대조하고 비교하라. 박탈 또는 결핍으로부터 아동의 회복 가능성을 최대화하기 위해 무엇을 할 수 있는가?
4. 이혼과 탁아가 어린 아동에게 미치는 효과를 대조하고 비교하라.

당신이 알고 있는 누군가는 소수집단에 대한 편견을 가지고 있을 것이다. 만일 당신이 소수집단의 구성원이라면 다른 사람에게 편견의 대상이 되어 있을 수도 있다. 당신은 사람들이 편견을 가지는 이유가 무엇이라고 생각하는가? 개인의 성격 때문인가? 아니면 경험 때문인가? 또는 타인의 영향이나 그 밖의 다른 요인 때문에 일어난다고 보는가?

편견으로 인한 고통과 피해를 생각하면 우리 사회에서 편견이 감소하고 사라져야 하는 것은 분명하다. 그러나 그렇게 되기가 쉽지 않다. 편견 없는 사회를 만들기 위해 우리가 할 수 있는 일이 무엇이라고 생각하는가?

편견과 차별대우

13

많은 사람들이 편견과 차별대우를 동일한 의미로 사용하고 있다. 그러나 이 둘은 분명히 중요한 차이가 있다. **편견**(prejudice)은 "집단 멤버십에 기초한 개인에 대한 태도이다. 편견은 내집단 구성원에 대한 선호 또는 외집단 구성원에 대한 혐오로 나타나고, 보통 감정(정서)을 포함한다"(Amodio, 2014, p. 671). 다시 말해 편견은 인지적 성분(예 : 태도 또는 신념)과 정서적 성분(예 : 공포, 분노)으로 구성되어 있다. 반대로 **차별대우**(discrimination)는 다른 집단을 적대하는 행동 또는 행위(예 : 공격성, 사회적 배척)를 의미한다.

대다수 연구는 편견과 차별대우 사이에서 중간 정도의 상관관계밖에 발견하지 못하였다(Dovidio et al., 1996). 한 가지 이유는 보통 편견(타인에게 쉽게 드러나지 않는다)을 가지지 말아야 한다는 사회적 압력보다 차별대우(타인에게 쉽게 드러난다)를 하지 말아야 한다는 사회적 압력이 더 크기 때문이다. Schütz와 Six(1996)는 60개의 연구를 기초로 편견과 차별대우 사이의 관계가 중간 정도라는 것을 발견하였다(상관계수 : +.36). 그러나 편견과 차별대우 의도 사이의 관계는 조금 더 강한 것으로 나타났다(상관계수 : +.45). 즉 편견은 사람들의 실제 행동보다 하겠다고 말하는 것과 관계가 더 깊다고 할 수 있다.

Talaska 등(2008)은 편견과 차별대우 사이의 관계를 이해하는 데 중요한 공헌을 하였다. 이들은 정서적 편견과 인지적 편견(예 : 신념과 고정관념) 사이에 중요한 차이가 있다고 주장하였다. 이들 결과의 핵심은 인지적 편견보다 정서적 편견이 차별대우와 훨씬 더 상관이 높다는 것이다. 다른 집단에 대한 강한 정서적 반응이 편견을 행위(예 : 차별대우)로 바꾸는 원동력이 되고 있는 것이다.

차별대우는 여러 가지 형태로 나타난다. 어떤 경우(예 : 나치 독일)에는 차별대우가 빠르게 증가한다. Allport(1954)는 점점 혹독해지는 차별대우의 다섯 단계를 확인

핵심용어

편견 특정 집단의 구성원이라는 이유로 집단의 구성원에게 갖는 태도와 감정

차별대우 특정 집단의 구성원을 향한 적대적인 행동 또는 행위

특정 집단에 대한 차별 대우는 때로 피부색, 의복 스타일 같은 시각 특징에 의해 증폭된다. 소수집단의 구성원과 다수집단의 구성원이 잘 구별되지 않는 경우에는 정체성을 드러내도록 강요하기도 한다. 인종적 증오감을 불러일으키기 위해 유태인에게 다윗의 별을 착용하도록 강요하였던 나치 독일이 대표적인 사례이다.

하였다.

1. 반항적 말투 : 특정 집단을 향한 언어적 공격이 일어난다.
2. 회피 : 타집단을 향한 체계적인 회피가 일어난다. 타집단의 구성원임을 확인하기 쉽게 만드는 방법이 사용되기도 한다(예 : 나치 독일에서 유대인의 다윗의 별 착용).
3. 차별대우 : 타집단은 시민권, 직업의 기회 등에서 다른 집단들보다 더 나쁜 대우를 받는다.
4. 물리적 공격 : 타집단 구성원에 대한 신체적 공격과 재물 손괴가 일어난다.
5. 몰살 : 타집단의 구성원들을 죽이려는 의도적인 시도가 일어난다(예 : 나치가 만든 가스실).

편견은 감소하고 있는가?

증거에 의하면 많은 국가에서 편견은 감소하고 있다. 예를 들어 서구 사회에 살고 있는 사람들 중 약 10%만이 인종에 대한 편견을 가지고 있다(50년 또는 60년 전보다 훨씬 적은 수치이다). 예를 들어, 미국인의 자기-보고를 보면 인종에 대한 태도가 1972년과 2010년 사이에 매우 긍정적으로 변화하였다(Smith et al., 2011). 그러나 미국 백인의 80%가 '어색한 상호작용, 난처한 말실수, 검증되지 않은 가정, 고정관념에 의한 판단, 즉흥적인 무시'로 나타나는 미묘한 인종 편견을 가지고 있다(S. T. Fiske, 2002, p. 124).

'현대 인종차별'이라는 용어는 다른 인종집단 구성원에 대한 여러 미묘한 태도를 가리키는 말이다. 이것은 다음의 세 가지를 포함하여 여러 가지 방식으로 나타난다(Swim et al., 1995):

1. 소수집단에 대한 편견과 차별대우가 존재한다는 것을 부정한다.
2. 소수집단이 다수집단과 동등한 권리를 요구하는 것 때문에 짜증이 난다.
3. 소수집단을 돕는 긍정적인 행위에 분노한다.

미묘한 인종차별은 기본적인 지각 과정에도 영향을 미칠 수 있다. Payne(2001)은 백인 남성의 얼굴 사진 또는 흑인 남성의 얼굴 사진 뒤에 물체 사진을 빠르게 제시하였다. 참여자들은 물체가 권총인지 또는 공구인지를 결정해야 했다. 물체 사진이 백인 얼굴보다 흑인 얼굴 다음에 제시될 때 권총으로 잘못 재인하는 경우가 더 많았다.

　많은 사람들이 다른 인종 집단에 대한 불안이 생기면 인종 편견을 더 많이 보인다. 미국에서 2042년에 비라틴아메리카계 백인이 미국 인구의 소수가 될 것이라고 예측이 있다. 백인 미국인이 신문에서 이런 예측을 볼 때 더 직접적이고 미묘한 인종적 편향을 보였다(Craig & Richeson, 2014).

고정관념

일반적으로 편견을 가진 사람들은 자기가 싫어하는 소수집단의 모든(또는 대부분) 구성원이 서로 비슷하다는 생각을 갖고 있다. 고정관념은 편견의 인지적 성분으로 볼 수 있다. **고정관념**(stereotype)은 집단 내 개인들 사이의 차이를 무시하는, 특정 집단(예 : 흑인, 프랑스인)에 대한 지나치게 단순한 (그리고 대개는 부정적인) 인

이탈리아 어머니는 훌륭한 요리사라는 고정관념 이미지는 많은 이탈리아 식료품 광고에 사용되고 있다.

지적 표상을 말한다. 예를 들어 많은 영국인들이 서로 다르다는 것을 알고 있지만, 많은 사람들이 영국인은 지적이고, 인내심이 많고, 내성적이라는 고정관념을 가지고 있다. 사진은 이탈리아 어머니에 대한 고정관념을 보여준다.

　고정관념은 얼마나 정확할까? 고정관념은 분명히 지나치게 단순하고, 다른 집단에 대한 왜곡된 관점을 내포하고 있는 경우가 많다. 하지만 고정관념이 진실의 핵을 포함하고 있는 경우도 많이 있다. 예를 들어, Lóchenhoff 등(2014)은 빅 파이브 성격 요인(제18장 참조)과 관련하여 26개의 국가들에서 성격에 대한 성차 고정관념을 살펴보았다. 성차 고정관념은 모든 국가들에서 비슷하였다. 즉, 사람들은 여성이 남성보다 개방성, 성실성, 동조성, 특정 신경증(예 : 불안, 취약성), 특정 외향성(예 : 온정, 긍정

정서)에서 약간 더 높은 경향이 있다고 생각하고 있었다. Lóchenhoff 등의 핵심 발견은 성격에 대한 이런 지각된 성차 고정관념과 실제 성차가 상당히 일치한다는 것이다.

다른 고정관념은 보통 성차 고정관념보다 훨씬 덜 정확하다. Terracciano 등(2005)은 49개 국가에서 국민성에 대한 고정관념을 실제 평균 성격과 비교하였다. 이런 고정관념은 타당하지 않았다. 예를 들어 독일인은 성실하다는 고정관념에도 불구하고, 실제 독일인의 평균 성실성 수준은 칠레인과 거의 비슷했다.

왜 고정관념은 정확성에서 차이가 있는 것일까? 첫째 수많은 관찰에 기초한 고정관념(예 : 성차 고정관념)은 그렇지 않은 고정관념(예 : 국민성 고정관념)보다 정확할 가능성이 더 높다. 둘째, 강한 정서를 유발하는 집단과 관련된 고정관념은 더 부정확하다. 예를 들어, 자국민의 국민성을 평가할 때 사람들은 긍정적 편향을 보이지만, 그들과 전쟁을 했던 적이 있는 다른 국가의 국민성을 평가할 때는 부정적으로 편향된다.

고정관념 측정

전통적으로 고정관념은 질문지를 사용하여 측정한다. 이 방법의 문제점은 외집단에 대해 매우 부정적인 고정관념을 갖고 있으면서도 자신의 고정관념을 실제보다 더 작게 표시할 수 있다는 것이다. Cunningham 등(2001)은 백인 참여자가 암묵적 연합 검사를 수행하는 연구를 통해 이 문제를 해결하였다. 조건 1에서 백인 참여자는 백인 얼굴과 긍정 단어(예 : 사랑)가 함께 제시되면 첫 번째 단추를 누르고, 흑인 얼굴과 부정 단어(예 : 끔찍한)가 함께 제시되면 두 번째 단추를 누를 것을 요구받았다. 조건 2에서는 백인 얼굴과 부정 단어가 함께 제시되면 첫 번째 단추를 누르고 흑인 얼굴과 긍정 단어가 제시되면 두 번째 단추를 눌러야 했다.

조건 2보다 조건 1에서 반응 시간이 훨씬 더 빨랐다. 이것은 암묵적으로 또는 무의식적으로 친-백인과 반-흑인 고정관념이 존재하고 있다는 것을 시사한다. 질문지에서 명시적 또는 의식적인 편견을 많이 보이는 참여자가 무의식적 편견도 상당히 많이 보인다.

암묵적 연합 검사에서 얻어진 연구 결과의 의미 및 중요성과 관련하여 몇 가지 논쟁이 존재한다. 종합적인 연구 증거들은 이 검사로 측정한 편견으로 집단 간 차별대우를 예측할 수 있다고 가리키고 있다(Greenwald et al., 2015). 이런 효과들이 비교적 작다고 해도 편견을 가진 사람들을 발견하려고 할 때 가치가 있는 방법임에는 분명하다.

왜 우리는 고정관념을 갖는가?

거의 모든 사람이 수많은 고정관념을 가지고 있다. 이런 사실은 고정관념이 중요한 기능을 지니고 있음을 시사한다. 두 가지 중요한 기능이 밝혀졌다. 첫째, 고정관념은 세계를 지각하는 간단한 방법을 제공함으로써 정보처리의 노력을 감소시킨다. 예를 들어 우리는 처음 만나는 사람을 성, 연령, 옷차림 등을 근거로 쉽게 범주화할 수 있다.

둘째, 고정관념은 중요한 사회적 기능과 동기적 기능을 발휘한다. 우리 자신에 대한 우리의 생각은 우리가 속한 다양한 사회 집단(예 : 학교, 동아리)에 의해 영향을 받는다. 고정관념은 우리 자신(그리고 우리 집단)을 다른 집단과 확실하게 구분하게 해준다(Oakes et al., 1994). 예를 들어 영국인은 내성적이고 근면하다는 고정관념은 영국 대학생이 이탈리아인과 영국인을 비교할 때 더욱 강해진다. 이것은 영국 대학생이 두 국가 사이의 차이를 강조하고 싶어 하기 때문에 일어난다.

왜 고정관념은 바뀌기 어려운가?

우리는 다른 사람의 행동을 내부 요인(예 : 성격) 또는 외부 요인(예 : 상황)에 귀인한다(제16장 참조). 우리가 어떤 사람의 행동을 내부 요인에 귀인하면 미래에도 그 행동이 지속될 것이라는 기대가 가능하다. 외부 요인에 원인을 돌린 행동은 상황이 변하면 바뀔 것으로 기대하게 된다.

Sherman 등(2005)은 타인 행동을 두고 만들어내는 귀인이 특정 소수집단에 대한 누군가의 부정적 고정관념에서 오래 지속되는 변화를 일으키기 어려운 이유라고 주장한다. 이들은 로버트라고 불리는 게이 남성의 행동에 대한 사람들의 귀인을 평가해보았다. 동성애에 대한 편견을 가진 사람들은 고정관념과 일치하는 로버트의 행동을 내부 귀인하면서 고정관념과 불일치하는 행동에 대해서는 **외부** 귀인하였다. 동성애에 대한 편견을 가진 사람들도 로버트에게서 게이 고정관념과 일치하지 않는 몇몇 행동을 발견하기는 하였다. 그런데도 이들은 여전히 로버트가 미래에도 고정관념과 일치하는 행동을 할 것이라는 기대를 버리지 않았다.

편견에 대한 설명

편견의 주요 원인에는 세 가지가 있다. 첫째, 개인의 성격(부분적으로 유전적 요인에 달려있는)이 편견에 영향을 미칠 수 있다. 둘째, 환경적 요인(예 : 극적인 실업률 증가)이 소수집단을 향한 더 강한 편견을 만들어낸다. 셋째, 단순히 한 집단에 소속되는 것만으로도 편견이 발생한다. 타집단[**외집단**(outgroup)]은 편견을 가지고 비호의적으로 보면서 자신이 속한 집단(내집단)은 호의적으로 본다.

핵심용어

외집단 개인이 속하지 않은 집단으로, 이런 집단은 편견을 가지고 부정적으로 보게 된다.

Adorno 등의 F 척도에서 권위주의적 성격을 나타내는 아홉 가지 성격 특성

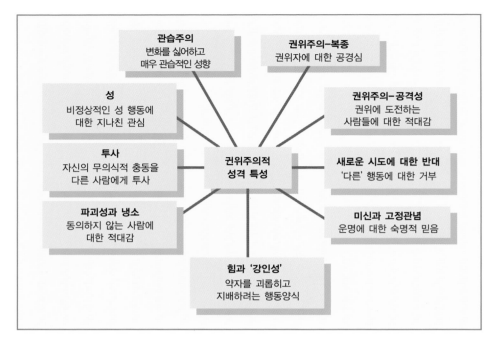

성격

Adorno 등(1950)은 편견을 가진 사람들이 **권위주의적 성격**(authoritarian personality)을 가지는 경향이 있다고 주장하였다. 이것은 관습적 가치에 대한 엄격한 신념, 다른 집단에 대한 일반적인 적대감, 모호성에 대한 편협성, 권위를 가진 인물에 대한 복종적 태도를 포함한다. Adorno 등은 권위주의적 성격과 연합된 태도를 측정하기 위해 F(파시즘) 척도를 개발하였다. 다음은 척도에 들어 있는 항목 중 하나이다: "우리가 비도덕적이고, 삐뚤어지고, 나약한 사람들을 어떤 방식으로든 제거할 수만 있다면, 많은 사회 문제가 해결될 것이다."

권위주의적 성격을 가진 사람들은 권위적 인물과 가치에 어떤 태도를 가지고 있는가?

Adorno 등에 따르면, 부모에게서 사랑은 적고 처벌을 많이 받는 혹독한 양육을 경험한 아동은 권위주의적 성격을 발달시킬 가능성이 매우 높다. 부모의 이런 양육은 아동에게 적대감을 만들어내지만, 아동은 이것을 부모에게 표현할 수는 없다. 결국 이들은 이것을 소수집단에게 돌리게 된다.

핵심용어

권위주의적 성격 관습적 가치에 대한 엄격한 신념, 다른 집단에 대한 일반적인 적대감, 모호성에 대한 편협성, 권위를 가진 인물에 대한 복종으로 이루어진 성격 유형

연구 결과

Adorno 등(1950)은 권위주의적 성격을 가진 성인들이 부모에게서 혹독한 양육을 받았다는 사실을 발견하였다. 이들은 이것을 혹독한 가정환경이 권위주의적 성격을 유발한다는 의미로 해석하였다. 그러나 대안으로 생물학적 설명도 가능한데, 유전적 요

인이 권위주의적 부모에게서 권위주의적 아동이 나오게 만드는 것일 수 있다.

우리는 권위주의적 성격의 기원에 관한 이론적 설명들을 쌍생아 연구를 통해 검증할 수 있다. 일란성 쌍생아는 유전자의 100%를 공유하지만 이란성 쌍생아는 50%의 유전자만 공유한다. 권위주의적 성격의 개인차가 유전적 요인에 달려있다면 이란성보다는 일란성 쌍생아의 성격이 더 비슷해야 한다. Hatemi 등(2014)은 12,000쌍 이상의 쌍생아에 대한 연구 결과를 살펴보았다. 이들은 권위주의적 성격과 다른 정치적 태도에서 개인차의 약 40%가 유전적 요인에 의해 발생한다는 것을 발견하였다. 하지만 이 연구 결과들에서 아동의 권위주의적 성격 발달에 혹독한 가정환경이 원인이 될 수 있는 가능성이 남아 있다는 사실을 기억하라.

우리는 편견의 발생에서 성격의 중요성을 지나치게 과장해서는 안 된다. 편견은 성격보다 문화적 규범에 더 많이 달려있다. 예를 들어, Pettigrew(1958)는 두 국가의 권위주의 수준은 비슷했지만 흑인에 대한 편견이 미국보다 남아프리카에서 더 높다는 것을 발견하였다.

중요한 역사적 사건은 편견을 증가시킨다. 진주만 공격으로 일본인에 대한 미국인의 태도가 어떻게 변화하였는지를 생각해보라. 권위주의적 성격을 가진(또는 가지지 않은) 사람들에게서 일본인에 대한 편견이 즉각적으로 엄청나게 증가하였다. Adorno 등의 이론으로는 이런 광범위한 편견을 설명하기 어렵다.

평가

➕ 편견의 개인차는 F 척도로 평가될 수 있다.

➕ 유전적 요인(그리고 다양한 환경적 요인)이 누가 권위주의적 성격을 발달시킬지를 결정한다.

➖ 일반적으로 편견은 성격보다 문화적·사회적 요인에 더 많이 달려있다. 이것은 한 사회 내에서 편견이 빠르게 증가할 때 알 수 있다(예 : 나치 독일).

➖ Adorno 등(1950)은 권위주의적 성격을 만들어내는 가정환경의 역할을 과장하였다.

현실 집단 갈등

Sherif(1966)는 그의 현실 갈등 이론에서 편견이 두 집단 사이의 갈등으로 유발된다고 주장하였다. 두 집단이 동일한 목표를 두고 경쟁을 벌이면, 각 집단의 구성원은 다른 집단의 구성원에 대해 편견을 가지게 된다는 것이다. 반대로 만일 두 집단이 동일한 목표를 향하여 함께 일하면, 서로 협력하게 되고 편견은 사라진다.

현실 갈등 이론에 따르면 편견은 무엇 때문에 일어나는가?

연구 결과

현실 갈등 이론의 기원은 도둑들의 동굴 연구(Sherif et al., 1961)이다. 22명의 미국 소년들이 2주 동안 여름 캠프에 참여하였다. 이들은 두 집단(독수리 팀과 방울뱀 팀) 중 하나에 배정되어 여러 운동 경기와 경쟁에서 이기는 팀에게 상패, 칼, 메달이 주어질 것이라는 말을 들었다. 이런 경쟁의 결과로 두 집단 사이에 싸움이 일어났고 방울뱀 팀의 단기가 불태워졌다.

도둑들의 동굴 연구에서 편견이 발생하였다. 즉, 각 집단은 자신이 속한 집단의 구성원은 친절하고 용맹하다고 생각하고, 다른 집단의 구성원은 잘난 체하고 거짓말쟁이라고 생각하였다. 소년들이 친구라고 지목한 93%가 자신이 속한 집단의 구성원이었다. 그러나 경쟁 상황에서 두 집단의 협동을 요구하는 상황으로 바뀌자 편견은 크게 감소하였다(다른 집단에 있는 친구의 수도 증가하였다).

Filindra와 Pearson-Merkowitz(2013)는 뉴잉글랜드주에 외국인 이민자가 증가했다는 사람들의 지각이 엄격한 반이민법에 대한 태도에 어떤 영향을 미치는지 알아보았다. 미래 경제를 비관적으로 생각하는 사람들의 경우 이민자가 증가했다는 지각은 반이민 정책을 지지하게 하였지만, 미래 경제를 긍정적으로 생각하는 사람들은 그렇지 않았다. 현실 갈등 이론의 예측대로, 이민에 대한 부정적인 관점은 이민자와 자원을 두고 경쟁할 것에 대한 두려움과 관련이 있었다.

Ember(1981)는 26개의 소규모 사회집단을 연구하였다. 현실 갈등 이론의 예측대로 인구 과잉 또는 심각한 식량 부족 때문에 자원을 두고 경쟁이 일어날 때 집단 간 폭력은 훨씬 더 자주 발생하였다.

평가

➕ Sherif는 개인이 "집단 멤버십이라는 렌즈를 통해 세계를 본다"는 사실을 지지하는 강력한 증거를 제시한 최초의 심리학자 중 한 사람이다(Platow & Hunter, 2014, p. 840).

➕ 집단 간 경쟁은 편견을 낳을 수 있다.

➕ 현실 갈등 이론은 전쟁 중인 국가들 사이에서 편견의 증가를 설명할 수 있다.

➕ 경쟁이 협동으로 바뀌면 편견은 감소한다.

➖ Sherif(1966)는 집단의 이익이 위협을 받으면 갈등이 일어난다고 주장하면서 집단 이익을 다음과 같이 애매하게 정의하였다: "집단의 안전, 경제적 이익, 정치적 이득, 군사적 고려 사안, 위신과 그 밖의 다른 것에 대한 실제적 또는 가상의 위협"(Sherif, 1966, p. 15).

➖ 캠프에 참여하기 전부터 서로를 잘 알고 있던 소년들을 대상으로 한 Tyerman과

의 특정 구성원이 실제로 그 집단의 전형적인 구성원이라는 설득이 어려울 수 있다. 둘째, 만일 이른바 전형적인 구성원이라고 알려진 외집단 구성원과의 상호작용이 잘 못되면, 전체 외집단이 부정적으로 지각될 위험이 있다.

공동 내집단 정체성 모형

우리는 대다수 사람들이 외집단보다 자신이 속한 내집단에 훨씬 더 긍정적인 태도를 가진다는 것을 보았다. 그렇기 때문에 편견을 감소시키는 효과적인 방법 중 하나가 **재범주화**(recategorisation), 즉 내집단과 외집단을 결합하여 하나의 공동 내집단을 만드는 것이다. 재범주화는 이 공동 내집단 구성원들을 서로 비슷한 존재로 지각하게 만든다. 공동 내집단 정체성 모형에서는 공동의 중요한 정체성 형성이 핵심이다(예 : Gaertner & Dovidio, 2012). 공동의 내집단 정체성을 형성한다고 각 집단이 원래 집단 정체성을 버릴 필요는 없다는 사실을 기억하라—사람들은 두 가지 정체성을 가질 수 있다.

연구 결과

재범주화는 편견과 차별대우의 감소에 도움이 될 수 있다(Gaertner & Dovidio, 2012). 예를 들어, Dovidio 등(2004)은 백인에게 인종 차별대우에 관한 영상을 보여주었다. 사전에 재범주화 조작(테러리스트가 미국의 흑인과 백인 모두를 위협하고 있다)에 노출된 사람들은 영상을 보고 나서 흑인에 대한 편견이 감소되었다. 재범주화의 긍정적인 효과에 대한 증거는 E-접촉에 관한 글상자에서 확인할 수 있다.

재범주화가 항상 긍정적인 효과를 일으키는 것은 아니다. Turner와 Crisp(2010)는 영국 학생들에게 스스로를 유럽인이라고 생각할 것을 요구하였다. 이런 재범주화가 영국인의 정체성이 강하지 않은 영국 학생들에게서는 프랑스인에 대한 편견을 감소시켰다. 그러나 강한 영국인 정체성을 가진 학생들은 오히려 프랑스인에 대한 편견이 증가했다. 이 학생들은 영국인의 강한 정체성을 유지하고 싶었는데, 자신을 유럽인으로 생각하라는 요구에 의해 영국인 정체성이 위협을 받게 된 것이다.

Dovidio 등(2015)은 재범주화가 편견과 차별대우에 부정적인 효과를 미칠 수 있다는 것도 발견하였다. 모든 사람이 공동의 같은 내집단 구성원으로 지각될 때 지위가 높은 구성원은 낮은 지위의 구성원이 겪고 있는 불평등과 고통을 인식하지 못하거나 반응하지 않을 수 있다. Banfield와 Dovidio(2013)는 백인 참여자에게 흑인 지원자가 차별대우 때문에 직업을 구하지 못하는 시나리오를 읽게 하였다. 차별대우가 미묘하였을 때 공동 정체성의 강조는 편파의 지각과 불평등에 대한 항의 의도를 감소시켰다.

핵심용어

재범주화 하나의 큰 내집단을 형성하기 위해 내집단과 외집단을 합치는 방법

재범주화에 의한 편견의 감소는 무엇과 관련이 있는가?

평가

➕ 재범주화는 심지어 초기 편견 수준이 높은 사람들에게서도 편견을 감소시킬 수 있다.

➕ 재범주화는 집단 간 간접적인 전자 접촉에서도 편견을 감소시키는 것으로 나타났다(E-접촉에 관한 글상자 참조).

➖ 내집단과 강한 동일시로 인해 재범주화를 원하지 않는 사람들의 경우에는 재범주화가 편견의 증가를 가져올 수 있다.

➖ 재범주화는 공동 내집단에서 지위가 높은 구성원들을 낮은 지위의 구성원들이 경험하는 문제와 불평등에 덜 민감하게 만들 수 있다.

현실 속으로 : E-접촉

편견 감소에 대한 대부분의 연구는 실험실처럼 인공적인 환경에서 일어난다. 서구 사회에서 약 80%의 가정이 인터넷을 이용한다는 사실을 고려하면 이런 연구는 더 이상 필요하지 않다. 그래서 White 등(2014)은 기독교계 대학생과 이슬람계 대학생 사이의 E(electronic, 전자)-접촉(간접적 접촉의 한 형태)에 관한 연구를 수행했다. 네 명이 한 팀을 이루어서(각 종교에서 두 명씩) 자신들의 종교가 호주의 환경을 파괴하지 않고 유지하기 위해 함께 일할 수 있는 방법(예 : 재활용 방안)에 대해 토론하였다. 이 접근은 이중-정체성 재범주화가 포함되어 있다: 재범주화(예 : 공동의 호주인 정체성)가 존재하지만, 모든 참여자가 자신의 하위집단 정체성(예 : 종교)을 유지하고 있다. 프로그램은 9주 동안 지속되었다. 또한 재범주화가 포함되지 않은 통제 조건도 존재하였다.

White 등(2014)은 무엇을 발견하였을까? 통제집단보다 이중-정체성 재범주화 집단에서 타 종교 구성원에 대한 편견이 더 크게 감소하였다. 인상적인 점은 이런 편견 감소가 프로그램이 끝난 뒤에도 12개월 동안 지속되었다는 것이다. 그런데 편견은 기독교계 학생들보다 이슬람계 학생들에게서 더 많이 감소되었다. 장기간에 걸친 이런 감소된 편견은 부분적으로 타집단에 대한 불안 감소와 기독교계 참여자들과의 우정 때문에 일어났다.

White 등(2015a)은 프로그램이 진행되는 동안 두 집단이 사용한 언어를 분석하였다. 이중-정체성 재범주화 집단은 통제집단보다 긍정적인 정서 단어를 더 많이 사용하고, 분노와 슬픔 같은 부정적인 단어는 더 적게 사용하였다. 추가 분석에서 집단 간 편견이 재범주화 집단에서 더 많이 감소한 이유가 이들이 부정적인 정서를 더 적게 표현한 것 때문인 것으로 밝혀졌다.

편견을 감소시키는 데 E-접촉 사용의 장점은 대부분의 젊은이들이 흔히 사용하는 방법이라는 것이다. 이것은 실험실 조건보다 더 많은 사람들의 편견을 감소시키는 데 사용될 수 있다. 주요 단점은 인터넷의 상대적 특성인 익명성이 E-접촉의 부정적인 결과를 낳을 수 있다는 것이다(예 : 사이버 폭력). 이를 예방하기 위해 "E-접촉은 집단 구성원들 사이의 협력과 공동 작업을 요구하는 구조화된 과제, 그리고 모든 집단 구성원에게 중요한 공동 목표를 포함해야 한다"(White et al., 2015b, p. 135).

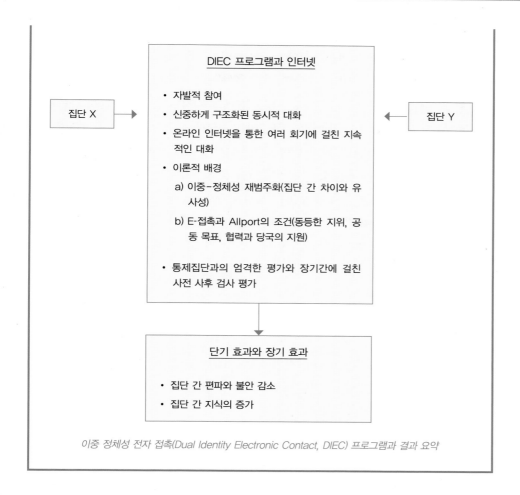

이중 정체성 전자 접촉(Dual Identity Electronic Contact, DIEC) 프로그램과 결과 요약

결론과 종합

우리는 편견 감소를 위한 접근을 두 가지로 구분할 수 있다. 돌출 범주화에 대한 강조는 우리가 집단 간 차이를 강조해야 한다는 것을 시사한다. 이 접근은 다문화주의로 알려져 있고, 다음과 같은 주장에 대한 동의를 포함한다─"협력 사회를 만들기 위해 우리는 서로 다른 인종 집단의 독특한 개성을 인정해야 한다"(Hahn et al., 2015, p. 1662).

반대로 재범주화는 집단 간 차이를 최소화해야 한다고 말한다. 이것은 다음과 같은 주장으로 요약되는 인종 불문주의를 포함하고 있다─"어디 출신이든, 또는 어떤 배경을 가졌든 상관없이 모든 인간은 근본적으로 같다"(Hahn et al., 2015, p. 1662).

대부분의 연구는 두 접근 모두 효과적이라는 것을 보여준다. 예를 들어, Wolsko 등 (2000)은 인종 불문주의 메시지와 다문화주의 메시지 둘 다 다른 인종의 외집단을 향한 온정을 증가시킨다는 것을 발견하였다.

Hahn 등(2015)은 인종 불문주의와 다문화주의의 '어두운' 면을 발견하였다. 인종 불문주의의 어두운 면은 집단들 사이의 동일성이 지배 집단의 규범과 신념으로 정의된다는 것이다. 예를 들어, 인종 불문주의 접근에 호의적인 사람들은 흔히 다음과 같은 주장을 지지한다—"인종적 배경이 무엇이든 미국에 살고 있는 사람이라면 열심히 일해서 성공하는 아메리칸 드림을 받아들여야 한다"(Hahn et al., 2015, p. 1662).

다문화주의의 어두운 면은 집단 차이에 대한 강조가 상이한 집단은 따로 떨어져 사는 것이 최선이라는 결론으로 나아갈 수 있다는 것이다. 예를 들어, 다문화주의에 호의적인 사람들은 다음과 같은 주장을 지지하는 경우가 많다—"서로 다른 인종 집단은 자기 문화의 독특성을 보존하기 위해 어느 정도는 자신의 방침을 고수하는 것이 중요하다"(Hahn et al., 2015, p. 1662).

요약하면 다문화주의와 인종 불문주의에 기초한 접근 모두 편견과 차별대우를 감소시키는 데 가치가 있다. 그러나 각 접근의 '어두운' 면을 방지하려면 신중하게 사용되어야 한다. 최선의 방법은 White 등(2014)의 E-접촉처럼 두 접근을 결합하는 것이다. 다시 말해 이중 정체성을 수용하는 것이다(Dovidio et al., 2010)—이들은 자신의 원래 집단의 정체성을 유지하면서 동시에 재범주화에서 나온 공동의 정체성도 가지게 된다.

요약

- 편견은 특정 집단 구성원에 대한 부정적인 생각과 정서로 이루어져 있다. 반대로 차별대우는 다른 집단의 구성원을 향해 가해지는 부정적인 행위와 관련이 있다.
- 공공연한 인종차별주의는 감소하였지만 미묘한 형태의 인종차별주의가 광범위하게 퍼지고 있다.
- 고정관념은 세계를 지각하는 단순한 방법을 제공하기 때문에 효과적이다. 또한 사회적 동기의 목적도 갖고 있다.
- Adorno 등은 편견을 가진 사람들이 혹독하고 사랑을 받지 못한 아동기 양육으로 인해 권위주의적 성격을 가지게 된다고 주장하였다.

- Adorno 등은 편견에서 개인차의 원인으로 유전적 요인을 과소평가하였다. 또한 문화적 요인과 집단 간 요인의 중요성도 과소평가하였다.
- 현실 갈등 이론에 따르면 동일한 목표를 두고 벌이는 두 집단 사이의 경쟁이 집단 간 갈등과 편견을 불러일으킨다.
- 보통 현실 갈등은 편견의 발생에 필요조건도 충분조건도 아니다. 예를 들어, 갈등을 경험하는 집단들 사이에 이미 우정이 존재하고 있다면 편견은 발생하지 않는다.
- 개인의 사회정체성은 외집단에 대한 편견으로 이어지는 내집단 편향을 발생시킬 수 있다. 그러나 외집단이 내집단보다 더 강하거

나, 개인에게 다른 내집단 구성원이 편견과 차별대우를 용인하지 않을 것이라는 생각이 들면 편견은 줄어든다.
- 집단 간 접촉은 다른 집단에 대한 불안을 감소시키고, 그 집단에 대한 공감과 지식을 증가시킴으로써 편견을 감소시킨다. 그러나 집단 간 접촉의 긍정적인 효과가 타집단의 모든 구성원에 일반화되지 않는 경우도 있다.
- 타집단의 구성원이 그 집단의 전형적인 인물로 지각되도록 돌출 범주화를 이용하면 편견은 감소할 수 있다.
- 또한 편견은 내집단과 외집단을 결합하여 하나의 공동 내집단을 형성하는 재범주화에 의해서도 감소될 수 있다.
- 다문화주의(돌출 범주화와 비슷한)는 사회에서 집단 분리를 일으키는 부정적인 측면이 있다. 인종 불문주의(재범주화와 비슷한)는 지배집단의 규범이 수용되는 부정적인 면이 있다.

더 읽을거리

- Lemmer, G., & Wagner, U. (2015). Can we really reduce ethnic prejudice outside the lab? A meta-analysis of direct and indirect contact interventions. *European Journal of Social Psychology, 45,* 152–168. Gunnar Lemmer와 Ulrich Wagner는 현실세계에서 편견에 미치는 집단 간 접촉 효과에 대해 상세하게 개관하고 있다.
- Richeson, J. A., & Sommers, S. R. (2016). Toward a social psychology of race and race relations for the twenty-first century. *Annual Review of Psychology, 67,* 439–463. 이 논문은 미국에서 인종 문제에 대한 이론과 연구가 어떻게 사회에 도움이 될 수 있는지를 자세히 다루고 있다.
- Vaughan, G. M., & Hogg, M. A. (2014). *Social psychology* (7th ed.). London: Prentice Hall. 사회심리학의 선두적인 교재로 제10장은 편견과 차별대우를 다루고 있다.

질문

1. 편견과 차별대우에 대해 정의하라. 편견과 차별대우 사이의 상관관계가 중간 정도인 이유는 무엇인가?
2. 고정관념은 무엇이고 어떻게 측정될 수 있는가? 고정관념은 어떤 기능을 가지는가?
3. 편견과 차별대우를 유발하는 주요 요인들은 무엇인가?
4. 사회에서 편견과 차별대우를 감소시키려고 노력하는 정부에 당신은 어떤 충고를 하겠는가?

당신이 만난 사람들 중에는 당신에게 큰 도움이 된 사람도 있고 또 그 반대인 사람도 있을 것이다. 사람들을 친사회적으로 행동하게 만드는 요인이 무엇이라고 생각하는가? 서구사회의 사람들은 비산업화 사회보다 더 자기중심적이고 이타적 행동을 더 적게 한다고 알려져 있다. 이것은 사실일까? 아니면 단순한 착각일까?

도움이 필요한 누군가(예 : 교통사고로 부상을 입은 사람)를 보면서도 그 사람을 돕지 않고 방관하는 일이 자주 일어난다. 당신은 방관자가 돕기를 주저하는 이유가 무엇이라고 생각하는가? 이것이 현대 사회에 만연하고 있는 이기주의를 반영하는 것인가?

친사회적 행동

14

이 장은 협조적이고 도움이 되는 행동과 이런 행동을 하게 만드는 요인들에 초점을 맞추고 있다. **친사회적 행동**(prosocial behavior)은 누군가에게 이익이 되는 행동, 즉 타인에게 도움이 되고, 다정하고, 협조적인 행위들을 말한다. 이런 행동으로 인해 행동을 하는 사람에게 손실이 발생할 수도 있고 또는 발생하지 않을 수도 있다. 실제로 친사회적 행동은 도움을 받는 사람뿐만 아니라 도움을 주는 사람에게도 유익하다.

이타심(altruism)은 특히 중요한 친사회적 행동이다. 이것은 이타적인 사람에게 잠재적인 손실이 발생할 수 있는 도움 행동을 말한다. 따라서 이타심은 도움 행동으로 발생하는 보상보다는 누군가를 돕고 싶은 욕구에 기초하고 있다. 이타심은 **공감**(empathy), 즉 타인의 정서를 공유하고 타인의 관점을 이해하는 능력에 달려있다.

우리는 먼저 아동의 친사회적 행동의 발달과 관련된 요인들을 살펴볼 것이다. 예를 들면, 어린 아동은 언제부터 다른 사람을 도우려는 징후를 보이기 시작하는가?

그런 다음 우리는 진화론적 관점에서 친사회적 및 이타적 행동을 다룬다. 이 관점에 따르면 친사회적 행동은 인류의 생존에 도움이 되기 때문에 일어난다.

친사회적 행동에 관한 대부분의 연구들이 대다수 문화권과 큰 차이가 있는 상대적으로 부유한 서구 사회 문화권에서 수행되었다. 따라서 여러 다양한 문화권들에서 친사회적 행동의 유사성과 차이점을 평가하는 것이 필요하다.

서구 문화권의 사람들은 이기적이고, 이런 현상이 바람직하지 않다는 주장이 자주 제기된다. 결국 아동과 성인이 친사회적 행동을 더 많이 하도록 만드는 방법을 찾는 것이 중요하다. 이것이 이 장에서 논의하게 될 네 번째 주제이다.

상세히 연구된 친사회적 행동의 한 형태가 **방관자 개입**(bystander intervention)이다. 방관자 개입을 연구하는 사람들은 희생자를 돕거나 돕지 않게 만드는 요인이 무엇인지를 밝히려고 노력한다. 이 장의 마지막은 이런 연구들에 대해 다룬다.

핵심용어

친사회적 행동 누군가에게 긍정적(예 : 협조적, 애정 어린)이고 이득이 되는 행동

이타심 이타적인 사람에게 손실이 일어날 수 있는, 누군가를 도우려는 욕구에 의해 동기화되는 친사회적 행동

공감 타인의 감정에 이입하는 능력, 또는 더 일반적으로 타인의 관점을 이해하는 능력

방관자 개입 범죄 또는 사고 상황에서 방관자가 희생자를 돕게 되는 이유에 초점을 맞춘 연구 분야

친사회적 행동의 발달

어린 아동은 친사회적 행동을 보일까? 몇몇 유명한 심리학자들(예 : Freud, Piaget)은 친사회적이 아닌 반사회적으로 행동하는 아동의 성향을 강조하였다. Schaffer(1966, p. 269)의 말을 빌리면 "이런 이론들에서 나타나는 아동의 모습은 이기적이고, 자기중심 적이며, 공격적이고, 비협조적인 존재로서 타인의 욕구를 이해하지 못한다."

연구 결과

이런 설명들은 아동의 이기심을 과장하고 있다. Zahn-Waxler 등(1992)은 13~20개월 사이에 있는 아동이 자신이 유발하지 않은 누군가의 디스트레스 상황 중 10%에서 공 감적 관심을 보인다는 것을 발견하였다. 이 비율은 23~25개월 아동에게서 두 배 이 상 증가하였다.

　　Zahn-Waxler 등(1992)은 타인의 디스트레스에 대한 반응으로 친사회적 행동(예 : 음식 나누기, 안아주기)을 보이는 어린 아동들도 발견하였다. 아동 자신이 유발하지 않은 타인의 디스트레스에 대한 친사회적 행동은 연령과 함께 급격히 증가한다.

　　어린 아동의 친사회적 행동은 보통 그 범위가 제한적이라는 사실을 기억하라. Svetlova 등(2010)은 18~30개월 아동에게서 다음과 같은 세 가지 유형의 친사회적 행 동을 발견하였다:

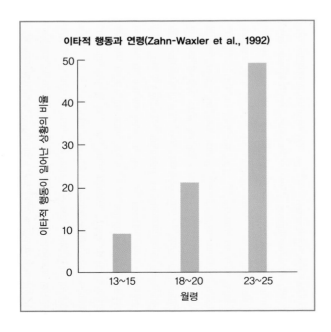

이타적 행동과 연령(Zahn-Waxler et al., 1992)

1. 도구적 도움행동 : 행위-기반 목표(예 : 장난 감 찾기) 달성을 위해 타인을 돕는다.
2. 공감적 도움행동 : 다른 사람에 대해 관심을 보인다.
3. 이타적 도움행동 : 자기 소유의 물건을 포기 한다.

아동은 도구적 도움행동을 가장 많이 보였고, 그 다음으로 공감적 도움행동을, 그리고 마지막으 로 이타적 도움행동이 가장 적었다. 이들이 보인 이타적 도움행동은 매우 드물었고, 대부분이 자 발적인 행위가 아니라 성인의 직접적인 요구로 일어났다.

어린 아동에게서 나타나는 많은 '도움' 행동은 협력과 이타심에 기초한 것이 아니다. 그보다는 타인의 활동에 참여하려는 호기심의 결과이다(Carpendale et al., 2015). 예를 들어 내 손자 세바스찬은 두 살 때 장난감 삽과 빗자루로 나를 도와 정원을 청소하려고 했다. 그의 행동은 도움이 되었지만 어른처럼 행동하려는 욕구에 의해 동기화된 것이었다.

개인차

어떤 환경적 요인이 아동의 친사회적 행동에서 개인차를 만들어내는 것일까? Daniel 등(2016)은 18개월과 54개월 사이의 아동들을 연구하였다. 이들의 핵심 결과는 어머니의 따뜻함과 아버지의 따뜻함 둘 다 자녀의 친사회적 행동을 증가시킨다는 것이다.

유전적 요인도 중요한 역할을 한다. Knafo 등(2011)은 쌍생아 연구에서 친사회적 행동에서 개인차의 45%가 유전적 요인 때문이라는 것을 발견하였다. 초기 연구에서 Knafo 등(2008)은 공감(친사회적 행동과 연합되어 있는)에 주목하였다. 24~36개월 사이의 어린 아동의 경우 공감에서 개인차의 25%가 유전적 요인에 달려있었다. 또한 아동이 친사회적 행동을 얼마나 많이 하는가는 부분적으로 이들의 공감 수준에 달려있었다.

요약

많은 유아들이 2세 이전에는 소수의 친사회적 행동을 보이다가 이후 비율이 빠르게 증가한다. 이들 행동의 대부분은 진정한 이타심과 관계가 없다. 어떤 행동은 타인의 활동에 참여하고 싶거나 보상을 받고 싶은 소망으로 일어난다.

이타심의 원인은 무엇인가?

개인이 자신의 목적을 위해 이기적으로 행동하는 것은 타고난 것이라는 주장이 있다. 그렇다면 사람들이 때로 비이기적 또는 이타적으로 행동하는 이유는 무엇일까? 이타적 행동에 대한 영향력 있는 설명이 인간 행동을 진화론적 개념으로 설명할 수 있다고 보는 **진화심리학**(evolutionary psychology)에서 나왔다.

진화심리학에 따르면 개인은 자각하지 못해도 자기 유전자를 보존하는 데 매우 동기화되어 있다. 여기서 두 가지 개념이 중요하다: 포괄 적응도와 혈연 선택. **포괄 적응도**(inclusive fitness)는 자연 선택이 유전자 복제를 최대화하는 유기체를 선호한다는 관점이다. **혈연 선택**(kin selection)은 자손과 유전적인 관계에 있는 사람들에게 유리

핵심용어

진화심리학 인간의 많은 행동이 다윈의 진화론으로 설명될 수 있다는 가정에 기초한 심리학 분야

포괄 적응도 번식을 통한 직접적인 방식과 유전적인 관계에 있는 사람들을 돕는 것을 통한 간접적인 방식에 의한 개체 유전자의 성공적 전달

혈연 선택 포괄 적응도를 높이기 위해 유전적 관계에 있는 친족을 돕는 것

부모가 자식에게 많은 시간과 자원을 투자하는 것은 생물학적 이론으로 설명이 가능하다 – 자식의 생존과 성공을 도우면 부모의 유전자가 영속될 확률이 높아진다.

한 유기체가 선택된다는 관점이다. 이 개념들은 다음과 같은 이유로 중요하다: "만일 한 어머니가 포식자의 위협으로부터 3명의 자식을 구하고 죽는다면 자기 유전자의 1.5배를 구한 것이다(각 자손은 어머니에게서 유전자의 절반을 물려받는다). 따라서 유전자를 생각하면 이타적 행위는 극도로 이기적인 행동이다"(Gross, 1996, p. 413).

지금까지는 사람들이 자신의 가족에게 이타적으로 행동하는 이유를 알아보았다. 그렇지만 많은 사람들이 친족이 아닌 사람에게도 이타적인 행동을 한다. 진화심리학자는 이것을 **상호 이타심**(reciprocal altruism)으로 설명한다. Trivers(1971)는 상호 이타심이 다음 두 조건에서 일어날 가능성이 매우 높다고 주장하였다:

1. 도움행동의 비용은 적고 이득이 크다.
2. 도움을 받고 되돌려 주지 않을 사람인지를 알 수 있다.

문제는 도움을 주는 사람이 호의를 되돌려 받을 가능성이 없는데도 이타적으로 행동할 때 더욱 복잡해진다. 이것은 왜 일어나는 것일까? Fehr와 Fischbacher(2003)는 이타적 행동이 이들에게 명성을 가져다주기 때문이라고 주장하였다. 이것은 미래에 이들이 다른 사람의 도움을 받을 확률을 높인다.

대부분의 사회에는 규범(사회적으로 수용되는 행동 규준)이 존재한다. 그중 하나가 자원을 동등하게 분배해야 한다는 분배 규범이다. 어떤 사람(X)에게 돈이 주어졌는데, 그가 다른 사람(Y)에게 매우 적은 금액만을 나누어주려고 한다고 해보자. 당신은 Z이다. 당신이 분배 규범을 강하게 믿고 있다면, 당신은 자신에게 손해(예 : 금전적 손실)가 발생하더라도 돈을 가로채려는 X를 처벌하려고 할 것이다. 이것이 **제삼자 처벌**(third-party punishment)이다(Fehr & Fischbacher, 2004). 이런 처벌은 이기심을 감소시키고 협력을 증가시킬 수 있다.

이타심의 기원에 관한 다른 진화론적 설명도 제안되었다. Tomasello 등(2012)은 상호의존 가설을 제안하였다. 이 가설에 따르면 이타적 행동은 우리의 선조가 **상호부조협력**(mutualistic collaboration, 서로에게 이득이 되는 사람들 사이의 협력)의 이득을 발견하면서 발달했다. 이런 협력의 한 사례가 사슴 사냥이다. 선사 시대에 당신과 내가 각각 작은 동물(예 : 산토끼)을 사냥한다고 상상해보자. 우리 중 한 명이 사슴을 발견하면, 산토끼 쫓는 것을 그만두고 협력하여 사슴을 잡는 것이 우리 둘 다에게 이득이다.

연구 결과

많은 연구들이, 특히 삶과 죽음의 상황에서, 유전 관계 또는 혈연의 중요성을 보여준다. Fellner 와 Marshall(1981)의 연구 결과에 따르면 자녀에게 신장을 기꺼이 기증하겠다는 사람은 86%였지만, 부모에게 기증하겠다는 사람은 67%, 그리고 형제자매에게 기증하겠다는 사람은 50%로 줄었다.

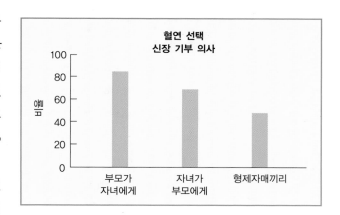

Hackman 등(2015)은 정서적 친밀감과 유전적 관계 사이를 구분하였다. 이들은 참여자에게 어떤 사람(예 : 생물학적 친족, 친구)이 75달러를 받을 수 있도록 자신이 얼마나 많은 돈을 손해 볼 의향이 있는지를 물었다. 금전적 희생의 양은 참여자가 정서적 친밀감을 가지고 있는 생물학적 친족이나 친구에게서 더 컸다. 정서적 친밀감 효과를 제거하고 나자 진화론적 접근의 예측대로 친구보다 생물학적 친족에게서 금전적 희생의 양이 더 컸다.

Fehr와 Fischbacher(2003)는 개인이 이타심으로 명성을 얻고 싶은 소망의 역할에 대해 살펴보았다. 참여자는 도움에 보답을 할 수 있거나 할 수 없는 어떤 사람을 도울지 여부를 결정했다. 이타심에 대한 보답을 받을 수 있는 사람들의 74%가 돕겠다고 했지만, 보답을 받을 수 없는 사람들은 37%만이 도움을 제공하였다. Bateson 등(2006)도 사람들이 자신의 명성을 걱정한다는 것을 보여주었다. 사람들에게 커피나 차를 만들어 마시고 상자 안에 돈을 넣도록 하였다. 커피를 만드는 동안 이들은 두 가지 사진(사람의 눈 사진과 꽃 사진) 중 하나를 보았다. 참여자들은 사람의 눈 사진에서 거의 세 배 더 많은 돈을 기부하였는데, 공정성과 관련된 자신의 명성에 대한 걱정이 더 높아졌기 때문이다.

Henrich 등(2006)은 아프리카, 북미, 남미, 아시아, 오세아니아에 있는 15개 문화권에서 제삼자 처벌에 대한 증거를 발견하였다. 그러나 자신이 손해를 보더라도 분배 규범을 위반한 사람을 처벌하려는 사람의 비율에서는 차이가 있었다. 가장 이타적인 문화권에서 제삼자 처벌의 발생 강도가 가장 강했다. 이것은 제삼자 처벌이 이타적 행동 방식임을 보여준다고 할 수 있다.

Roos 등(2014)은 제삼자 처벌이 사회적 유대감은 강하고(사람들 사이의 상호작용이 빈번하다), 유동성은 낮은(사람들이 쉽게 집단을 바꿀 수 없다) 집단에서 가장 효과적이라고 주장하였다. 이런 조건에서 제삼자 처벌을 받는 사람은 집단의 다른 구성원과 협조적이고 이타적으로 행동하는 것에 의해 가장 큰 보상을 얻게 된다. Roos 등은 여러 집단에 대한 연구를 기반으로 자신들의 이런 주장을 지지하는 증거를 제시하였다.

다른 종도 기본적인 형태의 이타적 행동을 보일까? 이타적 행동이 복잡한 사회화 과정에 달려있다면, 대답은 '아니요'일 것이다. 그러나 이타적 행동이 부분적으로 우리의 진화 역사에 뿌리를 둔 생물학적 과정에 달려있다면, 대답은 '예'일 것이다. Warneken(2015)은 침팬지도 기본적인 이타심을 보인다는 증거를 제시하였다(예 : 떨어진 물건을 집어 올리는 인간을 돕는 행동, 다른 침팬지가 필요한 도구를 선택함으로써 다른 침팬지를 돕는 행위). 이런 증거는 진화론적 접근을 지지한다. 그러나 침팬지는 자발적으로 이타적 행동을 보이지 않는다(다른 사람 또는 다른 침팬지가 도움이 필요하다는 신호를 보낼 때 이타적 행동이 일어난다).

진화론적 접근은 이타적 행동의 기저에 놓여 있는 일반 원리를 강조하고 있기 때문에 개인차를 무시한다. John 등(2008)은 친화성(따뜻함, 친절함)이 높은 사람들이 낮은 사람들보다 훨씬 더 이타적이라는 사실을 발견하였다.

평가

➕ 진화심리학자는 이타심이 왜 인간 종에서 중요한지에 초점을 맞추고 있다.

➕ 진화론적 접근은 친족이 아닌 사람들보다 가까운 친족에게서 손해를 입을 수 있는 이타적 행동이 더 많이 발생하는 이유를 설명할 수 있다.

➕ 진화심리학자는 친족이 아닌 사람들, 그리고 심지어 낯선 사람에 대한 비이기적인, 이타적 행동에 대한 적절한 설명을 제공한다. 예를 들어, 상호 이타심, 이타심으로 명성을 얻으려는 소망, 제삼자 처벌 위험이 그 이유이다.

➕ 침팬지에게서 관찰되는 기본 형태의 이타심은 진화론적 접근을 지지한다.

➖ 진화론적 접근은 아동의 이타적 행동 발달에 환경적 요인(예 : 부모의 지원, 사회화)의 역할을 경시한다.

➖ 진화론적 접근은 특정 상황에서 개인의 이타적 행동에 영향을 미치는 요인들(예 : 정서적 친밀감, 개인의 성격)을 무시한다.

➖ 진화론적 접근은 이타적 행동의 발생에 상호부조협력의 역할을 최소화하고 있다.

문화권 차이

이타심과 그 밖의 친사회적 행동에 관한 대부분의 연구는 미국에서 수행되었다. 미국 문화권에서 나온 결과가 다른 문화권에도 맞는다고 할 수 없다. 미국 문화권의 지배적인 이기주의가 다른 문화권에서는 다를 수 있다는 증거가 Whiting과 Whiting(1975)에 의해 보고되었다. 이들은 6개 문화권(미국, 인도, 오키나와, 필리핀, 멕시코, 케냐)의 어린 아동들을 연구하였다. 미국 아동의 이타적 행동의 비율은 다른 어떤 문화권(특히 케냐)보다도 적었다.

비산업화 사회의 아동에게 주어진 가족 내 책임 때문에 아동의 이타심이 증가된다는 것이 사실인가?

이 결과를 어떻게 설명할 수 있을까? 첫째, 미국과 오키나와 같은 개인주의 문화권(제1장 참조)에서 강조하는 경쟁과 개인적 성공이 협력과 이타심을 감소시킨다. 둘째, 개인보다 집단의 욕구를 강조하는 집단주의 문화권(예: 케냐, 멕시코)에서 아동은 보통 가정에서 중요한 책임을 맡도록 되어 있고, 이것이 이타적 행동을 발달시킨다.

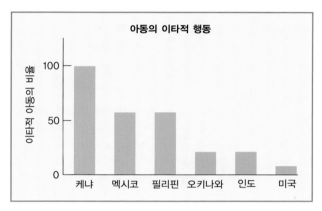

이런 차이도 있지만 우리가 인식하고 있는 것보다 개인주의 문화권과 집단주의 문화권은 더 비슷하다. Fijneman 등(1996)은 집단주의 문화권에 살고 있는 사람들이 개인주의 문화권 사람들보다 타인의 도움에 대한 기대가 더 높다는 것을 발견하였다. 두 문화권은 자신이 받는 것보다 약간 더 많이 도우려고 한다는 점에서 서로 비슷하다는 것이다. 즉 상호성 규범 또는 상호교환이 두 문화권 모두에서 나타나고 있기 때문에 이타심에서 차이가 거의 없다고 할 수 있다.

Klein 등(2015)은 또 다른 유사성을 7개국(중국, 러시아, 영국, 미국, 터키, 오스트리아, 덴마크)에서 발견하였다. 7개국 모두 관대하게 행동하는 사람을 긍정적으로 평가하고 이기적으로 행동하는 사람을 부정적으로 평가하였다. 또한 부정적인 평가는 이기심 수준에 의해 강한 영향을 받지만 긍정적인 평가는 관대함 수준에 상대적으로 둔감한 것도 모든 국가에서 같았다. 여기서의 교훈은 "친절하면 되지 정말로 친절할 필요는 없다"(Klein et al., 2015, p. 361)는 것이다.

이 결과를 어떻게 설명할 수 있을까? 우리는 이기적으로 행동하는 사람을 보면서 이것이 그들의 진짜 생각과 감정을 반영한다고 해석하는 경향이 있다. 이와 대조적으로 관대하게 행동하는 사람을 보면서는 그가 정말로 관대해서가 아니라 인정 많은 사람이라는 인상을 주기 위해 그렇게 행동한다고 생각한다. 이기적 행동이 관대한 행동보다 타인에 대해 더 많은 것을 알려준다면, 우리가 매우 이기적인 행동에 특별히 예민한 것에 놀랄 일이 아니다.

평가

➕ 친사회적 행동과 이타심에서 상당한 문화 간 차이가 존재한다.

➕ 개인주의 문화권보다 집단주의 문화권에서 이타적 행동이 더 많이 관찰된다.

➖ 집단주의 문화권과 개인주의 문화권은 개인이 받는 것보다 약간 더 도우려고 한다는 점에서 비슷하다.

➖ 대부분의 문화권이 관대함 수준의 증가보다 이기주의 수준의 증가에 더 민감하다.

➖ 집단주의 문화권들도 친사회적, 이타적 행동 수준에서 차이가 있고, 이것은 개인주의 문화권에서도 마찬가지이다.

➖ 문화적 수준에서 맞는 것이 특정 문화권 내의 모든 개인 수준에서도 맞는다고 볼 수 없다.

친사회적 행동과 이타심에 영향을 미치는 요인

어떻게 하면 아동을 보다 친사회적으로 행동하게 만들 수 있을까? 여러 가지 답변이 있지만 우리는 중요한 몇 가지를 살펴보려고 한다.

텔레비전

친사회적 행동에 미치는 친사회적 텔레비전 프로그램의 효과는 공격적 행동에 미치는 폭력적인 텔레비전 프로그램의 효과와 어떤 차이가 있는가?

Mares와 Woodard(2005)는 친사회적 텔레비전 프로그램의 시청이 아동의 행동에 미치는 영향을 다룬 34개의 연구를 개관하였다. 그 효과는 일관되게 중간 정도로 긍정적이었고, 특히 아동이 쉽게 모방할 수 있는 이타적 행동을 보았을 때 그러했다.

친사회적 텔레비전 프로그램의 시청과 친사회적 행동의 증가 간의 관계를 보여주는 연구들이 많이 있지만(Valkenburg et al., 2016), 이런 증거들에는 두 가지 중요한 한계점이 있다. 첫째, 우리는 이 둘 사이의 관계에서 친사회적 텔레비전의 시청이 친사회적 행동을 증가시켰다고 생각할 수 없다. 일찍부터 친사회적 행동을 많이 보이는 아동은 다른 아동보다 친사회적 텔레비전 프로그램을 볼 확률이 더 높을 수 있기 때문이다. Padilla-Walker 등(2015)은 장기적인 종단연구에서 이 문제를 연구하였다. 친사회적 텔레비전의 시청은 이후 친사회적 행동을 증가시켰고, 친사회적인 행동은 친사회적 텔레비전의 시청 양을 증가시켰다.

둘째, 대다수의 연구는 친사회적 행동에 미치는 친사회적 프로그램의 단기적인 효과만을 다루고 있다. 그 이유 중 하나가 장기적인 효과는 미미하거나 심지어 발견되지 않는 경우가 종종 있기 때문이다(Sagotsky et al., 1981).

비디오 게임

많은 국가들에서 청소년의 80% 이상이 비디오 게임을 즐기고 있다는 사실을 고려할 때 행동에 미치는 비디오 게임의 영향에 대한 연구는 중요하다. Greitmeyer와 Müegge(2014)는 친사회적 비디오 게임의 효과를 다룬 연구들을 개관하였다. 친사회적 비디오 게임은 친사회적인 정서, 인지, 행동을 증가시키고 공격적인 행동을 감소시켰다. 대부분의 효과는, 비록 크기는 작지만, 상당히 일관적이었다.

대다수 연구가 친사회적 게임과 친사회적 행동 사이의 연합 또는 상관을 보여준다. 이런 결과가 인과관계를 보여주는 것은 아니다. 즉, 친사회적 게임이 친사회적 행동을 증가시킬 수 있거나 친사회적 행동이 게임을 증가시킬 수 있다(Vakenburg et al., 2016). Gentile 등(2009)은 인과관계가 양방향으로 작용하는 연구들을 개관하였다.

친사회적 비디오 게임이 친사회적 행동을 증가시키는 데 어떤 과정이 포함되어 있는 것일까? Prot 등(2014)은 7개국에서 2년에 걸친 연구를 수행했다. 친사회적 비디오 게임의 증가가 7개국 모두에서 친사회적 행동의 증가로 이어졌는데, 이것은 전자가 후자를 야기한다는 것을 의미한다. 이 효과는 부분적으로 친사회적 비디오 게임이 공감(타인의 감정을 이해하는 것)을 만들어냈기 때문에 일어났다.

현실 속으로 : 부모의 영향

대다수 아동의 삶에서 가장 중요한 성인은 부모이다. 부모가 어떻게 하면 자녀가 친사회적으로 행동하게 될까? Schaffer(1996)는 아동을 친사회적이고 이타적인 사람이 되도록 가르치는 데 다음과 같은 부모의 행동 유형이 특히 효과적이라고 주장하였다:

1. 분명하고 명시적인 지침(예 : "다른 사람이 다치고 마음이 상하니까 때리는 것은 절대로 안돼.")
2. 정서적 확신 : 자녀에게 주어지는 지침은 정서적으로 적절한 방식이어야 한다.
3. 부모 모델링 : 부모가 자녀에게 이타적으로 행동해야 한다.
4. 공감과 따뜻한 양육 : 부모는 자녀의 욕구와 정서를 잘 이해해야 한다.

이런 부모 요인 모두 연구 증거들에 의해 지지되었다. 첫 번째 요인과 관련하여 Krevans와 Gibbs(1996)는 어머니가 아동의 행동이 타인에게 어떤 영향을 미치는지를 반복하여 말해주면 아동이 친사회적 행동을 더 많이 보인다는 것을 발견하였다. 두 번째 요인의 경우에는 어머니가 정서적 설명을 사용할 때 아동은 이타적 행동을 두 배나 더 많이 하였다(42% 대 21%). 세 번째 요인과 관련하여 Burleseon과 Kunkel(2002)은 어머니의 위로 기술이 아동의 정서적 지지 능력을 예측할 수 있다는 것을 발견하였다. 네 번째 요인과 관련하여 Robinson 등(1994)은 부모와 따뜻한 사랑의 관계를 맺고 있는 아동이 친사회적 행동을 가장 많이 한다는 것을 발견하였다. Davidov와 Grusec(2004)의 연구에서는 디스트레스에 대한 어머니의 반응성(예 : 자녀가 문제가 있을 때 의논하도록 격려하는 행위)이 디스트레스를 겪고 있는 타인에 대한 아동의 공감능력과 친사회적 행동을 예측하였다.

이처럼 부모는 아동의 친사회적 행동에 중요한 영향을 미친다. 그러나 유전적 요인도 매우 중요하기 때문에 이런 영향의 정도를 과장하진 말아야 한다. Knafo-Noam 등(2015)은 쌍생아 연구를 수행하고, 아동의 친사회성에서 개인차의 69%가 유전적 요인으로 발생한다는 것을 발견하였다. Knafo와 Plomin(2008)은 아동의 친사회적 행동이 부모의 부정성(예 : 처벌적 훈육)과 부적 상관관계에 있다는 것을 발견하였다. 중요한 것은 이 연합이 부분적으로 유전적 요인에 기인한다는 것이다. 예를 들어, 친사회적 성향이 유전적으로 낮은 아동에게는 부모가 부정적으로 반응할 가능성이 높다. 아동의 친사회적 행동은 부모의 긍정성(예 : 긍정 감정을 표현하는 반응)과 정적 상관관계에 있지만 이 연합은 유전적 요인에 의존하고 있지 않았다.

평가

⊕ 장기간의 종단연구에서 나온 증거에 따르면 친사회적 텔레비전 프로그램과 친사회적 비디오 게임은 친사회적 행동을 약간 증가시킨다.

⊕ 자녀의 친사회적 행동을 증가시키는 몇 가지 유형의 부모 행동이 확인되었다.

⊖ 친사회적 텔레비전과 친사회적 비디오 게임의 몇몇 효과는 미미하고 오래 지속되지 않는다.

⊖ 친사회적 텔레비전 프로그램과 아동의 친사회적 행동(그리고 친사회적 비디오 게임과 친사회적 행동) 사이의 연합 중 일부는 친사회적 아동이 이런 프로그램을 더 많이 시청하고 이런 게임을 더 많이 하는 것 때문에 일어난다.

⊖ 아동의 친사회적 행동에 미치는 환경적 요인의 영향을 과장하는 경향이 있다. 유전적 요인 역시 중요하다는 증거가 많이 있다.

방관자 효과

여러 명의 목격자가 존재하면, 희생자가 도움을 받을 가능성이 높아지는가 아니면 낮아지는가?

우리 시대의 끔찍한 이미지 중 하나가 도심 한가운데서 폭행당하는 사람을 보면서도 아무도 돕지 않는다는 것이다. 1964년 3월 13일 새벽 3시 귀가하는 중에 칼에 찔려 사망한 Kitty Genoves 사건을 생각해 보자. 뉴욕타임스에 따르면 38명이나 되는 목격자들이 Kitty Genoves가 세 차례의 공격을 받는 것을 30분 동안이나 지켜보았다. 그러나 아무도 개입하지 않았고, 겨우 한 사람이 경찰에 전화를 하였다.

이 기사가 사건을 엄청나게 과장했다는 문제점이 제기되었다. 실제로 칼로 찌른 것은 세 번이 아니라 두 번이었고 이것을 목격한 사람도 단지 세 명뿐이었다. 심지어 이 세 명의 목격자가 Kitty가 공격당하는 것을 본 시간은 수초에 불과했다(Manning et al., 2007).

Darley와 Latané(1968)은 Kitty Genoves 사건에 많은 흥미를 느꼈다(이들은 신문이 사건을 왜곡한 사실에 대해서는 알지 못하였다). 이것은 이들에게 **방관자 효과**(bystander effect)에 관한 연구를 시작하게 만들었다. Darley와 Latané(1968)은 목격자가 한 명일 때보다 여러 명일 때 희생자가 도움을 받을 가능성이 더 적다고 가정하였다. 왜 그럴까? 이들의 대답은 **책임 분산**(diffusion of responsibility)이었다. 즉 목격자가 여러 명이면 각 개인은 도와야 한다는 책임에서 벗어나기 쉽다.

Kitty Genovese.

연구 결과

Darley와 Latané(1968)은 참여자를 따로 혼자 방에 있도록 조작한 연구에서 자신들의 가설을 지지하는 증거를 얻을 수 있었다. 참여자는 자신이 토론에 참여하고 있다고 믿고 있고 이때 다른 방에 있는 참여자 중 한 사람이 뇌전증 발작을 일으키는 소리를 듣게 된다. 자신이 뇌전증 발작에 대해 알고 있는 유일한 사람이라고 생각하는 참여자들은 100%가 방에서 나와서 위급 상황을 알렸다. 그러나 자신 말고도 다른 5명이 뇌전증 발작을 듣고 있는 것으로 알고 있는 참여자들 중에서는 62%만이 반응하였다. 그리고 이들은 자신이 유일한 목격자라고 생각한 참여자들보다 반응하는 데 걸린 시간도 더 길었다.

Darley와 Latané(1968)은 두 가지 결과를 보고하였다. 첫째, 5명의 다른 목격자가 있다고 믿었던 참여자들은 이것이 자신의 행동에 영향을 미쳤다는 것을 부정하였다. 즉, 이들은 자신의 행동을 결정하는 요인을 자각하지 못하였다. 둘째, 위급 상황을 알리지 않았던 사람들이 무관심한 것은 아니었다. 대부분이 손을 떨면서 땀을 흘렸고 위급 상황을 보고했던 사람들보다 정서적으로 더 각성되어 보였다.

한 명이 아닌 여러 명의 목격자가 존재하면 희생자는 언제나 불리할까? 대답은 '아니요!'이다. Darley와 Latané(1968)의 연구에 참여한 방관자들은 서로 모르는 사람들이었다. Fischer 등(2011)은 서로 잘 알고 있는 목격자들을 대상으로 한 연구들을 개관하였다. 희생자가 도움을 받을 확률은 서로 알고 있는 목격자의 수가 많을수록 증가

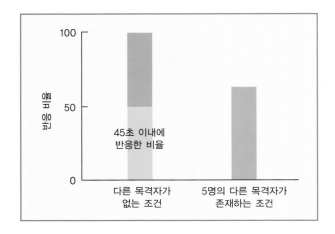

45초 이내에
반응한 비율

다른 목격자가
없는 조건

5명의 다른 목격자가
존재하는 조건

하였다. 즉, 목격자들이 사회적 관계를 공유하면 사람의 수가 힘이 될 수 있다.

그 밖의 다른 많은 요인들도 방관자의 행동에 영향을 미치는데, 그중 다섯 가지만 간단히 살펴보도록 하자. 첫째, 방관자는 보통 자신과 유사한 희생자를 더 많이 도우려고 한다. Levine(2002)은 희생자가 신체적 폭력에 노출되는 상황을 이용하였다. 희생자가 외집단이 아닌 방관자의 내집단으로 기술되면 도움을 받을 가능성이 더 높았다. 둘째, 방관자는 '자격을 갖춘' 희생자를 더 도우려고 한다. 뉴욕의 지하철 바닥에 비틀거리며 쓰러지는 남자가 도움을 받을 가능성은 술에 취해 있을 때보다 그렇지 않을 때 더 높다(Piliavin et al., 1969).

셋째, 방관자는 타인의 사생활에 관여하고 싶어 하지 않는다. 남자와 여자 사이의 싸움을 목격한 방관자들은 이들이 부부라고 생각할 때보다 서로 모르는 사이라고 생각할 때 세 배 더 많이 도우려고 하였다(Shotland & Straw, 1976). 넷째, 도우려는 방관자의 의도는 위급상황 시점에 방관자가 하고 있는 일에 달려있다. Batson 등(1978)은 참여자들에게 대학교의 한 건물에서 다른 건물로 이동하라고 요구하였다. 가는 도중에 참여자들은 층계에 앉아 신음하고 있는 한 남학생과 마주쳤다. 과제가 매우 중요하다는 말을 들었던 참여자들 중에서는 10%만이 가던 길을 멈추고 그 학생을 도왔지만, 사소한 과제라는 말을 들었던 참여자들 중에서는 80%가 도움행동을 하였다. 다섯째, 능력과 전문성(예 : 응급처치)을 갖춘 방관자가 도움을 제공할 가능성이 특히 높다(Huston et al., 1981).

방관자 개입을 증가시키기 위해 무엇을 할 수 있을까? 한 가지 간단한 방법은 사람들에게 위급상황에서 도움행동을 억제하는 요인들에 대한 상세한 정보를 제공하는 것이다. Beaman 등(1978)은 이런 정보를 제공받은 방관자의 42%가 벽에 기대 누워 있는 한 남자를 돕지만 정보를 제공받지 않은 방관자의 비율은 25%에 불과하다는 것을 발견하였다.

무엇을 해야 하는지 모르는 사람보다 관련 기술을 보유한 사람이 도움행동을 할 가능성이 더 높다.

각성 : 손실–보상 모형

Fischer 등(2011)은 방관자 효과에 대한 연구를 개관하였다. 이들은 상황이 위험하지 않을 때보다 위험하다고 지각될 때, 가해자(희생자에게 해를 가한 사람)가 존재할 때, 개입으로 인한 손실이 비신체적일 때보다 신체적일 때, 방관자 효과가 더 작다는 것을 발견하였다.

우리는 방관자 효과와 관련된 이런 연구 결과를 어떻게 설명할 수 있을까? Piliavin 등(1981)은 각성 : 손실–보상 모형을 사용하여 그 답을 제시하였다. 이 모형에 따르면 목격자는 다음 다섯 단계를 거치면서 희생자를 도울지 말지를 결정한다.

각성 : 손실–보상 모형에 따르면 목격자는 언제 도움을 주는가?

1. 누군가 도움이 필요하다는 자각이 일어난다. 이것은 주의에 달려있다.
2. 각성을 경험한다.
3. 단서를 해석하고 자신의 각성에 이름을 붙인다.
4. 다양한 행위와 연합된 손실과 보상을 따져본다.
5. 결정을 내리고 행동으로 옮긴다.

연구 결과

이 모형에 따르면 어떻게 하면 위험한 상황에서 방관자 효과가 사라질까? 모형에 따르면 위험한 상황은 진짜 위급상황으로 더 빠르게 재인되어야 한다(단계 1). 이것은 각성을 높이고(단계 2), 심각한 비상사태로 해석이 일어난다(단계 3). 그 결과 위험한 상황을 관찰하는 목격자는 도움을 제공하고 그의 각성 수준은 낮아진다.

초기에 논의된 연구는 도울 때 또는 돕지 않을 때와 연합된 다양한 보상과 손실의 중요성에 대해 논의하였다:

- 도울 때 손실 : 신체적 손상, 다른 활동의 지연(Piliavin et al., 1969; Batson et al., 1978)
- 돕지 않을 때 손실 : 개인 책임감 회피, 죄책감, 주변의 비난, 지각된 유사성 무시(Darley & Latané, 1968; Fischer et al., 2011; Levine, 2002)
- 도울 때 보상 : 희생자의 칭찬, 보유 기술의 사용에서 오는 만족감(Huston et al., 1981)
- 돕지 않을 때 보상 : 일상 행동의 지속(Batson et al., 1978)

평가

➕ 모형은 사고가 일어났을 때 방관자의 행동에 영향을 미치는 요인들에 대한 상세한 설명을 제공한다.

➕ 모형의 예측대로 방관자 효과는 위험한 상황보다 위험하지 않은 상황에서 더 많이 발생한다.

➕ 돕거나 돕지 않는 것과 연합된 여러 잠재적 보상과 손실이 방관자의 행동에 영향을 미친다는 모형의 주장은 정확하다.

➖ 모형은 위급 상황을 관찰하는 목격자가 *심사숙고하여* 정보처리를 한다고 강조하고 있다. 이것은 지나치게 단순하다. 예를 들어, 여러 다른 목격자들이 존재하면 행위 준비와 관련된 뇌 영역의 활성화가 *자동적으로* 감소한다는 증거가 있다(Hortensius & de Gelder, 2014). 이것이 방관자 효과를 설명해준다. 또한 목격자가 생각 없이 충동적으로 반응하는 경우도 많이 있다.

➖ 희생자에게 도움을 제공하는 데 목격자의 각성이 반드시 필요한 것은 아니다. 관련 경험이 많은 목격자(예 : 심장마비가 일어나는 사람을 보고 있는 의사)는 각성 없이도 효과적인 도움을 제공할 수 있다.

요약

- 2세 이전의 어린 아동도 많은 친사회적 행동을 보인다(특히 도구적 도움행동). 그러나 이타적인 도움은 드물고, 많은 도움행동이 타인의 활동에 참여하고 싶은 호기심으로 동기화된다.
- 공감과 친사회적 행동에서 아동들 간의 차이는 환경적 요인(예 : 부모의 따뜻함)과 유전적 요인에 달려있다.
- 진화심리학자들에 따르면 이타적 행동은 자신의 유전자 복제를 최대화하려는 욕구에 의해 동기화된다. 이타적 행동의 또 다른 이유로는 이타적 행동으로 명성을 얻으려는 욕구와 제삼자 처벌이 있다.
- 진화론적 접근은 친사회적이고, 이타적인 아동의 행동에 영향을 미치는 환경적 요인들을 과소평가한다.
- 이타적 행동은 개인주의 문화권보다 집단주의 문화권에서 더 많이 일어난다. 이것은 부분적으로 집단주의 문화권 사람들이 도움에 대한 기대가 더 큰 것 때문이다.
- 텔레비전에서 친사회적 행동을 보는 것과 친사회적인 비디오 게임을 하는 것은 공감을 증가시키고 친사회적 사고를 유발하여 아동과 청소년의 친사회적 행동을 증가시킬 수 있다. 그러나 행동에서 이런 긍정적인 효과는 대부분 단기적이다.
- 부모가 정서적인 방식으로 분명한 지침을 제공하고, 부모 자신이 친사회적으로 행동하고, 따뜻하고 공감적인 양육을 제공하면, 자녀의 친사회적 행동이 촉진된다.
- 부모의 행동과 아동의 친사회적 행동 사이의 어떤 연합은 부분적으로 환경적 요인보다는 유전적 요인에 그 원인이 있다.
- 목격자가 책임 분산 때문에 희생자를 돕지 않는 경우가 종종 있다. 목격자들이 서로 친구일 때, 희생자가 그들과 유사할 때, 희생자가 도움을 받을만한 자격이 있을 때 방관자 개입은 더 잘 일어난다.
- 각성 : 손실-보상 모형에 따르면 목격자는 여러 행위와 연합된 보상과 손실을 따져 본 후에 어떻게 할지 결정한다.
- 목격자가 때로는 보상과 손실에 대한 복잡한 계산 없이 빠르게 반응한다는 연구 결과는 각성 : 손실-보상 모형과 일치하지 않는다.

더 읽을거리

- Feygina, I., & Henry, P.J. (2015). Culture and prosocial behaviour. In D.A. Schroeder & W.G. Graziano (Eds.), *The Oxford handbook of prosocial behaviour* (pp. 188–208). Oxford: Oxford University Press. Irina Feygina와 Patrick Henry 는 친사회적 행동의 문화적 차이와 유사성에 대해 논의한다.
- Fischer, P., Krueger, J.I., Greitemeyer, T., Vogrincic, C., Kastenmuller, A., Frey, D., et al. (2011). The bystander effect: A meta-analytic review on bystander intervention in dangerous and non-dangerous emergences. *Psychological Bulletin*, *137*, 517–537. Peter Fischer와 동료

들은 방관자 개입에 관한 연구들을 상세히 개관하고 있다.
- Vaughan, G.M., & Hogg, M.A. (2014). *Social psychology* (7th ed.). London: Prentice Hall. 이 교재의 제13장은 친사회적 행동에 대한 연구와 이론들을 이해하기 쉽게 설명하고 있다.
- Warneken, F. (2016). Insights into the biological foundation of human altruistic sentiments. *Current Opinion in Psychology*, *7*, 51–56. Felix Warneken은 생물학과 사회화 과정이 어떻게 결합되어 어린 아동의 친사회적 행동을 발달시키는지에 대해 논의한다.

질문

1. 진화심리학자들은 이타적 행동을 어떻게 설명하고 있는가? 이 이론의 장점과 약점은 무엇인가?
2. 이타적 또는 친사회적 행동에서 문화 간 차이와 유사성을 기술하라. 이런 문화 간 차이를 어떻게 설명할 수 있는가?
3. 아동의 친사회적 행동을 증가시키기 위해 당신은 무엇을 추천하겠는가?
4. 방관자가 희생자를 도울 가능성이 높을 때는 언제인가? 또는 돕지 않을 가능성이 높을 때는 언제인가?

인간은 다른 사람들과 상호작용하면서 대부분의 시간을 보내는 사회적 동물이다. 우리가 어디까지 타인의 기대에 맞추어 행동한다고 생각하는가? 예를 들어 당신은 집단의 의견이 틀렸다고 확신하면서도 집단을 따라간 적이 있는가? 권위를 가진 사람의 명령이 옳지 않다고 생각하면서도 그의 명령에 복종한 적이 있는가? 당신은 어떤 상황에서 권위적 인물에 복종할 가능성이 가장 높은가? 개인이 혼자 있을 때와 군중 속에 있을 때 다르게 행동하는 이유는 무엇이라고 생각하는가?

사회 영향

우리의 말과 행동은 타인의 영향을 받는다. 우리는 타인이 자신을 좋아해주길 바라고 자신도 사회와 조화되기를 원한다. 그 결과 자기의 진심을 감추면서 타인의 인정을 받기 위해 행동하는 경우가 종종 있다. 사회심리학의 연구들은 우리가 생각보다 타인의 영향을 훨씬 더 많이 받고 있다는 것을 보여준다. 이것이 '태도와 행동이 실제적이고 암묵적인 타인의 존재에 의해 영향을 받은 과정'인 **사회 영향**(social influence)이다 (Vaughan & Hogg, 2014, p. 214).

이 장은 사회 영향이 나타나는 주요 현상들인 동조행동, 권위에의 복종, 집단사고, 집단극화, 사회 권력, 군중행동을 다룬다.

동조

동조(conformity)는 거의 모든 사람이 가끔 하는 것으로 집단 압력에의 굴복이라고 할 수 있다. 예를 들어 친구들과 영화를 보러 간다고 해보자. 당신은 영화가 별로 재미없었는데 친구들은 모두 최고라고 말한다. 아마 당신은 외톨이로 남기보다는 친구들의 생각에 동의하는 척할 것이다.

대부분의 교재는 동조가 바람직하지 않은 것으로 기술하고 있다. 그러나 때로는 동조가 합리적인 경우가 있다. 심리학을 전공하는 친구들 모두 심리학의 특정 주제에 대한 의견이 같은데 당신만 다르다고 해보자. 이 주제에 대해 더 많이 알고 있는 이들의 의견에 동조하는 것은 좋은 생각이다!

Solomon Asch : 다수의 영향

Solomon Asch(1951, 1956)는 동조에 관한 가장 유명한 연구를 수행하였다. 그는 여러

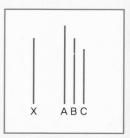

*Asch*는 참여자에게 위 선분을 제시하였다. A, B, C 중 X와 길이가 가장 비슷한 것은 어떤 것인가? 당신은 30%가 넘는 참여자가 A라고 답한 이유가 무엇이라고 생각하는가?

핵심용어

사회 영향 다른 사람의 태도와 행동을 변화시키기 위한 개인 또는 집단의 노력

동조 집단 압력에 대한 반응으로 일어나는 태도와 행동에서 변화

명(보통 7명)의 사람들이 화면을 바라보고 앉아 있는 상황을 이용하였다. 이들의 과제는 세 선분(A, B, C) 중에서 주어진 자극 선분과 길이가 같은 선분을 차례대로 큰 소리로 말하는 것이다. 이것은 매우 쉬운 과제이다(통제조건의 판단 정확성이 99%였다).

한 명의 진짜 참여자를 제외한 나머지는 실험자와 함께 일하는 동맹자였고 특정 시행에서 모두 똑같이 틀린 답을 말하였다. 진짜 참여자는 항상 마지막에 의견을 말하도록 되어 있었다.

연구 결과

Asch의 동조 효과는 어떤 문화권에서 더 강한가?

당신은 진짜 참여자가 자신이 생각하는 정답과 집단의 다른 구성원이 제시한 정답 사이의 갈등에 직면하였을 때 이런 매우 쉬운 과제에서 어떤 답변을 내놓을 것이라고 생각하는가? 참여자들은 이런 결정적인 시행의 37%에서 틀린 답을 말하였다. 실험 내내 단 한 번의 오류도 범하지 않은 참여자는 25%에 불과하였다. 또한 동조의 강도는 동맹자의 수가 1명에서 3명으로 증가하면 함께 증가하였으나 그 이상에서는 증가하지 않았다(Asch, 1956).

Asch의 연구는 사회심리학 분야에서 유명하지만, 이것에는 매우 사회적이라고 할 수 있는 것이 존재하지 않았다—그는 서로 모르는 사람들로 이루어진 집단을 사용했다! Abrams 등(1990)은 심리학과 학생들을 대상으로 사회적 요인의 역할을 연구하였다. 동맹자들은 인근 대학교의 심리학과 학생 또는 고고학과 학생이라고 소개되었다.

Abrams 등(1990)은 참여자가 동맹자와 유사하다고 느낄 때 동조를 더 많이 할 것이라고 예측하였다. 이런 상황에서 참여자는 집단과 정체성을 더 많이 공유하면서 동조를 통해 집단 결속력을 유지하려고 할 것이기 때문이다. 예측대로 동맹자가 심리학과 학생이라고 묘사되었을 때에는 시행의 58%에서 동조가 발생하였다면, 고고학과 학생이라고 했을 때에는 시행의 8%에서만 동조가 발생하였다.

Asch의 연구는 1940년대 말에서 1950년대 초 미국에서 수행되었다. 그때 이후 사회적 승인에 대한 사람들의 욕구는 유의미하게 증가하였고, 따라서 시간이 흐르면서 동조 수준이 감소했을 것으로 기대할 수 있다. 실제로 그렇다. 그렇지만 최근 연구들에서도 동조 효과는 확실하게 발견되고 있다(Smith & Bond, 1993).

개인의 책임감을 강조하는 개인주의 문화권보다 집단 소속감을 강조하는 집단주의 문화권에서 동조가 더 많이 일어날 것이다. 실제로도 동조는 북미와 유럽 같은 개인주의 문화권(시행의 25%)보다 아시아, 아프리카 같은 집단주의 문화권(시행의 37%)에서 더 많이 일어났다(Bond & Smith, 1996b).

동조는 언제 깨질까? 1명의 동맹자라도 정답을 말하게 되면 결과는 완전히 달라진다(Asch, 1956). 이런 조건에서 동조는 단지 시행의 5%에서만 발생하였다. 완전히 고립된 존재가 아니라는 안도감이 참여자로 하여금 동조에 저항할 수 있게 한다.

동조는 왜 일어날까?

Deutsch와 Gerard(1955)는 Asch-유형의 연구들에서 개인이 동조하는 이유 두 가지를 확인하였다. 첫째, **규범적 영향**(normative influence) 때문이다 : 집단의 구성원에게 호감과 존경을 받고 싶어서 동조가 일어난다. 참여자가 자신을 집단의 다른 구성원들과 비슷하다고 지각한 Abramms 등(1990; 앞에서 논의한)의 연구에서 강한 규범적 영향이 존재하고 있었다.

둘째, **정보적 영향**(informational influence) 때문이다 : 타인이 소유한 우수한 지식 때문에 동조가 일어난다. 예를 들어 Lucas 등(2006)은 과제가 어려운 수학문제일 때 자신의 수학능력에 대한 확신이 적은 참여자들이 높은 확신의 참여자들보다 정보적 영향에 의한 동조를 더 많이 보인다는 것을 발견하였다.

Bond(2005)는 125개의 Asch-유형 연구를 개관하였다. 참여자가 공적으로 반응하고 다수와 직접 대면할 때(Asch의 연구에서처럼)에는 규범적 영향이 더 강했다. 반대로 참여자가 사적으로 반응하고 다수와 오직 간접적으로 소통할 때에는 정보적 영향이 더 강했다.

Erb 등(2002)은 이미 형성된 개인의 의견이 다수와 크게 다르면 규범적 영향이 우세하다는 것을 발견하였다. 그러나 개인의 사전 의견이 집단의 다른 구성원들의 의견과 적당히 차이가 나면 영향은 대부분 정보적이었다. 즉 개인 의견과 집단 의견 사이

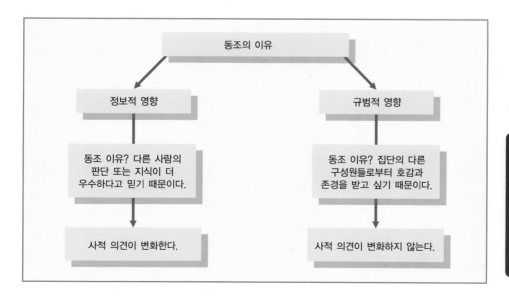

핵심용어

규범적 영향 타인으로부터 호감과 존경을 받고 싶은 사람들의 소망에 기초한 동조

정보적 영향 타인의 지식 또는 판단이 우수하다는 지각에 기초한 동조

의 갈등의 강도가 어떤 영향이 지배적일지를 결정한다.

이론적 고찰

Asch는 자신의 연구에서 참여자들이 진실을 말해야 한다는 도덕적 의무감을 느낀다고 주장하였다. 이런 관점에서 보면 참여자의 75%가 적어도 한 번은 집단 압력에 대한 반응으로 틀린 답을 말하면서 생각없이 동조한 결과는 유감스러운 일이다. 실제로 이런 주장은 여러 면에서 문제가 있다.

첫째, 우리는 동조의 정도를 과장하지 말아야 한다. 약 70%의 참여자가 시행의 50% 이상에서 집단에 저항하였고, 25%는 전혀 동조하지 않았다. 즉 우리는 동조뿐만 아니라 동조를 하지 않는 이유도 설명해야 한다.

둘째, Asch는 많은 참여자가 각성과 디스트레스를 경험한다는 것을 발견하였다. 즉 이들은 정답을 말해야 한다는 것과 집단을 무시하고 싶지 않은 욕구 사이의 갈등을 의식하고 있었다.

셋째, 대다수 참여자의 행동은 전적으로 합리적이라고 볼 수 있다. 집단의 다른 구성원들이 만장일치로 내린 판단을 효과적인 정보라고 생각하는 개인의 판단은 타당해 보인다(Toelch & Dolan, 2015). 무엇보다 중요한 사실은 대부분의 참여자들이 정답과 오답을 섞어서 내놓았다는 것이다. 이들의 오답은 집단의 다른 구성원에게 무례한 존재로 비춰지지 않도록 하면서 집단결속을 보여주는 것이다(Hodges, 2014). 이들의 정답은 자신의 지각능력을 보여주면서 다시 한 번 판단을 생각해보도록 집단의 다른 구성원을 설득하기 위한 것이다(Hodges, 2014). 어쩌면 Asch의 참여자는 비판이 아니라 칭찬을 받아 마땅하다!

평가

➕ 정답이 분명한 이런 쉬운 과제에서 동조는 사람들이 예측하는 것보다 훨씬 더 많이 일어난다.

➕ 동조에 영향을 미치는 여러 요인들(예 : 동맹자의 수, 지지자의 존재 대 부재, 문화권)이 확인되었다.

➕ 많은 연구 결과가 규범적 영향과 정보적 영향으로 설명될 수 있다.

➖ Asch는 참여자의 확고한 신념을 요구하지 않는 사소한 과제를 사용했다.

➖ Asch-유형 과제에서 대다수 참여자의 행동은 비판을 받는다. 그러나 이들의 행동은 집단의 다른 구성원에 대한 존중과 자신의 정확한 시지각을 보여주는 효과적인 방법이라고 할 수 있다.

Serge Moscovici : 소수의 영향

Asch는 집단 내에서 다수가 소수(보통 1명)에게 미치는 영향을 연구하였다. 그러나 소수 또한 다수에게 영향을 끼칠 수 있다. Serge Moscovici는 소수의 영향을 연구한 대표적인 학자이다. 따라서 우리는 그의 연구에 초점을 맞출 것이다.

다수가 소수에게 미치는 영향은 응종인가 아니면 전환인가?

Moscovici(1980)는 이중과정이론에서 소수가 다수에게 어떻게 영향을 미치는지를 다루었다. 그의 이론은 응종과 전환을 구분한다. **응종**(compliance)은 다수가 소수에게 영향을 미칠 때 주로 일어난다. 이것은 다수의 권력에 기초하고 보통 다수와의 공적 동의(사적일 필요는 없다)를 포함하고 있다. 응종은 생각을 깊게 하지 않으면서 빠르게 일어난다.

전환(conversion)은 소수가 다수에게 미치는 영향을 말한다. 이것은 다수가 소수의 관점이 옳다고 설득되어야 일어난다. 전환은 다음 조건에서 가장 잘 발생한다:

1. 일관성 : 소수의 관점은 일관적이어야 한다.
2. 유연성 : 소수의 관점 제시 방식이 융통성이 없거나 독단적으로 보여서는 안 된다.
3. 헌신 : 헌신적인 소수는 다수로 하여금 소수의 위치에 대해 다시 한 번 생각하게 만든다.

전환은 다수의 구성원들 사이에서 공적 동의뿐만 아니라 사적 동의도 만들어낸다. 일반적으로 전환은 응종보다 시간이 더 오래 걸리고 인지적 갈등을 경험하거나 생각을 많이 한 후에 일어난다.

연구 결과

Wood 등(1994)은 Moscovici의 이중과정이론이 예측하는 세 가지 동조 효과를 확인하였다.

1. **공적 영향** : 집단 앞에서 일어나는 개인의 행동이 타인의 관점에 의해 영향을 받는다. 이것은 주로 다수가 소수에게 영향을 미칠 때 일어난다.
2. **직접적인 사적 영향** : 집단에서 논의되고 있는 주제에 대한 개인의 사적 의견에서 변화가 일어난다. 이것은 주로 소수가 다수에게 영향을 미칠 때 발견된다.
3. **간접적인 사적 영향** : 관련 주제에 대한 개인의 사적 의견이 변화한다. 이것은 다수가 소수의 영향을 받을 때 주로 발견된다.

Wood 등(1994)은 위 세 효과와 관련된 연구들을 개관하였다. 예측대로 다수의 공적

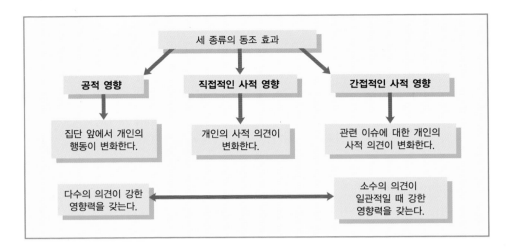

영향이 소수의 공적 영향보다 더 크다는 것이 대부분의 연구에서 발견되었다. 또한 예측대로 다수보다 소수의 간접적 사적 영향이 더 컸는데, 특히 소수의 의견이 일관적일 때 그러했다. 그러나 Moscovici의 이론과 반대로 소수보다 다수의 직접적 사적 영향이 더 큰 것으로 나타났다.

Nemeth 등(1990)은 Moscovici의 예측대로 소수가 다수보다 집단 구성원들로 하여 금 정보처리를 더 깊게 하게 만든다는 것을 발견하였다. 참여자들은 단어 목록을 경청하였다. 참여자의 주의는 다수 또는 소수가 제시하는 특정 범주에 속하는 단어들에 맞추어졌다. 그런 다음 단어에 대한 회상검사를 실시하였다. 소수에 의해 참여자의 주의가 돌려지는 조건에서 회상검사 결과가 훨씬 더 우수했는데, 이 단어들이 더 깊게 처리되었기 때문으로 보인다.

David와 Turner(1999)는 소수가 내집단의 일부로 지각되는 경우에만 소수 영향이 일어날 것이라고 주장하였다. 참여자는 소수의 극단적인 페미니스트 관점에 노출된 중도적인 페미니스트들이었다. 페미니스트 대 비페미니스트의 대결 상황일 때, 즉 극단적인 페미니스트가 내집단의 일부일 때에는 소수의 관점이 참여자에게 영향을 미쳤다. 그러나 중도적인 페미니스트 다수와 극단적인 페미니스트 외집단 사이가 비교되는 상황에서는 극단적인 페미니스트 관점은 효과가 없었다.

평가

➕ 소수도 종종 다수에게 영향을 미친다.

➕ 다수에 대한 소수의 영향은 공적 동의보다는 주로 사적 동의의 형태로 일어난다. 이와 반

대로 다수가 소수에게 영향을 미칠 때는 사적 동의보다 공적 동의의 형태로 나타난다.

- 일반적으로 소수는 다수와 여러 면에서 차이가 있다(예 : 권력, 지위). 다수와 소수가 발휘하는 사회 영향의 차이는 집단 내 다수와 소수의 입장이 아닌 권력 또는 지위 때문일 수 있다.

- Moscovici는 다수와 소수의 영향 차이를 과장하였다. Smith와 Mackie(2000, p. 371)가 지적하였듯이 "소수의 반대가 합의를 이끌어내고, 오류(예 : 명백한 편향)를 피하게 하고, 사적 동의를 유발할 때 소수는 영향력을 가진다. 이와 동일한 과정이 영향력을 발휘하는 모든 집단에서 발생하고 있다."

권위에의 복종

다른 사람들 위에 군림할 수 있는 권력과 권위가 특정 개인에게 주어져 있는 것은 거의 모든 사회에서 보편적이다. 우리 사회는 부모, 교사, 관리자에게 다양한 정도의 권위를 부여하고 있다. 일반적으로 이것은 이해가 된다−의사가 우리에게 약을 하루에 세 번 복용하라고 말하면, 의사는 전문가이고, 우리는 더 생각하지 않고 들은 대로 행동한다.

권위에의 복종과 동조는 사회 영향이라는 점에서는 비슷하다. 그러나 권위에의 복종 연구는 다음 세 가지 면에서 동조 연구와 차이가 있다. 첫째, 참여자가 무엇을 할지 자유롭게 결정하는 것이 아니라 특정 방식으로 행동하라는 명령을 받는다. 둘째, 복종 연구의 참여자는 명령을 내리는 사람보다 일반적으로 지위가 더 낮지만, 동조 연구의 참여자는 집단의 다른 구성원과 동등한 지위를 가진다. 셋째 복종 연구에서 참여자의 행동은 **사회 권력**(social power)에 의해 결정되지만 동조 연구에서는 주로 인정에 대한 욕구가 영향을 미친다.

사람이 어느 정도까지 권위에 복종하는지를 아는 것은 중요하다. 만일 권위자가 잘못된 명령을 내리면 당신은 어떻게 하겠는가? 이 질문에 대한 답변으로 가장 유명한 연구가 Stanley Milgram에 의해 수행되었다.

권위에의 복종에 대한 Milgram의 연구에서 복종은 사람들의 예측보다 더 많았는가? 아니면 더 적었는가?

Stanley Milgram

1960대 초 미국 예일대학교에서 수행된 Milgram의 연구에서 한 쌍의 참여자가 간단한 학습검사로 알고 실험에 참여하였다. 실험에서 '선생'은 '학습자'의 틀린 답에 전기충격을 주었고 전기충격의 강도는 매번 증가하였다. 180볼트의 강도에서 학습자는 "더 이상 고통을 참을 수 없어요!"라고 큰 소리로 외쳤으며, 270볼트의 강도에서 학습

핵심용어

사회 권력 다른 사람의 태도와 행동을 변화시키는 데 개인이 사용할 수 있는 힘

자의 유일한 반응은 고통스러운 비명뿐이었다. 실험에서 사용된 전기충격의 최고 강도는 450볼트였다.

당신이라면 이 상황에서 최고 450볼트(죽음에 이를 수 있는)의 전기충격을 주겠는가? 유명한 의과대학의 정신의학자들은 450볼트까지 가는 사람이 1,000명 중 1명에 불과할 거라고 예측하였다. 그러나 실제로는 Milgram의 참여자들 중 65%가 최고 강도의 전기충격을 주었다. 이것은 전문 정신의학자들이 예측했던 것보다 650배 더 많다!

Milgram은 권위에의 복종을 감소시키는 두 가지 주요 방법을 발견하였다.

1. 학습자의 곤경을 분명히 드러나게 만든다.
2. 실험자의 영향력 또는 권위를 감소시킨다.

첫 번째 방법은 다음 네 가지 상황에서 복종을 비교하여 증명하였다(괄호 안의 수치는 최고 강도까지 복종한 참여자의 비율이다).

- 원격 피드백 : 희생자를 볼 수도 없고 목소리를 들을 수도 없지만 벽을 쿵쿵 치는 소리는 들을 수 있다(66%).
- 목소리 피드백 : 희생자의 목소리를 들을 수 있지만 볼 수는 없다(62%).

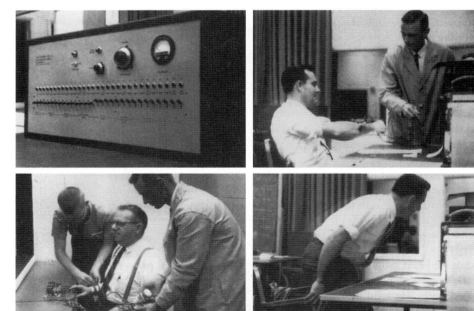

사진은 참여자의 65%가 '학습자'에게 치명적인 전기충격을 주었던 Milgram의 실험상황을 보여준다. 학습자는 실험동맹자로 'Mr. Wallace'라는 47세의 회계사가 맡았다. 사진에 실험자와 진짜 참여자인 '선생'도 보인다.

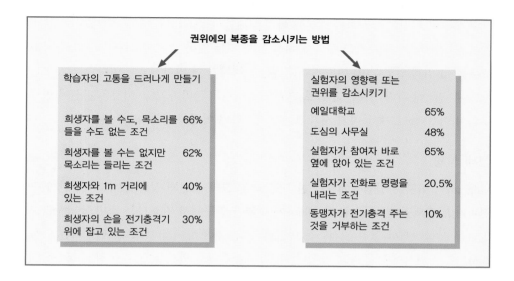

- 근접 : 참여자는 희생자와 겨우 1m 떨어져 있다(40%).
- 접촉−근접 : 근접 조건과 비슷하지만 참여자는 학습자의 손을 잡고 전기충격 판에 대고 있어야 했다(30%).

또한 Milgram은 예일대학교가 아닌 도심의 사무실에서 실험을 수행하여 실험자의 권위를 감소시켜 보았다. 그러자 예일대학교에서는 65%였던 복종 비율이 도심의 사무실에서 48%로 감소하였다. 전화 통화로 명령을 전달하여 실험자의 영향력을 감소시키자 복종은 20%까지 떨어졌다.

앞에서 논의한 모든 요인들이 복종 감소에 효과적인 이유는 참여자가 학습자 또는 희생자와의 동일시를 증가시켰기 때문이다(Reicher et al., 2012). 반대로 학습자의 고통을 인식하기 어렵게 만들거나 실험자의 권위를 증가시키면 참여자가 실험자와 동일시하기 때문에 복종을 증가시킨다(Reicher et al., 2012).

Milgram의 실험 방법을 사용한 연구들은 매우 높은 수준의 복종을 보고한다. 이탈리아, 독일, 오스트리아, 네덜란드에서 마지막까지 복종한 참여자의 비율이 80% 또는 그 이상이었다(Bond & Smith, 1996a).

복종의 이유

Burger(2011)는 Milgram 실험의 몇 가지 특징 때문에 그의 연구에서만 높은 수준의 복종이 나타난다고 주장하였다. 첫째, 실험자는 걱정하는 참여자에게 발생할 모든 것에 대한 책임을 자신이 지겠다고 말하였다. 참여자가 자신에게도 책임이 있다는 말을 들으면 복종이 현저히 감소하기 때문에 이것은 대단히 중요하다(Tilker, 1970).

둘째, 참여자가 학습자의 항의를 처음 듣게 되는 것이 **열 번째** 시행이다. 학습자의 고통을 더 일찍 알았다면, 복종을 거부하는 참여자가 더 많아졌을 것이다.

셋째, 전기충격의 강도는 15볼트 간격으로 서서히 증가하였다. 이것은 자신이 언제부터 비이성적으로 행동하기 시작했는지 자각하기 어렵게 만든다.

실제 상황

Milgram의 연구는 실험실에 기초한 연구였다. 그러나 실제 상황에서도 비슷한 연구 결과가 발견되었다. Hofling 등(1966)이 수행한 연구에서 간호사는 스미스 박사라고 말하는 사람에게서 걸려온 전화를 받았다. 그는 간호사에게 아스트로텐이라는 약물 20mg을 한 환자에게 주라고 말했다. 간호사는 스미스 박사를 알지 못하고 복용량이 최대 안전 양보다 훨씬 많았기 때문에 이 지시를 거절했어야 한다. 그러나 95%의 간호사가 이 지시에 복종하였다.

비슷한 결과가 미국 병원의 약물 실수에 관한 연구에서도 발견되었다(Lesar et al., 1997). 그러나 Rank와 Jacobsen(1977)의 연구에서는 환자에게 초과 용량의 바륨(신경안정제의 일종)을 투약하라는 의사의 지시에 복종한 간호사의 비율이 11%에 불과하였다. 이런 낮은 복종 비율은 결정을 내리기 전에 간호사가 다른 간호사와 의논할 수 있었을 때 일어났다.

이론적 고찰

Milgram(1974)은 그의 실험에서 많은 사람이 마지막까지 복종하는 이유가 이들이 대리인 상태(agentic state)였기 때문이라고 주장하였다. 이런 상태에서 참여자는 권위적 인물(예 : 실험자)의 도구가 되어 양심에 따라 행동하기를 멈춘다. 대리인 상태에 있는 사람은 "나는 그것을 하라는 명령을 받은 것이기 때문에 책임이 없다"라고 생각한다. 앞에서 보았듯이 Milgram은 참여자에게 문제가 생기면 자신이 모든 것을 책임지겠다는 말을 하였다. 즉 그는 자신의 대리인 상태 이론에 유리하도록 실험을 조작하였다.

Milgram에 따르면 대리인 상태를 받아들이는 경향성은 "자연이 우리 안에 설계해 놓은 치명적인 약점이다". 그는 자신의 연구 결과와 나치 독일 사이의 연계성을 주장하였다. 그러나 Milgram의 주장은 과장되었다. 실험 참여자들은 높은 긴장 수준과 디스트레스를 경험하였는데, 이것은 이들이 개인적 책임을 모두 버린 것이 아니라는 의미이다. 이런 참여자들은 실험자의 요구와 자신의 양심 사이에서 강한 갈등을 경험하

핵심용어

대리인 상태 권위적 인물에 의해 통제된 감정과 그로 인해 개인 책임감이 사라진 상태

였다고 볼 수 있다. 그렇지만 대부분의 나치는 도덕적 문제에 무관심하였다.

또 다른 중요한 차이가 있다. 첫째, Milgram 연구에는 참여자가 인간의 학습과 기억에 관한 연구 발전에 기여한다는 긍정적인 가치가 내재되어 있었지만, 나치 독일에서는 인종적 우월감과 관련된 끔찍한 생각들이 자리 잡고 있었다. 둘째, Milgram 연구에서는 참여자가 복종을 할 수밖에 없도록 지켜보는 사람이 있었지만 나치 독일의 경우 반드시 그런 것은 아니었다.

Haslam 등(2015)은 Milgram 실험의 복종에 대한 대안 설명을 제시하였다. 이들은 많은 참여자들이 자신을 실험자와 실험의 배경이 되는 학문적 목표와 동일시하였다고 주장하였다. 본질적으로 참여자가 보여준 것은 Milgram이 주장하는 수동적 복종이 아니라 '적극적인 지지'라는 것이다. 이런 해석은 Milgram의 연구에 참여하였던 참여자의 보고에 의해 지지되었다. 약 절반의 참여자들이 실험에 매우 적극적으로 참여하였고 실험 참여에 대해서도 긍정적으로 생각하였다.

Haslam 등(2015, p. 79)은 다음과 같이 결론 내렸다: "사람은 타인에게 위해를 가할 수 있다. 자신이 잘못된 행동을 하고 있다는 것을 자각하지 못해서가 아니라 오히려 적극적인 지지자로 자신이 무엇을 하고 있는지 잘 알고 있으면서 그것이 옳다고 믿기 때문이다."

평가

- ➕ Milgram의 주요 발견은 심리학 역사상 가장 놀라운 결과에 속한다(당신이 그의 실험절차를 자세히 살펴본다면 덜 놀라겠지만).
- ➕ Milgram의 발견은 일상의 많은 상황과 직접적인 관련이 있다(예 : 의사와 간호사의 상호작용).
- ➖ Milgram의 대리인 상태 개념은 한계가 있다—대부분의 참여자들이 실험자에 대한 복종으로 정서적 디스트레스를 경험했다.
- ➖ Milgram은 그의 참여자가 '적극적인 지지자' 역할을 수행하려고 한 정도를 과소평가하였다.
- ➖ Milgram은 그의 연구 결과를 나치 독일의 공포에 적용할 수 있는 정도를 과장하였다.
- ➖ Milgram 연구에는 심각한 윤리적인 문제들이 존재하였다. 참여자는 동의서를 제출하지도 않았고, 원할 때 실험실을 떠날 수 있는 자유도 없었다.

집단의 의사결정

우리는 보통 의사결정에서 개인보다 집단이 더 신중할 것이라고 생각한다. 예를 들어, 집단의 의사결정이 모든(또는 대다수) 집단 구성원의 평균적인 견해를 반영하는 것으로 보기 때문이다. 그러나 실제로는 **집단극화**(group polarisation), 즉 논의 전 구성원들의 평균 의견보다 더욱 극단적인 의사결정을 만들어내는 집단 논의 경향성이 일어난다(Vaughan & Hogg, 2014, p. 314).

어떤 요인들이 집단극화에 영향을 미치는가? 첫째, 사회비교이다. 집단 내 개인은 다른 구성원들로부터 긍정적인 평가를 받고 싶어 한다. 이들은 자신보다 사회적으로 바람직한 목표에 더 가까운 의견을 가진 다른 구성원을 보면, 자신의 의견을 바꿀 것이다. Isenberg(1986)는 수많은 연구를 개관해보았다. 사회비교는 집단극화에 확실히 강력한 영향을 미치고 있었는데, 사실적 이슈보다 가치관이나 정서가 포함된 주제에 대한 논의에서 특히 그러하였다.

둘째, 집단극화는 설득력 있는 주장에 의해 영향을 받는다. 집단의 대다수 구성원이 특정 의견을 지지한다고 가정해보자. 논의가 일어나는 동안 개인은 자신의 입장을 지지하는 새로운 주장을 듣게 될 가능성이 높다(Larson et al., 1994). 그 결과 이들의 의견은 점점 더 극단적으로 변화한다. Isenberg(1986)는 설득력 있는 주장이 집단극화에 강력한 효과를 미친다는 것을 발견하였다. 집단이 정서적 이슈보다 사실적 이슈에 대해 논의할 때 특히 그러하였다.

셋째, 내집단 구성원들은 다른 집단과 자신의 집단을 구분하고 싶어 한다. 어떤 내집단이 신중한 외집단과 대면하고 있는 상황을 생각해보자. 이들은 보다 모험적인 의사결정으로 자신들을 외집단과 구분할 수 있다(Hogg et al., 1990). 이와 유사하게 모험적인 외집단과 마주하는 내집단은 보다 신중한 결정을 내림으로써 외집단과 자신을 구분할 수 있다(Hogg et al., 1990).

집단사고

집단극화에 이르는 과정은 심각한 결과를 가져올 수 있다. 특히 집단이 **집단사고**(groupthink), 즉 만장일치에 도달하려는 욕구가 적절하고 합리적인 의사결정 절차를 수용하려는 동기를 짓밟아 버리는 매우 응집력 있는 집단의 사고양식에 빠질 때 그러하다(Hogg & Vaughan, 2005, p. 339). 집단사고의 특징에는 반대 의견의 억압, 집단 합의의 과장, 집단 능력에 대한 과신이 있다.

현실 세계에서 집단사고는 참혹한 의사결정을 유발한다. 예를 들어 Sorkin(2009)은

집단사고는 강한 리더를 가진 집단과 약한 리더를 가진 집단 중 어느 집단에서 더 많이 발생하는가?

핵심용어

집단극화 극단적인 의사결정을 만들어내는 집단의 경향성

집단사고 반대 의견을 억압하면서 집단 내에서 합의를 이루려는 집단 압력, 참담한 의사결정을 낳을 수 있다.

2008년 미국의 여러 대형 은행의 파산 뒤의 숨은 요인들을 분석하였다. 이런 조직들에는 짧은 기간 동안 엄청난 이윤을 창출하는 위험을 수용하는 문화가 존재하고 있었다. 은행이 감수해야 하는 심각한 위험에 우려를 표했던 위험 평가자의 의견은 무시되었고 심지어 해고되었다는 사실이 드러났다.

Janis(1982)는 5개의 요인이 집단사고의 발생 가능성을 증가시킨다고 주장하였다.

1. 집단의 결속력이 매우 강하다.
2. 집단은 소수의 의견만을 고려한다.
3. 집단은 집단 외부에서 오는 정보로부터 고립되어 있다.
4. 스트레스가 많다(예 : 시간 압력, 위협적인 상황).
5. 매우 독단적인 리더가 집단을 지배하고 있다.

연구 결과

Tetlock 등(1992)은 Janis(1982)가 자신의 집단사고 이론을 증명하기 위해 사용한 8개의 실제 사건을 상세히 살펴보았다. 집단사고를 보이는 집단에는 강한 리더가 존재하고 동조도 더 많이 일어나고 있었다. 그러나 Janis의 이론과는 반대로, 집단사고를 보이는 집단의 결속력은 다른 집단보다 더 약했고, 스트레스 상황에의 노출은 중요한 요인이 아니었다. 작업장에서의 높은 집단 결속력은 충성심과 생산성 증가 같은 긍정적인 결과를 가져온다(Haslam et al., 2006).

Baron(2005)은 지지 증거를 들어 집단사고 징후들(예 : 반대 의견의 억압)이 파국적인 의사결정을 내리는 집단에만 한정된 현상이 아니라 대다수 집단에 존재하고 있다고 강하게 주장하였다. Peterson 등(1998)은 최고관리집단의 좋은 의사결정과 나쁜 의사결정을 연구하였다. Janis의 이론과는 반대로 집단사고의 징후들은 나쁜 의사결정뿐만 아니라 좋은 의사결정이 일어났을 때에도 존재하였다.

Baron(2005)은 Janis(1982)가 집단사고를 유발한다고 보았던 다섯 가지 요인들에 관한 연구들을 개관하였다. 이 요인들이 때로는 집단사고의 발생 가능성을 증가시켰다. 그러나 대부분의 집단이 집단사고가 없을 때에도 집단의 합의를 이루려고 노력하기 때문에 이것들이 집단사고의 발생에 반드시 필수적인 것은 아니다.

Baron(2005)은 집단의 의사결정이 좋든 나쁘든 정보처리과정은 동일하다고 결론내렸다. 그렇다면 좋은 또는 나쁜 의사결정의 결정적 요인은 무엇일까? 많은 것이 집단 내에서 공유하는 지식의 질에 달려있다. 대부분의 나쁜 의사결정은 편향된 지식이나 과제에 부적합한 지식을 공유하는 집단에서 일어난 반면에, 좋은 의사결정은 편향되지 않고 적절한 지식을 가진 집단에서 일어났다(Tindale et al., 2012).

평가

➕ 집단사고는 현실세계의 많은 참혹한 의사결정에서 중요한 역할을 한다.

➕ Janis의 예측대로 강한 리더와 동조에의 압력 같은 요인들이 집단사고의 발생 가능성을 증가시킨다.

➖ Janis는 집단사고의 발생에 미치는 집단 결속력의 역할과 위협 상황에의 노출의 역할을 과장하였다.

➖ 집단사고의 징후들은 대부분의 집단(실패한 집단뿐만 아니라 성공적인 집단에도)에 존재하고 있으며 Janis가 가정하는 것보다 훨씬 더 많이 발견된다.

권력 : 사회 역할

사회 역할(social role)은 우리가 매일 여러 다른 사회집단의 구성원으로서 하고 있는 역할을 말한다. 평소 당신이 하고 있는 사회 역할로 친구 역할과 학생 역할이 있을 것이다. 사회 역할이 행동에 어떤 영향을 미치는지를 살펴본 유명한 연구가 스탠퍼드 교도소 실험이다. 이 연구는 교도소의 교도관이 죄수에게 권력을 행사하는 매우 분명한 사회 역할을 가지고 있다는 가정에 기초하여 수행되었다.

스탠퍼드 교도소 실험

1960년대 미국 교도소에서는 교도관이 죄수를 무차별적으로 폭행하는 사건이 많이 일어났다. 왜 이런 만행이 벌어지는 것일까? 교도관이 공격적인 또는 가학적인 성격을 가지고 있기 때문일 수 있다. 아니면 엄격한 권력 구조로 이루어진 교도소라는 사회 환경이 원인일 수 있다.

Zimbardo는 이 두 가능성 중 어느 것이 옳은지를 결정하기 위해 스탠퍼드 교도소 실험을 실시하였다(Haney et al., 1973). 정서적으로 안정된 학생들이 모의 교도소에서 '교도관'과 '죄수' 역할을 수행하였다. 가학적인 성격의 교도관을 사용하지 않았는데도 적개심이 나타난다면, 교도소의 사회 환경(교도관의 사회 역할)이 적개심을 유발한다는 의미이다.

어떻게 되었을까? 원래 14일 동안 진행하기로 계획했던 실험은 6일 만에 중단되었다. 실험 시작 이틀 만에 폭력과 반란이 일어났다. 죄수들은 자신의 옷을 찢고 교도관

핵심용어

사회 역할 적합한 행동에 대한 특정 기대를 기반으로 사회집단의 구성원으로서 하고 있는 역할

들에게 소리를 지르고 악담을 하였다. 그러자 교도관들은 소화기를 사용하여 이들의 반란을 폭력적으로 진압하였다. 한 죄수는 정서적 혼란의 징후(예 : 사고의 혼란, 통제가 불가능한 울음)를 너무 많이 보여서 하루 만에 실험을 그만두어야 했다.

시간이 흐르면서 죄수들은 점점 진정되고 순종적이 되었으며 구부정한 자세로 시선은 바닥에 고정하고 걸어 다녔다. 이와 동시에 교도관의 폭력, 괴롭힘, 공격성은 증가하였다. 예를 들어, 그들은 죄수를 독방에 감금하고, 맨손으로 변기 청소를 시키고, 잠을 재우지 않았다.

Zimbardo는 모의 교도관들이 그들이 맡은 역할 때문에 공격적이 되었다고 주장하였다. 그러나 몇 년 후 실험결과에 미친 Zimbardo의 영향력이 그가 당시에 기술했던 것보다 훨씬 더 컸다는 사실이 드러났다. 그는 교도관들에게 다음과 같이 말했다: "당신은 죄수들에게 어느 정도의 공포심을 유발할 수 있어야 합니다… 이 상황에서 모든 권력은 우리에게 있습니다. 그들은 힘이 없습니다"(Zimbardo, 2007, p. 55).

영국의 연구

2001년 12월 영국의 연구자들이 스탠퍼드 교도소 실험과 유사한 연구를 수행했다. 그러나 연구 결과는 매우 달랐다(Reicher & Haslam, 2006). 죄수들은 자신의 역할에 점점 충실해졌지만 교도관들은 자신의 역할과 동일시하지 못하였다. 그 결과 교도관들은 죄수들 앞에서 권위를 발휘하지 못하였고 나중에는 꼼짝 못하게 되었다.

연구 결과가 스탠퍼드 교도소 실험결과와 이렇게까지 다른 이유는 무엇일까? 첫째, BBC 연구에서는 Zimbardo가 공격적으로 행동하라고 교도관에게 가한 것 같은 압력이 존재하지 않았다. 둘째, BBC 교도소 연구에서 교도관들은 수백만 명의 텔레비전 시청자들이 볼 거라는 것을 알고 있었다.

평가

➕ Zimbardo는 상황 요인이 행동에 극적인 효과를 발생시킨다는 것을 분명히 보여주었다.

➕ Zimbardo는 안정적인 사람도 자신의 권력을 잘못 사용할 때가 있다는 것을 확인하였다.

➖ 몇몇 교도관은 폭력적으로 행동하지 않았고, 이것은 상황이 전부가 아니라는 것을 보여준다(Haslam & Reicher, 2012).

➖ 교도관이 행한 폭력 중 많은 것은 단순히 Zimbardo의 요구를 따랐기 때문에 일어났다. 교도관 중 한 명(John Mark)에 따르면, "Zimbardo는 일부러 긴장을 만들어내려고 했다. 강제적 수면 박탈 같은 경우, 그는 분명히 선을 넘었다… 그는 자기가 원하는 것을 알고 있었고 실험결과를 만들어내려고 했다"(Mark, 2011).

- Zimbardo의 연구 결과를 반복 검증하는 데 실패한 BBC 연구는 행동에 미치는 상황 요인의 중요성에 의문을 던졌다.

- Haney와 Zimbardo(2009)는 스탠퍼드 교도소 실험결과가 성격의 개인차가 중요하지 않다는 것을 보여준다고 주장하였다. 그러나 이들은 상이한 성격 유형이 행동에 미치는 효과를 비교한 적이 없기 때문에, 성격이 차이를 만들어냈는지는 알 수 없다.

- 사람들을 수모와 적개심에 노출시켰다는 심각한 윤리적인 문제가 존재한다.

군중행동

군중 속의 사람은 혼자 또는 친구 몇 명과 있을 때와는 다르게 행동하는 경우가 종종 있다. 예를 들어 20세기 초반 미국 남부에서 2,000여 명의 죄 없는 사람들이 살해당하는 사건이 발생하였다(대다수가 흑인). 만일 이들이 정서적으로 흥분한 군중이 아니었다면 그와 같은 행동을 하지 않았을 것이다. 더 최근 사건으로는 2011년 8월 영국의 런던과 다른 도시에서 발생한 폭동이 있다.

Le Bon(1895)은 군중 또는 폭도 내 개인 익명성으로 인해 정상적인 사회 제약이 사라지는 것 때문에 폭력과 공황 사태가 유발된다고 주장하였다. 이와 유사하게 Zimbardo(1970)도 높은 각성과 익명성이 보장되는 상황에서 개인 정체성의 상실을 의미하는 **몰개성화**(deindividuation)의 중요성을 강조하였다.

군중행동에 대한 부정적인 관점은 많이 알려져 있다. Schweingruber와 Wohlstein (2005)은 다음과 같은 군중의 특징을 확인하였다: (1) 즉흥적, (2) 파괴적, (3) 비이성적, (4) 강한 정서, (5) 타인의 영향을 받기 쉽다(마지막 두 특징은 군중 내 익명성과 만장일치로 인해 일어난다).

이런 관점에 따르면 군중은 보통 반사회적이고 공격적으로 행동할 것이다. Reicher 등(1995)은 그들의 사회정체성이론에서 군중행동에 대한 보다 긍정적인 접근을 제안하였다. 이들은 몰개성화된 개인이 사회적 제약으로부터 자유로워지면서 억제를 못한다는 관점을 인정하지 않았다. Reicher 등은 거의 정반대의 일이 일어날 수 있다고 주장하였다. 즉, 몰개성화된 개인의 행동은 군중의 **규범**(norms)에 의해 강한 영향을 받기 때문에 반사회적인 행동으로 나아가지 않을 수도 있다는 것이다.

Drury와 Reicher(2010, p. 61)는 다음과 같은 개념을 만들어냈다: "군중 속의 개인들은 위급상황 동안의 공통 경험에 기초한 공동의 사회 정체성을 발달시킨다. 이 공동 정체성은 연대감을 촉진시키고, 협조적이고 이득이 되는 행위들 또는 '집단 탄력성'이라고 부르는 것을 낳는다."

군중의 구성원에게 몰개성화가 일어나면 군중은 사회규범과 집단규범을 따르는가 아니면 무시하는가?

핵심용어

몰개성화 개인 정체성의 상실, 대규모 집단 또는 군중에서 일어날 수 있다.

규범 한 집단 또는 일반적으로 사회 안에서 작용하는 행동 규칙 또는 표준

현실 속으로 : 집단 패닉

Drury와 Reicher(2010, p. 60)가 지적하였듯이, "사람들이 미친 듯이 아무 방향으로 달려가면서 발작적으로 소리를 지르는 장면이 없는 할리우드 재난 영화는 없다". 이것은 일반인의 가정과도 일치하는데, 사람들의 80%가 위협적인 상황에서 군중이 패닉에 빠진다고 믿고 있다(Dezecache, 2015).

극장 화재 보고서를 보면 분명히 이런 가정을 지지하는 증거들을 발견할 수 있다(예 : 1942년 보스턴의 코코넛 그로브 극장의 화재로 492명이 사망했다). 그러나 이런 화재들을 세심하게 분석한 결과는 부적절한 건물 구조와 부족한 비상출구가 패닉보다 더 중요한 역할을 했다는 것을 보여준다(Chertkoff & Kushigian, 1999).

지금부터 우리는 위급상황에 맞닥뜨렸을 때 군중이 패닉에 빠진다는 주장에 대해 논의할 것이다. 이제 보게 되겠지만 이 관점을 지지하는 증거는 매우 적다.

Drury와 Reicher(2010)는 2005년 7월 7일 런던에서 폭발물이 터질 때 그 자리에 있었던 많은 사람들을 인터뷰하였다. 대다수가 그날 연대의식을 경험하였고, 수많은 긍정 단어들을 사용하여 감정을 기술하였다(예 : '통합', '친밀감', '집단의 일원', '따뜻함'). 나는 폭발이 일어났을 때 런던의 중심부에서 일하고 있었기 때문에 런던 사람들 대부분이 결속력과 침착함을 보여주었다고 보증할 수 있다.

Dezecache(2015)는 다른 많은 집단의 위급상황 사례들을 살펴보았다. 많은 증거가 Drury와

Reicher(2010)의 결과와 전적으로 일치하였다. 예를 들어, Proulx와 Fahy(2004)는 2001년 9월 9일 뉴욕 월드 트레이드 센터 공격에서 살아남은 435명에게서 직접 얻은 보고서를 분석하여 보았다. 이런 보고서의 46%에서 상호간의 도움이 발견되었고, 생존자의 57%가 다른 사람들이 상황에 차분하게 반응하였다고 인식하고 있었다.

Drury 등(2009)은 11개의 집단 위급사건의 생존자 인터뷰를 분석하였다. 이들은 인터뷰한 사람들의 57%가 집단의 다른 구성원들과 자신을 강하게 동일시한다는 것을 발견하였다. 강한 동일시를 보인 사람들은 자신이 다른 구성원들과 공동 운명체라는 느낌을 더 많이 발달시켰고, 다른 생존자를 도울 가능성도 더 높았다.

요약하면 군중의 구성원들은 집단 위급상황에 맞닥뜨리면 공동 사회 정체성을 발달시키는 것으로 반응한다. 이런 공동 정체성은 군중의 구성원들에게 안전감을 느끼게 해주고 다른 사람들이 도와줄 것이라는 기대를 증가시킨다(Alnabulsi & Drury, 2014). 그 결과 이들은 패닉에 빠지거나 이기적으로 행동하기보다 오히려 다른 사람들을 돕게 된다. Dezecache(2015, p. 209)의 결론처럼 "공통의 위협이 사회구조의 붕괴를 낳는 것이 아니라 오히려 사회 결속력을 강화시킬 수 있다."

연구 결과

몇몇 증거들은 Zimbardo(1970)의 몰개성화 이론을 지지한다. Mann(1981)은 다리 또는 건물에서 뛰어내려 자살을 시도하는 사람을 지켜보는 군중에 관한 신문 기사들을 분석해보았다. 지켜보고 있던 군중이 몰개성화 상태일 때(군중이 많거나 사고가 어둠 속에서 일어날 때) 자살을 방조할 가능성이 더 높았다.

Silke(2003)는 북아일랜드에서 일어난 500개의 폭행 사건들을 분석하였다. 변장한 범죄자(몰개성화가 일어난)가 희생자에게 더 심각한 신체적 부상을 입혔다.

Postmes와 Spears(1998)는 집단과 군중의 행동에 대한 연구를 개관하였다. 몰개성화는 반사회적 행동을 아주 약간만 증가시켰다. 더 중요한 것은 몰개성화가 개인에게서 집단 규범을 고수하려는 경향성을 증가시킨다는 것이다. 이것은 보통 긍정적인 효과를 만들어냈다('현실 속으로 : 집단 패닉' 글상자 참조).

평가

➕ 군중 속의 개인들은 종종 몰개성화를 경험한다.

➕ 몰개성화가 집단 규범을 따르려는 경향성을 증가시킨다는 강력한 증거가 존재한다.

➕ 사회 정체성 모형은 군중행동에 미치는 몰개성화의 다양한 효과를 포함하여 대부분의 연구 결과를 설명한다.

➖ 군중의 구성원들은 보통 유쾌한 기분과 흥분을 경험하지만, 사회 정체성 모형은 이런 정서 상태에 대해 말해주는 것이 거의 없다.

➖ '사회 정체성'과 '집단 규범'을 측정하기가 쉽지 않다.

요약

- Asch의 실험 상황에서, 특히 참여자가 자신이 집단의 다른 구성원들과 비슷하다고 생각할 때, 중간 정도의 동조 효과가 발생한다.

- Asch의 실험 상황에서 동조는 규범적 영향과 정보적 영향에 달려있다.

- 다수는 주로 응종을 통해 소수에게 영향을 미치는 반면에 소수는 전환을 통해 다수에게 영향을 미친다.

- Milgram의 연구에서 학습자의 고통이 드러나거나 실험자의 권위가 줄어들면, 마지막까지 복종하는 참여자의 비율이 감소한다.

- Milgram은 참여자가 대리인 상태에 빠지는 정도를 과장하였다. 실제로는 많은 참여자가 긍정적인 생각을 가지고 실험에 참여하였고 자신의 행동이 옳다고 믿고 있었다.

- 집단극화는 사회 비교, 설득력 있는 주장, 자신의 집단과 다른 집단을 구분하고 싶은 집단 구성원의 욕구에 의해 영향을 받는다.

- 집단사고는 강한 리더와 동조에의 압력이 집단 내에 존재할 때 일어나기 쉽고, 비성공적인 집단뿐만 아니라 성공적인 집단에서도 관찰된다.

- 스탠퍼드 교도소 실험은 미국 교도소의 폭력성이 교도소 내의 권력 구조 때문이라는 것을 보여주었다. 그러나 실험설계에 문제가 있었고 연구 결과는 반복 검증되지 않았다.

- 군중 내 몰개성화가 즉흥적이고 공격적인 행동을 만들어낸다는 주장이 있다. 실제로는 집단 규범을 고수하려는 개인의 경향성을 증가시킨다.

- 심각한 위급상황에 맞닥뜨린 군중은 패닉에 빠지는 경향이 있다고 알려져 있다. 그러나 실제로 군중은 차분하게 반응하고, 공동의 사회 정체성을 발달시키고, 서로를 돕는 일이 훨씬 더 많이 일어난다.

더 읽을거리

- Burger, J.M. (2011). Alive and well after all these years. *Psychologist*, *24*, 654–657. Jerry Burger는 Migram이 대다수 참여자들이 대안이 없다고 느끼고 권위에 극단적인 복종을 하도록 어떻게 실험을 연출했는지 아주 명확하게 보여준다.
- Dezecache, G. (2015). Human collective reactions to threat. *Wiley Interdisciplinary Reviews: Cognitive Science*, *6*, 209–219. 이 논문은 군중이 위협적인 상황에서 집단 패닉 대신에 연대의식을 가지고 행동한다는 것을 보여준다.
- Hodges, B.H. (2014). Rethinking conformity and imitation: Divergence, convergence, and social understanding. *Frontiers in Psychology*, *5* (Article 726). Bert Hodges는 Asch의 동조 연구가 어떻게 잘못 이해되고 해석될 수 있는지를 보여준다.
- Vaughan, G.M., & Hogg, M.A. (2014). *Social psychology* (7th ed.). London: Prentice Hall. 이 교재의 제7장은 이 장에서 논의된 주제들을 상세히 설명하고 있다.

질문

1. 사람들이 동조를 하는 주요 이유는 무엇인가? 우리는 동조하는 사람들을 비판해야 하는가?
2. 권위에의 복종에 대한 연구의 강점과 한계에 대해 논의하라. 이 연구는 실제 상황과 얼마나 관련이 있는가?
3. "스탠퍼드 교도소 실험은 교도관들이 그들의 성격 때문이 아니라 교도소 내의 권력 구조 때문에 공격적으로 행동한다는 것을 증명하였다"에 대해 논하라.
4. 심각한 위급상황에 맞닥뜨렸을 때 군중은 보통 어떻게 행동하는가? 이런 상황에서 이들의 행동을 결정하는 주요 요인들은 무엇인가?

어쩌면 당신은 당신이 만나고 있는 대부분의 사람들을 좋아하겠지만 몇몇 사람은 싫어할지 모른다. 어떤 정보가 타인에 대한 당신의 반응에 영향을 미친다고 생각하는가? 타인의 성격이 당신에게 많은 영향을 미치는가? 아니면 그들의 능력 또는 외모? 왜 어떤 사람은 다른 사람에 비해 더 매력적으로 느껴지는가? 연인관계에서 매력을 결정하는 요인이 남성과 여성에서 차이가 있는가?

사회지각과 매력

이 장은 우리가 어떻게 타인을 지각하고, 이해하고, 인상을 형성하는지를 연구하는 **사회지각**(social perception)을 다룬다. 인간은 가정, 직장, 그 밖의 다양한 사회 활동을 통해 타인과의 상호작용으로 많은 시간을 보내는 사회적 동물이다.

어떤 사람을 처음 만나면 우리는 그 사람에 대한 인상을 형성한다. 우리는 그 사람을 친절한 사람 또는 불친절한 사람으로, 공격적인 사람 또는 소심한 사람으로, 머리가 좋은 사람 또는 지적이지 않은 사람이라고 생각한다. 인상 형성은 보통 **빠르게** 일어나기 때문에 우리의 이런 즉각적인 인상이 긍정적 또는 부정적인 이유를 알기 어렵다.

이 장은 2개의 주요 절로 나누어져 있다. 첫째, 사회지각의 주요 기제에 대해 논의한다. 예를 들어 우리는 타인의 행동을 어떻게 이해하고 해석하는가?

둘째, 어떤 사람이 매력적이라고 또는 매력이 없다고 생각하게 되는 이유에 대해 알아본다. 관련 요인으로 신체적 매력, 타인과의 친숙성, 신념, 태도 및 성격의 유사성 등이 있다. 연인관계에서 매력과 이와 관련된 요인들에 대해서도 살펴본다.

어떤 사람이 특정 방식으로 행동하는 이유를 결정할 때 우리는 보통 어떤 정보를 사용하는가?

타인 행동에 대한 귀인

다른 사람들이 우리에게 보여주는 대부분의 행동은 애매모호해서 여러 가지 방식으로 해석될 수 있다. 예를 들어 당신이 만난 어떤 사람이 당신에게 매우 친절하다고 해보자. 그 사람이 원래 따뜻하고 친절한 사람일 수도 있고, 특별히 당신을 좋아하거나, 당신에게 원하는 것이 있을 수도 있다. 즉 그가 친절한 이유를 알아내는 것은 중요하다.

Heider(1958)는 사람들이 순진한 과학자처럼 관찰 가능한 행동을 관찰 불가능한 원인과 관련시키고 있다고 주장하였다. 우리는 타인이 그런 행동을 하게 된 이유에 대한 우리의 신념을 만들어내는, 즉 **귀인**(attribution)을 한다. 그는 기질귀인과 상황귀

핵심용어

사회지각 개인이 타인을 지각하고, 평가하고, 그 사람에 대한 인상을 형성하는 것과 관련된 정보처리과정

귀인 타인과 자신의 행동의 원인을 추론하는 과정

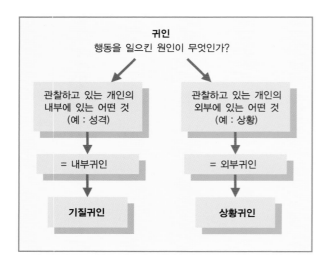

인 또는 내부귀인과 외부귀인 사이를 구분하였다. **기질귀인**(dispositional attribution)은 우리가 어떤 사람의 행동이 그 사람의 성격 또는 개성 때문이라고 결정할 때 일어난다. 반대로 **상황귀인**(situational attribution)은 어떤 사람의 행동의 원인을 현재 상황에서 찾을 때 일어난다.

모임에서 다른 사람들과 대화를 전혀 하지 않는 한 남자에게 이 두 종류의 귀인을 적용해 보자. 그는 사회성이 없는 성격을 가지고 있을 수 있다(기질귀인). 또는 개인적인 문제(예 : 배우자의 건강)로 인해 걱정에 휩싸여 있을 수 있다(상황귀인).

우리가 기질귀인 또는 상황귀인을 하는 것이 왜 문제가 될까? 기질귀인을 하게 되면 우리는 문제의 행동이 미래에도 반복하여 자주 일어날 것이라는 기대를 하게 된다. 그러나 동일한 행동을 두고 상황귀인이 일어나면 이런 기대는 하지 않게 된다.

Heider의 이론적 개념은 후속 연구자들에게 타인과 자신의 행동에 대한 귀인에서 발생하는 몇몇 편향들을 확인시켜 주었다. 첫째 **기본귀인오류**(fundamental attribution error)가 있다. 즉, 우리는 타인의 행동이 성격 또는 기질로 인해 일어난다고 보는 정도는 과장하면서 상황의 역할은 최소화한다. 둘째 **행위자-관찰자 편향**(actor-observer

이 남자가 길에서 잠을 자는 이유는 상황 요인(예 : 병에 걸렸거나 집 열쇠를 잃었다) 때문일까 아니면 기질 요인(실업자이거나 알코올 중독자이다) 때문일까?

bias)이 존재한다. 이것은 자신의 행위는 상황 요인에 귀인하면서, 타인이 하는 동일한 행위는 기질 요인에 귀인하는 경향성을 말한다.

연구 결과

대부분의 사회심리학 교재는 행위자-관찰자 편향을 지지하는 증거들이 상당히 많다고 주장한다. 실제로는 그렇지 않다. Malle(2006)는 메타 분석을 기초로 행위자-관찰자 편향의 증거는 없다고 주장하였다. 이유는 무엇일까? Malle 등(2007)은 기질귀인의 이론적 주안점이 잘못되었다고 보았는데, 이들은 안정적인 내부 특질이 행동(자기 자신과 타인의 행동)을 설명하는 정도가 5%에 불과하다는 것을 발견하였다. 이와 대조적으로 행동 설명의 44%는 정신 상태 또는 이유(예 : 소신과 소망)와 연관이 있었다.

Malle 등(2007)은 귀인에서 자기 행동과 타인 행동 사이에 중요한 차이가 있다는 것을 발견하였다. 예를 들어 참여자는 자신 또는 이안이라는 인물이 며칠 전 오후 두 시에 일하러 갔던 이유를 설명해야 했다. 이들은 자신의 행동은 소신(예 : 프로젝트 기한이 임박해서)으로 설명하면서 이안의 행동은 소망(예 : 돈을 벌기 위해)으로 설명하는 경향을 보였다. 참여자들이 타인의 행동을 소신으로 설명하려고 하지 않았는데, 수많은 소신들 중에서 어떤 것이 그 사람을 동기화시켰는지 알기 어렵기 때문이다.

기본귀인오류가 발생하는 데는 그만한 이유가 있다. 기본귀인오류는 유용하다. 타인의 행동이 성격으로 결정되어서 상황에 따른 변화가 적을 때 우리의 삶은 보다 예측 가능한 것으로 보인다. 그러나 관찰자가 타인 행동의 원인을 결정하면서 상황 요인의 역할을 최소화하지 않는 경우도 많이 있다(Gawronski, 2004). 예를 들어 어머니가 십 대 소녀에게 이웃집 노인의 잔디를 깎아줄 것을 요청했다고 해보자. 소녀가 투덜대면서 동의한다면 우리는 그녀의 행동을 상황에 귀인할 것이다(예 : 어머니의 영향)(Krull et al., 2008). 즉 어떤 사람이 특정 방식으로 행동하는 데 강력한 상황적인 이유가 존재하면, 우리는 상황귀인을 사용하여 행동을 해석한다.

문화권 차이

앞에서 논의한 기본귀인오류에 관한 연구 결과는 개인의 책임감과 독립성을 강조하는 개인주의 문화권(예 : 영국, 미국)에서 얻어졌다(제1장 참조). 그러나 집단 결속력을 강조하는 집단주의 문화권 국가들(특히 극동 지역)도 많이 있다. 이런 문화권 사람들의 행동은 다른 사람이 원하는 것에 맞추어 일어난 것이기 때문에 타인 행동을 상황요인에 귀인할 것이다. 그 결과 기본귀인오류는 더 적게 발생할 것이다.

이 예측은 많은 증거들에 의해 지지되고 있다(Heine & Buchtel, 2009, 참조). 예를

어떤 문화권에서 기본귀인오류가 더 많이 발생하는가?

들어, Norenzayan 등(2002)은 동아시아인이 미국인보다 타인 행동이 상황에 의해 강하게 통제된다는 추론을 더 많이 하는 것을 발견하였다.

평가

➕ 우리는 귀인을 통해 타인의 행동을 이해하는 데 많은 시간을 보낸다.

➕ 행동을 두고 일어나는 내부귀인과 외부귀인의 구분은 중요하다.

➕ 우리는 자신의 행동은 우리의 소신에 더 많이 귀인하면서, 타인의 행동은 그들의 소망에 더 많이 귀인한다.

➖ 행위자−관찰자 편향을 지지하는 증거는 거의 없고 기본귀인오류에 대한 지지 증거도 제한적이다.

➖ 기질과 상황에 초점을 맞춘 전통적인 관점은 행동 설명에서 정신 상태(이유)의 역할을 과소평가한다.

➖ 기본귀인오류에 대한 연구 증거가 개인주의 문화권보다 집단주의 문화권에서 더 적다.

암묵적 성격 이론

암묵적 성격 이론은 우리가 타인에게 무엇을 가정한다고 주장하는가? 초두 효과는 무엇을 의미하는가?

개인 지각에서 가장 중요한 것은 무엇인가? Fiske 등(2007)은 두 가지 주요 차원이 있다고 주장하였다: 따뜻함(사회적 바람직성)과 능력(지적 바람직성). 어떤 사람의 따뜻함 또는 차가움은 그 사람이 좋은 의도를 가졌는지 또는 나쁜 의도를 가졌는지를 가리킨다. 타인의 능력 또는 무능은 그가 의도에 따라 효과적으로 행동하는 능력을 갖추었는지를 가리킨다. 능력 전에 따뜻함에 대한 판단이 먼저 일어난다. Fiske 등은 개인 지각에서 능력보다 따뜻함의 영향력이 더 크다고 주장하였다.

Fiske 등(2007)의 관점은 Asch(1946)의 초기 이론을 발전시킨 것으로 볼 수 있다. 그는 성격의 핵심 측면(중심 특성)과 덜 중요한 측면(주변 특성)을 구분하였다. 중심 특성(예 : 따뜻함)은 주변 특성보다 타인에 대한 우리의 인상에 더 많은 영향을 미친다. 이런 생각은 **암묵적 성격 이론**(implicit personality theory)의 발달로 이어졌다. 즉 우리는 타인에 대한 인상을 형성할 때 그의 한 가지 특별한 성격 특성을 보고 이와 관련된 다른 특성들도 가졌을 것이라고 가정한다. 이것이 따뜻함과 능력이 중요한 이유로서, 우리가 따뜻하고 능력 있는 사람이라고 생각하는 사람은 여러 다른 긍정적인 특성들도 소유하고 있다고 추론한다.

Asch(1946)는 또한 타인에게서 얻은 초기 정보가 나중에 제시된 정보보다 그 사

핵심용어

암묵적 성격 이론 특정 성격 특성을 가진 사람이 이와 관련된 다른 특성들도 가졌을 것이라고 믿는(때로는 잘못된) 경향성

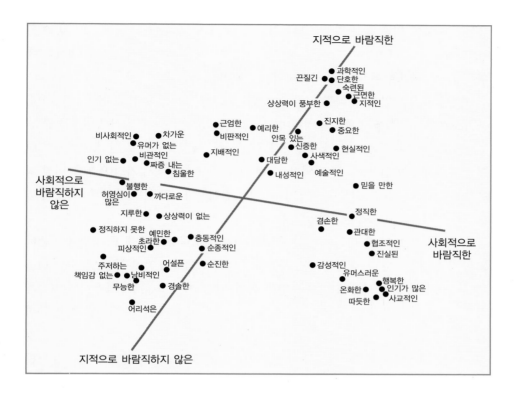

람에 대한 우리의 지각에 더 많은 영향을 미친다고 주장하였다. **초두 효과**(primacy effect)는 첫인상이 특히 중요하다는 것을 의미한다.

연구 결과

Asch(1946)는 초기 연구에서 어떤 사람이 따뜻한지 또는 차가운지가 특히 중요하다는 것을 보여주었다. 그는 참여자에게 X라고 불리는 가상의 인물을 기술하는 일곱 가지의 형용사를 제시하였다. 다음 여섯 가지 형용사는 모든 집단에게 공통으로 제시되었다: 지적인, 숙련된, 부지런한, 완고한, 실질적인, 조심스러운. 그러나 마지막 일곱 번째 형용사는 네 집단에서 달랐다: 따뜻한, 차가운, 친절한, 퉁명한.

형용사 '따뜻한'과 '차가운'은 X에 대한 전체 정보들을 해석하는 방식에 중대한 영향을 미쳤다. 그가 따뜻한 특성을 가졌으면, 91%의 참여자가 그를 관대하다고 생각하였고, 94%는 그를 온화하다고 생각했다. 그러나 그가 차가운 특성을 가졌을 때 그를 관대하다고 생각한 참여자는 단지 8%에 불과하였고, 그를 온화한 사람으로 생각한 사람도 17%뿐이었다. 이와 대조적으로 형용사 '친절한'과 '퉁명한'은 전체적인 인상에 거의 영향을 미치지 않았다.

후속 연구들은 우리의 전체적인 인상이 지각된 따뜻함 또는 차가움에 의해, 그리고

무엇이 초두 효과를 불러일으키는가?

핵심용어

초두 효과 타인에 대한 우리의 생각이 결정되는 데 첫인상이 나중 인상보다 더 중요하다는 발견

유능과 무능에 의해 많은 영향을 받는다는 것을 보여주었다(Fiske et al., 2007). 예를 들어 Wojciszke 등(1998)은 개인이 친숙한 타인에 대한 전체적인 인상을 결정하는 데 따뜻함이 능력보다 두 배 이상 중요하다는 것을 발견하였다.

그러나 개인 지각에서 '따뜻함'의 중요성을 과장하지 말아야 한다. Nauts 등(2014)은 Asch(1946)의 실험 방법을 수정하여 연구를 수행했다. 이 연구에서 참여자들 중 일부는 Asch가 사용했던 여섯 가지 형용사에 '따뜻한' 특성을 추가로 받았고, X에 대한 그들의 전체적인 인상을 기술하였다. 그런 다음 인상 형성에서 가장 영향을 미친 형용사를 선택하도록 하였다. '지적인'을 선택한 참여자가 55%였던 반면에, '따뜻한'을 선택한 참여자는 19%에 불과하였다.

Goodwin 등(2014)은 타인에 대한 우리의 지각이 도덕성에 의해 큰 영향을 받는다고 주장하였다. 나쁜 도덕성을 가진 사람들은 좋은 도덕성을 가진 사람들보다 우리를 해칠 가능성이 높기 때문에 이런 주장은 당연해 보인다. Goodwin 등은 참여자에게 실제 인물들(예 : 친한 친구, 어머니, 아버지, 버락 오바마)을 여러 특성을 기초로 평가하도록 하였다. 어떤 특성은 따뜻함보다 도덕성이 높고(예 : 용기 있는, 고결한, 정직한), 또 다른 특성은 도덕성보다 따뜻함이 높았다(예 : 사교적, 열정적, 장난기가 많은). 도덕성과 따뜻함 둘 다 전체적인 인상에 영향을 미쳤지만 영향을 받았지만, 도덕성의 영향이 더 컸다.

사람들의 암묵적 성격 이론에는 문화 차이가 존재한다. Hoffman 등(1986)은 이중 언어자들(영어와 중국어)에게 어떤 사람에 대한 진술문을 읽고 중국어 또는 영어를 사용하여 이들의 성격을 해석하도록 하였다. 이들의 해석 중 일부에는 영어 또는 중국어의 고정관념이 포함되어 있었다. 예를 들어 영어에는 예술가에 대한 고정관념(음울하고 강렬한 기질, 보헤미안 생활 양식)이 존재하지만 중국어에는 없다. 참여자들은 그들이 사용한 언어와 관련된 고정관념만 사용하였다.

Asch(1946)는 초두 효과에 관한 확실한 증거를 발견하였다. 일부 참여자에게는 어떤 사람이 "지적이고, 근면하고, 충동적이고, 비판적이고, 완고하고, 질투심이 많다"라고 말해 주었다. 즉, 처음에는 긍정적인 특성이 제시되고 뒤로 갈수록 부정적인 특성이 제시되었다. 다른 참여자에게는 같은 형용사를 반대 순서로 제시하였다. 예측대로 긍정적인 특성을 먼저 들은 참여자가 부정적인 특성을 먼저 들은 참여자보다 훨씬 더 호의적인 인상을 형성하였다.

초두 효과가 항상 일어나는 것은 아니다. 특히 타인에 대한 정보가 성격 특성보다 행동에 초점을 맞추고 있으면 발생하지 않는다. Ybarra(2001)는 부정적인 정보보다 긍정적인 정보가 먼저 제시되면 초두 효과가 발생하지 않는다는 것을 발견하였다. 그러나 긍정적인 정보보다 부정적인 정보가 먼저 제시되면 초두 효과가 나타났다. 이유가 무엇일까? 사람들은 긍정적인 행동(예 : 그는 직장에서 근무 시간을 정확히 지켰다) 을 개인의 성격이 아닌 상황 요인에 귀인하는 경우가 많다. 이와 반대로 부정적인 행동은 보통 개인의 성격에 귀인한다.

평가

➕ 어떤 특성은 다른 특성에 비해 더 중요하다는 관점과 암묵적 성격 이론을 지지하는 많은 증거들이 있다.

➕ 따뜻함–차가움과 유능–무능 차원은 인상 형성에서 가장 중요하다.

➕ 성격 특성 정보에 기초한 인상 형성에서는 초두 효과가 발생한다.

➖ 대부분의 연구들이 인상 형성에서 도덕적 특성의 중요성을 과소평가하고 있다.

➖ 많은 연구들이 참여자에게 형용사 목록을 기초로 가상의 인물에 대한 인상 형성을 요구하는 방법을 사용한다. 이것은 매우 인위적이고 일상생활과는 다른 정보 처리 과정이 포함되어 있을 수 있다.

신체적 매력

낯선 사람을 만나면 보통 우리가 제일 먼저 주목하는 것은 신체적 외모이다. 옷은 어떻게 입고 있는지, 깨끗한지 아닌지를 보게 된다. 또한 우리는 그들의 신체적 매력을 평가한다.

어떤 사람이 신체적으로 매력적 또는 매력적이지 않은지에 대한 사람들의 의견은 상당히 일치한다. 어린 아동의 얼굴과 닮은 여성의 얼굴은 매력적으로 지각된다. 즉, 눈이 크고, 눈 사이의 간격이 넓고, 코가 작고, 턱이 작은 여성의 사진은 더 매력적으로 평가된다. 그러나 넓은 광대뼈와 좁은 뺨도 매력적으로 보이는데(Cunningham, 1986), 이것은 보통 어린 아동에게서 발견되지 않는 특징이다.

Cunningham(1986)은 남성의 신체적 매력도 연구하였다. 사각턱, 작은 눈, 얇은 입술을 가진 남성은 여성들에 의해 매력적으로 평가되었다. 이런 특징은 아동에게서 드물게 발견되기 때문에 성숙과 관련이 있다.

아마 얼굴 매력과 관련하여 가장 흥미로운 요인은 전체 인구의 평균 얼굴과 비슷한 얼굴이 보통 매우 매력적인 얼굴로 평가되는 현상일 것이다(Trujillo et al., 2014). 이상하게 들릴 수 있다(누가 평균으로 보이길 원할까?). 그러나 평균이 아닌 얼굴이 비대

세릴 콜(왼쪽 위)은 *Cunningham*의 '매력적인 여성'에 부합하는 특성들을 지녔다. 그녀의 얼굴은 어린 소녀(오른쪽 위)의 얼굴과 매우 유사하다. 그러나 콜린 퍼스(왼쪽 아래)의 얼굴은 어린 소년(오른쪽 아래)과 큰 차이가 있다.

칭이고, 잡티가 있고, 얼굴 속성들(예 : 코, 눈)의 비율이 좋지 않다는 점을 생각한다면 이해가 될 것이다.

일상의 삶에서 신체적 매력은 얼마나 중요할까? 사람들은 신체적으로 매력적인 사람이 덜 매력적인 사람보다 긍정적인 특성을 더 많이 가졌다고 생각한다(Dion et al., 1972). 이것은 "아름다운 것이 좋다"라는 고정관념 때문이거나, 아니면 "매력 없는 것은 나쁘다"라는 고정관념 때문일 것이다. Griffin과 Langlois(2006)는 매력적인 인물이 이득을 얻는 것이 아니라 매력 없는 사람이 불이익을 당한다는 것을 발견하였다.

지금까지는 신체적으로 매력적인 사람과 매력적이지 않은 사람에 대해 사람들이 어떻게 생각하는지를 살펴보았다. "표지로 책을 판단할 수 없다" 같은 속담은 실제 삶에서 신체적 매력이 중요하지 않다는 의미이다. 그러나 증거들은 그 반대를 가리키고 있다. Langlois 등(2000)은 신체적으로 매력적인 성인과 매력적이지 않은 성인 사이에 여러 유의미한 차이가 있다는 것을 발견하였다. 괄호 안의 수치는 각 특성을 소유한 사람들의 비율이다. 매력적인 사람들은 매력이 없는 사람들보다 자신감이 더 많고(56% 대 44%), 사회적 기술이 더 좋으며(55% 대 45%), 신체적으로 더 건강하고(59% 대 41%), 더 외향적이며(56% 대 44%), 성경험도 더 많았다(58% 대 42%). 즉 아름다움은 단순히 외모만이 아니라 그 이상이다!

Nedelec과 Beaver(2014)는 신체적 매력과 신체적 건강 사이의 관계를 더 자세히 살펴보았다. 신체적으로 매우 매력적인 사람들은 가벼운 질병뿐만 아니라 만성적인 질병에도 더 적게 걸렸으며, 질병을 앓는 기간도 더 짧았다.

문화적 편차

서구사회에서 이상적인 여성상은 날씬한 여성이다(Swami, 2013). 예를 들어 Rubinstein과 Caballero(2000)는 1990년대 미스 아메리카 당선자들의 체질량 지수가 점진적으로 감소했다는 사실을 발견하였다. 1990년대에는 영양실조 가능성이 있을 정도의 낮은 체질량 지수를 가진 당선자도 여러 명이었다.

Anderson 등(1992)은 54개 문화권을 대상으로 여성의 신체 사이즈에 대한 선호도를 조사하였다. 식량 보급 상황이 나쁘거나 매우 나쁜 문화권에서는 뚱뚱한 여성이 마른 여성보다 선호되었다. 이런 문화권에서는 뚱뚱한 여성이 마른 여성보다 자녀에게 영양을 더 잘 공급할 뿐만 아니라 생존 가능성도 더 높기 때문이다.

최근 Swami 등(2010)은 26개 문화권에서 매우 다른 결과를 얻었다. 서구와 비서구 문화권에서 선호하는 여성 신체 사이즈의 차이가 매우 작았다. 흥미롭게도 선호 신체 사이즈에서 가장 큰 차이는 문화권 내에서 발견되었는데, 사회경제적 수준이 높은 집단보다 낮은 집단에서 큰 신체 사이즈의 여성이 더 선호되었다. 아마도 사회경제적 수준이 낮은 집단은 뚱뚱한 여성이 마른 여성보다 더 많은 자원을 소유하고 있다고 생각하기 때문일 것이다.

마른 여성보다 뚱뚱한 여성을 더 매력적으로 보는 관점은 문화권에 따라 차이가 있는가? 식량 보급 상황이 이런 지각에 어떤 영향을 미치는가?

식량 공급				
선호	매우 나쁨	약간 나쁨	약간 좋음	매우 좋음
뚱뚱한 여성	71%	50%	39%	40%
보통 여성	29%	33%	39%	20%
마른 여성	0%	17%	22%	40%

유사성

두 사람은 성격, 태도, 인구통계적 특징(예 : 연령, 인종, 성) 등 여러 면에서 비슷할 수 있다. 우리는 먼저 성격의 유사성부터 살펴볼 것이다. "극과 극은 끌린다"라는 속담은 자신과 매우 다른 사람에게 매력을 느낄 가능성이 높다는 의미이다. 그러나 다른 속담 "유유상종"은 우리가 비슷한 사람에게 매력을 느낀다는 것이다.

실제 유사성 대 지각된 유사성

우리는 실제 유사성과 지각된 유사성을 구분할 필요가 있다. 이것이 중요한 이유는 **허위 합의 효과**(false consensus effect), 즉 의견, 행동, 성격에서 우리와 타인이 비슷한 정도를 과장하는 현상을 보여주는 증거들이 많이 있기 때문이다. 예를 들어 Krueger와 Clement(1994)는 사람들이 성격검사에서 자신과 동일한 답변을 했을 것이라고 추정하는 인구 비율이 일관되게 과장되어 있다는 것을 발견했다.

Montoya 등(2008)은 태도와 성격에서 유사성을 다룬 연구들에 대한 메타분석을 수행했다. 짧은 기간의 상호작용에서는 실제 유사성과 지각된 유사성 둘 다 중요하였다. 지속적인 관계에서는 지각된 유사성은 매력을 잘 예측하였지만 실제 유사성은 매력을 예측하지 못하였다. 왜 그런 것일까? 관계 안에서 매력이 실제 유사성이 존재하지 않아도 지각된 유사성(그리고 관계에 대한 높은 만족도)을 이끌어 내기 때문이다.

연구 결과

대다수 증거들은 사람들이 자신과 성격이 비슷한 사람들에게 매력을 느낀다고 말하고 있다. Burgess와 Wallin(1953)은 약혼한 커플들이 14개의 성격 특성(예 : 쉽게 상처받는다, 사회적 사건에서 리더의 역할을 한다)에서 유의미하게 유사한 것을 발견하였지만, 정반대의 사람들이 매력을 느낀다는 증거는 발견하지 못하였다. Sprecher(1998)는 연인관계, 이성 간의 우정, 동성 간의 우정에서 유사성을 연구했다. 우정의 경우에는 관심과 취미 활동의 유사성이 태도와 가치관의 유사성보다 더 중요하였다. 그렇지만 연인관계에서는 정반대였다.

Byrne(1971)은 사람들이 자신과 비슷한 태도를 가진 낯선 사람을 태도가 다른 낯선 사람보다 더 매력적으로 평가한다는 것을 발견하였다. 이런 차이는 우리가 비슷한 태도를 가진 사람을 좋아하기 때문일까? 아니면 우리와 다른 태도를 가진 사람을 싫어하기 때문일까? Rosenbaum(1986)은 태도 유사성이 호감을 증가시키기보다 다른 태도가 비호감을 더 많이 증가시킨다는 것을 발견했다. 이것은 타인이 우리와 매우 다른 태도를 가지고 있다는 것을 알게 될 때 우리는 위협과 의견 불일치에 대한 두려움을 느끼기 때문이다.

우리와 비슷한(또는 비슷해 보이는) 사람에게 매력을 느낀다는 일반 규칙에 예외가 있을까? 답변은 '예'이다. Heine 등(2009)은 여러 종류의 유사성(예 : 성격, 활동, 태도)을 살펴보았다. 매력에 미치는 유사성 효과가 일본인보다 미국인에게서 더 강했다. 왜 그런 것일까? 미국인은 일본인보다 높은 자존감을 더 중요하게 생각한다. 결과적으로 자신과 비슷한 사람은 자신의 자존감 수준을 입증해주기 때문에 미국인은 자신과 비슷한 사람에게 더 많은 매력을 느끼는 것이다.

결론

태도와 성격이 자신과 유사한 사람들에게 더 많은 매력을 느낀다는 확실한 증거들이 존재하고 있다. 오래된 관계에서 정말로 중요한 것은 실제 유사성보다 지각된 유사성이다. 즉, 매력은 우리와 타인을 실제보다 더 비슷하게 지각하게 만든다.

그러나 문화권 차이가 있다. 유사성은 일본 사회보다 미국 사회에서 더 중요한 역할을 한다. 미국인은 자신과 비슷한 사람들과 관계를 맺는 것으로 자신의 자존감을 확인하지만, 일본인은 높은 자존감에 큰 가치를 두지 않는다.

친숙성

우리가 타인에 대해 느끼는 매력은 시간이 흐르면서 어떻게 변화할까? 친구가 적이 될 수 있고("친해지면 서로를 경멸하기 쉽다"), 적이 친구가 되기도 한다. 여기서는 몇 가지 관련 요인들을 간단히 살펴본다.

Reis 등(2011)은 동성의 서로 알지 못하는 두 사람이 상호작용을 하면 할수록 서로에서 점점 매력을 느끼게 만드는 세 가지 요인을 확인하였다:

1. 타인에 대한 지식의 증가
2. 시간이 흐르면서 편안함과 만족감의 증가
3. 타인의 반응성 증가

지식의 증가에서 특히 중요한 부분은 소통에서 개인 정보가 드러나는 **자기 개방**(self-disclosure)과 연관이 있다. 연구에 의하면 사람들은 좋지도 싫지도 않은 사람보다 이미 좋아하고 있는 사람에게 자기 개방을 더 많이 한다(Collins & Miller, 1994). 누군가

> **핵심용어**
>
> **자기 개방** 자기 자신에 대한 사적 또는 개인 정보를 다른 사람에게 드러내는 행위

에게 개인 정보를 개방하는 사람은 그 결과로 그 사람을 더 좋아하게 되는 경향이 있고, 그 사람도 그를 더 좋아하게 된다.

Finkel 등(2015)은 매력에 미치는 친숙성의 다양한 효과들을 설명하기 위해 모형을 제안하였다. 이들의 핵심 가설은 다음과 같다: "친숙성과 매력 사이의 관계는 타인이 개인의 목표 달성을 촉진시키면 긍정적이 되고, 타인이 개인의 목표 달성을 약화시키면 부정적이 된다".

Finkel 등(2015)에 따르면 만일 두 사람 사이의 상호작용의 대부분이 경쟁적 상황이 아니라 협조적 상황에서 일어난다면 높은 친숙성은 이 둘 사이의 매력을 증가시키기 쉽다. 그러나 경쟁적 상황에서는 두 사람이 서로의 목표 달성을 좌절시킬 가능성이 높다.

또한 증가된 친숙성이 매력에 미치는 효과는 타인의 특성 중 더 많이 발견되는 특성에 달려있다. 즉, 매력적인 특성이 더 많이 발견되면 이것은 매력의 증가로 이어진다. 그러나 만일 이런 특성이 매력적이지 않은 것이라면, 친숙성의 증가는 매력 감소로 이어진다.

Finkel 등(2015)이 확인한 세 번째 요인은 타인 영향의 강도와 포괄성이다. 타인 영향이 지나치면 친숙성은 갈등과 매력 감소를 유발할 수 있다. 친숙성의 이런 부정적인 영향은 결혼한 많은 부부에게서 발견된다(Norton et al., 2013). 또한 대학 룸메이트들이 시간이 지나면서 왜 서로를 덜 좋아하게 되는지를 설명하는 데도 도움이 된다.

결론

우리는 사회적 동물이기 때문에 타인과의 친숙성이 증가하면 대부분 매력과 우정도 증가한다. 친숙성은 자기 개방과 타인에 대한 이해를 키워준다. 그러나 마음에 들지 않는 타인의 특성이 분명하게 보이거나 타인 영향의 강도와 포괄성이 과도하면, 경쟁적인 사회 맥락에서 친숙성 증가는 호감과 매력을 감소시킬 수 있다

연인 사이의 매력

지금까지 타인을 매력적인 사람으로(또는 매력이 없는 사람으로) 판단하게 만드는 요인들에 대해 논의하였다. 당연히 이 요인들은 연인 관계의 매력에도 적용된다.

성차

일반적으로 사람들은 연인 관계의 매력과 연관된 요인들에서 남성과 여성 사이에 중요한 차이가 있을 것이라고 가정한다. 여기서 중요한 이론이 자연선택의 개념으로 성적 매력과 행동을 이해할 수 있다고 주장하는 진화심리학이다(Buss, 2013).

진화심리학자들에 따르면 남성과 여성이 반대 성에게서 매력을 느끼는 요인은 생존과 자손의 번식 가능성을 최대화시키는 속성들이다. 이유는 우리의 유전자가 다음 세대로 계속 전달되기를 원하기 때문이라는 것이다. 결과적으로 남성은 나이 든 여성보다 젊은 여성을 선호할 것인데, 젊은 여성이 아이를 가질 가능성이 더 높기 때문이다. 남성이 신체적으로 매력적인 여성을 선호하는 것도 이들의 임신 가능성이 더 높기 때문이다. 이와 대조적으로 여성은 나이 든 남성(특히 많은 자원을 소유한)을 선호해야 하는데, 이들이 자녀를 부양할 가능성이 더 높기 때문이다.

진화심리학자는 인간이 유전자 영속을 위해 대단히 동기화되어 있다고 주장한다. 남성은 여러 명의 성적 파트너를 가짐으로써 이 목표를 가장 잘 달성할 수 있다. 이와 대조적으로 여성은 인생에서 가질 수 있는 자녀의 수가 제한되어 있기 때문에 자녀에게 엄청난 투자를 한다. 따라서 여성으로서는 자녀를 부양할 배우자를 까다롭게 선택하는 것이 최선이다. 간단하게 말해서 진화적 접근에 따르면 남성은 배우자의 양을 선호하고 여성은 배우자의 질을 선호한다.

Stewart-Williams와 Thomas(2013)는 이런 진화심리학이 인간이 아닌 다른 종에게 훨씬 더 잘 들어맞는다고 주장하였다. 인간의 경우 부모의 투자에서 성차가 아주 작고, 대다수의 남성과 여성은 함께 자녀를 낳고 양육할 장기적인 파트너를 찾는 데 관심이 많다는 것이다. 요약하면 전통적인 진화 이론은 "인간 성차의 강도를 과장하게 만들었다"(Stewart-Williams & Thomas, 2013, p. 137).

연구 결과

Buss(1989)는 진화적 접근을 지지하는 몇 개의 증거를 보고하였다. 37개 문화권에서 남성은 더 젊은 여성을 배우자로 선호한 반면에, 여성은 스페인을 제외한 국가들에서 더 나이 많은 남성을 선호하였다. 만일 남성이 더 젊은 여성을 선호하는 이유가 높은 임신 가능성 때문이라면, 남성의 나이가 더 많을수록 이런 선호는 더 증가해야 한다. 실제로 그렇다(Kenrick & Keefe, 1992).

진화론적 관점은 남성이 여성보다 신체적 매력을 더 중요하게 생각한다고 제안한다(남성은 '성적 대상'을 찾는다). 대조적으로 여성은 사회적 지위와 자원을 더 중요하게 생각한다(여성은 '성공한 대상'을 찾는다). Shackleford 등(2005)은 Buss(1989)의 자료를 재분석한 결과 이런 성차를 발견하였다.

Fales 등(2016)은 남성이 다음과 같은 특성을 여성보다 더 중요하게 본다는 것을 발견하였다: 좋은 외모(92% 대 84%), 날씬한 몸매(80% 대 58%). 이와 대조적으로 여성은 남성보다 다음과 같은 특성을 더 중요하게 보았다: 안정적인 수입(97% 대 74%), 부자인가 또는 앞으로 부자가 될 수 있는가(69% 대 47%), 성공 경력(61% 대 33%).

우리는 연인 관계 매력과 관련된 요인들에서 성차를 과장하지 말아야 한다. Buss(1989)의 문화 간 차이 연구로 다시 돌아가면, 거의 모든 문화권의 남성과 여성이 다정함과 지능 같은 개인 특성을 중요하게 생각한다는 것이 발견된다. 이와 비슷하게 Bryan 등(2011)은 진정한 관계를 찾으려고 할 때 남성과 여성 모두 친화성을 매우 중요하게 생각한다는 것을 발견하였다. 연구자들은 친화성이 현재와 미래의 관계 만족도를 가장 잘 예측한다는 것을 발견하였다.

현실 속으로 : 애인 구함 광고, 온라인 데이트, 스피드 데이트

21세기의 남성과 여성은 과거에 비해 매우 다양한 방식으로 연인을 구하고 있다(예 : 애인 구함 광고, 온라인 데이트, 스피드 데이트). 우리는 먼저 파트너 선호에서 성차를 살펴본 다음 전체적인 설명을 할 것이다.

애인 구함 광고와 온라인 데이트에 관한 연구들에서 나온 결과는 일반적으로 진화론적 접근을 지지한다. Goode(1996)은 애인 구함 광고에 대한 반응 비율을 연구하였다. 남성은 예쁘지 않지만 수입은 높은 여성보다 신체적으로 매력적이지만 수입이 낮은 여성이 나오는 광고에 더 많이 반응하였다. 여성이 남성 광고에 반응하는 패턴은 정반대였다. Hitsch 등(2010)은 온라인 데이트 연구에서도 비슷한 결과를 얻었다. 잠재적 파트너의 신체적 매력의 영향은 여성보다 남성에게서 약간 더 높았다. 그러나 배우자의 수입은 남성보다 여성에게서 훨씬 더 큰 영향을 미쳤다.

이제 스피드 데이트를 살펴보도록 하자. Luo와 Zhang(2009)은 5분 동안의 상호작용이 일어난 후 상대방에 대한 관심을 가장 잘 예측하는 요인이 남성과 여성 모두에서 신체적 매력이라는 것을 발견하였다. 여성은 남성의 성격에 거의 관심이 없었다. 반대로 남성은 외향성, 친화성, 성실성에서 점수가 높고 신경증(불안과 우울)에서는 낮은 점수를 받은 여성에게 더 많이 끌리는 경향을 보였다.

Eastwick 등(2014)은 두 사람이 직접 대면하는(예 : 스피드 데이트) 상황에서 연인 관계 매력을 다룬 수많은 연구들을 메타 분석하였다. 연인 관계 매력과 신체적 매력 사이의 연합은 중간 정도였다(남성의 상관계수는 +.43이고 여성은 +.40이었다). 또한 수입 전망(약하기는 하지만)도 관련이 있었다(남성의 상관계수는 +.09, 여성의 상관계수는 +.12).

Eastwick 등(2014)은 이 연구 결과들을 이해하기 위해 Levinger와 Snoek(1972)가 제안한 관계 형성의 3단계 이론을 사용하였다 :

1. *자각* : 두 사람이 직접 대면하지 않는 상황에서 서로에 대한 인상을 형성한다(예 : 온라인 데이트).
2. *피상적 접촉* : 두 사람 사이의 상호작용이 일어나고 몇몇 정보를 공유한다(예 : 스피드 데이트).
3. *상호관계* : 두 사람이 관계를 형성한다.

진화론적 접근으로 예측되는 파트너 선호의 성차는 초기 자각 단계에서 발생한다는 결과가 여러 연구들에서 발견되었다. 후속 피상적 접촉과 상호관계 단계에서는 선호에서 성차가 거의 또는 완전히 사라진다. 우리는 단계들을 거치면서 일어나는 이런 변화를 어떻게 설명할 수 있을까? 잠재적 파트너를 만나기 전의 당신의 선호는 추상적이고 고정관념에 부합하는 정보에 의해 지배된다. 그러다가 잠재적 파트너를 만나게 되면 당신의 선호는 그 사람에 관한 세부적인 정보에 의해 영향을 받게 된다. 결과적으로 당신은 더 이상 고정관념을 사용하지 않게 되면서 진화론적 접근은 더 이상 당신의 선호를 예측하지 못한다.

유사성

우리는 앞에서 사람들이 자신과 비슷한 사람에게 더 끌린다는 것을 보았다. 유사성은 우리가 결혼할 사람을 결정할 때에도 중요하다. Lykken과 Tellegen(1993)은 결혼한 부부들이 신체적 매력과 교육 수준에서 상당히 비슷하고, 지능과 가치관에서는 약간 덜 비슷하다는 것을 발견하였다. 마지막으로 결혼한 부부가 비슷한 성격을 가지는 경향성은 중간 정도였다.

Hunt 등(2015)은 신체적 매력의 유사성이 중요한지 궁금했다. 이들은 장기적인 커플(대부분 결혼한)을 연구하였다. 관계를 시작하기 전에 둘이 친구였던 커플은 친구가 아니었던 커플보다 신체적 매력에서 유사성이 더 적었다. 이 결과를 어떻게 해석할 수 있을까? 사전에 친구였던 커플은 관계를 시작하기 전에 서로에 대한 정보를 더 많이 가지고 있다. 즉 신체적 매력과 전혀 관련이 없는 요인들이 관계를 시작하게 만든 중요한 요인이었던 것이다.

요약

- 귀인이론에 따르면 우리는 우리 자신과 타인의 행동을 기질 또는 상황에 귀인하면서 이해하려고 한다.
- 귀인 이론가들은 우리가 자신의 행동은 상황 귀인하면서 타인 행동은 기질귀인하는 편향(기본귀인오류)을 보인다고 주장한다. 그러나 행위자-관찰자 편향의 증거는 거의 없고, 기본귀인오류도 개인주의 문화권보다 집단주의 문화권에서 더 적게 관찰된다.
- 암묵적 성격 이론에 따르면 우리는 특별한 성격 특성을 보이는 개인이 이와 관련된 다른 특성도 가졌을 것이라고 가정한다. 어떤 사람이 따뜻한지 또는 차가운지, 유능한지 또는 무능한지는 매우 중요하다. 또한 타인에 대한 우리의 생각은 그의 도덕적 특성에 대한 우리의 평가에 달려있다.
- 인상 형성에서 초두 효과는 타인에 대한 정보가 행동이 아닌 성격에 기초하고 있을 때 더 많이 나타난다.
- 인구의 평균 얼굴과 비슷한 얼굴은 보통 평균이 아닌 얼굴보다 더 매력적으로 지각된다.
- 신체적으로 매력적인 사람들은 매력이 없는 사람들보다 긍정적인 특성을 더 많이 소유하고 있다고 여겨진다. 이런 인식은 어느 정도 타당하고, 더 매력적인 사람은 매력적이지 않

은 사람보다 신체적으로 더 건강하다.
- 많은 비서구 문화권에서, 특히 식량 공급이 원활하지 않은 국가에서는 풍뚱한 여성이 마른 여성보다 선호되었던 적이 있었다. 그러나 점점 더 많은 문화권(서구와 비서구)이 날씬한 여성을 선호한다.
- 우리는 다른 사람의 의견, 행동, 성격과 자신의 유사성을 과대평가한다: 허위 합의 효과.
- 지속적인 관계에서 매력은 실제 유사성보다 지각된 유사성과 더 관련이 깊다. 매력이 우리와 타인을 실제보다 더 비슷하게 지각하게 만든다.
- 유사성이 매력에 미치는 영향은 일본인보다 미국인에게서 더 크다. 그 이유는 미국인이 자신과 닮은 사람과의 관계 형성을 통해 자신의 자존감을 확인하려고 하기 때문이다.
- 진화심리학자들에 따르면 남성은 배우자의 양을 선호하는 반면에 여성은 배우자의 질을 선호한다. 이것은 성차를 과장하고 있다: 남성과 여성 모두 연인의 다정함, 친화성, 지능이 중요하다고 생각한다.
- 남성은 잠재적 파트너의 신체적 매력을 여성보다 더 중요하게 보는 반면에 여성은 수입을 남성보다 더 중요하게 보는 경우가 많다.

더 읽을거리

- Eastwick, P.W., Luchies, L.B., Finkel, E.J., & Hunt, L.L. (2014). The predictive validity of ideal partner preference: A review and meta-analysis. *Psychological Bulletin, 140*, 623−665. Paul Eastwick과 동료들은 파트너 선호에서 유사성과 성차를 자세하게 개관하였다.
- Little, A.C. (2014). Facial attractiveness. *Wiley Interdisciplinary Reviews: Cognitive Science, 5*, 621−634. Anthony Little은 얼굴 매력에 대한 연구를 상세하게 개관하였다.
- Vaughan, G.M., & Hogg, M.A. (2013). *Social psychology* (7th ed.). London: Prentice Hall. 이 책의 제13장과 제14장은 사회지각 또는 매력과 관련된 많은 주제들을 다루고 있다.

질문

1. 귀인 이론이란 무엇인가? 이론의 강점과 한계는 무엇인가?
2. 암묵적 성격 이론에 대해 기술하라. 이 이론은 증거들에 의해 얼마나 지지되고 있는가?
3. 연인 관계 매력에 대한 진화론적 접근을 기술하라. 이 접근의 문제와 제한점은 무엇인가?

Part 4

개인차

일상생활에서 우리는 인간 행동의 다양성을 쉽게 관찰할 수 있다. 심리학자들은 중요한 개인차를 보여주는 특성들이 무엇인지 알아내고 이해하기 위한 연구에 많은 노력을 기울이고 있다.

개인차는 우리의 행동에 큰 영향을 미친다. 예를 들어 만일 당신에게 문제가 생긴다면, 당신은 따뜻하고 이해심이 많은 친구와 의논하고 싶지 이런 특성을 소유하지 않은 사람과는 의논하고 싶지 않을 것이다.

제17장 ● 지능

'지능'이 의미하는 것이 무엇이고, 왜 어떤 사람들은 다른 사람들보다 더 지적인지에 대해 알아본다.

제18장 ● 성격

성격 차원의 종류와 수를 비롯하여 이것에서 개인들이 서로 다른 이유를 알아본다.

제19장 ● 자아개념

자아개념의 주요 측면들과 성과 문화에 의해 자아개념이 어떻게 달라지는지를 살펴본다.

당신이 만나는 사람들 중에서 어떤 사람은 매우 지적이지만 또 어떤 사람은 그렇지 않다. 당신은 지능을 측정하는 가장 좋은 방법이 무엇이라고 보는가? 지능검사 또는 IQ 검사는 적합한 방법인가? 당신은 사람들이 다른 여러 측면에서 지적일 수 있다고 생각하는가? 만일 그렇다고 한다면, 주요 지능 차원들은 무엇인가?

마지막 주제는 특히 어렵고 논쟁이 많다 – 당신은 지능이 어디에서 온다고 생각하는가? 우리가 가지고 태어나는 것인가? 또는 교육이나 다른 환경적 요인에 의해 결정되는 것인가? 아니면 개인의 지능 수준은 유전과 환경의 결합에 달려있나?

지능

'지능'이라는 용어의 의미를 두고 많은 논쟁이 있어 왔다. 역사적으로 추상적 추리, 문제해결, 의사결정, 수학, 어휘, 언어에서 뛰어난 사람들은 이런 정신활동을 잘하지 못하는 사람들에 비해 더 지적인 사람으로 여겨졌다. 대부분의 지능검사는 이런 가정에 기초하고 있고, 지능의 많은 중요한 부분들을 포착하고 있는 것도 사실이다(적어도 대부분의 서구 문화권에서). 그러나 이런 접근에는 두 가지 중요한 문제점이 존재하고 있다.

첫째, 이것은 삶에서의 성공에 필요한 실제적인 기능을 과소평가하고 있기 때문에 너무 제한적이다. 그래서 Sternberg(2015a, p. 230)는 보다 포괄적인 관점을 제안하였다. 즉, "지능은 (1) 분석적, 창의적, 실제적 능력을 결합하여, (2) 환경에 적응하고, 선택하고, 조성하기 위해, (3) 강점을 활용하고 약점을 수정 또는 보상함으로써, (4) 개인의 주어진 사회문화적 맥락에서 삶의 목표를 달성하는 개인의 능력이다"

둘째, '지능'의 의미는 문화권에 따라 차이가 있다. 예를 들어 '지능'의 정의에서 사회적 배려는 개인주의 문화권(개인 책임감을 강조하는 서구 문화권)보다 집단주의 문화권(집단 연대감을 강조하는 문화권)에서 더 중요하다(Sternberg & Kaufman, 1998). 예를 들어 짐바브웨에서 지능에 해당하는 단어는 '사회적 관계에서 주의 깊고 신중한'이라는 의미를 가진 ngware이다. 이와 비슷하게 타이완의 중국인들도 개인 간 지능(다른 사람들과 잘 지내고 이해하는 능력)을 강조한다.

Sternberg(2015b)는 알래스카 오지 어촌에 살고 있는 유픽족을 예시로 들면서 문화적 맥락을 고려하는 것이 얼마나 중요한지를 보여주었다. 대부분의 유픽족 아동들은 전통적인 지능검사에서 좋은 점수를 받지 못한다. 그러나 일상의 요구에 훌륭하게 대처하는 것에서 이들의 지능은 잘 드러난다: 이들은 얼음낚시, 사냥, 채집, 항해 기술의 발달을 통해 그들의 암울한 주변 환경에 잘 대처하고 있다.

요약하면, '지능'이라는 용어는 수학, 추리, 문제해결 같은 인지적 기술을 포함한다. 또한 지능은 일상의 삶에서 가치 있는 다양한 실제적 기능도 포함하고 있어서 서로 다른 문화권의 사람들이 직면한 일상의 도전에서 차이를 설명해야 한다. '지능'을 정확하게 정의하기 어렵다는 사실을 기억하라. 예를 들어, '정서지능'(개인 간 관계에 대한 예민한 정보처리 능력)을 지능의 한 형태로 보아야 하는가? 정서지능과 관련된 기능들이 우리의 삶에서 실제적 가치가 있다는 것을 생각하면 이 질문의 답은 "예"이다. 그러나 나중에 논의하겠지만 정서지능의 개인차는 대부분 성격에 달려있다는 점을 생각하면 이 질문의 답은 "아니오"이다.

지능검사

지능지수는 보통 어떻게 측정하는가? 평균 IQ와 표준 편차는 무엇인가?

제대로 된 첫 번째 지능검사는 1905년 프랑스의 심리학자 Alfred Binet와 그의 조교 Théophile Simon에 의해 제작되었다. 이 지능검사는 이해력과 기억력을 비롯하여 그 밖의 여러 심리과정을 평가하였다. 이후 개발된 유명한 지능검사로는 미국 스탠퍼드-비네 검사, 아동용 웩슬러 지능검사, 영국 능력 척도가 있다.

보통 이런 검사들에는 수학 문항과 단어의 의미를 정의하는 어휘력 검사가 포함되어 있다. 또한 유추에 기초한 문제(예 : 모자가 머리를 위한 것이라면 신발은 _____를 위한 것이다)와 공간능력검사도 포함되어 있다. 공간능력검사 문항 중 하나는 다음과 같다: "북쪽을 향해 걷기 시작하여, 왼쪽으로 돌고 또다시 왼쪽으로 돌면, 나는 어느 방향을 바라보고 있을까?"

신뢰도와 타당도

지능검사의 신뢰도와 타당도는 낮아야 하는가? 아니면 높아야 하는가?

유용한 지능검사는 높은 신뢰도와 타당도를 갖는다. **신뢰도**(reliability)는 검사가 일관된 결과를 제공하는 정도를 말한다. **타당도**(validity)는 검사가 측정한다고 주장하는 것을 측정하는 정도를 말한다.

핵심용어

신뢰도 지능검사가 다음 측정에서도 일관된 또는 비슷한 결과를 내놓는 정도

타당도 지능검사가 측정한다고 가정하는 것을 측정하고 있는 정도

신뢰도

첫 번째 지능검사에서 IQ가 135로 나왔는데, 얼마 후에 다시 한 번 검사를 받았더니 80이라는 결과가 나왔다고 해보자. 이런 검사는 신뢰하기 어렵고, 지능처럼 비교적 변화하지 않는 특성을 측정하기에 적합하다고 볼 수 없다.

신뢰도는 보통 검사-재검사 방법을 통해 산출한다. 한 집단의 사람들에게 동일한 검사를 두 번 실시하고, 두 검사에서 나온 점수를 비교한다. 상관계수(두 점수 간 관

계에 대한 측정치)가 높을수록 검사 신뢰도는 높다. 가능한 최대 상관계수는 +1.0이고, 이것은 완벽한 신뢰도를 가리킨다. 반대로 상관계수 0.0은 신뢰도가 전혀 없다는 의미이다. 대다수 주요 지능검사의 신뢰도 계수는 약 +.80에서 +.85 정도여서 완벽한 신뢰도에 가깝다. 이 점수는 연습 효과—두 번째 검사에서 수행이 더 좋아지는 현상—가 나타나는 사람들도 있다는 것을 생각하면 매우 인상적인 수치이다.

타당도

타당도는 신뢰도보다 평가하기가 더 어렵다. 타당도를 평가하는 가장 직접적인 방법은 IQ를 외적 준거 또는 외적 규준과 연관 짓는 것이다. 예를 들어 지능이 높은 사람들은 학교에서 공부도 잘하고 직업에서도 성공할 것이라고 기대하는 것이다. 그러나 이런 접근은 한계가 있는데, 학교와 직업에서 성공은 개인의 지능 수준뿐만 아니라 다른 요인들(예 : 동기, 교수의 질)에도 달려있기 때문이다.

타당도 연구에 따르면 IQ는 학교 또는 대학 성적과 약 +.5의 상관관계를 보인다(Mackintosh, 1998). 즉 지능이 낮은 사람들보다 높은 사람들이 학업 수행에서 더 우수한 경향성이 중간 정도이다. Krapohl 등(2014)은 지능이 학업성취도를 가장 잘 예측한다는 것을 발견했다. 그러나 자아효능감(성공에 대한 개인의 능력에 대한 믿음)과 성격 같은 다른 요인들이 학업성취도를 예측하는 정도 역시 중간 정도였다.

지능검사의 타당도는 IQ와 직업 수행 간의 상관관계를 살펴보는 것으로도 평가될 수 있다. 대다수 변호사, 의사, 회계사는 전체 인구의 상위 10% 안에 속하는 IQ를 가지고 있다(Mackintosh, 1998). Hunter(1986)는 IQ가 매우 복잡한 직업에서 직무수행과 중간 정도의 상관관계(+.58)를 보인다는 것을 발견하였다. 그러나 대다수 연구자들은 관리자의 평가에 의존하여 직무수행을 평가한다. 이런 평가는 주관적이고 부정확한 측정치를 제공할 가능성이 높다(Richardson & Norgate, 2015).

IQ 산출

모든 주요 지능검사는 **표준화 검사**(standardized test)이다. 이것은 검사가 측정하려고 하는 연령 집단을 대표하는 대규모 표본에서 검사가 실시되었다는 의미이다. 따라서 검사에서 얻어진 개인 점수의 의미 또는 유의성이 평가될 수 있다. 즉 한 개인의 지능검사 점수는 수많은 다른 사람들에게서 얻어진 점수와 비교하여 해석될 수 있다.

많이 알려진 지능검사 측정치가 IQ 또는 **지능지수**(intelligent quotient)이다. 이것은 검사에 포함되어 있는 전체 하위검사들에서의 수행을 기반으로 하고 있다. 즉 지능지수는 지적 능력에 대한 전체적인 측정치를 제공한다.

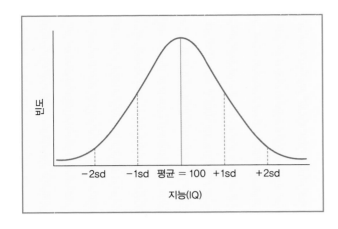

모든 주요 지능검사에는 검사의 시행 방법을 알려주는 매뉴얼이 있다. 이것이 중요한 이유는 검사를 받는 사람에게 주어지는 지시에 따라 점수가 달라질 수 있기 때문이다.

일반적으로 한 개인의 IQ는 동일 연령대의 다른 사람들의 점수와 개인 점수를 비교하여 평가된다. 대부분의 지능검사는 전집의 IQ가 정규분포를 이루도록 설계되었다. 정규분포는 평균을 중심으로 양쪽에 많은 점수들이 분포하는 종 모양의 곡선을 말한다. 대부분의 점수들이 평균 근처에 분포하고, 평균에서 양방향으로 멀어질수록 점수들은 점점 적어진다.

정규분포에서 점수 분포는 보통 표준편차(sd)라고 불리는 통계 수치로 표시된다. 정규분포에서 점수의 68%가 평균의 1 표준편차 범위 안에, 95%는 2 표준편차 범위 안에, 99.73%가 3 표준편차 범위 안에 있다.

지능검사는 100을 평균 IQ로 그리고 16을 표준편차로 하여 만들어진다. 따라서 IQ가 116인 사람은 전집의 84%보다 더 지적이라고 볼 수 있는데, 평균 아래에 50%의 사람들이 있고 평균 위로 평균과 1 표준편차 사이에 추가로 34%의 사람들이 분포하고 있기 때문이다.

평가

➕ 대부분의 지능검사는 높은 신뢰도를 가지고 있다.

➕ 지능은 학업에서의 수행과 직업에서의 성공을 예측하는데 유용한 것으로 증명되었다.

➖ 대부분의 지능검사는 범위가 제한적이다. 지능검사는 개인의 사고능력에 초점을 맞추면서 타인과 성공적으로 상호작용하는 능력(정서지능)을 과소평가하고 있다.

➖ IQ는 지능에 대한 매우 일반적인 측정치이다. 이것은 지능에 보다 특수한 능력(예 : 공간, 수학, 언어)도 포함되어 있다는 사실을 무시할 수 있다.

➖ 대부분의 지능검사가 서구사회의 중상층 백인 심리학자들에 의해 만들어졌다. 이런 검사는 다른 문화권에서 만들어진 검사와 비교하여 편향되어 있을 수 있다.

유전과 환경

지능의 개인차는 어디서 오는 것일까? 한 가지 가능성은 유전이다. 즉 우리의 지능 수준이 부모로부터 물려받은 유전자에 달려있다는 것이다. 또 다른 가능성은 지능의 개인차가 환경에 달려있다는 것이다. 이 관점에 따르면, 어떤 개인의 지능이 다른 사람들보다 높은 이유는 더 나은 환경 조건 때문이다(예 : 우수한 교육, 가족과 친구로부터 받는 지원). 마지막으로 가장 그럴듯한 이론은 지능의 개인차가 유전적 요인과 환경적 요인에 달려있다는 관점이다.

유전과 환경이 완전히 개별적 또는 **독립적**으로 영향을 미친다는 생각은 어떻게 보면 그럴듯해 보인다. 그러나 현실은 그렇지 않은데 우리의 유전적 구성이 우리의 환경적 경험에 영향을 미치기 때문이다. 유전적으로 높은 능력을 가지고 태어난 사람들은 낮은 능력의 사람들보다 책을 더 많이 읽고 대학에 진학할 가능성도 더 높다. Dickens와 Flynn(2001, p. 347)은 "높은 IQ가 지능을 더 좋게 만드는 더 나은 환경으로 개인을 이끈다"고 지적하였다. 다시 말하면 있는 자가 더 풍족하게 된다는 것이다. 이 주제는 나중에 다시 논의할 것이다.

쌍생아 연구

지능의 개인차에 관한 주요 연구들 중 일부는 쌍생아를 대상으로 일어났다. 일란성 쌍생아는 유전적으로 동일한데, 이것은 이들이 동일한 유전자를 물려받았다는 의미이다. 이란성 쌍생아는 유전자의 50%를 공유한다. 따라서 이들은 보통의 형제자매와 유전적으로 차이가 없다.

일란성 쌍생아와 이란성 쌍생아에 대한 지능 연구에서 무엇이 발견되었는가?

어떤 예측이 가능할까? 유전이 지능의 개인차를 만들어내는 중요한 요인이라면, 이란성 쌍생아보다 일란성 쌍생아의 지능이 더 유사할 것이라고 기대할 수 있다. 그러나 만일 환경이 지능의 개인차를 결정하는 유일한 요인이라면, 일란성 쌍생아 사이의 지능과 이란성 쌍생아 사이의 지능 유사성에서 차이가 없을 것이다.

쌍생아에게서 나타나는 지능의 유사성 정도는 보통 상관계수의 형태로 보고된다. 상관계수 +1.0은 쌍생아 둘이 정확히 동일한 IQ를 갖고 있다는 것이고, 상관계수 0.0은 어떤 관계도 없다는 의미이다.

수많은 쌍생아 연구들에서 McCartney 등 (1990)은 이란성 쌍생아의 상관계수가 +.59인 반면에 일란성 쌍생아의 평균 상관계수는 +.81이라는 것을 발견하였다. 즉 일란성 쌍생아의 지능이 이란성 쌍생아보다 더 유사하고,

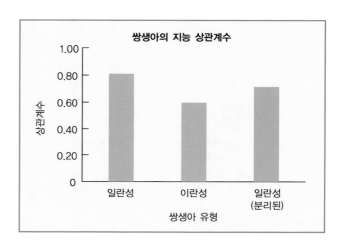

이것은 유전이 지능의 개인차에 영향을 미친다는 것을 의미한다. 그러나 일란성 쌍생아의 환경은 이란성 쌍생아보다 더 비슷한 경향이 있다. 예를 들어, 일란성 쌍생아는 이란성 쌍생아보다 함께 보내는 시간이 더 많고, 일란성 쌍생아의 부모는 두 아이를 똑같이 양육하려는 경향성이 더 강하다(Loehlin & Nichols, 1976). 결과적으로 일란성 쌍생아에게서 나타나는 높은 상관계수는 환경적 요인이 원인일 수 있다. 그러나 실제로는 일란성 쌍생아의 더 높은 지능 유사성에 미치는 더 유사한 환경의 영향은 매우 미미하다(Loehlin & Nichols, 1976).

생애 초기 분리가 일어나서 따로 떨어져 양육된 일란성 쌍생아를 살펴보면 유전과 환경의 역할을 규명할 수 있다. 이런 쌍생아는 동일한 유전을 가지고 있으면서 다른 환경에서 성장한다. 유전이 중요하다면 이런 쌍생아의 지능은 매우 유사해야 한다. 만일 환경이 더 중요하다면 지능의 유사성은 높지 않을 것이다. Bouchard 등 (1990)은 생후 5개월경에 분리되어 따로 성장한 성인 일란성 쌍생아들을 연구하였다. 이들 IQ 사이의 상관계수는 +.75이었고, 이런 높은 지능 유사성은 분리가 일어나는 연령이나 서로 접촉한 횟수에 거의 영향을 받지 않았다. 그러나 이런 쌍생아들의 50% 이상이 같은 친척에 의해 양육되었고, 따라서 이들의 환경은 어느 정도 비슷했다고 할 수 있다.

핵심용어

선택적 배정 생물학적 부모의 사회적 · 교육적 수준과 비슷한 가정에 입양 아동을 배정하는 정책

입양 연구는 입양 아동의 IQ가 생물학적 부모와 입양 부모 중 누구와 더 비슷하다고 말하고 있는가?

입양 연구

유전과 환경 요인이 지능의 개인차에 영향을 미치는 정도를 평가하는 또 다른 방법이 입양 연구이다. 만일 유전이 환경보다 더 중요하다면 원칙적으로 입양된 아동의 IQ는 입양 부모보다 생물학적 부모와 더 비슷해야 한다. 그러나 만일 환경이 더 중요하다면, 정반대의 양상이 나타나야 한다.

일반적으로 입양 아동의 IQ는 입양 부모보다 생물학적 부모와 더 유사하다. 이런 결과는 지능의 개인차를 결정하는 데 환경보다 유전이 더 중요하다는 것을 시사한다. 그러나 잠재되어 있는 문제가 있다. 입양 기관이 사회적 · 교육적 배경에서 유아의 생물학적 부모와 비슷한 가정에 유아를 배정하는, 즉 **선택적 배정**(selective placement)이 이루어지는 경우가 많다는 것이다.

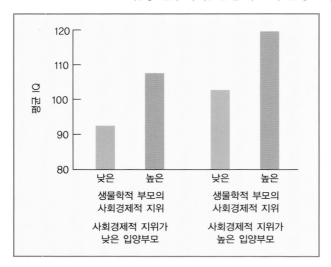

생물학적 부모의 사회경제적 수준(낮은 대 높은)과 입양 부모의 사회경제적 수준(낮은 대 높은)에 따른 입양 아동의 평균 IQ

Capron과 Duyme(1989)는 선택적 배정의 증거가 거의 존재하지 않는 연구들을 살펴보았다. 입양 아동의 IQ는 입양 부모와 생물학적 부모의 사회경제적 수준에 의해 영향을 받는 정도가 비슷하였다. 즉 우수한 유전과 우수한 환경 둘 다 입양 아동의 지능을 비슷한 수준으로 증가시켰다.

환경 요인

극단적인 환경은 지능에 큰 영향을 미칠 수 있다. 예를 들어 Wheeler(1942)는 미국 이스트테네시의 고립 지역에 거주하는 주민들을 연구하였다. 이 지역이 사회에 통합되면서 아동들의 IQ는 평균 10점이 증가하였다.

Hall 등(2010)은 아동의 지능과 관련된 몇몇 환경 요인들을 확인하였다. 일부 요인은 **아동**과 관련이 있었다(예 : 아동이 대가족의 일원인지 아닌지, 아동의 모국어가 영어인지 아닌지). 다른 요인은 가족과 관련이 있었다(예 : 아버지의 실업 여부, 아버지의 사회적 지위, 어머니의 자질).

환경 요인이 지능에 영향을 미친다는 증거가 Flynn(1987)에 의해 보고되었다. 그는 지난 50년 동안 수많은 서구 국가에서 평균 IQ가 놀랍도록 빠르게 증가하는 **플린 효과**(Flynn effect)를 발견하였다. Trahan 등(2014)은 대규모 메타 분석을 기초로 플린 효과를 검증하였다. 평균 10년 단위로 2.31점이 증가하였고, 최근에는 증가 비율이 약간 더 높아졌다.

플린 효과는 왜 일어나는 것일까? 일반 요인들과 관련이 있다—Ang 등(2010)은 이것이 성, 인종, 지역에 상관없이 미국의 모든 집단에서 일어났다는 것을 확인하였다. 주요 요인은 교육이다. 1950년대에는 미국인의 12%만이 3차 교육(고등교육)을 받을 수 있었다 : 최근 통계에 의하면 52%가 고등교육을 받는다. Bordone 등(2015)은 플린 효과가 부분적으로 교육 기간의 증가 때문이라는 것을 발견하였다. 또한 현대 기술(컴퓨터와 휴대폰)의 사용 증가에도 달려있다.

결론

지능의 개인차가 결정되는데 유전과 환경 둘 다 매우 중요하다. 그러나 지능의 개인차에서 유전적 요인의 역할을 전체 비율 형태로 표현할 수 있다는 가정은 잘못된 것이다. 그 이유는 모든 유전적 요인의 영향을 보여주는 추정치는 오직 **특정 전집** 내에서만 의미가 있기 때문이다(제4장 참조).

이런 사실을 지지하는 증거가 여러 쌍생아와 입양 연구들에서 나온 결과들을 결합

핵심용어

플린 효과 지난 50년 또는 60년 동안 수많은 국가들에서 일어난 IQ의 혁신적 증가

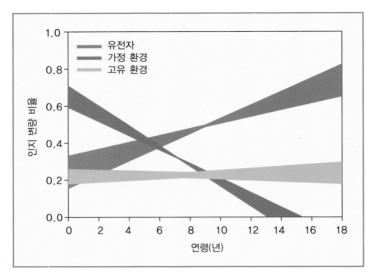

한 Tucker-Drob 등(2013)의 연구에서 나왔다. 이들은 여러 연령대에서 유전적 요인, 가정 환경(공유 환경 영향), 특수 환경(비공유 환경 영향)이 지능에 미치는 중요성을 평가하였다. 연구 결과는 극적이었다. 유전자가 유아의 지능 개인차를 설명하는 정도는 25% 미만이었던 반면에 청소년의 경우에는 70%에 달하였다. 이와 비교하여 가정 환경은 연령이 증가하면서 상대적으로 덜 중요해졌고(유아에게서는 65%였다면 청소년에게서는

아동기와 18세 이전 청소년기 동안 지능에 영향을 미치는 유전 영향, 가정 환경, 고유 환경의 변량 비율. Tucker-Drob 등(2013).

0%에 가까웠다), 특수 환경 또는 비공유 환경은 모든 연령대에서 비슷한 영향력을 지니고 있었다(약 20%).

왜 유전적 요인이 아동기와 청소년기 동안 점점 더 중요해지는 것일까? 아동은 성장하면서 자신의 유전적 특질과 유사한 환경을 선택하는 일이 점점 많아진다. 예를 들어 유전적으로 지능이 높은 아동은 그렇지 않은 아동에 비해 지적 능력을 자극하는 활동(예 : 독서, 인터넷에서 정보 탐색)을 추구하는 경향이 더 높다. 즉 유전적 요인은 지능에 직접적으로 영향을 미칠 뿐만 아니라 환경 선택에 미치는 영향을 통한 **간접적인 효과**도 가지고 있다.

지능의 개인차에 미치는 유전적 영향의 강도가 전집에 따라 다르다는 극적인 증거가 미국 아동에 대한 Turkheimer 등(2003)의 연구에서 얻어졌다(제4장 참조). 사회경제적 수준이 높은 부유한 가정의 경우 지능에서 개인차의 72%가 유전적 요인에 의해 설명되고 있었다. 이와 대조적으로 사회경제적 수준이 낮은 빈곤한 가정에서는 유전적 요인의 설명력이 10%에 불과하였다.

왜 이런 큰 차이가 존재하는 것일까? 만일 한 전집 내 대부분의 아동들이 지원을 아끼지 않는 비슷한 환경에 놓여 있다면, 지능의 개인차는 주로 유전적 요인에 귀인하게 된다. 이것이 사회경제적 수준이 높은 아동의 경우이다. 이와 대조적으로 낮은 사회경제적 수준의 아동들이 처한 환경 조건은 훨씬 더 다양하고, 따라서 환경 요인의 영향이 크게 증가한다.

> ### 현실 속으로 : "우리는 우리 뇌의 10%만 사용하고 있다"
>
> 당신은 아마 "우리는 우리 뇌의 10%만 사용하고 있다"라는 주장을 들어본 적이 있을 것이다. 만일 그렇다면, 인간은 지금보다 훨씬 더 똑똑해질 수 있을 것이다. 인간의 뇌는 약 1,000억 개의 뉴런을 가지고 있고, 각각의 뉴런은 다른 뉴런과 1,000~10,000개의 시냅스를 이루고 있다 (Rolls, 2010). 지금부터 이 주장을 지지하는 것으로 보이는 증거에 대해 논의하려고 한다.
>
> Lorber(1981)는 뇌실 안에 많은 양의 뇌척수액이 축적되는 **뇌수종**(hydrocephalus) 환자를 연구하였다. 뇌수종은 대뇌피질이 두개골 바깥쪽으로 밀려나는 압력을 만들어낸다. Loerber는 이 환자의 뇌 무게가 건강한 사람의 뇌 무게의 약 10%밖에 되지 않는다는 것을 발견하였다. 그러나 그의 IQ는 126(전집의 상위 5%)이었고 대학을 졸업하였다. 그러나 Lorber는 이전에 심각한 지적장애를 겪는 많은 다른 뇌수종 환자들을 연구하였다는 것을 기억하라.
>
> 이후에도 뇌수종으로 뇌가 위축되었지만 상당한 지능 수준을 보였던 몇몇 사례들이 보고되었다. 특히 뇌에 카데터를 삽입하여 뇌척수액을 빼내는 치료 사례들에서 발견되었다. Oliviera 등 (2012)은 여러 이런 사례들을 살펴보았다. 주목할 만한 사실은 인지적 손상을 보이거나 보이지 않는 환자들에서 뇌손상의 정도가 비슷하다는 것이다.
>
> 우리는 어떤 결론을 내릴 수 있을까? 뇌가 때로는 매우 심각한 손상 후에도 놀라울 정도의 강한 회복력을 보인다는 것은 분명하다. 뇌의 회복력은 한쪽 반구 전체를 제거하고 나서도 인지기능의 손상은 매우 미미했던 아동들에게서도 알 수 있다(Pulsifer et al., 2004). 또한 우리에게는 사용하지 않은 채로 남아 있는 뇌 용량이 있을 수도 있다. 그러나 우리가 우리 뇌의 10%만 사용하고 있다는 주장을 믿지 못하는 데는 여러 가지 이유가 있다(Beyerstein, 1999). 첫째, 뇌수종은 보통 뇌를 파괴하는 것이 아니라 위축시킨다(Rolls, 2010). 둘째, 진화적 압력이 인간에게 90%를 사용하지 않는 매우 비효율적인 뇌를 발달시키도록 놔두지 않았을 것이다. 셋째, 뇌영상 자료는 우리가 복잡한 과제를 수행할 때 뇌영역이 광범위하게 활성화되고 있는 것을 보여준다(Eysenck & Keane, 2015).

지능의 종류

지금까지 우리는 매우 일반적인 지능 측정치를 의미하는 IQ에 초점을 맞추었다. 그러나 보다 특수한 능력에 대해서도 설명이 필요하다. 예를 들어 평균적인 IQ를 가지고 있지만 어떤 사람들은 언어, 수학, 또는 다른 측면의 지능에서 매우 발달된 능력을 보인다. 이 절에서는 지능의 종류 또는 다양성에 대해 논의한다.

요인 이론

20세기 전반기에 Spearman, Thurstone, Burt 같은 이론가들은 지능의 일반요인과 특수요인을 확인하려고 노력하였다. 이들은 **요인 분석**(factor analysis)이라고 불리는 통계 기법을 사용하였는데, 이것은 먼저 수많은 개인들에게 일련의 검사를 실시하여 점수를 얻는 것부터 시작한다.

지능의 위계 모형에서 요인의 종류에는 어떤 것이 있는가?

핵심용어

뇌수종 뇌척수액이 많이 고여서 대뇌피질을 두개골을 향해 밀어내게 되는 '뇌에 물이 차는' 질환

요인 분석 검사가 측정하는 지능(또는 성격)의 측면들의 본질과 개수를 밝히기 위해 사용하는 통계 기법

그다음은 무엇일까? 한 검사에서 우수한 수행을 보인 사람이 다른 검사에서는 얼마나 잘했는지를 평가한다. 만일 검사 A에서 수행이 우수한 사람이 검사 B에서도 우수한 수행을 보인다면, 이것은 두 검사가 지능의 동일한 측면(또는 요인)을 평가하고 있다고 가정할 수 있다. 이와 반대로 만일 검사 A의 수행으로 검사 B의 수행을 예측할 수 없다면, 두 검사는 지능의 다른 측면을 평가하고 있다고 볼 수 있다.

위계 이론

Carroll(1993)은 13만 명 이상의 사람들로부터 얻어진 460개 이상의 요인 분석 자료들을 분석하였다. 연구 결과를 기초로 세 수준으로 이루어진 위계 이론이 제안되었다:

- 상위 수준에는 지능의 일반 요인이 존재한다. 이것의 존재는 지능의 거의 모든 측면들이 서로 정적 상관관계에 있다는 연구 결과에 의해 증명된다.
- 중간 수준에는 결정성 지능(습득한 지식과 사고 방식)과 유동성 지능(새로운 문제를 해결할 때 사용되는)을 포함하는 8개의 일반 집단 요인이 존재한다.
- 하위 수준에는 오직 하나 또는 소수의 검사와 관련된 매우 특수한 요인들이 존재한다.

Caroll의 이론은 Cattell과 Horn이 제안한 이론과 통합되어 Cattell-Horn-Caroll 지능 이론이 되었다(McGrew, 2009). 이 이론은 위계의 맨 위의 일반지능과 두 번째 수준의 8개의 일반 능력을 포함하고 있다. 이 두 번째 수준에 있는 능력들의 본질과 개수에 대해 연구자들이 완벽하게 동의하고 있는 것은 아니지만 상당 수준의 합의가 존재한다.

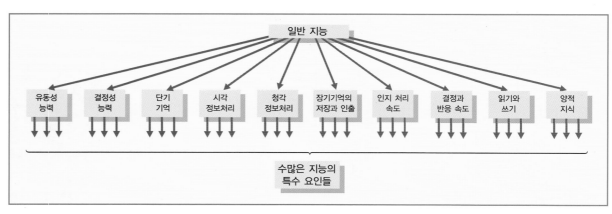

지능의 3수준 위계 모형

평가

➕ 지능이 위계적 구조로 이루어져 있다는 관점을 지지하는 증거들은 많이 있다.

➕ 지능의 일반 요인이 존재한다는 증거는 지능의 일반 측정치로 IQ가 광범위하게 사용되는 것에서도 나타나고 있다.

➖ 요인 이론들은 지능의 구조를 기술하고 있다. 이들은 지적 행동의 근원적 기제와 과정을 설명하지 못한다.

➖ 요인 분석은 소시지 기계와 비슷하다. 처음에 무엇을 집어넣었는가에 최종 결과물이 달려 있다. 즉 수학검사가 참여자에게 주어지지 않는다면, 수학능력 요인은 나중에 요인 분석에서 나타나지 않는다.

Gardner의 다중지능

Howard Gardner(1983, 1993)는 대부분의 지능검사와 지능이론이 지능에 대한 지나치게 편협한 관점에 기초하고 있다고 주장하였다. 전통적인 지능검사는 언어능력, 공간능력, 수학능력은 평가하지만 환경에 성공적으로 대처하는 데 필요한 다른 능력들은 고려하지 않는다.

Gardner(1983, 1993)는 서로 독립적으로 보이는 적어도 일곱 가지의 지능이 존재한다고 보았다.

1. 논리-수학지능 : 논리 또는 수학적 성질의 추상적인 문제를 다루는 데 사용된다.
2. 공간지능 : 한 장소에서 다른 장소로 어떻게 갈지, 자동차 트렁크에 짐을 어떻게 실을지 등을 결정할 때 사용한다.
3. 음악지능 : 능동적인 음악 활동(예 : 악기 연주, 노래 부르기)과 수동적인 음악 활동(예 : 음악 감상)에 사용된다.
4. 신체-운동지능 : 신체 움직임의 섬세한 통제(운동, 무용)와 관련이 있다.
5. 언어지능 : 언어 활동(예 : 읽기, 쓰기, 말하기)과 관련이 있다.
6. 개인 내 지능 : 이 지능은 "개인이 자신의 정서를 구별할 수 있게 하는 핵심 과정과 관련이 있다"(Gardener et al., 1996, p. 211). 자기자각과 매우 유사하다.
7. 개인 간 지능 : 이 지능은 타인을 이해하는 것과 관련이 있다. 높은 점수는 따뜻하고 공감을 잘한다는 의미이다.

위에 제시된 순서가 지능의 중요성을 반영하고 있진 않다. 실제로 Gardner(1993, p. 6)

는 "일곱 가지 지능 모두 동등한 우선권을 가지고 있다"라고 주장하였다. 따라서 가장 큰 잠재력을 지닌 지능이 발달될 수 있도록 아동을 장려해야 한다.

연구 결과

Gardner(1993)는 자신의 이론을 증명하기 위해 각 지능에서 뛰어난 창의성을 보인 인물 7명을 선정하였다. 그 인물로는 알베르트 아인슈타인(논리-수학지능), 파블로 피카소(공간지능), 이고르 스트라빈스키(음악지능), 시인 T.S. 엘리엇(언어지능), 무용 안무가 마사 그레이엄(신체-운동지능), 지그문트 프로이트(개인 내 지능), 마하트마 간디(개인 간 지능)가 있다.

또한 개인적으로 선호하는 지능에서 학생들 사이의 상당한 차이도 이런 관점을 지지한다. Lisle(2007)은 지적장애를 가진 성인들을 연구하였다. 이들 중 34%는 학습자료가 시각적으로 제시되는 것을 선호하였고, 34%는 청각적 제시를, 23%는 신체 움직임을 통한 학습을, 9%는 다중양식을 선호하였다.

평가

- ➕ 전통적인 지능검사가 지능의 특정 측면을 무시하고 있다는 Gardner의 주장은 옳다.

- ➕ 정서지능(Gardner의 개인 간 지능과 개인 내 지능이 결합된 지능)은 최근 엄청난 관심을 끌고 있다(다음 절의 정서지능 참조).

- ➕ 학생마다 선호하는 학습 방식이 존재한다는 Gardner의 관점은 교육자들에게 큰 영향을 끼쳤다.

- ➖ 천재들을 대상으로 지능을 확인한 Gardner의 접근은 비난을 피하기 어렵다. Jensen(Miele, 2002, p. 58)이 비꼬았듯이, "이런 접근의 논리는 우리가 알 카포네는 최고 수준의 범죄지능을 보여주었고, 카사노바는 특출한 성 지능으로 축복받았다는 주장을 할 수 있다는 것이다".

- ➖ Gardner가 확인하려고 시도했던 것은 '많은 사회에서 중요한 지식 형태들'(Gardner, 1983, p. 241)이었다. 이것은 서로 다른 지능을 확인하는 것과 다르다(White, 2005).

- ➖ 지능의 거의 모든 측면들은 서로 정적 상관관계에 있다. 즉 Gardner의 일곱 가지 지능은 그가 주장하는 것보다 훨씬 덜 독립적이다.

- ➖ 일곱 가지 지능이 모두 똑같이 중요하다고 보기 어렵다. 일상생활에서 음악과 신체 운동은 다른 지능보다 덜 중요하다. 당신이 음치이고 둔한 운동신경을 가졌더라도 매우 성공적인 삶을 살 수 있다.

- ➖ 이 이론은 설명보다 기술하고 있다-각 지능이 어떻게 작동하고 왜 어떤 사람들은 다른 사람들보다 더 지적인지 설명하지 못한다.

정서지능

지난 35년 동안 지능의 사회적 대인 간 측면(특히 정서지능)에 대한 연구가 극적으로 증가하였다. **정서지능**(emotional intelligence)은 "자신과 타인의 정서를 점검하는 능력, 서로 다른 정서들을 구별하고 적절하게 명명하는 능력, 사고와 행동에 정서 정보를 사용하는 능력이다(Colman, 2009, p. 248).

정서지능의 측정에 사용되는 검사들은 두 종류로 분류할 수 있다. 첫째, 정서지능이 '성격 특질, 감정, 자기 지각적 적성을 말하는 것'(Joseph et al., 2015, p. 298)이라는 가정에 기초한 자기보고검사가 있다. 둘째, 정서지능이 자기 자신과 타인의 정서에 대하여 정확하게 생각하는 능력이라는 가정에 기초한 능력검사가 있다. 즉 자기보고검사는 정서지능을 주로 성격과, 능력검사는 지능과 연관 짓고 있다.

이 두 종류의 검사 사이를 구분하는 것은 중요하다. Joseph와 Newman(2010)은 메타분석에서 자기보고와 능력검사 사이의 상관관계가 단지 +.26에 불과하다는 것을 발견하였다. 이것은 두 검사가 정서지능의 서로 다른 측면을 측정하고 있다는 것을 가리킨다.

정서지능의 자기보고 측정도구에는 여러 가지가 있다. 한 가지 예가 정서지수도구(EQ-i)이다(Bar-On, 1997, 2006)이다. 이것은 개인 내 기술(예 : 정서 자기자각), 개인 간 기술(예 : 공감), 스트레스 관리, 적응능력, 일반적인 기분과 관련된 133개의 항목들을 포함하고 있다.

정서지능과 관련된 가장 유명한 능력검사는 Mayer-Salovey-Caruso의 정서지능검사(MSCEIT)일 것이다(Mayer et al., 2003). 이것은 얼굴에서 정서를 지각하는 능력, 사고와 행위를 촉진시키기 위해 정서를 사용하는 능력, 정서를 이해하고 관리하는 능력을 평가한다.

연구 결과

많은 연구들이 정서지능의 중요성을 보여준다. 예를 들어, O'Boyle 등(2011)은 수많은 연구 결과들을 결합하는 메타분석을 통해 정서지능의 자기보고 측정치와 능력 측정치 둘 다 어느 정도 직무수행을 예측한다는 것을 발견하였다. 또한 MSCEIT는 주요 성격 차원의 효과 외에도 남자 청소년의 일탈행동을 예측하였다(Brackett et al., 2004). Brackett 등은 MSCEIT에서 높은 점수를 받은 이성애자 커플들이 낮은 점수를 받은 커플들보다 훨씬 행복하다는 것을 발견하였다.

Lopes 등(2004)은 MSCEIT에서 높은 또는 낮은 점수를 받은 노동자들을 비교하였다. 높은 점수의 사람들은 동료들로부터 사교성이 좋다는 평가를 받았고, 타인에게

핵심용어

정서지능 자기 자신과 타인의 정서적 욕구에 대한 개인의 민감성 수준

민감하게 반응하였으며, 스트레스에 더 잘 대처하였고, 더 사회적이었다.

MSCEIT이 직무수행을 예측할 수 있다는 것을 보여주는 연구 결과들은 보기보다 그렇게 인상적이지 않다. 그 이유는 MSCEIT가 선행검사들이 평가하는 성격과 능력을 중복하여 평가하고 있기 때문이다. 예를 들어 Rossen과 Kranzler(2009)는 MSCEIT가 학업성취, 심리적 안녕감, 또래 애착, 다른 사람들과의 긍정적인 관계, 음주행동을 예측할 수 있다는 것을 발견하였다. 그러나 이 효과들의 대부분은 MSCEIT에서 높은 점수를 받은 사람들이 전통적인 성격검사와 지능검사에서 낮은 점수를 받은 사람(예 : 외향성, 신경증)과 달랐기 때문에 일어났다. 즉 MSCEIT에서 확인되는 개인차는 잘 정립된 성격검사와 지능검사로 확인되는 개인차와 비슷하다.

EQ-i(앞서 논의한 정서지능의 자기보고검사)는 외향성과 정적 상관관계를 보이고 신경증과 부적 상관관계를 보이지만(Geher, 2004; 제18장 참조), IQ와는 상관관계가 없다(Geher, 2004). EQ-i가 주로 잘 확립된 성격 차원을 재포장한 것에 불과하고, 전통적으로 정의되는 지능과는 관계가 거의 없다는 것을 증명할 정도로 충분한 강도의 상관관계가 관찰된다. 동일한 한계점이 대부분의 다른 정서지능 자기보고검사에도 적용된다(Zeidner et al., 2009).

앞에서 논의한 O'Boyle 등(2009)의 연구에서 정서지능의 자기보고 측정치는 주요 성격 차원과 관계가 있었다(외향성과 신경증). 이들은 또한 능력 측정치는 전통적인 지능 측정치와 상관관계에 있다는 것을 발견하였다. 그러나 이들의 발견에서 중요한 사실은 전통적인 성격과 지능 측정치 외에 정서지능의 자기보고와 능력 측정치로 직무수행을 어느 정도 예측할 수 있다는 것이다.

평가

- ➕ '정서지능'이라는 용어가 보여주듯이 학교와 인생에서의 성공은 지능만큼이나 사회적·정서적 요인에도 달려있다. 학업성취와 관련된 이런 주장을 지지하는 증거가 Krapohl 등(2014)에 의해 보고되었다.

- ➕ 정서지능의 자기보고와 능력 측정치는 전통적인 성격검사와 지능검사의 효과에 더하여 직무수행과 관계만족의 여러 측면을 예측하는 데 어느 정도는 성공적이었다.

- ➖ 정서지능의 자기보고 검사는 대부분 잘 확립된 성격 차원을 평가하고 있다(특히 외향성과 신경증).

- ➖ 정서지능의 능력 측정치 대부분이 전통적인 지능검사가 측정하는 일반 지능요인을 평가하고 있다.

요약

- 지능은 문제 해결, 추리 같은 능력을 포함한다. 무엇보다 지능은 개인의 문화적 환경에 성공적으로 적응하는 능력과 관련이 있다.
- 지능검사는 IQ를 측정한다. IQ는 전집의 평균이 100이고 3분의 2가 85~115점 사이에 놓여 있는 지능의 일반 측정치이다.
- 훌륭한 지능검사는 높은 신뢰도(측정의 일관성)와 타당도(예 : 사회적 성공의 예측)를 갖는다.
- 일란성 쌍생아의 IQ는 이란성 쌍생아보다 더 비슷하다(따로 떨어져 양육된 일란성 쌍생아도 마찬가지이다). 따라서 유전적 요인이 IQ의 개인차에 영향을 미친다고 할 수 있다.
- 최근 수십 년 동안 발견되는 IQ의 급속한 증가(플린 효과)는 다양한 환경적 요인이 원인이다(예 : 교육 기간의 증가).
- 지능의 개인차에 미치는 유전적 요인의 영향은 어린 아동보다 청소년과 성인에게서 훨씬 강한 것으로 나타나는데, 그 이유는 환경을 선택하고 통제할 수 있는 정도가 청소년과 성인에게 더 크기 때문이다.
- 요인이론은 지능이 맨 위 일반요인 1개와 두 번째 수준의 10개 요인으로 이루어진 위계적 구조로 되어 있다고 주장한다. 이런 이론은 설명보다 기술하고 있다.
- Gardner는 다중지능에 기초한 이론을 제안하였다. 그의 이론은 교육에서 큰 영향력을 발휘하였지만 각 지능의 독립성을 과장한 경향이 있다.
- 정서지능의 자기보고검사와 능력검사는 전통적인 성격검사 및 지능검사와 상관관계에 있다. 그러나 이들은 이런 검사들이 직무수행과 그 밖의 것들을 예측할 수 있다는 것도 보여주었다.

더 읽을거리

- Deary, I.J. (2012). Intelligence. *Annual Review of Psychology, 63*, 453–482. 이 장에서 Ian Deary는 지능에 대한 이론과 연구를 상세하게 설명하고 있다.
- Mackintosh, N.J. (1998). *IQ and human intelligence*. Oxford: Oxford University Press. 선도적인 영국의 심리학자가 저술한 훌륭한 책이다. 인간 지능에 대한 논쟁을 균형을 잃지 않으면서 통찰력 있는 설명을 제공하고 있다.
- O'Boyle, E.H., Humphrey, R.H., Pollack, J.M., Hawver, T.H., & Story, P.A. (2011). The relation between emotional intelligence and job performance: A meta-analysis. *Journal of Organizational Behavior, 32*, 788–818. 여러 정서지능 검사, 인지능력, 성격, 그리고 직무수행 사이의 관계를 참고문헌을 기반으로 탐색하고 있다.
- Plomin, R., & Deary, I.J. (2014). Genetics and

intelligence differences: Five special findings. *Molecular Psychiatry, 20*, 98-108. Robert Plomin과 Ian Deary는 지능의 개인차에 미치는 유전적 요인의 영향에 대한 최신 설명을 제공하고 있다.

질문

1. 지능의 정의에 대해 논하라. 훌륭한 지능검사가 지녀야 하는 특징은 무엇인가?

2. 지능의 개인차에 영향을 미치는 유전과 환경의 상대적 역할을 밝히는 연구 방법에 대해 논하라. 연구 결과들이 연구가 수행된 전집에 따라 상당한 차이를 보이는 이유는 무엇인가?

3. 정서지능의 측정 방법에 대해 논하라. 정서지능 개념은 얼마나 유용한 것으로 증명되었는가?

4. Gardner의 다중지능이론을 기술하라. 이 이론은 연구에 의해 얼마나 지지되고 있는가?

삶에서 흥미롭고 매력적인 일 중 하나는 우리가 매우 다양한 사람들을 만난다는 것이다. 사람들은 여러 가지 면에서 차이가 있다. 가장 중요한 차이 중 하나가 사람의 성격이다. 인간 성격의 다양함과 차이를 생각하면, 성격을 측정하는 것이 실제로 가능할까? 우리가 성격을 정확하게 평가했다고 어떻게 확신할 수 있을까?

당신은 사람들의 성격에서 가장 중요한 차이가 무엇이라고 생각하는가? 성격은 유전에 의해 결정되는 것이 더 큰가? 아니면 경험이 중요하다고 생각하는가?

성격

18

서론

우리가 알고 있는 어떤 사람은 언제나 쾌활하고 친절하다. 반대로 어떤 사람은 불친절하고 우울하고, 또 어떤 사람은 공격적이고 적대적이다. 이 장은 성격의 개인차를 이해하려는 시도라고 할 수 있다.

'성격'이라는 단어는 무엇을 의미하는가? Child(1968, p. 83)에 의하면 성격은 '한 개인을 시간이 흘러도 일관적으로 행동하게 해주고, 비슷한 상황에서 다른 사람들의 행동과 구별시켜주는 비교적 안정적인 내부 요인들'이다.

이 정의에는 네 가지 핵심 단어가 포함되어 있다.

- **안정적** : 성격은 시간에 걸쳐 변함이 없거나 비교적 변화하지 않는 것이다.
- **내부** : 성격은 우리 내부에 있는 것으로, 우리의 행동 방식은 부분적으로 성격에 의해 결정된다.
- **일관적** : 성격이 시간에 걸쳐 변함이 없고, 행동이 성격에 의해 결정된다면, 사람들이 꽤 일관되게 행동할 것이라는 기대가 가능하다.
- **구별되는** : 우리는 성격을 이야기할 때 비슷한 상황에서 사람들을 서로 다르게 행동하게 만드는 큰 개인차가 존재한다고 가정하고 있다.

문화 간 차이

나는 위에서 개인의 성격이 시간에 걸쳐 상당히 안정적이라고 말하였다. 그러나 상호 의존성과 집단 멤버십을 강조하는 집단주의 문화권(예 : 중국, 일본)에서는 개인의 독립성과 책임감을 강조하는 개인주의 문화권(예 : 영국, 미국)보다 성격의 안정성이 더 낮게 나타난다. 왜 그럴까? 집단주의 문화권에 살고 있는 개인은 집단의 기대에 **맞추**려고 하기 때문이다.

이런 관점은 자기 자신에 대해 기술하는 20개 진술문 검사를 사용한 연구들에 의해 지지를 받고 있다. 집단주의 문화권 사람들은 자신을 기술하는 데 개인주의 문화권 사람들보다 성격 특성을 더 적게 사용한다. 대신 이들은 자신의 다양한 사회적 역할(예 : 부모, 교사, 단체 구성원)에 초점을 맞춘다(Heine & Buchtel, 2009).

추가적인 증거가 English와 Chen(2007)에 의해 보고되었다. 이들은 유럽계 미국인과 아시아계 미국인에게 다양한 관계 맥락(예 : 친구, 부모)에서 자신의 성격을 기술할 것을 요구하였다. 맥락에 따른 일관성이 아시아계 미국인보다 유럽계 미국인에게서 더 높았다. English와 Chen(2011)은 여러 관계 맥락에서 성격이 일관적이지 않은 유럽계 미국인과 아시아계 미국인을 살펴보았다. 유럽계 미국인은 이런 비일관성을 "자신에게 솔직하지 못하다"라는 부정적인 해석을 하는 반면에 아시아계 미국인은 부정적으로 해석하지 않았다. 즉, 개인주의 문화권에 살고 있는 사람들이 집단주의 문화권에 살고 있는 사람들보다 다양한 관계와 맥락에서 일관적으로 행동하는 것을 더 중요하게 생각한다.

성격 평가

성격 질문지의 가장 큰 문제점은 무엇인가?

성격을 평가하는 방법은 여러 가지가 있다. 지능검사와 마찬가지로 훌륭한 성격검사는 세 가지 중요한 특성을 지니고 있어야 한다.

1. 신뢰도 : 검사를 여러 번 실시해서 나온 결과가 비슷하다. 어떤 개인이 첫 번째 검사에서는 매우 외향적이라는 결과가 나왔는데 두 번째 검사에서는 매우 내향적이라고 나왔다면 이 검사는 유용하지 않을 것이다.

2. 타당도 : 검사가 측정한다고 가정하는 것을 측정하고 있다. 예를 들어, 불안장애 환자는 불안 성격 정도를 측정하려고 설계된 검사에서 높은 점수를 받을 것이다.

3. 표준화 : 특정 개인의 점수가 가지는 의미를 알아내기 위해 대규모 대표적인 표본에게 검사가 실시되었다는 의미이다. 예를 들어 외향성 검사에서 나온 19점은 그 자체만으로는 해석이 불가능하지만, 전집의 10%만이 이런 높은 점수를 받는다는 것을 알고 있다면 그 의미를 파악할 수 있다.

질문지

아마 당신은 여러 성격 질문지를 받아보았을 것이다. 이런 질문지는 생각, 정서, 행동과 관련된 다양한 진술문들을 읽고 자신에게 맞는지를 결정하게 되어 있다(예 : 당신은 기분 변화가 심한 편입니까? 당신은 친구가 많습니까?). 질문지 기반 접근의 분명한 장점은 다른 어떤 사람보다 당신이 자신에 대해 더 많이 알고 있다는 것이다.

가장 큰 단점은 개인이 반응을 속일 수 있다는 것이다. 가장 흔한 속임수가 **사회적 바람직성 편향**(social desirability bias)이다. Paulhus(2002)는 두 가지 형태의 사회적 바람직성 편향을 확인하였다: (1) 자기기만(편향을 자각하지 못할 때), (2) 인상 관리(편향을 자각할 때). 이런 편향에 대한 증거가 **위조 파이프라인**(bogus pipeline)을 사용한 연구에서 얻어졌다. 위조 파이프라인은 참여자에게 정직하지 않은 답변을 하면 각성을 탐지할 수 있는 거짓말 탐지기에 연결되어 있다고 거짓 정보를 제공하는 기법이다. 한 연구(Derakshan & Eysenck, 1999)에서 성격 질문지에 나타난 참여자의 방어적 반응이 표준 조건보다 위조 파이프라인 조건에서 유의미하게 더 적었다.

사회적 바람직성 편향을 알아내는 가장 일반적인 방법은 사회적으로 바람직한 응답이 정직한 답변이 될 수 없는 항목들로 이루어진 거짓말 척도를 이용하는 것이다(예 : "당신은 한 번이라도 남의 말을 한 적이 있습니까?", "당신은 항상 약속을 지킵니까?"). 이런 질문들에서 사회적으로 바람직한 방향으로 응답하는 사람은 거짓 반응을 하고 있다고 본다.

신뢰도

신뢰도는 어떻게 평가할 수 있을까? 가장 일반적인 방법은 한 집단의 사람들에게 동일한 성격검사를 두 번 시행하는 것이다(검사-재검사 방법). 만일 두 번의 검사에서 이들의 점수가 비슷하다면 신뢰도가 높다고 할 수 있는데, 대부분의 성격 질문지들은 높은 신뢰도를 갖고 있다.

타당도

타당도는 어떻게 평가할 수 있을까? 한 가지 방법은 특정 성격 차원에서 높은 점수를 받은 사람들과 낮은 점수를 받은 사람들의 행동 차이를 살펴보는 것이다. 예를 들어 우리는 외향성에서 높은 점수를 받은 사람은 낮은 점수의 사람보다 인기가 더 많고 파티 참석도 더 잦을 것으로 기대할 수 있다. 성실성에서 높은 점수를 받는 사람은 낮은 점수의 사람보다 더 높은 수준의 학업 수준에 도달하고 더 정직할 것으로 기대할 수 있다. 이 예측과 그 밖의 다른 예측들도 확인되었다(Paunonen & Ashton, 2001).

핵심용어

사회적 바람직성 편향 성격 질문지에서 부정확하지만 사회적으로 바람직한 반응을 제시하는 경향성

위조 파이프라인 사람들이 성격 질문지를 작성할 때 정직한 답변을 유발하기 위해 사용되는 거짓말 탐지기

타당도를 측정하는 또 다른 방법은 타인-평가(특정 개인을 잘 알고 있는 사람이 제공하는 개인에 대한 평가)를 자기-보고(자기 자신에 대한 개인의 평가)와 비교하는 것이다. 타인-평가와 자기-보고 사이에 유사성이 높으면 질문지는 우수한 타당도를 지녔다고 볼 수 있다. McCrae와 Costa(1990)은 배우자로부터 얻은 타인-평가와 자기-보고를 비교하였다. 측정한 다섯 가지 성격 요인 모두에서 타인-평가와 자기-보고 사이의 일치성이 높은 것으로 나타났다. Costa와 McCrae(1992)의 연구에서는 다섯 가지 성격 요인에서 자기-보고와 친구-평가 사이에 +.43의 중간 정도의 상관계수가 발견되었다.

자기-보고와 타인-평가가 일치하지 않는다면 둘 중 어느 것이 더 타당할까? 두 측정치 모두 분명한 한계가 있기 때문에 이 질문에 대한 답은 간단하지 않다(Paunounen & O'Neill, 2010). 타인-평가는 평가자가 보통 제한된 맥락(예 : 대학)에서 일어난 평가 대상의 행동에 대한 지식만을 소유하고 있다는 단점이 있다. 또 다른 문제는 일반적으로 평가자가 평가 대상자와 점점 친밀해지기 때문에 시간이 흐르면서 타인-평가가 점점 긍정적으로 된다는 것이다.

성격 이론

성인의 성격에서 어떤 요인들이 개인차를 결정하는가? 앞으로 보게 되겠지만 이 질문에 대한 답은 여러 가지이다. Freud는 생물학적 요인도 중요하지만 성인 성격은 주로 아동기 경험에 의해 영향을 받는다고 주장하였다. 이와 비교하여 Raymond Cattell과 H. J. Eysenck 같은 특성 이론가들은 성격에서 유전적 요인의 중요성을 강조한다. 특성 이론은 매우 큰 영향력을 가지고 있다. 여러 이론가들(예 : McCrae & Costa, 1985)이 다섯 가지 주요 성격 요인들(빅 파이브 모형)이 존재한다고 주장하였다. 반대로 Bandura는 성격의 개인차가 대부분 특별한 학습 경험에 달려있다고 주장한다.

이 관점들 중 어느 것이 옳을까? 이 관점들 모두 어느 정도는 옳다. 즉 각 이론이 강조하는 요인들을 모두 결합하면 성격의 결정 요인을 완벽하게 설명할 수 있다.

Freud의 정신분석학적 접근

Sigmund Freud는 생애 첫 5년 동안의 아동기 경험이 나중 성인기 성격에 강력한 영향을 미친다고 주장하였다. 그는 심리성적 발달의 다섯 단계를 확인하였다: 구강기(입과 입술에 집중, 0~18개월), 항문기(항문 부위에 집중, 18~36개월), 남근기(페니스 또는 클리토리스에 집중, 3~6세), 잠재기(성적 관심의 감소, 6세~사춘기), 성기기(다른 사람과의 성적 쾌감에 집중, 사춘기 이후).

각 심리성적 단계에서 아동이 과도한 만족이나 문제를 경험하면, 이것이 성인기 성격에 영향을 미친다. 예를 들어, 남근기에 과도한 집중을 경험한 사람은 자신감과 자부심이 강하고 충동적인 성인이 된다.

아동기의 성격과 경험이 성인기 성격 발달에 영향을 미친다는 Freud의 접근을 지지하는 몇 가지 증거들이 있다. 예를 들어, Franz 등(1996)은 아동기 경험의 영향이 장기간 지속된다는 것을 보여주는 증거를 보고하였다. 41세 성인들의 우울증 수준은 5세 때 부모의 냉담함에 의해 잘 예측된다. 또한 심각한 아동기 경험들(예 : 부모의 이혼, 잦은 이사)의 전체적인 측정치로 중년기 우울증을 예측할 수 있다.

Mickelson 등(1997)은 성인의 불안정 애착이 아동기 동안 부모의 죽음 또는 부모와의 분리와 관계가 있다는 것을 발견하였다. 또한 아동기에 심각한 트라우마(예 : 성폭행, 방임)를 경험했던 성인들은 그렇지 않은 성인들보다 다른 사람들과 불안정 애착을 형성하는 경향이 더 높았다.

Freud 접근의 강점은 성격에 대한 최초의 체계적인 이론을 제안했다는 데 있으며, 성인 성격이 부분적으로 초기 아동기 경험에 달려있다는 그의 가설은 옳다. 그러나 몇 가지 한계점이 있다. 첫째, 성격의 개인차는 Freud가 가정했던 것보다 훨씬 더 많은 부분 유전에 달려있다. 둘째, Freud의 단계에 기초한 이론은 성격 발달이 실제보다도 더 깔끔하고 정돈된 방식으로 일어난다고 가정한다. 셋째, 증거들은 5단계 심리성적 발달과 성인 성격 사이의 관계에 대한 Freud의 가설을 지지하지 않는다.

특성 이론

우리는 수전을 '사회성이 좋고', 프레드는 '신경질적'이고, 캐서린은 '공격적'이라고 생각할 수 있다. 이것은 이들의 **특성**(traits)에 초점을 맞춘 것이다. 예를 들어 수전이 사회성이 좋은 이유는 그녀가 말이 많고, 잘 웃고, 많은 사회활동에 참여하고, 친구가 많기 때문이다. 성격 특성은 보통 질문지법으로 평가된다. 우리가 보았듯이 이런 질문지법은 인간 성격에 대한 타당하고 신뢰로운 평가를 제공한다.

특성 이론가들의 주요 목표 중 하나는 모든 주요 성격 특성을 포함하는 포괄적인 기술을 제공하는 것이다. 불행히도 이 목표를 달성할 수 있게 해주는 방법은 없다. 그러나 **기본 어휘 가설**(fundamental lexical hypothesis)에 기초한 접근이 어느 정도 유용하다고 할 수 있다. 이 가설에 따르면 모든 언어에는 그 언어를 사용하는 사람들에게 가장 중요한 성격 특성과 관련된 단어들이 존재한다(Allport & Odbert, 1936). 여러 이론가

핵심용어

특성 시간에 걸쳐 어느 정도 안정적이고 개인차를 보여주는 성격의 측면 또는 차원. 이런 특성들은 행동에 직접적 그리고 간접적인 영향을 미친다.

기본 어휘 가설 중요한 성격 특성과 관련된 단어들이 사전에 포함되어 있다는 가설

들(예 : Catell, 1943; Goldberg, 1990)이 기본 어휘 가설을 사용하여 성격을 연구하였다.

Cattell의 특성 이론

Cattell은 기본 어휘 가설을 사용하여 Allport와 Odbert(1936)의 4,500개 성격 관련 용어들 중에서 친숙하지 않은 단어와 비슷한 단어들을 제거하고 특성 단어를 160개로 줄였다. 그런 다음 Cattell(1943)은 성격에 관한 문헌들에서 나온 11개의 특성을 추가하여 성격 전체와 관련되어 있다고 보이는 총 171개의 특성을 산출하였다. 다시 이 특성들은 16개의 성격 특성을 측정하는 16 성격 요인(16PF)을 만드는 데 사용되었다.

Cattell의 16PF 요인

신중한	활달한
덜 지적인	더 지적인
감정의 영향을 받는	정서적으로 안정적인
겸손한	자신만만한
진지한	행복한
임기응변적인	양심적인
수줍은	모험적인
마음이 강인한	마음이 약한
신뢰하는	의심이 많은
실제적인	상상을 잘하는
직선적인	능란한
차분한	경계적인
보수적인	실험적인
집단 의존적인	자족적인
태평한	통제적인
편안한	긴장한

16PF는 세계적으로 가장 많이 알려진 성격검사 중 하나이다. 그러나 체계적 분석에 따르면 이 검사는 서로 다른 16개의 성격 특성을 측정하고 있지 않다. 예를 들어 Barrett와 Kline(1982)은 오직 7~9개의 특성만 발견할 수 있었고, 이들 중 대부분은 Cattell이 제안한 요인들과 관련이 없었다.

16PF와 관련된 결과들이 이렇게 실망스러운 이유는 무엇일까? 핵심 문제는 16개의 특성들이 서로 매우 유사하다는 것이다. 예를 들어 '경계적인'과 '긴장한'은 매우 비슷하고 둘 다 정서적 안정과 반대되는 특성이다.

평가

➕ Cattell은 기본 어휘 가설을 사용하여 주요 성격 특성을 확인하는 연구 분야의 선구자였다.

➕ Cattell은 자기 보고와 타인 평가 자료에서 비슷한 성격 특성들을 발견할 수 있다는 것을 보여준 최초의 심리학자였다.

➖ 16PF에는 약 8개의 상이한 성격 특성만이 존재하고 있다. 따라서 Cattell의 주요 질문지는 치명적인 결함을 가지고 있다.

➖ Cattell의 접근은 이론적 또는 설명적이지 못하다. Cattell(1957, p. 50)이 인정하였듯이 "나는 언제나 자료 이전에 만들어진 이론에 합리적 의심을 품고 있다."

H. J. Eysenck의 특성 이론

Cattell은 매우 비슷한 성격 특성들 사이에서 상관관계를 확인하였다. 이와 대조적으로 H. J. Eysenck는 서로 확실하게 구분되는, 상관관계가 없는, 독립적인 소수의 요인들에 초점을 맞추어야 한다는 주장을 하였다.

  H. J. Eysenck는 세 가지 성격 특성 또는 '초요인들'을 확인하였다. 이 초요인들은 Eysenck 성격 질문지(Eysenck Personality Questionnaire, EPQ; Eysenck & Eysenck, 1975)로 측정한다.

Cattell은 생애, 질문지, 객관적 검사에서 얻어진 자료를 사용하여 성격 특성에서 무엇을 발견하였는가?

- **외향성**(extraversion) : 외향성 점수가 높은 사람은 낮은 점수의 사람보다 사회성이 더 높고 더 충동적이다.
- **신경증**(neuroticism) : 신경증 점수가 높은 사람은 낮은 점수의 사람보다 더 불안하고 우울하다.
- **정신증**(psychoticism) : 정신증 점수가 높은 사람은 공격적이고 적대적이며 무신경하다.

아마 당신은 성격이 이 세 요인보다는 많다는 생각을 할지 모른다(당신이 옳다!). 그러나 이 세 요인들을 결합하면 성격을 이해할 수 있다. 예를 들어 낙관적인 사람은 외향성이 높고 신경증은 낮은 사람이다.

  외향성, 신경증, 정신증에서 개인차의 원인은 무엇일까? Eysenck(1979)에 따르면 각 특성에서 개인차의 60%에서 80%가 유전적 요인 때문이다. 이런 유전적 요인들이 생리체계에 영향을 미친다. 내향적인 사람들은 피질의 각성(뇌 활동) 수준이 높다고 알려져 있다. 결과적으로 이들은 과잉 각성이 되기 쉽기 때문에 흥분되는 파티 대신

핵심용어

외향성 사회성과 충동성에서 개인차를 보여주는 성격 특성

신경증 부정적인 정서 경험(예 : 불안, 슬픔)에서 개인차를 보여주는 성격 특성

정신증 적대감, 냉담성, 공격성에서 개인차를 보여주는 성격 특성

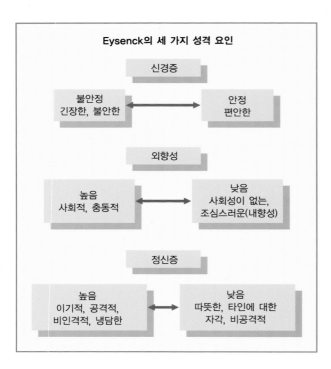

에 책 읽기를 선호한다는 것이다.

신경증에서 높은 점수를 받는 사람은 내장뇌의 활성화 수준이 높다고 알려져 있다. 내장뇌에는 공포와 관련된 영역[예 : **편도체**(amygdala)]이 포함되어 있고, 이것이 신경증이 높은 사람들이 강한 부정적인 정서를 경험하는 이유이다. 정신증과 관련된 뇌 기능에서 차이는 분명하지 않다.

Gray(1981)는 Eysenck의 이론을 생물학적 대안이론으로 발전시켰다. 그의 이론에 따르면 불안 특성(주로 신경증으로 이루어져 있지만 약간의 내향성이 포함된)은 처벌에 민감한 뇌 체계와 관련이 있다. 반대로 외향성(특히 충동성)은 보상에 민감한 뇌 체계와 관련이 있다. 신경증이 높은 사람들은 낮은 사람들보다 부정적인 기분을 더 많이 경험하고, 외향성이 높은 사람들은 낮은 사람들보다 긍정적인 기분을 더 많이 경험한다.

연구 결과

Vukasovic과 Bratko(2015)는 수많은 연구 결과들을 결합하는 메타 분석을 이용하여 Eysenck의 세 초요인에서 유전적 요인의 비율을 평가하였다. 유전적 요인이 차지하는 비율이 외향성의 경우는 39%, 신경증에서는 42%, 정신증의 경우는 30%에 달하였다.

성격을 3 요인(Eysenck)으로 기술하는 것이 나을까? 아니면 16(Cattell)으로 기술하는 것이 나을까? Saville과 Blinkhorn(1976)가 이 질문에 대한 답을 제시하였다. 이들은 Cattell의 16PF 질문지에서 독립적인 요인들을 확인하려고 시도하였다. 이들은 질문지가 대부분 외향성과 신경증을 측정하고 있다는 것을 발견하였다(정신증은 아니었다).

이제 우리는 가장 영향력 있는 특성 이론에 대해 논의할 것이다(빅 파이브 모형). 외향성과 신경증은 모두 빅 파이브에 포함되어 있지만 정신증은 아니다. 외향성과 신경증은 왜 그렇게 중요한 것일까? 외향적인(보상에 민감한) 사람이 내향적인 사람보다 긍정적인 기분을 더 많이 경험한다. 신경증이 높은(처벌에 매우 민감한) 사람은 신경증이 낮은 사람보다 부정적인 기분을 더 많이 경험한다(Meyer & Shack, 1989). 즉 개인의 외향성과 신경증 수준으로 기분에서 개인차(긍정과 부정)를 잘 예측할 수 있다.

H.J. Eysenck의 이론에 기반한 연구들은 주요 성격 특성들에 대해 무엇을 말하고 있는가?

핵심용어

편도체 측두엽 내부에 있는 아몬드 모양의 작은 뇌 부위로 여러 정서와 관련이 있다(예 : 공포).

평가

➕ 서로 관련이 깊은 여러 개의 성격 특성들(Cattell의 이론)보다 관련이 적거나 독립적인 성격 특성(Eysenck의 이론)을 발견하는 것이 더 유용하다고 판명되었다.

➕ 외향성과 신경증이 주요 성격 특성 또는 요인이라는 확실한 증거들이 존재하고 있다.

➕ H.J. Eysenck는 유전적 요인과 생리적 기제에 초점을 맞추어 자신의 세 성격 요인들에 대한 설명을 시도하였다.

➖ 성격에서 개인차에 영향을 미치는 유전적 요인의 역할은 H.J. Eysenck가 주장하는 것보다 훨씬 적다.

➖ H.J. Eysenck는 기저에 놓여 있는 생리적 기제의 일부만을 확인하였을 뿐이었다. 보상과 처벌에 대한 민감성에 기반한 Gray(1981)의 이론이 더 유효한 것으로 증명되었다.

➖ 정신증은 주요 성격 특성이 아니다. 이것은 조현병 같은 정신적 장애보다 반사회성 성격 장애와 더 관련이 깊다는 점에서도 잘못 지정되었다.

현실 속으로 : 따로 떨어져 자란 일란성 쌍생아

함께 자란 일란성 쌍생아의 성격이 함께 자란 이란성 쌍생아보다 훨씬 더 유사하다는 증거들은 많이 있다. 이런 결과들은 유전적 요인으로 잘 설명되는 것처럼 보인다. 그러나 부모들은 이란성 쌍생아보다 일란성 쌍생아를 더 비슷한 방식으로 양육하는 경향이 있다(Loehlin & Nichols, 1976). 이것이 이란성 쌍생아보다 일란성 쌍생아의 환경을 더 비슷하게 만들 수 있다. 따라서 최선의 해결책은 따로 성장한 일란성 쌍생아를 연구하는 것이다. Bouchard 등(1990)은 대부분의 아동기를 따로 떨어져 자란 일란성 쌍생아들을 함께 자란 일란성 쌍생아들과 비교하였다. 이들은 함께 자란 일란성 쌍생아들의 성격에서 꽤 높은 유사성이 존재하고, 따로 떨어져 자란 일란성 쌍생아들 사이에서 유사성의 정도는 매우 비슷하다는 것을 발견하였다. 이런 결과는 성격 발달에서 환경 요인들의 영향이 그렇게 크지 않다는 것을 시사한다.

빅 파이브 모형

McCrae와 Costa(1985)는 다섯 가지 성격 특성(빅 파이브)을 제안하였다:

1. 개방성(호기심이 많은, 상상력이 풍부한, 창의적인)
2. 성실성(근면한, 야망이 있는, 끈질긴)
3. 외향성(사회적, 낙관적, 말이 많은)
4. 동조성(온화한, 협조적, 도움이 되는)
5. 신경증(불안한, 자신감이 부족한, 감정적)

이 다섯 가지 특성 또는 요인의 첫 번째 낱자들을 합치면 OCEAN이 된다─특성 이름을 기억하는 데 도움이 될 것이다!

Costa와 McCrae(1992)는 이 다섯 가지 요인을 측정하기 위해 NEO-PI 5요인 검사 도구를 개발하였다. 이들은 이 다섯 가지 요인이 모두 독립적이고 서로 관련이 없다고 가정하였다(H.J Eysenck의 요인들처럼). 이들은 또한 각 특성의 개인차가 주로 유전적 요인에 달려있다고 보았다.

연구 결과

McCrae와 Costa(1985)가 제안한 특성들과 매우 비슷한 다섯 가지 특성 또는 요인은 수차례 보고되었다. McCrae와 Costa(1997)는 영어 버전의 질문지를 번역하여 독일, 포르투갈, 이스라엘, 중국, 한국, 일본에서 실시한 문화 간 연구에서 빅 파이브 요인들을 확인할 수 있었다. Goldberg(1990)는 주요 성격 요인들을 발견하기 위해 기본 어휘 가설(앞에서 논의한)을 사용한 연구에서 이 다섯 가지 요인의 중요성을 확인할 수 있었다.

Vukasović과 Bratko(2015)는 메타 분석을 통해 빅 파이브 요인들의 개인차에서 유전적 요인의 영향력을 확인하였다: 개방성: 41%, 성실성: 31%, 외향성: 36%, 동조성: 35%, 신경증: 37%. 즉 다섯 가지 요인의 개인차에서 유전적 영향은 상당히 강하다고 할 수 있다.

일상생활에서 빅 파이브 요인이 중요한가? 많은 증거들이 그렇다고 말하고 있다. Paunonen(2003)은 내향적인 사람들과 외향적인 사람들을 비교하였다. 외향적인 사람들은 알코올을 더 많이 섭취하였고, 인기도 더 많았으며, 파티에 더 자주 참석하고, 다양한 사회적 관계를 맺고 있었다. 성실성에서 높은 점수를 받는 사람들은 낮은 점수의 사람들에 비해 학구적 성취도가 더 높고, 더 지적이었으며, 더 정직하였다. 다른 요인들(신경증, 동조성, 개방성) 또한 행동의 여러 측면들을 예측하고 있었다.

Fleeson과 Gallagher(2009)는 2주 동안 참여자들에게 매일 여러 차례 자신의 행동을 보고하도록 요구하였다. 대부분 참여자들의 행동은 시간에 걸쳐 상당히 일관적이고 예측 가능하였다. 외향적인 사람들은 내향적인 사람들보다 외향적인 행동을 훨씬 더 많이 하였고, 성실성에서 높은 점수를 받은 사람들은 낮은 점수의 사람들보다 더 성실하게 행동하였다.

빅 파이브는 또한 정신장애와도 관련이 있다. Kotov 등(2010)은 대부분의 정신장애 환자들이 신경증이 높고, 성실성은 낮으며, 외향성 또한 낮은 경향이 있다는 것을 발견하였다. 이런 결과는 특정 유형의 성격을 가진 사람들이 정신장애에 취약할 수 있다는 것을 보여준다. 그러나 정신장애를 가진 것 때문에 높은 신경증과 낮은 외향성이 발생했을 가능성도 있다.

Wood(2015)는 성격을 기술하는 498개의 형용사를 발견하는 데 기초 어휘 가설을 이용하였다. 참여자들은 어떤 사람이 친구, 연인 또는 직장 동료가 된다고 할 때 각 성격 특성의 중요성을 평가하였다. 빅 파이브 요인과 가장 관련이 높은 성격 특성들이 사회적으로 가장 중요한 특성으로 평가되었다.

빅 파이브는 왜 그렇게 중요한가? Buss(1995)는 이 성격 요인들이 집단생활에 결정적으로 중요한 특성이라고 주장하였다. 예를 들어, 동조적인 사람들은 집단 협력을 증가시키고, 외향적인 사람들은 인간 지향적이 되어서 집단 응집력을 향상시키고, 성실한 사람들은 집단 목표를 위해 일을 효과적으로 해낸다. 또한 신경증이 낮은 사람들은 집단이 위협에 직면했을 때 침착함을 유지하게 하고, 개방성이 높은 사람들은 집단이 미래를 계획할 수 있게 한다.

빅 파이브 요인이 기본적으로 중요한 특성이라면 인간을 제외한 종에서도 이 요인들이 존재한다는 증거가 있어야 할 것이다. 실제로도 그렇다. 외향성, 신경증, 동조성 성격 차원들은 여러 종에서 발견되고 있고(Gosling & John, 1999), 몇몇 증거들에서는 개방성의 존재도 확인되었다. 성실성 차원은 침팬지에게서만 발견되었다.

빅 파이브 모델은 각 요인이 독립적이라고 가정한다. 이런 가정은 전적으로 옳다고 보기 어렵다. 높은 신경증은 낮은 성실성, 낮은 외향성, 낮은 동조성과 연합되어 있고, 높은 외향성은 높은 개방성과 높은 성실성과 연합되어 있다(van der Linden et al., 2010).

평가

➕ 빅 파이브 성격 특성 또는 요인들은 자기 보고와 평가 연구를 통해 반복 검증되었다.

➕ 기초 어휘 가설을 사용한 연구는 빅 파이브 접근이 성격에 대한 포괄적인 기술을 제공한다는 것을 말해준다.

➕ 빅 파이브 요인들 모두 사회적으로 중요하고, 이들 중 네 가지는 다른 종에서도 발견되었다.

➕ 모든 빅 파이브 요인들에서 개인차의 31~41%가 유전적 요인으로 설명된다.

➖ 빅 파이브 요인들은 이론이 가정하고 있는 것보다 서로 더 밀접하게 관련이 되어 있다.

➖ 빅 파이브 접근은 성격을 잘 기술하고 있지만 이론적으로 발전된 모형이라고 보기는 어렵다. Buss(1995)의 노력에도 불구하고, 왜 이 다섯 가지 요인이 인간 성격에서 가장 중요한지는 분명하지 않다.

사회인지이론

Bandura의 사회인지이론과 특성 이론 사이의 중요한 차이는 무엇인가?

1925년에 태어난 미국의 심리학자 Albert Bandura는 성격에 대한 사회인지이론을 개발하였다. 그는 성격에 대한 특성 이론이 지나치게 단순하다고 주장하였다. 그에 따르면 우리는 포괄적인 이해를 달성하기 위해 개인 요인(성격), 환경 요인, 개인의 행동을 고려해야 한다.

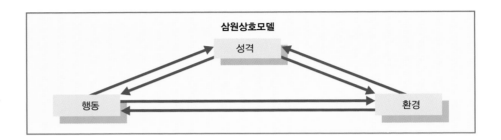

그림에서 보듯이 Bandura는 성격, 행동, 환경이 복잡한 방식으로 서로에게 영향을 미친다고 주장하였다. 환경은 우리의 행동에 영향을 미치지만 우리의 성격과 행동 또한 환경을 결정하는 데 영향을 미친다. 예를 들어, 외향적인 사람은 내향적인 사람보다 사회적 상황에서 더 많은 시간을 보낸다.

Bandura의 접근은 전통적인 특성 이론보다 더 포괄적이다. 특성 이론가들은 성격이 행동에 영향을 미친다는 점을 강조하고 있고, 이것은 Bandura의 이론에서 6개의 화살표 중 단 하나에 해당한다. 특성 이론가들은 또한 환경이 행동에 영향을 미친다고 주장한다(Bandura의 이론에서 두 번째 화살표). 그러나 몇몇 특성 이론가들을 다른 4개의 화살표에 초점을 맞추고 있다. 이것이 특성 이론의 한계이다. 실제로 사람들의 성격은 그들이 놓인 상황에 영향을 미칠 뿐만 아니라 이런 상황에서 어떻게 행동할지에도 영향을 미친다. 예를 들어, 외향적인 사람들은 내향적인 사람들보다 사회적 상황을 더 자주 찾는다(Furnham, 1981).

Bandura의 사회인지 접근과 특성 이론 사이에는 또 다른 두 가지 중요한 차이가 있다. 먼저 Bandrua는 개인의 행동을 예측하기 위해서는 그가 처한 특수한 상황을 설명할 수 있어야 한다고 주장하였다. 반대로 대부분의 특성 이론가들은 개인의 성격이 대부분의 상황에서 그의 행동에 영향을 미친다고 주장한다.

둘째, Bandura는 행동에서 개인차가 인지 과정과 전략에 달려있다고 주장하였다. 이와 비교하여 대부분의 특성 이론이 지닌 가장 큰 한계점 중 하나가 인지체계를 무시한다는 것이다.

자아효능감

Bandura는 주어진 과제 또는 상황에 대처하여 원하는 결과를 달성하는 자신의 능력에 대한 개인의 신념을 의미하는 **자아효능감**(self-efficacy)의 중요성을 강조한다. Bandura 의 표현에 의하면(Bandura, 1977, p. 391), 자아효능감은 "개인이 소유한 기술이 아니라 자신이 소유한 기술을 가지고 무엇을 할 수 있는지에 대한 개인의 판단이다" 높은 자아효능감은 과제 동기를 증가시켜서 수행을 향상시킨다.

무엇이 특정 상황에서 개인의 자아효능감의 수준을 결정하는 것일까? 첫 번째는 유사한 상황에서 개인이 경험한 성공과 실패이다. 둘째, 간접적인 경험도 중요하다 — 동일한 상황을 성공적으로 대처하는 누군가를 보는 것으로 당신의 자아효능감은 증가한다. 세 번째는 사회적 설득이다. 누군가 당신에게 이 상황에 성공적으로 대처할 수 있는 기술을 가졌다고 설득력 있게 말해주면 당신의 자아효능감 수준은 증가할 것이다. 넷째, 당신이 불안 또는 실패와 연합된 높은 수준의 각성을 경험하게 되면 자아효능감은 감소한다.

연구 결과

자아효능감과 수행 사이의 정적 상관관계를 보여주는 증거는 많다. 예를 들어, Stajkovic과 Luthans(1998)는 114개의 연구에서 높은 자아효능감이 작업 수행을 28% 향상시킨다는 것을 발견하였다. 자아효능감은 복잡한 과제보다 쉬운 과제에서 높은 수행과 더 강하게 연합되어 있었고, 연합의 강도는 자연 상황에서 보다 실험실 상황에서 더 높았다.

왜 이런 차이가 발생한 것일까? 참여자들이 과제 요구, 최선의 전략 등에 대한 상세한 정보를 소유하고 있을 때 자아효능감과 수행 사이의 관계가 더 강해질 것이다. 그런데 현실에서 어려운 과제를 수행하는 사람들에게는 정확한 자아효능감 판단을 할 수 있는 충분한 정보가 없는 경우가 많다.

Stajkovic과 Luthans(1998)의 연구 결과는 해석이 쉽지 않은데, 높은 자아효능감이 수행을 향상시켰는지 아니면 우수한 수행이 자아효능감을 증가시켰는지 알 수 없기 때문이다. Hwang 등(2016)은 학생들의 학업 성취에 관한 연구에서 5년 넘게 이 주제를 다루었다. 이들은 과거의 학업 성취로 후속 자아효능감을 예측할 수 있고, 자아효능감으로 후속 학업 성취를 예측할 수 있다는 것을 발견하였다. 전자의 효과가 후자보다 더 강했다.

자아효능감은 행동 예측 능력에서 표준 성격 요인들과 어떤 관련이 있을까? Judge 등(2007)은 작업 수행에 관한 연구들을 개관하였다. 자아효능감이 작업 수행을 예측

핵심용어

자아효능감 특정 목표를 달성하는 것처럼 과제를 수행할 수 있다는 개인의 신념

하는 정도는 중간이었지만, 자아효능감 그 자체가 원인인 것 같지 않았다. 그보다는 자아효능감이 높은 사람들이 지능, 성실성, 외향성은 높고 신경증이 낮은 경향이 있기 때문이었다. 작업 수행은 자아효능감보다 지능과 성실성에 의해 더 잘 예측되었다.

자기조절

Bandura(1986)는 우리의 행동이 자아효능감만큼이나 **자기조절**(self-regulation)에 의해 영향을 받는다고 주장하였다. 자기조절은 자기 자신의 행동을 조절하고 통제하는 인지 과정을 사용하는 것을 말한다.

평가

➕ Bandura의 이론은 행동에서 개인차가 인지적 · 사회적 · 동기적 요인들 사이의 상호작용에 달려 있다는 것을 분명하게 보여주었다.

➕ 사람들이 건강 행동(예 : 금연, 다이어트, 운동)을 채택하는 정도는 자아효능감과 자기조절의 정도에 달려있다.

➖ Bandura의 사회인지접근은 정서 요인들을 경시하였다. 실제로 동기와 행동은 인지보다 우리의 정서에 의해 영향을 더 많이 받는다.

➖ Bandura는 개인의 자아효능감이 결정되는 데 학습의 중요성을 강조한다. 그러나 자아효능감의 개인차는 대부분 유전적 요인에 달려있다(예 : Waaktaar & Torgersoen, 2013).

➖ Bandura는 특수 상황에서 사람들의 행동을 이해하고 예측하는 데 초점을 맞추었다. 그의 접근이 광범위한 삶의 영역에서 개인차를 설명할 수 있는지는 확실하지 않다.

➖ Vancouver(2012, p. 466)는 'Bandura 이론의 느슨함'을 지적하였다. 예를 들어, 많은 용어(예 : '신념', '동기')가 분명하게 정의되지 않은 채 사용되고 있다.

➖ Bandura는 특수 상황에서 사람들의 행동을 이해하고 예측하는 데 초점을 맞추었다. 그의 이론적 접근은 광범위한 삶의 영역에서 개인차를 제대로 설명하지 못한다.

핵심용어

자기조절 사람들이 자신의 행동을 조절하고 원하는 결과를 성취하기 위해 스스로를 보상하고 처벌한다는 Bandura의 개념

요약

- 우리의 행동이 우리의 성격 특성에 의해 영향을 받는다는 관점은 집단주의 문화권보다 개인주의 문화권과 더 관련이 깊다.
- 성격검사는 표준화되어야 하고 높은 수준의 신뢰도와 타당도를 필요로 한다.
- Freud는 아동기 경험이 성인의 성격에 영향을 미친다고 주장하였다. 그러나 그의 심리성적 발달이론이 주장하는 세부적인 예측을 지지하는 경험적인 연구 증거는 거의 없다.
- Cattell은 16개의 성격 특성이 존재한다고 주장하였지만 이들 중 많은 것들은 서로 밀접한 관련이 있다. 16개를 측정하기 위해 고안된 그의 질문지에도 8개 이상의 성격 특성은 존재하지 않았다.
- H. J. Eysenck는 서로 관련이 없는 세 가지의 초요인을 발견하였다(외향성, 신경증, 정신증). 이 세 초요인에서 개인차의 약 40%가 유전적 요인에 의해 설명된다.
- Costa와 McCrae는 다섯 가지의 성격 요인이 존재한다고 주장하였다(빅 파이브 : 개방성, 성실성, 외향성, 동조성, 신경증). 다섯 가지 요인들에서 개인차는 부분적으로 유전적 요인에 달려있다.

더 읽을거리

- Bandura, A. (2012). On the functional properties of perceived self-efficacy revisited. *Journal of Management*, 38, 9–44. 이 논문에서 Albert Bandura는 자아효능감에 대한 자신의 관점을 지지하거나 비판하는 연구들을 평가하고 있다.
- Cervone, D., & Pervin, L.A. (2016). *Personality: Theory and research* (13th ed.). Hoboken, NJ: Wiley. 이 책에는 이 장에 제시된 모든 이론에 대한 논의가 담겨있다.
- Eysenck, M.W. (2016). Hans Eysenck: A research evaluation. *Personality and Individual Differences*, 103, 209–219. 이 논문에서 나는 내 아버지가 성격 이해에 끼친 공헌과 한계에 대해 평가하였다.
- Turkheimer, E., Pettersson, E., & Horn, E.E. (2014). A phenotypic null hypothesis for the genetics of personality. *Annual Review of Psychology*, 65, 515–540. 성격의 개인차에서 유전적 요인의 역할에 대해 논의하고 있다.

질문

1. 당신이라면 성격 평가 질문지를 어떻게 설계하겠는가?

2. 성격에 대한 Cattell과 H. J. Eysenck의 이론에 대해 기술하라. 이 두 이론의 공통점과 차이점은 무엇인가?

3. 빅 파이브 성격 이론은 무엇인가? 이 이론의 강점과 한계는 무엇인가?

4. Bandura의 사회인지이론에 대해 기술하고 평가하라.

우리가 우리 자신을 바라보는 방식이 우리의 자아개념이다. 다른 모든 사람들처럼 당신도 당신 자신에 대해, 당신이 어떤 사람인지에 대해, 그리고 타인과의 관계에 대해 수많은 생각과 감정을 가지고 있다. 무엇이 당신의 자아개념 형성에 가장 중요한 영향을 미쳤는가? 당신의 자아개념은 다른 사람들(특히 당신의 인생에서 중요한 역할을 하였거나 하고 있는 사람들)에 의해 영향을 받았는가?

서구 문화권의 대다수 사람들은 그들의 성격, 개인 목표 등에 의해 행동이 결정되고 있는 존재로서 자아감을 가지고 있다. 당신은 자아에 대한 이런 서구의 관점이 보편적이라고 생각하는가? 더 구체적으로 말하면, 매우 다른 문화권(예 : 동아시아)에 살고 있는 사람들은 사회적 역할과 의무로 이루어진 자아감을 가지고 있다는 생각을 한 적이 있는가?

자아개념

19

자아개념(self-concept)이란 무엇인가? Grilli와 Verfaellie(2015, p. 1684)에 따르면, 이것은 '각 개인이 개인 정체성을 형성할 수 있게 해주는 자기에 대한 개념'이다. Baumeister(2011)는 자아가 세 가지 중요한 측면을 지닌다고 주장하였다:

1. 지식 구조 : 우리 모두는 우리 자신에 대한 엄청난 양의 지식을 소유하고 있고, 이것이 우리에게 자아를 소유하고 있다는 자각을 제공한다.
2. 대인 간 존재 : 자아는 거의 전적으로 사회적 맥락 안에서 존재하고 타인과의 관계에서 사용된다.
3. 대리인 : 자아는 실행자로서 의사결정을 하고, 우리를 특정 방식으로 행동하게 한다.

수많은 요인들이 우리의 자아개념에 영향을 미치지만, 다른 사람들과의 관계가 결정적으로 중요하다. Charles Cooley(1902)는 우리의 자아개념이 타인의 평가를 반영하고 있다는 의미로 '거울 자아'라는 용어를 사용하였다(우리는 타인이 우리를 보듯이 우리 자신을 보는 경향이 있다). 우리 삶에서 중요한 사람들(예 : 배우자, 부모, 친구)이 우리의 자아개념에 가장 큰 영향을 미친다. 그러나 자아개념이 단지 타인의 관점을 수동적으로 수용하는 것으로 변화하진 않는다. Young과 Martin(2003)은 시간이 흐르면서 우리가 능동적으로 우리의 자아개념과 우리에 대한 타인의 지각을 변화시킨다는 것을 발견하였다.

William James(1890)는 자아개념의 두 가지 측면을 구분하였다: 경험의 주체로서 '자기(I)'와 경험의 객체로서 '자기(me)'. 어린 아동은 다른 사람들과 독립된 존재감을 발달시키기 시작한다: 이것이 주체적인 '자기'이다. 이 '자기'는 즉각적인 현재를 경험하는 행위자이다. 그런 다음 객체적인 '자기'가 발달한다: 이것은 다른 사람들에 의해 지각될 수 있는 객체로서 자아에 대한 자각이다. 이것은 과거와 미래를 고려하고, 자아개념에서 영속감을 제공한다.

유럽이나 미국에 살고 있는 사람들이 자아개념에 대해 생각하는 것은 당연해 보인다. 이런 문화권은 개인의 책임감과 성취를 강조하는 개인주의 문화권이다(제1장 참조). 자아개념에 대한 생각이 개인보다 집단을 강조하는 집단주의 문화권에서는 더 적게 나타날 것이다. 예를 들어, 중국어 단어 '렌(사람)'은 개인의 행동이 집단 규범에 부합하거나 또는 부합하지 않는 방식을 의미한다.

자아개념의 발달

자아개념은 이른 나이에 발달한다. 어린 아동의 자아개념 발달을 연구하기란 쉽지 않은데 이들의 언어능력이 매우 제한되어 있기 때문이다. 그럼에도 불구하고 유아가 언제 그리고 어떻게 자아개념을 발달시키는지에 대한 연구는 큰 발전을 하였다.

자기-인식

유아가 자아를 발달시키기 시작했다는 가장 빠른 표시는 거울 속의 자신을 인식하기 시작할 때이다(거울 자기-인식 검사). 유아가 눈치 채지 못하게 코에 빨간 점을 찍고 거울을 보여준다. 자신의 코로 손을 가져가는 유아는 자기-자각이 일어나고 있다는 증거이다. 생후 21~24개월 유아들의 70%가 자기-자각을 보이지만 1세 이전의 유아들 중에서 자기-자각을 보이는 유아는 극히 소수이다.

유아가 매우 기본적인 자아감을 가지고 있어도 거울 자기-인식 검사에서 성공할 수 있다. 그러나 지연 자기-인식 검사에서 성공하려면 보다 발달된 자기-자각이 필요하다. 이 검사에서는 큰 스티커를 몰래 아동의 머리카락에 붙여 놓고 사진이나 동영상을 찍는다. 3분 후 아동에게 동영상 또는 사진을 보여 주는데, 스티커를 제거하기 위해 손을 뻗으면 성공이다.

지연 자기-인식 검사는 거울 자기-인식 검사보다 어렵다(사전 훈련을 받은 아동들도 3세 이전에는 성공하지 못한다). 일반적으로 지연 검사에서의 성공은 시간적으로 확장된 자아 발달에 달려있다(Lazaridis, 2013). 즉 자아가 시간이 흘러도(과거, 현재, 미래) 동일하다는 것을 이해하고 있어야 한다.

Howe와 Courage(1997)에 의하면, 초기 자아감의 발달은 **자서전적 기억**(autobiographical memory)의 출현에 달려있다. 이 가설을 지지하는 증거가 Howe 등(2003)에

핵심용어

자서전적 기억 생애에 걸쳐 개인과 관련된 특별한 사건에 대한 기억(특히 개인적으로 중요한 사건에 대한 기억)

의해 보고되었다. 15~23개월 사이의 유아들 중에서 자기를 인식하는 유아들이 자기-인식을 못하는 유아들보다 개인 사건에 대한 기억이 더 좋았다. 더 구체적으로 말하면, 자기-인식을 하기 전에 개인 사건에 대한 기억 검사에서 좋은 수행을 보이는 아동은 한 명도 없었다.

아동기 동안 자아개념에서 어떤 변화가 일어나는가?

자서전적 기억

우리는 아동기와 청소년기의 자아개념의 발달을 자서전적 기억에 초점을 맞추어 연구할 수 있다. Habermas와 de Silveira(2008)는 아동기 후기와 청소년기에 있는 사람들의 이야기를 비교하여 보았다. 청소년의 이야기는 인과적 결합(예 : 처음 사건이 나중 사건을 어떻게 유발했는지 설명)과 일관성(자신의 삶에서 조직적인 주제 발견)을 더 많이 보였다. 이런 결과는 청소년기에 이르러서야 완전한 자아개념이 출현한다는 것을 보여준다.

자아개념이 후기 청소년기와 초기 성인기에도 계속해서 발달한다는 관점을 지지하는 추가적인 증거가 Bluck과 Alea(2009)에 의해 보고되었다. 이들은 젊은 성인들과 나이 든 성인들에게 왜 그들이 과거에 대해 생각하고 이야기하는지를 물어 보았다. 자아 영속감을 유지하고, 미래 계획을 정하는 데 젊은 성인 집단이 자서전적 기억을 더 많이 사용하였다.

아동기와 청소년기 동안 자서전적 기억에서 또 다른 흥미로운 변화가 일어난다. Pasupathi와 Wainryb(2010)은 아동과 청소년에게 자서전적 기억에 대해 이야기해 줄 것을 요청하였다. 자신의 욕구, 정서, 신념에 초점을 맞추어 이야기하는 것이 아동보다 청소년에게서 훨씬 높았다. 즉 성공 또는 실패와 관련된 자아개념은 청소년기가 되어서야 완전히 발달한다.

자기-기술

아동기 후기와 청소년기의 자아개념 발달을 연구할 때 연구자는 이들에게 자기에 대해 기술해 줄 것을 요청한다. 그러나 이런 방법에도 한계가 있다. 아동은 연구자에게 깊은 인상을 주기 위해 자신의 자아개념을 왜곡할 수 있다. 또는 자아개념의 중요한 측면이 자기-기술에 나타나지 않을 수 있다. 그렇지만 자기-기술은 유용한 검사 방법 중 하나이다.

Tanti 등(2008)은 호주의 아동기(9세), 청소년기 초기(12세), 청소년기 중기(15세), 청소년기 후기(18세) 집단에게 자기-기술을 요청하였다. 연구자들은 자아개념이 다음 세 수준의 자기표현으로 이루어져 있다는 가정을 토대로 자료를 분석하였다.

1. 개인적 자아 : 개인을 독특한 개체로서 타인과 구분하게 해주는 자아
2. 관계적 자아 : 개인의 중요한 대인 간 관계를 반영하는 자아
3. 집단적 자아 : 집단 멤버십 또는 집단 정체성에 기초한 자아

Tanti 등(2008)은 무엇을 발견하였을까? 연령이 높은 집단은 개인적 자아와 집단적 자아를 더 많이 보이고 관계적 자아는 더 적게 보였다. 관계적 자아가 더 적게 나타난 중요한 이유는 친구 관계에 대한 기술이 증가하면서 가족 관계에 대한 기술이 눈에 띄게 감소하였기 때문이었다. 또 다른 중요한 연구 결과는 개인적 자아가 청소년기 초기보다 후기에 훨씬 더 사회적으로 변화하였다는 것이다.

요약하면 아동기 후기와 청소년기 후기 사이에 자아개념에서 집단 멤버십과 친구의 중요성이 크게 증가한다. 같은 시기에 자아개념에서 비사회적인 자기-기술과 가족의 중요성은 크게 감소한다.

현실 속으로 : 우울증과 자아개념

우울한 사람들은 매우 부정적인 자아개념을 가지고 있어서 자신을 무기력하고, 가치 없고, 부적응적이라고 생각한다. Dalgleish 등(2011)은 우울증 환자들의 자아개념을 연구하기 위해 인생의 중요한 시기(예 : 유치원 시절, 해외에서 보낸 시절)에 대해 이야기해줄 것을 요청하였다. 그런 다음 환자에게 인생의 각 시기를 긍정적인 또는 부정적인 항목을 사용하여 평가하게 하였다. 환자의 지각된 자아는 대부분 부정적이었고, 전 인생 시기에 걸쳐 부정적인 정보가 일관적으로 높게 반복하여 나타났다. 이와 반대로 긍정적인 정보의 빈도와 일관성은 전 시기에 걸쳐 낮게 나타났다. 이런 연구 결과는 부정적인 정서를 지닌 기억 정보에의 접근은 높은 반면에 긍정적인 정보에의 접근은 낮은 우울증 환자의 기억 편향 때문일 수도 있다.

우울증 환자들에게 단서(예 : 파티)를 제시하고 자서전적 기억을 회상하도록 하면 보통 과일반화된 기억 정보(대부분 부정적인)를 회상한다. 건강한 통제집단은 대부분 특정 구체적인 기억(예 : "내 열두살 생일 파티는 아주 재밌었다")을 회상하는 반면에 우울증 환자들은 매우 일반적인 기억(예 : "내가 참석했던 생일 파티는 모두 나쁘게 끝이 났다")을 만들어낸다. 이런 부정적이고 과일반화된 기억의 회상은 우울증 환자의 부정적인 자아개념을 강화시킨다.

마지막으로 우울한 사람들은 정서 기억과의 관계에서도 변화를 보인다. 더 구체적으로, 이들은 종종 자신의 고통스러운 기억을 억압하려고 한다. 그러나 특정 고통스러운 기억을 억압하려는 시도는 역효과를 낳아서 다른 고통스러운 기억에 더 집중하게 만든다.

우리는 우울증 환자들이 자서전적 기억을 편향되게 정보처리하는 것 때문에 부정적인 자아개념이 발달하고 유지된다는 것과 우울증 수준이 증가되는 것을 보았다. 또한 부정적인 자아개념과 우울증 역시 여러 가지 기억 편향의 강도를 증가시킨다.

부정적인 자아개념을 만들어내는 기억 편향을 어떻게 하면 감소시킬 수 있을까? Dalgleisch와 Werner-Seidler(2014)는 이 주제에 대해 연구하였다. 효과가 확실한 한 가지 방법은 우울한 사람들의 과일반화된 부정적인 기억 경향성을 감소시키기 위해 개발된 기억 특수화 훈련(Memory

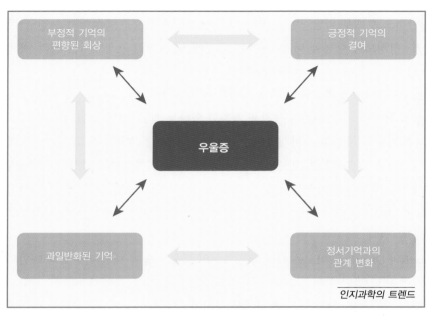

네 가지 정보처리과정(부정적 기억의 편향된 회상, 긍정적 기억의 결여, 과일반화된 기억, 정서기억과의
관계 변화)이 상호작용하여 우울증을 증가시키고 유지시킨다.
출처 : Dalgleish와 Werner-Seidler (2014).

Specificity Training, MEST)이다. MEST는 우울증 증후들의 감소에 효과적인 것으로 증명되었
다(Dalgleish & Werner-Seidler, 2014).
 또 다른 방법은 장소법을 이용하여 우울한 사람들의 자아개념을 향상시키는 것이다. 핵심은 우
울한 사람들이 긍정적인 개인 기억을 회상하고 정교화하는 것이다. 그런 다음 이런 기억들을 친
숙한 경로의 장소들과 연합시킨다. 이런 접근은 긍정적인 개인 기억 정보에의 접근성을 높여주기
때문에 효과적이다.

자기-지식

다른 누구보다 우리가 우리 자신을 더 잘 알고 있을까? 대부분의 사람들이 "예"라고
답할 것이다. 우리는 우리 자신의 삶에 대한 상세한 정보를 가지고 있기 때문에 이 말
이 맞을 수 있다. 그러나 많은 사람들이 자신의 잘못이나 한계를 보지 못하는 '맹점'
을 가지고 있다(특히 독립적인 존재를 강조하는 개인주의 문화권에서). 여기서는 개
인주의 문화권의 연구를 짧게 논의한다(개인주의 문화권과 집단주의 문화권 간의 비
교는 나중에 자아존중감에서 살펴볼 것이다).
 Vazire와 Carlson(2011)은 참여자 자신과 친구들에게서 얻어진 성격 평정에 관한 연

구를 논의하였다. 이들은 자기-평정과 친구-평정을 참여자의 현재 행동과 비교하였다. 일반적으로 매우 바람직한 특성과 매우 바람직하지 않은 특성에서는 친구-평정이 자기-평정보다 행동을 더 잘 예측한 반면에, 중성적인 특성에서는 자기-평정이 친구-평정보다 행동을 더 잘 예측하였다.

Bollich 등(2015)에 따르면 대다수 사람들은 합리적 통찰을 가지고 있어서, 자신이 자기 성격 특성에 대한 편향된 생각을 가지고 있다는 것을 잘 알고 있다. 자신에 대한 친구의 평가보다 자신의 자아개념이 더 긍정적인 사람들은 자신을 긍정적으로 편향된 사람이라고 진술하였다. 반면에 자기에 대한 친구의 평가보다 자신의 자아개념이 더 부정적인 사람들은 자신을 부정적으로 편향된 사람으로 진술하였다. 따라서 일반적으로 가정하는 것보다 사람들은 자신에 대해 더 정확하고 정교한 지식을 가지고 있다고 할 수 있다.

Balcetis와 Dunning(2013)은 사람들이 자신의 도움 행동에 대한 판단보다 타인의 도움 행동에 대한 판단을 더 잘한다는 것을 발견하였다. 어떤 참여자들은 혼자 있는 조건과 다른 사람들과 함께 있는 조건에서 자신이 어질러진(3,000개의 퍼즐 조각이 흐트러져 있는) 방을 치우는 도움 행동의 실행 여부를 예측하였다. 또 다른 참여자들은 다른 사람들의 도움 행동 실행 여부를 예측하였다.

실제 도움은 다른 참여자들과 함께 있을 때보다 혼자 있을 때 더 많이 발생하였다. 참여자들은 타인의 도움 여부를 판단할 때에는 이와 같은 결과를 정확하게 예측하였다. 그러나 자신의 도움 행동에서는 자신이 두 조건 모두에서 똑같이 도울 것이라는 잘못된 예측을 내놓았다. 즉 참여자들은 다른 사람들보다 자신의 도움 행동을 더 과장한다. 도움은 시행의 36%에서 일어났다. 그런데 자신이 도울 것이라고 예측한 참여자의 비율은 90%나 되었고 다른 참여자의 도움을 예측한 비율도 61%였다.

이 연구에는 두 가지 핵심 메시지가 있다. 첫째, 대부분의 사람들이 타인에 비해 자기 자신을 더 과장되게 좋게 보는 경향이 있다. 이것은 다른 증거와도 일치한다. 예를 들어, 미국 성인의 31%가 비만이다. 그런데 다른 미국

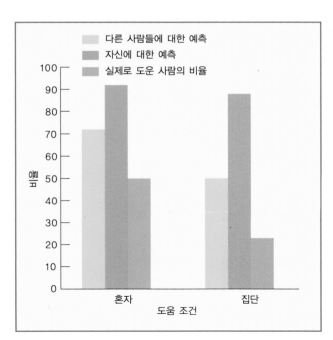

출처 : Balcetis and Dunning (2013).

인의 37%가 비만이라고 추정하면서 자신을 비만이라고 생각하는 미국 성인은 5%에 불과하다.

둘째, 자신의 도움 행동을 예측할 때 사실상 참여자들은 그들의 행동에 미치는 상황(예 : 혼자 있을 때와 다른 사람들과 함께 있을 때)의 영향을 무시하였다. 이와 비슷하게 Balcetis와 Dunning(2013)은 사람들이 좋은 또는 나쁜 기분 상태와 상관없이 자신은 똑같이 기부할 것이라고 주장한다는 것을 발견하였다. 실제로는 기분이 나쁠(35%) 때보다 기분이 좋을(58%) 때 훨씬 더 많이 기부한다.

요약하면 지금까지 발견한 연구 결과들은 복잡하다. 개인주의 문화권의 사람들은 때로 꽤 우수한 자기–지식을 가지고 있는 것처럼 보인다. 그러나 그렇지 않은 경우도 많이 있고, 이들은 자기 자신과 자신의 행동을 너무 긍정적으로 보는 경향이 있다.

문화권 차이와 성차

Markus와 Kitayama(1991)는 자아개념에 중요한 문화권 차이가 있다고 주장하였다. 개인주의 문화권에 살고 있는 사람들(예 : 영국, 미국)은 **독립적 자아**(independent self)를 가지고 있다. 즉, 개인은 (1) 독특한 구조의 내부 속성들(예 : 특성, 능력, 도덕성, 가치)로 이루어져 있고, (2) 이런 내부 속성들의 결과로 독립적·자립적·자율적으로 행동하는 개체이다(p. 224).

이와 대조적으로 집단주의 문화권에 살고 있는 사람들(특히 동아시아)은 **상호의존적 자아**(interdependent self)를 가지고 있다. 이들은 사회적 관계와 집단 멤버십으로 자신을 정의한다.

상호의존적 자아는 주로 남성 또는 여성, 개인주의 문화권 또는 집단주의 문화권 중 어디서 발견되는가?

Cross와 Madsen(1997)은 독립적 자아와 상호의존적 자아의 구분이 성차에도 적용된다고 주장하였다: "미국 남성들은 독립적인 자아개념을 형성하고 유지하는 반면에 여성들은 상호의존적인 자아개념을 형성하고 유지한다(p. 5). Cross와 Madsen의 주장은 남성과 여성의 자아개념의 성질이 평균적으로 차이가 있다는 것이다–이들은 어떤 남성들은 상호의존적 자아를 가지고 있고 어떤 여성들은 독립적인 자아를 가지고 있다는 것을 인정하였다.

연구 결과

자아개념의 문화권 차이를 연구할 때 "나는 누구인가"라는 질문에 20개의 응답을 요구하는 20 진술검사(Twenty Statements Test)를 사용한다. Triandis 등(1990)은 개인주의 문화권(미국, 그리스)보다 집단주의 문화권(중국) 출신의 학생들이 개인을 사회집

핵심용어

독립적 자아 개인의 책임감과 성취로 자아를 정의하는 자아개념의 한 유형

상호의존적 자아 다른 사람들과의 관계로 자아를 정의하는 자아개념의 한 유형

단 또는 범주의 구성원으로 보는 경향성이 훨씬 더 크다는 것을 발견하였다.

Gudykunst 등(1996)은 자아개념에서 문화 차이가 사회 과정에 영향을 미친다는 것을 보여주었다. 미국과 영국의 참여자들이 일본과 중국의 참여자들보다 사회적 상황에서 자기 자신의 행동을 더 많이 감시한다.

이와 대조적으로 일본과 중국의 참여자들은 사회적 상황에서 타인 행동에 대한 감시가 더 높았다. 이것은 자아개념이 다른 사람들과의 관계와 연관되어 있을 때 발생할 수 있는 일이다.

Cross와 Madson(1997)은 자아개념에서 예측되는 성차를 보여주는 수많은 연구들을 개관하였다. 일반적으로 남성은 상호의존성(예 : 사회성, 호감도)보다 독립성(권력, 자립)으로 자기 자신을 더 많이 평가하였다. 이와 대조적으로 여성은 정반대의 양상을 보였다.

Stein 등(1992)은 상호의존성 측정치로 2년 뒤 여성의 자아존중감을 예측할 수 있지만 남성의 자아존중감은 예측할 수 없다는 것을 발견하였는데, 이것은 상호의존성이 여성에게 더 중요하다는 의미이다. 또한 독립성 측정치로 2년 뒤 남성의 자아존중감을 예측할 수 있었지만 여성의 자아존중감은 예측하지 못하였다. 즉 남성의 자아개념은 여성의 자아개념보다 독립성에 더 많이 의존하고 있다.

Berger와 Krahé(2013)는 성차에 대한 대부분의 선행 연구들이 자아개념의 부정적인 측면을 무시하였다고 지적하였다. 이들은 남성의 자아개념에 독립성과 관련된 '자랑하는', '가혹한', '권력에 굶주린' 같은 부정적인 속성들이 여성의 자아개념보다 더 많이 포함되어 있다는 것을 발견하였다. 이와 대조적으로 여성의 자아개념에는 남성의 자아개념보다 상호의존성과 관련된 부정적인 속성(예 : 불안한, 과민한, 자기회의적)이 더 많이 포함되어 있다.

또한 Berger와 Krahé(2013)는 남성과 여성 모두 '남성적' 속성과 '여성적' 속성을 바람직한 것으로 평가한다는 것을 발견하였다. 이것은 1970년대와 1980년대에 수행된 연구들에서는 남성과 여성 모두 '여성적' 속성보다 '남성적' 속성을 더 바람직한 것으로 평가했던 것과 비교할 때 큰 변화라고 할 수 있다.

평가

➕ 독립적 자아와 상호의존적 자아의 구분은 자아개념의 중요한 문화 차이를 알게 해준다.

➕ 독립적 자아와 상호의존적 자아의 구분은 긍정적인 속성과 부정적인 속성 모두에서 자아개념의 성차를 보여준다.

> ● 오직 두 범주('독립적인'과 '상호의존적인')로만 자아개념을 기술하는 것은 지나치게 단순하다. 개인주의 문화권에 살고 있는 어떤 사람들은 상호의존적 자아를 가지고 있다－앞에서 보았듯이 Tanti 등(2008)은 개인주의 문화권(호주)에 살고 있는 대부분의 청소년들이 시간이 흐르면서 점점 사회적이 되면서 상호의존적인 자아개념을 발달시킨다는 것을 발견하였다.
>
> ● 여성의 자아개념이 남성의 자아개념보다 더 상호의존적이라는 생각은 너무 단순하다. 그보다는 자아개념에서 나타나는 상호의존성 유형에 성차가 존재한다고 보는 것이 맞다. 여성의 자아개념에서 상호의존성은 타인(예 : 자매, 동료)과의 유대감과 관련이 있다. 이와 대조적으로 남성의 자아개념에서 드러나는 상호의존성은 집단(예 : 가족, 스포츠 동아리)과 관련이 있다(Foels & Tomcho, 2009).

다원적 자아

지금까지의 논의는 우리 모두 하나의 자아개념을 가지고 있다고 가정하고 있다. 이런 생각이 지나치게 단순하다고 보았던 McDonnell(2011, p. 1)은 대안 이론을 제안하였다: "다원적 자아상 체계(multiple self-aspects framework, MSF)는 자아개념을 여러 개의 맥락 의존적인 자아들의 집합체라고 본다". 예를 들어, 당신은 학생의 자아, 딸 또는 아들의 자아, 여성 또는 남성의 자아를 가질 수 있다.

언제 어떤 자아가 우세하게 될지를 결정하는 것은 무엇일까? 가장 중요한 요인은 현재 상황이다. 예를 들어, 당신의 학생 자아는 당신이 학교에서 다른 학생들과 이야기를 나눌 때 가장 중요할 것이다. 이와 대조적으로 당신의 딸/아들 자아는 당신이 집에서 부모님과 함께 있을 때 강해진다.

McDonnell(2011)은 미국의 대학생들에게 자신의 다양한 자아에 대해 말해달라고 요구하였다. 자신이 오직 하나의 자아개념을 가지고 있다고 보고하는 학생은 극소수였다. 평균적으로 4.23개의 자아개념 또는 자아가 보고되었다. 가장 빈도가 높은 자아는 사회적 상황과 관련이 있었고, 그다음으로는 관계 자아와 사회적 역할 자아가 많았다.

상호의존성을 강조하는 집단주의 문화권보다 독립성을 강조하는 개인주의 문화권 사람들의 자아개념이 더 통합적이어야 한다는 주장에는 이유가 있다(제1장 참조). 집단주의 문화권의 개인들은 집단의 기대에 융통성 있게 부응한다고 가정할 때 이들의 자아개념은 현재 사회적 맥락의 영향을 더 많이 받을 것이다. 이런 관점을 지지하는 증거가 자신의 자아개념을 기술하는 20개 진술문 검사를 사용한 연구에서 얻어졌다. 집단주의 문화권에 살고 있는 사람들은 개인주의 문화권 사람들보다 자신의 다양한 사회적 역할(예 : 부모, 교사, 동아리 회원)을 더 많이 강조한다(Heine & Buchtel, 2009).

추가 증거가 English와 Chen(2011)에 의해서도 보고되었다. 동아시아계 미국인들(집단주의 문화권 출신)과 유럽계 미국인들(개인주의 문화권 출신)에게 친구와 함께 있을 때, 어머니와 함께 있을 때, 애인과 함께 있을 때 자신의 자아개념을 기술하도록 하였다. 예측대로 이 세 가지 맥락에 따른 자아개념의 차이가 유럽계 미국인보다 동아시아계 미국인에서 더 컸다.

해리성 정체성장애

여러 자아들을 통합하여 일관성을 유지하는 것은 심리적 안녕감에 중요하다. 만일 어떤 사람이 여러 개의 서로 다른 자아를 가지고 있다면 어떤 일이 일어날까? 이런 사례가 해리성 정체성장애(이전에는 다중 성격장애로 불렸다)를 가진 환자들이다. **해리성 정체성장애**(dissociative identity disorder)의 핵심 증후는 개인의 행동을 통제하는 정체성이 서로 다른 시점에 적어도 2개 이상 존재하는 것이다.

해리성 정체성장애를 가진 Chris Sizemore의 사례는 1957년에 '이브의 세 얼굴'이라는 영화로 만들어지기도 하였다. 그녀는 3개의 서로 다른 자아 또는 정체성을 가지고 있다: 이브 화이트는 소심하고 겸손하고, 이브 블랙은 거칠고 노는 것을 좋아하고, 제

Chris Sizemore

인은 안정적이고 합리적이다. 이브 블랙은 이브 화이트에 대해 알고 있지만, 이브 화이트는 이브 블랙에 대한 자각이 전혀 없다. 마지막으로 제인은 세 명의 정체성에 대해 모두 알고 있다.

개인이 해리성 정체성장애를 발달시키는 이유는 무엇일까? 거의 모든 환자가 만성적인 아동기 트라우마(예 : 신체적과/또는 정신적 학대)를 경험한 역사를 가지고 있다. 여러 개의 자아 또는 정체성을 발달시키는 이유는 이런 트라우마 사건들이 만들어내는 강렬하고 갈등적인 정서에 대처하고 방어할 수 있게 해주기 때문이다(Dorahy et al., 2014). 그러나 한 개인 안에 여러 정체성의 공존은 타인과의 관계에서 많은 혼란과 문제를 야기한다.

자아존중감

자아개념에서 **자아존중감**(self-esteem)은 매우 중요하다. 이것은 평가적인 측면으로 '개인이 자기 자신에게 부여하는 가치에 대한 총체적인 느낌'을 말한다(Gebauer et al., 2015, p. 527). 몇몇 이론가들(예 : Baumeister, 1998)은 대다수 사람들이 자신의 자아존중감을 유지 또는 향상시키기 위해 매우 동기화되어 있다고 주장하였다. 우리는 자아존중감을 최대화하려는 목표를 가지고 있다(예 : 타인이 긍정적으로 평가하는 존재가 되려고 노력한다). 자아존중감을 최대화하려는 동기는 왜 많은 사람들이 과장되게 긍정적인 자아개념을 가지는지를 설명해준다.

왜 사람들은 높은 자아존중감을 가지려고 노력하는 것일까? Leary와 Baumeister(2000, p. 10)는 그들의 사회계량기이론에서 이 질문의 답을 제시하였다: "자아존중감 체계는 특히 사회적 수용 또는 배제와 관련하여 다른 사람들의 반응을 감시하고 대응하기 위해 생겨났다." 즉 자아존중감은 사회적 집단과 사회적 관계에서 개인의 수용 가능성을 반영한다. 우리의 진화 역사상 사회적 배제는 매우 중요한데, 이것이 개인의 생존 가능성을 크게 감소시키기 때문이다.

연구 결과

MacDonald와 Leary(2005)는 사회계량기이론이 예측하는 사회적 배제의 매우 부정적인 효과를 보여주는 증거들에 대해 논의하였다. 이들의 주요 결론은 사회적 배제와 신체적 통증이 동일한 뇌 체계에서의 활성화를 불러일으킨다는 것이다. 또한 생각, 정서, 행동에서도 비슷한 효과를 불러일으킨다. 즉, 사회적 배제는 사회적 고통을 만들어낸다.

핵심용어

자아존중감 개인이 자기 자신에 대해 가지는 (긍정적 또는 부정적) 느낌과 관련된 자아개념의 일부

Leary 등(1998)은 사회계량기이론의 지지 증거를 제시하였다. 긍정적인 평가를 받는 사람들은 높은 자아존중감을 보였다. 반대로 부정적인 평가를 받는 사람들은 낮은 자아존중감 때문에 고통스러워하였다.

Pass 등(2010)은 부정적 평가의 종류에 따라 여성과 남성의 반응에서 성차를 발견하였다. 여성의 자아존중감은 낮은 역량과 지위 때문에 거부당할 때는 감소되지 않았지만 낮은 신체적 매력 때문에 배우자감으로 거부당할 때는 감소되었다. 이와 대조적으로 남성의 자아존중감은 부적절한 역량과 지위를 이유로 거부되었을 때에만 낮았다.

높은 자아존중감은 바람직한가?

내 생각에 이 질문에 대한 당신의 답변은 "예"일 것이다. 일반적으로 서구 문화권에서는 높은 자아존중감이 이득이라고 생각한다. 이들이 이득으로 보는 이유 중 하나는 낮은 자아존중감을 가진 사람들보다 높은 자아존중감을 가진 사람들이 우울하거나 불안할 가능성이 더 적다는 것이다.

낮은 자아존중감이 불안증과 우울증을 유발하는 것일까? 아니면 불안증과 우울증이 낮은 자아존중감을 낳는 것일까? Trzesniewski 등(2006)은 청소년기에 자아존중감을 평가하고 11년 동안 추적하였다. 심각한 문제(예 : 우울장애, 불안장애, 범죄 판결)가 있는 성인들 중 65%가 청소년기에 자아존중감이 낮았던 사람들이라면, 청소년기에 높은 자아존중감을 가지고 있었던 사람들 중에서 이런 문제를 겪고 있는 사람들은 15%에 불과하였다. 이와 대조적으로 문제가 없는 성인들 중에서 청소년기에 낮은 자아존중감을 가지고 있었던 사람들은 16%였고, 청소년기에 높은 자아존중감을 가지고 있었던 사람들은 50%였다. Stieger 등(2014)은 청소년기에 자아존중감이 낮았던 사람들이 20년 뒤 우울증 증상들을 더 많이 보인다는 것을 발견하였다. 즉 낮은 자아존중감은 미래 우울증과 불안증의 가능성을 증가시킨다.

다른 연구는 높은 자아존중감도 부정적인 결과를 불러일으킬 수 있다는 것을 보여준다. Colvin 등(1995)은 과장된 자아존중감을 가진 사람들(자기-기술이 지인의 기술보다 더 긍정적인 사람들)을 연구하였다. 이들은 낮은 사회적 기술과 심리적 부적응의 징표(예 : 타인에 대한 적대감, 사람에 대한 의심, 자기 방어)를 보였다.

Bushman 등(2009)은 자아존중감에서 차이가 있는 학생들을 대상으로 공격성에 미치는 위협 효과를 연구하였다. 공격성에 미치는 자아존중감의 전체적인 효과는 발견되지 않았다. 그러나 나르시시즘이 높으면서 자아존중감이 높은 학생들은 다른 학생들보다 더 공격적이었다. 왜냐하면 부정적인 피드백은 자신을 매우 높게 평가하고 있는 이들에게 큰 위협이기 때문이었다.

두 가지 유형의 자아존중감의 발견으로 모순적으로 보이는 연구 결과들을 이해할 수 있게 되었다. 예를 들어, Kernis(2003)는 안정적인 높은 자아존중감과 취약한 높은 자아존중감을 구분하였다. 안정적인 높은 자아존중감은 시간이 흘러도 변하지 않는 진짜라고 한다면 취약한 높은 자아존중감은 방어적이고 시간에 따라 변화한다. 취약한 높은 자아존중감을 가진 사람들은 자신을 지나치게 긍정적으로 평가하고 어느 정도는 이것을 자각하고 있다. 당연히 안정적인 높은 자아존중감이 취약한 높은 자아존중감보다 훨씬 더 바람직하다(Kernis, 2003).

문화 간 차이

지금까지는 개인의 성취를 강조하는 개인주의 문화권(특히 미국)에서 높은 자아존중감의 역할에 초점을 맞추었다. 이와 대조적으로 개인보다는 집단과 사회적 결속을 강조하는 집단주의 문화권에서는 높은 자아존중감이나 자신감이 상대적으로 바람직하지 않게 생각된다. 왜 그럴까? Heine 등(1999, p. 785)에 따르면, "일본 문화에서 자신감을 보이는 사람은 부정적인 의미이다. 이것이 상호의존성을 방해한다고 여겨지거나, 그가 높은 수준의 탁월성을 인지하지 못하고 자아 향상에 실패했다는 의미로 받아들여지기 때문이다"

연구 결과

확실하게 예측할 수 있는 것은 개인주의 문화권의 사람들보다 집단주의 문화권에 살고 있는 사람들에게서 자아존중감을 향상시키려는 과정에서 일어나는 편향이 더 적을 것이라는 것이다. 대부분의 연구 결과들이 이 예측을 지지한다. Mezulis 등(2004)은 개인주의 문화권에 비해 집단주의 문화권에서 **자기 위주 편향**(self-serving bias)이 훨씬 더 적게 나타난다는 것을 발견하였다. 집단주의 문화권에서는 자기 위주 편향이 미미하거나 존재하지 않는데 이들은 자기 비판적인 성향을 매우 중요하게 보기 때문이다.

Heine와 Hamamura(2007)는 자아존중감과 관련된 수많은 편향들을 개관하였다. 한 가지 사례가 대다수의 다른 사람들보다 자신이 더 우수하다고 생각하는 **허위 독특성 편향**(false uniqueness bias)이다. 개인주의 문화권의 사람들에게서는 모든 종류의 편향이 발견되었지만, 동아시아(집단주의 문화권)에 살고 있는 사람들은 실질적으로 아무런 편향도 보이지 않았다. 동아시아인들의 경우 자신에 대한 그들의 생각이 그들에 대한 타인의 판단과 일치하기 때문에 이런 편향들을 보이지 않는 것이다.

Lee 등(2010)은 문화적으로 결정된 방식으로 어떤 것을 생각하는 **문화적 마음가짐**

집단주의 문화권의 사람들은 높은 자아존중감을 가지려는 동기 수준이 높고 자기 위주 편향을 보이는가?

자기 위주 편향은 성공과 실패를 어떻게 귀인하는가?

핵심용어

자기 위주 편향 자신의 성공은 자신의 노력과 능력에 귀인하면서 실패는 과제 난이도와 나쁜 운에 귀인하는 경향성으로 자아존중감을 유지하기 위해 일어난다.

허위 독특성 편향 자신의 능력과 행동이 대다수 다른 사람들보다 더 우수하다는 잘못된 신념

문화적 마음가짐 특정 시점에 활성화되는 문화적 신념과 가치로 두 문화를 폭넓게 경험한 사람들은 두 가지 문화적 마음가짐을 가지고 있고, 현재의 사회적 맥락에 의해 결정된 특정 문화적 마음가짐이 사고와 행동에 영향을 미친다.

(cultural mindset)이 중요하다고 주장하였다. 홍콩에 살고 있는 이중 언어를 구사하는 중국 학생들을 대상으로 바람직한 또는 바람직하지 않은 성격 특성이 평균의 다른 학생보다 자신에게 얼마나 더 잘 들어맞는지를 결정하도록 하였다. 이들이 중국어로 반응할 때보다 영어로 반응할 때 허위 독특성 편향이 더 많이 나타났다. 즉, 이들이 사용하는 언어가 문화적 마음가짐을 활성화시킨 것이다.

Lo 등(2011)은 개인주의 문화권 사람들의 자기-고양 경향성과 집단주의 문화권 사람들의 자기-비판 경향성을 과장해서는 안 된다고 주장한다. Lo 등은 참여자들에게 자신이 소유한 긍정적인 특징과 부정적인 특징을 각각 5개씩 적도록 하였다. 개인주의 문화권과 집단주의 문화권 출신의 참여자들 모두 자기-고양과 자기-비판 경향성 둘 다 가지고 있었다. 그러나 집단주의 문화권 사람들이 개인주의 문화권 사람들보다 자기-고양을 더 적게 보이고 자기-비판을 더 많이 하였다.

사람들의 자아존중감은 이들이 자신의 문화권 안에서 중요하다고 간주되는 가치를 얼마나 소유하고 있는지에 달려있는 것 같다. Becker 등(2014)은 세계 여러 지역의 20개 문화권에 살고 있는 사람들에게서 이것을 검증하였다. 이들은 가치에서 개인주의와 집단주의의 차이를 다룰 때 두 가지 중요한 차원이 있다는 것을 확인하였다. 한

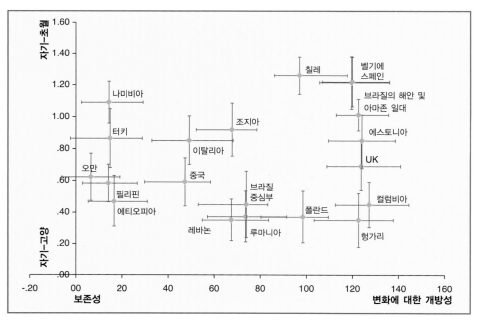

(1) 자기-고양(사회적 지위 성취에 기초한 자존심)과 자기-초월(다른 사람을 돕는 것에 기초한 자존심), (2) 보존성 (개인의 의무를 다하는 것)과 변화에 대한 개방성(자신의 삶을 통제하는 것)이라는 두 가지 차원에서 20개 국가들 의 위치
출처 : Becker et al. (2014).

차원은 개인의 의무를 다하는 것(보존성)에서 개인의 삶을 통제하는 것(변화에 대한 개방성)까지로 되어 있다. 집단주의 문화권은 보통 전자를 강조하는 반면에 개인주의 문화권은 후자를 강조한다. 다른 차원은 사회적 지위 성취에 기초한 자존심(자기-고양)에서 다른 사람들에게 도움이 되는 자존심(자기-초월)까지이다. 개인주의 문화권은 전자를 강조한다면 집단주의 문화권은 후자를 강조한다.

20개 문화권을 대상으로 한 Becker 등(2014)의 핵심 결과는 개인의 자아존중감이 문화권 내에서 강조되고 있는 가치와 그들의 가치가 일치하는지에 많은 부분 달려있다는 것이다. 이런 결과는 106개국의 270만 명의 참여자를 대상으로 한 Gebauer 등(2015)의 연구에서도 반복 검증되었다. Gebauer 등은 자아존중감이 사회적 지위를 달성하는 출세에 달려있다는 대안 가설도 검증하였다. 개인의 자아존중감이 문화권이 강조하는 가치 소유에 달려있다는 관점보다 이 가설을 지지하는 증거가 훨씬 더 많았다.

결론

자신의 자아존중감을 높이기 위해 개인주의 문화권의 사람들이 사용하는 대부분의 편향이 집단주의 문화권 사람들에게서는 발견되지 않는다. 집단주의 문화권이 자축보다 자아 향상의 요구와 사회적 결속을 더 많이 강조하기 때문이라는 것 말고도 여러 가지 이유가 있다. 집단주의 문화권 구성원들은 자기-비판적이고 개인주의 문화권 사람들은 자기-고양적이라는 생각은 어떤 경우에는 맞다. 그러나 두 문화권에 살고 있는 대다수 사람들은 자기-비판과 자기-고양 경향성을 모두 보인다.

이런 차이들은 우리가 개인주의와 집단주의 문화를 비교할 때 나타난다. 연구 증거는 상이한 문화권 안의 개인들을 살펴보면 중요한 유사성이 있다는 것을 보여준다. Gebauer 등(2015)은 106개국에서 높은 자아존중감이 사회적 출세와 관련되어 있다는 것을 발견하였다.

요약

- 자아개념은 개인이 자기 자신에 대해 가지고 있는 생각들의 집합체이다. 자아개념은 주로 사회적 상호작용과 사회적 관계에 달려있다.
- 유아는 생후 2년 동안 기본적인 자기-자각(자기 인식)을 발달시킨다. 시간이 지나도 상당히 안정적으로 유지되는 자아개념(지연 자기 인식)은 3세경에 발달한다.
- 자서전적 기억은 우리에게 시간에 걸친 개인 영속감을 제공하기 때문에 자아개념과 관련이 깊다.
- 청소년기에 이르면 개인적 자아와 집단적 자아가 더욱 중요해진다.
- 우울한 사람들은 우울증 수준을 유지하고 증가시키는 여러 자서전적 기억 편향들을 가지고 있다.
- 개인주의 문화권 사람들은 독립적 자아를 가지는 반면에 집단주의 문화권 사람들은 상호의존적 자아를 가진다.
- 미국 남성은 미국 여성보다 독립적인 자아를

더 많이 가지고 있다면, 여성은 남성보다 상호의존적 자아가 더 많다.
- 대부분의 개인들은 여러 개의 자아를 소유하고 있다. 이런 자아들은 집단주의 문화권보다 개인주의 문화권에서 더 통합적이다. 여러 개의 많은 자아를 소유하는 것은 심각한 장애(예 : 해리성 정체성장애)와 관련이 있다.
- 서구 문화권에서는 높은 자아존중감을 가진 사람들이 낮은 자아존중감을 가진 사람들보다 불안증과 우울증을 더 적게 경험한다. 그러나 자기-기술이 과장된 사람들은 심리적 부적응에 더 취약하다.
- 서구 문화권에서 높은 자아존중감은 여러 다양한 편향(예 : 자기-위주 편향)들에 의해 유지된다.
- 높은 자아존중감을 가진 사람들은 자신의 문화에서 중요하게 간주되는 가치와 높은 사회적 지위를 소유하고 있는 것이 사실이다.

더 읽을거리

- Baumeister, R.F. (2011). Self and identity: A brief overview of what they are, what they do, and how they work. *Annals of the New York Academy of Sciences, 1234*, 48–55. Roy Baumeister는 자아개념과 관련된 핵심 주제들에 대해 논의한다.

- Dalgleish, T., & Werner-Seidler, A. (2014). Disruptions in autobiographical memory processing in depression and the emergence of memory therapeutics. *Trends in Cognitive Sciences, 18*, 596–604. Tim Dalgleish와 Aliza Werner-Seidler는 우울증이 자아개념의 여러 편향과 어떻게 연합되어 있고 이런 편향들을 어떻게 감소시킬 수 있는지에 대해 논의한다.

- Gilovich, T., Keltner, D., Chen, S., & Nisbett, R.E. (2015). *Social psychology* (4th ed.). New York: W.W. Norton. 이 책의 제3장은 사회적 자아에 초점을 맞추고 있다.

- Vaughan, G.M., & Hogg, M.A. (2014). *Social psychology* (7th ed.). Frenchs Forest, NSW: Pearson Australia. 이 책의 제4장은 자아와 정체성을 다루고 있다

질문

1. 자아개념의 주요 측면은 무엇인가? 자아개념은 아동기와 청소년기 동안 어떻게 발달하는가?

2. 자아개념은 문화 간 차이와 성차에 의해 어떤 영향을 받는가?

3. 대부분의 사람들은 자신의 자아개념을 높이려고 동기화되어 있는가? 높은 자아개념을 가지는 것의 장점과 단점은 무엇인가?

Part 5

인지적 접근

인지심리학은 우리 내부의 정신 과정(예 : 지각, 주의, 기억)과 이런 정신 과정이 우리의 행동에 영향을 미치는 방식을 다룬다. 우리는 다른 종들과 많은 면에서 다르지만 아마 가장 중요한 차이는 사고, 추리, 문제해결 같은 인지 능력에 있을 것이다.

인지심리학은 이 책에서 논의되고 있는 대부분의 접근들과 관계가 깊다. 예를 들어 사회적 상황에서 우리의 행동은 부분적으로 타인에 대한 지각에 달려있으며, 또한 우리의 신념과 태도에도 달려있다.

제20장 ● 이상심리학

"무엇이 이상 행동인가"라는 질문을 살펴보고, 이에 대한 우리의 지각이 정신장애의 진단과 분류에 어떤 영향을 미치는지 알아본다.

제21장 ● 시지각

세계를 정확하게 지각하기 위해 우리가 시각 정보를 어떻게 다루고 있는지를 알아본다.

제22장 ● 기억

우리는 정보를 어떻게 기억하는지 그리고 왜 때로는 기억하고 싶은 정보를 망각하는지를 살펴본다.

제23장 ● 문제해결, 전문성 그리고 창의성

복잡한 문제를 해결하고, 필요할 때 창의성을 유발하는 요인들에는 어떤 것이 있는지 살펴본다.

당신이 이상하게 행동하는 어떤 사람을 보고 있다고 가정해 보자. 그냥 단순히 별나게 행동하거나 삶의 심각한 문제 때문에 그런 것이 아니라 정신장애를 겪고 있다고 어떻게 말할 수 있는가? 어떤 개인이 겪고 있는 정신장애를 정확하게 분류하는 최선의 방법은 무엇인가? 아마 가장 유명한 정신장애 치료는 100년도 전에 *Sigmund Freud*가 제안한 정신분석일 것이다. 지난 100년 동안 정신장애 치료에서 어떤 진보가 일어났을까?

이상심리학

■ ■ ■ ■ ■ ■ ■ ■ ■ □

이 장은 이상심리학과 관련된 핵심 주제들을 다룬다. 첫째, 나는 매우 애매한 질문 "무엇이 이상인가?"에 대해 논의할 것이다. 이제 보게 되겠지만 이 질문의 답은 간단하지 않다! 둘째, 나는 정신장애의 진단에서 다양한 접근들을 소개할 것이다. 셋째, 나는 정신장애의 원인에 초점을 맞추려고 한다. 예를 들어 유전적 요인이 영향을 미치는가? 아니면 정신장애는 단순히 개인의 경험에 의해 유발되는가? 넷째, 정신장애의 치료 방법과 관련된 주제를 다룬다. 다른 것보다 더 효과적인 접근이 있는가?

무엇이 '이상'인가?

'이상'에 대한 정의가 쉬워 보일지 모르겠다. 대다수 사람들의 행동과 많은 차이를 보이는 사람은 행동이 이상하고 정신장애를 겪고 있다고 주장할 수 있기 때문이다. 그러나 이런 주장은 단지 부분적으로만 옳다. 어떤 사람은 관습에서 벗어난 삶의 방식을 선택한 것 때문에, 또는 어떤 이의 행동은 숭고한 원칙에 의해 동기화된 것 때문에 사회적으로 일탈된 행동을 할 수 있다. 괴짜들은 대다수 사람들과 다른 행동을 하지만, 이들의 대부분은 행복하고 다른 사람들에 비해 정신질환에 덜 걸린다(Weeks & James, 1995).

Szasz(1960)는 이상을 사회적 일탈로 정의하는 것이 위험할 수 있다고 주장하였다. 시민의 행동을 통제하려는 국가는 이런 정의를 남용하기도 한다. 예를 들어 20세기에 러시아는 공산주의를 반대하는 사람들을 '반체제 인사'라는 명칭으로 정신병원에 가두었다. 19세기 영국에서는 미혼 여성이 임신을 하면 사회적 일탈자로 간주하였고 경우에 따라 정신병동에 감금하기도 하였다.

지금까지 우리는 이상인지 아닌지를 보여주는 지표로 개인의 **행동**에 초점을 맞추었다. 그러나 개인 내부에서 일어나는 것도 살펴보아야 한다. 예를 들어 심각한 우울증을 겪고 있는 사람이 엄청난 노력으로 자신의 공적 행동을 정상으로 보이게 할 수 있기 때문이다. 이상은 보통 고통과 디스트레스를 포함한다. 그렇지만 사랑하는 사람을 잃은 사건으로 유발된 장기적인 디스트레스는 이상하다고 할 수 없다. 또한 어떤 이상한 사람들(예 : 사이코패스 또는 반사회성 성격장애)은 고통을 느끼지 않으면서 다른 사람들을 매우 나쁘게 대하기도 한다.

임상심리학자나 정신과 의사의 치료를 받으려는 사람들 대부분은 자신이 삶과/또는 직업에 대처할 힘이 없다고 말한다. 즉 이것은 사회 안에서 적절하게 기능하지 못하는 무능력이 이상이라는 의미이다. 그러나 어떤 개인의 직업 수행이 미숙한 이유는 효과적인 수행에 필요한 지능이나 기술이 부족하기 때문일 수 있다. 또 어떤 사람은 분명히 이상한데 일상생활에서 적절하게 기능하는 데 문제가 없어 보인다. 한 가지 사례가 200명 이상의 자기 환자를 죽음으로 몰아갔던 영국의 의사 Harold Shipman이다. 잔혹한 범죄 행위에도 불구하고 Shipman은 수년 동안 검거를 피할 정도로 일상생활에서 적절하게 기능하였다.

요약하면, '이상'은 애매한 개념이다. 이상 행동은 다양한 형태를 취할 수 있고 여러 가지 속성을 포함할 수 있다. 무엇보다 중요한 사실은 어떤 하나의 속성만으로 정상과 이상 행동 사이를 구분할 수 없다는 것이다. Lilienfeld와 Marino(1995, p. 416)가 지적하였듯이 이상은 "경계가 분명하지 않으며 정의적 속성이 존재하지 않는다"

'이상' 개념의 복잡성과 불명확성에도 불구하고 어느 정도의 합리적인 정의는 제시할 수 있다. 임상심리학자들과 정신과 의사들은 이상을 평가하는 데 **정신장애 진단 및 통계 편람**(*Diagnostic and Statistical Manual of Mental Disorders, DSM*)을 사용한다. DSM의 현재 버전(DSM-5; 미국정신과협회, 2013)에 따르면 정신장애(이상 조건)는

> 정신 기능의 기저에 놓인 심리적 · 생물학적 · 발달적 과정에서 오기능을 반영하는 개인의 인지, 정서 조절, 행동에서 임상적으로 의미 있는 장애를 특징으로 하는 증후(증후들의 집합)이다. 정신장애는 보통 사회적 · 직업적 또는 다른 중요한 활동에서 유의미한 디스트레스와 관계가 있다.

이 정의는 이상의 여러 중요한 측면을 보여준다. 첫째, 개인의 행동에 장애가 존재한다. 둘째, 개인의 인지와 정서 조절에 장애가 존재한다. 셋째, 일상생활(사회적 · 직업적 환경)에서 기능 장애가 존재한다.

정신장애의 진단

정신장애를 진단하는 출발점은 개인의 증후들을 확인하는 것이다. 임상심리학자와 정신과 의사는 이 정보를 이용하여 고통을 겪고 있는 사람의 정신장애를 진단한다. 이것은 보통 분류체계를 참고하여 일어난다. 가장 많이 사용되는 두 분류체계가 세계보건기구가 2016년에 편찬한 ICD-10(질병 및 관련 건강 문제의 국제 통계 분류)과 DSM-5이다. 여기서는 DSM에 초점을 맞춘다. DSM에 포함된 정신장애의 수는 크게 증가하였다─DSM-1(1952)에서는 128개였던 정신장애가 DSM-5에는 541개로 증가하였다!

DSM 전판 모두 **범주적 분류**(categorical classification)를 사용하고 있다─환자가 특정 정신장애를 가지고 있거나 또는 가지고 있지 않다고 가정한다. 이것은 정상과 이상 사이에 명확한 구분이 없다면 문제가 된다. 예를 들어 **주요우울장애**(major depressive disorder, 비교적 장기적이고, 슬프고, 우울한 기분을 포함하는 장애)에 대한 DSM-5의 접근을 생각해 보자. 주요우울장애를 진단하는 중요한 준거는 개인이 최소 2주일 동안 9개 증후들 중 적어도 5개를 경험했는지이다. 10일 동안 7개의 증후를 경험한 개인은 이 장애가 없는 것이 된다─전자를 이상으로, 그리고 후자를 정상으로 분류하는 것은 분명히 임의적이다.

우리는 특정 환자가 오직 하나의 정신장애를 진단받게 된다고 생각할 수 있다. 실제로는 많은 환자들이 둘 이상의 장애를 진단받는다─이것을 **동반질환**(comorbidity)이라고 부른다. 예를 들어 불안장애를 가진 환자들의 65%가 하나 또는 그 이상의 추가적인 불안장애를 진단받고 있다.

또 하나의 문제는 진단에서 남성과 여성 행동에 대한 고정관념을 과장하는 성 편향이다. Ford와 Widiger(1989)는 치료자들에게 연극성 성격장애(과도한 정서가 특징)를 가진 환자와 반사회성 성격장애(공격적이고 무책임한 행동이 특징)를 가진 환자의 사례를 제시하였다. 치료자들의 과제는 적합한 진단명을 내리는 것이었다. 환자가 여성이 아닌 남성으로 기술되면 연극성 성격장애라는 정확한 진단을 내릴 확률이 더 적었다. 이와 반대로 환자가 남성이 아닌 여성으로 기술될 때에는 반사회성 성격장애라는 정확한 진단을 내릴 확률이 더 적었다.

문화권 증후군

무엇이 이상인지를 놓고 모든 문화권이 매우 비슷할 것으로 생각하기 쉽다. 이런 가정은 틀렸는데 이상에 대한 정의가 문화 특수적이기 때문이다. **문화 상대주의**(cultural

---

DSM 접근은 어떤 면에서 한계가 있는가?

핵심용어

범주적 분류 각 정신장애를 특정 환자에게 범주로 적용할 수 있거나 적용할 수 없다고 보는 실무율적 접근

주요우울장애 우울한 기분, 피로, 활동의 즐거움과 흥미 결여, 가치가 없다는 느낌, 과도한 죄책감이 특징인 흔한 정신장애

동반질환 특정 개인에게 둘 이상의 정신장애가 동시에 존재

문화 상대주의 모든 문화는 관찰자 자신의 문화권이 아니라 그 문화권 안에서 보아야 한다는 관점

relativism)는 가치 판단이 개별 문화적 맥락과 관련이 있다는 관점이다. 예를 들어 마법을 믿는 것이 어떤 문화권에서는 일반적이지만 다른 문화권에서는 이상으로 간주된다.

문화 차이의 중요성은 이상 행동 패턴이 오직 한 문화권에서만 발견되는 **문화권 증후군**(culture-bound syndromes)에서 찾아볼 수 있다. 문화권 증후군의 대표적 사례가 인도 아대륙 남성들에게서 발견되는 다트 증후군(dhat syndrome)이다. 이 증후군을 가진 사람들은 신체적·정신적 소진의 원인이 소변으로 배출되는 정자 때문이라고 생각한다. 다트 증후군과 우울증 사이에 겹치는 부분도 있지만, 다트 증후군을 겪고 있는 환자들 중에는 우울하지 않은 사람도 있다(Prakash & Mandal, 2014).

평가

- ➕ DSM-5는 정신장애에 대해 상당히 신뢰롭고 타당한 분류체계를 제공한다.
- ➕ DSM-5는 문화권 증후군의 중요성을 DSM 이전 판보다 더 강조하고 있다.
- ➖ DSM-5는 개인을 진단 범주에 배정하도록 강요하고 있다. 차원체계(사람들이 우울증과 불안증 같은 증후들의 강도에서 차이가 있다는 관점)가 더 현실적으로 보인다.
- ➖ DSM-5는 500개 이상의 정신장애를 분류하고 있으면서 많은 장애에서 진단 준거가 관대한 경향이 있다. 그 결과 "정상적인 비통함, 과식, 주의산만, 걱정, 스트레스 반응, 아동기의 울화, 노년층의 망각, '행동 중독'이 곧 정신의학적으로 병든 것으로 잘못 분류되기도 한다"(Frances, 2012).
- ➖ Pilgrim(예 : 2007)은 모든 진단 분류체계에 대해 회의적이다. 그의 핵심 주장은 진단은 증후에 기초하는데 이런 증후들이 발생하는 개인적 맥락과 사회적 맥락이 과소평가되고 있다는 것이다.

정신장애의 원인

정신장애의 원인을 밝히는 것은 중요하다. 이런 지식이 미래에 이런 장애의 발생을 감소시키는 데 사용될 수 있기 때문이다. 왜 어떤 사람이 특정 정신장애로 고통받는지를 알아내는 것은 복잡한 문제이다. 우리는 1차원 모형과 다중 차원 모형의 구분으로 시작하려고 한다. 1차원 모형들은 정신장애의 기원을 하나의 근본적인 원인에서 찾는다. 예를 들어 우울증이 중요한 상실(예 : 사랑하는 사람의 죽음)로 유발된다는 것이다. 1차원 모형은 지나치게 단순하다. 따라서 1차원 모형은 정신장애가 여러 요인들의 상호작용으로 유발된다는 가정에 기초한 다중 차원 모형으로 대체되었다.

핵심용어

문화권 증후군 하나 또는 소수의 문화에서만 발견되는 이상 행동 패턴

체질-스트레스 모형(diathesis-stress model)은 다중-차원 접근의 예시이다. 이 모형에서 정신장애의 발생은 두 가지 요인에 달려있다:

1. 체질 : 개인 내부에 있는 장애에 대한 소인 또는 취약성
2. 스트레스 : 약간 심각한 또는 디스트레스를 유발하는 환경 사건

체질-스트레스 모형에 따르면, 특정 개인에게 정신장애가 발생할지 여부는 체질과 스트레스의 **결합**으로 결정된다. 즉, 높은 취약성(체질)을 소유하면서 높은 스트레스에 노출된 사람이 정신장애를 발달시킬 확률이 가장 높다. 스트레스가 높지만 내부 취약성이 낮은 사람들과 높은 내부 취약성을 가지고 있지만 스트레스에 노출되지 않은 사람들은 정신장애를 발달시킬 가능성이 거의 없다.

다음 절에서 우리는 1차원 모형보다 다중 차원 모형이 우수하다는 것을 가장 흔한 두 정신장애인 주요우울장애와 사회불안장애를 가지고 보여줄 것이다.

현실 속으로 : 외상후 스트레스

2013년 11월 22일 중국 동부 청도에서 송유관 누출로 인한 화재와 폭발 사고가 발생하였다. 이 사고로 도로가 무너져 자동차들이 뒤집히면서 62명이 사망하고 136명이 부상을 입었다. Guo 등(2015)은 폭발 지점 근처에 있는 학교에서 수업을 듣고 있던 87명의 청소년들에게서 각성의 증가와 사건의 재경험 같은 **외상후 스트레스장애**(posttraumatic stress disorder, PTSD)의 증후들을 발견하였다. 그러나 학교에 있었던 나머지 575명의 다른 청소년들은 이런 증후를 보이지 않았다.

어떤 청소년이 PTSD 증후를 보일지를 결정하는 것은 무엇일까? 체질-스트레스 모형에 따르면 가장 많은 스트레스에 노출된 청소년이 더 낮은 수준의 스트레스에 노출된 청소년보다 PTSD 증후를 발달시킬 가능성이 더 높아야 한다. 또한 높은 개인 취약성을 가진 사람은 PTSD 증후의 발생 위험이 더 높아야 한다. Guo 등(2015)은

2013년 중국 청도에서 송유관 폭발로 인한 파괴 현장

핵심용어

체질-스트레스 모형
정신장애가 체질과 디스트레스 사건의 결합으로 유발된다는 관점

외상후 스트레스장애
사건의 재경험, 사건과 연합된 자극의 회피, 공포와 각성 증가를 포함하는 매우 강한 디스트레스 사건에 의해 유발되는 정신장애

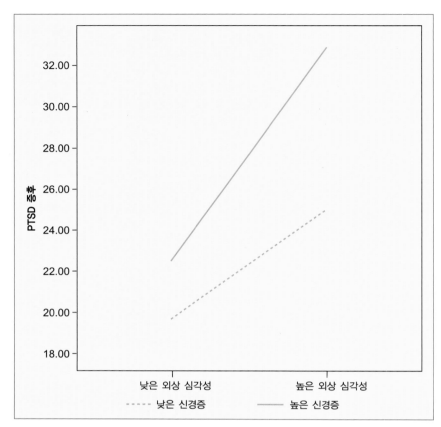

외상 심각성(낮은 vs. 높은)과 신경증(낮은 vs. 높은)의 함수로서 외상후 스트레스장애(PTSD) 증후의 평균 개수
출처 : Guo et al. (2015).

신경증 성격 차원(불안 같은 부정적인 정서를 경험하는 경향성, 제18장 참조)을 측정하였다. 신경증이 높은 사람은 낮은 사람보다 더 취약하고, 따라서 전자가 PTSD 증후를 경험할 가능성이 더 높아야 할 것이다.

Guo 등(2015)은 다음과 같은 측정치를 기초로 각 개인의 외상 심각성을 평가하였다: (1) 친족의 부상 또는 사망, (2) 폭발이 자신의 집에 미친 영향, (3) 폭발이 개인에게 미친 영향. 스트레스 수준(외상 심각성)과 이들의 취약성 또는 체질(신경증)로 PTSD 증후의 수를 예측할 수 있었다. 체질–스트레스 모형의 예측대로 송유관 폭발의 영향이 가장 심각했던 사람들은 높은 취약성과 높은 스트레스가 결합된 사람들이었다.

요약하면 이 연구는 현실 세계에서 외상 사건의 효과가 체질–스트레스 모형의 틀 안에서 어떻게 이해될 수 있는지를 보여준다. 더 구체적으로, 우리가 스트레스와 취약성 사이의 상호작용을 고려하지 않고 이들을 따로 독립적으로 고려한다면 단지 일부만 이해하게 된다는 것이다.

주요우울장애

주요우울장애의 발달과 관계가 있는 수많은 요인이 확인되었다. 여기서는 가장 중요한 요인들에 초점을 맞출 것이다.

인지적 요인

많은 전문가들(예 : Aaron Beck)은 인지적 요인이 우울증 발달에 가장 중요하다고 주장한다. 특히 중요한 개념이 자신과 타인에 대한 핵심 신념의 기초가 되는, 저장되어 있는 정보와 기억들의 잘 조직화된 인지구조를 의미하는 **인지도식**(cognitive schema)이다(Beck & Dozois, 2011). 우울한 사람에게서 인지도식은 매우 중요하다. 이런 도식은 환경에서 무엇에 주의를 기울일지, 그것을 어떻게 해석할지, 장기기억에서 어떤 정보를 인출할지에 영향을 미친다. 우울한 사람들의 인지도식은 **인지삼제**(cognitive triad), 즉 자신, 세계, 미래라는 세 영역에서 비현실적으로 부정적인 생각을 포함하고 있다.

어떤 인지적 요인들이 우울증 발달과 관계가 있는가?

Beck과 Dozois(2011)는 부적응적 인지도식이 생애 초기에 발달한다고 주장하였다. 보통 이런 도식은 잠재되어 있다가 외부 사건(예 : 심각한 생활사건 또는 문제)에 의해 활성화되면서 증후를 유발한다. 활성화된 도식은 우울한 사람에게 자신, 세계, 미래에 대해 부정적인 관점을 가지게 만든다.

인지적 접근에 대한 핵심 논쟁은 우울증 환자의 왜곡되고 비현실적인 생각이 장애의 발달에 직접적인 역할을 하는지 여부이다. 어쩌면 환자는 우울증이 발달하고 난 다음에 이런 비현실적인 생각을 하기 시작했을 수 있다. 만일 그렇다면 이것은 왜곡된 생각이 우울증 유발과 아무런 관계가 없다는 의미이다!

Lewinsohn 등(2001)은 부정적인 생각이 주요우울장애의 원인이라는 증거를 보고하였다. 이들은 주요우울장애를 가지고 있지 않은 청소년들의 부정적인 생각을 평가하였다. 1년이 지난 뒤 이들이 12개월 동안 경험한 부정적인 생활사건들을 평가하였다. 부정적인 생활사건을 많이 경험한 청소년들이 주요우울장애를 발달시키는 확률이 높았는데, 원래 이들의 태도가 부정적이었을 때만 그러하였다. 이 부정적인 태도는 우울증 발병 전에 평가되었기 때문에 이것이 스트레스가 심한 생활사건에 노출되면 장애를 발달시키는 위험 요인을 형성한다고 할 수 있다.

유전적 요인

생물학적 접근에 따르면 유전적 요인이 우울증 발달에 영향을 미친다. 다시 말하면 어떤 사람들의 유전적 구조는 다른 사람들보다 우울증에 더 취약하다는 것이다. 우리

핵심용어

인지도식 개인이 살고 있는 세계와 자신을 해석하는 데 사용하는 장기기억에 저장되어 있는 잘 조직화된 정보

인지삼제 우울한 사람이 자기 자신, 세계, 미래에 대해 가지는 부정적인 관점

는 이 접근을 일란성과 이란성 쌍생아 연구로 검증할 수 있다. 핵심 측정치는 **합치율** (concordance rate), 즉 쌍생아 중 한 명이 특정 장애를 가지고 있을 때 다른 한 명도 그 것을 가진 확률이다. 유전적 요인이 중요하다면 이란성보다 일란성 쌍생아의 합치율 이 더 높아야 한다. McGuffin과 Rivera(2015)는 개관논문에서 우울증의 발달이 유전적 요인에 의존하는 정도가 중간 정도라고 결론 내렸다. 환경적 요인들도 중요하다.

생활사건

높은 스트레스의 생활사건(예 : 사랑하는 사람의 죽음, 이혼)을 경험한 사람들은 이런 사건을 경험하지 않은 사람들보다 우울증에 더 취약할 것이라는 가정은 합리적 이다. Brown과 Harris(1978)는 우울증을 앓고 있는 여성들의 61%가 최근 스트레스가 매우 심한 생활사건을 경험하였다는 것을 발견하였는데, 이는 우울증이 없는 여성들 의 19%와 비교할 만하다. 그러나 생활사건의 영향은 **개인적인 맥락**에 달려있다 ─ 심 각한 생활사건을 경험하였던 여성들 중 친한 친구가 없었던 여성들의 37%가 우울증 을 겪은 것과 비교하여 매우 친한 친구를 가지고 있는 여성들은 10%만이 우울증을 겪 었다.

생활사건과 관련하여 또 다른 중요한 문제가 있다. 많은 생활사건(예 : 유산, 배우 자의 죽음)은 개인의 통제 밖에 있다. 그러나 어떤 생활사건(예 : 원하지 않는 임신, 범죄 전과, 연애 종결)은 어느 정도 통제가 가능하다.

통제 가능한 높은 스트레스의 생활사건을 경험한 사람들이 이런 사건을 경험하지 않은 사람들보다 우울증을 발달시킬 확률이 더 높다. 그러나 이것은 이런 사건이 우 울증에 대한 취약성을 증가시키기 때문에 일어나는 것은 아니다. 실제로는 특정 사람 들의 경우 유전적 영향이 통제 가능한 생활사건의 경험과 우울증에 더 민감하게 만든 다(Boardman et al., 2011). 통제 불가능한 생활사건도 주요우울장애와 관련이 있지만 이런 사건이 전적으로 유전적 요인에 달려있는 것은 아니다(Boardman et al., 2011).

요약하면 통제 불가능한 생활사건은 주요우울장애의 유발에 중요한 역할을 한다. 그러나 이것의 영향은 특정 개인의 개인적 맥락과 상황에 달려있다. 예를 들어 실업 자가 되는 것은 부유하고 은퇴가 얼마 남지 않은 사람보다 혼자서 여러 명의 자녀를 양육하는 부모에게 훨씬 더 심각한 일이다. 통제 가능한 스트레스 생활사건은 우울증 과 관계가 있다. 그러나 이 관계는 유전적 영향 때문이고 이런 사건이 우울증을 유발 한다는 의미는 아니다.

핵심용어
합치율 쌍생아 연구에 서 쌍생아 중 한 명이 장 애를 가질 때 다른 한 명 이 동일한 장애를 가질 확률

요약

주요우울장애의 발달은 인지적 요인과 유전적 요인, 그리고 심각한 생활사건의 발생

에 달려있다. 연구 결과들은 1차원 모형보다 다중 차원 모형과 훨씬 더 잘 일치한다. 더 구체적으로, 체질-스트레스 모형과 일치한다-체질은 유전적 요인과 관련이 있고 스트레스는 생활사건의 발생에서 온다.

사회불안장애

사회불안장애(social anxiety disorder, 또는 사회공포증으로 알려져 있는)는 매우 흔한 불안장애이다. DSM-5(2013)는 이것을 '타인에게 면밀하게 관찰되거나 잘 알지 못하는 사람들에게 노출되는 하나 이상의 사회적 상황에 대한 현저하고 지속적인 공포'라고 정의하고 있다. 중요한 사실은 이런 공포가 이 장애를 가진 사람에게 사회적 상황을 회피하게 만들 정도로 강력하다는 것이다.

생활사건

Marteinsdottir 등(2007)은 사회불안장애에서 심각한 생활사건의 역할을 연구하였다. 이 장애를 가진 사람들은 통제 조건의 사람들보다 아동기 동안 더 많은 생활사건을 경험하였다. 이들에게 처음 사회불안장애가 나타난 해에 더 많은 생활사건이 발생하였다는 것이 매우 중요하다.

사회적 상황에서의 매우 부정적인 경험이 사회불안장애 발달에 특히 중요한 역할을 하는 것으로 보인다. 이런 가정에 기초한 접근은 이 장애가 고전적 조건형성(제2장 참조)으로 유발된다고 주장한다. 본질적으로 조건자극(예 : 사회적 상황)이 공포를 유발하는 매우 불쾌한 무조건자극(예 : 공개적 망신)과 연합이 일어난다. 그 결과 이후 사회적 상황에의 노출은 강한 공포를 유발한다.

이 접근을 지지하는 증거들이 있다. Hackmann 등(2000)은 사회불안장애 환자의 96%가 자신에게 일어났던 사회적으로 충격적인 경험(주로 청소년기)을 기억하고 있는 것을 발견하였다. 이런 환자들의 대부분은 이전 충격적인 경험을 반복적으로 떠오르게 만드는 부정적인 이미지를 가지고 있었다.

사회적 요인

당연히 부모가 자녀를 대하는 방식은 아동의 사회불안장애의 발달에 영향을 미친다. 두 가지 형태의 부모 행동이 상세하게 연구되었다: (1) 부모의 거부(아동은 사랑받지 못하고 있다고 느낀다), (2) 부모의 과보호(아동은 사회적 삶에 대한 통제권이 없다). 부모의 거부와 부모의 과보호는 둘 다 사회불안장애의 발달 위험을 증가시킨다(Lieb et al., 2000). 부모의 거부는 아동의 자신감을 감소시키고 부모의 과보호는 사회적 기술을 발달시키는 아동의 능력을 감소시킨다.

핵심용어

사회불안장애 사회적 상황에 대한 과도한 공포 때문에 이런 상황을 회피하는 장애로 사회공포증으로도 불린다.

유전적 요인

정신장애의 발달이 유전적 요인에 어느 정도 달려있는지는 쌍생아 연구로 확인할 수 있다. Scaini 등(2014)은 메타분석 연구(수많은 연구들에서 나온 결과들을 결합하는 연구)를 수행하였다. 유전적 요인은 사회불안장애의 발병 연령과 상관없이 중요하였다. 그러나 이 요인은 아동기에 장애가 나타나기 시작한 환자들에게서 특히 중요하였다: 이들에게서는 유전적 요인이 환경적 요인보다 더 중요하였다.

평가

➕ 모든 정신장애는 복합적인 원인으로 일어난다. 생물학적·사회적·인지적 요인 모두 정신장애의 발달에 영향을 미친다.

➕ 체질–스트레스 모형은 정신장애를 유발하는 요인들 사이의 상호작용을 고려한 유용한 접근이다.

➖ 유전적 요인의 영향력은 정신장애마다 큰 차이가 있는데 그 이유는 잘 알려져 있지 않다. 예를 들어, 조현병 환자는 인구의 1%에 불과하지만 일란성 쌍생아 중 한 명이 조현병일 때 다른 하나가 조현병일 확률은 48%이다(Gottesman, 1991). 이와 대조적으로 상황 공포증(예 : 폐쇄된 공간에 대한 공포증; Houtem et al., 2013)에서는 유전적 요인이 그다지 중요하지 않다.

➖ 생활사건과 정신장애(주요우울장애와 사회불안장애) 사이에 상관관계는 있지만 인과관계를 확인하기는 어렵다. 어떤 생활사건은 정신장애의 발달에 영향을 미치지만 다른 생활사건(통제 가능한 사건)은 부분적으로 정신장애를 가진 사람의 개인적 특성 때문에 일어난다.

정신장애의 치료 : 우울증과 불안증

정신장애를 가진 사람들은 다양한 증후를 보인다. 사고 또는 인지(예 : 조현병 환자의 환각), 행동(예 : 사회불안장애를 가진 사람들의 사회적 상황 회피), 생리 또는 신체(예 : 외상후 스트레스장애를 가진 사람의 매우 각성된 생리체계)의 문제일 수 있다. 그러나 사고, 행동, 생리과정이 서로 관련되어 있다는 사실을 기억하라.

정신장애의 치료법들은 사고, 행동 또는 생리 기능에서 변화를 만들어내는 데 초점을 맞추고 있다. 정신분석적 접근과 인지치료는 사고를 변화시키기 위해 고안되었고, 행동치료는 행동의 변화를 강조하고, 약물치료는 생리적·생화학적 변화에 초점을 맞춘다. 인지치료와 행동치료를 결합한 인지행동치료의 중요성이 점점 커지고 있다.

이 절은 앞에서 논의한 매우 흔한 두 장애인 주요우울장애와 사회불안장애의 치료에 초점을 맞춘다. 다음 절에서는 여러 가지 치료의 일반적인 효과성에 대해 논의할 것이다.

우울증 : 인지행동치료

우울증 치료를 위한 Beck의 인지행동치료는 다음 세 가지 주요 가정에 기초하고 있다 (Beck & Dozois, 2011):

1. **접근 가설** : 우울한 사람들이 적절한 훈련을 받으면 자신의 사고 내용을 자각하게 된다.
2. **매개 가설** : 우울한 사람들이 생활사건에 대해 생각하고 해석하는 방식이 그들의 정서와 행동에 영향을 미친다.
3. **변화 가설** : 생활사건에 대한 인지적이고 행동적인 반응을 의도적으로 수정하면 우울증에서 회복할 수 있다.

Beck의 인지행동치료는 공동 경험주의, 유도 발견법, 소크라테스식 대화법으로 환자의 비합리적인 사고를 바꾼다. 공동 경험주의는 문제와 치료 목표에 동의하는 환자와 치료자를 포함한다. 사고는 사실이 아니라 가설로 다루어진다. 즉 환자의 생각이 타당한지 여부를 알아보기 위해 검증될 수 있다는 것을 의미한다.

유도 발견법은 환자 자신의 관찰과 실험을 통해 자기의 생각을 검증하는 데 사용된다. 예를 들면, 사람들이 언제나 자신을 피하고 있다고 주장하는 우울증 환자에게 이런 일이 일어나는 상황을 일기에 적도록 한다. 아마 환자가 상상하는 것보다 훨씬 적게 발생하고 있을 것이다.

소크라테스식 질문법(유도 발견법의 한 형태)은 치료자의 질문으로 환자의 부적응적 사고를 변화시키는 방법이다. 어떤 우울증 환자가 자신이 비호감이라고 주장한다고 해보자. 가능한 소크라테스식 질문법은 다음과 같다: "당신을 좋아하는 것 같았던 사람을 만난 적이 있는가?", "당신이 호감이라고 생각하는 특징을 당신은 가지고 있는가?"

이런 기법들의 한 가지 목표는 환자의 주요 신념과 도식을 수정하는 것이다. 또 다른 목표는 환자에게 "자신의 사고를 과학적으로 연구하는 방법, 즉 가설로서 사고를 다루는 것과 이런 사고를 검증하는 것을 가르치는 것이다(Beck & Dozois, 2011, p. 400)". 이런 목표 달성에는 환자의 부적응적 사고를 변화시키기 위해 환자의 행동을 바람직한 방식으로 변화시키는 것도 포함되어 있다.

우울증 치료를 위한 약물치료의 단점은 무엇인가?

우울증 : 약물치료

세로토닌은 기분 조절과 관련된 화학물질로 우울증에서 중요한 역할을 한다. 건강한 사람들보다 우울한 사람들의 세로토닌 수준이 낮다는 증거는 수없이 많다(예 : Paul-Savoie et al., 2011). 따라서 대부분의 우울증 치료약물은 세로토닌 수준을 증가시킨다. 가장 많이 사용되는 우울증 약물은 프로작 같은 세로토닌 재흡수 억제제(SSRIs)인데 말 그대로 1년에 수백만 개의 처방전이 내려지고 있다.

주요우울장애의 약물치료는 얼마나 효과적일까? DeRubeis 등(2005)은 SSRIs와 관련된 약물치료와 인지치료를 비교하였다. 두 치료에서 약 58%의 환자들이 상당한 호전을 보였다. Hollon 등(2005)은 DeRubeis 등(2005)의 연구에서 치료 효과를 보였던 우울증 환자들을 12개월 동안 추적하였다. 약물치료를 받았던 환자들 중에서는 76%가 재발되었던 반면에 인지치료를 받았던 환자들은 31%만이 재발되었다.

이런 결과들은 약물치료가 대부분 일시적이라는 것을 보여준다. 즉, 우울증 증후를 억제하는 것이지 기저에 놓인 과정을 변화시키진 못한다. 그래서 치료를 중단하면 우울증 증후들이 다시 나타난다.

사회불안장애 : 인지행동치료

사회불안장애의 가장 효과적인 치료법이 인지행동치료이기 때문에 이것에 초점을 맞추어 논의할 것이다. 치료자가 사회불안장애 환자에게 가지는 주요 가정으로 시작해보자.

첫째, 가장 중요한데, 사회적 상황의 회피로 이런 상황과 연합된 불안을 감소시킬 수 있기 때문에 환자가 사회적 상황을 회피하고 있다고 가정한다. 사회적 상황의 회피는 분명히 환자의 삶을 방해한다.

둘째, **해석편향**(interpretive bias)은 애매한 상황을 과도하게 부정적으로 해석하는 경향성이다. 사회불안장애를 가진 사람들은 사회적 상황에 대해 해석편향을 보인다. 이들은 또한 자신의 사회적 기술을 실제보다 더 낮다고 평가하는, 즉 자신의 사회적 행동에 대한 해석편향도 보인다.

셋째, Clark과 Wells(1995)는 사회불안장애를 가진 사람들이 사회적 상황에서 외부 요인(예 : 상호작용하는 타인)에 주의를 기울이기보다 내부 요인에 주의를 더 많이 기울인다고 주장하였다. 이것은 자신의 내부 불안 감정을 높게 자각하게 만들고, 다른 사람들이 자신의 불안을 눈치 챌 것이라는 생각을 하게 한다.

넷째, 이런 환자들은 사회적 상황에서 최악을 상상하는(예 : 공개적 망신으로 고통받는 상상) 경향이 있다. 보통 이들도 이런 최악의 상황은 드물다는 것을 인정하기 때

핵심용어

해석편향 애매한 자극이나 상황에 대한 부정적으로 편향된 또는 왜곡된 해석

문에 이런 상상은 이상한 일이다. 이것을 어떻게 설명할 수 있을까? 답은 환자가 불안을 감소시키려고 자신이 했던 여러 **안전행동**(safety behavior, 예 : 눈 맞춤 회피하기, 말 적게 하기) 때문에 최악의 상황을 피할 수 있었다고 믿고 있다는 것이다.

인지행동치료는 이런 네 가지 문제를 제거하기 위해 어떤 시도를 하고 있을까? 첫째, 사회불안장애 환자의 회피행동은 노출치료를 통해 감소시킨다(제2장 참조). **노출치료**(exposure therapy)는 도피가 어렵거나 불가능한 공포 상황(예 : 모르는 사람들과 토론하는 상황)에 환자를 반복적으로 참여하게 만드는 것이다. 노출치료가 사회불안장애의 효과적인 치료법이라는 확실한 증거들이 존재하고 있다(예 : Clark et al., 2006).

둘째, 자신의 사회행동을 과장되게 부정적으로 평가하는 경향성은 환자의 사회행동에 대한 동영상 피드백을 사용하여 줄일 수 있다. 이런 피드백은 효과적인 것으로 증명되었다. 예를 들어, Laposa 등(2014)은 동영상 피드백으로 사회불안장애 환자들의 불안이 감소되고 사회행동이 증가되는 것을 발견하였다.

셋째, Wells와 Papagergiou(1998)는 사회불안장애 환자의 치료에서 노출치료의 효과를 살펴보았다. 환자가 외부에 주의를 기울이도록 하는 기법이 포함된 노출치료가 그냥 노출치료보다 불안을 더 많이 감소시켰다.

넷째, Morgan과 Raffle(1999)은 환자가 안전행동을 하거나 하지 않을 때 노출치료를 비교하였다. 노출치료의 긍정적인 효과는 안전행동을 하지 않았던 환자들에게서 더 크게 나타났다.

Clark 등(2006)은 사회불안장애의 두 가지 치료법을 비교하였다: 인지치료(앞서 논의한 네 가지 문제 모두를 치료하기 위해 고안된 치료법)와 응용 이완법이 더해진 노출치료. 결과는 분명하였다: 인지치료를 받은 환자들의 84%가 건강을 되찾았지만 응용 이완법이 더해진 노출치료를 받은 환자들 중에서는 42%만이 건강을 회복하였다.

어떤 치료기법이 가장 효과적인가?

서로 다른 형태의 여러 치료기법들이 효과성에 있어서는 모두 비슷하다는 주장이 있다. 이런 결론을 '도도새 판결'이라고 한다: 루이스 캐럴의 이상한 나라의 앨리스에서 도도새가 경주가 끝나고 "모두 우승자입니다. 그러니 모두 상을 받아야 합니다"라는 말을 한다. 이 판결을 지지하는 증거가 Matt와 Navarro(1997)에 의해 보고되었다. 이들은 63개의 메타분석을 실시하였다. 평균적으로, 치료를 받은 환자들의 75%가 치료를 받지 않은 평균 환자보다 더 호전되었다. 중요한 사실은 모든 형태의 치료법에서 중간 정도의 긍정적인 효과가 발견되었다는 것이다.

핵심용어

안전행동 사회적 상황에서 불안을 감소시키고 최악을 피하기 위해 하는 반응

노출치료 두려움을 불러일으키는 자극 또는 상황에 환자를 반복적으로 노출시키는 치료기법

Matt와 Navarro(1997)는 행동치료와 인치치료가 정신역동치료보다 더 효과적인 경향이 있다는 것을 발견하였다. 그러나 이 차이는 실제보다 과장되었을 가능성이 있는데, 보통 행동치료나 인지치료를 받는 환자들은 정신역동치료를 받는 환자들보다 증후들이 덜 심각하기 때문이다.

당연히 도도새 판결은 지나치게 단순하다(Roth et al., 2005 참조). 인지행동치료는 주요우울장애와 사회불안장애의 가장 효과적인 치료법이다. 이것은 또한 공황장애와 일반불안장애(과도한 걱정이 특징인 장애)의 치료에서도 다른 치료기법보다 더 효과적이다. 이와 비교하여 정신역동치료는 다른 치료기법보다 약간 덜 효과적인 경향이 있다.

치료 효과성 평가와 관련된 문제

치료 효과성을 평가할 때 어떤 문제들이 발생하는가?

마지막으로 치료 효과성에 대한 연구 결과들의 해석에서 몇 가지 문제점에 대해 논의하고자 한다. 첫째, 특정 치료기법이 특정 정신장애의 치료에 효과적인 이유는 두 가지이다. 분명한 이유는 치료기법이 환자의 건강을 되찾도록 도와주는 특별한 속성을 포함하고 있기 때문이다. 그러나 또 다른 이유가 있을 수 있는데, 치료의 효과성이 대부분의 치료기법에 공통적으로 포함되어 있는 일반 요인에 의존하는 것이다. 치료자의 온정과 치료자의 공감이 그 예이다.

Stevens 등(2000)은 특수 요인과 일반 요인의 상대적 중요성을 평가하기 위해 80개의 연구를 개관하였다. 덜 심각한 장애들에서는 특수 요인과 일반 요인의 효과가 비슷하였다. 이와 대조적으로 보다 심각한 장애의 경우에는 오직 특수 요인만이 결과에 영향을 미쳤다. Bjornsson(2011)이 지적하였듯이 특수 요인과 일반 요인을 어떻게 결합하여 치료의 효과를 만들어낼 수 있을지를 설명하는 발전된 이론이 제안되어야 한다.

둘째, 치료 효과성에 대한 많은 연구들의 중심에는 갈등이 존재한다. 이 갈등은 일어날 것을 높은 수준으로 통제하는 과학적 접근을 수용할지 아니면 임상실습에 뿌리를 둔 보다 현실적인 접근을 수용할지에 대한 결정이다. Seligman(1995)은 이 두 접근을 구분하였다: 그는 과학적 접근을 사용하는 연구들을 '효능(efficacy) 연구'라고 하였고 실제 임상실습에 기초한 연구들을 '효과성(effectiveness) 연구'라고 하였다.

효능 연구와 효과성 연구 둘 다 유용하다(Rush, 2009). 효능 연구는 특정 치료기법이 특정 정신장애를 성공적으로 치료한다는 확실한 증거를 제공해줄 수 있다. 그런 다음 효과성 연구는 그 치료기법의 이득이 어떤 사람들에게 가장 많이 또는 가장 적게 나타났는지 확인할 수 있게 해준다.

셋째, 환자를 치료할 때 오직 하나의 접근만을 사용하는 임상심리학자는 별로 없다. 대부분이 여러 치료 형태에서 나온 기법들을 사용하는 **절충적 접근**(eclectic approach)을 수용하고 있다. 만일 치료자가 둘 또는 셋 이상의 치료기법들을 결합하여 사용한다면 각 기법이 치료에 어느 정도 기여했는지를 평가하기는 쉽지 않다.

넷째, Strupp(1996)이 주장하는 것처럼 치료 효과성은 다음 세 가지 시점에서 살펴볼 수 있다:

1. 사회적 시점(예 : 사회 안에서 기능하는 의뢰인의 능력)
2. 의뢰인의 주관적인 안녕과 관련된 의뢰인 자신의 시점
3. 치료자 시점(예 : 의뢰인이 건강한 성격 구조를 발달시켰는가?)

이 시점들 사이에 중복되는 부분이 존재한다. 그러나 치료의 확실한 효과성은 보통 시점에 따라 다르다.

핵심용어
절충적 접근 치료자가 다양한 치료기법들을 사용하는 방법

요약

- '이상'을 특이한 행동으로 정의하는 것은 건강한 사람(괴짜)도 특이한 방식으로 행동하는 경우가 많기 때문에 문제가 있다.
- '이상'은 고통, 디스트레스 그리고(또는) 적절하게 기능하지 못하는 무능력과 관련이 있다. 그러나 이런 준거들은 적용에 한계가 있다(예 : 사랑하는 사람을 잃었을 때 고통과 디스트레스는 자연스러운 반응이다).
- '이상'은 애매한 개념이고 어떤 하나의 속성으로 정의될 수 없다.
- ICD-10과 DSM-5는 가장 중요한 정신장애 분류체계이다. 그러나 건강한 사람들도 DSM-5에 의해 정신장애를 가진 사람으로 잘못 진단될 위험이 있다.
- 많은 정신장애가 특정 문화권에서만 발생한다는 인식이 증가하고 있다.
- 정신장애는 여러 서로 다른 요인들의 결합으로 발생한다. 체질-스트레스 모형에 따르면 체질(취약성 또는 소인)이 스트레스(디스트레스를 유발하는 환경 사건)와 결합된다.
- 주요우울장애의 시작은 부정적인 인지도식, 유전적 요인, 심각한 생활사건에 달려 있다.
- 사회불안장애의 시작은 생활사건, 부모의 거부와 과보호, 그리고 유전적 요인에 달려 있다.
- 주요우울장애의 치료에는 환자의 비합리적인 사고를 변화시키고, 이런 사고를 감소시킬 수 있게 행동하도록 설득하는 과정이 포함된 인지행동치료가 성공적이다.
- 주요우울장애를 위한 약물치료는 보통 치료기간 동안에는 증후들을 감소시키지만 이후 재발로 이어지는 경우가 많다.

- 인지행동치료는 사회불안장애의 치료에 매우 효과적이라고 증명되었다. 이것은 회피행동 제거하기, 환자의 해석편향 감소시키기, 외부로 주의 초점 돌리기, 안전행동 감소시키기 등을 포함한다.
- 대다수 치료기법들의 효과는 중간 정도이다. 그러나 인지행동치료는 다른 기법들과 비교하여 대부분의 불안장애와 우울증 치료에 더 효과적이다.
- 서로 다른 치료기법들을 비교하는 것은 복잡하다. 많은 치료자들이 절충적 접근을 수용하고 있고, 치료 효과성은 사회, 환자, 또는 치료자의 시점 중 어느 것을 수용하는가에 따라 달라지기 때문이다.

더 읽을거리

- Comer, R.J. (2015). *Abnormal psychology* (9th ed.). New York: Palgrave Macmillan. 이상심리학의 핵심 주제들이 이 최신판에서 쉽고 상세하게 논의되고 있다.
- Durand, V.M., & Barlow, D.H. (2016). *Essentials of abnormal psychology* (7th ed.). Belmont, CA: Thomson/Cengage. 이 책은 이상심리학 내의 주요 주제들을 상세하게 다루고 있다.
- Lilienfeld, S.O., & Arkowitz, H. (2012). Are all psychotherapies created equal? *Scientific American*, 1 September, 47 – 50. 이 논문은 도새 판결이 지나치게 단순한 여러 이유들에 대해 논의하고 있다.
- Pomerantz, A.M. (2014). *Clinical psychology: Science, practice, and culture* (3rd ed.). Thousand Oaks, CA: Sage. 이 책은 이상심리학의 최신 설명을 읽기 쉽게 기술하고 있다.
- Wakefield, J.C. (2016). Diagnostic issues and controversies in DSM-5: Return of the false positives problem. *Annual Review of Clinical Psychology*, 12, 105 – 132. Jerome Wakefield는 DSM-5와 관련하여 정신장애의 진단과 관련된 핵심 주제들을 논의한다.

질문

1. 무엇이 '이상'인가? 우리는 특정 개인의 행동이 '이상'으로 분류되어야 한다는 결정을 어떻게 내릴 수 있을까?
2. 정신장애의 원인을 확인하는 접근들과 정확한 원인을 밝히는 데 있어서 문제점들에 대해 논하라.
3. 주요우울장애의 치료법들을 비교하라.
4. "대다수 치료기법들이 모두 비슷하게 효과적이다." 이 진술문이 지나치게 단순하고 오해의 소지가 있다는 것을 논하라.

우리가 시각 정보를 이해하려고 할 때 직면한 문제들에도 불구하고 우리의 시지각은 일반적으로 매우 빠르고 정확하다. 세상을 볼 때 우리는 환경에 대한 2차원의 망막 이미지를 3차원의 지각으로 변환시켜야 한다. 세상을 망막 이미지와 다르게 보기 위해 우리는 어떤 종류의 단서를 사용하고 있다고 생각하는가?

지각능력에도 불구하고 우리는 때로 시각 착시에 의해 우롱당하기도 한다. 우리는 우리가 눈앞의 시각 장면을 정확하게 보고 있다고 생각한다. 그러나 시각 장면에서 큰 변화가 일어나도 인식하지 못할 때가 종종 있다. 왜 시지각은 이런 오류에 취약한 것일까?

시지각

21

이 장은 우리 눈에 제시된 시각 정보를 보고 이해하는 것과 관련된 **시지각**(visual perception)이라고 불리는 심리학 분야를 다룬다. 시각은 가장 중요한 감각이고, 당연히 다른 감각 양상에 비해 더 많은 뇌 영역이 시각 정보처리에 관여하고 있다.

일반적으로 시지각은 힘들이지 않고 일어나는 것 같다. 우리는 주변을 둘러보고 거의 즉각적으로 우리 앞에 놓인 물체에 대한 일관된 감각을 만들어낼 수 있다. 그러나 사실 망막에 도달한 정보는 일반적으로 혼란스럽고 조직화되어 있지 않다. 색채는 뒤섞여 있고, 망막에 투영된 물체의 형태와 크기는 실제 물체의 그것과는 큰 차이가 있다. 또 다른 문제는 망막 이미지가 2차원이라는 것이다. 그렇지만 우리는 세계를 잘 조직된 3차원으로 지각한다.

시지각의 복잡성은 **캡차**(CAPTCHAs, Completely Automated Public Turing tests to tell Computer and Humans Apart)의 사용에서도 확인할 수 있다. 캡차는 관찰자에게 망가진 형태로 제시된 시각자극(보통 낱자 또는 숫자)의 확인을 요구한다.

캡차는 사람에게는 쉽지만 기계에게는 어려운 문제해결을 요구하여 페이스북에서 모두에게 보내지는 스팸 같은 문제들을 해결하는 데 사용된다. 우리가 이런 망가진 자극의 확인에서 기계보다 뛰어나다는 사실은 우리 지각능력의 정교함을 보여준다. 그러나 당신도 알다시피 인간도 때로 캡차에서 곤란을 겪을 때도 있다(Bursztein et al., 2010)!

지금부터 우리가 이것을 어떻게 해내고 있는지를 살펴본다. 또한 시지각의 결함에 대해서도 다룬다. 예를 들어 우리는 때로 시각자극을 잘못 지각한다. 또한 우리를 둘러싼 시각 세계에서 일어나는 변화를 발견하기 어려운 경우도 종종 있다는 것을 알게 될 것이다.

지각의 체제화

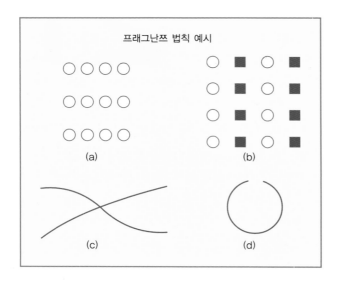

프래그난쯔 법칙 예시

(a)

(b)

(c)

(d)

우리는 특정 시점에 우리에게 존재하는 시각 정보 중 어떤 부분들이 함께 속해서 물체를 형성하는지를 쉽게 알아챈다. 일반적으로 시각 환경은 복잡하고 혼란스럽다. 어떤 물체들은 서로 겹쳐져 있어서 이들의 일부는 보이지 않는다. 즉 시각 대상의 지각적 분리를 달성하는 일은 어려운 일이다.

형태주의자들(Koffka, Köhler, Wertheimer et al., 독일의 심리학자들)은 20세기 초반부에 지각 체제화에 대해 연구하였다. 이들의 기본 원리는 **프래그난쯔 법칙**(law of Prägnanz)으로, 우리는 시각 세계를 가능한 단순하게 체제화하여 지각한다는 것이다.

형태주의자들의 생각은 몇 가지 예시들을 가지고 쉽게 이해할 수 있다. 형태 (a)는 4개의 수직선보다는 3개의 수평선으로 보인다. 이것은 서로 가까이 있는 시각 요소들이 함께 집단화되는 근접성의 법칙을 보여준다.

형태 (b)에서 우리는 수평의 열보다 수직의 행을 본다. 이것은 유사한 시각 요소들은 함께 집단화된다는 유사성의 법칙과 일치한다. 형태 (c)에서는 V형의 자극과 역전된 V형 자극이 아닌 서로 교차하는 2개의 선분을 본다. 이것은 끊이지 않고 부드럽게 이어지는 시각 요소들을 집단화하는 좋은 연속성의 법칙을 보여준다.

얼굴—술잔 그림은 전경과 배경의 예이다. 무엇이 전경이고 무엇이 배경인가?

마지막으로 형태 (d)는 그림의 빠진 부분을 채워 형태(여기서는 원)를 완성하는 폐쇄성의 법칙을 보여준다. 여기서 논의된 네 가지 법칙 모두 기본 프래그난쯔 법칙의 구체적인 예들이다.

이런 체제화 과정은 어디서 오는 것일까? 형태주의자들은 대부분의 지각 체제화가 선천적이라고 주장하였다. 즉 우리가 자연적으로 프래그난쯔 법칙에 따라 지각 경험을 체제화한다는 것이다. 그러나 이와 반대로 서로 근접한(또는 유사한) 시각 요소들은 보통 동일한 대상에 속한다는 것을 학습했을 가능성도 있다. Bhatt와 Quinn(2011)은 3~4개월 유아들이 좋은 연속성, 근접성, 연결성으로 자극을 집단화하는 것을 발견하였다. 이 결과는 형태주의 관점과 일치하는 것으로 보인다. 그러나 다른 집단화 법칙(예 : 폐쇄성)은 유아기 후기가 되어서야 나타났다. 또한 유아들은 어떤 기간 동안 집단화 법칙의 사용이 증가하는 모습을 보였다. 따라서 학습이 지각 집단화에서 중요한 역할을 한다.

형태주의자들은 시각 요소들의 집단화가 대부분의 다른 시각 정보처리과정 전에 일어난다고 주장하였다. 중요한 지각 체제화 중 하나가 **전경–배경 분리**(figure-ground segregation)이다. 우리는 시각장의 일부는 전경(중심 물체)으로, 시각장의 나머지는 덜 중요한 배경으로 지각한다. 이런 전경–배경 분리는 언제 일어나는 것일까? 형태주의자들에 따르면 이것은 시각 정보처리과정의 매우 초기 단계에서, 즉 항상 물체 재인에 앞서 일어난다.

당신은 얼굴–술잔 착시를 보면서 이 주장의 타당성을 검증해볼 수 있다. 술잔이 전경일 때 술잔은 검은 배경 앞에 있는 것으로 보인다. 이와 반대로 얼굴이 전경일 때에는 얼굴이 밝은 배경 앞에 있는 것으로 보인다.

연구 결과

형태주의자들은 인공 자극을 사용하였기 때문에 이들의 연구 결과가 현실적인 자극들에도 적용될 수 있는지에 대한 검증은 중요하다. Elder와 Goldberg(2002)는 자연의 물체 사진에서 어떤 윤곽이 어떤 물체에 속하는지를 결정할 때 근접성과 좋은 연속성의 법칙 둘 다 사용된다는 것을 발견하였다.

형태주의자들의 예측처럼 시각 요소들의 집단화는 언제나 초기 정보처리 단계에서 일어날까? Rock과 Palmer(1990)는 관찰자에게 어둠 속에서 빛나는 여러 개의 구슬줄을 제시한 연구에서 이 질문에 대한 답이 "아니요"라는 증거를 발견하였다. 구슬은 수평 방향보다 수직 방향에서 서로 더 가까이 놓여 있다. 그러나 구슬 줄을 뒤쪽으로 기울이면 상황은 복잡해진다. 이제 구슬은 2차원의 망막 이미지에서는 수직보다 수평 방향에서 서로 더 가깝지만 3차원 공간에서는 여전히 수직 방향에서 서로 더 가깝다.

관찰자들이 보고한 것은 무엇일까? 구슬의 집단화가 깊이지각 전에 일어난다면(형태주의자들의 예측), 수평의 열로 체제화된 구슬들을 보아야 한다. 그러나 만일 집단화가 깊이지각 이후에 일어난다면, 관찰자는 수직의 기둥으로 체제화된 구슬 줄을 보아야 한다. 실제로 발생한 것은 후자였다.

형태주의자들은 전경–배경 분리가 과거 경험이나 학습에 의존하지 않는다고 주장하였다. 반대 증거가 Barense 등(2012)에 의해 보고되었다. 관찰자들에게 친숙한 물체(예 : 기타)의 그림이나 물체의 일부를 재배치한 그림을 제시하고 각 예시에서 전경이

핵심용어

전경–배경 분리 덜 뚜렷한 배경과 두드러지는 물체 또는 전경으로 시각 장면을 지각하는 것

되는 영역을 가리키도록 하였다. 건강한 관찰자는 재배치된 부분을 포함하고 있는 영역보다 친숙한 물체가 포함된 영역을 전경으로 인식하는 일이 더 많았다. 이와 반대로 기억상실증 환자는 이 두 종류의 그림에서 수행의 차이를 보이지 않았다. 즉, 건강한 사람들의 경우 전경-배경 분리는 물체 친숙성에 기초한 과거 경험에 달려있고, 따라서 전적으로 선천적이라고 보기 어렵다.

평가

➕ 형태주의자들이 지각 체제화와 전경-배경 분리의 중요성을 강조한 것은 옳았다.

➕ 형태주의자들이 제안한 거의 대부분의 집단화 법칙들은 오랜 세월 속에서도 건재하다.

➕ 관찰자가 가능한 단순하게 시각 환경을 체제화한다는 관점(예 : 프래그난쯔 법칙)은 여전히 매우 영향력이 있다(Wagermans et al., 2012).

➖ 경험과 학습은 형태주의자들이 가정하는 것보다 지각 체제화에 더 많은 영향을 미친다.

➖ 형태주의 법칙은 설명이 아닌 기술을 하고 있다. 이들은 우리에게 유사한 속성들(또는 서로 근접한 속성들)이 집단화되는 이유를 말해주지 못한다.

➖ 형태주의자들의 접근은 너무 융통성이 없다. 이들은 지각 집단화와 전경-배경 분리가 자극과 과제의 특성에 따라 정보처리과정의 초기 또는 후기에 일어날 수 있다는 것을 인식하지 못하였다.

결기울기는 결과 깊이를 연결시킨다. 거리가 멀어질수록 꽃들은 서로 더 가까이 있는 것으로 보인다.

깊이지각

시지각의 주요 업적 중 하나가 망막의 2차원 이미지 정보를 이용하여 3차원 지각을 만들어내는 능력이다. 이것은 깊이지각의 핵심 주제 중 하나이다. 뛰어난 깊이지각 또는 거리지각은 매우 중요하다. 예를 들어 우리가 안전하게 길을 건널 수 있으려면 자동차가 얼마나 멀리 있는지를 알아야 한다.

단안단서

단안단서(monocular cues)부터 시작해보자. 이것은 눈 하나만으로도 가능하지만 두 눈을 모두 뜨고 있을 때에도 이용되는 단서이다. 우리가 한 눈을 감아도 세상은 여전히 깊이감을 유지한다는 사실에서 단안단서의 중요성을 알 수 있다. 단안단서는 예술가들이 그림에서 3차원의 인상을 만들어내는 데 사용하기 때문에 '그림단서'라고 불리기도 한다. 이런 단서 중 하나가 **선조망**(linear perspective)이다. 우리에게서 멀어지는 2개의 선(예 : 철로)은 거리가 멀어지면서 더 가깝게 보인다.

결은 조망에 대한 또 다른 단서를 제공한다. 대부분의 물체들(예 : 자갈길, 카펫)에는 결이 있어서, 우리에게서 멀어지면서 경사를 이루는 물체는 **결기울기**(texture gradient)를 가지고 있다－물체가 당신에게서 멀어질수록 물체의 결은 더 조밀하게 보인다.

더 가까이 있는 대상이 더 멀리 있는 대상의 일부를 가리는 **중첩**(interposition) 역시 단안단서이다. 이 단서의 강력함은 Kanizsa(1976)의 착각 사각형에서도 발견할 수 있다. 사각형의 윤곽이 거의 없는데도 우리는 4개의 원 위에 있는 사각형을 본다.

마지막으로 **운동시차**(motion parallax)가 있다. 이것은 관찰자의 움직임으로 일어나는 망막 위에서 물체 이미지의 이동을 말한다. 달리는 기차의 창문을 통해 바깥 풍경을 보고 있으면, 당신 가까이에 있는 물체일수록 더 빨리 움직인다. 또한 멀리 있는 물체는 기차와 같은 방향으로, 가까이 있는 물체는 반대 방향으로 움직이는 것처럼 보인다.

선조망, 결, 중첩 같은 단서들은 2차원의 자극에서도 깊이지각을 만들어낸다. 그러나 이런 자극들에서 깊이는 때로 과소평가되기도 한다(Domini et al., 2011). 2차원의 자극은 편평함이라는 단서를 제공하고 있고, 이런 편평함 단서가 깊이를 추론하는 단서의 효과를 감소시킨다는 설명은 타당해 보인다.

양안단서와 안구운동단서

양안단서(binocular cues)는 두 눈이 정상인 사람들이 사용하는 단서이다. 가장 중요한 양안단서는 **입체시**(stereopsis)이다. 입체시의 효과는 물체에 대한 두 망막 이미지 사이에 약

Kanizsa의 착각 사각형－사각형이 없는데도 사람들은 이 그림에서 4개의 원 위에 놓인 사각형을 본다.

간의 차이가 있는 것에 달려있다. 입체시는 3차원 영화에서 중요한 역할을 한다. 영화의 모든 장면은 왼쪽 눈과 오른쪽 눈으로 보는 것을 모사하기 위해 두 대의 카메라로 촬영된다. 영화를 볼 때 착용하는 특수 안경 때문에 관객의 두 눈으로 들어오는 시각자극은 각 눈이 원래 장면에서 본 것과 일치하게 된다.

입체시의 효과는 시각 장면에 대한 두 망막 이미지의 부등 또는 차이에 달려있다. 물체에 대한 두 망막 이미지 사이의 이 부등은 거리가 증가함에 따라 극적으로 감소한다. 따라서 입체시는 상대적으로 짧은 거리에서만 효과적이다.

안구운동단서(oculomotor cue)는 눈 주변의 근육에서 나오는 감각에 의존한다. 이런 단서 중 하나가 수렴이다 ─ 멀리 떨어져 있는 물체보다 가까이 있는 물체에 초점을 맞출 때 두 눈은 더 안쪽을 향한다. **조절**(accommodation)은 가까운 물체에 초점을 맞출 때 눈의 수정체가 두꺼워지는 변화를 말한다. **수렴**(convergence)과 조절은 물체가 관찰자와 매우 가까이 있을 때에만 사용된다.

단서정보의 통합

지금까지는 한 번에 1개의 깊이단서를 살펴보았다. 그러나 현실에서 우리는 동시에 여러 개의 깊이단서들을 접하게 된다. 서로 다른 단서들에서 나온 정보들은 어떻게 결합 또는 통합되는 것일까? 어쩌면 관찰자는 존재하는 모든 단서를 똑같이 중요하게 취급할 수 있다. 이와 반대로 Jacobs(2002)는 관찰자가 신뢰하기 어려운 단서보다 신뢰로운 단서에 더 많은 가중치 또는 중요성을 부여한다고 주장하였다. 단서의 신뢰성에는 두 가지가 있다: (1) 단서가 애매하지 않은 정보를 제공하고 있다, (2) 단서가 다른 단서가 제공하는 것과 일치하는 정보를 제공하고 있다.

관찰자가 애매하지 않은 정보를 제공하는 단서에 가중치를 가장 많이 부여한다는 예측을 지지하는 증거가 Triesch 등(2002)에 의해 보고되었다. 이들은 관찰자가 세 가지 속성(색상, 형태, 크기)으로 정의되는 물체를 추적하는 가상현실 상황을 이용하였다. 매 시행에서 두 가지 속성은 애매하였고 한 가지 속성은 애매하지 않았다. 관찰자들은 신뢰로운 단서에 대한 가중치는 증가시켰고 애매한 단서의 가중치는 감소시켰다.

관찰자가 다른 단서들에서 나온 정보와 일치하는 정보를 제공하는 단서를 선호한다는 예측은 Atkins 등(2001)에 의해 지지되었다. 이들은 세 가지 단서(결, 움직임, 촉각)를 사용하여 원통을 보고 잡는 가상현실 환경을 이용하였다. 시각단서 중 하나(예 : 결 또는 움직임)가 촉각단서와 같은 거리를 가리키고 있으면 그 단서가 선호되었다.

요약하면 관찰자는 존재하는 모든 단서들을 똑같이 중요하게 취급하지 않는다. 대

핵심용어

안구운동단서 눈 주변의 근육 수축에 기초한 깊이단서

조절 가까운 물체에 초점을 맞출 때 눈의 수정체가 두꺼워지는 것과 관련된 깊이단서

수렴 멀리 있는 물체보다 가까운 물체를 볼 때 두 눈이 안쪽으로 더 많이 몰리는 것에서 오는 깊이단서

신 신뢰로운 단서가 제공하는 정보에 가중치를 가장 많이 부여한다. 이런 방법은 보통 잘 작동한다. 예를 들어, Lovell 등(2012)은 매우 신뢰로운 단서(입체시)를 덜 신뢰롭게 만든 다음 그 효과를 검증하였다. 관찰자들은 입체시에 부여하던 가중치를 줄이는 방식으로 반응하였고 이들의 깊이지각은 최적이었다.

물체 재인

우리는 주변의 물체들을 식별 또는 재인하면서 하루를 보낸다. 지금 이 순간 당신은 이 책을 보고 있다. 당신이 시선을 옮기면 앞에 있는 벽, 창문 등이 보인다.

물체 재인은 당신이 상상하는 것보다 훨씬 복잡하다. 예를 들어 많은 물체들(예 : 책상, 집)이 시각 속성(예 : 색상, 크기, 형태)에서 매우 큰 차이를 보여도 우리는 여전히 그것을 재인할 수 있다. 우리는 또한 보는 시점이나 거리가 달라져도 물체를 재인할 수 있다. 예를 들어 대부분의 접시는 원형이지만, 시점이 변해서 접시가 타원으로 보여도 우리는 쉽게 접시를 재인한다. 즉 처음에 생각한 것보다 물체 재인에는 더 많은 것이 존재한다.

성분재인이론

어떤 정보처리과정이 물체 재인에 포함되어 있는 것일까? Biederman(1987)의 성분재인이론에 따르면 물체는 **지온**[geon, 기하학적 이온(geometric ions)의 줄임말]이라고 불리는 기본 형태 또는 성분으로 구성되어 있다. 지온의 예로는 원통, 구, 호 등이 있다. Biederman은 36개의 상이한 지온이 있다고 주장하였다. 그러나 수천 개의 서로 다른 물체들을 기술하기엔 지온의 수가 너무 적다는 의심이 들 수 있다. 그러나 이 지온들은 엄청나게 다양한 방식으로 결합될 수 있다. 예를 들어 컵은 원통 옆에 호 하나가 부착된 것으로 묘사될 수 있다. 양동이는 컵과 동일한 지온들로 이루어져 있지만 호가 원통 위에 부착된 것으로 묘사될 수 있다. 이것은 영어의 음소는 약 44개뿐이지만 우리가 엄청나게 많은 영어 단어들을 재인할 수 있는 것과 비슷하다.

친숙한 물체에 대한 지온-기반 정보는 장기기억에 저장되어 있다. 결과적으로 물체 재인은 지온의 확인에 달려있다. 한 물체의 지온들은 여러 다른 시점에서 재인될 수 있기 때문에, 하나 또는 그 이상의 지온이 가려져 있지 않는 이상 물체 재인은 쉽게 일어나야 한다. 이것을 **시점-불변 지각**(viewpoint-invariant perception)이라고 한다.

시각 정보의 일부만 존재할 때 우리는 물체를 어떻게 지각하는 것일까? Biederman(1987)은 물체 윤곽에서 오목한 부분(움푹 들어간 곳)이 물체의 지온을 재

물체 재인에는 어떤 정보처리과정이 포함되어 있는가?

핵심용어

지온 물체 재인을 위해 결합되는 기본적인 형태 또는 성분으로 Biederman이 제안한 'geometric ions'의 줄임말

시점-불변 지각 여러 다른 관점에서 물체 재인이 똑같이 쉽다는 관점

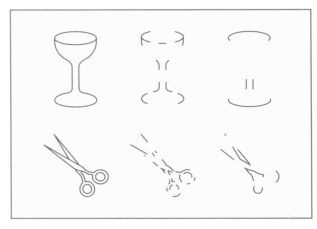

정상 그림(왼쪽), 오목한 부위에 대한 정보가 제 공되는 윤곽 부분이 보 존된 그림(중간)과 보존 되지 않은 그림(오른쪽)

인하는 데 특히 유용한 정보를 제공한다고 주장 하였다.

연구 결과

Biederman(1987)은 관찰자에게 선이 망가진 물체 그림을 제시하였다. 그의 예측대로 다른 부분 보다 오목한 부분의 윤곽선의 일부가 삭제되었 을 때 물체를 재인하는 것이 훨씬 더 어려웠다. Leek 등(2012)은 물체를 보고 있는 관찰자들을 연구하였고 이들의 안구운동 대부분이 물체의 오목한 부분을 향하고 있는 것을 발견하였다.

자전거를 그려보도록 하라. 아마 당신이 그린 이미지는 바퀴 2개가 확실하게 보이 는 자전거의 옆모습일 것이다. 어떤 관찰자는 당신의 그림과 같은 전형적인 시점의 자전거를 보고 있고, 다른 관찰자는 뒤 또는 위에서 보는 자전거를 보고 있다고 해보 자. 전형적인 시점 조건의 관찰자가 다른 관찰자보다 자전거를 더 빨리 재인할까?

Biederman(1987)은 물체 재인이 보는 각도에 상관없이 똑같이 빠르고 쉽다고 주장 하였다(시점-불변 지각). 그러나 전형적인 각도에서 보는 물체 재인이 일반적으로 더 빠르고 더 쉬울 수도 있다[**시점-의존 지각**(viewpoint-dependent perception)].

당신의 추측대로 물체 재인은 때로는 시점-불변적이고 때로는 시점-의존적이 다. 이것은 두 가지 요인에 달려있다. 첫째, 물체 재인이 **범주화**(예 : 물체는 개인가?) 와 관련이 있는지, 아니면 범주 내 **변별**(예 : 물체는 푸들인가?)을 요구하는지가 중 요하다. 범주화는 대부분 시점-불변적이지만 변별은 시점-의존적이다(Milivojevic, 2012). 변별은 범주화보다 시각자극에 대한 더 상세한 정보처리를 요구하고 물체가 이상한 각도로 제시되면 재인하기 어렵다.

둘째, 학습이 중요하다. Zimmermann과 Eimer(2013)는 쌍으로 제시되는 두 얼굴이 같은지 다른지를 결정하는 과제를 640회 제시하였다. 얼굴 재인은 원래 시점-의존적 이지만 시행이 증가하면서 점점 시점-불변적이 되어갔다. 각 얼굴에 대한 많은 정보 들이 학습과 함께 장기기억에 저장되었고, 이것은 얼굴 방향과 상관없이 시각적 얼굴 기억에 빠르게 접근할 수 있게 하였다.

Biederman(1987)은 물체 재인에서 물체의 속성 또는 지온의 정보처리를 강조한다 (상향 처리). 그러나 하향 처리(예 : 기대, 지식)가 중요한 경우도 종종 있는데, 특히 물체 재인이 어려울 때 그렇다. Viggiano 등(2008)은 재인하기 어렵도록 흐릿하게 만든 동물 사진과 선명한 동물 사진을 가지고 물체 재인을 연구하였다. 관찰자들은 물체의 속성 또는 지온에 대한 정보를 이용하기 어려운 흐릿한 사진에서 자신의 기대와 지식에 더 많이 의존하였다.

평가

➕ 물체 재인에 지온이 포함되어 있다는 가정은 그럴듯하고 많은 증거들에 의해 지지되고 있다.

➕ 성분재인이론의 예측대로 오목한 부위가 물체 재인에서 가장 중요하다.

➖ 물체 재인은 주로 시점-의존적(특히 재인이 어려운 범주 내 변별을 요구할 때)이지만 이 이론은 시점-불변적이어야 한다고 예측하고 있다.

➖ 성분재인이론은 물체 재인에서 하향 처리(예 : 기대)의 중요성을 과소평가한다.

➖ 물체가 불변적인 지온으로 구성되어 있다는 관점은 너무 융통성이 없다. Hayward와 Tarr(2005)가 지적하였듯이 "당신은 아무 물체에다 불켜진 전구를 올려놓고, 그것이 램프라고 부를 수 있다"

착시

일반적으로 시지각은 매우 정확하다. 만일 부정확하다면 우리는 절벽에서 떨어지고, 길을 건너다가 차에 치일 것이다. 그러나 우리의 시지각이 불완전할 때도 있다. 많은 사람들이 부정확하게 보는 2차원 그림에서의 **착시**(visual illusion)를 생각해 보자. Müller-Lyer 착시는 가장 유명한 착시 중 하나이다. 왼쪽의 수직선이 오른쪽에 있는 수직선보다 더 길어 보인다. 실제로 자로 재 보면 알지만 두 선분의 길이는 같다.

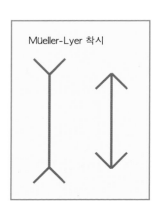

Müeller-Lyer 착시

기대

Müller-Lyer 같은 착시들을 어떻게 설명할 수 있을까? Gregory(1970)는 우리가 2차원의 그림을 3차원인 것처럼 처리한다고 주장한다. 왼쪽의 선분 형태는 방의 안쪽에 있는 모서리와 비슷한 반면에 오른쪽의 선분 형태는 건물의 바깥쪽 모서리처럼 보인다. 바깥을 향하는 화살은 우리에게 다가오는 선을 나타낸다면 안쪽을 향하는 화살은 멀어지는 선을 나타낸다. 형태들이 삼차원 공간에서 무엇으로 보일지를 고려하는 우리의 기대가 착시를 만들어낸다(Redding & Vinson, 2010).

핵심용어

착시 거의 모든 사람들이 그림이나 시각자극에서 보이는 잘못된 시지각

우리는 특별히 이상하게 설계된 **에임스의 방 착시**(Ames room illusion)에서 기대의 중요성을 확인할 수 있다. 뒤쪽 벽이 인접한 벽과 직각을 이루고 있지 않다는 것이 가장 중요하다. 뒤 벽의 한쪽 끝을 더 높게 만들어서 관찰자에게서 더 멀리 있는 것처럼 보이도록 하였다. 에임스의 방은 전형적인 직사각형의 방과 동일한 망막 이미지를 만들어내고, 방은 직사각형이라는 우리의 기대가 방을 정상으로 보게 만든다. 이 효과는 사람이 뒤 벽 앞에서 걸어 다니면 몸이 커졌다 작아졌다 하는 것처럼 보일 정도로 굉장하다! 사람의 키가 주변을 돌아다닌다고 변하지 않는다는 합리적 기대가 무시되는 이유는 분명하지 않다.

Glennerster 등(2006)은 참여자들에게 크기가 커졌다가 작아졌다 하는 가상현실 방을 돌아다니도록 하였다. 방의 크기는 변하지 않는다는 이들의 기대는 방 안에 있는 물체들의 크기를 매우 부정확하게 판단하게 하였다.

어떤 결론을 내릴 수 있을까? Glennerster(2015, p. 3)에 따르면, "머리와 눈을 움직일 때, 우리가 받은 이미지가 우리가 기대하고 있는 이미지 집합체에 포함되어 있는 것이라면, 우리는 안정적인 세계를 지각한다." 이것이 Glennerster 등(2006)과 같은 연구에서 우리를 착시에 민감하게 만든다.

착시는 인공성 때문인가?

많은 착시들(예 : Müller-Lyer)이 인공적인 자극과 관련이 있고, 어쩌면 당신은 할 일

없는 심리학자들이 만들어낸 속임수이니 묵살해도 된다고 말할지도 모른다. 그러나 이런 주장이 모든 착시를 설명하지는 못한다. DeLucia와 Hochberg(1991)는 실제 3차원의 물체를 가지고 Müller-Lyer 착시를 보여주었다. 3개의 펼쳐진 책을 한 줄로 놓는데, 왼쪽과 오른쪽의 책은 오른쪽 방향으로 펼치고 중간에 있는 책은 왼쪽 방향으로 펼쳐서 세운다. 중간 책의 등에서 다른 두 책의 등까지의 거리는 같다. 그럼에도 중간 책의 등과 오른쪽 책의 등 사이의 거리가 더 길어 보인다.

착시에 대한 연구는 우리의 시각 시스템의 작동 방식에 대해 무엇을 말해주는가?

중간 책의 등은 다른 두 책의 등 중 어느 것과 더 가까운가? 자를 가지고 당신의 답을 검사해 보라.

2개의 지각체계

수많은 착시의 존재는 우리에게 흥미로운 역설을 남기고 있다—우리의 시지각이 이렇게 오류에 취약한데 인류는 어떻게 생존한 것일까? Milner와 Goodale(2008)은 영향력 있는 답변을 제시하였다. 이들은 우리가 2개의 시각체계를 가지고 있다고 주장하였다. 물체 재인에 사용하는 지각 시각체계가 있다(예 : 우리가 마주하고 있는 것이 물소인지 고양이인지를 결정하는 시스템). 착시를 볼 때 우리는 이 시스템을 사용한다. 또한 시각적으로 유도된 행동을 위한 행위 시각체계가 있다. 이 시스템은 물체와 관련하여 우리의 위치에 대한 정확한 정보를 제공한다. 빠르게 달리는 자동차를 피할 때 또는 물체를 빠르게 잡을 때 사용하는 시스템이다.

사람들에게 Müller-Lyer 착시를 3차원으로 제시한다고 해보자. 사람들에게 어떤 선이 더 긴지를 결정하도록 하면 지각 시각체계와 연관이 있기 때문에 착시가 나타나야 한다. 그러나 만일 둘 중 한 선분의 끝을 가리키라고 요구하면, 이것은 행위 시각체계를 포함하기 때문에 착시는 훨씬 더 작게 나타나야 한다. 이와 관련된 연구들을 개관한 결과 예측대로 평균 착시 효과는 행위 시각체계가 사용될 때보다 지각 시각체계가 사용될 때 네 배나 더 컸다(Bruno et al., 2008). 비슷한 연구 결과들이 여러 다른 착시에서도 발견되었다(Eysenck & Keane, 2015 참조).

또한 실제로는 움푹 들어간 얼굴인데 볼록한 정상 얼굴처럼 보이는 할로우 얼굴(hollow face) 착시에도 Milner와 Goodale의 가설을 적용할 수 있다(http://www.richardgregory.org/experiments/index.htm). Króliczak 등(2006)은 할로우 얼굴 위에 목표물 하나(작은 마그넷)를 올려놓았다. 관찰자들이 목표물의 위치를 그리는 조건(지각 시각체계 사용)에서는 강력한 착시가 일어났다. 즉, 목표물은 실제보다 더 가까이 있는 것으로 보였다. 그러나 관찰자들이 목표물을 향해 빠르게 손가락을 움직이는 조건(행위 시각체계 사용)에서는 착시효과가 사라졌다.

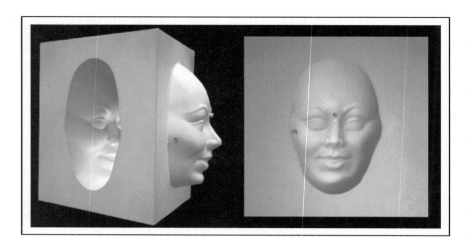

요약하면 착시는 세상에 대해 생각하는 우리의 기대에 의해 큰 영향을 받는다. 그러나 이것은 대부분 우리가 지각 시각체계를 사용할 때이다. 우리가 시각 형태를 행위 시각체계를 사용하여 가리킬 때에는 착시효과는 작아지거나 사라지고, 우리의 기대는 중요하지 않게 된다. 지각 시각체계가 착시에 우롱당할 때에도, 행위 시각체계가 우리를 절벽에서 떨어지지 않게 해주고 있는 것이다.

경고로 결론을 내리도록 하겠다. 현실에서는 두 시각체계가 독립적으로 작동하지 않고 함께 일하고, 대부분의 시각과제는 이 둘의 사용을 요구한다. 다시 말해서 Milner와 Goodale(2008)이 가정하는 것처럼 시각 정보처리가 딱 떨어지게 분리되어 있는 것은 아니다.

변화 맹시

당신의 주변을 둘러보라. 아마 당신은 자신이 눈앞의 시각 장면에 들어 있는 모든 것을 선명하고 상세하게 보고 있다고 생각할 것이다. 그러나 당신은 착각하고 있을 수 있다. 당신이 길을 걷고 있는데, 앞에 선명한 보라색과 노란색의 옷을 입고, 큰 신발을 신고, 반짝이는 빨간 코의 광대가 외발 자전거를 타고 지나간다고 가정해보자. 당신은 광대를 알아차릴까? 당신의 대답은 '예'일 것이다. 그러나 Hyman 등(2010)에 따르면 길을 걷고 있는 사람들 중 51%만이 광대를 인식한다.

Hyman 등(2010)의 연구는 '주의가 다른 곳에 돌려지면, 기대하지 않은, 그렇지만 분명히 볼 수 있는 항목을 인식하지 못하는(Jensen et al., 2011, p. 529)' **무주의 맹시**(inattentional blindness)의 사례를 보여준다. 이와 비슷한 현상으로 '꽤 큰 시각 변화를 발견하지 못하'는(Jensen et al., p. 529) **변화 맹시**(change blindness)가 있다.

그림에 있는 두 쌍의 사진을 보고 각 쌍에서 차이를 발견하라. Rensink 등(1997)은 참여자들이 첫 번째 쌍에서 차이를 알아채는 데 평균 10.4초가 걸리지만 두 번째 쌍

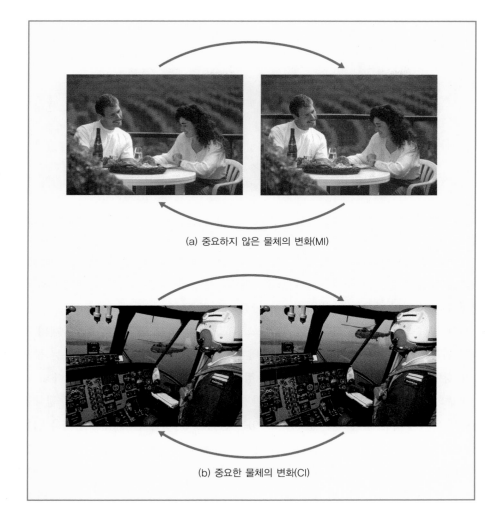

(a) 중요하지 않은 물체의 변화(MI)

(b) 중요한 물체의 변화(CI)

(a)의 변화된 물체(난간)의 위치는 (b)의 변화된 물체의 위치와 비슷하다. 그러나 (b)에서 변화된 물체가 더 중요하기 때문에 변화를 더 쉽게 알아차리게 된다.

에서는 2.6초밖에 걸리지 않는다는 것을 발견하였다. 이런 차이는 왜 일어난 것일까? 난간의 높이는 중요하지 않지만 헬리콥터의 높이는 중요하기 때문이다.

Hollingworth와 Henderson(2002)은 변화 맹시에서 주의의 역할에 대해 연구하였다. 관찰자가 수초 동안 시각 장면(예 : 부엌, 거실)을 보고 있을 때, 특정 순간 관찰자의 시선이 고정되는 물체가 주의를 받고 있는 물체라고 가정하였다. 변화에는 두 종류가 있다:

- 유형 변화 : 한 물체가 다른 범주의 물체로 대체된다(예 : 접시가 사발로 바뀐다).
- 토큰 변화 : 한 물체가 동일 범주의 물체로 대체된다(예 : 접시가 다른 접시로 바뀐다).

무주의 맹시와 변화 맹시의 차이는 무엇인가? 당신은 일상에서 이 둘의 사례를 생각해낼 수 있는가?

변화의 종류(유형 또는 토큰)와 고정 시점(변화 전 VS. 후)에 따른 정확한 변화 탐지 비율로, 변화가 없을 때 오경보 비율도 제시되어 있다.

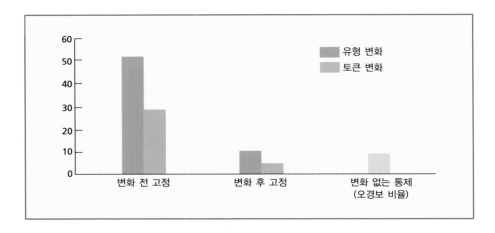

두 가지 중요한 결과가 발견되었다. 첫째, 변화가 일어나기 전 바뀐 물체에 주의 초점이 맞추어 있다면, 변화를 탐지할 가능성이 훨씬 더 높아진다. 이것은 변화 맹시의 발생에 주의 결핍이 중요한 역할을 한다는 관점을 지지한다.

둘째, 범주의 한 구성원을 다른 구성원으로 교체하는 것(토큰 변화)보다 물체의 유형이 변화되었을 때 변화 탐지 가능성이 더 높았다. 이런 결과가 발생한 이유는 물체의 유형이 변화할 때 이용할 수 있는 시각 정보의 변화가 훨씬 더 크기 때문이다.

무주의 맹시에서 중요한 요인은 시각 환경에서 기대하지 않은 물체와 다른 물체들 사이의 유사성이다. Simons와 Chabris(1999)는 흰색 옷을 입은 팀과 검은색 옷을 입은 팀이 공을 패스하는 장면에서 검은색 고릴라 복장을 한 여성이 가로질러 가는 연구를 수행하였다. 관찰자들에게 흰색 옷을 입은 팀의 공 패스 횟수를 세도록 하였을 때는 고릴라를 본 사람들이 42%에 불과하였다. 이와 대조적으로 검은색 옷을 입은 팀의 패스 횟수를 세도록 하였을 때에는 83%의 관찰자가 고릴라를 발견하였다. 이 경우 고릴라의 색이 과제와 관련된 자극의 색과 유사하였다.

어떤 요인들이 시각 환경의 변화를 눈치 채지 못하게 한다고 생각하는가?

변화 맹시와 무주의 맹시는 둘 다 뻔히 보이는 데서 일어나는 시각 사건을 발견하지 못한다는 것과 주의 실패에 달려있는 경우가 많다는 점에서 비슷하다. 그러나 변화 맹시를 성공적으로 피하는 데 요구되는 정보처리과정이 무주의 맹시보다 훨씬 더 복잡하다. Jensen 등(2011)은 관찰자가 변화를 탐지하기 위해서는 다음과 같은 다섯 가지 독립적인 정보처리과정을 성공적으로 해내야 한다고 주장하였다:

1. 변화 위치에 주의가 주어져야 한다.
2. 변화 위치에 있는 변화 전 시각자극이 기억에 부호화되어야 한다.
3. 변화 위치에 있는 변화 후 시각자극이 기억에 부호화되어야 한다.

현실 속으로 : 영화와 마술

우리가 변화 맹시에 취약한 것은 영화 제작자들에게는 매우 반가운 일이다. 이유는 한 번의 촬영으로 끝나지 않을 때 연속되는 장면들에서 의도하지 않은 실수가 발견되기 때문이다. 예를 들어, 영화 '007 스펙터'(2015)에서 비행기가 레인지로버와 충돌하여 앞쪽이 찌그러지고 바퀴가 떨어져 나간다. 그런데 그다음 장면에서 비행기는 앞쪽이 멀쩡하고 아무 문제없이 착륙한다!

마술사 역시 맹시와 무주의 맹시의 혜택을 누리고 있다. 사람들은 마술사가 우리를 어리둥절하게 만들 수 있는 것이 눈보다 손이 더 빠르기 때문이라고 생각한다. 그러나 사실 대부분의 마술 트릭은 **오방향**(misdirection)과 관련이 있다. 즉, 마술사는 트릭 성공에 중요한 행위에서 관중의 주의가 멀어지게 하는 조작을 하고 있다.

우리는 다음 트릭에서 무주의 맹시를 일으키는 오방향을 볼 수 있다(Kuhn & Findlay, 2010): (a) 마술사는 왼손으로 라이터를 들어 올린다. (b) 불을 켠다, (c)와 (d) 오른손으로 불꽃을 잡는 척 한다, (e) 라이터를 잡고 있는 손에서 주의가 멀어지도록 서서히 오른손을 움직인다, (f) 무릎에 라이터를 떨어뜨리는 동안 오른손에 아무것도 없다는 것을 보여준다, (g) 마술사는 왼손을 응시한다, (h) 왼손에도 아무것도 없다는 것과 라이터가 사라졌다는 것을 보여준다.

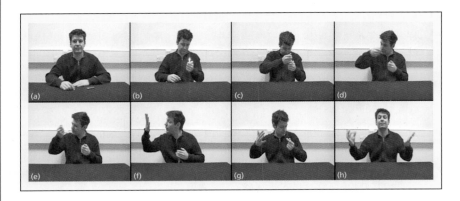

라이터가 떨어지는 것을 보지 못한 사람들은 라이터를 발견한 사람들보다 왼손에서 더 먼 위치에 시선을 고정하고 있기 때문에 이 트릭은 오방향과 관련이 있다. 그러나 라이터가 떨어지는 것을 본 사람들의 69%도 마술사의 왼손에서 약간 떨어진 곳을 응시하고 있었다. 즉 이들은 떨어지는 라이터를 주변시로 발견한 것이다. 즉 라이터가 떨어지는 것은 외현적 주의(고정점에 향해진 주의) 또는 내현적 주의(고정점에서 멀어진 곳에 향해진 주의)에 의해 발견될 수 있다.

4. 변화 전과 변화 후 표상이 비교되어야 한다.
5. 변화 전과 변화 후 표상 사이의 차이에 대한 인식이 의식 수준에서 일어나야 한다.

Smith 등(2012)은 변화 맹시에 대해 연구하였다. 마술사가 동전을 한 손에서 다른

핵심용어

오방향 한 대상에 향하는 관중의 주의를 방해하기 위해 다른 대상에 주의 초점을 맞추도록 마술사가 사용하는 속임수

손으로 왔다 갔다 옮기다가 책상 위에 동전을 놓는다. 참여자의 과제는 동전의 앞면과 뒷면 중 어느 쪽이 위를 향할지 추측하는 것이다. 중간에 동전이 바뀐다(예 : 50펜스 동전이 10펜스 동전으로). 모든 참여자가 시종일관 동전에 시선을 고정하고 있었지만 88%가 동전이 바뀌었다는 사실을 알아차리지 못하였다! 즉, 변화 맹시는 결정적인 물체에 시선을 고정하고 주의를 잘못 기울이지 않아도 일어날 수 있다. 여전히 같은 동전이라고 생각하는 참여자의 기대와 과제와 관련이 없는 동전의 속성에 주의를 기울이지 않아서 우롱당한 것이다.

평가

➕ 변화 맹시와 무주의 맹시는 일상생활에서 일어나는 중요한 현상이다(예 : 영화, 마술).

➕ 변화 맹시의 발생 확률을 증가 또는 감소시키는 여러 요인들이 확인되었다.

➕ 변화 맹시와 무주의 맹시의 발생에 주의 과정이 중요한 역할을 하고 있다.

➖ 정확히 어떻게 주의 과정이 변화 맹시와 무주의 맹시를 일으키는지에 대해서는 아직 밝혀진 것이 많지 않다.

➖ 변화를 발견하려면 5개의 정보처리과정이 필요하고 이 중 한 단계라도 실패하면 변화 맹시는 일어날 수 있다. 지금까지는 변화 맹시의 잠재적 원인들을 구분하는 체계적인 연구가 거의 일어나지 않았다.

➖ 시각 장면에서 변화를 탐지하지 못하는 이유가 변화된 물체에 대한 정보처리를 적게 했거나 하지 않았기 때문이라는 가정이 일반적이다. 그러나 탐지되지 않은 변화도 종종 뇌 활동을 발생시키고, 이것은 이런 변화에 대한 어떤 정보처리가 일어나고 있다는 것을 가리킨다(Fernandez-Duque et al., 2003).

요약

- 형태주의자들에 따르면 관찰자는 자신에게 존재하는 시각 정보를 가능한 가장 단순하게 체제화하여 지각한다.
- 형태주의자들은 전경-배경 분리가 언제나 시각 정보처리의 초기 단계에서 일어난다고 가정하였다. 이런 가정은 틀렸다.
- 형태주의자들은 지각적 체제화에서 지식과 경험의 중요성을 과소평가하였다.
- 깊이에 대한 단안단서에는 선조망, 결기울기, 중첩, 그림자, 운동시차가 있다.
- 주요 양안단서는 입체시이다. 덜 효과적인 두 가지 안구운동단서로 수렴과 조절이 있다.
- 관찰자는 신뢰로운 단서에 가중치를 더 많이 부여하고, 서로 다른 단서들에서 나온 정보들을 통합한다. 신뢰로운 단서는 다른 단서들이 제공하는 정보와 일치하고 애매하지 않은 정보를 제공한다.
- Biederman의 성분재인이론에 따르면 물체재인은 물체의 기본 형태(지온)를 확인하는 것이다.
- Biederman은 물체 재인이 시점-불변적이라

고 가정하였다. 그러나 물체 재인이 어려우면 시점-의존적이 된다.
- Biederman은 물체 재인에서 상향 처리를 강조하고 기대와 지식의 역할을 과소평가하였다.
- 많은 착시들은 관찰자의 기대가 잘못되었을 때 일어난다.
- 어떤 착시들은 관찰자에게 제시된 시각 자극의 인공성을 반영한다.
- 일반적으로 착시효과는 행위 시각체계보다 지각 시각체계를 사용할 때 훨씬 더 강력하다.
- 대다수의 사람들이 시각 장면에서 시각적 변화를 발견하는 자신의 능력을 과대평가한다. 실제로는 우리 대부분이 많은 변화 맹시를 보인다.
- 대부분의 변화 맹시는 관찰자가 변화를 기대하지 않을 때, 그리고 변화된 물체가 중요하지 않을 때 발견된다.
- 특정 물체의 변화는 관찰자가 그 물체에 주의를 기울이고 있을 때 탐지되기 쉬운데, 특히 변화하는 물체의 특정 측면에 주의를 기울이고 있을 때 쉽게 탐지된다.

더 읽을거리

- Eysenck, M.W., & Brysbaert, M. (2017). *Fundamentals of cognition* (3rd ed.). Oxford: Psychology Press. 이 책의 제2장은 시지각의 주제들을 다루고 있다.
- Goldstein, E.B., & Brockmole, J. (2016). *Sensation and perception* (10th ed.). Belmont, CA: Wadsworth, Cengage Learning. 시지각의 대부분의 중요한 주제들이 이 책에서 다루어지고 있다.
- Mather, G. (2016). *Foundations of sensation and perception* (3rd ed.). Abingdon, Oxon: Psychology Press. 시지각과 관련된 주요 주제들이 이 책의 제10장과 제11장에서 논의되고 있다.
- Peissig, J.J., & Tarr, M.J. (2007). Visual object recognition: Do we know more now than we did 20 years ago? *Annual Review of Psychology*, 58, 75–96. 저자들은 물체 재인에 대한 우리의 이해를 향상시킬 수 있는 훌륭한 개요를 제공한다.

질문

1. 지각 체제화를 이해하려는 형태주의이론의 강점과 한계는 무엇인가?
2. 우리는 어떻게 깊이지각을 해내고 있는가?
3. 물체 재인은 어느 정도까지 시점-불변적인가?
4. 우리는 왜 착시에 취약한가?
5. 무주의 맹시와 변화 맹시에서 주의가 하는 역할은 무엇인가?

대부분의 사람들은 자신이 어떤 기억은 잘하지만 또 다른 기억은 잘하지 못한다고 생각한다. 당신은 이유가 무엇이라고 생각하는가? 우리는 얼마나 많은 서로 다른 종류의 기억을 가지고 있다고 생각하는가? 당신도 잘 알고 있듯이 정보(심지어 중요한 정보)의 망각은 매우 흔한 일이다. 망각이 일어나는 주요 원인은 무엇인가?

범죄 목격자가 사건의 세부 사항을 기억하는 것은 정말로 중요하다. 그러나 범죄에 대한 목격자의 기억은 보통 제한적이고 부정확하다. 목격자 증언이 이렇게 형편없는 이유는 무엇일까?

기억

기억은 우리에게 얼마나 중요할까? 기억이 없는 삶이 어떨지 생각해보라. 먼저 어떤 사람 또는 어떤 물건도 친숙한 것으로 재인하지 못할 것이다. 또한 언어에 대한 기억이 없기 때문에 대화를 할 수도 없고, 읽고 쓰지도 못할 것이다. 더욱이 개인사와 관련된 기억에 접근할 수 없기 때문에 자아개념도 없을 것이다. 요약하면, 경험이 가르쳐 줄 수 있는 것이 하나도 없기 때문에 우리는 지식이 전혀 없는 신생아와 같을 것이다.

기억과 학습은 밀접한 관련이 있다. 학습은 지식 또는 기술의 축적을 포함하는데 기억이 없으면 불가능하다. 이와 비슷하게 우리는 먼저 학습한 것들만 기억할 수 있기 때문에 학습이 없으면 기억은 불가능하다.

학습과 기억은 다음 세 단계를 포함한다:

- **부호화** : 학습 동안 일어나는 과정으로, 일반적으로 학습된 자료의 의미를 처리하는 과정을 포함한다.
- **저장** : 부호화된 정보 중 일부는 장기기억에 저장된다.
- **인출** : 장기기억에 저장된 정보에 접근하는 과정이다.

학습과 기억은 다른가? 만일 다르다면 그 차이는 무엇인가?

저장된 정보를 기억하고 인출하는 능력을 검사하는 방법에는 여러 가지가 있다. 전에 만났던 사람의 얼굴을 친숙한 얼굴로 재인하는 것으로 그 사람을 기억할 수도 있고, 또는 그의 이름을 재생할 수도 있다. 이름을 기억하지 못하면서 어떤 사람의 얼굴을 재인하는 일(민망한!)도 가능하다.

다음과 같은 단어 목록을 학습할 것을 요청받았다고 해보자: 의자, 책상, 표범, 시계, 숲, 입, 정원, 물. 이 목록에 대한 당신의 기억은 여러 가지 방법으로 검사할 수 있다:

- **자유재생**(free recall) : 순서에 상관없이 기억나는 모든 단어를 적도록 하는 방법
- **단서재생**(cued recall) : 각 단어의 첫 낱자를 제시하고 목록에 있었던 적합한 단어를 떠올리도록 하는 방법(예 : 의__ , 정__)
- **재인**(recognition) : 목록에 있었던 단어뿐만 아니라 없었던 단어를 제시하고(예 : 의자, 주먹, 팔꿈치, 입, 틀, 책상, 물, 사진, 사자, 정원, 숲, 시계, 조각상, 표범, 참새, 티켓) 목록에 있었던 단어를 선택하도록 하는 방법

단기기억 대 장기기억

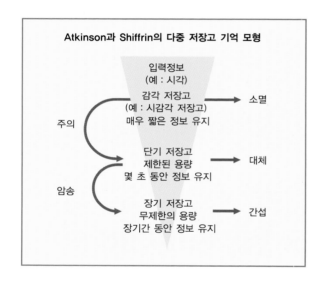

단기기억과 장기기억은 분명히 구별된다. 단기기억은 손상되기 쉽고 오직 몇 초 동안만 유지된다. 이것은 우리가 전화기 버튼을 누르는 동안 전화번호를 기억하려고 할 때 또는 대화 중에 타인의 말을 경청할 때 사용하는 기억이다. 장기기억은 더 오래 지속된다. 우리가 인생의 행복했던 시절을 회상할 때 또는 자전거를 탈 때 사용하는 기억이다.

다중 저장고 모형

Atkinson과 Shiffrin(1968)의 다중 저장고 모형에 따르면, 주의를 받은 정보는 매우 제한된 용량을 가진 단기기억 저장고에서 처리된다. **암송**(rehearsal, 항목을 큰 소리로 또는 속으로 반복하여 말하는 전략)은 이 정보들 중 일부를 장기기억으로 들어가게 만든다. 목록 단어의 암송 횟수가 많아질수록 당신의 장기기억은 점점 더 좋아진다.

연구 결과

뇌손상 환자에 대한 연구는 단기기억과 장기기억이 독립적으로 존재한다는 것을 확실하게 보여준다. 단기기억과 장기기억이 합쳐진 오직 하나의 기억만 있다고 해보자. 이 시스템이 손상된 환자는 단기기억과 장기기억 모두에서 문제가 발생할 것이다.

이와 반대로 2개의 기억 시스템이 있다고 가정하여 보자. 어떤 환자는 단기기억은 나쁘지만 장기기억은 정상일 것이다. 또 다른 환자는 단기기억은 정상이지만 장기기억은 나쁠 것이다.

기억에 문제가 있는 대부분의 뇌손상 환자들은 **기억상실증**(amnesia) 환자들이다. 이런 환자들은 단기기억은 정상이지만 장기기억은 심각하게 손상되어 있다. 이들은 바로 전에 읽었다는 사실도 잊은 채 신문을 반복해서 읽고 최근에 만난 사람들을 재인하지 못한다.

소수지만 어떤 환자들은 정반대의 양상을 보인다. Shallice와 Warrington(1974)은 오토바이 사고로 뇌손상을 입은 KF라는 환자를 연구하였다. 그의 단기기억은 매우 나빴지만 장기기억은 매우 정상이었다.

평가

- ➕ 다중 저장고 모형은 매우 영향력 있는 이론이다.
- ➕ 단기기억과 장기기억이 독립적으로 존재한다는 사실을 보여주는 결정적인 증거들이 있다.
- ➖ Atkinson과 Shiffrin(1968)의 모형은 장기기억이 만들어지는 데 암송의 역할을 과장하고 있다. 당신의 장기기억에 있는 많은 정보는 학습하는 동안 암송된 것이 아니다.
- ➖ 앞으로 논의하겠지만 우리가 오직 하나의 단기기억과 오직 하나의 장기기억을 가지고 있다는 가정은 지나치게 단순하다.

단기기억

단기기억은 특정 시간에 의식적으로 자각하는 정보들로 이루어진다. 단기기억 용량은 **기억폭**(memory span) 과제를 사용하여 측정할 수 있다ー정확한 순서로 즉각적으로 재생할 수 있는 가장 긴 항목의 수. 기억폭으로 측정한 단기기억의 용량은 '7±2'이다 (Miller, 1956).

항목과 **청크**(chunks) 사이의 구분은 중요한데, 청크는 '하나의 단위로 합쳐지는 항목들의 집단'을 말한다(Mathy & Feldman, 2012, p. 346). Mathy와 Feldman은 청크로 부호화될 수 있는 정보를 제시하였을 때 재생될 수 있는 청크의 수가 단지 3 또는 4개에 불과하다는 것을 발견하였다.

Chen과 Cowan(2009)은 단기기억 용량 추정치가 암송의 사용 때문에 부풀려지는 경우가 있다고 주장하였다. 이들은 참여자들에게 사전에 학습한 단어 쌍 또는 단일 단어로 이루어진 청크를 제시하였다. 암송이 가능할 때에는 4개의 청크를 재생할 수 있었는데 암송이 없는 조건에서는 3개로 감소하였다.

단기기억은 일상생활에서 무엇에 쓸모가 있을까? 교재 저술가들은 전화기 버튼을

단기기억의 평균 용량은 얼마인가?

핵심용어

기억상실증 단기기억은 정상이지만 장기기억에 문제가 있는 뇌손상 환자

기억폭 숫자 또는 다른 항목이 제시되고 난 직후 올바른 순서로 재생할 수 있는 숫자 또는 항목의 수

청크 작은 정보 조각들이 결합되어 만들어지는 정보의 단위

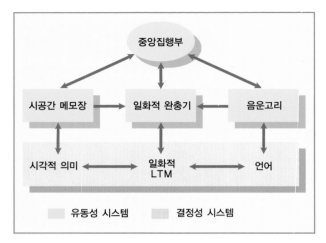

다중 구성성분으로 이루어진 Baddeley(2000)의 작업기억, 장기기억과의 연결을 구체화하였고 새로운 구성성분으로 임시완충기를 추가하였다. 유동성 시스템은 능동적인 처리 과정과 관련이 있으며, 결정성 시스템은 저장된 지식과 관련이 있다.

Alan Baddeley(왼쪽)와 Graham Hitch(오른쪽)

누르는 몇 초 동안 전화번호를 기억하는 데 필요한 것이 단기기억이라고 말한다. 그런데 오늘날 거의 대부분의 사람들이 휴대전화에 전화번호를 저장하고 있기 때문에 이런 기능은 더 이상 필요가 없어졌다.

작업기억

Baddeley와 Hitch(1974)는 이 질문(예 : 단기기억은 일상생활에서 쓸모가 있는가?)에 설득력 있는 답변을 제시하였다. 이들의 주요 논지는 우리가 복잡한 과제를 수행할 때 주로 단기기억을 사용한다는 것이다. 복잡한 과제를 달성하기 위해서는 여러 단계의 정보처리과정이 필수적이다. 이런 과제들의 경우, 다음 정보처리단계로 넘어가기 전에 초기 정보처리단계에서 나온 정보를 짧은 순간 저장할 필요가 있다.

예를 들어, 당신에게 13＋18＋24라는 덧셈 문제가 주어졌다고 해보자. 아마 당신은 13과 18을 더한 값 31을 단기기억에 유지할 것이다. 그런 다음 31에다 24를 더해서 정답인 55를 내놓을 것이다.

Baddeley와 Hitch(1974)는 '단기기억'이라는 용어를 '작업기억'으로 대체하였다. **작업기억**(working memory)은 정보의 단기적인 저장과 처리 기능이 결합된 시스템을 말한다. 이들의 위대한 통찰은 겉으로는 기억 과제로 보이지 않는 수많은 과제(예 : 수학 문제)의 수행에 단기기억이 필수라는 것을 발견하였다는 데 있다.

Baddeley와 Hitch(1974)가 제안하였던 작업기억모형은 그 후 여러 차례 개정되었다. 여기서는 가장 최근 버전에 초점을 맞출 것이다(Baddely, 2012):

- **중앙집행부**(central executive) : 주의 통제자로 작용하는 제한된 용량의 정보처리 시스템. 작업기억 시스템의 '보스'이고, 모든 감각 양상에서 받아들인 정보를 처리할 수 있다.

- **음운고리**(phonological loop) : 음운(말소리에 기초한)정보를 일시적으로 저장하고 처리하는 시스템. 예를 들면 단기기억 과제에서 단어를 암송할 때 사용된다.
- **시공간 메모장**(visuo-spatial sketchpad) : 시각과 공간 정보를 일시적으로 저장하고 처리하는 시스템. 한 장소에서 다른 장소로 이동할 때, 또는 TV를 시청할 때 사용한다. 시각 정보처리와 공간 정보처리는 분명히 구분된다. 예를 들어 시각장애를 가진 사람들은 시각정보는 처리하지 못하지만 뛰어난 공간정보처리 능력을 가지고 있다. Fortin 등(2008)에 따르면 시각장애를 가진 사람들이 정상인보다 미로에서 길을 더 잘 찾는다.
- **일화적 완충기**(episodic buffer) : 음운고리, 시공간 메모장, 장기기억에서 온 정보를 유지하는 저장 시스템이다.

작업기억의 모든 네 구성성분은 각각 독립적으로 기능할 수 있다. 이들 모두 제한된 용량을 가지고 있다. 당신은 어쩌면 작업기억모형이 상당히(또는 매우) 복잡하다고 생각할 수 있다. 그러나 기본 생각은 간단하다. 우리는 한 과제를 수행할 때, 언어 정보처리(음운고리), 시각 정보처리 또는 공간 정보처리(시공간 메모장)를 활용할 수 있다.

과제를 성공적으로 수행하려면 관련 정보에 주의를 기울이고 언어, 시각, 공간 정보처리를 효과적으로 활용하는 것이 필요하다(중앙집행부). 또한 과제를 수행하는 동안 다른 구성성분들에서 온 정보와 장기기억에서 온 정보를 결합하고 통합하는 일반 저장 시스템(일화적 완충기)도 필요하다.

장기기억

Atkinson과 Shiffrin(1968)은 오직 하나의 장기기억 시스템이 존재한다고 주장하였다. 그렇지만 장기기억에 저장된 엄청난 양의 정보, 예를 들어 개인의 경험, 일반 지식, 운동 기술, 언어 등을 생각해보면 그런 것 같지 않다.

장기기억에서 가장 중요한 구분이 서술적 기억과 비서술적 기억이다. **서술적 기억**(declarative memory)은 사건과 사실에 대한 의식적인 기억을 포함한다. 이것은 서술 또는 기술될 수 있는 기억을 말하고 어떤 것이 사실이라는 것을 아는 것(knowing that)과 관련이 있다. 서술적 기억은 어떤 사람을 보면서 그 사람의 이름을 기억할 때, 심리학의 어떤 사실을 기억할 때 또는 친구의 집을 찾는 방법을 기억할 때 사용하는 기억이다.

이와 대조적으로, **비서술적 기억**(non-declarative memory)은 의식적인 기억을 포함하지 않는다. 일반적으로 비서술적 기억에 대한 증거는 행동 변화의 관찰을 통해 얻

핵심용어

음운고리 말소리 정보의 저장과 하위발성이 일어나는 작업기억 구성성분

시공간 메모장 짧은 시간 시각과 공간 정보를 저장하는 작업기억 구성성분

일화적 완충기 음운고리, 시공간 메모장, 장기기억으로부터 나온 정보를 통합하여 짧은 시간 저장하는 작업기억 구성성분

서술적 기억 개인 경험, 일반 지식과 관련된 장기기억으로, 일반적으로 정보에 대한 의식적인 기억과 관련이 있다.

비서술적 기억 정보의 의식적 기억(예 : 운동 기능)을 포함하지 않는 장기기억의 한 형태

어진다. 예를 들어 우리는 어떤 사람이 자전거 위에서 덜 흔들리고 더 잘 통제하는 어떤 사람의 행동에서 그 사람이 자전거 타기를 학습했다는 것을 알 수 있다. 보통 이런 기술들은 단어로 표현하기 어렵다.

현실 속으로 : 유명한 Henry Molaison(HM)의 사례

Henry Molaison(2008년 사망 전에는 HM으로 불렸다)은 장기기억의 손상을 의미하는 **기억상실증**(amnesia)으로 엄청난 고통을 겪었다. 그는 1953년 장기기억에 매우 중요한 뇌영역(해마를 포함하는 중앙 측두엽)을 제거하는 뇌전증 수술을 받았다. 몇 년 후 Corkin(1984, p. 255)은 HM이 "자기가 살고 있는 곳, 누가 자신을 돌보아 주는지, 바로 전에 무엇을 먹었는지 알지 못한다"고 보고하였다. 기억상실증이 발병한 이후 유명해진 사람들 중에 그가 재인할 수 있었던 사람은 단 두 명(존 케네디와 로널드 레이건)이었다. 즉 그의 서술적 기억은 최악이었다.

그의 서술적 기억은 형편없었지만 그의 비서술적 기억은 우수한 편이었다(Eichenbaum, 2015). 예를 들어, 그는 원판 추적 과제(움직이는 목표물을 손으로 따라가는 과제)를 비롯하여 여러 운동 학습 과제를 잘 수행하였다. 그는 또한 단기기억 과제에서도 정상적인 수행을 보여주었다. 요약하면 HM은 우리의 기억이 두 가지 종류의 기억으로 구분되어 있다는 중요한 증거를 제공하였다: 단기기억과 장기기억, 서술적 기억과 비서술적 기억.

HM의 사례는 기억상실증 연구를 눈에 띄게 증가시켰다. Spiers 등(2001)은 147명의 기억상실증 환자들에서 얻어진 결과들을 개관하였다. 환자들 모두 서술적 기억에서는 심각한 손상을 보였지만 비서술적 기억이 손상된 환자는 한 명도 없었다. 앞에서 지적하였듯이, Spiers 등은 이 기억상실증 환자들 중에서 단기기억이 손상된 환자는 한 명도 없다는 것을 발견하였다. 즉, HM에게서 나온 기본 연구 결과들은 수차례 반복 검증되었다.

서술적 기억

세 가지 종류의 서술적 기억이 존재한다: 일화기억, 의미기억, 자서전적 기억. 지금부터 차례대로 살펴볼 것이다.

일화기억

일화기억(episodic memory)은 우리가 학습한 과거의 사건이나 일화를 기억할 때 사용한다(예 : 아침 식사로 시리얼을 먹었던 것, 어제 영화를 보았던 것 등). 대부분의 일화기억은 무슨 일이 일어났는가, 어디서 일어났는가, 언제 일어났는가에 대한 정보를 담고 있다. 누군가는 일화기억 시스템이 사건에 대한 정확하고 상세한 정보를 제공하는 비디오 기계와 비슷하다고 생각할지 모른다. 그렇지 않다. 일화기억이 과거를 정확하게 그대로 재생산하는 경우는 드물다. 일화기억은 **구성적인** 과정을 포함하고 있어서 종종 오류를 발생시킨다.

핵심용어

기억상실증 단기기억
은 정상이지만 장기기
억에 문제가 있는 뇌손
상 환자

일화기억 개인적 사건
에 대한 장기기억

왜 일화기억은 오류에 취약한가? 한 가지 이유는 우리는 보통 경험의 본질만을 기억하길 원하고, 따라서 정확한 세부사항은 그렇게 중요하지 않다. 또 다른 이유로는 만일 우리가 모든 경험을 매우 정확하고 반영구적으로 기록하려고 한다면 정보처리의 양이 엄청나게 늘어난다는 데 있다.

의미기억

의미기억(semantic memory)은 사실과 정보(예 : 현재 미국 대통령의 이름, 태양계의 행성 숫자, 심리학이라는 단어의 의미)를 기억할 때 사용하는 기억 시스템이다. 일반적으로 의미기억은 언어와 세계에 대한 우리의 지식으로 구성되어 있다. 이런 지식의 대부분은 도식의 형태로 되어 있다.

의미기억은 일화기억에 비해 뇌손상의 영향을 더 적게 받는다. 앞에서 147명의 기억상실증 사례에 대한 Spiers 등(2001)의 연구를 소개하였다. 모든 환자들이 일화기억에서는 심각한 손상을 보였지만 의미기억의 손상은 일반적으로 경미하였다.

어떤 기억상실증 환자들은 정상적인 의미기억을 가지고 있다. Vargha-Khadem 등(1997)은 그날의 활동, TV 프로그램, 전화 대화에 대한 일화기억이 매우 나빴던 두 환자(베스와 존)를 연구하였다. 그러나 베스와 존 둘 다 일반 학교에 다녔고, 이들의 언어 능력, 읽기, 쓰기, 사실적 지식은 정상이었다.

자서전적 기억

우리는 삶에서 중요한 개인적 경험을 기억할 때 **자서전적 기억**(autobiographical memory)을 사용한다. 예를 들어 첫 남자친구/여자친구에 대해 생각하거나 인생에서 최고로 행복했던 여행을 떠올릴 수 있다. 자서전적 기억은 일화기억과 비슷하지만, 일화기억이 상대적으로 사소한 경험이라는 점에서 차이가 있다.

Conway와 Pleydell-Pearce(2000, p. 266)에 의하면 "자서전적 기억은 기본적으로 목표 성취의 성공 또는 실패에 대한 기록이다." 개인의 목표는 부분적으로 그의 성격에 달려있다. 따라서 개인이 중요하다고 생각하는 자서전적 기억은 그의 성격을 반영해야 한다.

Woike 등(1999)은 이와 같은 가설을 검증하고 두 가지 성격 유형을 구분하였다. 첫째, 독립성과 성취를 강조하는 대리적 성격 유형이 있다. 둘째, 다른 사람들과의 유사성과 상호 의존성을 강조하는 공동체적 성격 유형이 있다.

Woike 등(1999)은 참여자들에게 긍정적 또는 부정적인 개인 경험을 기술하도록 요구하였다. 대리적 성격을 가진 사람들의 대다수가 대리적 자서전적 기억을 회상하였

핵심용어

의미기억 세계, 개념, 언어 등 일반 지식에 대한 장기기억

자서전적 기억 생애에 걸쳐 개인과 관련된 특별한 사건에 대한 기억(특히 개인적으로 중요한 사건에 대한 기억)

다(예 : 성공 또는 실패에 대한 기억). 이와 대조적으로 공동체적 성격을 가진 사람들은 주로 공동체적 기억을 회상하였다(예 : 사랑, 우정, 배신).

비서술적 기억

비서술적 기억의 본질은 이것이 의식적인 기억과 관련이 없고 행동을 통해 드러난다는 데 있다. 두 가지 중요한 비서술적 기억이 있다 — 점화와 기능학습. **점화**(priming)는 사전에 동일한 또는 비슷한 자극이 제시된 것 때문에 특정 자극에 대한 정보처리가 더 용이해지는 것을 말한다. 예를 들어 아동이 읽기를 배울 때 친숙한 단어를 점점 더 쉽게 재인하는 것도 점화의 일종이다.

Tulving과 Schacter(1990)는 빠르게 제시되는 단어가 사전에 제시되었던 단어일 때 더 쉽게 재인된다는 것을 발견하였다. 이것은 휙 스쳐지나가는 단어를 지각하는 자신의 능력이 학습의 영향을 받았다는 것을 자각하지 못할 때에도 일어났다. 이것이 점화 효과의 예이다.

점화는 무엇과 관련이 있을까? 자극의 반복적 제시는 정신 자원을 더 적게 사용하고 더 **효율적**으로 처리할 수 있게 만든다. 결과적으로 점화는 보통 뇌의 활동 수준을 감소시킨다(Poldrack & Gabrieli, 2001).

기능학습(skill learning)은 자전거 타는 법 또는 운동하는 법을 배울 때와 관련이 있다. 점화와 기능학습 사이에는 몇 가지 차이가 있다:

1. 점화는 빠르게 일어나지만 기능학습은 느리고 점진적이다(Knowlton & Foerde, 2008).
2. 점화는 특수 자극에 한정된 학습이라면, 기능학습에서는 다른 자극으로의 **일반화**가 일어난다. 예를 들어 당신이 테니스에서 백핸드를 할 수 있는데 만일 이 능력이 특정 속도로 특정 방향에서 오는 공에만 발휘될 수 있다면 크게 유용하지 않을 것이다!

핵심용어

점화 사전에 목표자극 또는 목표자극과 연관이 있는 자극이 제시된 것 때문에 목표자극의 정보 처리가 촉진되는 비서술적 기억의 한 형태

기능학습 학습된 것에 대한 의식적 자각이 거의 없거나 전혀 없는 학습의 한 형태

Hamann과 Squire(1997)는 서술적 기억이 하나도 남아 있지 않은 것처럼 보이는 EP라는 기억상실증 환자에 대해 연구하였다. 재인기억 검사에서 건강한 통제집단이 시행의 81%에서 정답을 말한 것과 비교하여 그의 수행은 52%(우연 수준=50%)에 불과하였다. 그렇지만 점화 과제에서의 그의 수행은 건강한 통제집단만큼 우수하였다.

Cavaco 등(2004)은 실생활에서 필요한 기능과 유사한 5개의 기능과제를 사용하였다. 예를 들어 기계 조작에 필요한 움직임을 모사한 막대 제어 과제와 위빙 과제를 사

용하였다. 재생검사와 재인검사로 측정한 기억상실증 환자의 서술적 기억은 손상된 것으로 나타났지만 5개의 기능학습 과제에서는 건강한 사람들의 수행과 비슷하였다. 이런 결과는 비서술적 기억이 서술적 기억과는 다른 기억이라는 관점을 지지한다.

요약과 결론

서술적 기억과 비서술적 기억의 구분은 큰 영향을 미쳤고 큰 성과를 낳았다. 이것은 일화기억, 의미기억, 자서전적 기억, 점화, 기능학습을 비롯한 여러 중요한 장기기억을 확인하게 해주었다.

그러나 서술적 대 비서술적 기억의 구분이 지나치게 단순하다는 의견이 점점 많아지고 있다. 기억상실증 환자들이 정상적인 비서술적 기억을 가지고 있다는 가정에 대해 생각해보자. 상대적으로 복잡한 과제에서는 그렇지 않다는 것을 보여주는 사례들이 있다. Ryan 등(2000)은 기억상실증 환자들과 건강한 사람들에게 현실 세계 장면의 사진이 포함된 비서술적 과제를 제시하였다. 어떤 장면들은 두 번 제시되었는데 두 번째 제시에서 몇몇 물체의 위치가 바뀌었다. 건강한 통제집단은 장면에서 바뀐 부분을 응시하였는데, 이는 물체들 사이의 관계에 대한 암묵적 기억을 보여주는 것이다. 이와 대조적으로 기억상실증 환자들은 첫 번째 장면에 대한 비서술적 또는 암묵적 기억이 없기 때문에 변화된 부분을 응시하지 않았다. 즉 기억상실증 환자의 기억 손상이 서술적 기억을 넘어 물체들 사이의 관계에 대한 비서술적 기억에서도 일어난다고 할 수 있다.

대량의 정보를 저장하는 데 범주적 군집화는 유용한 도구이다. 도서관의 책이 색상과 크기에 따라 조직되어 있다면 책 하나를 찾기가 얼마나 어려울지 생각해보라.

기억의 체제화

인간의 기억은 조직화되지 않은 정보보다 잘 조직화된 정보를 더 잘 기억할 수 있도록 되어 있다. 기억 체제화의 존재는 매우 간단하게 증명할 수 있다. 서로 다른 범주(예 : 네 발 달린 동물, 운동, 꽃)에 속하는 단어들로 구성된 단어 목록을 준비한다. 이 목록을 무작위(예 : 테니스, 고양이, 골프, 튤립, 말 등)로 제시한 다음 자유재생검사를 실시한다.

우리는 단어들을 무작위로 재생하지 않고 대부분 범주별로 재생한다. 이것을 **범주적 군집화**(categorical clustering)라고 한다. 장기기억에 저장된 지식에 기초하여 기억해야 할 정보를 조직화하는 것이다.

도식이론

사람들은 학습과 기억을 할 때 관련 지식을 사용한다. 대부분의 이런 지식은 **도식**(schema)의 형태로 되어 있다. Bower 등(1979)은 도식에 관한 연구에서 사람들에게 레스토랑에서 흔히 일어나는 20개의 행위 또는 사건 목록을 작성하도록 하였다. 레스토랑 도식과 관련하여 사람들 사이에 높은 합의가 나타났다―대다수 사람들이 자리에 앉기, 메뉴판 보기, 주문하기, 먹기, 지불하기, 레스토랑 떠나기를 언급하였다.

도식은 보통 장기기억을 향상시킨다. Bransford와 Johnson(1972, p. 722)이 작성한 다음 글을 읽고 이해해보자.

> 이것의 절차는 비교적 간단하다. 첫째, 당신은 물건들을 여러 더미로 분류한다. 물론 정리할 것이 많지 않으면 한 더미만으로 충분하다. 설비가 없어서 다른 곳으로 가야 한다면 그렇게 하는 것이 두 번째 단계이다. 그렇지 않으면 준비가 거의 다 된 셈이다. 도를 넘기지 않는 것이 중요하다. 다시 말해 한 번에 많은 것을 하기보다는 한 번에 좀 적다 싶을 정도로 적게 하는 편이 낫다. 어떻게 보면 이렇게 하는 것이 중요해 보이지 않는다. 하지만 이렇게 하지 않으면 일이 쉽게 꼬일 수도 있다……

아마 당신은 이 글을 이해하기 매우 어렵다고 느꼈을 것이다. 그 이유는 당신에게 관련 도식이 없기 때문이다. 사실 이 글의 제목은 '세탁'이다. 이제 이 도식 정보를 가지고 글을 다시 읽으면 훨씬 이해하기 쉬울 것이다. Bransford와 Johnson(1972)은 글을 읽기 전에 제목을 제시받은 참여자들이 제목을 제시받지 않은 참여자들보다 두 배 더 많은 정보를 재생한다는 것을 발견하였다.

Bartlett(1932)은 도식화된 지식이 장기기억을 방해할 수 있다고 주장한다. 그는 영국의 대학생들에게 사전 지식과 이야기 사이에 갈등이 존재하는 다른 문화권(북미 인디언)의 이야기를 들려주었다.

Bartlett은 사람들의 도식화된 사전 지식이 이야기를 기억하는 데 체계적인 왜곡을 발생시킨다는 것을 발견하였다. 예를 들어 독자의 문화적 기대에 맞추어 이야기가 재구성되는, Bartlett이 **합리화**(rationalisation)라고 부른 왜곡이 일어난다. 이런 왜곡은 목격자가 범죄를 회상할 때에도 발생한다.

Bartlett(1932)은 제시된 세부 정보에 대한 기억은 시간이 흐르면서 망각이 일어나지만 기저에 놓여 있는 도식은 그렇지 않다고 주장하였다. 즉 파지 기간이 길어지면 합리화 오류(도식화된 지식에 의존하는)는 더욱 증가해야 한다.

이런 예측을 지지하는 증거가 Sulin과 Dooling(1974)의 연구에서 얻어졌다. 참여자들은 국가를 파멸시키려는 무자비한 독재자에 관한 이야기를 읽었다. 이야기에서 독재자의 이름은 아돌프 히틀러이거나 제럴드 마틴이었다. 이야기가 히틀러에 대한 이야기라고 알고 있는 참여자들은 "그는 유태인을 특히 미워하였고 박해하였다"라는, 글 속에 제시된 적이 없었던 문장을 읽었다고 잘못 기억하는 일이 훨씬 더 많았다. 이런 합리화 오류는 파지 기간이 짧을 때보다 길 때 더 많이 일어났다.

지금까지 논의한 연구들은 도식이 기억을 왜곡시킬 수 있다는 것을 보여주고 있다. 그러나 Steyvers와 Hemmer(2012)는 일반적으로 현실 세계에서 도식은 기억에 도움이 된다고 주장하였다. 이들은 사람들에게 여러 장면(예 : 부엌, 도시)에 대한 사진을 제시하였다. 장면에 있는 어떤 물체들은 관련 도식과 일치성이 매우 높았지만(예 : 도시 장면에서 자동차와 빌딩), 어떤 물체들은 일치성이 낮았다(예 : 도시 장면에서 공장과 나무).

참여자들에게 모든 물체를 재생하도록 하였을 때 Steyvers와 Hemmer(2012)는 무엇을 발견하였을까? 첫째, 다른 어떤 것보다 도식과 일치하는 물체들의 재생이 훨씬 우수하였다. 둘째, 오재생 비율(제시되지 않았는데 물체가 있었다고 잘못 재생하는 비율)은 도식과 일치하지 않는 물체보다 도식과 가장 일치하는 물체들에서 훨씬 더 낮았다. 요약하면 현실에서는 우리의 도식이 만들어내는 기대가 대부분 정확하기 때문에 도식 지식은 우리의 장기기억을 향상시킨다.

평가

➕ 우리는 학습과 기억에 세계에 대한 도식 지식을 이용한다.

➕ 도식은 보통 장기기억을 향상시키는 체제화된 틀을 제공한다(특히 현실에서).

➕ 장기기억의 많은 오류와 왜곡은 도식 정보의 영향 때문이다.

➖ 도식에 얼마나 많은 정보가 들어 있는지 평가하기 어렵다.

➖ 어떤 도식이 언제 활성화될지를 결정하는 조건들이 무엇인지 분명하지 않다.

망각

시간이 흐르면서 망각이 일어난다 — 망각률은 보통 학습 직후에 가장 빠르고 그 이후에는 점차 감소한다. 많은 사람들이 자신의 기억이 별로 좋지 않다고 생각한다. Brown 등(2004)은 우리가 중요한 정보를 잘 기억하지 못한다는 증거를 보고하였다:

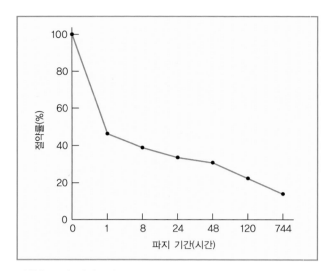

재학습 동안 절약률의 감소로 나타낸 시간 경과에 따른 망각 곡선 (0%의 절약률은 모두 망각되었음을 의미한다).
출처 : Ebbinghaus(1885/1913).

미국 대학생들의 31%가 비밀번호를 망각한 적이 있다고 고백하였다.

망각율은 일반적으로 학습 직후에 가장 빠르고 그 이후에는 점차 감소한다. 독일의 심리학자 Hermann Ebbinghaus(1885/1913)는 학습 직후 또는 학습 후 한 시간 동안 망각이 가장 빠르다고 주장하였다.

일반적으로 사람들은 망각하지 말아야 한다고 생각한다. 그러나 지난 학기 수업시간표 또는 이전에 친구가 살았던 곳을 기억하는 것은 쓸모없는 일이다. 이전의 것을 잊어버리고 기억 정보의 업데이트가 필요하다. 또한 우리가 경험한 모든 정보를 기억하는 것 역시 비생산적이다. 쓸모없는 세부 정보들은 망각하고 중요한 정보를 기억하는 것이 훨씬 더 효율적이다(Norby, 2015).

망각이 일어나는 이유는 여러 가지다. 단순한 설명으로 "기억 물질이 점진적으로 사라지는 것 때문에 망각이 일어난다(Hardt et al., 2013, p. 111)"고 보는 소멸 이론이 있다. Hardt 등은 우리가 매일 수많은 사소한 기억들을 만들어내기 때문에 이들을 제거하는 과정이 필요하다고 주장하였다. 대부분 이것은 잠자는 동안 일어나는 생리적 과정에 의해 일어난다. 다음은 그 밖의 다른 주요 망각 이론들이다.

억압

Sigmund Freud는 많은 망각이 **억압**(repression, 성적 학대 같은 외상기억을 망각하려는 동기에 의해)의 결과로 발생한다고 주장하였다. Freud는 억압기억이 치료 기간 동안에 재생될 수 있다고 보았다. 그러나 Loftus와 Davis(2006)는 소위 말하는 회복기억이 대부분 치료자의 암시에 의해 일어나는 오기억(일어나지 않은 사건과 경험)이라고 주장하였다.

Geraerts 등(2007)은 아동기 성적 학대를 보고하는 성인들을 세 집단으로 분류하였다.

핵심용어

억압 스트레스 또는 외상 경험에 대한 동기화된 망각을 의미하는 Freud의 용어

1. 치료 중에 회복기억을 재생한 사람들
2. 치료를 받지 않는 중에 회복기억을 재생한 사람들
3. 계속하여 학대에 대한 기억을 가지고 있던 사람들

Geraerts 등(2007)은 이들의 기억이 증거(예 : 범인의 자백)에 의해 확증된 비율이 계속하여 학대기억을 가지고 있었던 집단에서는 45%, 치료를 받지 않는 중에 기억을 회복한 집단에서는 37%, 치료를 받은 중에 회복기억을 보고한 집단에서는 0%라는 것을 발견하였다. 이런 결과는 회복기억이 두 가지 종류라는 것을 보여준다. 첫째, 치료 중에 재생한 기억 중 많은 것이 치료자의 영향으로 만들어진 오기억이다. 둘째, 치료를 받지 않는 중에 갑자기 떠오른 기억들 중 많은 것은 진짜이다.

요약하면 Freud의 억압이론을 지지하는 증거는 제한적이다. 대부분의 망각이 외상이나 스트레스 사건과 관련이 없기 때문에 망각에 대한 그의 접근은 한계가 있다.

간섭

많은 망각이 두 가지 형태의 간섭에 의해 일어난다. 첫째, 최근에 학습한 것을 기억하는 우리의 능력이 사전 학습에 의해 방해를 받는 **순행간섭**(proactive interference)이 있다. 둘째, 먼저 학습한 것이 나중 학습에 의해 방해를 받는 **역행간섭**(retroactive interference)이 있다.

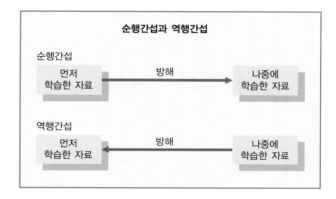

2개의 다른 반응이 동일한 자극과 연합되어 있을 때 순행간섭과 역행간섭 둘 다 가장 크게 발생한다. 당신이 오래 동안 열쇠를 보관했던 장소가 아닌 다른 장소에 열쇠를 보관하기로 했다고 해보자. 열쇠가 어디 있는지 알아보려는 자극은 아마 당신으로 하여금 새로운 장소보다는 이전 장소부터 찾아보게 할 것이다−순행간섭.

무엇이 순행간섭을 일으키는가? 정확 반응과 부정확 반응 사이에는 경쟁이 존재한다. 순행간섭은 정확 반응의 약화보다 부정확 반응의 강화가 더 큰 원인이다(Jacoby et al., 2001).

어떻게 하면 순행간섭을 감소시킬 수 있을까? Bäuml과 Kliegl(2013)은 사전에 학습한 자료의 인출 양을 최소화하는 것이 중요하다고 보았다. 참여자들은 3개의 단어목록을 학습하고 나서 마지막 목록에 대한 재생검사를 받았다. 처음 두 목록을 학습한 후에 잊어버리라는 지시를 받았던 참여자들은 세 번째 목록 단어의 68%를 재생하였다. 이와 대조적으로 이런 지시를 받지 않았던 참여자들은 세 번째 목록 단어의 41%만 재생하였다. 즉 지시를 통해 기억자의 인출이 세 번째 목록에 제한되도록 하였을 때 순행간섭이 크게 감소하였다.

핵심용어

순행간섭 사전 학습이 나중 학습 또는 기억을 방해하여 일어나는 망각

역행간섭 나중 학습이 사전 학습의 기억을 방해하여 일어나는 망각

역행간섭은 나중에 학습한 것이 먼저 학습한 것을 방해할 때 일어난다. Isurin과 McDonald(2001)는 사람들이 두 번째 언어를 습득하고 나서 첫 번째 언어의 일부를 망각하는 이유를 역행간섭으로 설명할 수 있다고 주장하였다. 두 가지 언어를 유창하게 구사하는 참여자들에게 먼저 다양한 그림과 그림에 일치하는 러시아어 단어 또는 히브리어 단어를 제시하였다. 그런 다음 일부 참여자들에게 동일한 그림과 그림에 대응되는 다른 언어의 단어를 제시하였다. 마지막으로 이들은 첫 번째 언어로 단어 재생 검사를 받았다. 상당한 정도의 역행간섭이 일어나서, 두 번째 언어의 단어 학습 시행이 증가할수록 첫 번째 언어의 단어 재생은 점점 더 나빠졌다.

Lustig 등(2004)은 역행간섭이 (1) 정확 반응의 인출이 어렵거나 (2) 매우 강한 부정확 반응 때문에 일어난다고 주장하였다. 이들은 두 번째 이유가 더 중요하다는 것을 발견하였다.

일반적으로 역행간섭은 새로운 학습이 사전학습과 비슷할 때 가장 크다. 그러나 단순 과제(예 : 음조 탐지 과제)를 사용하여 파지 기간 동안 정신적 노력을 기울이도록 할 때에도 역행간섭이 일어난다(Dewar et al., 2007). 즉 역행간섭은 두 가지 방식으로 일어날 수 있다:

1. 파지 기간 동안 정신적 노력의 소모
2. 첫 번째 학습 자료와 비슷한 자료의 학습

요약하면 순행간섭과 역행간섭을 지지하는 강력한 증거들이 존재한다. 그러나 간섭 이론은 망각이 일어나는 이유는 설명하지만 시간이 흐르면서 망각률이 감소하는 이유는 설명하지 못한다. 다양한 전략(예 : 선행 학습의 망각)의 사용으로 간섭은 감소될 수 있지만 우리는 이런 전략이 왜 그리고 어떻게 하여 긍정적인 효과를 낳는지에 대해서 아는 것이 많지 않다.

단서-의존적 망각 : 부호화 특수성 원리

일반적으로 인출 시점에 존재하는 정보가 기억 흔적에 있는 정보와 일치할 때 장기 기억은 더 우수하다. 이것이 **부호화 특수성 원리**(encoding specificity principle)(Tulving, 1979)이다. 반대로 만일 인출 시점의 정보가 기억 흔적에 있는 정보와 일치하지 않으면 망각은 더 많이 일어난다.

Godden과 Baddeley(1975)의 연구 결과는 부호화 특수성 원리를 잘 보여준다. 잠수부들에게 육지 또는 3m 아래 수중에서 40개의 단어를 학습하도록 하였다. 그런 다음

핵심용어

부호화 특수성 원리 기억이 인출 시점에 존재하는 정보와 기억 흔적 안에 있는 정보 사이의 중복에 달려있다는 개념

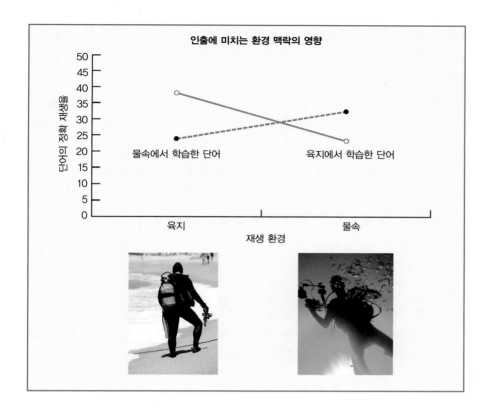

같은 환경 또는 다른 환경에서 자유재생검사를 실시하였다. 검사와 학습 사이의 환경이 다를 때보다 같을 때 재생은 더 우수하였다.

부호화 특수성 원리는 매우 중요하지만 몇 가지 한계가 있다(Nairne, 2015). 첫째, 원리가 너무 단순하다. "당신은 6일 전에 무엇을 하였습니까?"라는 질문을 받았다고 해보자. 질문에 들어 있는 정보와 저장된 기억 흔적을 단순하게 비교하는 일은 거의 없다. 대신 당신은 아마 질문에 답하기 위해 몇 가지 문제해결 전략을 사용할 것이다.

둘째, 다음과 같은 사고 실험을 생각해보자(Nairne, 2002). 참여자들에게 다음 단어목록을 큰소리로 읽도록 한다: write, right, rite, rite, write, right. 그런 다음 세 번째 위치의 단어를 재생할 것을 요구한다. 이때 세 번째 위치의 단어의 소리를 제공하여 인출 정보와 기억 흔적에 있는 정보 사이의 중복 정도를 증가시킨다. 이 경우 소리가 제공하는 추가 정보가 정답이 아닌 단어들의 스펠링을 정확하게 **변별하는** 데 전혀 도움이 되지 않기 때문에 아무런 기억 효과도 발생하지 않을 것이다.

응고화

망각률은 시간이 흐르면서 왜 감소할까? 영향력 있는 답변 중 하나가 장기기억에 있는 정보와 관련된 장기적인 생리 과정인 **응고화**(consolidation)이다. 응고화 이론에 따르면 여전히 응고가 진행 중인 최근에 만들어진 기억이 간섭과 망각에 특히 취약하다.

응고화 과정은 잠을 자는 동안 중요한 정보의 장기기억을 향상시킨다(Oudiette & Paller, 2013). 사전에 형성된 기억들은 잠자는 동안 청각 또는 후각 정보의 신호를 받는다. 이런 신호가 응고화를 증가시키고 후속 장기기억을 향상시킨다.

뇌손상을 입은 기억상실증 환자들은 보통 장기기억의 손상과 **역행성 기억상실증**(retrograde amnesia)을 보인다(Squire et al., 2015). 즉 기억상실증 발병 전에 경험한(특히 발병 바로 직전에 경험한) 사건과 정보의 망각이 일어난다. 역행성 기억상실증은 기억상실증 발병 시점에 완전히 응고화되지 않은 기억들에서 가장 많이 나타난다.

요약

장기기억의 망각은 여러 생리 과정(예 : 응고화, 소멸)과 심리 과정(예 : 순행간섭, 역행간섭)을 포함한다. 사실 망각을 포괄적으로 이해하려면 앞에서 기술한 모든 이론이 필요하다. 그러나 망각률이 초기에는 빠르다가 나중에는 점점 느려지는 이유를 가장 잘 설명하는 가설은 응고화 이론이다.

일상기억

일상기억에 대한 연구는 일상생활에서 우리가 기억을 어떻게 사용하고 있는지에 초점을 맞춘다. 주요 논쟁은 생태학적 타당도(실험실 연구 결과가 현실 세계에 적용되는 정도)이다.

실험실 기억과 일상생활 기억 사이의 가장 큰 차이는 동기에 있다. 일반적으로 연구 참여자는 가능한 정확하게 기억하려고 동기화되어 있다. 이와 대조적으로 일상의 삶속에서 개인은 정확한 기억보다 상대방을 즐겁게 만들거나 깊은 인상을 주려고 동기화되어 있다.

사건에 대해 이야기하는 것 때문에 우리의 후속 기억은 왜곡될 수 있다. Hellmann 등(2011)의 연구에서 참여자들은 두 남자가 술집에서 싸우는 비디오를 보았다. 그런 다음 참여자들은 싸움의 책임이 A에게 있다고 믿고 있거나 또는 믿고 있지 않는 어떤 한 학생에게 사건에 대해 설명해야 했다. 참여자의 설명은 그 학생의 편향된 관점을 반영하고 있었다. 더 중요한 사실은 참여자들에게 사건을 정확하게 재생할 것을 요구하였을 때, 이들의 재생이 앞에서 이들이 전달한 내용에 의해 영향을 받았다는 것이다. 이것이 **말하는 대로 믿는 효과**(saying is believing effect)이다—특정 청중에게 맞추기 위해 일어난 사건의 재구성이 그 사건에 대한 후속 기억을 왜곡시킨다.

일반적으로 실험실 연구는 현실 세계에서의 연구보다 더 철저하게 통제되고, 따라서 실험실 연구에서 나온 결과가 더 신뢰롭다. 지금부터는 **목격자 증언**(eyewitness testimony)에 관한 실험실 연구에 대해 살펴보는데, 이것은 높은 수준의 생태학적 타당도를 소유하고 있다.

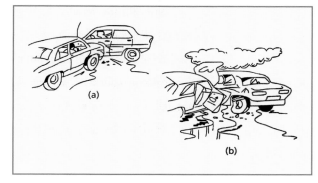

Loftus와 Palmer(1974) 는 자동차 사고가 발생 하였을 때의 속도 추정 과 깨진 유리창의 존재 여부에 대한 기억이 질 문에서 사용된 단어에 의해 영향을 받는다는 것을 발견하였다. (a)와 (b)에서 나타나고 있듯 이 '접촉사고'와 '정면충 돌'이라는 단어는 함축 하고 있는 것이 다르다.

목격자 증언

당신이 살인사건의 유일한 목격자라고 가정해보자. 당신이 라인업에서 살인자로 지목한 사람이 오직 당신이 제시한 증거만으로 유죄를 선고받았다. 이런 사례는 다음과 같은 질문을 하게 한다. 목격자 증언에 의존한 판결은 안전한가?

DNA 검사의 도입으로 이런 질문에 대한 답이 쉬워졌다. 미국에서 유죄 판결을 받은 200명 이상이 DNA 검사에 의해 무죄로 드러났다.

기억의 취약성 : 오정보 효과

Loftus와 Palmer(1974)는 사람들에게 자동차 사고에 대한 영화를 보여주었다. 그런 다음 이들에게 여러 가지 질문을 하였다. 어떤 사람들은 "자동차가 정면충돌할 때 얼마나 빨리 달리고 있었다고 생각하는가?"라는 질문을 받았다면, 다른 목격자들은 '정면충돌' 대신에 '접촉사고'라는 단어가 들어간 질문을 받았다.

1주일 후 목격자들에게 영화에서 깨진 유리창이 있었는지를 질문하였다. 깨진 유리창이 없었음에도 불구하고 '정면충돌'이라는 단어를 사용하여 속도에 대한 질문을 받았던 사람들의 32%가 깨진 유리창을 보았다고 답하였다. 이와 대조적으로 '접촉사고' 단어가 사용된 질문을 받았던 사람들은 14%만이 깨진 유리창을 보았다고 답하였다. 즉 우리의 기억은 질문에서 단어 하나만 바뀌어도 왜곡될 정도로 취약하다!

Loftus와 Palmer(1974)의 연구 결과는 오정보 효과, 즉 사건 이후 허위 정보의 제시로 유발되는 사건에 대한 목격자 기억의 체계적인 왜곡을 보여준다. 그러나 이들은 중요하고 중심적인 세부 항목보다는 **사소하고 주변적인 세부 항목**(예 : 깨진 유리창)에 대한 기억 왜곡에 초점을 맞추었다. Mahé 등(2015)은 영화 'Z'에 나오는 정치가 살해범에 대한 짧은 영상을 제시하고 오정보 효과가 주변 세부 항목보다 중심 세부 항목에서 더 크다는 것을 발견하였다.

핵심용어

목격자 증언 범죄를 목격한 사람이 제공하는 범죄 관련 증거

오정보 효과의 존재는 왜 대다수 국가들에서 원하는 답변을 내포하고 있는 유도 질문(예 : 당신이 부인을 때리는 것을 멈춘 것은 언제입니까?)을 법률가들에게 허용하지 않는지를 설명해준다. Loftus와 Zanni(1975)는 참여자들 중 일부에게 "Did you see the broken headlight?" 같은 유도 질문을, 다른 참여자들에게는 "Did you see a borken headlight?" 같은 중립적인 질문을 하였다. 실제로 깨진 헤드라이트는 없었음에도 불구하고 유도 질문을 받았던 목격자들 중 10% 이상이 그것을 보았다고 증언하였다.

얼굴 기억하기

목격자 기억에서 범인의 얼굴에 대한 정보가 가장 중요할 때가 많다. 범인의 얼굴은 친숙하지 않고, 일반적으로 친숙하지 않은 얼굴의 재인이 친숙한 얼굴보다 훨씬 더 어렵다. 그림 속의 얼굴을 보고, 전부 몇 명의 얼굴이 제시되어 있는지를 말해보라. 더 읽기 전에 대답해보라.

이 그림과 비슷한 배열의 친숙하지 않은 얼굴 사진들을 사용한 Jenkins 등(2011)의 연구에서 참여자들이 말한 사람의 수는 평균 7.5명이었다. 이들이 사용한 그림과 위 그림에 있는 실제 사람의 수는 단 두 명이다! 그러나 Jenkins 등이 유명인 두 사람을 선정하여 각각 20개의 얼굴 사진을 배열한 자극을 사용하였을 때에는 거의 모든 참여자들이 그림 속의 사람의 수가 단 두 명이라고 정확하게 답하였다. 동일 인물이 여러 개의 사진으로 제시될 때 친숙하지 않은 얼굴은 재인하기가 어렵다. 이와 비교하여 친숙한 사람의 경우에는 훨씬 많은 관련 정보를 소유하고 있는 것 때문에 쉽게 재인할 수 있다.

재인해야 하는 얼굴이 다른 인종이면 목격자가 얼굴 재인에서 어려움을 겪을 가능성이 더 높다: 이것이 **타인종 효과**(other-race effect)이다. 이 효과는 기억뿐만 아니라 지각에서도 일어난다. Megreya 등(2011)은 이집트와 영국의 참여자들에게 목표 얼굴 1개와 목표 얼굴이 아닌 얼굴 10개를 제시하였다. 목표 얼굴이 배열 속에 제시되었을 때 목표 얼굴의 정확 재인률이 동일 인종 얼굴에서는 70%, 다른 인종 얼굴에서는 64%였다. 목표 얼굴이 제시되어 있지 않을 때 비목표 얼굴을 목표 얼굴로 잘못 재인하는 비율은 동일 인종 얼굴에서는 34%였다면 다른 인종 얼굴에서는 47%에 달했다.

기억 편향

사건에 대한 기억이 목격자의 기대에 의해 영향을 받는 **확증편향**(confirmation bias)이 목격자의 증언을 왜곡시킬 수 있다. 이것은 우리가 소유한 도식 때문에 일어난다. 대다수 사람들의 은행강도 도식에는 강도는 보통 남성이고, 검은 옷을 입고, 변장을 하

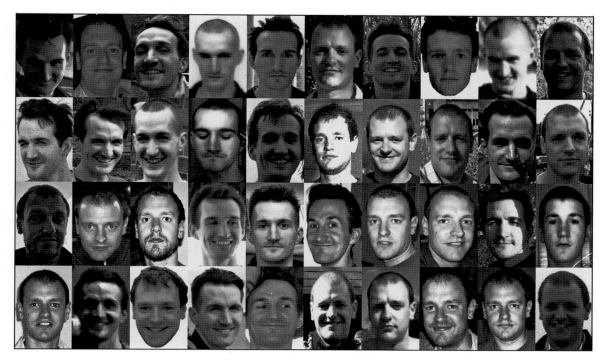

출처 : Jenkins et al. (2011).

고 있다는 정보가 포함되어 있다(Tuckey & Brewer, 2003a). 이런 도식은 우리에게 특정 기대를 하게 한다. 심지어 실제로 관찰한 것이 도식과 일치하지 않을 때에도 사람들은 사건의 세부 사항을 은행강도 도식에 있는 정보와 관련지어 재구성하기 때문에 기억 왜곡이 일어난다(Tuckey & Brewer, 2003b).

폭력과 불안

불안과 폭력에 의해 목격자 기억의 정확성이 감소된다는 증거가 많은 연구들에서 발견되었다. 예를 들어, 목격자가 범인의 무기에 주의 초점을 맞출 때 다른 정보에 대한 목격자의 기억이 감소하는 **무기 초점**(weapon focus)을 살펴보자.

무기 초점 효과에 대한 한 가지 설명은 무기에 의한 위협으로 일어난다는 것이다. 그러나 대안 설명도 있다. 사람들은 대체로 현재 상황에서 예기치 못한 자극에 주의를 기울이고, 이것이 다른 자극에 대한 기억을 손상시킬 수 있다는 것이다. 예측대로, 무기의 존재를 전혀 기대하지 않았을 때(예 : 접이식 칼을 들고 있는 여성 범인) 무기초점 효과가 더 컸다(Pickel, 2009).

Fawcett 등(2013)은 무기 초점에 대한 메타분석 연구를 수행했다. 앞에서 논의한 두 설명 모두 지지되어서, 무기에 의한 위협이 컸을 때 그리고 무기의 존재를 기대하지

핵심용어

무기 초점 목격자가 범인의 무기에 주의를 기울이는 것 때문에 다른 세부 사항들을 기억하지 못하는 현상

않았을 때 무기 초점 효과가 발생하였다. 이런 연구 결과는 현실 연구 또는 실험실 연구와 상관없이 매우 비슷하였다.

Deffenbacher 등(2004)은 여러 연구에서 나온 결과들을 결합하였다. 불안 또는 스트레스가 낮은 조건에서는 시행의 54%에서 범인의 얼굴이 재인된 반면에 불안이나 스트레스가 높은 조건에서의 재인률은 42%에 불과하였다. 따라서 일반적으로 스트레스와 불안은 목격자 기억을 손상시킨다.

실험실에서 법정으로

실험실 연구에서 얻어진 연구 결과를 실생활에서 벌어지는 범죄에도 적용할 수 있을까? 둘 사이에 몇 가지 중요한 차이가 있는 것은 분명하다. 예를 들어 목격자가 폭력 희생자가 될 확률이 실험실보다 실생활에서 더 높고, 이런 경험은 강한 스트레스를 유발한다. 더욱이 이들이 제공하는 증거는 미국 법정에서는 말 그대로 삶과 죽음의 문제가 될 수 있다.

그러나 중요한 유사성도 존재한다. Ihlebaek 등(2003)은 두 조건에서 권총으로 무장한 두 명의 강도가 벌이는 사건에 대한 참여자들의 반응을 비교하였다. 실제로 연극을 관람하는 중에 강도가 출현하는 연극 조건의 목격자들은 "그대로 앉아 있어"라는 명령을 반복하여 받았다. 비디오 조건의 참여자들은 실제 연극 조건에서 일어난 상황을 녹화한 영상을 제시받았다. 두 조건의 참여자들 모두 강도 사건의 지속 기간을 과대 추정하였고, 기억을 잘한 것과 잘하지 못한 것도 비슷하였다. 그러나 비디오 조건의 목격자가 더 많은 정보를 재생하였다.

Tollestrup 등(1994)은 사기 및 강도 사건에 대한 목격자 확인에 대한 경찰 기록을 분석하였다. 실험실 연구에서 밝혀진 주요 요인들(예 : 무기 초점, 파지 기간)은 실생활 범죄에서도 중요한 역할을 하고 있었다.

요약하면, 일반적으로 인공적인 실험실 조건이 연구 결과를 왜곡시키진 않는다. 만일 왜곡이 있다면, 실험실 조건에서 얻어진 목격자 기억의 오류가 실생활 사건에 대한 기억 손상을 **과소평가하도록** 한다는 것이다. 전체적으로 실험실 연구는 법제도에 진정한 타당성을 제공한다.

요약

- 학습과 기억은 3개의 연속적인 단계를 포함한다: 부호화, 저장, 인출.
- 기억을 측정하는 방법에는 자유재생, 단서재생, 재인이 있다.
- 단기기억과 장기기억 시스템 사이에는 중요한 차이가 있다. 다중 저장고 모형에 따르면 암송이 단기기억에서 장기기억으로 정보의 전이를 일으킨다.
- 기억상실증은 손상된 장기기억과 정상적인 단기기억을 가진 환자를 말한다. 일부 뇌손상 환자는 반대 양상을 보인다.
- 단기기억의 용량은 7개의 청크로 이루어져 있다고 알려져 있다. 그러나 장기기억과 암송의 영향을 제거하고 나면 단기기억 용량은 단 4개의 청크밖에 되지 않는다.
- 단기 저장고 개념은 일시적인 정보의 저장과 처리가 결합된 작업기억으로 대체되었다.
- Baddeley의 작업기억 모형에 의하면, 작업기억은 4개의 구성성분으로 이루어져 있다: 중앙집행부, 음운고리, 시공간 메모장, 일화적 완충기.
- 서술적 기억은 사건과 사실에 대한 의식적인 기억을 말한다. 비서술적 기억은 의식적인 기억이 포함되어 있지 않고, 따라서 보통 행동에서의 변화를 관찰하여 측정한다.
- 주요 서술적 기억으로 일화기억(개인적 사건에 대한 기억), 의미기억(사실과 정보에 대한 기억), 자서전적 기억(중요한 개인 경험에 대한 기억)이 있다.
- 주요 비서술적 기억으로는 점화(반복 제시에 의해 자극에 대한 정보처리가 향상되는 현상)와 기능학습(예 : 자전거 타기)이 있다.
- 일반적으로 인간의 기억은 잘 조직화되어 있다(예 : 범주적 군집화).
- 도식의 형태로 이루어진 지식은 일반적으로 장기기억을 향상시킨다. 그러나 경우(특히 친숙하지 않은 자료와 긴 파지 기간)에 따라서는 기억 왜곡을 불러일으킬 수도 있다.
- 망각은 사전에 학습한 것(순행간섭) 또는 파지 기간 동안 학습한 것(역행간섭)으로 인해 일어날 수 있다. 또한 정보의 소멸 또는 억압, 인출 정보와 기억 흔적의 정보 사이에 중복되는 것이 없거나 응고화 실패로 일어나기도 한다.
- 실험실 연구에서 사람들은 정보를 가능한 정확하게 기억하려고 동기화되어 있다. 이와 대조적으로 일상생활에서는 상대방에게 깊은 인상을 남기려고 동기화된다.
- 목격자의 기억은 보통 범죄가 발생한 후에 제시된 정보에 의해 왜곡이 일어난다. 또한 친숙하지 않은 얼굴의 세부 특징들을 기억하기 어렵기 때문에 목격자 기억은 부정확할 수 있다.
- 목격자는 범죄 도식에 기초한 이들의 기대에 의해 영향을 받을 수 있다. 또한 스트레스와 불안이 이들의 기억을 손상시키기도 한다.

더 읽을거리

- Baddeley, A., Eysenck, M.W., & Anderson, M.C. (2015). *Memory* (2nd ed.). New York: Psychology Press. 이 책은 이 장에서 논의되고 있는 주제들을 상세히 다루고 있다.
- Eysenck, M.W., & Brysbaert (2018). *Fundamentals of cognition* (3rd ed.). Abingdon, Oxford: Psychology Press. 이 책의 제4~6장에서 이 장에서 논의되고 있는 주제들을 더 상세하게 볼 수 있다.
- Frenda, S.J., Nichols, R.M., & Loftus, E.F. (2011). Current issues and advances in misinformation research. *Current Directions in Psychological Science, 20*, 20–23. 이 논문은 목격자 기억이 왜곡되는 주요 이유들에 대해 논의한다.
- Yarmey, D. (2010). Eyewitness testimony. In J.M. Brown & E.A. Campbell (Eds.), *The Cambridge handbook of forensic psychology* (pp. 177–186). Cambridge: Cambridge University Press. 이 장은 목격자 증언의 정확성에 영향을 미치는 주요 요인들을 폭넓게 설명하고 있다.

질문

1. '단기기억'과 '작업기억'의 개념을 비교하라.
2. 여러 가지 유형의 장기기억에 대해 기술하고 이들의 존재를 지지하는 증거들에 대해 논하라.
3. 망각을 일으키는 세 가지 요인을 기술하라. 어떤 것이 가장 중요한가? 그리고 왜 그런가?
4. 목격자 기억이 실험실에서 종종 부정확한 이유는 무엇인가? 실험실 연구 결과를 현실 상황으로 일반화하는 것은 가능한가?

당신은 아마 문제해결에 많은 시간을 쓰면서 살고 있을 것이다. 어떤 문제는 학업과 관련이 있고 또 어떤 문제는 개인적인 삶이나 가족과 관련이 있을 것이다. 과거 경험은 문제해결에 얼마나 유용할까? 과거 경험이 때로 불리하게 작용하기도 할까?

직업 또는 취미에서 진짜 전문가가 되는 사람들이 있다. 전문가가 되는 것에는 어떤 비밀이 숨어 있는 것일까? 단순히 오래 계속해온 연습의 문제인가? 아니면 재능이 중요할까?

창의성은 매우 유용한 능력이다. 어떤 사람들은 과학의 창의성이 특별한 정보처리 과정을 포함하고 있다고 주장하는 반면에 다른 사람들은 이것이 대부분 우리가 항상 사용하는 인지과정에 의존하고 있다고 주장한다. 당신의 생각은 무엇인가?

문제해결, 전문성 그리고 창의성

이 장에서는 세 가지 관련 주제들을 다룬다: 문제해결, 전문성, 창의성. 문제해결부터 시작하기로 하자.

문제해결 : 서론

삶은 우리에게, 다행히도 대부분이 사소한 문제들이긴 하지만, 많은 문제들을 제시한다. 문제해결의 의미는 무엇인가? 문제해결은 다음을 포함하고 있다(Goel, 2010, p. 613): "(1) 문제에 대해 두 가지 상태가 존재한다, (2) 행위자(문제해결자)는 현재의 상태에서 다른 상태로 가기를 원한다, (3) 두 상태 사이의 간극을 메우는 방법이 행위자에게 존재하지 않는다, (4) 간극은 의식적으로 일어나는 여러 단계의 정보처리과정에 의해 메워진다."

문제들 사이에는 중요한 차이가 있다. **잘 정의된 문제**(well-defined problems)는 초기 상태, 가능한 이동 또는 전략의 범위, 목표 또는 해결과 관련하여 문제의 모든 측면이 분명하고 명시적이다. 언제 목표에 도달했는지가 분명하기 때문에 목표는 확실하고 구체적이다(예 : 미로의 중앙). 체스는 잘 정의된(매우 복잡하지만) 문제 중 하나이다 —표준 초기 상태가 존재하고, 정당한 규칙이 모두 명시되어 있고, 목표는 체크메이트를 달성하는 것이다.

이와 대조적으로 **잘 정의되지 않은 문제**(ill-defined problems)는 구체성의 정도가 떨어진다. 당신이 더 행복해지겠다는 목표를 세웠다고 해보자. 당신이 채택할 수 있는 전략은 무한하고, 가장 효과적인 전략을 미리 알 수도 없다. 행복은 시간이 흐르면서 바뀌고 정의하기도 어렵다. 당신이 '더 행복한 사람이 되기' 문제를 해결했는지 여부를 어떻게 알 수 있을까?

핵심용어

잘 정의된 문제 초기 상태, 목표, 해결에 이르는 가능한 방법이 분명한 문제

잘 정의되지 않은 문제 불분명하게 명시된 문제로, 예를 들어 초기 상태, 목표 상태, 문제 해결을 위한 방법이 분명하지 않다.

대부분의 일상생활 문제들은 잘 정의되어 있지 않은 문제이지만 심리학자들은 주로 잘 정의된 문제에 초점을 맞춘다. 왜 그럴까? 잘 정의된 문제는 최선의 해결 전략이 정해져 있기 때문에 심리학자는 문제해결자가 사용하는 전략의 오류와 결함을 쉽게 확인할 수 있다.

통찰 대 비통찰 문제

우리는 답이 분명한 문제들의 경우 최종적인 해결에 도달할 때까지 느리지만 확실하게 문제해결을 향해 나아가고 있다고 느낀다. 예를 들어, 어려운 곱셈 문제의 해결은 정확한 순서로 일어나는 여러 단계의 정보처리 조작을 포함하고 있다.

당신은 대부분의 문제해결이 느리다고 생각하는가? 만일 그렇다면 충격에 빠질 것이다! 많은 문제들이 문제의 갑작스러운 변환을 포함하는 **통찰**(insight) 또는 "아하" 경험에 의존하여 해결되기 때문이다(글상자 참조).

통찰 문제 : 망가진 체커보드

초기에 체커보드는 두 정사각형을 차지하는 직사각형의 도미노 32개로 덮여 있다. 체커보드의 대각선 반대쪽에 있는 모서리에서 정사각형 하나씩을 제거한다. 나머지 62개의 정사각형을 31개의 도미노로 덮을 수 있을까? 더 읽기 전에 답이 무엇인지 생각해보라.

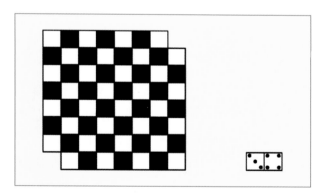

대부분의 사람들은 머릿속에서 도미노로 정사각형을 덮는 방법을 선택한다. 이 전략은 진짜 비효율적이다: 가능한 도미노 순열이 750,000개 이상이다. 도움 없이 이 체커보드 문제를 해결할 수 있는 사람들이 매우 소수이기 때문에 나는 당신도 다수에 속할 것이라고 생각한다(만일 아니라면 사과한다!). 만일 내가 당신이 이미 알고 있는 것을 말해주면—모든 도미노는 흰색 정사각형 하나와 검은색 정사각형 하나를 덮고 있다—당신은 아마 통찰을 사용하여 빠르게 문제를 해결할지 모른다. 제거된 두 정사각형이 동일한 색깔이라는 것을 주목하라. 즉 31개의 도미노로는 망가진 보드를 덮을 수 없다.

우리는 왜 통찰 문제해결이 어렵다고 느낄까? Ohlsson(1992)은 우리가 문제를 어떻게 생각하는지(문제표상)가 중요하다고 지적한다. 우리는 종종 초기 문제표상을 잘못 이해한다. 다음 통찰 문제를 살펴보자.

6개의 성냥개비를 가지고 길이가 같은 4개의 삼각형을 만들어라.

이 문제를 해결하려면 삼차원의 피라미드 구조를 생각해 내야 하는데 대다수 사람들의 초기 문제표상은 이차원 구조이다.

Öllinger 등(2014)은 Ohlsson(1992)의 아이디어를 발전시켰다. 문제표상은 사전 지식과 문제에 대한 지각에 의해 만들어진다. 그다음 탐색 과정이 일어난다. 이 탐색 과정이 계속하여 실패하면 교착 상태(장애물)에 빠진다. 교착 상태를 극복하려는 시도로 새로운 문제표상이 만들어지고, 뒤이어 또 다른 탐색 과정이 일어난다.

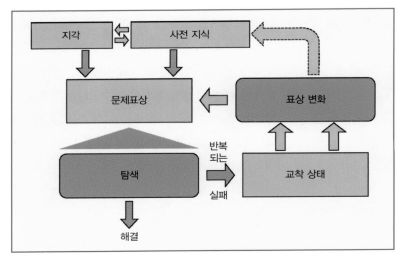

보통 시행착오를 겪고 난 다음에 해결에의 전환이 일어난다.

연구 결과

Metcalfe와 Wiebe(1987)는 통찰 문제와 비통찰 문제가 다르다는 증거를 발견하였다. 참여자들은 비통찰 문제해결에서는 점진적인 '흥분'(해결에 근접했다는 표시)을 보고하였다. 이것은 이런 문제들이 일련의 정보처리과정을 포함하기 때문에 가능한 결과이다. 이와 대조적으로 통찰 문제에서는 흥분이 동일 수준으로 유지되다가 해결에 도달하기 바로 직전에 **갑자기** 극적으로 증가하였다.

뇌영상 촬영에서 나온 연구 결과들도 통찰과 비통찰 문제 사이에 중요한 정보처리의 차이를 보여주었다. 예를 들어, Bowden 등(2005)은 통찰(예 : 갑작스러운 자각)을 포함하는 문제해결과 그렇지 않을 때 뇌 활동을 비교하였다. 두 가지 핵심 발견은 다음과 같다: (1) 측두엽의 특정 부분(피질 하부 방향)은 통찰이 포함된 문제해결에서만 활성화된다, (2) 이런 활성화는 참여자가 통찰적 문제해결에 도달했다고 표시하기 3분의 1초 전에 일어났다. Bowden 등은 이 뇌영역이 일반적인 의미 처리와 관련된 부위

탐색, 교착 상태, 표상 변화의 역동성으로 9개-점 문제해결의 어려움을 설명할 수 있다.
출처 : Öllinger et al. (2014).

이기 때문에 통찰에 필수적이라고 주장하였다.

Öellinger 등(2014)의 이론에 따르면 교착 상태 또는 장애물은 사람들이 문제표상을 만들기는 하였지만 아직 몰두하지는 않았을 때 일어난다. 이에 따르면 해결 힌트(문제표상의 전환을 촉진하는)는 교착 상태 전 또는 후보다 교착 상태에 있을 때 가장 효과적이어야 한다. Moss 등(2011)은 이 예측에 대한 지지 증거를 발견하였다.

평가

➕ 갑작스러운 해결이 특정 뇌영역과 관련이 있다는 증거는 통찰 문제와 비통찰 문제가 다르다는 것을 말해준다.

➕ 통찰 문제해결에서는 부정확한 문제표상이 정확한 문제표상으로 갑작스러운 대체가 발생한다.

➖ 문제표상의 변화를 유발하는 요인들에 대한 이해가 부족하다.

➖ 어떤 문제가 특별한 통찰 또는 '일반' 인지과정으로 해결된다는 주장은 지나치게 단순하다. 실제로는 두 과정 모두 소위 통찰 문제의 해결에 사용되는 경우가 대부분이다.

부화

어떻게 하면 통찰을 촉진시킬 수 있을까? Wallas(1926)는 **부화**(incubation)가 유용하다고 주장하였다. 이런 주장은 Sio와 Ormerod(2009)의 개관 논문에 의해서도 지지되었다. 이들은 부화 효과(보통 매우 미미한)가 관련 연구의 73%에서 나타난다고 보고하였다. 일반적으로 부화가 효과적인 이유는 이것이 부정확한 문제표상을 포기하지 못하게 하는 잘못된 정보를 망각하게 만들기 때문이다(Penaloza & Calvillo, 2012).

과거 경험

대부분의 사람들은 특정 문제를 해결하는 자신의 능력이 과거에 비슷한 문제를 경험하고 난 뒤에 더 좋아졌다고 믿고 있다. 실제로 아동보다 성인이 문제해결을 더 빨리하는 이유 중 하나는 이들에게 관련 과거 경험이 더 많기 때문이다.

우리는 과거 경험이 현재의 문제해결에 어떻게 유익할 수 있는지를 보여주는 연구들에 대해 짧게 논의할 것이다. 그 전에 먼저 과거 경험이 때로는 부정적인 효과를 일으킬 수 있다는 증거를 살펴보도록 하자.

핵심용어

부화 문제를 잠시 제쳐두는 것으로 문제해결이 일어난다는 개념

과거 경험은 유용한가? 아니요

Duncker(1945)는 물체를 과거에 사용했던 방식대로, 즉 제한된 범위의 기능으로만 생각하는 **기능적 고착**(functional fixedness)에 대해 연구하였다. 그는 참여자에게 세 성냥갑과 못이 담긴 상자를 비롯하여 여러 가지 물체들을 제시하고 수직의 스크린에 양초를 세우도록 하였다.

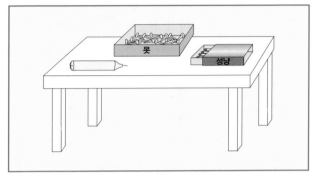

Duncker(1945)의 연구에서 벽에 수직으로 양초를 세우라는 문제를 제시받은 참여자들에게 제공된 자료들

　해결은 상자를 받침대로 사용하는 것이다. 매우 소수만이 이 문제를 해결하였는데, 대다수 사람들이 과거 경험을 기초로 상자를 받침대가 아닌 용기로만 생각하였기 때문이다. 상자가 못으로 가득 채워져 있을 때보다 비어 있으면 문제해결을 더 잘하였다. 상자가 못으로 채워져 있으면 물건을 담아두는 상자의 기능이 더 강조되기 때문이다.

　McCaffrey(2012)에 따르면 사람들은 형태, 크기, 재질 등에 기초한 물체의 전형적인 기능에 초점을 맞추기 때문에 잘 알려져 있지 않은, 그렇지만 중요한 물체의 속성을 무시하는 경향이 있다. 이런 기능적 고착은 다음과 같은 기법에 의해 감소될 수 있다: (1) 물체의 모든 부분에 대해 기능과 관계없는 진술문을 작성한다(예 : 양초는 심지, 밀랍으로 이루어져 있다), (2) 사람들은 각 진술문이 사용을 내포하고 있는지를 결정한다. McCaffrey는 이런 기법으로 훈련을 받은 사람들이 문제의 83%를 해결하는 것과 비교하여 훈련을 받지 않은 사람들은 49%의 문제를 해결한다는 것을 발견하였다.

　당신에게 다음과 같은 문제가 주어졌다고 해보자(Luchins, 1942). A항아리는 28쿼트를, B항아리는 76쿼트를, 그리고 C항아리는 3쿼트의 액체를 담을 수 있다(1쿼트는 2파인트이다). 과제는 항아리 하나를 정확히 25쿼트의 물로 채우는 것이다. 해결 방안은 간단하다. A항아리에 물을 가득 채우고 나서, A항아리에서 C항아리로 물을 부어 채우면 A항아리에 25쿼트의 물이 남게 된다.

　Luchins(1942)는 사전에 비슷한 문제를 제시받았던 참여자의 95%가 이 문제를 해결한다는 것을 발견하였다. 더 중요한 사실은 사전에 더 복잡한 세 항아리 문제로 훈련을 받았던 참여자들의 문제해결 성공률이 36%에 불과하다는 것이다. 무슨 일이 일어난 것일까? 복잡한 문제 조건의 참여자들이 융통성 없는 방식으로 문제에 접근하는 **마음갖춤새**(mental set)를 발달시켰기 때문이다.

　당신은 전문가들의 경우 그들의 전문성과 관련된 문제에서 마음갖춤새의 부정적 효과를 보이지 않을 것이라고 기대할지 모른다. Sheridan과 Reingold(2013)는 체스 전

물체를 과거에 사용했던 기능으로만 생각하는 사고 경향성을 무엇이라고 하는가?

핵심용어

기능적 고착 문제해결에서 물체의 일상적 기능에 초점을 맞추는 유연하지 못한 사고

마음갖춤새 융통성 있는 사고를 막는, 과거에 작동했던 전략에 기초한 고정된 또는 편협한 문제해결 접근

어떻게 과거 경험은 문제해결을 촉진하기도 하고 방해하기도 하는가?

문가와 초보자에게 최선의 전략과 그보다 우수하진 않지만 친숙한 전략으로 해결할 수 있는 체스 문제를 제시하였다. 핵심 결과는 친숙한 전략이 최선이 아님에도 불구하고 전문가의 47%와 초보자의 47%가 이 전략을 선택하는 마음갖춤새 효과가 발견되었다는 것이다.

과거 경험은 유용한가? 예

과거 경험이 문제해결에 부정적인 효과를 미친다는 증거에도 불구하고 일상생활에서 과거 경험의 효과는 대부분 긍정적이다. 예를 들어 우리는 흔히 현재의 문제와 과거에 해결했던 문제 사이의 유사성 또는 유추를 이용하여 문제를 해결한다. 뉴질랜드의 물리학자 Ernest Rutherford는 원자 구조를 이해하는 데 태양계 유추를 사용하였다. 그는 행성들이 태양 주변을 돌 듯이 전자가 핵 주변을 돈다는 주장을 하였다.

과거의 문제를 사용하여 현재의 문제해결에 성공하려면 두 문제 사이의 유사성을 발견해야 한다. 유사성에는 두 가지가 있다:

1. 표면 유사성 : 문제해결과 관련이 없는 세부 항목(예 : 특별한 물체)에서 두 문제가 같다.
2. 구조 유사성 : 두 문제가 주요 요소들 사이의 인과적 관계를 공유하고 있다.

Gick과 Holyoak(1980)은 문제해결자가 관련 유추를 사용할 가능성에 대해 알고 싶었다. 이들은 특수 광선으로 악성 종양 환자를 구하는 문제를 사용하였다. 종양을 파괴할 정도로 충분히 강한 광선은 건강한 조직도 파괴한다. 또한 건강한 조직을 손상시키지 않는 광선은 종양을 파괴하기에 너무 약하다.

여기 이 문제해결에 도움이 되는 유추가 있다. 한 장군이 요새를 점령하려고 한다. 그러나 요새에 이르는 도로들은 지뢰로 덮여 있어서 어느 한 도로를 따라 전체 군대를 진격하게 하는 것은 너무 위험하다. 장군은 군대를 나누어서 여러 갈래의 길로 행군하도록 하였다. 이 유추가 방사선 문제해결에 도움이 되었기를 바란다—정답은 종양을 향해 여러 개의 약한 광선을 쏘는 것이다.

Gick과 Holyoak(1980)은 자신이 들은 요새 이야기가 방사선 문제해결과 관련이 있다는 힌트를 받은 참여자의 80%가 방사선 문제를 해결한다는 것을 발견하였다. 요새 이야기를 들었지만 관련이 있다는 힌트를 받지 못한 참여자들의 경우 비율이 40%까지 떨어졌다. 마지막으로 요새 이야기를 듣지 않은 참여자들 중에서 방사선 문제를 해결한 사람은 10%에 불과하였다.

이 연구 결과가 가리키는 것은 장기기억에 관련 유추가 저장되어 있더라도 그것이 사용된다는 보장이 없다는 것이다. 중요한 이유는 두 문제 사이의 표면 유사성이 거의 없기 때문이다. 표면 유사성이 없는 문제(요새 이야기)보다 방사선 문제와 표면적으로 유사한 이야기(암 치료에 광선을 이용하는 외과의사 이야기)가 머리에 떠오를 가능성이 훨씬 더 높다(Keane, 1987).

관련 유추가 미리 주어져도 사람들은 문제들 사이의 구조 유사성보다 표면 유사성에 주목한다. 그런데 일상생활에서 유추가 주어지는 경우는 별로 없고 우리 스스로 유추를 만들어내야한다. Dunbar와 Blanchette(2001)는 과학자들이 가설을 세울 때 사용하는 유추는 표면유사성이 아닌 구조 유사성과 관련이 더 깊다는 것을 발견하였다. 즉 어떤 경우에는 문제들 사이의 구조 유사성에 초점을 맞추기도 한다.

어떻게 하면 유추 문제해결을 향상시킬 수 있을까? Monaghan 등(2015)은 수면이 장기기억과 정보 재구조화에 긍정적인 영향을 미쳐서 유추 문제해결을 향상시킬 수 있다고 주장하였다. 이들은 참여자에게 여러 가지 근거 문제(source problems)를 제시하고 12시간 후 근거 문제와 구조적인 관련이 있는 목표 문제(target problems)를 제시하였다. 예측대로 12시간 동안 잠을 잤던 참여자들이 목표 문제에서 더 우수한 수행(51%, 잠을 자지 않았던 참여자의 수행은 36%)을 보였다.

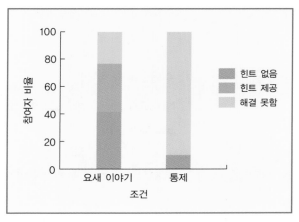

방사선 문제만 주어지거나(통제 조건) 또는 유추 문제가 함께 주어졌을 때(요새 이야기 조건) 방사선 문제를 해결한 참여자의 비율을 보여주는 Gick과 Holyoak(1980, 실험 4)의 결과

문제해결전략

1972년 Newell과 Simon이 발간한 Human Problem Solving(인간 문제해결)이라는 책은 문제해결 분야의 기념비적 업적이라고 할 수 있다. 이들의 핵심 통찰은 우리의 문제해결전략이 정보를 처리하고 저장하는 우리의 제한된 능력을 반영하고 있다는 것이었다. 더 구체적으로 Newell과 Simon은 우리가 매우 제한된 단기기억 용량을 가지고 있고(제22장 참조), 복잡한 정보는 보통 순차적(한 번에 하나의 정보처리)으로 처리된다고 가정하였다. 이런 가정들이 잘 정의된 문제를 해결하기 위해 설계된 컴퓨터 프로그램인 일반문제해결자(General Problem Solver)에 포함되었다.

우리는 제한된 정보처리 용량에 어떻게 대처하는가? Newell과 Simon(1972)은 우리가 **휴리스틱**(heuristic) 또는 어림법에 대단히 많이 의존하고 있다고 주장하였다. 휴리

휴리스틱이란 무엇인가?

핵심용어
휴리스틱 문제해결에 사용하는 어림법

스틱은 광범위한 정보처리를 요구하지 않는다는 장점을 가지고 있다. 그러나 문제해결에 이르지 못할 수 있다는 단점도 가지고 있다.

수단-목표 분석

Newell과 Simon(1972)이 발견한 가장 중요한 휴리스틱이 **수단-목표 분석**(means-ends analysis)이다.

- 문제의 현재 상태와 목표 상태 사이의 차이에 주목한다.
- 현재 상태와 목표 상태 사이의 차이를 줄일 수 있는 하위 목표를 설정한다.
- 하위 목표를 달성하게 해주는 심적 조작자를 선택한다.

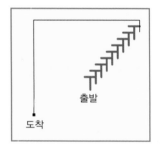

Sweller와 Levine (1982)의 연구에서 사용된 미로

일반적으로 수단-목표 분석은 매우 유용하다. 그러나 Sweller와 Levine(1982)은 수행에 방해가 될 때에도 사람들이 이 전략을 사용한다는 것을 발견하였다. 참여자들은 그림과 같은 미로를 제시받았지만, 이 미로의 대부분은 보이지 않았다. 어떤 참여자들은 목표 상태를 볼 수 있었지만(목표-정보 집단), 다른 사람들은 목표 상태를 볼 수 없었다. 수단-목표 분석의 사용은 목표 위치에 대한 지식을 요구하고, 따라서 오직 목표-정보 집단만이 이 휴리스틱을 사용할 수 있을 것이다. 그러나 수단-목표 분석은 유용하지 않았는데, 모든 이동이 목표에서 멀어지도록 되어 있기 때문이었다. 목표-정보 집단의 수행은 매우 낮았다－오직 10%만이 298회의 이동으로 문제를 해결하였다! 이와 대조적으로 목표를 볼 수 없었던 참여자들은 평균 38회 이동으로 문제를 해결하였다. 즉 사람들은 수단-목표 분석이 문제해결을 방해할 때에도 그것을 사용하려고 한다.

언덕 오르기

가장 단순한 휴리스틱 또는 어림법 중 하나가 현재 문제 상태를 목표에 한 단계 더 가까운 상태로 변화시키는 **언덕 오르기**(hill climbing)이다. 이것을 언덕 오르기라고 부르는 이유는 마치 등산가가 근처에 있는 가장 높은 산에 오르기 위해 무조건 위를 향해 이동하는 것과 비슷하기 때문이다. 수단-목표 분석보다 더 단순한 전략이다.

언덕 오르기 휴리스틱은 단기 목표에 초점을 맞추고 있다. 그 결과 문제해결에 이르지 못하는 경우도 많이 있다(Robertson, 2001). 언덕 오르기 휴리스틱을 사용한 등산가가 정상에서 멀리 떨어진 언덕 꼭대기에 오르는 실수를 범하는 것과 같다.

계획 수립

Newell과 Simon(1972)은 대부분의 문제해결자들이 제한된 단기기억 용량 때문에 전체적인 계획 수립을 잘하지 못한다고 주장하였다. Patsenko와 Altmann(2010)은 하노이탑 문제를 사용하여 이 가설을 검증하였다. 한 번에 오직 1개의 원반만 이동할 수 있고, 더 큰 원반은 더 작은 원반 위에 놓일 수 없으며, 해결은 마지막 말뚝에 5개 원반 모두를 올려놓는 것이다.

　Patsenko와 Altmann(2010)은 한 조건에서는 참여자가 원반에 주의를 기울이지 않을 때 원반을 더하거나 빼거나 하여 참여자가 변화를 눈치 채지 못하게 하였다. 만일 참여자가 계획 수립을 하였다면 이런 변화는 수행에 큰 방해를 일으킬 것이다. 실제로는 그 효과가 매우 미미하였고, 따라서 수행이 즉각적인 지각과 주의 과정에 의해 결정되고 있다는 것을 보여주었다. 즉 다음 이동은 미리 세워놓은 계획이 아니라 문제의 현재 상태에 의해 유발되었다.

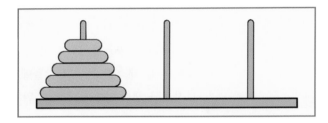

　Delaney 등(2004)은 Luchins(1942)가 사용한 것과 비슷한 물항아리 문제를 제시하였다. 어떤 참여자들에게는 이동 전에 완벽한 해결방안을 수립하라고 요구한 반면에 다른 참여자들(통제집단)에게는 자신이 선호하는 전략을 사용하라고 하였다. 통제집단에게서는 계획 수립의 표시가 거의 나타나지 않았다. 그러나 계획 수립 집단은 통제집단보다 계획 수립을 더 많이 하였고 훨씬 더 적은 이동으로 문제를 해결하였다. 즉 우리의 계획 수립 능력은 생각보다 뛰어난 편이다. 다만 요구가 없으면 계획을 세우려고 하지 않을 뿐이다.

요약

문제해결에 사용하는 우리의 전략들은 제한된 단기기억 용량과 정보처리 용량 때문에 발달된 것이다: 수단-목표 분석, 언덕 오르기 휴리스틱. 제한된 용량에도 불구하고 대부분의 사람들은 계획 수립을 꽤 잘할 수 있다. 다만 정신적 노력을 기울여야 한다는 인지적 부담 때문에 계획수립을 하지 않으려고 할 뿐이다.

전문성

지금까지는 주로 학습 시간이 짧고, 과제가 비교적 제한적이고, 특수한 사전 지식이 요구되지 않는 연구들에 초점을 맞추었다. 이와 대조적으로 현실에서 사람들은 특정 분야(예 : 심리학, 법, 의학, 저널리즘)의 지식과 기술을 습득하기 위해 수많은 시간을 보낸다. 즉 사람들은 오랜 연습의 결과로 특정 영역에서 매우 높은 수준의 사고와 수행을 보이는 전문성을 발달시킨다.

지금부터 체스와 의학 분야의 전문성에 대해 논의한다. 그런 다음 전문성 습득에서 연습과 재능의 역할에 초점을 맞출 것이다.

체스 전문성

연구자들이 체스 전문가를 연구하는 이유는 몇 가지가 있다. 첫째, 우리는 상대 선수와의 경기 결과를 기반으로 체스 선수의 기능 수준을 매우 정확하게 측정할 수 있다. 둘째, 전문 체스 선수들은 다른 많은 전문성 영역에서 유용한 인지 기술(예 : 패턴 재인, 선택적 탐색)을 발달시킨다.

왜 어떤 사람은 다른 사람보다 체스를 더 잘 하는 것일까? 분명한 답은 이들이 연습에 쏟아 부은 시간이 훨씬 더 많다는 것이다. 무엇보다 전문 체스 선수들은 비전문가보다 장기기억에 체스 위치에 대한 훨씬 더 많은 상세한 정보들을 가지고 있다.

De Groot(1965)은 체스 선수들에게 체스가 놓여 있는 체스판을 짧게 보여주었다. 그런 다음 체스를 치우고 이들에게 원래 있었던 위치에 체스를 다시 놓도록 했다. 초보자보다 체스 마스터가 체스 위치를 훨씬 더 정확하게 재생하였다(전문가 91% 대 초보자 43%). 이런 결과는 기억능력의 차이가 아니라 장기기억에 저장되어 있는 체스 위치 정보 때문에 일어났다―무작위로 배열된 체스 위치를 기억하는 과제에서는 집단 간 차이가 없었다.

장기기억에 저장되어 있는 체스 관련 정보는 정확하게 어떤 것일까? Gobet(예 : Gobet & Waters, 2003)은 형판 이론에서 대부분의 이런 정보들이 형판의 형태로 되어 있다는 영향력 있는 답변을 내놓았다. **형판**(template)은 실제 체스판 위치가 아닌 더 일반적인 추상적인 도식 구조를 말한다. 각 형판은 하나의 핵심(고정 정보) 더하기 슬롯(체스와 위치에 대한 변화 정보를 담고 있는)으로 이루어져 있다. 형판 이론에 따르면 체스 위치는 3개의 형판으로 저장되어 있고, 각 형판에는 보통 약 10개의 정보 조각이 포함되어 있으며, 슬롯이 형판을 유연하게 만든다.

형판 이론의 핵심 가정은 전문 체스 선수의 우수성이 이들의 느린 전략 기반 정보처리가 아닌 체스에 대한 탁월한 형판 기반 지식 덕분이라는 것이다. 이 형판 기반 지식은 빠른 접근이 가능하고, 전문 선수가 생각해야 하는 이동에만 국한되게 해준다. 그 결과 시간 압력이 큰 상황에서 이동을 할 때에도 전문 선수의 수행은 매우 높은 수준으로 유지된다.

핵심용어
형판 체스 말과 위치에 대한 고정 정보와 변화 정보의 혼합으로 구성된 추상적인 도식 구조

연구 결과

체스 선수들이 매우 적은 수의 형판을 소유하고 있다는 가정은 Gobet과 Clarkson (2004)의 연구 결과에 의해 지지되었다. 체스 선수가 소유한 형판의 수는 경기 강도와 상관없이 평균 약 2개였다. 최대 형판 크기는 체스 마스터가 13~15개였던 것과 비교하여 초보자는 6개로 나타났다.

뛰어난 선수들은 많은 관련 정보에 매우 빠르게 접근할 수 있다는 증거가 번개 체스게임(전 게임을 5분 안에 끝내는 경기)에 관한 Burns(2004)의 연구에서 얻어졌다. 번개 체스 게임에서 수행과 일반 체스에서 수행 사이에 강한 상관관계가 발견되었다.

Moxley 등(2012)은 전문 선수들과 토너먼트 선수들에게 여러 체스 문제에서 최선의 이동을 선택하는 데 5분을 주었다. 선수들에게 과제를 수행하는 동안 생각하는 것을 큰소리로 말하도록 하였다. 처음에 언급한 첫 번째 이동보다 마지막 이동이 훨씬 우수했는데, 이것은 두 집단에서 동일하였다. 이런 결과는 느린 전략 기반 정보처리과정이 체스 수행에 매우 중요하다는 것을 보여준다.

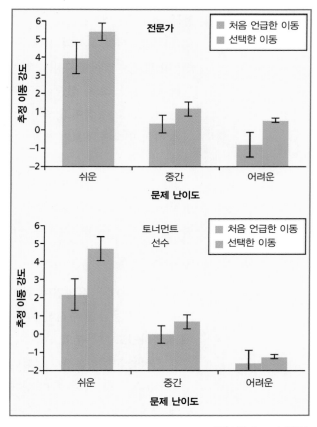

출처 : Moxley et al. (2012).

평가

➕ 체스 선수가 소유하고 있는 대부분의 정보는 소수의 큰 형판의 형태로 되어 있다.

➕ 뛰어난 체스 선수는 초보자보다 체스 위치에 대해 훨씬 많은 지식을 소유하고 있고, 이것이 이들에게 상당한 이득을 가져다준다.

➖ 느리고 전략에 기초한 정보처리과정은 형판이론이 가정하고 있는 것보다 훨씬 더 중요하다.

➖ 장기기억에 정확히 어떤 정보가 저장되어 있는지는 여전히 불분명하다.

의학 전문성

전문 방사선과 의사는 엑스레이 증거를 바탕으로 매우 **빠르고** 정확한 진단을 내린다. 숙련된 방사선과 의사의 전략과 숙련이 덜 된 방사선과 의사의 전략은 어떻게 다를까? 이 질문은 명시적 추리와 암묵적 추리 간의 차이로 답할 수 있다(Engel, 2008). 명시적 추리는 느리고, 신중하고, 의식적 자각을 포함한다. 이와 대조적으로 암묵적 추리는 빠르고, 자동적이고, 의식적 자각을 포함하지 않는다. 전문가는 주로 암묵적 추리를 하고 있다면 초보자 또는 숙련이 덜 된 방사선과 의사는 주로 명시적 추리에 의존한다.

앞으로 보게 되겠지만 이런 설명은 꽤 정확하지만 지나치게 단순한 면이 있다. 일반적으로 의학 전문가들은 **빠르고** 자동적인 정보처리로 시작해서 이후 느리고, 신중한 정보처리로 자신의 진단을 다시 한 번 확인한다(McLaughlin et al., 2008).

연구 결과

Kundel 등(2007)은 유방암이 쉽게 눈에 띄지 않는 어려운 맘모그램을 관찰하는 전문 의사의 안구 운동을 추적하였다. 암에 시선을 고정하는 데 걸린 시간은 평균 1.13초에 불과하였고 대부분의 전문의들은 보통 1초 이하였다. 전체적으로 암에 얼마나 **빠르게** 시선을 고정하는가가 정확한 과제 수행을 예측하는 중요한 요인이었다.

Krupinski 등(2013)은 유방 생체조직검사 결과를 판단하는 병리학자의 전문성이 수년에 걸쳐 어떻게 발달하는지를 구체적으로 보여주었다. 그림은 한 의사의 안구운동 결과이다. 슬라이드가 바뀌면서 안구 고정의 수는 점점 줄어들고 진단과 관련이 없는 영역의 고정도 감소하는 것을 볼 수 있다. 다른 분야의 전문성 효과도 의학과 비슷할까? Gegenfurtner 등(2011)은 그 답이 "예"라고 보고하였다. 전문가와 비전문가 사이의 다음과 같은 차이가 의학, 스포츠, 수송에서 발견되었다:

1. 더 짧은 안구 고정
2. 과제 관련 정보에 더 빠른 첫 안구 고정
3. 과제 관련 정보에 더 많은 안구 고정
4. 과제와 관련없는 정보에 더 적은 안구 고정

사진이 단 33ms로 제시되어도 관찰자는 시행의 90% 이상에서 어떤 동물이었는지 인식할 수 있다(Prass et al., 2013). 이것은 매우 빠른 무의식적 과정이 포함되어 있다는 것을 시사한다. Melo 등(2012)은 의학 전문가들이 우리가 일상 시지각에서 사용하는

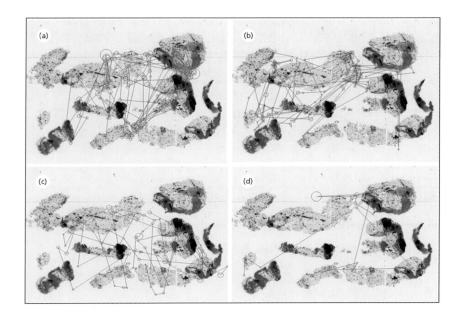

From Melo et al. (2012).

것과 비슷한 정보처리 과정을 사용하는지 궁금하였다. 이들이 흉부 엑스레이 영상에서 병변(질병)을 발견하는 시간과 동물의 이름을 말하는 시간이 비슷하였다(1.33초 대 1.23초). 가장 중요한 사실은 질병의 진단과 동물 이름 말하기가 매우 비슷한 뇌 영역을 활성화시킨다는 것이다. 다만 병변 진단 과제에서 전두엽의 활성화가 더 높았는데, 이는 진단이 동물 이름 말하기보다 인지적으로 더 많은 정보처리를 요구하기 때문이라고 볼 수 있다.

우리는 이 결과를 어떻게 설명할 수 있을까? Melo 등(2012)은 의학 전문가들에게 빠른 패턴 재인이 일어난다고 주장하였다: 각 슬라이드는 과거에 저장된 패턴과 비교된다. 다시 말하면 이들은 주로 **시각적** 전략을 사용한다. 동물 이름 말하기보다 질병 진단이 더 복잡하다는 것은 이것이 과제 수행에서 더 세부적인 인지적 정보처리과정을 필요로 한다는 의미이다.

평가

- ➕ 전문가는 빠르고 자동적인 정보처리 과정을 주로 사용하는 반면에 비전문가는 느리고 신중한 정보처리 과정을 사용한다는 증거들이 많이 있다.

- ➕ 전문가가 소유한 빠르고 자동적인 정보처리 과정 때문에 이들은 패턴 재인을 빠르게 할 수 있다.

> ⊖ 대부분의 연구들이 전문가와 비전문가를 비교하고 있고, 전문성을 만들어내는 학습과정에 대해서는 알려진 것이 거의 없다.
>
> ⊖ 우리는 전문가와 비전문가가 빠른 정보처리 과정과 신중한 정보처리 과정을 어떻게 결합하는지에 대해 아는 것이 거의 없다. 예를 들어, Kulatunga-Moruzi 등(2011)은 신중한 정보처리 과정에 앞서 빠른 정보처리 과정이 먼저 일어나면 비전문가가 이득을 보지만 만일 정보처리 과정이 반대로 일어나면 그렇지 않다는 것을 발견하였다.

의도적 훈련

Ericsson과 Towne(2010)은 전문성이 의도적 훈련에 의해 발달한다고 주장하였다. **의도적 훈련**(deliberate practice)은 네 가지 속성을 가지고 있다:

1. 과제는 너무 쉽지도 어렵지도 않다.
2. 학습자는 자신의 수행에 대한 정보적 피드백을 받는다.
3. 학습자에게 과제를 반복할 적절한 기회가 주어져 있다.
4. 학습자는 자신의 오류를 수정할 기회를 가지고 있다.

Ericsson의 이론에 따르면 전문성의 발달은 단순히 연습하는 데 보낸 시간의 양이 아닌 의도적 훈련의 양에 달려있다. 두 번째로 중요한 그의 예측(논쟁이 더 많은)은 의도적 훈련이 전문가 수행에 필요한 **전부**라는 것이다. 즉 선천적인 재능이나 능력이 전문성 발달과 관련이 적거나 전혀 없다는 것이다.

연구 결과

전문성이 의도적 훈련의 양에 달려있다는 관점을 지지하는 증거들은 많이 있다. Campitelli와 Gobet(2011)은 체스 전문성에 관한 개관 논문에서 전체 연습 시간과 체스 기술 사이에서 중간 정도의 상관관계(약 +.50)를 발견하였다. 국제적인 명성이 없는 선수들이 훈련에 쏟은 시간은 1만 시간보다 적었다. 이와 대조적으로 국제 마스터들은 2만 5,000시간 이상을 훈련에 투자하였다.

의도적 훈련은 또한 다른 많은 영역의 전문성과도 강한 상관관계를 보인다. 예를 들어, Tuffiash 등(2007)은 스크래블(단어 보드게임) 분야의 엘리트 선수의 훈련 시간이 평균적인 선수보다 훨씬 더 많다는 것을 발견하였다. 전체적으로 스크래블에 쏟은 훈련 시간으로 스크래블 게임에서 전문성을 예측할 수 있다.

핵심용어

의도적 훈련 학습자가 정보 피드백과 오류를 수정할 기회를 제공받는 훈련의 한 형태 당신은 전문성이 오직 의도적 훈련에만 달려있다고 확신하는가? 그러지 않기를 바란다! Hambrick 등(2014)이 체스게임과 음악 분야의 수행에 관한 연구들을 재분석하여 보았다. 의도적 훈련의 차이로 설명할 수 있는 변량이 체스게임 수행에서는 34%, 그리고 음악 수행에서는 30%밖에 되지 않았다. 또한 Howard(2012)는 게임에 참여한 횟수는 비슷하였지만 학습 시간 양에서 다섯 배 차이가 났던 두 집단을 비교하였다. 두 집단은 비슷한 수행을 보여서 학습 시간 양이 그렇게 중요하지 않다는 것을 보여주었다.

의도적 훈련과 전문가 수행이 정적 상관관계를 보이지만, 이것이 전자가 후자의 원인이라는 의미는 아니다. 예를 들어 높은 재능의 사람들은 일찍부터 성공할 가능성이 높고, 이것이 이들을 재능이 없는 사람들보다 의도적 훈련에 더 많은 시간을 쏟게 하는 동기를 불러일으킬 수 있다. 다시 말하면 훈련의 양이 수행 수준에 영향을 미치는 것뿐만 아니라 수행 수준도 훈련의 양에 영향을 미칠 수 있다는 것이다. 예를 들어, 재능이 전혀 없는 사람이 수천 시간을 훈련하는 경우는 거의 없다.

이런 관점을 지지하는 극적인 증거가 스웨덴 쌍생아들의 음악 연습과 음악 재능에 관한 Mosing 등(2014)의 연구에서 발견되었다. 유전적 요인이 음악 훈련시간의 결정

사례 연구 : 망누스 칼센

노르웨이인인 망누스 칼센은 1990년 11월 30일에 태어났다. 그는 13세의 어린 나이에 체스 그랜드마스터가 되었고 22세가 되는 2013년 11월에 세계 체스 챔피언이 되었다. 2014년 그는 체스 역사상 가장 강한 선수라는 평가를 받았다. 그와 2위 선수(레본 아로니안) 사이의 차이는 거의 2위와 14위 선수 사이만큼 컸다. 그의 강점 중의 하나는 상대방의 실수를 유도하는, 압박 이동을 만들어내는 뛰어난 능력으로, 소위 말하는 '골치 아픈 전략'의 사용에 있다.

망누스 칼센이 주목받는 이유는 그가 Ericsson의 의도적 훈련 이론의 주요 가정이 맞지 않다는 것을 보여주기 때문이다. 첫째, Ericsson은 탁월한 수준의 수행에 도달하기 위해서는 10년 이상의 의도적 훈련이 필요하다고 주장했는데, 그는 단 5년의 의도적 훈련으로 그랜드마스터가 되었다.

둘째, Ericsson 이론에 따르면 다른 최고 선수들보다 망누스 칼센의 의도적 훈련 기간이 더 길어야 한다. 그러나 실제로는 챔피언이 되었을 때 그가 의도적 훈련에 쏟은 기간은 다른 10명의 세계 최고 선수들의 평균 기간보다 약 6년 반이나 더 짧았다(Gobet & Ereku, 2014). 또한 세계 정상에 있는 11명의 선수들에게서도 수행된 훈련 햇수 사이에 중간 정도의 부적상관이 발견되었다. Ericsson 이론에 따르면 강한 정적상관이 나타나야 한다.

요약하면 망누스 칼센은 뛰어난 수행이 의도적 훈련만으로는 충분하지 않고 재능 또한 필수라는 관점을 지지하는 극적인 증거이다. 실제로 그의 놀라운 재능 때문에 그는 '체스의 모차르트'로 불린다.

에 중요한 역할을 하고 있었다—이것은 아마도 선천적으로 더 많은 음악적 재능을 타고난 사람들이 더 많이 훈련하는 것 때문에 발생하였을 것이다. 중요한 사실은 훈련 시간의 양이 달랐던 일란성 쌍생아들 사이에서 음악 능력의 차이가 전혀 없었다는 것이다. 즉 음악 훈련과 음악 재능 사이의 관계는 능력에 미치는 훈련의 인과적 효과보다 유전적 요인에 더 많이 달려있다.

요약하면 의도적 훈련은 높은 수준의 전문성 발달에 필요하다. 그러나 충분하지는 않다. 대신 재능이 한 개인이 도달할 수 있는 천정을 결정하고, 개인이 쏟는 의도적 훈련의 양은 그가 가진 잠재력의 실현 가능성을 결정한다고 할 수 있다.

창의성

창의성(creativity)이란 무엇인가? 창의성은 '새롭고 잠재적으로 유용한 아이디어, 통찰, 문제해결의 생성'을 말한다(Baas et al., 2008, p. 780). 매우 창의적인 사람들은 매우 지적인 경향이 있다. Silvia(2008)는 개관연구에서 전체적으로 지능과 창의성 사이의 유의미한(그러나 미미한) 정적 상관관계가 존재한다는 것을 발견하였다. 상관관계가 크지 않은 이유는 여러 다른 종류의 사고가 포함되어 있기 때문이다. 또한 개방성(호기심과 상상력과 관련된 성격 특성)이 높은 사람들은 낮은 사람들보다 창의적일 가능성이 더 많다. Batey 등(2010)은 지능보다 개방성이 창의성을 더 잘 예측한다는 것을 발견하였다.

사람들이 특정 기분 상태에서 더 창의적이 된다는 주장이 있다. Baas 등(2008)은 이 주제와 관련된 논문들을 살펴보았다. 긍정적인 기분은 창의성을 약간 증가시키지만 부정적인 기분은 아무런 효과가 없었다.

독창성과 창의성은 어떻게 측정할까?

과학의 창의성

대중들은 과학 분야의 창의성이 소수의 '위대한' 사람들(예 : 뉴턴, 아인슈타인)에 의해 일어난다고 생각한다. 이런 과학자의 창의적이고 지적인 능력은 일반 대중의 그것과 비교할 수 없다. 본질적으로 이런 관점은 '과학의 발견이 천재, 영감, 갑작스러운 통찰의 결과'라는 것이다(Trickett & Trafton, 2007, p. 868). 이제 이런 관점이 많은 부분에서 틀렸다는 것을 보게 될 것이다.

Sternberg(1985)는 과학적 발견의 세 가지 과정을 밝혔다.

1. **선택적 부호화** : 현존하는 수많은 자극들 중에서 중요하고 결정적인 정보를 인식

핵심용어

창의성 문제에 대한 새롭고, 유용하고, 독창적인 해결을 내놓는 능력

한다. 예를 들어 Alexander Flemming은 곰팡이가 피어 있는 배양균 가까이 있는 박테리아는 파괴된다는 사실에 주목하였고, 이것이 페니실린의 발견으로 이끌었다.

2. **선택적 결합** : 관련 정보들의 결합 방식을 발견한다. 예를 들어 찰스 다윈은 자연선택과 관련된 사실들을 자각하고 이것들을 그의 진화론에서 결합하였다.

3. **선택적 비교** : 현재의 문제 정보와 다른 문제의 관련 정보를 연관 짓는다(유추 문제해결). 예를 들어 케쿨레는 몸을 꼬고 자신의 꼬리를 물고 있는 뱀에 대한 꿈을 꾸었다. 잠에서 깨어났을 때 그는 이것이 벤젠의 분자 구조에 대한 유추라는 것을 알았다.

Klahr와 Simon(2001)은 창의적인 과학자들이 사용하는 두 종류의 방법을 구분하였다.

1. **강한 방법** : 이 방법은 과학 분야에서 매우 오랜 기간 습득한 세부 지식에 기반하고 있다. 일반적으로 이 방법은 비교적 간단한 과학 문제의 해결에는 충분하지만 창의적인 과학적 발견을 해내기에는 불충분하다.

2. **약한 방법** : 이 방법은 매우 일반적이고 거의 모든 과학 문제에 적용 가능하다. 약한 방법에는 수단–목표 분석, 언덕 오르기, 유추의 사용이 있다,

과학의 창의성은 주로 비교적 단순한 약한 방법에 달려있다. 예를 들어 Zelko 등(2010)은 여러 국가의 의생물 과학자들에게 그들의 연구전략에 대해 물어보았다. 모든 연구자들이 일반적으로 사용하는 휴리스틱 또는 어림법을 가지고 있었다. 휴리스틱은 다음과 같다: 일반 통념에 도전하기, 계획적이고 단계적인 접근 수용하기, 계획하지 않은 또는 시행착오에 기초한 수많은 실험 수행하기. Kulkarni와 Simon(1988)은 과학자들이 이례적인 휴리스틱을 광범위하게 사용한다는 것을 발견하였다. 예를 들어 과학자들은 특이하거나 예상치 못한 발견에 초점을 맞추고, 이것을 새로운 가설과 실험을 계획하는 데 사용하였다.

과학자들이 많이 사용하는 또 다른 방법이 "만약 ~라면 어떨까?"라는 추리인데, 이는 가상적인 상황에서 무엇이 일어날지를 상상하는 것이다. 이런 추리의 유명한 사례가 알베르트 아인슈타인이다. 16세에 그는 광선을 타고 여행하는 자신을 상상한 적이 있는데, 이것이 나중에 상대성 이론의 기초가 되었다.

어떤 이론가들(예 : Campbell, 1960; Simonton, 2011)은 창의적 정보처리과정이 강한 방법 또는 약한 방법과 관련이 없다고 주장한다. Campbell은 창의적 업적의 기저

에 놓여 있는 다른 두 가지 주요 정보처리과정을 확인하였다: (1) 맹목적 변화, (2) 선택적 보유. 실제로 창의적이 되려고 노력하는 사람들은 거의 마구잡이 방식으로 많은 아이디어를 만들어내는 것부터 시작한다. 이런 초기의 맹목적 변화 과정이 일어나고 난 다음에 유용한 창의적인 아이디어와 상대적으로 쓸모없는 아이디어를 구분하려는 시도가 뒤따른다: 선택적 보유. Zelko 등(2010)은 엘리트 과학자들이 중요한 발견을 하였을 때 빨리 알아차린다는 것을 발견하였다.

이 접근에 따르면 심지어 성공한 창의적인 과학자들도 수없이 많은 실행 불가능한 아이디어를 만들어 냈을 것이다. 이런 예측을 지지하는 증거는 너무 많다. 역사상 가장 생산적인 발명가였던 토머스 에디슨을 생각해보자(그는 1,000개가 넘는 미국 특허권을 가지고 있다). 그가 한 가장 유명한 말이 있다: "나는 실패한 것이 아니라 단지 작동하지 않는 1만 개의 방법을 발견한 것이다." 현대의 성공적인 발명가 제임스 다이슨 경도 이와 비슷한 고백을 하였다: "나는 수천 개의 백리스 진공청소기 모형을 만들면서 공구 창고에서 몇 년을 보냈다. 전부 실패였다."

Simonton(2011)은 Campbell(1960)의 접근을 지지하였지만 초기 정보처리과정이 완전히 마구잡이로 일어나지는 않는다고 하였다. 더 구체적으로 말하면, 창의적인 사람들이 만들어내는 아이디어는 이들의 전문성, 이들이 사용하는 전략, 그리고 이들이 이미 소유하고 있는 지식에서 나온 간접적 연합의 영향을 받는다. 이런 요인들은 생성 과정을 무작위성에서 멀어지게 하고 창의적 발견의 확률을 높인다.

평가

- ➕ 과학적 창의성에 놓여 있는 정보처리 과정은 사람들이 생각하는 것보다 신비롭지 않다.

- ➕ 창의성을 성취하려고 노력하는 과학자들도 우리가 일상생활에서 사용하는 것과 동일한 약한 방법을 사용하고 심지어 거의 마구잡이식 정보처리 과정에 의존하는 경우가 많다.

- ➖ 주요 과학적 발견을 달성한 과학자들이 소유하고 있는 엄청난 양의 지식의 역할이 과소평가되었다.

- ➖ 과학의 창의적 정보처리 과정은 Campbell(1960)과 Simonton(2011)의 주장보다 더 체계적이다. 과학자들이 만들어내는 아이디어는 무작위적이기보다는 보통 어느 정도는 미리 선택된 것이다.

요약

- 일반적으로 심리학자는 잘 정의된 문제들을 사용하여 연구하지만 대부분의 일상생활 문제들은 잘 정의되지 않은 문제들이다.
- 통찰 문제의 해결은 갑자기, 그리고 비교적 노력 없이 일어난다. 이와 대조적으로 비통찰 문제 또는 분석적 문제의 해결은 느리고 많은 노력을 필요로 한다.
- 과거 경험은 기능적 고착 또는 마음 갖춤새를 통해 현재의 문제해결을 방해할 수 있다.
- 유추가 사용되면 과거 경험이 현재 문제해결을 향상시킨다. 그러나 사람들은 현재 문제와 사전 문제 사이의 관련성을 잘 알아차리지 못한다.
- 우리가 문제해결에 사용하는 전략은 정보를 처리하고 저장하는 우리의 제한된 용량을 반영한다.
- 수단-목표 분석은 매우 일반적인 문제해결 전략이다. 이것은 문제의 현재 상태와 목표 상태 사이의 격차를 감소시키는 전략이다.
- 문제해결자는 노력이 적게 드는 휴리스틱이 있으면 계획 수립을 하려고 하지 않지만 필요하면 계획 수립을 할 수 있다.
- 체스 지식은 형판으로 저장되어 있다. 체스

전문가는 비전문가보다 더 큰 형판을 가지고 있고 전략 기반 정보처리 과정을 더 효과적으로 사용한다.
- 진단을 내릴 때 전문가는 비전문가보다 빠르고 자동적인 정보처리를 더 많이 사용한다. 이것이 빠른 패턴 재인을 만들어낸다. 또한 전문가는 느리고 신중한 정보처리를 사용하여 자신의 진단을 교차 점검한다.
- 의도적 훈련은 전문성 발달에 필요하지만 충분한 것은 아니다. 선천적인 능력 또는 재능 또한 필요하다.
- 창의성은 독창적이고 잠재적 가치가 있는 아이디어의 생성과 관련이 있다.
- 창의성은 지적이고, 개방성이 높고, 긍정적인 기분 상태에 있는 사람들에게서 더 많이 나타난다.
- 창의적 과학자는 다양한 휴리스틱 또는 어림법을 광범위하게 사용한다(예 : 예외 휴리스틱, "만일~라면 어떨까?" 추리).
- 창의성이 맹목적 변화와 선택적 보유를 포함한다는 가설이 가정하고 있는 것보다 과학의 창의적 정보처리 과정은 덜 무작위적이다.

더 읽을거리

- Eysenck, M.W., & Brysbaert (2017). *Fundamentals of cognition* (3rd ed.). Abingdon, Oxford: Psychology Press. 이 책의 제10장은 문제해결과 전문성에 대해 상세하게 다루고 있다.
- Simonton, D.K. (2015). On praising convergent thinking: Creativity as blind variation and selective retention. *Creativity Research Journal*, *27*, 262–270. Dean Keith Simonton은 과학의 창의성을 설명하는 이론적 아이디어들에 대해 논의하고 있다.
- Ullén, F., Hambrick, D.Z., & Mosing, M.A. (2016). Rethinking expertise: A multifactorial gene–environment interaction model of expert performance. *Psychological Bulletin*, *142*, 427–446. 이 개관 논문에서 Fredrik Ullén과 동료들은 전문성이 의도적 훈련만큼이나 유전적 요인에 의존하고 있다는 것을 보여준다.
- Weisberg, R.W. (2015). Toward an integrated theory of insight in problem solving. *Thinking & Reasoning, 21*, 5–39. Robert Weisberg은 통찰 문제에 관한 유용한 이론과 연구를 제공한다.
- Zelko, H., Zammar, G.R., Ferreira, A.P.B., Phadtare, A., Shah, J., & Pietrobon, R. (2010). Selection mechanisms underlying high impact biomedical research: A qualitative analysis and causal model. *Public Library of Science One*, *5*, e10535. 이 논문은 선구적인 과학자들의 문제해결 전략에서 개인차에 대한 통찰을 제공한다.

질문

1. 과거 경험은 문제해결에 어떻게 영향을 미치는가?
2. 문제해결에서 사용하는 전략들에 대해 논하라. 왜 문제해결자는 이런 전략을 사용하는가?
3. 의도적 훈련으로 전문성 발달을 얼마나 설명할 수 있는가?
4. 과학의 창의성에서 휴리스틱과 '맹목적 변화'의 역할에 대해 논하라.

Part 6

효과적인 학습

심리학자들은 효과적인 학습을 촉진시키는 요인들을 상당히 많이 발견하였다. 이런 지식은 특정 주제의 정보를 학습 또는 기억해야 하는 학생들에게 큰 도움이 될 것이다. 예를 들어 시험 준비 기간에 관련 학습 자료를 회상하는 학생들이 그렇지 않은 학생들보다 시험 성적이 더 좋다는 연구 결과가 있다.

제24장 ● 효과적인 공부와 학습

학습과 동기에 관한 연구가 학생의 시험 수행을 향상시키는 데 어떻게 사용될 수 있는지를 상세히 살펴본다.

당신은 보고서를 작성하고 시험을 준비했던 적이 분명히 있었을 것이다. 아마 당신은 왜 어떤 학생은 다른 학생보다 적은 노력으로 시험 성적이 더 좋은지 궁금했을 수 있다. 답의 핵심은 훌륭한 학습 기술 또는 공부 기술에 있다. 당신은 성공적인 학업 수행에 핵심 공부 기술이 필요하다고 생각하는가? 학생들이 공부 기술을 향상시키는 방법을 학습할 수 있다고 생각하는가?

효과적인 공부와 학습 24

심리학과 학생들은 다른 학과의 학생들보다 효과적인 학습과 공부 기술을 더 쉽게 습득해야 한다(적어도 이론상으로라도!). 심리학의 원리들이 효과적인 학습과 기억의 중심에 있고, 학습과 기억은 심리학의 핵심 분야이기 때문이다(제2장과 제22장 참조). 또한 공부 기술은 동기와 좋은 공부 습관과도 관련이 있는데, 이것들도 분명히 심리학 범위에 속한다.

이 장은 여러 주제들에 대해 논의할 것이다. 첫째 정보처리수준이론을 기반으로 학습 효과성을 결정하는 요인들에 대해 설명한다. 둘째 오래 기간 정보를 기억하는 능력을 향상시키기 위해 고안된 기법들에 대해 살펴본다.

셋째, 곧 다가올 시험 준비에 바쁜 학생들이 꼭 알아야 하는 주제들에 대해 논의한다. 얼마 남지 않은 시간을 기억해야 할 자료를 학습하고 재학습하는 데 써야 하는가? 아니면 이 자료의 회상에 초점을 맞추어야 하는가? 넷째, 학생은 어떻게 스스로 동기부여를 할 수 있을까?

학습 : 정보처리수준이론

정보를 얼마나 잘 기억할지를 결정하는 것은 무엇일까? Craik와 Lockhart(1972)는 정보처리수준이론에서 매우 영향력 있는 답변을 제시하였다—이들은 학습을 하는 동안 정보를 처리하는 방식이 중요하다고 주장하였다. 의미 처리로 갈수록 정보처리수준은 깊어진다.

Craik와 Lockhart(1972)의 주요 가정은 다음과 같다:

- 자극에 대한 정보처리의 깊이 또는 수준이 기억에 큰 영향을 미친다.

- 얕은 수준의 분석(예 : 단어의 소리)보다 깊은 수준의 분석이 더 정교하고, 더 오래 지속되고, 더 강한 기억 흔적을 만들어낸다.

이런 가정들은 수많은 연구들에 의해 지지를 받았다. Craik와 Tulving(1975)은 학습단계에서 참여자에게 요구한 과제의 종류에 따른 재인기억 수행을 비교하였다:

- 얕은 문자 과제 : 각 단어가 대문자인지 또는 소문자인지를 판단하는 과제
- 중간 음운 과제 : 각 단어가 표적 단어와 운율이 맞는지를 판단하는 과제
- 깊은 의미 과제 : 각 단어가 제시된 문장과 의미가 맞는지를 판단하는 과제

정보처리의 깊이는 기억 수행에 강력한 영향을 미쳤다—기억 수행은 얕은 정보처리보다 깊은 정보처리에서 세 배나 더 우수하였다.

정교화

Craik와 Tulving(1975)은 정보처리의 깊이만큼 정보처리의 **정교화**(정보처리의 양)가 중요하다고 주장하였다. 이들은 앞에서 말한 깊은 의미과제를 사용하여 문장 틀(단순한 vs. 복잡한 문장)로 정교화의 정도를 변화시켰다(예 : 단순한 문장 "그녀는 _____를 요리하였다."와 복잡한 문장 "거대한 새가 내려와 덮쳐 몸부림치는 _____를 낚아채 갔다."). 복잡한 문장 속 단어의 재생률이 두 배 더 높아서 더 정교한 정보처리가 더 우수한 기억을 유발한다는 것을 보여주었다.

독특성

장기기억을 결정하는 또 하나의 중요한 요인이 독특성이다(Hunt, 2006). **독특성**(distinctiveness)은 학습할 때 정보처리를 다르게 한 것 때문에 기억 흔적들끼리 차이가 발생한 것을 말한다. Hunt(2010, p. 10)가 지적하였듯이 독특한 정보처리는 '유사성 차원에서 차이가 있는 정보처리'라고 정의할 수 있다.

당신이 20개의 단어 목록을 학습하려고 하는데, 밝은 빨간색으로 인쇄된 열 번째 단어를 제외하고 나머지 모든 단어가 검은색으로 인쇄되어 있다고 해보자. 아마 당신은 빨간색 단어는 다른 단어들과 다르고 독특하기 때문에 이 단어의 기억이 더 좋다고 추측할 것이다. 실제로 실험을 하면(von Restorff, 1933) 독특한 단어는 독특하지 않은 단어들보다 기억될 확률이 더 높다. 이것을 **폰 레스토르프 효과**(von Restorff effect)라고 부른다. 해보기 글상자는 다른 종류의 독특성 효과를 보여준다.

핵심용어

독특성 장기기억에 저장된 다른 기억 흔적과 다르거나 구별되는 기억 흔적

폰 레스토르프 효과 목록의 다른 항목들과 독특하게 차이가 나는 기억항목이 특히 더 잘 기억되는 현상

해보기 : 독특성과 장기기억

아래에 45개의 단어 목록(9개의 범주에서 각각 5개의 단어로 구성)이 있다:

의자	고양이	탱크
피아노	코끼리	칼
시계	기린	독극물
전화	쥐	채찍
쿠션	호랑이	드라이버
사과	자전거	치마
오렌지	트랙터	장갑
코코넛	기차	스웨터
복숭아	카트	신발
블루베리	썰매	잠옷
당근	마이클	도나
상추	대니얼	폴라
아스파라거스	존	베스
양파	리처드	수전
감자	조지	앤

당신 친구들 중 한 명에게 범주별로 분류된 단어 목록을 살펴보도록 하라. 그의 과제는 한 범주에 속하는 5개의 단어와 관련이 깊은 공통 단어 하나를 생각해서 적는 것이다(조건 1). 친구가 과제를 마치고 나면, 그가 적은 단어를 보여주면서 목록에 있던 단어들을 가능한 많이 재생하도록 하라.

또 다른 친구에게도 범주별로 분류된 단어 목록을 살펴보게 한다. 각 범주의 단어를 보면서 범주에 있는 다른 단어에는 해당되지 않지만 그가 그 단어에 대해 알고 있는 단어를 하나씩 옆에 적도록 한다(조건 2). 그런 다음 그가 적은 단어들을 제시하고 목록에 있었던 단어들을 회상할 것을 요구하라.

이 과제는 Hunt와 Smith(1996)의 실험을 기반으로 한 것으로 조건 1보다 조건 2에서 재생률이 훨씬 더 높다(59% 대 97%). 이유는 조건 2의 지시가 조건 1보다 훨씬 더 독특한 기억 흔적을 만들어냈기 때문이다.

독특한 정보는 왜 그렇게 잘 기억되는 것일까? 망각의 대부분은 간섭 때문에 일어나고(제22장 참조), 정보에 대한 우리의 장기기억은 먼저 또는 나중에 학습한 정보에 의해 왜곡될 수 있다. 다른 정보가 우리가 기억하려는 정보와 유사하면 간섭은 특히 더 잘 일어난다. 독특한 기억 정보는 다른 기억 정보들과 차이가 있고, 따라서 간섭에 덜 취약하기 때문에 더 잘 기억된다(Eysenck, 1979).

한계점

지금까지는 학습하는 동안에 무엇이 일어나는지가 중요하다고 강조하였다. 그러나

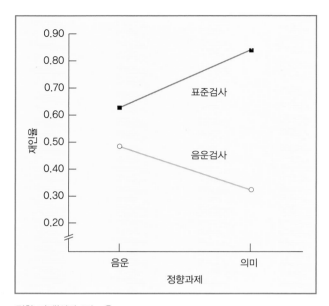

정향 과제(의미 또는 음운)와 재인검사 과제 종류(표준 또는 음운)에 따른 단어의 평균 재인율. Morris 등(1977)의 정적 시행 조건에서 나온 결과

기억은 기억검사가 요구하는 것과 저장된 정보 사이의 관련성에도 달려있다. Morris 등(1977)의 연구를 살펴보자. 참여자들은 제시되는 단어의 의미 또는 음운을 묻는 질문에 답하였다. 기억검사는 다음 두 가지 방법 중 하나로 실시하였다:

1. 목록에 있었던 단어를 선택하고 목록에 없었던 단어는 무시하는 표준 재인검사
2. 목록에 있었던 단어와 음운이 맞는 단어를 선택하는 음운 재인검사. 이 단어는 목록에 제시된 적이 없었다. 예를 들어 만일 목록에 TABLE이 있었고 검사에서 단어 FABLE이 나오면 참여자는 이 단어를 선택해야 한다.

표준 재인검사에서는 얕은 정보처리보다 깊은 정보처리에서 기억이 더 우수한, 전형적인 결과가 나타났다. 더 중요한 사실은 음운 재인검사에서는 정반대의 결과가 발견되었다는 것인데, 이것은 깊은 정보처리가 언제나 더 우수한 장기기억을 만들어낸다는 관점을 반박하는 결과이다.

　　Morris 등(1977)은 이 결과를 **전이-적절 처리**(transfer-appropriate processing)이론으로 설명하였다. 우리가 학습한 것이 나중 기억검사에서 우수한 수행으로 이어질지 여부는 기억검사와 이 정보 사이의 관련성에 달려있다. 예를 들어 기억검사가 목록 단어와 음운이 맞는 단어의 확인을 요구한다면 의미 정보의 저장은 의미가 없다. 이 검사가 요구하는 것은 얕은 수준의 음운 정보이기 때문이다.

　　이제 정보처리수준이론의 또 다른 한계에 대해서 살펴보자. 지금까지 논의한 연구는 주로 명시적 기억(의식적 기억)과 관련이 있다. 암묵적 기억(의식적 기억을 포함하지 않는 기억)에서는 정보처리깊이 효과가 보통 훨씬 더 작게 나타난다.

　　Challis 등(1996)은 명시적 기억과 암묵적 기억을 측정하는 다양한 검사 방법을 사용하였다. 암묵적 기억검사 중 하나는 단어조각검사였다. 참여자들은 먼저 단어 목록을 제시받았다(예 : copper). 그런 다음 이들은 제일 먼저 떠오르는 단어로 단어조각(예 : c_ pp_ _)을 완성할 것을 요구받았다. 암묵적 기억은 목록에 있던 단어를 이용하여 이런 단어조각을 완성하는 경향성으로 평가되었다.

　　Challis 등(1996)의 연구 결과는 분명하였다. 모든 명시적 기억검사(예 : 재인기억,

핵심용어

전이-적절처리 인출 시점의 정보처리가 학습 시점의 정보처리와 매우 비슷할 때 장기기억이 최상이라는 관점

자유재생)의 수행에는 정보처리의 깊이가 강력한 효과를 발휘하였다. 이와 대조적으로 단어조각검사에서는 정보처리깊이 효과가 발견되지 않았다.

평가

➕ "정보처리수준이론은 기억현상 탐구에 필요한 훌륭한 실험기법을 제공했다는 점에서 유익하고 생산적이었다"(Roediger & Gallo, 2001, p. 44).

➕ 학습할 때 의미처리의 정도에 장기기억이 달려있다는 관점은 매우 영향력이 있다.

➕ 정보처리수준이론은 학습과 기억을 결정하는 또 다른 중요한 요인으로 정보처리의 독특성과 정교화를 발견하게 해주었다.

➖ Craik와 Lockhart(1972)는 학습과 인출 사이의 관계를 과소평가하였다.

➖ 장기기억에 미치는 정보처리의 깊이, 정교화, 독특성의 상대적 중요성에 대해서는 아직 밝혀진 것이 없다.

➖ 정보처리의 깊이는 명시적 기억에 비해 암묵적 기억에서는 그렇게 중요하지 않다. 이런 차이가 발생하는 이유는 아직 분명하지 않다.

기억술

당신의 기억 향상에 도움이 된다는 책에는 여러 가지 효과적인 기법들이 소개되어 있다. 이런 기법들을 **기억술**(mnemonics)이라고 한다. 여기서는 가장 중요한 기억술 몇 가지에 초점을 맞추어 강점과 한계점에 대해 평가할 것이다. 기억술은 시각적 심상에 의존하는 방법과 언어적 기법에 의존하는 방법으로 구분할 수 있다. 우리는 시각적 심상에 기초한 기억술로 시작해서 언어적 전략과 관련된 기억술을 다룰 것이다.

시각적 심상기법

가장 유명한 시각적 심상 기법 중 하나가 **장소법**(method of loci)이다. 기억해야 할 항목을 잘 알고 있는 장소와 연합시키는 방법이다(해보기 글상자 참조).

　장소법이 매우 효과적이라는 것을 보여주는 증거들은 많다(Worthen & Hunt, 2011). 다른 사람이 제공한 장소 또는 위치가 아닌 학습자 스스로 만든 장소나 위치를 사용하면 약간 더 효과적이다(Moe & De Beni, 2004). 그 이유는 스스로 생성한 장소로 이루어진 심상이 더 특별하고 구체적이기 때문이다.

　당신이 장소법을 이용하여 여러 개의 단어목록을 학습한다고 해보자. 만일 동일 장

핵심용어

기억술 정보에 대한 장기기억을 향상시키기 위해 학습자가 사용하는 기억 방법 또는 체계

장소법 기억해야 될 정보를 학습자가 잘 알고 있는 장소와 연합시키는 기억 기법

> ### 해보기 : 장소법
>
> 당신 집 내부의 장소 10개를 떠올리는데, 한 장소에서 다음 장소로 일정한 순서로 이동할 수 있는 장소들을 선택하라: 예를 들어 현관문에서 거실로, 거실에서 부엌으로, 부엌에서 침실로. 머릿속에서 10개의 장소를 일정한 순서로 어려움 없이 이동 가능한지 확인하라.
>
> 이제 10개의 단어 항목을 선정하고, 이 항목들이 10개 장소에 하나씩 놓여 있는 그림을 상상한다. 첫 번째 항목이 파이프라면, 현관문 옆에 매달려 있는 편지함 밖으로 파이프가 연기를 피우면서 삐져나와 있는 그림을 상상하는 것이다. 두 번째 항목이 양배추라면, 거대한 양배추가 당신의 현관을 가로막고 있는 그림을 상상한다. 나중에 머릿속에서 경로를 따라 이동하면서 단어를 회상한다.
>
> 이제 아래 단어들을 여러분이 선택한 장소와 연합하여 독특한 심상을 만들어보라.
>
> | | | | | |
> |---|---|---|---|---|
> | 셔츠 | 독수리 | 가위 | 장미 | 카메라 |
> | 버섯 | 악어 | 손수건 | 소시지 | 장교 |
>
> 특정 장소에 있는 가장 최근 항목이 기억난다면 동일 장소 세트를 반복적으로 사용할 수 있다.
>
> 앞에 제시된 10개의 항목을 정확한 순서로 기억해보라. 단어를 보지 말고 여러분이 만든 심상에 의존하여 기억해야 한다.

소를 모든 목록에 사용한다면 순행간섭(사전 학습이 후속 목록의 학습과 기억을 방해하는 현상, 제22장 참조)이 일어날 가능성이 있다. 그러나 이어지는 목록 속의 단어들이 비슷하지 않고 다르면 순행간섭이 일어나지 않거나 매우 약하게 일어난다(Massen & Vaterrodt-Plünnecke, 2006).

일상생활에서 정보를 학습할 때 장소법이 큰 도움이 되지 않는다는 주장이 제기되기도 하였다. 반대 증거가 Moè와 De Beni(2005)에 의해 보고되었다. 학생들에게 장소법을 사용하거나 언어적 암송을 사용하여 글을 학습하게 하였다. 글이 청각적으로 제시될 때에는 장소법 사용 조건에서 기억이 훨씬 더 우수하였다. 그러나 글을 읽는 조건에서는 장소법의 긍정적인 기억 효과가 나타나지 않았다. 즉 시각 제시에서는 장소법이 효과적이지 않았는데, 제시 방법 속의 시각적 특성과 장소법이 포함하고 있는 시각적 심상 사이에 간섭이 일어났기 때문이다.

페그워드법

페그워드법(pegword method)은 시각적 심상에 의지하여 관련 없는 10개의 항목을 순서대로 기억한다는 점에서 장소법과 비슷하다. 먼저 당신은 10개의 페그워드를 기억한다. 각 페그워드는 1~10까지 숫자와 운율이 비슷하기 때문에 비교적 쉽게 기억할

수 있다. 당신도 한 번 시도해보라:

One=*bun*, Two=*shoe*, Three=*tree*, Four=*door*, Five=*hive*, Six=*sticks*, Seven=
heaven, Eight=*gate*, Nine=*wine*, Ten=*hen*

이것을 학습하고 나면, 이제 당신은 관련 없는 10개의 단어를 기억할 준비가 되었다. 다음과 같은 단어들을 기억한다고 해보자―battleship, pig, chair, sheep, castle, rug, grass, beach, milkmaid, binoculars. 첫 번째 페그워드(bun)를 가지고 battleship과 상호작용하는 심상을 만든다(예 : 물 위에 떠 있는 거대한 빵을 향해 나아가고 있는 전함). 이제 두 번째 페그워드를 사용해 pig와 상호작용하는 심상을 만든다(예 : 거대한 신발 속에 앉아 있는 돼지). 나머지 항목들도 이런 방식으로 상호작용하는 심상을 만든다.

페그워드법은 매우 효과적이다. 이것은 실제로 장소법만큼 효과적이다(Wang & Thomas, 2000). 두 기법이 정교한 정보처리와 잘 학습된 인출 구조를 제공하는 장소 또는 페그워드로 기억 자료를 순서대로 조직화하여 독특한 기억 흔적을 만들어낸다는 사실을 고려한다면 그렇게 놀라운 일은 아니다.

페그워드법의 한계점은 무엇일까?

1. 확실하고 빠르게 페그워드에 접근하려면 많은 훈련이 필요하다.
2. 도덕성이나 위선 같은 추상적 개념이 포함된 상호작용 심상은 만들기 어렵기 때문에 추상적 자료에서는 사용이 어렵다.
3. 일상생활에서는 서로 관련이 없는 항목들을 순서대로 기억해야 하는 일이 드물기 때문에 이 기법의 활용 가능성이 의심스럽다.

이름 기억하기

많은 사람들이 이름을 기억하는 데 어려움을 겪는다(나도 그렇다!). 우리는 새로운 사람을 소개받을 때 그 사람에게 무슨 말이든 적절한 말을 하려고 애를 쓴다. 그 결과 그의 이름을 "한쪽 귀로 듣고 다른 쪽 귀로 흘려버린다."

사람의 이름을 기억하는 한 가지 방법은 시각적 심상 기억술에 의존하는 것이다. 먼저 그 사람의 이름을 대체할 만한 심상을 찾는다(예 : Eysenck를 'ice sink'로). 그런 다음 그 사람의 얼굴에서 발견되는 독특한 속성과 심상을 연합한다. 예를 들어 코를 싱크대 위의 수도꼭지라고 생각할 수 있다. 이 방법은 짧은 훈련만으로도 얼굴을 보고 이름을 기억하는 실험실 조건에서 수행을 80%가량 향상시킨다(Morris et al.,

1978). 이 연구 결과는 독특한 방식으로 처리된 정보를 더 잘 기억한다는 관점과도 일치한다(Eysenck, 1979).

이름 기억을 위한 심상기법은 평화롭고 조용한 실험실에서는 잘 작동한다. 그러나 실제 사회적 상황에서는 좋은 심상을 만들기가 쉽지 않다. Morris 등(2005)은 다른 학생들의 이름을 학습하라는 지시를 받고 파티에 참석한 대학생들을 연구하였다. 한 집단은 심상 기억술 사용을 훈련받았다. 두 번째 집단은 처음 이름을 듣고 나서 시간 간격을 늘려가면서 이름 인출을 시도하였다(간헐적 인출 훈련). 마지막으로 통제집단은 단순히 사람들의 이름을 학습하라는 요구를 받았다.

파티가 끝나고 24~72시간 후에 참여자들에게 파티에 참석했던 학생들의 얼굴 사진을 보여주면서 이름을 적도록 하였다. 간헐적 인출 훈련 집단은 통제집단보다 50% 이상 더 많은 이름을 기억하였다. 심상 기억술은 심지어 특별한 기억 전략이 없었던 통제집단보다 효과가 더 적었다. 즉 시각적 심상 기억술은 이름을 반복적으로 회상하는 시도와 결합하여 사용하는 것이 중요하다.

언어적 기법

기억 향상을 위한 언어적 기법에는 여러 가지가 있다(Baddeley et al., 2015 참조). 가장 효과적인 방법 중 하나가 **이야기법**(story method)이다. 일련의 관련 없는 단어들을 정확한 순서로 기억하기 위해 이 단어들을 이야기 맥락에서 연결하는 방법이다. 이것은 문장 만들기뿐만 아니라 시각적 심상도 이용하고 있다. 앞에서 페그워드법을 설명하면서 사용했던 10개 단어를 이야기법으로 어떻게 기억할 수 있는지 보자:

> 전함(battleship)의 부엌 의자(chair) 위에 돼지(pig)가 앉아 있다. 예전에 성(castle)에 양(sheep)이 살았던 적도 있다. 항구에 도착한 선원들은 배에서 양탄자(rug)를 가지고 나와 해변(beach) 가까이에 있는 풀(grass) 위에 앉았다. 이때 선원들은 두 눈(binocular)으로 젖을 짜고 있는 소녀(milkmaid)를 발견하였다.

이야기법이 장기기억을 크게 향상시킨다는 결과가 여러 연구들에서 발견되었다(Worthed & Hunt, 2011). 예를 들어 Bower와 Clark(1969)의 연구에서 12개 목록의 단어 재생률이 이야기법 사용 조건에서 93%에 달했다면 통제조건에서는 13%에 불과하였다―이야기법의 이득이 일곱 배나 된다! 그러나 이 방법은 많은 훈련을 필요로 한다는 점에서 한계가 있다―나 역시 앞에 제시한 이야기를 만들어내는 데 몇 분이 걸렸다! 또 다른 한계점으로는 특정 항목 하나(예 : 일곱 번째 단어)를 회상하려고 이야

핵심용어

이야기법 이야기 속에 기억해야 될 단어를 정확한 순서로 포함시켜서 기억을 향상시키는 기법

> ## 현실 속으로 : 셰레셰브스키
>
> 아마 러시아 사람 솔로몬 셰레셰브스키(일반적으로 S.라고 불리는)는 역사상 가장 놀라운 기억력을 가졌던 사람일 것이다. 그의 기억력이 처음 알려진 것은 그가 저널리스트로 일할 때였다. 그의 편집장은 S.가 심지어 복잡한 브리핑 지시에서도 메모조차 하지 않는 것을 발견하였다. S.는 편집장에게 자신은 모든 것을 즉각적으로 기억할 수 있기 때문에 그럴 필요가 없다고 하였다. 이후 러시아 심리학자 Luria가 S.를 연구하게 되었다.
>
> Luria는 S.가 기억할 수 있는 정보의 양에 한계가 없다고 하였다—100개 이상의 숫자 목록, 길게 이어지는 무의미 철자, 모르는 언어로 쓰인 시(예 : 단테의 지옥에 나오는 스탠자), 복잡한 그림, 정교한 과학 공식. Luria(1968)에 따르면 "그는 이런 자료를 완벽하게 반복할 수 있었다. 심지어 반대 순서로도, 그리고 1년이 지나서도!"
>
> 셰레셰브스키의 비밀은 무엇일까? 한 가지 중요한 비밀은 그의 놀라운 **공감각**(synaesthesia) 능력인데, 이것은 한 감각 양상으로 일어난 경험이 그 외의 다른 양상의 감각 경험을 유발하는 것을 말한다. 예를 들어, 음조가 제시되었을 때 그는 "이것은 분홍—빨간색을 띠는 불꽃 같다. 이 색채는 역겨운 맛이 난다—짠 피클 같다"고 하였다. S.는 또한 생생한 시각적 심상을 만드는 능력이 매우 뛰어났다. 예를 들어 그는 숫자 '87'을 통통한 여인이 콧수염을 비비 꼬고 있는 남자에게 다가가는 모습을 상상하여 기억했다. 마지막으로 그는 장소법도 사용하였다.
>
> 당신은 S.의 기억력이 부러운가? 아이러니하게도 이렇게 좋은 기억이 그의 일상생활에서는 방해가 되었다! 예를 들어 산문 구절을 이해하려고 할 때 그는 다음과 같은 경험을 하였다: "모든 단어마다 심상이 떠오르고, 이들끼리 충돌이 일어난다, 결과는 혼돈뿐이다" 세부 사항에 대한 예민한 자각 능력도 문제가 되었다. 예를 들어 그가 알고 있던 사람이 휴가를 다녀와서 피부색이 변했을 때 그는 그 사람을 재인하지 못하였다. 이런 그의 한계 때문에 그는 무대에서 메모리맨으로 활동하기 전까지 여러 직업을 전전했어야 했다.

기 전체를 뒤져야 한다는 것이다.

기억술이 효과적인 이유는 무엇인가?

장소법, 페그워드법, 이야기법 같은 기억술이 효과적인 이유는 무엇인가? Ericsson (1988)에 따르면 매우 우수한 기억 수행은 다음 세 가지 원리에 달려있다.

1. 부호화 원리 : 정보는 사전 지식과 연결되는 의미 있는 처리가 일어나야 한다. 수열(페그워드법)이나 잘 알고 있는 장소(장소법)를 사용할 때가 이런 사례에 해당한다.

2. 인출 구조 원리 : 단서가 후속 인출에 도움이 되는 기억 정보와 함께 저장되어 있어야 한다. 장소의 연결 순서 또는 수열은 즉각적으로 접근 가능한 인출 구조를 제공한다.

핵심용어

공감각 한 감각 양상으로 발생한 자극이 다른 감각 경험을 유발하는 능력(예 : 소리가 시각적 심상을 유발한다).

3. 가속화 원리 : 충분한 연습은 부호화와 인출에 포함된 정보처리과정을 더 빠르고 더 효과적으로 기능하게 해준다.

이 세 가지 원리는 2년 동안 하루에 한 시간씩 숫자 폭 과제를 훈련한 SF에 대한 Ericsson과 Chase(1982)의 연구에서 찾아볼 수 있다. 일반적으로 숫자 폭(무작위로 제시되는 숫자들을 제시된 순서대로 기억하는 능력)은 약 7개이다. 그런데 SF는 최종적으로 80개의 항목까지 기억할 수 있었다! 그는 달리기 기록에 대한 광범위한 지식을 사용하여 18개의 기억 폭에 도달하였다(부호화와 인출 원리). 예를 들어 '3594'는 Bannister가 1마일을 4분 안에 들어온 마라톤 기록이고, 따라서 하나의 단위로 저장될 것이다.

우리는 충분한 연습이 기억술 효과에서 필수적으로 중요하다는 것을 보았다. 그러나 연습이 충분해도 효과적인 인출 구조가 존재하지 않으면 연습만으로 충분하지 않다(두 번째 원리). 예를 들어 Kalakoski와 Saariluoma(2001)는 헬싱키의 택시 기사들과 대학생들에게 15개의 헬싱키 도로 이름을 제시된 순서대로 기억하도록 하였다. 도로 이름의 순서가 도시를 통과하는 실제 경로에 따라 제시되었을 때에는 인출 구조가 쉽게 만들어지는 것 때문에 택시 기사들의 수행이 대학생들보다 월등히 높았다. 그러나 헬싱키 전체에서 선정된, 서로 인접하고 있지 않은 도로 이름들이 무작위로 제시되자 택시 기사들의 우수한 기억 능력은 사라졌다. 이 조건에서는 택시 기사의 특수 지식이 효과적인 인출 구조를 만들어내지 못한 것이다.

기억하면서 학습하기

Karpicke 등(2009)의 연구에서 인용한 다음 질문에 답해보라.

당신이 곧 있을 시험에 대비하여 교재를 읽고 있다고 하자. 전체 시험 범위를 한 번 공부하고 난 다음 당신은 다음 중 무엇을 하겠는가?

A : 다시 처음으로 돌아가서 시험 범위 전체 또는 일부를 다시 공부한다.
B : 시험 범위에 있는 내용을 회상해보는 시도를 한다(내용의 재학습 없이)
C : 다른 학습 기법을 사용한다.

Karpicke 등(2009)은 57%의 학생이 A를, 21%는 C를, 오직 18%만이 B를 선택한다는

것을 발견하였다. 흥미롭게도 가장 적게 선택한 답변(B)이 실제로는 장기기억을 촉진
시키는 가장 효과적인 방법이다!

연구 결과

학습 기간 동안 단순한 재학습보다 자신의 기억
을 검사해보는 시도가 학습 자료의 장기기억을
향상시킨다는 개념이 **검사 효과**(testing effect)이
다. Rowland(2014)는 검사 효과에 관한 논문들
을 개관하였다. 그는 검사 효과에 대한 확실한
증거를 발견하였는데, 81%의 연구에서 긍정적
인 연구 결과가 보고되고 있었다. 대부분의 연
구들은 비교적 단순한 학습 자료를 사용하였지
만, Karpicke와 Aue(2015)은 개관논문에서 학습
자료가 복잡할 때에도 검사 효과가 존재하는 것
을 발견하였다.

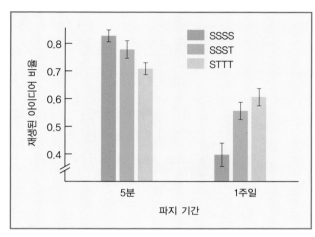

학습 조건(S : 학습, T :
검사)과 파지 기간(5분
대 1주일)에 따른 기억
수행

Roediger와 Karpicke(2006)는 검사 효과를 상세하게 연구하였다. 학생들에게 일반
과학 논쟁에 관한 산문 구절을 읽게 하고 다음 세 조건 중 하나에서 그것을 기억하게
하였다.

1. **반복학습** : 구절을 네 번 읽고 검사는 없었다.
2. **일회검사** : 구절을 세 번 읽고 가능한 많은 정보를 재생하는 시도를 한 번 하였다.
3. **반복검사** : 구절을 한 번만 읽고 가능한 많은 정보를 재생하는 시도를 세 번 하
   였다.

마지막으로 5분 또는 1주일 후에 학습한 구절에 대한 기억검사를 받았다. 그림은 연
구 결과를 보여준다. 마지막 기억검사가 학습하고 5분 후에 실시되었을 때에는 반복
학습이 가장 효과적인 전략이었다. 그러나 마지막 기억검사가 1주일 뒤에 일어났을
때 연구 결과는 극적으로 바뀌었다. 매우 강력한 검사 효과가 발생하였다─반복학습
조건보다 반복검사 조건에서 재생률이 50% 이상 더 높았다! 이것이 시험에서의 성공
과 실패를 좌우하는 결정적인 요인일 수 있다.

반복학습 조건의 학생들은 반복검사 조건의 사람들보다 자신이 산문 구절을 더 잘
회상할 것이라고 예측하였다. 이것이 학생들이 시험을 준비하는 동안 자신의 기억을

핵심용어

검사 효과 학습 기간의
일부를 기억해야 하는
정보의 인출에 할애하
면 장기기억이 향상되
는 결과

전혀 시험해보지 않거나 거의 하지 않는 이유일 것이다.

Dunlosky 등(2013)은 시험을 준비하는 학생들이 사용하는 열 가지 학습기법을 개관하였다. 그중 검사 효과가 가장 유용한 기법으로 밝혀졌다. 여러 다른 기법들의 효과는 중간 정도였다. 이런 기법들에는 정교화된 질문(확정적 사실에 대한 설명을 만들어보기), 자기-설명(새로운 정보가 이미 알려진 정보와 어떤 연관이 있는지 설명하기), 교차 연습(한 학습 기간 내에 여러 종류의 자료 공부하기)이 있다.

설명

검사 효과의 원인에는 어떤 것들이 있을까? 첫째 학습자는 검사에서 인출의 실패를 경험하게 되고, 이런 실패가 더 효과적인 기억 방법을 찾게 만든다(Pyc & Rawson, 2012). 예를 들어 학습자는 학습 자료의 의미를 더 정교하게 처리하려고 할 것이다.

둘째, 일반적으로 검사는 재학습보다 정보처리의 노력이 더 많이 든다. 언어 정보의 처리와 연합된 여러 뇌 영역들이 재학습할 때보다 검사 동안 더 많이 활성화된다(van den Broek et al., 2013). Rowland(2014)는 초기 검사에서 중간 정도의 노력을 요구하는 인출(재생기억) 또는 더 적은 노력을 요구하는 인출(재인기억)을 비교하였다. 더 많은 노력이 필요한 인출에서 검사 효과는 더 강했다. 노력을 필요로 하는 인출이 이런 이점을 가지는 이유는 아직 분명하지 않다.

셋째, 학습 동안 검사의 긍정적인 효과는 인출되지 않은 항목보다 성공적으로 인출된 항목에서 더 클 것이다. 만일 그렇다면, 검사 효과는 학습 동안 항목들이 낮은 비율로 인출될 때보다 높은 비율로 인출될 때 더 커야 한다. Rowland(2014)는 이 예측을 지지하는 증거들에 대해 논의하였다.

평가

➕ 수많은 연구들이 재학습을 하는 것보다 검사해보기가 장기기억을 더 효과적으로 촉진시킨다는 결과를 발견하였고, 이것은 단순한 학습 자료뿐만 아니라 복잡한 자료에서도 마찬가지이다.

➕ 검사 효과는 열 가지 주요 학습 기법들 중에서 가장 효과적인 방법으로 밝혀졌다(Dunlosky et al., 2013).

➖ Rowland(2014, p. 1453)가 결론 내렸듯이 "검사 효과를 유발하는 기제에 대해서는 아직 잘 모른다."

➖ 검사 효과에 대한 여러 설명들 중 어떤 것이 최선인지 결정된 것이 없다.

● 검사 효과는 여러 기억 메커니즘에 의존하고 있는 것 같다. 그러나 이런 기제들의 상대적 중요성과 이것이 어떻게 상호작용 또는 결합되어 있는지는 확인되지 않았다.

동기

많은 학생들이 시험에 대비하여 많은 양의 정보를 학습하고 기억하려는 동기가 유발되지 않아서 고민한다. 동기에 관한 이론들은 당신이 생각하는 것보다 훨씬 더 많다. 지금부터 가장 유용한 두 동기 이론인 목표-설정이론과 실행의도이론에 대해 논의한다.

목표-설정이론

목표-설정이론(Latham & Locke, 2007)의 핵심 가설은 의식적인 **목표**가 동기와 행동에 중요한 영향을 미친다는 것이다. 더 구체적으로, 스스로 세운 목표가 어려울수록 우리의 수행은 더 좋아진다. Sitzmann과 Ely(2011)는 개관 논문에서 학습과 수행이 목표 수준의 영향을 강하게 받는다는 것을 보여주는 확실한 지지 증거를 발견하였다. 왜 그럴까? 주요 이유는 어려운 목표를 설정하면 사람들의 동기가 올라가서 더 열심히 노력하기 때문이다.

당신 스스로 세운 목표는 어려울 뿐만 아니라 구체적이고 분명해야 한다—단순히 '잘하자'와 같은 애매모호한 목표는 확실하게 피해야 한다. Latham(2003, p. 309)은 목표-설정이론의 핵심을 다음과 같이 정의하였다: 목표는 "특수하고, 측정 가능하고, 달성 가능하고, 적합하고, 기간이 정해져 있어야 한다."

당신이 목표에 완전히 몰입하지 않는다면, '우수한 시험성적 받기'라는 목표 설정은 의미가 없다. 목표-설정이론에 따르면 우수한 수행은 목표 난이도와 몰입 수준이 모두 높은 경우에만 발생할 수 있다. 목표에의 몰입은 목표가 어려울 때 특히 중요한데, 이런 목표는 쉬운 목표에 비해 더 많은 노력을 요구하고 성공 가능성이 더 낮기 때문이다.

연구 결과

Klein 등(1999)은 과제 수행에서 목표 설정과 몰입의 효과를 다룬 수많은 연구들을 개관하였다. 연구 결과는 목표-설정이론의 예측과 일치하였다. 특히 목표 난이도가 높을 때, 목표 몰입 수준이 높을수록 수행도 향상되었다.

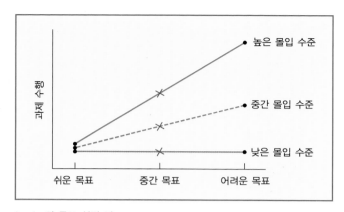

*Locke*의 목표 설정 이론에 따른 과제 수행에 미치는 목표 난이도와 몰입의 효과

여러 요인들이 목표 몰입 수준에 영향을 미친다. 개인이 적절한 노력을 기울인다고 할 때, 두 가지 핵심 요인이 목표 달성의 기대와 목표 달성의 매력이다. 높은 수준의 목표 몰입을 만들어내는 다른 요인으로는 높은 능력, 목표 설정의 개인 관련 정도, 수행 피드백이 있다.

목표 설정에 관한 대부분의 연구들에서 참여자들은 어떤 방해도 받지 않는 상태에서 단일 과제를 단기간 수행하기 때문에 한계가 있다. 이와 비교하여 일상생활 속 작업자는 일반적으로 장기적인 수행 목표를 세우고, 수많은 방해 자극(예 : 수많은 전자메일)에 노출되어 있다. 이런 차이가 중요할 수 있다. Yearta 등(1995)은 다국적 기업 연구소에 근무하는 과학자들과 전문 연구원들을 연구하였다. 이들의 작업 수행은 목표 난이도와 부적 상관을 보였다—이것은 목표-설정이론의 예측과는 정반대의 결과이다.

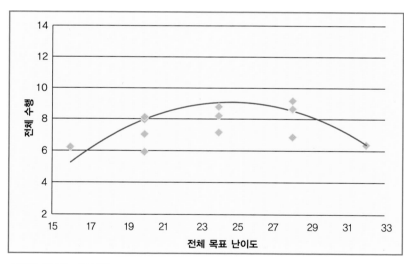

수행에 미치는 동시적 학습 목표와 수행 목표의 효과.
출처 : Masuda et al. (2015).

Masuda 등(2015)은 대부분의 연구가 단일 목표 설정을 포함하고 있다는 점이 한계라고 지적하였다. 현실에서 사람들은 보통 동시에 여러 개의 학습 및 수행 목표를 가지고 있다. Masuda 등은 참여자에게 엑셀 소프트웨어를 사용하는 여러 개의 수학 과제를 제시하였다. 이들의 핵심 결과는 전체 목표 난이도가 중간이었을 때 과제 수행이 최상이었고 전체 목표 난이도가 낮거나 높으면 과제 수행은 떨어졌다. 목표 난이도가 중간일 때보다 높을 때 수행이 더 낮은 이유는 무엇일까? 여러 개의 어려운 목표를 배정받는 것이 사람들의 자아효능감(목표를 달성할 수 있다는 개인의 신념)을 감소시키고, 아마도 이것이 동기와 몰입을 감소시킨 것으로 보인다.

> ## 평가
>
> ➕ 사람들이 몰입 수준이 높은 어려운 목표를 스스로 세울 때 수행은 일반적으로 최상이다.
>
> ➕ 가장 효과적인 목표는 특수하고, 측정 가능하고, 달성 가능하고, 적절하고, 기간이 정해져 있다.
>
> ➖ 대부분의 실험실 연구들은 참여자가 단일 과제를 비교적 짧은 기간 수행한다는 점에서 인위적이다.
>
> ➖ 복잡한 과제를 방해자극 속에서 장기간에 걸쳐 수행할 때, 또는 사람들이 동시에 여러 개의 어려운 목표를 배정받을 때에는 어려운 목표 설정이 도움이 되지 않는다.

실행 의도

복잡하고 방해자극이 많은 현실에서 학생은 어떻게 목표 설정에서 목표 달성으로 나아갈 수 있을까? Gollwitzer(2014 p. 306)는 이 문제에 초점을 맞추었다. 그는 자신의 핵심 개념인 **실행 의도**(implementation intention)를 다음과 같이 정의하였다: "'만일 상황 Y에 맞닥뜨리면 나는 목표지향적 반응 Z를 수행한다'. 즉 실행 의도는 개인이 목표 실현을 향해 언제, 어디서, 어떻게 행동할 것인지를 정확하게 정의하는 것이다"

우리는 매주 토요일 4시간씩 시험 공부를 하겠다는 목표를 세운 나탈리라는 학생에게서 실행 의도의 중요성을 살펴볼 수 있다. 나탈리는 하루에도 몇 시간씩 친구와 떠들고 TV 보는 것을 좋아한다. 나탈리는 어떻게 시험 준비를 할 수 있을까? 이 지점에서 실행 의도가 등장한다. 가능한 실행 의도 두 가지가 있다: "친구가 방문하면 8시에 코스타에서 보자고 말한다", "TV에서 재미있는 것이 나오면 나중에 재방송을 본다"

이와 관련된 증거를 Gollwitzer와 Brandstätter(1997)가 보고하였다. 참여자들에게 크리스마스 이브를 보내고 이틀 안에 그날의 일과에 대한 보고서를 작성하는 목표가 주어졌다. 참여자의 절반은 언제 그리고 어디서 보고서를 쓴다는 실행 의도를 작성하였다. 실행 의도를 작성한 참여자의 75%가 기한 내에 보고서를 작성한 반면에 실행 의도를 작성하지 않았던 참여자들 중에서는 33%만이 목표를 달성했다.

실행 의도가 효과적인 이유는 무엇인가? 우리의 일상 행동은 습관의 영향을 강하게 받는다. 즉, 특정 상황에서 우리는 과거에 했던 방식으로 행동하는 경향이 있다. Gollwitzer(2014)는 실행 의도가 이런 습관들과의 경쟁에서 이길 수 있게 해주는 '즉각적인 습관'을 만들어낸다고 주장하였다. 우리의 습관은 특정 행위가 언제 그리고/또

> **핵심용어**
>
> **실행 의도** 언제, 어디서, 어떻게 목표를 달성한다는 구체적인 정보에 기반한 목표 달성을 위해 고안된 행동계획

는 어디서 일어난다는 정보를 제공하는 관련 단서에 의해 확실하게 유발된다. 이와 비슷하게 실행 의도는 우리가 목표 달성을 위해 언제 그리고 어디서 행동을 개시할지를 구체적으로 명시해준다.

이런 관점에서 보면 실행 의도가 습관적 반응만큼이나 빠른 접근이 가능하기 때문에 이전에 습득한 습관 반응과의 경쟁에서 우세할 것이라고 예측할 수 있다. Adriaanse 등(2011a)은 이 예측을 지지하는 증거를 보고하였다. 실행 의도가 '즉각적 습관' 같은 것이라면, 이런 의도가 사용될 때 노력을 요구하는 행동 조절이 포함된 뇌 영역(예 : 배외측 전전두 피질)이 거의 활성화되지 않아야 한다. 이것을 지지하는 증거가 여러 연구들에서 얻어졌다(Wieber et al., 2015).

실행 의도가 수행을 언제나 향상시키는 것은 아니다. Powers 등(2005)은 실행 의도가 완벽주의 성향이 높은 사람들에게서는 수행에 부정적인 효과를 미친다는 것을 발견하였다. 이런 사람들에게서 실행 의도는 과도한 자기비판을 유발하였고, 이것이 수행을 방해하였다.

요약

- 장기기억은 학습할 때 정보처리의 깊이에 달려있다. 또한 정보처리의 정교화와 독특성에도 달렸다.
- 장기기억은 기억검사가 요구하는 것과 저장되어 있는 정보 사이의 관련성에 달려 있다.
- 장소법은 단어 목록과 강의식 자료의 기억에 효과적인 전략이다. 그러나 시각 자료에서는 비효과적인데, 시각 자료가 시각적 심상과 간섭을 일으키기 때문이다.
- 페그워드법은 관련 없는 단어 목록의 학습에는 유용한 방법이지만, 일상생활에서 얼마나 활용할 수 있을지는 의심스럽다.
- 이야기법은 관련 없는 단어들로 이루어진 목록의 학습에 효과적이다.

- 성공적인 기억술에는 의미 있는 부호화, 효과적인 인출 구조, 충분한 연습이 포함되어 있다.
- 시험 준비 기간에 학습을 계속하는 것보다 학습한 자료를 회상해보는 시도를 많이 하면 장기기억은 훨씬 좋아진다. 이것이 검사 효과이다.
- 검사 효과는 검사가 재학습보다 일반적으로 더 많은 정보처리의 노력을 요구하기 때문에 일어난다. 또한 학습 동안 노력을 필요로 하는 인출이 포함된 검사는 노력을 거의 요구하지 않는 인출이 포함된 검사보다 더 강한 검사 효과를 발생시킨다.
- 검사 효과의 기억 기제는 분명하게 확인되지 않았다.

- 목표-설정이론에 따르면 우리 스스로 설정한 목표가 어려울수록 수행 수준은 더욱 높아진다. 특히 목표에 대한 몰입 수준이 높을 때 그러하다.

- 실행 의도('즉각적 습관'으로 알려져 있는)는 목표 달성(좋은 성적)에 필요한 행동의 수행 확률을 증가시킨다.

더 읽을거리

- Baddeley, A., Eysenck, M.W., & Anderson, M.C. (2015). *Memory* (2nd ed.). Hove: Psychology Press. 이 개론서의 제17장은 기억을 향상시키는 주요 방법들을 광범위하게 다루고 있다.

- Dunlosky, J., Rawson, K.A., Marsh, E.J., Nathan, M.J., & Willingham, D.T. (2013). Improving students' learning with effective learning techniques: Promising directions from cognitive and educational psychology. *Psychological Science in the Public Interest, 14*, 4-58. John Dunlosky와 동료들은 학습과 기억 향상을 위해 고안된 여러 기법들의 효과성에 대해 논의한다.

- Rowland, C.A. (2014). The effect of testing versus restudy on retention: A meta-analytic review of the testing effect. *Psychological Bulletin, 140*, 1432-1463. 검사 효과에 대한 참고문헌들을 개관하고, 이 효과를 설명하는 이론들에 대해 논의하고 있다.

- Wieber, F., Thürmer, J.L., & Gollwitzer, P.M. (2015). Promoting the translation of intentions by implementation intentions: Behavioural effects and physiological correlates. *Frontiers in Human Neuroscience, 9* (Article 395). Peter Gollwitzer와 동료들은 실행 의도에 관한 연구와 이론을 개관하고 있다.

- Worthen, J.B., & Hunt, R.R. (2011). *Mnemonology: Mnemonics for the 21st century*. Hove: Psychology Press. 이 책에서 저자들은 유명하고 가장 효과적인 기억 기법들에 대해 포괄적이고 권위 있는 설명을 제공하고 있다.

질문

1. 기억에 대한 정보처리수준이론을 기술하라. 이 이론의 장점과 약점은 무엇인가?

2. 주요 기억술 기법들에 대해 논의하라. 현실 상황에서 이 기법들이 얼마나 효과적이라고 생각하는가?

3. 검사 효과에 대한 연구를 기술하고 이 효과의 가능한 설명들에 대해 논의하라.

4. 다가올 시험을 위해 많은 양의 정보를 학습하고 기억해야 하는 학생들을 동기화시킬 방법들에 대해 논의하라.

용어해설

가설 이론에 기초하여 행동에 미치는 특정 요인의 영향에 대한 예측

강압적 순환 한 가족 구성원의 공격성이 다른 구성원의 더 강한 공격 행동을 만들어내는 가족의 행동 패턴

개인주의 문화 집단의 요구보다 개인의 책임에 초점을 맞춘 문화

검사 효과 학습 기간의 일부를 기억해야 하는 정보의 인출에 할애하면 장기기억이 향상되는 결과

결기울기 가장 가까운 곳에서 가장 멀리 있는 곳까지 경사진 물체의 결 밀도의 변화가 제공하는 깊이단서

결핍 다른 사람과 한 번도 강한 애착을 형성한 적이 없는 아동의 상태

고전적 조건형성 무조건 자극과 새로운 자극이 연합되어 조건자극에 의해 조건반응이 일어나는 학습

고정관념 다른 집단에 대한 지나치게 단순한 인지적 표상

공감각 한 감각 양상으로 발생한 자극이 다른 감각 경험을 유발하는 능력(예 : 소리가 시각적 심상을 유발한다).

공감 타인의 감정에 이입하는 능력, 또는 더 일반적으로 타인의 관점을 이해하는 능력

공격성 다른 사람에게 상해를 입히거나 손상을 주기 위하여 치밀하게 의도된 행동 형태

공포증 특정 장소 또는 대상에 대한 극단적인 두려움

과규칙화 문법 규칙을 관련 없는 상황에까지 적용하는 언어 사용의 오류

과학기술 스트레스 과학기술 진보(특히 컴퓨터)에 대처하는 어려움으로 인한 불안 또는 스트레스

관찰자 간 신뢰도 참여자 행동의 평정에서 두 관찰자의 일치 정도

관찰학습 타인의 행동을 관찰하여 보상받는 행동은 모방하고 처벌받는 행동은 모방하지 않는 학습

교감신경계 각성과 에너지를 만들어내는 (예 : 심장박동의 증가를 통하여) 자율신경계의 일부

권위주의적 성격 관습적 가치에 대한 엄격한 신념, 다른 집단에 대한 일반적인 적대감, 모호성에 대한 편협성, 권위를 가진 인물에 대한 복종으로 이루어진 성격 유형

귀인 타인과 자신의 행동의 원인을 추론하는 과정

귀환 하나 이상의 절을 추가하여 단순한 문장을 더 복잡한 문장으로 바꾸는 것

규범적 영향 타인으로부터 호감과 존경을 받고 싶은 사람들의 소망에 기초한 동조

규범 한 집단 또는 일반적으로 사회 안에서 작용하는 행동 규칙 또는 표준

근접발달영역 아동의 현재 인지 수준과 잠재적 수준 사이에 있는 인지발달영역

기능적 고착 문제해결에서 물체의 일상적 기능에 초점을 맞추는 유연하지 못한 사고

기능적 자기공명 영상 인지 과제를 수행하는 동안 뇌 영역 활동에 대한 상세하고 정확한 정보를 제공해주는 뇌영상 촬영 기법

기능학습 학습된 것에 대한 의식적 자각이 거의 없거나 전혀 없는 학습의 한 형태

기본귀인오류 타인 행동에 대한 귀인에서 실제보다 상황귀인을 더 적게하고 기질귀인을 더 많이 하는 사고 경향성

기본 어휘 가설 중요한 성격 특성과 관련된 단어들이 사전에 포함되어 있다는 가설

기분 전환 정서 정보처리에서 다른 정보로 주의를 전환하는 정서조절 전략

기분 정서와 비슷한 상태지만 일반적으로 더 오래 지속되고, 덜 강하고, 이유가 분명하지 않다.

기억상실증 단기기억은 정상이지만 장기기억에 문제가 있는 뇌손상 환자

기억술 정보에 대한 장기기억을 향상시키기 위해 학습자가 사용하는 기억 방법 또는 체계

기억폭 숫자 또는 다른 항목이 제시되고 난 직후 올바른 순서로 재생할수 있는 숫자 또는 항목의 수

기질귀인 누군가의 행동의 원인이 상황보다는 성격에 있다는 결정

기회 표집 가용성만을 고려하여 표본을 구성하는 방법

내성법 자신의 의식적인 정신적 사고와 상태에 대한 주의 깊은 조사와 기술

내집단 편향 다른 집단보다 자신이 속한 집단을 더 호의적으로 생각하는 경향성

노르아드레날린 교감신경계에서 각성 증가를 일으키는 호르몬으로, 구조와 기능에서 아드레날린과 매우 유사하다.

노출치료 두려움을 불러일으키는 자극 또는 상황에 환자를 노출시키는 치료 기법

뇌수종 뇌척수액이 많이 고여서 대뇌피질을 두개골을 향해 밀어내게 되는 '뇌에 물이 차는' 질환

단서재생 기억에 도움이 되는 단서(예 : 목록에 있는 단어의 첫 낱자)가 제시되는 기억검사

단안단서 한 눈만으로 가능한 깊이 단서

단일 굴성 가설 유아는 특정 한 사람(주로 어머니)과 특별한 유대를 형성하는 선천적인 경향성이 있다는 Bowlby의 관점

대뇌 사고, 언어와 관련된 전뇌의 일부

대뇌피질 대뇌의 바깥층으로 지각, 학습, 기억, 사고, 언어에 관여한다.

대리인 상태 권위적 인물에 의해 통제된 감정과 그로 인해 개인 책임감이 사라진 상태

대상영속성 대상이 보이지 않아도 계속하여 존재한다는 생각

대응 참여자설계 독립변수의 각 수준에 노출된 참여자들이 특정 요인 또는 요인들(예 : 지능, 성)에서 대응되는 실험설계

대처 유연성 다양한 대처 전략을 유연하게 사용하여 스트레스 상황에 반응하는 사람들이 그렇지 않은 사람들보다 더 나은 심리적 적응을 보인다는 관점

대표적 표본 전집을 대표하는 참여자 표본

도덕성 생각과 행동의 옳고 그른 방식을 확인하는 데 사용하는 가치체계

도덕적 자아 도덕적 가치, 규칙의 내면화, 죄책감, 공감 등에 대한 개인의 자기 지각

독립변수 실험자가 실험가설을 검증하기 위하여 조작하는 실험의 상황 측면

독립설계 각 참여자가 독립변수의 한 수준에만 노출되는 실험설계

독립적 자아 개인의 책임감과 성취로 자아를 정의하는 자아개념의 한 유형

독특성 장기기억에 저장된 다른 기억 흔적과 다르거나 구별되는 기억 흔적

돌출 범주화 특정 개인과의 만남을 통해 전체 집단에 대한 편견이 감소되기 위해서는 그 개인이 그 집단의 전형적 또는 대표적인 사람으로 여겨져야 한다는 관점

동반질환 특정 개인에게 둘 이상의 정신장애가 동시에 존재

동조 집단 압력에 대한 반응으로 일어나는 태도와 행동에서 변화

동화 현재의 인지구조를 사용하여 새로운 환경 상황에 대처하는 과정

등위성 모든 반응이 모든 자극 상황에서 조건형성될 수 있다는 관점

또래 아동과 비슷한 연령대의 다른 아동들

렉시그램 소통 연구에서 단어를 표상하기 위해 사용되는 상징들

마음갖춤새 융통성 있는 사고를 막는, 과거에 작동했던 전략에 기초한 고정된 또는 편협한 문제해결 접근

마음 이론 다른 사람이 자신과 다른 신념, 감정, 의도를 가질 수 있다는 것을 이해하는 능력

말초신경계 중추신경계를 제외한 신체의 신경세포들로 체신경계와 자율신경계로 나뉜다.

말하는 대로 믿는 효과 다른 사람에게 사건에 대해 이야기한 것 때문에 발생하는 사건에 대한 부정확한 기억

메타분석 전체적인 그림을 얻기 위해 수많은 연구들에서 나온 결과들을 결합하는 통계 분석

면역체계 질병과의 싸움에 관여하는 신체의 세포체계

모성 박탈 가설 생후 첫 1년 동안 어머니와 아동 사이의 유대감 단절이 심각한 장기적인 효과를 일으킨다는 관점

목격자 증언 범죄를 목격한 사람이 제공하는 범죄 관련 증거

몰개성화 개인 정체성의 상실, 대규모 집단 또는 군중에서 일어날 수 있다.

무기 초점 목격자가 범인의 무기에 주의를 기울이는 것 때문에 다른 세부 사항들을 기억하지 못하는 현상

무기 효과 무기를 보는 것으로 유발되는 공격 행동의 증가

무작위 표집 전집에서 개체들을 무작위로 선정하여 표본을 구성하는 방법

무작위 할당 참여자를 무선 방식(예 : 동전 던지기)으로 집단에 배정하는 방법

무조건반사 무조건자극과 무조건반응 간의 잘 확립된 연합

무조건반응 무조건반사에서 특정 무조건자극(예 : 먹이)에 대한 잘 확립된 반응(예 : 침 분비)

무조건자극 무조건반사에서 잘 확립된 무조건반응을 유발하는 자극

무주의 맹시 기대하지 않은 시각자극의 출현을 지각하지 못하는 현상

문법 형태소 전치사, 접두사, 접미사처럼 문장의 문법구조를 알려주는 단어들

문제 중심 대처 스트레스 원천에 직접적으로 작용하여 스트레스 상황에 대처하는 일반 전략

문화권 증후군 하나 또는 소수의 문화에서만 발견되는 이상 행동 패턴

문화 상대주의 모든 문화는 관찰자 자신의 문화권이 아니라 그 문화권 안에서 보아야 한다는 관점

문화적 마음가짐 특정 시점에 활성화되는 문화적 신념과 가치로 두 문화를 폭넓게 경험한 사람들은 두 가지 문화적 마음가짐을 가지고 있고, 현재의 사회적 맥락에 의해 결정된 특정 문화적 마음가짐이 사고와 행동에 영향을 미친다.

문화 특정 사회의 구성원들이 공유하는 가치, 신념, 관습

미시발생적 방법 단기적인 종단연구를 사용하여 아동의 인지 전략 변화를 연구하는 방법

민감기 모성 박탈 가설에 따르면 유아가 나중에 만족스러운 발달을 이루려면 강력한 애착을 형성해야 하는 생애 초기 기간

박탈 누군가(예 : 어머니)와 강한 애착을 형성하였지만 나중에 그 사람과 분리된 아동의 상태

박탈-특수 문제 다른 종류의 아동기 역경 뒤에는 잘 나타나지 않는, 박탈 이후에 발견되는 문제들(예 : 사회성 결여, 강하지만 제한된 관심)

반구 편재화 뇌의 두 반구가 그 기능에서 차이가 있다는 개념

반복 검증 동일한 설계와 절차를 사용하여 선행 연구 결과를 반복하는 것

반복측정설계 각 참여자가 독립변수의 모든 수준에 노출되는 실험설계

반응적 공격성 도발에 대한 분노에 의해 야기된 공격 행동으로 다혈질적인 공격성

방관자 개입 범죄 또는 사고 상황에서 방관자가 희생자를 돕게 되는 이유에 초점을 맞춘 연구 분야

방관자 효과 범죄 또는 사고 희생자를 보면서 도움주기를 꺼리는 현상

범주적 군집화 자유재생 과제에서 범주에 기초하여 단어를 기억하는 경향성

범주적 분류 각 정신장애를 특정 환자에게 범주로 적용할 수 있거나 적용할 수 없다고 보는 실무율적 접근

변연계 편도핵, 시상하부, 그리고 격막으로 이루어진 뇌체계로 정서정보처리에 관여한다.

변화 맹시 시각자극이 움직이고, 변화하고, 다른 자극으로 대체되는 것을 지각하지 못하는 현상

보살핌의 도덕성 도덕적 판단에서 인간의 안녕과 동정심을 중요하게 강조하는 도덕성의 한 형태

보존 대상의 다른 측면들이 변해도 특정 측면은 일정하게 유지된다는 것을 이해하는 인지능력

부교감신경계 각성을 감소시키고 에너지를 비축(예 : 심장박동 감소를 통하여)하는 데 관여하는 자율신경계의 일부

부신피질 호르몬 스트레스 호르몬인 코르티솔의 분비를 일으키는 호르몬

부적 강화물 어떤 행동 이후에 제거될 때 그 행동의 강도를 증가시키거나 유지시키는 자극

부적처벌 반응 뒤에 강화물이 제거되는 것 때문에 반응 확률이 감소하는 조건형성의 한 형태

부호화 특수성 원리 기억이 인출 시점에 존재하는 정보와 기억 흔적 안에 있는 정보 사이의 중복에 달려있다는 개념

부화 문제를 잠시 제쳐두는 것으로 문제해결이 일어난다는 개념

분리뇌 환자 뇌의 양 반구를 이어주고 있는 뇌량이 손상된 사람으로, 두 반구 사이의 직접적인 소통이 불가능하다.

비교문화심리학 전 세계 문화들 사이의 유사성과 차이에 대한 체계적인 연구

비서술적 기억 정보의 의식적 기억(예 : 운동 기능)을 포함하지 않는 장기기억의 한 형태

사례연구 한두 명의 개인에 대한 집중적인 연구

사회 공포증 사회 상황에서 매우 높은 수준의 불안을 경험하는 정신장애

사회 권력 다른 사람의 태도와 행동을 변화시키는 데 개인이 사용할 수 있는 힘

사회 규범 한 집단(예 : 가정, 조직) 안에서 합의된 행동 규준

사회불안장애 사회적 상황에 대한 과도한 공포 때문에 이런 상황을 회피하는 장애로 사회공포증으로도 불린다.

사회 역할 적합한 행동에 대한 특정 기대를 기반으로 사회집단의 구성원으로서 하고 있는 역할

사회 영향 다른 사람의 태도와 행동을 변화시키기 위한 개인 또는 집단의 노력

사회적 바람직성 편향 성격 질문지에서 부정확하지만 사회적으로 바람직한 반응을 제시하는 경향성

사회정체성 우리가 동일시하는 집단에 의해 사회정체성이 만들어진다. 우리 자신에 대한 우리의 감정은 우리가 동일시하는 집단에 대해 어떻게 느끼는지에 달려있다.

사회지각 개인이 타인을 지각하고, 평가하고, 그 사람에 대한 인상을 형성하는 것과 관련된 정보처리과정

산출언어 말하기 또는 쓰기와 같은 언어의 산출

상관 두 종속변인 또는 참여자의 반응들 사이의 연합

상호반응성 지향 부모와 아동 간의 상호 협조적인 관계

상호부조협력 모두에게 이익이 되는 공동 목표(예 : 생존)를 위해 둘 이상의 사람들 사이의 협력

상호의존적 자아 다른 사람들과의 관계로 자아를 정의하는 자아개념의 한 유형

상호 이타심 자기가 돕는 사람이 이타적으로 반응할 것이라는 기대 때문에 누군가에 대한 이타적 행동을 한다는 관점

상황귀인 누군가의 행동의 원인이 성격보다는 그가 처한 상황에 있다는 결정

생태학적 타당도 연구 결과가 일상생활에 적용될 수 있는 정도 또는 다른 장소, 시간 그리고 측정치에 일반화될 수 있는 정도

생활사건 장기간에 걸친 높은 수준의 스트레스를 유발하는, 대부분 부정적인 결과를 초래하는 삶에서의 주요 사건들

서술적 기억 개인 경험, 일반 지식과 관련된 장기기억으로, 일반적으로 정보에 대한 의식적인 기억과 관련이 있다.

선조망 수평선으로 수렴하는 선들에 의해 만들어지는 강력한 깊이단서

선천성 부신과형성 태아기 동안 비정상적으로 높은 남성 성호르몬에 노출되는 것 때문에 발생하는 부신선의 유전 장애

선택적 배정 생물학적 부모의 사회적 · 교육적 수준과 비슷한 가정에 입

양 아동을 배정하는 정책

성 도식 각 성에 적합한 행동에 대한 수많은 신념들로 이루어진 장기기억에 저장된 조직화된 지식

성 분리 약 3세 이후 대부분의 어린 아동이 같은 성의 또래와 노는 경향성

성 역할 고정관념 남성과 여성에게 적합하다고 생각되는 직업 또는 활동과 관련하여 문화적으로 결정된 기대

성 유사성 가설 대부분의 심리적 변인들(예 : 능력, 성격)에서 남성과 여성 사이에 단지 작은 차이만 존재한다는 관점

성 유형 행동(gender-typed behavior) 특정 문화권의 성 역할 고정관념(gender-role stereotypes)에 기초한 기대에 맞추어 일어나는 행동

성 유형 행동(gender-typed behavior) 특정 문화의 성 역할 고정관념(sex-role stereotypes)에 기초한 기대에 맞추어 일어나는 행동

성 정체성 남성인지 또는 여성인지에 대한 개인의 자각으로, 생물학적 요인보다 대부분 사회적 요인에 달려있다.

성 정체성 장애 개인이 인지하는 성과 생물학적 성 사이의 갈등과 연합된 디스트레스

소거 보상(조작적 조건형성) 또는 무조건자극(고전적 조건형성)이 제시되지 않을 때 일어나는 반응의 제거

소진 과도한 직무 요구에 의해 유발되는 장기간의 정서적 고갈, 비인간화, 개인 성취감 결여

수단-목표 분석 현재 문제 상태와 해결 사이의 차이 감소에 기초한 문제해결 접근

수단-목표 관계 특정 상황에서 특정 행동이 특정 결과를 가져온다는 지식

수렴 멀리 있는 물체보다 가까운 물체를 볼 때 두 눈이 안쪽으로 더 많이 몰리는 것에서 오는 깊이단서

수용언어 언어의 이해(예 : 다른 사람의 말소리)

수행경험 보상 또는 처벌의 결과로 특정 문화권이 기대하는 성 행동을 학습한다는 관점

순행간섭 사전 학습이 나중 학습 또는 기억을 방해하여 일어나는 망각

시공간 메모장 짧은 시간 시각과 공간 정보를 저장하는 작업기억 구성성분

시상 각성과 수면에 관여하는 전뇌의 일부

시상하부 체온, 배고픔, 목마름, 그리고 성행동의 제어와 관련된 전뇌의 일부

시점-불변 지각 여러 다른 관점에서 물체 재인이 똑같이 쉽다는 관점

시점-의존 지각 물체가 다른 시점들보다 특정 시점(특히 전형적인 시점)에서 더 쉽게 재인된다는 개념

시지각 세상을 보기 위한 시각 정보의 처리과정

신경증 부정적인 정서 경험(예 : 불안, 슬픔)에서 개인차를 보여주는 성

격 특성

신뢰도 지능검사가 다음 측정에서도 일관된 또는 비슷한 결과를 내놓는 정도

실용론 상황에 적합한 말을 결정하는 규칙

실행 의도 언제, 어디서, 어떻게 목표를 달성한다는 구체적인 정보에 기반한 목표 달성을 위해 고안된 행동계획

실험가설 특정 실험에서 무엇이 발생할 것인지에 대한 예측. 종속변수에 미치는 특정 독립변수의 영향에 대한 예측을 포함하고 있고, 일반적으로 이론에 기초하여 세워진다.

실험법 실험 상황(특히 독립변수)에 대한 높은 수준의 통제를 포함하는 연구 방법

실험자 효과 참여자의 행동에 영향을 미치는 의도하지 않은 실험자의 행동

심적 회전 물체의 방향이 공간에서 회전하였을 때 물체의 모습을 상상하는 공간능력검사

아동 지향어 어린 아동이 이해하기 쉽도록 부모 또는 보호자가 사용하는 짧고, 단순하고, 느린 문장의 말

아드레날린 교감신경계에서 각성 증가를 일으키는 호르몬으로, 구조와 기능에서 노어아드레날린과 매우 유사하다.

안구운동단서 눈 주변의 근육 수축에 기초한 깊이단서

안드로겐 여성보다 남성에게 훨씬 더 많이 분비되는 남성 성호르몬(예 : 테스토스테론)

안전행동 사회적 상황에서 불안을 감소시키고 최악을 피하기 위해 하는 반응

안정애착 어머니가 부재 후 다시 돌아왔을 때 어머니에 대한 유아의 강력하고 만족스러운 애착

암묵적 성격 이론 특정 성격 특성을 가진 사람이 이와 관련된 다른 특성들도 가졌을 것이라고 믿는(때로는 잘못된) 경향성

암송 정보(예 : 단어)의 구어적 반복으로, 암송된 정보는 장기기억이 향상된다.

애착 두 사람(예 : 어머니와 아동) 사이의 강한 정서적 관계

양성성 여성적 특성과 남성적 특성을 모두 소유하고 있는 개인을 기술하는 용어

양안단서 두 눈의 사용으로 가능한 깊이단서

억압 스트레스 또는 외상 경험에 대한 동기화된 망각을 의미하는 Freud의 용어

언덕 오르기 문제해결 또는 목표에 한 단계에 더 가까이 가게 해주는 이동에 초점을 맞춘 가장 단순한 전략

언어 보편성 전 세계 대부분의 언어에서 발견되는 특징들(예 : 어순, 명사와 동사의 구분)

에임스의 방 착시 평범해 보이지만 사실은 이상한 모양의 방으로 뒤 벽

앞에 서 있는 사람의 키를 왜곡하여 지각한다.

역균형화 반복측정설계에서 실험조건이 첫 번째 또는 두 번째로 올 확률을 동일하게 만드는 절차

역행간섭 나중 학습이 사전 학습의 기억을 방해하여 일어나는 망각

역행성 기억상실증 기억상실증이 발생하기 전에 학습한 기억 정보의 망각

영가설 독립변수가 종속변수에 아무런 영향을 주지 않을 것이라는 예측

오방향 한 대상에 향하는 관중의 주의를 방해하기 위해 다른 대상에 주의 초점을 맞추도록 마술사가 사용하는 속임수

옥시토신 사교성을 증가시키고 불안을 감소시켜서 안녕감을 촉진시키는 호르몬

외상후 스트레스장애 사건의 재경험, 사건과 연합된 자극의 회피, 공포와 각성 증가를 포함하는 매우 강한 디스트레스 사건에 의해 유발되는 정신장애

외집단 개인이 속하지 않은 집단으로, 이런 집단은 편견을 가지고 부정적으로 보게 된다.

외향성 사회성과 충동성에서 개인차를 보여주는 성격 특성

요구 특성 실험자의 생각 또는 연구의 본질을 알아내기 위해 참여자들이 사용하는 단서들

요인 분석 검사가 측정하는 지능(또는 성격)의 측면들의 본질과 개수를 밝히기 위해 사용하는 통계 기법

운동시차 망막을 가로지르는 물체 이미지의 움직임이 제공하는 깊이 단서

위기 단계 이혼 후 첫 번째 기간으로, 이 기간 동안 어머니는 평소보다 애정 표현을 덜 한다.

위조 파이프라인 사람들이 성격 질문지를 작성할 때 정직한 답변을 유발하기 위해 사용되는 거짓말 탐지기

음운고리 말소리 정보의 저장과 하위발성이 일어나는 작업기억 구성성분

음운론 특정 언어의 소리체계

응고화 장기기억이 형성될 때 일어나는 생리과정으로 이런 과정은 몇 시간 또는 그 이상 걸린다.

의도적 훈련 학습자가 정보 피드백과 오류를 수정할 기회를 제공받는 훈련의 한 형태

의도적 통제 우세한 반응(예 : 규칙을 위반하는 행동)을 억제하는 능력과 관련된 성격 특질

의미기억 세계, 개념, 언어 등 일반 지식에 대한 장기기억

의미론 단어 또는 문장이 나타내는 의미

의미 치매 뇌 손상으로 인해 단어 의미를 평가하는 데 상당한 문제를 경험하는 환자

이란성 쌍생아 2개의 난자가 2개의 정자와 거의 동시에 수정되어 유전자의 50%를 공유하는 쌍생아

이야기법 이야기 속에 기억해야 될 단어를 정확한 순서로 포함시켜서 기억을 향상시키는 기법

이차 강화물 일차 강화물과 반복적으로 연합된 것 때문에 보상의 효과를 띠는 자극(예 : 돈, 칭찬)

이타심 이타적인 사람에게 손실이 일어날 수 있는, 누군가를 도우려는 욕구에 의해 동기화되는 친사회적 행동

인습적 도덕성 Kohlberg 이론의 두 번째 도덕성 발달 수준으로, 이 수준의 도덕적 추리는 타인의 인정을 받는 것에 집중한다.

인지도식 개인이 살고 있는 세계와 자신을 해석하는 데 사용하는 장기기억에 저장되어 있는 잘 조직화된 정보

인지삼제 우울한 사람이 자기 자신, 세계, 미래에 대해 가지는 부정적인 관점

인지신경과학 인간의 인지를 이해하기 위해 행동과 뇌 활동 정보를 결합하는 접근

인지신경심리학 건강한 사람의 인지를 더 잘 이해하기 위해 뇌 손상 환자들을 연구하는 분야

인지심리학 유기체의 내부 과정(예 : 주의, 지각, 학습, 사고)과 이런 과정이 행동에 영향을 미치는 방식을 연구하는 심리학의 한 분야

인지 평가 현재 상황에 대한 개인의 해석으로 정서 경험의 종류와 강도를 결정하고 그 상황에 대처할 자원이 있는지도 평가한다.

일란성 쌍생아 하나의 수정란이 분열되어 유전자의 100%를 공유하는 쌍생아

일차 강화물 생존에 필수적인 보상적 자극(예 : 음식, 물)

일화기억 개인적 사건에 대한 장기기억

일화적 완충기 음운고리, 시공간 메모장, 장기기억으로부터 나온 정보를 통합하여 짧은 시간 저장하는 작업기억 구성성분

임상법 문제에 대한 아동의 이해를 평가하기 위해 사용하는 비형식적인 질문에 기초한 연구 방법

입체시 두 눈의 망막 이미지에서 미세한 차이에 기초한 깊이단서

자기 개방 자기 자신에 대한 사적 또는 개인 정보를 다른 사람에게 드러내는 행위

자기 위주 편향 자신의 성공은 자신의 노력과 능력에 귀인하면서 실패는 과제 난이도와 나쁜 운에 귀인하는 경향성으로 자아존중감을 유지하기 위해 일어난다.

자기조절 사람들이 자신의 행동을 조절하고 원하는 결과를 성취하기 위해 스스로를 보상하고 처벌한다는 Bandura의 개념

자기중심성 다른 사람이 보고 생각하는 방식이 자신과 같다는 어린 아동의 가정으로, 자기 본위적인 것과 비슷하다.

자발적 회복 고전적 조건형성에서 소거 후 반응의 재출현

자서전적 기억 생애에 걸쳐 개인과 관련된 특별한 사건에 대한 기억(특

히 개인적으로 중요한 사건에 대한 기억)

자아개념 장기기억에 저장되어 있는 자기 자신에 대한 조직화된 정보

자아존중감 개인이 자기 자신에 대해 가지는 (긍정적 또는 부정적) 느낌과 관련된 자아개념의 일부

자아효능감 특정 목표를 달성하는 것처럼 과제를 수행할 수 있다는 개인의 신념

자유재생 목록의 단어들을 순서에 상관없이 회상하는 기억검사

자율신경계 비골격근의 불수의적 운동을 제어하는 말초신경계의 일부로 교감신경계와 부교감신경계로 나뉘어져 있다.

자폐증 매우 낮은 소통 기술, 손상된 사회성 발달과 언어 발달, 반복 행동을 포함하는 심각한 장애

작업기억 암송과 그 밖의 정보처리 활동(예 : 주의, 시각 정보처리)을 위한 독립적인 구성성분들로 이루어진 기억 시스템

잘 정의되지 않은 문제 불분명하게 명시된 문제로, 예를 들어 초기 상태, 목표 상태, 문제해결을 위한 방법이 분명하지 않다.

잘 정의된 문제 초기 상태, 목표, 해결에 이르는 가능한 방법이 분명한 문제

장소법 기억해야 할 정보를 학습자가 잘 알고 있는 장소와 연합시키는 기억 기법

재범주화 하나의 큰 내집단을 형성하기 위해 내집단과 외집단을 합치는 방법

재인 사전에 제시된 정보와 사전에 제시되지 않은 정보를 구분하는 기억검사

재평가 사건의 정서적 의미를 추가적인 인지과정을 통해 변화시키는 정서조절 전략

저항애착 어머니가 부재 후 다시 돌아왔을 때 접촉하기를 거부하는 어머니에 대한 유아의 불안정한 애착

적대성 기대 편향 애매모호한 상황에서 타인에게서 공격성을 기대하는 편향

적응 과거 우리 선조에게 닥쳤던 문제를 해결하기 위해 진화한 유전적 기제

적응 단계 이혼 후 두 번째 기간으로, 위기 단계 다음에 오고, 위기 단계보다 정서적 스트레스가 더 적다.

전경-배경 분리 덜 뚜렷한 배경과 두드러지는 물체 또는 전경으로 시각 장면을 지각하는 것

전보어 둘 또는 세 개의 단어에 많은 정보가 담긴 전보문과 비슷한 아동의 초기 언어

전이-적절처리 인출 시점의 정보처리가 학습 시점의 정보처리와 매우 비슷할 때 장기기억이 최상이라는 관점

전인습적 도덕성 Kohlberg 이론의 첫 번째 도덕성 발달 수준으로, 이 수준의 도덕적 추리는 좋은 행동과 나쁜 행동에 대한 보상과 처벌에 집중한다.

전집 연구에 사용된 표본이 속하고 있는 큰 집합체

전환성 수행된 조작을 머릿속에서 되돌리는 능력

절충적 접근 치료자가 다양한 치료기법들을 사용하는 방법

점화 사전에 목표자극 또는 목표자극과 연관이 있는 자극이 제시된 것 때문에 목표자극의 정보처리가 촉진되는 비서술적 기억의 한 형태

정보적 영향 타인의 지식 또는 판단이 우수하다는 지각에 기초한 동조

정서조절 여러 가지 방법(예 : 인지 재평가, 기분 전환)을 사용하여 정서 상태를 통제하고 관리하는 과정

정서 중심 대처 부정적인 정서 상태를 감소시켜서 스트레스 상황에 대처하는 일반 전략

정서지능 자기 자신과 타인의 정서적 욕구에 대한 개인의 민감성 수준

정신증 적대감, 냉담성, 공격성에서 개인차를 보여주는 성격 특성

정의의 도덕성 도덕적 판단에서 법과 도덕 원리를 중요하게 강조하는 도덕성의 한 형태

정적처벌 반응 뒤에 혐오적 또는 불쾌한 자극이 제시되는 것 때문에 반응 확률이 감소하는 조건형성의 한 형태

제삼자 처벌 자신을 희생해서라도 제삼자를 불공정하게 대하는 사람을 처벌하는 것

조건반사 조건자극과 조건반응 간의 잘 확립된 연합

조건반응 고전적 조건형성의 결과로 유발된 새로운 반응

조건자극 고전적 조건형성을 산출하기 위하여 무조건자극과 짝지어지는 중성자극

조성 원하는 새로운 반응을 만들기 위해 단계적으로 강화물을 제시하는 조건형성의 한 형태

조작적 조건형성 개인의 반응이 반응의 결과(보상 또는 처벌)에 의해 통제되는 학습

조절 가까운 물체에 초점을 맞출 때 눈의 수정체가 두꺼워지는 것과 관련된 깊이단서

조절 환경에 효과적으로 대처하기 위해 개인의 인지구조를 변화시키는 과정

종단법 한 집단의 참여자들을 비교적 오랜 기간에 걸쳐서 반복적으로 연구하는 방법

종속변수 실험에서 측정하는 참여자의 행동 측면

주도적 공격성 어떤 목표를 달성하기 위해 미리 계획된 공격행동의 형태로 냉담한 공격성

주요우울장애 우울한 기분, 피로, 활동의 즐거움과 흥미 결여, 가치가 없다는 느낌, 과도한 죄책감이 특징인 흔한 정신장애

중뇌 시각, 청각, 그리고 운동제어에 관여하는 뇌의 중간 부분

중앙 응집 맥락을 고려하여 정보를 해석하는 능력, '큰 그림을 보는' 능력

중앙집행부 감각 양상과 관계없는 제한된 용량의 작업기억 구성성분

중첩 더 가까운 물체가 더 멀리 있는 물체의 일부를 가린다는 깊이단서

중추신경계 뇌와 척수로 구성되어 있고 골격과 뇌척수액의 보호를 받고 있다.

지능지수(IQ) 일반 지능 측정치, 평균 IQ는 100이고 대부분의 사람들의 IQ는 85와 115 사이에 있다.

지온 물체 재인을 위해 결합되는 기본적인 형태 또는 성분으로 Biederman이 제안한 'geometric ions'의 줄임말

직접교습 타인의 지시에 의해 아동의 성 유형 행동과 성 정체성을 발달시키는 방법

진화심리학 인간의 많은 행동이 Darwin의 진화론을 기초로 이해될 수 있다는 가정에 기초한 심리학의 접근

진화심리학 인간의 많은 행동이 다윈의 진화론으로 설명될 수 있다는 가정에 기초한 심리학 분야

집단 관련된 여러 인지과정 또는 조작들의 조직화된 구조

집단극화 극단적인 의사결정을 만들어내는 집단의 경향성

집단사고 반대 의견을 억압하면서 집단 내에서 합의를 이루려는 집단 압력, 참담한 의사결정을 낳을 수 있다.

집단주의 문화 개인의 책임보다 집단 연대에 초점을 맞춘 문화

집중화 특정 상황에 존재하는 정보의 일부에만 주의를 기울이는 경향성

집행기능장애 증후군 뇌 손상(특히 전두엽)으로 인해 복잡한 인지기능(예 : 계획하기, 의사결정)의 심각한 장애를 보이는 환자

차단 효과 특정 조건자극이 무조건자극의 출현을 이미 예언하고 있으면 다른 조건자극에 대한 조건반응이 발생하지 않는 현상

차별대우 특정 집단의 구성원을 향한 적대적인 행동 또는 행위

착시 거의 모든 사람들이 그림이나 시각자극에서 보이는 잘못된 시지각

창의성 문제에 대한 새롭고, 유용하고, 독창적인 해결을 내놓는 능력

책임 분산 희생자를 관찰하는 목격자의 수가 많을수록 각 개인이 경험하는 사회적 책임감은 줄어든다.

청크 작은 정보 조각들이 결합되어 만들어지는 정보의 단위

체감각 피부와 신체에서 오는 정보에 기초한 지각 정보처리

체신경계 다리와 같은 골격근의 수의적 운동을 제어하는 말초신경계의 일부

체질-스트레스 모형 정신장애가 체질과 디스트레스 사건의 결합으로 유발된다는 관점

초두 효과 타인에 대한 우리의 생각이 결정되는 데 첫인상이 나중 인상보다 더 중요하다는 발견

친사회적 행동 누군가에게 긍정적(예 : 협조적, 애정 어린)이고 이득이 되는 행동

캡차 기계에게는 매우 어렵지만 인간에게는 비교적 쉬운, 망가진 시각자극의 확인을 요구하는 프로그램

코르티솔 스트레스가 높은 사람들의 신체에서 많이 발견되는 호르몬으로 '스트레스 호르몬'으로 불린다.

타당도 지능검사가 측정한다고 가정하는 것을 측정하고 있는 정도

타인종 효과 동일 인종 얼굴에 대한 재인이 다른 인종 얼굴에 대한 것보다 더 정확한 기억현상

타임아웃기법 바람직하지 않은 행동(예 : 공격성)이 일어난 상황에서 그 사람을 배제시키는 부적처벌의 한 형태

탈집중화 문제의 여러 측면들에 동시에 집중하고 이해하는 능력

테스토스테론 여성보다 남성에게 훨씬 더 많이 분비되는 공격성 및 성 행동과 관련된 성호르몬

토큰경제 바람직한 행동을 일으키기 위해 토큰을 제공하는 조작적 조건형성에 기초한 행동수정 기법으로, 토큰은 나중에 강화물과 교환된다.

통사론 문장에 있는 단어들의 적절한 순서를 가리키는 문법규칙

특성 시간에 걸쳐 어느 정도 안정적이고 개인차를 보여주는 성격의 측면 또는 차원. 이런 특성들은 행동에 직접적 그리고 간접적인 영향을 미친다.

페그워드법 기억해야 하는 항목을 페그워드(숫자와 운이 맞는 단어)와 연합하는 기억 기법

편견 특정 집단의 구성원이라는 이유로 집단의 구성원에게 갖는 태도와 감정

편도체 측두엽 내부에 있는 아몬드 모양의 작은 뇌 부위로 여러 정서와 관련이 있다(예 : 공포).

평형화 평형 상태를 회복하기 위해 조절과 동화를 사용하여 인지 갈등에 대응하는 과정

포괄 적응도 번식을 통한 직접적인 방식과 유전적인 관계에 있는 사람들을 돕는 것을 통한 간접적인 방식에 의한 개체 유전자의 성공적 전달

폰 레스토르프 효과 목록의 다른 항목들과 독특하게 차이가 나는 기억항목이 특히 더 잘 기억되는 현상

표본 어떤 큰 전집에서부터 선정한, 실제로 연구에 사용된 참여자들

표준화 검사 대규모의 대표적 표본에 실시된 검사로 한 개인의 능력(또는 성격)을 다른 사람들의 능력과 비교할 수 있는 검사

프래그난쯔 법칙 시지각이 가능한 단순하게 조직화되는 경향이 있다는 관점

플린 효과 지난 50년 또는 60년 동안 수많은 국가들에서 일어난 IQ의 혁신적 증가

할당 표집 특정 측면(예 : 여성의 비율)에서 전집과 비슷하도록 표본을 구성하는 방식

합치율 쌍생아 연구에서 쌍생아 중 한 명이 장애를 가질 때 다른 한 명이 동일한 장애를 가질 확률

해리성 정체성장애 둘 이상의 독립적인 성격 또는 정체성이 교대로 행동을 통제하는 정신장애. 자서전적 기억의 망각 또는 기억상실증도 나타난다.

해석편향 애매한 자극이나 상황에 대한 부정적으로 편향된 또는 왜곡된 해석

행동주의 John Watson에 의해 미국에서 시작된 심리학의 접근. 행동주의에 따르면 심리학자는 관찰 가능한 자극과 반응에 초점을 맞추어야 하고 학습은 조건형성 원리로 설명될 수 있다.

행위자－관찰자 편향 타인의 행동은 내부 기질에 귀인하면서 자기 자신의 행동은 현재 상황에 귀인하는 경향성

허위 독특성 편향 자신의 능력과 행동이 대다수 다른 사람들보다 더 우수하다는 잘못된 신념

허위 합의 효과 대부분의 많은 사람들의 의견, 행동, 성격이 우리와 비슷하다는 잘못된 신념

혈연 선택 포괄 적응도를 높이기 위해 유전적 관계에 있는 친족을 돕는 것

형판 체스 말과 위치에 대한 고정 정보와 변화 정보의 혼합으로 구성된 추상적인 도식 구조

혼합변수 잘못하여 독립변수와 함께 조작되는 변수로 실험자의 관심 대상이 아닌 변수

확고한 실험자 참여자의 행동이 실험자의 행동에 영향을 미치지 못하는 전형적인 실험실 상황

확장 아동이 방금 한 말을 더 완벽하고 정확한 문장으로 바꾸어 해주는 성인의 말

확증편향 발생할 것에 대한 기대의 영향으로 일어나는 기억 왜곡

회피애착 어머니가 부재 후 다시 돌아왔을 때 접촉하기를 회피하는 어머니에 대한 유아의 불안정한 애착

회피학습 적절한 회피반응이 불쾌한 또는 혐오적인 자극의 제시를 막는 조건형성의 한 형태

횡단법 한 시점에서 서로 다른 집단(예 : 상이한 연령)을 사용하여 연구하는 방법

효과의 법칙 반응 뒤에 보상이 뒤따르면 반응 확률이 증가하고 반응 뒤에 처벌이 뒤따르면 반응 확률이 감소하는 원리

후견지명 편향 사건이 발생한 후에 현명해지는 경향성

후뇌 '파충류의 뇌'라고도 하며 호흡, 소화, 삼키기, 섬세한 신체 균형 및 의식의 제어에 관여한다.

후인습적 도덕성 Kohlberg 이론의 세 번째 도덕성 발달 수준으로, 이 수준의 도덕적 추리는 보편적 가치와 정의에 집중한다.

휴리스틱 문제해결에 사용하는 어림법

A형 성격 조바심, 경쟁심, 시간적 압박감, 적대감이 특징인 성격 유형

B형 성격 A형의 성격 특징이 없는, 삶에 대한 느긋한 태도가 특징인 성격 유형

D형 성격 높은 부정적 감정과 사회적 억제가 특징인 성격 유형

참고문헌

Abrams, D., Wetherall, M., Cochrane, S., Hogg, M.A., & Turner, J.C. (1990). Knowing what to think by knowing who you are: Self-categorization and the nature of norm formation, conformity and group polarization. *British Journal of Social Psychology, 29,* 97–119.

Adams, C.H., & Sherer, M. (1985). Sex-role orientation and psychological adjustment: Implications for the masculinity model. *Sex Roles, 12,* 1211–1218.

Adey, P.S. (1993). Accelerating the development of formal thinking in middle and high school students IV: Three years on after a two-year intervention. *Journal of Research in Science Teaching, 30,* 351–366.

Adorno, T.W., Frenkel-Brunswik, E., Levinson, D., & Sanford, R. (1950). *The authoritarian personality.* New York: Harper.

Adriaanse, M.A., Gollwitzer, P.M., De Ridder, D.T.D., de Wit, J.B.F., & Kroese, F.M. (2011a). Breaking habits with implementation intentions: A test of underlying processes. *Personality and Social Psychology Bulletin, 37,* 502–513.

Adriaanse, M.A., Kroese, F.M., Gillebaart, M., & De Ridder, D.T.D. (2014). Effortless inhibition: Habit mediates the relation between self-control and unhealthy snack consumption. *Frontiers in Psychology, 5* (Article 444).

Adriaanse, M.A., Vinkers, C.D.W., De Ridder, D.T.D., Hox, J.J., & De Wit, J.B.F. (2011b). Do implementation intentions help to eat a healthy diet? A systematic review and meta-analysis of the empirical evidence. *Appetite, 56,* 183–193.

Aebli, H., Montada, L., & Schneider, U. (1968). *Über den Egozentrismus des Kindes. (Beyond Children's Egocentrism).* Stuttgart: Ernst Klett Verlag.

Ainsworth, M.D.S., & Bell, S.M. (1970). Attachment, exploration and separation: Illustrated by the behavior of one-year-olds in a strange situation. *Child Development, 41,* 49–67.

Ainsworth, M.D.S., Blehat, M.C., Waters, E., & Wall, S. (1978). *Patterns of attachment: A psychological study of the strange situation.* Hillsdale, NJ: Lawrence Erlbaum Associates, Inc.

Aldao, A., Nolen-Hoeksema, S., & Schweizer, S. (2010). Emotion-regulation strategies across psychopathology: A meta-analytic review. *Clinical Psychology Review, 30,* 217–237.

Ali, S.S., Lifshitz, M., & Rae, A. (2014). Empirical neuroenchantment: From reading minds to thinking critically. *Frontiers in Human Neuroscience, 8* (Article 257).

Allport, F.H. (1924). *Social psychology.* Boston: Houghton Mifflin.

Allport, G.W. (1954). *The nature of prejudice.* Reading, MA: Addison-Wesley.

Allport, G.W., & Odbert, H.S. (1936). Trait-names: A psycho-lexical study. *Psychological Monographs, 47,* 211.

Alnabulsi, H., & Drury, J. (2014). Social identification moderates the effect of crowd density on safety at the Hajj. *Proceedings of the National Academy of Sciences USA, 111,* 9091–9096.

Ambady, N., & Rosenthal, R. (1996). Experimenter effects. In A.S.R. Manstead & M. Hewstone (Eds.), *Blackwell encyclopedia of social psychology.* Oxford: Blackwell.

American Psychiatric Association: Diagnostic and Statistical Manual of Mental Disorders, Fifth Edition (2013). Arlington, VA: American Psychiatric Association.

Amodio, D.M. (2014). The neuroscience of prejudice and stereotyping. *Nature Reviews Neuroscience, 15,* 670–682.

Anderson, C.A., Benjamin, A.J., & Bartholow, B.D. (1998). Does the gun pull the trigger? Automatic priming effects of weapon pictures and weapon names. *Psychological Science, 9,* 308–314.

Anderson, C.A., & Bushman, B.J. (2002). Human aggression. *Annual Review of Psychology, 53,* 27–51.

Anderson, C.A., Ihori, N., Bushman, B.J., Rothstein, H.R., Shibuya, A., Swing, E.L. et al. (2010). Violent video game effects on aggression, empathy, and prosocial behavior in Eastern and Western countries: A meta-analytic review. *Psychological Bulletin, 136,* 151–173.

Anderson, J.L., Crawford, C.B., Nadeau, J., & Lindberg, T. (1992). Was the Duchess of Windsor right? A cross-cultural review of the socioecology of ideals of female body shape. *Ethology and Sociobiology, 13,* 197–227.

Andlin-Sobocki, P., Olesen, J., Wittchen, H.-U., & Jonsson, B. (2005). Cost of disorders of the brain in Europe. *European Journal of Neurology, 12,* 1–27.

Andlin-Sobocki, P., & Wittchen, H.-U. (2005). Cost of affective disorders in Europe. *European Journal of Neurology, 12*, 34–38.

Ang, S.C., Rodgers, J.L., & Wänström, L. (2010). The Flynn effect within subgroups in the US: Gender, race, income, education, and urbanization differences in the NLSY-children data. *Intelligence, 38*, 367–384.

Apperly, I.A., & Butterfill, S.A. (2009). Do humans have two systems to track beliefs and belief-like states? *Psychological Review, 116*, 953–970.

Archer, J., & Coyne, S.M. (2005). An integrated review of indirect, relational, and social aggression. *Personality and Social Psychology Review, 9*, 212–230.

Arnett, J. (2008). The neglected 95%: Why American psychology needs to become less American. *American Psychologist, 63*, 602–614.

Asch, S.E. (1946). Forming impressions of personality. *Journal of Abnormal and Social Psychology, 41*, 258–290.

Asch, S.E. (1951). Effects of group pressure on the modification and distortion of judgments. In H. Guetzkow (Ed.), *Groups, leadership and men* (pp. 177–190). Pittsburgh, PA: Carnegie.

Asch, S.E. (1956). Studies of independence and conformity: A minority of one against a unanimous majority. *Psychological Monographs, 70* (Whole No. 416), 1–70.

Atkins, J.E., Fiser, J., & Jacobs, R.A. (2001). Experience-dependent visual cue integration based on consistencies between visual and haptic percepts. *Vision Research, 41*, 449–461.

Atkinson, R.C., & Shiffrin, R.M. (1968). Human memory: A proposed system and its control processes. In K.W. Spence & J.T. Spence (Eds.), *The psychology of learning and motivation* (Vol. 2, pp. 89–105). London: Academic Press.

Atkinson, R.L., Atkinson, R.C., Smith, E.E., & Bem, D.J. (1993). *Introduction to psychology* (11th ed.). New York: Harcourt Brace College Publishers.

Baas, M., De Dreu, C.K.W., Carsten, K.W., & Nijstad, B.A. (2008). A meta-analysis of 25 years of mood-creativity research: Hedonic tone, activation, or regulatory focus? *Psychological Bulletin, 134*, 779–806.

Bachen, E., Cohen, S., & Marsland, A.L. (1997). Psychoimmunology. In A. Baum, S. Newman, J. Weinman, R. West, & C. McManus (Eds.), *Cambridge handbook of psychology, health, and medicine* (pp. 167–172). Cambridge, UK: Cambridge University Press.

Baddeley, A.D. (2007). *Working memory, thought, and action*. Oxford: Oxford University Press.

Baddeley, A.D. (2012). Working memory: Theories, models, and controversies. *Annual Review of Psychology, 63*, 1–29.

Baddeley, A.D., Eysenck, M.W., & Anderson, M.C. (2015). *Memory* (2nd ed.). Hove: Psychology Press.

Baddeley, A.D., & Hitch, G.J. (1974). Working memory. In G.H. Bower (Ed.), *Recent advances in learning and motivation* (Vol. 8, pp. 47–89). New York: Academic Press.

Bakker, A.B., Van der Zee, K.I., Lewig, K.A., & Dollard, M.F. (2006). The relationship between the Big Five personality factors and burnout: A study among volunteer counsellors. *Journal of Social Psychology, 146*, 31–50.

Balcetis, E., & Dunning, D. (2013). Considering the situation: Why people are better social psychologists than self-psychologists. *Self and Identity, 12*, 1–15.

Bandura, A. (1965). Influences of models' reinforcement contingencies on the acquisition of imitative responses. *Journal of Personality and Social Psychology, 1*, 589–593.

Bandura, A. (1977). *Social learning theory*. Englewood Cliffs, NJ: Prentice Hall.

Bandura, A. (1986). *Social foundations of thought and action: A social cognitive theory*. Englewood Cliffs, NJ: Prentice Hall.

Bandura, A., Ross, D., & Ross, S.A. (1963). Transmission of aggression through imitation of aggressive models. *Journal of Abnormal and Social Psychology, 66*, 3–11.

Banfield, J.C., & Dovidio, J.F. (2013). Whites' perceptions of discrimination against Blacks: The influence of common identity. *Journal of Experimental Social Psychology, 49*, 833–841.

Bannard, C., Klinger, J., & Tomasello, M. (2013). How selective are 3-year-olds in imitating novel linguistic material? *Developmental Psychology, 49*, 2344–2356.

Bannard, C., Lieven, E., & Tomasello, M. (2009). Modeling children's early grammatical knowledge. *Proceedings of the National Academy of Sciences of the United States of America, 106*, 17284–17289.

Baptista, M. (2012). On universal grammar, the bioprogram hypothesis and creole genesis. *Journal of Pidgin and Creole Languages, 27*, 351–376.

Barense, M.D., Ngo, L.H.T., & Peterson, M.A. (2012). Interactions of memory and perception in amnesia: The figure-ground perspective. *Cerebral Cortex, 22*, 2680–2691.

Barlow, F.K., Louis, W.R., & Terry, D.J. (2010). Minority report: Social identity, cognitions of rejection and intergroup anxiety predicting prejudice from one racially marginalised group towards another. *European Journal of Social Psychology, 40*, 805–818.

Baron, R. (2005). So right it's wrong: Groupthink and the ubiquitous nature of polarised group decision making. *Advances in Experimental Social Psychology, 37*, 219–253.

Bar-On, R. (1997). *The emotional intelligence inventory (EQ-i): Technical manual*. Toronto: Multi-Health Systems.

Bar-On, R. (2006). The Bar-On model of emotional-social intelligence (ESI). *Psicothema, 18*, 13–25.

Baronchelli, A., Chater, N., Pastor-Satorras, R., & Christiansen, M.H. (2012). The biological origin of linguistic diversity. *PLoS ONE, 7*(10), e48029.

Baron-Cohen, S., Leslie, A.M., & Frith, U. (1985). Does the autistic child have a "theory of mind"? *Cognition, 21*, 37–46.

Barrett, P.T., & Kline, P. (1982). An item and radial parcel analysis of the 16PF Questionnaire. *Personality and Individual Differences, 3*, 259–270.

Bartlett, F.C. (1932). *Remembering*. Cambridge: Cambridge University Press.

Bassoff, E.S., & Glass, G.V. (1982). The relationship between sex roles and mental health: A meta-analysis of twenty-six studies. *Counseling Psychologist, 10*, 105–112.

Bateson, M., Nettle, D., & Roberts, G. (2006). Cues of being watched enhance cooperation in a real-world setting. *Biological Letters, 2*, 412–414.

Batey, M., Chamorro-Premuzic, T., & Furnham, A. (2010). Individual differences in ideational behavior: Can the Big Five and psychometric intelligence predict creativity scores? *Creativity Research Journal, 22*, 90–97.

Batson, C.D., Cochrane, P.J., Biederman, M.F., Blosser, J.L., Ryan, M.J., & Vogt, B. (1978). Failure to help when in a hurry: Callousness or conflict? *Personality and Social Psychology Bulletin, 4*, 97–101.

Baumeister, R.F. (1998). The self. In D.T. Gilbert, S.T. Fiske, & G. Lindzey (Eds.), *The handbook of social psychology* (Vol. 1, 4th ed., pp. 680–740). New York: McGraw-Hill.

Baumeister, R.F. (2011). Self and identity: A brief overview of what they are, what they do, and how they work. *Annals of the New York Academy of Sciences, 1234*, 48–55.

Bäuml, K.-H., & Kliegl, O. (2013). The critical role of retrieval processes in release from proactive interference. *Journal of Memory and Language, 68*, 39–53.

Baxter, A.J., Scott, K.M., Ferrari, A.J., Norman, R.E., Vos, T., & Whiteford, H.A. (2014). Challenging the myth of an "epidemic" of common mental disorders: Trends in the global prevalence of anxiety and depression between 1990 and 2010. *Depression and Anxiety, 31*, 506–516.

Baynes, K., & Gazzaniga, M. (2000). Consciousness, introspection, and the split-brain: The two minds/ one body problem. In M.S. Gazzaniga (Ed.), *The new cognitive neurosciences*. Oxford: Oxford University Press.

Beaman, A.L., Barnes, P.J., Klentz, B., & McQuirk, B. (1978). Increasing helping rates through information dissemination: Teaching pays. *Personality and Social Psychology Bulletin, 4*, 406–411.

Beck, A.T., & Dozois, D.J.A. (2011). Cognitive therapy: Current status and future directions. *Annual Reviews of Medicine, 62*, 397–409.

Becker, M., Vignoles, V.L., Owe, E., Easterbrook, M.J., Brown, R., Smith, P.B. et al. (2014). Cultural bases for self-evaluation: Seeing oneself positively in different cultural contexts. *Personality and Social Psychology Bulletin, 40*, 657–675.

Becofsky, K.M., Shook, R.P., Sui, X.M., Wilcox, S., Lavie, C.J., & Blair, S.N. (2015). Influence of the source of social support and size of social network on all-cause mortality. *Mayo Clinic Proceedings, 90*, 895–902.

Bègue, L., Bushman, B.J., Giancola, P.R., Subra, B., & Rosset, E. (2010). "There is no such thing as an accident", especially when people are drunk. *Personality and Social Psychology Bulletin, 36*, 1301–1304.

Bem, S.L. (1985). Androgyny and gender schema theory: A conceptual and empirical integration. In T.B. Snodegegger (Ed.), *Nebraska symposium on motivation: Psychology and gender* (pp. 179–226). Lincoln, NE: University of Nebraska Press.

Benigno, J.P., Byrd, D.L., McNamara, P.H., Berg, W.G., & Farrar, M.J. (2011). Talking through transitions: Microgenetic changes in preschoolers' private speech and executive functioning. *Child Language Teaching and Therapy, 27*, 269–285.

Berenbaum, S.A., & Beltz, A.M. (2011). Sexual differentiation of human behaviour: Effects of prenatal and pubertal organisational hormones. *Frontiers in Neuroendocrinology, 32*, 183–200.

Berger, A., & Krahé, B. (2013). Negative attributes are gendered too: Conceptualising and measuring positive and negative facets of sex-role identity. *European Journal of Social Psychology, 43*, 516–531.

Berger, S.E., Chin, B., Basra, S., & Kim, H. (2015). Step by step: A microgenetic study of the development of strategy choice in infancy. *British Journal of Developmental Psychology, 33*, 106–122.

Berk, L.E. (2013). *Child development* (9th ed.). New York: Pearson.

Berko, J. (1958). The child's learning of English morphology. *Word, 14*, 150–177.

Berkowitz, L. (1968). Impulse, aggression and the gun. *Psychology Today*, September, 18–22.

Berkowitz, L., & LePage, A. (1967). Weapons as aggression-eliciting stimuli. *Journal of Personality and Social Psychology, 7*, 202–207.

Berndt, T.J. (1979). Developmental changes in conformity to peers and parents. *Developmental Psychology, 53*, 1447–1460.

Berwick, R.C., Friederici, A.D., Chomsky, N., & Bolhuis, J.J. (2013). Evolution, brain, and the nature of language. *Trends in Cognitive Sciences, 17*, 89–98.

Bettencourt, B.A., & Miller, N. (1996). Gender differences in aggression as a function of provocation: A meta-analysis. *Psychological Bulletin, 119,* 422–447.

Beyerstein, B.L. (1999). Whence cometh the myth that we only use 10% of our brains? In S. Della Sala (Ed.), *Mind myths: Exploring popular assumptions about the mind and brain* (pp. 3–24). Chichester: Wiley.

Bhatt, R.S., & Quinn, P.C. (2011). How does learning impact development in infancy? The case of perceptual organisation. *Infancy, 16,* 2–38.

Bickerton, D. (1984). The language bioprogram hypo. *Behavioral and Brain Sciences, 7,* 173–221.

Biederman, I. (1987). Recognition-by-components: A theory of human image understanding. *Psychological Review, 94,* 115–147.

Bjornsson, A.S. (2011). Beyond the "psychological placebo": Specifying the nonspecific in psychotherapy. *Clinical Psychology: Science and Practice, 18,* 113–118.

Blandin, Y., & Proteau, L. (2000). On the cognitive basis of observational learning: Development of mechanisms for the detection and correction of errors. *Quarterly Journal of Experimental Psychology, 53A,* 846–867.

Bluck, S., & Alea, N. (2009). Thinking and talking about the past: Why remember? *Applied Cognitive Psychology, 23,* 1089–1104.

Boardman, J.D., Alexander, K.B., & Stallings, M.C. (2011). Stressful life events and depression among adolescent twin pairs. *Biodemography and Social Biology, 57,* 53–66.

Bohannon, J.N., & Warren-Leubecker, A. (1989). Theoretical approaches to language acquisition. In J. Berko-Gleason (Ed.), *The development of language* (2nd ed., pp. 167–225). Columbus, OH: Merrill.

Bohle, P., Quinlan, M., McNamara, M., Pitts, C., & Willaby, H. (2015). Health and well-being of older workers: Comparing their associations with effort-reward imbalance and pressure, disorganisation and regulatory failure. *Work & Stress, 29,* 114–127.

Bollich, K.L., Rogers, K.H., & Vazire, S. (2015). Knowing more than we can tell: People are aware of their biased self-perceptions. *Personality and Social Psychology Bulletin, 41,* 918–929.

Bond, M.H., & Smith, P.B. (1996a). Cross-cultural social and organizational psychology. *Annual Review of Psychology, 47,* 205–235.

Bond, R. (2005). Group size and conformity. *Group Processes and Intergroup Roles, 6,* 331–354.

Bond, R., & Smith, P.B. (1996b). Culture and conformity: A meta-analysis of studies using Asch's (1952b, 1956) line judgment task. *Psychological Bulletin, 119,* 111–137.

Bonta, B.D. (1997). Cooperation and competition in peaceful societies. *Psychological Bulletin, 121,* 299–320.

Booth, R.W., Sharma, D., & Leader, T.I. (2016). The age of anxiety? It depends where you look: Changes in STAI trait anxiety, 1970–2010. *Social Psychiatry and Psychiatric Epidemiology, 51,* 193–202.

Bordone, V., Scherbov, S., & Steiber, N. (2015). Smarter every day: The deceleration of population ageing in terms of cognition. *Intelligence, 52,* 90–96.

Boring, E.G. (1950). *A history of experimental psychology* (2nd ed.). Englewood Cliffs, NJ: Prentice-Hall.

Bouchard, T.J., Lykken, D.T., McGue, M., Segal, N.L., & Tellegen, A. (1990). Sources of human psychological differences: The Minnesota study of twins reared apart. *Science, 250,* 223–228.

Bowden, E.M., Jung-Beeman, M., Fleck, J., & Kounios, J. (2005). New approaches to demystifying insight. *Trends in Cognitive Sciences, 9,* 322–328.

Bower, G.H., Black, J.B., & Turner, T.J. (1979). Scripts in memory for text. *Cognitive Psychology, 11,* 177–220.

Bower, G.H., & Clark, M.C. (1969). Narrative stories as mediators for serial learning. *Psychonomic Science, 14,* 181–182.

Bowlby, J. (1951). *Maternal care and mental health.* Geneva: World Health Organisation.

Bowlby, J. (1969). *Attachment and love: Vol. 1: Attachment.* London: Hogarth.

Bowlby, J. (1988). *A secure base: Clinical applications of attachment theory.* London: Routledge.

Boxer, P., Groves, C.L., & Docherty, M. (2015). Video games do indeed influence children and adolescents' aggression, prosocial behaviour, and academic performance: A clearer reading of Ferguson. *Perspectives on Psychological Science, 10,* 671–673.

Brackett, M.A., Mayer, J.D., & Warner, R.M. (2004). Emotional intelligence and its relationship to everyday behavior. *Personality and Individual Differences, 36,* 1387–1402.

Bradbard, M.R., Martin, C.L., Endsley, R.C., & Halverson, C.F. (1986). Influence of sex stereotypes on children's exploration and memory: A competence versus performance distinction. *Developmental Psychology, 22,* 481–486.

Bradmetz, J. (1999). Precursors of formal thought: A longitudinal study. *British Journal of Developmental Psychology, 17,* 61–81.

Brannon, T.N., Markus, H.R., & Taylor, V.J. (2015). "Two souls, two thoughts", two self-schemas: Double consciousness can have positive academic consequences for African Americans. *Journal of Personality and Social Psychology, 108,* 586–609.

Bransford, J.D., & Johnson, M.K. (1972). Contextual prerequisites for understanding. *Journal of Verbal Learning and Verbal Behavior, 11,* 717–726.

Brehm, S.S., Kassin, S.M., & Fein, S. (1999). *Social psychology* (4th ed.). New York: Houghton Mifflin.

Breland, K., & Breland, M. (1961). The misbehaviour of organisms. *American Psychologist, 16*, 681–684.

Breslow, L., & Enstrom, J.E. (1980). Persistence of health habits and their relationship to mortality. *Preventive Medicine, 9*, 469–483.

British Psychological Society (2014). Code of ethics. www.bps.org.uk/sites/default/files/documents/code_of_ethics_and conduct.pdf.

Brody, G.H., & Shaffer, D.R. (1982). Contributions of parents and peers to children's moral socialization. *Developmental Review, 2*, 31–75.

Brody, L.R., & Hall, J.A. (2008). Gender and emotion in context. In M. Lewis, J.M. Haviland-Jones, & L. Feldman Barrett (Eds.), *Handbook of emotion* (3rd ed., pp. 395–408). New York: Guilford Press.

Brown, A.S., Bracken, E., Zoccoli, S., & Douglas, K. (2004). Generating and remembering passwords. *Applied Cognitive Psychology, 18*, 641–651.

Brown, G.W., & Harris, T.O. (1978). *Social origins of depression: A study of psychiatric disorder in women.* London: Tavistock.

Brownell, C.A., Iesue, S.S., Nichols, S.R., & Svetlova, M. (2013). Mine or yours? Development of sharing in toddlers in relation to ownership understanding. *Child Development, 84*, 906–920.

Bruno, N., Bernadis, P., & Gentilucci, M. (2008). Visually guided pointing, the Müller-Lyer illusion, and the functional interpretation of the dorsal-ventral split: Conclusions from 33 independent studies. *Neuroscience and Biobehavioral Reviews, 32*, 423–437.

Bryan, A.D., Webster, G.D., & Mahaffey, A.L. (2011). The big, the rich, and the powerful: Physical, financial, and social dimensions of dominance in mating and attraction. *Personality and Social Psychology Bulletin, 37*, 365–382.

Burger, J.M. (2011). Alive and well after all these years. *Psychologist, 24*, 654–657.

Burgess, R.L., & Wallin, P. (1953). Marital happiness of parents and their children's attitudes to them. *American Sociological Review, 18*, 424–431.

Burleseon, B.R., & Kunkel, A. (2002). Parental and peer contributions to the emotional support skills of the child: From whom do children learn to express support? *Journal of Family Communication, 2*, 81–97.

Burns, B.D. (2004). The effects of speed on skilled chess performance. *Psychological Science, 15*, 442–447.

Bursztein, E., Bethard, S., Fabry, C., Mitvchel, J.C., & Jurafsky, D. (2010). How good at humans at solving CAPTCHAs? A large scale evaluation. *2010 Symposium on Security and Privacy*, 399–413.

Burt, C. (1915). The general and specific factors underlying the primary emotions. *Report to the British Association for the Advancement of Science, 69*, 45.

Burt, C. (1940). *Factors of the mind: An introduction to factor-analysis in psychology.* London: University of London Press.

Bushman, B.J., Baumeister, R.F., Thomaes, S., Ryu, E., Begeer, S., & West, S.G. (2009). Looking again, and harder, for a link between low self-esteem and aggression. *Journal of Personality, 77*, 427–446.

Buss, D.M. (1989). Sex differences in human mate preferences: Evolutionary hypotheses tested in 37 cultures. *Behavioral & Brain Sciences, 12*, 1–49.

Buss, D.M. (1995). Evolutionary psychology: A new paradigm for psychological science. *Psychological Inquiry, 6*, 1–30.

Buss, D.M. (2013). The science of human mating strategies: An historical perspective. *Psychological Inquiry, 24*, 171–177.

Bussey, K., & Bandura, A. (1999). Social cognitive theory of gender development and differentiation. *Psychological Review, 106*, 676–713.

Byrne, D. (1971). *The attraction paradigm.* New York: Academic Press.

Campbell, D.T. (1960). Blind variation and selective retention in creative thought as in other knowledge processes. *Psychological Review, 67*, 380–400.

Campbell, J.D., Krueger, J.I., & Vohs, K.D. (2005). Exploding the self-esteem myth. *Scientific American, 292*, 84–91.

Campbell, J.D., Schermer, J.A., Villani, V.C., Nguyen, B., Vickers, & Vernon, P.A. (2009). A behavioural genetic study of the dark triad of personality and moral development. *Twin Research and Human Genetics, 12*, 132–136.

Campitelli, G., & Gobet, F. (2011). Deliberate practice: Necessary but not sufficient. *Current Directions in Psychological Science, 20*, 280–285.

Capron, C., & Duyme, M. (1989). Assessment of effects of socio-economic status on IQ in a full cross-fostering study. *Nature, 340*, 552–554.

Card, N., & Little, T.D. (2006). Proactive and reactive aggression in childhood and adolescence: A meta-analysis of differential relations with psychosocial adjustment. *International Journal of Behavioral Development, 30*, 466–480.

Cardoso, C., Ellenbogen, M.A., Serravalle, L., & Linnen, A.-M. (2013). Stress-induced negative mood moderates the relation between oxytocin administration and trust: Evidence for the tend-and-befriend response to stress? *Psychoneuroendocrinology, 38*, 2800–2804.

Carpendale, J.I.M., Kettner, V.A., & Auder, K.N. (2015). On the nature of toddlers' helping: Helping or interest in others' activity? *Social Development, 24*, 357–366.

Carré, J.M., & Olmstead, N.A. (2015). Social neuroendocrinology of human aggression: Examining the role of competition-induced testosterone dynamics. *Neuroscience, 288*, 171–186.

Carroll, J.B. (1993). *Human cognitive abilities: A survey of factor analytic studies.* New York: Cambridge University Press.

Carver, C.S., & Connor-Smith, J. (2010). Personality and coping. *Annual Review of Psychology, 61*, 679–704.

Cattell, R.B. (1943). The description of personality: Basic traits resolved into clusters. *Journal of Abnormal and Social Psychology, 38*, 476–506.

Cattell, R.B. (1957). *Personality and motivation structure and measurement.* New York: World Book Company.

Cavaco, S., Anderson, S.W., Allen, J.S., Castro-Caldas, A., & Damasio, H. (2004). The scope of procedural memory in amnesia. *Brain, 127*, 1853–1867.

Challis, B.H., Velichkovsky, B.M., & Craik, F.I.M. (1996). Levels-of-processing effects on a variety of memory tasks: New findings and theoretical implications. *Consciousness and Cognition, 5*, 142–164.

Chen, Z., & Cowan, N. (2009). Core verbal working memory capacity: The limit in words retained without covert articulation. *Quarterly Journal of Experimental Psychology, 62*, 1420–1429.

Cheng, C. (2005). Processes underlying gender-role flexibility: Do androgynous individuals know more or know how to cope? *Journal of Personality, 73*, 645–674.

Cheng, C., Lau, H.-P.B., & Chan, M.-P.S. (2014). Coping flexibility and psychological adjustment to stressful life changes: A meta-analytic review. *Psychological Bulletin, 140*, 1582–1607.

Chertkoff, J.M., & Kushigian, R.H. (1999). *Don't panic: The psychology of emergency egress and ingress.* Westport, CT: Praeger.

Child, I.L. (1968). Personality in culture. In E.F. Borgatta & W.W. Lambert (Eds.), *Handbook of personality theory and research* (pp. 79–118). Chicago: Rand McNally.

Chomsky, N. (1957). *Knowledge of language: Its nature, origin, and use.* New York: Praeger.

Chomsky, N. (1965). *Aspects of the theory of syntax.* Cambridge, MA: MIT Press.

Chomsky, N. (1986). *Knowledge of language: Its nature, origin, and use.* New York: Praeger.

Choy, Y., Fyer, A.J., & Lipsitz, J.D. (2007). Treatment of specific phobia in adults. *Clinical Psychology Review, 27*, 266–286.

Christensen, W., & Michael, J. (2016). From two systems to a multi-systems architecture for mindreading. *New Ideas in Psychology, 40*, 48–64.

Christiansen, M.H., & Chater, N. (2015). The language faculty that wasn't: A usage-based account of natural language recursion. *Frontiers in Psychology, 6* (Article 1182), 1–18.

Cinnirella, M. (1998). Manipulating stereotype ratings tasks: Understanding questionnaire context effects on measures of attitudes, social identity and stereotypes. *Journal of Community and Applied Social Psychology, 8*, 345–362.

Cirillo, P., & Taleb, N.N. (2015). On the statistical properties and tail risk of violent conflicts. *Tail Risk Working Papers.* Cambridge, MA: National Bureau of Economic Research.

Clark, D.M., Ehlers, A., Hackmann, A., McManus, F., Fennell, M., Grey, N., Waddington, L., & Wild, J. (2006). Cognitive therapy versus exposure and applied relaxation in social phobia: A randomised controlled trial. *Journal of Consulting and Clinical Psychology, 74*, 568–578.

Clark, D.M., & Wells, A. (1995). A cognitive model of social phobia. In R.R.G. Heimberg, M. Liebowitz, D.A. Hope, & S. Scheier (Eds.), *Social phobia: Diagnosis, assessment and treatment* (pp. 69–93). New York: Guilford.

Cohen, A.B. (2015). Religion's profound influences on psychology: Morality, intergroup relations, self-construal, and enculturation. *Current Perspectives in Psychological Science, 24*, 77–82.

Cohen, S., & Williamson, G.M. (1991). Stress and infectious disease in humans. *Psychological Bulletin, 109*, 5–24.

Cohen-Kettenis, P.T., & van Goozen, S.H.M. (1997). Sex reassignment of adolescent transsexuals: A follow-up study. *Journal of American Child Adolescent Psychiatry, 36*, 263–271.

Colby, A., Kohlberg, L., Gibbs, J., & Lieberman, M. (1983). A longitudinal study of moral judgment. *Monographs of the Society for Research in Child Development, 48*(1–2, Serial No. 200), 1–124.

Collins, N.L., & Miller, L.C. (1994). Self-disclosure and liking: A meta-analytic review. *Psychological Bulletin, 116*, 457–475.

Colman, A.M. (2009). *A dictionary of psychology.* Oxford: Oxford University Press.

Colvin, C.R., Block, J., & Funder, D.C. (1995). Overly positive self-evaluations and personality: Negative implications for mental health. *Journal of Personality and Social Psychology, 68*, 1152–1162.

Colvin, M.K., & Gazzaniga, M.S. (2007). Split-brain cases. In M. Velmans & S, Schneider (Eds.), *The Blackwell companion to consciousness.* Oxford: Blackwell.

Comstock, G., & Paik, H. (1991). *Television and the American child.* San Diego: Academic Press.

Confer, J.C., Easton, J.A., Fleischman, D.S., Goetz, C.D., Lewis, D.M.G., Perilloux, C., & Buss, D.M. (2010). Evolutionary psychology: Controversies, questions, prospects, and limitations. *American Psychologist, 65*, 110–126.

Conway, M.A., & Pleydell-Pearce, C.W. (2000). The construction of autobiographical memories in the self-memory system. *Psychological Review, 107*, 262–288.

Cooley, C.H. (1902). *Human nature and the social order.* New York: Scribner.

Corkin, S. (1984). Lasting consequences of bilateral medial temporal lobectomy: Clinical course and experimental findings in HM. *Seminars in Neurology, 4*, 249–259.

Corr, P.J. (2010). The psychoticism-psychopathy continuum: A neuropsychological model of core deficits. *Personality and Individual Differences, 48*, 695–703.

Costa, P.T., & McCrae, R.R. (1992). *Revised NEO Personality Inventory (NEO-PI-R) and NEO Five Factor Inventory (NEO-FFI) professional manual.* Odessa, FL: Psychological Assessment Resources.

Coyne, S.M. (2016). Effects of viewing relational aggression on television on aggressive behaviour in adolescents: A three-year longitudinal study. *Developmental Psychology, 52*, 284–295.

Coyne, S.M., Archer, J., & Eslen, M. (2004). Cruel intentions on television and in real life: Can viewing indirect aggression increase viewers' subsequent indirect aggression? *Journal of Experimental Child Psychology, 88*, 234–253.

Craig, M.A., & Richeson, J.A. (2014). More diverse yet less tolerant? How the increasingly diverse racial landscape affects white Americans' racial attitudes. *Personality and Social Psychology Bulletin, 40*, 750–761.

Craik, F.I.M., & Lockhart, R.S. (1972). Levels of processing: A framework for memory research. *Journal of Verbal Learning and Verbal Behavior, 11*, 671–684.

Craik, F.I.M., & Tulving, E. (1975). Depth of processing and the retention of words in episodic memory. *Journal of Experimental Psychology: General, 104*, 268–294.

Cronbach, L. (1957). The two disciplines of scientific psychology. *American Psychologist, 12*, 671–684.

Cross, S.E., & Madsen, L. (1997). Models of the self: Self-construals and gender. *Psychological Bulletin, 122*, 5–37.

Cumberbatch, G. (1990). *Television advertising and sex role stereotyping: A content analysis.* Working Paper IV for the Broadcasting Standards Council. Communications Research Group, Aston University, Birmingham, UK.

Cunningham, M.R. (1986). Measuring the physical in physical attractiveness: Quasi-experiments on the sociobiology of female facial beauty. *Journal of Personality and Social Psychology, 50*, 925–935.

Cunningham, W.A., Preacher, K.J., & Banaji, M.R. (2001). Implicit attitudes measures: Consistency, stability, and convergent validity. *Psychological Science, 12*, 163–170.

Dalgleish, T., Hill, E., Golden, A.-M.J., Morant, N., & Dunn, B.D. (2011). The structure of past and future lives in depression. *Journal of Abnormal Psychology, 120*, 1–15.

Dalgleish, T., & Werner-Seidler, A. (2014). Disruptions in autobiographical memory processing in depression and the emergence of memory therapeutics. *Trends in Cognitive Sciences, 18*, 596–604.

Daniel, E., Madigan, S., & Jenkins, J. (2016). Paternal and maternal warmth and the development of prosociality among preschoolers. *Journal of Family Psychology, 30*, 114–124.

Darley, J.M., & Latané, B. (1968). Bystander intervention in emergencies: Diffusion of responsibility. *Journal of Personality and Social Psychology, 8*, 377–383.

Darwin, C. (1859). *The origin of species.* London: Macmillan.

Dasen, P.R. (1994). Culture and cognitive development from a Piagetian perspective. In W.J. Lonner & R. Malpass (Eds.), *Psychology and culture* (pp. 145–149). London: Allyn and Bacon.

David, B., & Turner, J.C. (1999). Studies in self-categorization and minority conversion: The in-group minority in intragroup and intergroup contexts. *British Journal of Social Psychology, 38*, 115–134.

Davidov, M., & Grusec, J.E. (2004). Untangling the links of parental responsiveness to distress and warmth to child outcomes. *Child Development, 77*, 44–58.

Davis, J.I., Senghas, A., Brandt, F., & Ochsner, K.N. (2010). The effects of BOTOX injections on emotional experience. *Emotion, 10*, 433–440.

De Boysson-Bardies, B., Sagart, L., & Durand, C. (1984). Discernible differences in the babbling of infants according to target language. *Journal of Child Language, 16*, 1–17.

De Groot, A.D. (1965). *Thought and choice in chess.* The Hague, Netherlands: Mouton.

De Long, K.A., Urbach, T.P., & Kutas, M. (2005). Probabilistic word pre-activation during language comprehension inferred from electrical brain activity. *Nature Neuroscience, 8*, 1117–1121.

de Oliviera, M.F., Pinto, F.C.G., Nishlkuni, K., Botelho, R.V., Lima, A.M., & Rotta, J.M. (2012). Revisiting hydrocephalus as a model to study brain resilience. *Frontiers in Human Neuroscience, 5* (Article 181), 1–11.

de Wied, M., Gispen-de-Wied, C., & van Boxtel, A. (2010). Empathy dysfunction in children and adolescents with disruptive behavior disorders. *European Journal of Pharmacology, 626*, 97–103.

De Wolff, M.S., & van IJzendoorn, M.H. (1997). Sensitivity and attachment: A meta-analysis on parental antecedents of infant attachment. *Child Development, 68*, 571–591.

Deady, D.K., North, N.T., Allan, D., Smith, M.J.L., & O'Carroll, R.E. (2010). Examining the effect of spinal cord injury on emotional awareness, expressivity and memory for emotional material. *Psychology, Health & Medicine, 15*, 406–419.

Declercq, M., & Houwer, J. (2011). Evidence against an occasion-setting account of avoidance learning. *Learning and Motivation, 42*, 46–52.

Deffenbacher, K.A., Bornstein, B.H., Penrod, S.D., & McGorty, E.K. (2004). A meta-analytic review of the effects of high stress on eyewitness memory. *Law and Human Behavior, 28*, 687–706.

Delaney, P.F., Ericsson, K.A., & Knowles, M.E. (2004). Immediate and sustained effects of planning in a problem-solving task. *Journal of Experimental Psychology: Learning, Memory, and Cognition, 30*, 1219–1234.

DeLongis, A., Folkman, S., & Lazarus, R.S. (1988). The impact of daily hassles, uplifts and major life events on health status. *Health Psychology, 1*, 119–136.

DeLucia, P.R., & Hochberg, J. (1991). Geometrical illusions in solid objects under ordinary viewing conditions. *Perception & Psychophysics, 50*, 547–554.

Denollet, J. (2005). DS14: Standard assessment of negative affectivity, social inhibition, and Type D personality. *Psychosomatic Medicine, 67*, 89–97.

Derakshan, N., & Eysenck, M.W. (1999). Are repressors self-deceivers or other-deceivers? *Cognition and Emotion, 13*, 1–17.

DeRubeis, R.J., Hollon, S.D., Amsterdam, J.D., Shelton, R.C., Young, P.R., Salomon, R.M. et al. (2005). Cognitive therapy vs. medications in the treatment of moderate to severe depression. *Archives of General Psychiatry, 62*, 409–416.

Deutsch, M., & Gerard, H.B. (1955). A study of normative and informational influence upon individual judgement. *Journal of Abnormal and Social Psychology, 51*, 629–636.

Dewar, M.T., Cowan, N., & Della Sala, S. (2007). Forgetting due to retroactive interference: A fusion of Müller and Pilzecker's (1900) early insights into everyday forgetting and recent research on retrograde amnesia. *Cortex, 43*, 616–634.

Dezecache, G. (2015). Human collective reactions to threat. *Wiley Interdisciplinary Reviews-Cognitive Science, 6*, 209–219.

Dhont, K., Roets, A., & Van Hiel, A. (2011). Opening closed minds: The combined effects of intergroup contact and need for closure on prejudice. *Personality and Social Psychology Bulletin, 37*, 514–528.

Diagnostic and Statistical Manual of Mental Disorders (DSM-5) (2013). New York: American Psychiatric Association.

Dickens, W.T., & Flynn, J.R. (2001). Heritability estimates versus large environmental effects: The IQ paradox resolved. *Psychological Review, 108*, 346–369.

Dickerson, S.S., & Kemeny, M.E. (2004). Acute stressors and cortisol responses: A theoretical integration and synthesis of laboratory research. *Psychological Bulletin, 130*, 355–391.

Dickinson, A., & Dawson, G.R. (1987). The role of the instrumental contingency in the motivational control of performance. *Quarterly Journal of Experimental Psychology, 39*, 78–94.

Diener, E., & Crandall, R. (1978). *Ethics in social and behavioural research*. Chicago: University of Chicago Press.

Dill, K.E., & Thill, K.P. (2007). Video game characters and the socialisation of gender roles: Young people's perceptions mirror sexist media depictions. *Sex Roles, 57*, 851–864.

Dion, K.K., Berscheid, E., & Walster, E. (1972). What is beautiful is good. *Journal of Personality and Social Psychology, 24*, 285–290.

Dionne, G., Dale, P.S., Boivin, M., & Plomin, R. (2003). Genetic evidence for bidirectional effects of early lexical and grammatical development. *Child Development, 74*, 394–412.

Dishion, T.J., & Owen, L.D. (2002). A longitudinal analysis of friendships and substance use: Bidirectional influence from adolescence to adulthood. *Developmental Psychology, 38*, 480–491.

Dishion, T.J., Véronneau, M.-H., & Myers, M.W. (2010). Cascading peer dynamics underlying the progression from problem behavior to violence in early to late adolescence. *Development and Psychopathology, 22*, 603–619.

Dollard, J., Doob, L.W., Miller, N.E., Mowrer, O.H., & Sears, R.R. (1939). *Frustration and aggression*. New Haven, CT: Yale University Press.

Domini, F., Shah, R., & Caudek, C. (2011). Do we perceive a flattened world on the monitor screen? *Acta Psychologica, 138*, 359–366.

Domjan, M. (2005). Pavlovian conditioning: A functional perspective. *Annual Review of Psychology, 56*, 179–206.

Dorahy, M.J., Brand, B.L., Şar, V., Krüger, C., Stavropoulos, P., Martinez-Taboas, A. et al. (2014). Dissociative identity disorder: An empirical overview. *Australian & New Zealand Journal of Psychiatry, 48*, 402–417.

Dovidio, J.F., Brigham, J.C., Johnson, B.T., & Gaertner, S. (1996). Stereotyping, prejudice, and discrimination: Another look. In C.N. Macrae, C. Stanger, & M. Hewstone (Eds.), *Stereotypes and stereotyping* (pp. 276–319). Guilford Press: New York.

Dovidio, J.F., Gaertner, S.L., & Saguy, T. (2015). Colour-blindness and commonality: Included but invisible? *American Behavioral Scientist, 59*, 1518–1538.

Dovidio, J.F., Gaertner, S.L., Shnabel, N., Saguy, T., & Johnson, J.D. (2010). Recategorisation and prosocial behaviour: Common identity and a dual identity. In S. Stürmer & M. Snyder (Eds.), *The psychology of prosocial behaviour* (pp. 191–208). Malden, MA: Wiley-Blackwell.

Dovidio, J.F., ten Vergert, M., Stewart, T.L., Gaertner, S.L., Johnson, J.D., Esses, V.M. et al. (2004). Perspective and prejudice: Antecedents and mediating mechanisms. *Personality and Social Psychology Bulletin, 30*, 1537–1549.

Drury, J., Cocking, C., & Reicher, S. (2009). Everyone for themselves? A comparative study of crowd solidarity among emergency survivors. *British Journal of Social Psychology, 48*, 487–506.

Drury, J., & Reicher, S.D. (2010). Crowd control. *Scientific American Mind, 21*, 58–65.

Dunbar, K., & Blanchette, I. (2001). The in vivo/in vitro approach to cognition: The case of analogy. *Trends in Cognitive Sciences, 5*, 334–339.

Duncker, K. (1945). On problem solving. *Psychological Monographs, 58* (Whole No. 270), 1–113.

Dunlosky, J., Rawson, K.A., Marsh, E.J., Nathan, M.J., & Willingham, D.T. (2013). Improving students' learning with effective learning techniques: Promising directions from cognitive and educational psychology. *Psychological Science in the Public Interest, 14*, 4–58.

Durisko, Z., Mulsant, B.H., & Andrews, P.W. (2015). An adaptationist perspective on the aetiology of depression. *Journal of Affective Disorders, 172*, 315–323.

Eastwick, P.W., Luchies, L.B., Finkel, E.J., & Hunt, L.L. (2014). The predictive validity of ideal partner preferences: A review and meta-analysis. *Psychological Bulletin, 140*, 623–665.

Ebbinghaus, H. (1885/1913). *Über das Gedächtnis* (Leipzig: Dunker). Translated by H. Ruyer & C.E. Bussenius. New York: Teacher College, Columbia University.

Eftekhari, A., Ruzek, J.I., Crowley, J.J., Rosen, C.S., Greenbaum, M.A., & Karlin, B.E. (2013). Effectiveness of a national implementation of prolonged exposure therapy in veterans affairs care. *JAMA Psychiatry, 70*, 949–955.

Egan, S.K., & Perry, D.G. (2001). Gender identity: A multidimensional analysis with implications for psychosocial adjustment. *Developmental Psychology, 8*, 25–37.

Eichenbaum, H. (2015). Amnesia: Revisiting Scoville and Milner's (1957) research on HM and other patients. In M.W. Eysenck & D. Groome (Eds.), *Classic studies in cognitive psychology* (pp. 71–85). London: Sage.

Ein-Dor, T. (2015). Attachment dispositions and human defensive behaviour. *Personality and Individual Differences, 81*, 112–116.

Ekman, P., Friesen, W.V., & Ellsworth, P. (1972). *Emotion in the human face: Guidelines for research and an integration of findings.* New York: Pergamon.

Ekman, P., Friesen, W.V., O'Sullivan, M., Chan, A., Diacoyanni-Tarlatzis, I., Heider, K. et al. (1987). Universals and cultural differences in the judgments of facial expressions of emotion. *Journal of Personality and Social Psychology, 53*, 712–717.

Elder, J.H., & Goldberg, R.M. (2002). Ecological statistics of Gestalt laws for the perceptual organization of contours. *Journal of Vision, 2*, 324–353.

Else-Quest, N.M., Hyde, J.S., Goldsmith, H.H., & Van Hulle, C.A. (2006). Gender differences in temperament: A meta-analysis. *Psychological Bulletin, 132*, 33–72.

Else-Quest, N.M., Hyde, J.S., & Linn, M.C. (2010). Cross-national patterns of gender differences in mathematics: A meta-analysis. *Psychological Bulletin, 136*, 103–127.

Ember, M. (1981). *Statistical evidence for an ecological explanation of warfare.* Paper presented at the 10th annual meeting of the Society for Cross-Cultural Research, Syracuse, NY.

Engel, P.J.H. (2008). Tacit knowledge and visual expertise in medical diagnostic reasoning: Implications for medical education. *Medical Teacher, 30*, e184–e188.

English, T., & Chen, S. (2007). Culture and self-concept stability: Consistency across and within contexts among Asian Americans and European Americans. *Journal of Personality and Social Psychology, 93*, 478–490.

English, T., & Chen, S. (2011). Self-concept consistency and culture: The differential impact of two forms of consistency. *Personality and Social Psychology Bulletin, 37*, 838–849.

Erb, H.-P., Bohner, G., Rank, S., & Einwiller, S. (2002). Processing minority and majority communications: The role of conflict with prior attitudes. *Personality and Social Psychology Bulletin, 28*, 1172–1182.

Erbas, Y., Coulemans, E., Koval, P., & Kuppens, P. (2015). The role of valence focus and appraisal overlap in emotion differentiation. *Emotion, 15*, 373–382.

Erel, O., Oberman, Y., & Yirmiya, N. (2000). Maternal versus nonmaternal care and seven domains of children's development. *Psychological Bulletin, 126*, 727–747.

Ericsson, K.A. (1988). Analysis of memory performance in terms of memory skill. In R.J. Sternberg (Ed.), *Advances in the psychology of human intelligence* (Vol. 4, pp. 137–179). Hillsdale, NJ: Lawrence Erlbaum Associates.

Ericsson, K.A., & Chase, W.G. (1982). Exceptional memory. *American Scientist, 70*, 607–615.

Ericsson, K.A., & Towne, T.J. (2010). Expertise. *Wiley International Reviews: Cognitive Science, 1*, 404–416.

Er-rafiy, A., & Brauer, M. (2013). Modifying perceived variability: Four laboratory and field experiments show the effectiveness of a ready-to-be-used prejudice intervention. *Journal of Applied Social Psychology, 43,* 840–853.

Evans, N., & Levinson, S.C. (2009). The myth of language universals: Language diversity and its importance for cognitive science. *Behavioral and Brain Sciences, 32,* 429–448.

Everett, D.L. (2005). Cultural constraints on grammar and cognition in Piraha. *Current Anthropology, 46,* 621–646.

Eysenck, H.J., & Eysenck, S.B.G. (1975). *Manual of the Eysenck personality questionnaire.* London: Hodder and Stoughton.

Eysenck, M.W. (1979). Depth, elaboration, and distinctiveness. In L.S. Cermak & F.I.M. Craik (Eds.), *Levels of processing in human memory* (pp. 89–118). Hillsdale, NJ: Lawrence Erlbaum Associates Inc.

Eysenck, M.W. (1992). *Anxiety: The cognitive perspective.* Hove, UK: Psychology Press.

Eysenck, M.W. (2015). *AQA psychology: AS and a-level year 1* (6th ed.). Hove, UK: Psychology Press.

Eysenck, M.W. (2016). Hans Eysenck: A research evaluation. *Personality and Individual Differences, 103,* 209–219.

Eysenck, M.W., Derakshan, N., Santos, R., & Calvo, M.G. (2007). Anxiety and cognitive performance: Attentional control theory. *Emotion, 7,* 336–353.

Eysenck, M.W., & Keane, M.T. (2015). *Cognitive psychology: A student's handbook* (7th ed.). Hove: Psychology Press.

Fagot, B.I., & Leinbach, M.D. (1989). The young child's gender schema: Environmental input, internal organisation. *Child Development, 60,* 663–672.

Fales, M.R., Frederick, D.A., Garcia, J.R., Gildersleeve, K.A., Haselton, M.G., & Fisher, H.E. (2016). Mating markets and bargaining hands: Mate preferences for attractiveness and resources in two national U.S. studies. *Personality and Individual Differences, 88,* 78–87.

Fawcett, J.M., Russell, E.J., Peace, K.A., & Christie, J. (2013). Of guns and geese: A meta-analytic review of the "weapon focus" literature. *Psychology, Crime & Law, 19,* 35–66.

Fehr, E., & Fischbacher, U. (2003). The nature of human altruism. *Nature, 425,* 785–791.

Fehr, E., & Fischbacher, U. (2004). Third-party punishment and social norms. *Evolution and Human Behavior, 25,* 63–87.

Fellner, C.H., & Marshall, J.R. (1981). Kidney donors revisited. In J.P. Rushton & R.M. Sorrentino (Eds.), *Altruism and helping behavior* (pp. 351–365). Hillsdale, NJ: Lawrence Erlbaum Associates Inc.

Fenson, L., Dale, P., Reznick, J., Bates, E., Thal, D., & Pethick, S. (1994). Variability in early communicative development. *Monographs of the Society for Research in Child Development, 59* (5, Serial No. 242), 1–97.

Fenstermacher, S.K., & Saudino, K.J. (2007). Toddler see, toddler do? Genetic and environmental influences on laboratory-assessed elicited imitation. *Behavior Genetics, 37,* 639–647.

Ferguson, C.J. (2015). Do angry birds make for angry children? A meta-analysis of video game influences on children's and adolescents' aggression, mental health, prosocial behaviour, and academic performance. *Perspectives on Psychological Science, 10,* 646–666.

Ferguson, C.J., & Dyck, D. (2012). Paradigm change in aggression research: The time has come to retire the general aggression model. *Aggression and Violent Behavior, 17,* 220–228.

Fernandez-Duque, D., Grossi, G., Thornton, I.M., & Neville, H.J. (2003). Representations of change: Separate electrophysiological marks of attention, awareness, and implicit processing. *Journal of Cognitive Neuroscience, 15,* 491–507.

Fijneman, Y.A., Willemsen, M.E., & Poortinga, Y.H. (1996). Individualism-collectivism: An empirical study of a conceptual issue. *Journal of Cross-Cultural Psychology, 27,* 381–402.

Filindra, A., & Pearson-Merkowitz, S. (2013). Together in good times and bad? How economic triggers condition the effects of intergroup threat. *Social Science Quarterly, 94,* 1328–1345.

Finkel, E.J., Norton, M.I., Reis, H.T., Ariely, D., Caprariello, P.A., Eastwick, P.A. et al. (2015). When does familiarity promote versus undermine interpersonal attraction? A proposed integrative model from erstwhile adversaries. *Perspectives on Psychological Science, 10,* 3–19.

Fischer, J., & Whitney, D. (2014). Serial dependence in visual perception. *Nature Neuroscience, 17,* 738–746.

Fischer, P., Krueger, J., Greitemeyer, T., Vogrincic, C., Kastenmüller, A., Frey, D. et al. (2011). The bystander effect: A meta-analytic review on bystander intervention in dangerous and non-dangerous emergencies. *Psychological Bulletin, 137,* 517–537.

Fiske, A.P. (2002). Using individualism and collectivism to compare cultures: A critique of the validity and measurement of the constructs: Comments on Oyserman et al. (2002). *Psychological Bulletin, 128,* 78–88.

Fiske, S.T. (2002). What we know now about bias and intergroup conflict, the problem of the century. *Current Directions in Psychological Science, 11,* 123–128.

Fiske, S.T., Cuddy, A.J.C., & Glick, P. (2007). Universal dimensions of social cognition: Warmth and competence. *Trends in Cognitive Sciences, 11,* 77–83.

Fleeson, W., & Gallagher, W. (2009). The implications of Big Five standing for the distribution of trait manifestation in behavior: Fifteen experience-sampling studies and a meta-analysis. *Journal of Personality and Social Psychology, 97*, 1097–1114.

Flett, G.L., Krames, L., & Vredenburg, K. (2009). Personality traits in clinical depression and remitted depression: An analysis of instrumental-agentic and expressive-communal traits. *Current Psychology, 28*, 240–248.

Flynn, J.R. (1987). Massive IQ gains in 14 nations – What IQ really measures. *Psychological Bulletin, 101*, 171–191.

Foels, R., & Tomcho, T.J. (2009). Gender differences in interdependent self-construals: It's not the type of group, it's the way you see it. *Self and Identity, 8*, 396–417.

Ford, M.R., & Widiger, T.A. (1989). Sex bias in the diagnosis of histrionic and antisocial personality disorders. *Journal of Consulting and Clinical Psychology, 57*, 301–305.

Forsythe, C.J., & Compas, B.E. (1987). Interactions of cognitive appraisals of stressful events and coping: Testing the goodness-of-fit hypothesis. *Cognitive Therapy and Research, 11*, 473–485.

Fortin, M., Haggerty, J., Almirall, J., Bouhali, T., Sasseville, M., & Lemieux, M. (2014). Lifestyle factors and multimorbidity: A cross-sectional study. *BMC Public Health, 14*, (Article 686), 1–8.

Fortin, M., Voss, P., Lord, C., Lassande, M., Pruessner, J., Saint-Arnour, D., Rainville, C. et al. (2008). Wayfinding in the blind: Large hippocampal volume and supranormal spatial navigation. *Brain, 131*, 2995–3005.

Fraley, R.C., & Spieker, S.J. (2003). Are infant attachment patterns continuously or categorically distributed? A taxometric analysis of Strange Situation behaviour. *Developmental Psychology, 39*, 387–404.

Frances, A. (2012). DSM-5 is a guide, not a bible: Simply ignore its 10 worst changes. *Huffington Post*, 3 December. www.huffingtonpost.com/allen-frances/dsm-5_b_2227626.html.

Franz, C., Weinberger, J., Kremen, W., & Jacobs, R. (1996). *Childhood antecedents of dysphoria in adults: A 36-year longitudinal study.* Unpublished manuscript, Williamstown, MA: Williams College.

Friesdorf, R., Conway, P., & Gawronski, B. (2015). Gender differences in responses to moral dilemmas: A process dissociation analysis. *Personality and Social Psychology Bulletin, 41*, 696–713.

Frigerio, A., Ceppi, E., Rusconi, M., Giorda, R., Raggi, M.E., & Fearon, P. (2009). The role played by the interaction between genetic factors and attachment in the stress response. *Journal of Child Psychology and Psychiatry, 50*(12), 1513–1522.

Fuglseth, A.M., & Sorebo, O. (2014). The effects of technostress within the context of employee use of ICT. *Computers in Human Behavior, 40*, 161–170.

Fumagalli, M., Vergari, M., Pasqualetti, P., Marceglia, S., Mameli, F., Ferrucci, R. et al. (2010). Brain switches utilitarian behaviour: Does gender make the difference? *Public Library of Science One*, 25 January; *5*(1), e8865.

Furnham, A. (1981). Personality and activity preference. *British Journal of Social and Clinical Psychology, 20*, 57–68.

Furnham, A. (1988). *Lay theories: Everyday understanding of problems in the social sciences.* Oxford, UK: Pergamon.

Futrell, R., Stearns, L., Everett, D.L., Piantadosi, S.T., & Gibson, E. (2016). A corpus investigation of syntactic embedding in Pirahã. *PLoS ONE, 11*(3), e0145289. doi: 10.1371/journal.pone.0145289.

Gaab, J., Blatter, N., Menzi, T., Pabst, B., Stoyer, S., & Ehlert, U. (2003). Randomized controlled evaluation of the effects of cognitive-behavioural stress management on cortisol responses to acute stress in healthy subjects. *Psychoneuroendocrinology, 28*, 767–779.

Gaertner, S.L., & Dovidio, J.F. (2012). Reducing intergroup bias: The common ingroup identity model. In P.A.M. Van Lange, A.W. Kruglanski, & E.T. Higgins (Eds.), *Handbook of theories of social psychology* (Vol. 2, pp. 439–457). Thousand Oaks, CA: Sage.

Gaffan, E.A., Hansel, M.C., & Smith, L.E. (1983). Does reward depletion influence spatial memory performance? *Learning and Motivation, 14*, 58–74.

Gaillard, R., Dehaene, S., Adam, C., Clémenceau, S., Hasboun, D., Baulac, M. et al. (2009). Converging intracranial markers of conscious access. *PLoS Biology, 7*, e1000061.

Galton, F. (1869). *Hereditary genius.* London: Macmillan.

Galton, F. (1876). Théorie de l'hérédité. *La Revue Scientifique, 10*, 198–205.

Garcia, J., Ervin, F.R., & Koelling, R. (1966). Learning with prolonged delay of reinforcement. *Psychonomic Science, 5*, 121–122.

Gardner, H. (1983). *Frames of mind: The theory of multiple intelligences.* New York: Basic Books.

Gardner, H. (1993). *Creating minds: The theory of creativity as seen through Freud, Einstein, Picasso, Stravinsky, Eliot, Graham, and Gandhi.* New York: Basic Books.

Gardner, H., Kornhaber, M.L., & Wake, W.K. (1996). *Intelligence: Multiple perspectives.* Orlando, FL: Harcourt Brace.

Gardner, R.A., & Gardner, B.T. (1969). Teaching sign language to a chimpanzee. *Science, 165*, 664–672.

Gawronski, B. (2004). Theory-based bias correction in dispositional inference: The fundamental attribution error is dead, long live the correspondence bias. *European Review of Social Psychology, 15*, 183–217.

Gazzaniga, M.S. (2013). Shifting gears: Seeking new approaches for mind/brain mechanisms. *Annual Review of Psychology, 64*, 1–20.

Gazzaniga, M.S., Ivry, R.B., & Mangan, G.R. (2008). *Cognitive neuroscience: The biology of the mind* (3rd ed.). New York: W.W. Norton.

Gebauer, J.E., Sedikides, C., Wagner, J., Bleidorn, W., Rentfrow, P.J., & Potterm, J. (2015). Cultural norm fulfilment, interpersonal belonging, or getting ahead? A large-scale cross-cultural test of three perspectives on the function of self-esteem. *Journal of Personality and Social Psychology, 109*, 528–548.

Gegenfurtner, A., Lehtinen, E., & Säljö, R. (2011). Expertise differences in the comprehension of visualisations: A meta-analysis of eye-tracking research in professional domains. *Educational Psychology Review, 23*, 523–552.

Geher, G. (2004). *Measuring emotional intelligence: Common ground and controversy*. New York: Nova Science Publishing.

Gentile, D.A., Anderson, C.A., Yukawa, S., Ihori, N., Saleem, M., Ming, L.K. et al. (2009). The effects of prosocial video games on prosocial behaviors: International evidence from correlational, longitudinal, and experimental studies. *Personality and Social Psychology Bulletin, 35*, 752–763.

Genty, E., Neumann, C., & Zuberbühler, K. (2015). Bonobos modify communication signals according to recipient familiarity. *Scientific Reports, 5*(16442), 1–10.

Geraerts, E., Schooler, J.W., Merckelbach, H., Jelicic, M., Hunter, B.J.A., & Ambadar Z. (2007). Corroborating continuous and discontinuous memories of childhood sexual abuse. *Psychological Science, 18*, 564–568.

Gergely, G., Bekkering, H., & Kiraly, I. (2002). Rational imitation in preverbal infants. *Nature, 415*, 755.

Gershoff, E.T. (2002). Corporal punishment by parents and associated child behaviours and experiences: A meta-analytic and theoretical review. *Psychological Bulletin, 128*, 539–579.

Gershoff, E.T., Grogan-Kaylor, A., Lansford, J.E., Chang, L., Zelli, A., Deater-Deckard, K. et al. (2010). Parent discipline practices in an international sample: Associations with child behaviors and moderation by perceived normativeness. *Child Development, 81*, 487–502.

Gick, M.L., & Holyoak, K.J. (1980). Analogical problem solving. *Cognitive Psychology, 12*, 306–355.

Gilligan, C. (1977). In a different voice: Women's conception of the self and morality. *Harvard Educational Review, 47*, 481–517.

Gilligan, C. (1982). *In a different voice: Psychological theory and women's development*. Cambridge, MA: Harvard University Press.

Glennerster, A. (2015). Visual stability: What is the problem? *Frontiers in Psychology, 6* (Article 958), 1–3.

Glennerster, A., Tscheang, L., Gilson, S.J., Fitzgibbon, A.W., & Parker, A.J. (2006). Humans ignore motion and stereo cues in favor of a fictional stable world. *Current Biology, 16*, 428–432.

Gobet, F., & Clarkson, G. (2004). Chunks in expert memory: Evidence for the magical number four . . . or is it two? *Memory, 12*, 732–747.

Gobet, F., & Ereku, M.H. (2014). Checkmate to deliberate practice: The case of Magnus Carlsen. *Frontiers in Psychology, 5* (Article 878), 1–3.

Gobet, F., & Waters, A.J. (2003). The role of constraints in expert memory. *Journal of Experimental Psychology: Learning, Memory, & Cognition, 29*, 1082–1094.

Godden, D.R., & Baddeley, A.D. (1975). Context dependent memory in two natural environments: On land and under water. *British Journal of Psychology, 66*, 325–331.

Goel, V. (2010). Neural basis of thinking: Laboratory problems versus real-world problems. *Wiley Interdisciplinary Reviews – Cognitive Science, 1*, 613–621.

Gogate, L.J., & Hollich, G. (2010). Invariance detection within an interactive system: A perceptual gateway to language development. *Psychological Review, 117*, 496–516.

Goldberg, L.R. (1990). An alternative "description of personality": The Big-Five factor structure. *Journal of Personality and Social Psychology, 59*, 1216–1229.

Goldfarb, W. (1947). Variations in adolescent adjustment of institutionally reared children. *American Journal of Orthopsychiatry, 17*, 499–557.

Gollwitzer, P.M. (2014). Weakness of the will: Is a quick fix possible? *Motivation and Emotion, 38*, 305–322.

Gollwitzer, P.M., & Brandstätter, V. (1997). Implementation intentions and effective goal pursuit. *Journal of Personality and Social Psychology, 73*, 186–199.

Golombok, S., & Hines, M. (2002). Sex differences in social behavior. In P.K. Smith & C.H. Hart (Eds.), *Blackwell handbook of childhood social development* (pp. 117–136). Oxford, UK: Blackwell.

Goode, E. (1996). Gender and courtship entitlement: Responses to personal ads. *Sex Roles, 34*, 141–169.

Goodwin, G.P., Piazza, J., & Rozin, P. (2014). Moral character predominates in person perception and evaluation. *Journal of Personality and Social Psychology, 106*, 148–168.

Gosling, S.D., & John, O.P. (1999). Personality dimensions in non-human animals: A cross-species review. *Current Directions in Psychological Science, 8*, 69–75.

Gottesman, I.I. (1991). *Schizophrenia genesis: The origins of madness*. New York: W.H. Freeman.

Grande, G., Romppel, M., & Barth, J. (2012). Association between Type D personality and prognosis with cardiovascular diseases: A systematic review and meta-analysis. *Annals of Behavioral Medicine, 43*, 299–310.

Gray, J. (1992). *Men are from Mars, women are from Venus*. New York: HarperCollins.

Gray, J.A. (1981). A critique of Eysenck's theory of personality. In H.J. Eysenck (Ed.), *A model for personality* (pp. 248–276). Berlin: Springer-Verlag.

Greene, J.D. (2007). Why are VMPFC patients more utilitarian? A dual-process theory of moral judgement explains. *Trends in Cognitive Sciences, 11*, 322–323.

Greenberg, J.H. (1963). Some universals of grammar with particular reference to the order of meaningful elements. In J.H. Greenberg (Ed.), *Universals of language* (pp. 73–113). Cambridge, MA: MIT Press.

Greenwald, A.G., Banaji, M.R., & Nosek, B.A. (2015). Statistically small effects of the Implicit Association Test can have societally large effects. *Journal of Personality and Social Psychology, 108*, 553–561.

Gregory, R.L. (1970). *The intelligent eye*. New York: McGraw-Hill.

Greitemeyer, T., & Mügge, D.O. (2014). Video games do affect social outcomes: A meta-analytic review of the effects of violent and prosocial video game play. *Personality and Social Psychology Bulletin, 40*, 578–589.

Griffin, A.M., & Langlois, J.H. (2006). Stereotype directionality and attractiveness stereotyping: Is beauty good or is ugly bad? *Social Cognition, 24*, 187–206.

Grilli, M.D., & Verfaellie, M. (2015). Supporting the self-concept with memory: Insight from amnesia. *Social Cognitive and Affective Neuroscience, 10*, 1684–1692.

Groh, A.M., Roisman, G.I., van IJzendoorn, M.H., Bakermans-Kranenburg, M.J., & Fearon, R.P. (2015). The significance of insecure and disorganised attachment for children's internalising symptoms: A meta-analytic study. *Child Development, 83*, 591–610.

Gross, J.J., & Thompson, R.A. (2007). Emotion regulation: Conceptual foundations. In J.J. Gross (Ed.), *Handbook of emotion regulation*. New York, NY: Guilford Press.

Gross, R. (1996). *Psychology: The science of mind and behavior* (3rd ed.). London: Hodder & Stoughton.

Grossman, K., Grossman, K.E., Spangler, S., Suess, G., & Uzner, L. (1985). Maternal sensitivity and newborn responses as related to quality of attachment in Northern Germany. In J. Bretherton & E. Waters (Eds.), Growing points of attachment theory. *Monographs of the Society for Research in Child Development, 50*(209), 233–256.

Gudykunst, W.B., Gao, G., & Franklyn-Stokes, A. (1996). Self-monitoring and concern for social appropriateness in China and England. In J. Pandey, D. Sinha, & D.P.S. Bhawk (Eds.), *Asian contributions to cross-cultural psychology* (pp. 255–267). New Delhi: Sage.

Gueguen, N., Meineri, S., & Charles-Sire, V. (2010). Improving medication adherence by using practitioner nonverbal techniques: A field experiment on the effect of touch. *Journal of Behavioral Medicine, 33*, 466–473.

Guo, W., Xue, J.-M., Shao, D., Long, Z.T., & Cao, F.L. (2015). Effect of the interplay between trauma severity and trait neuroticism on posttraumatic stress disorder symptoms among adolescents exposed to a pipeline explosion. *PloS ONE, 10*(3), e0120493. doi: 10.137/journal.pone0120493.

Gupta, S. (2015). Why it pays to quit. *Nature, 522*, S58–S59.

Habermas, T., & de Silveira, C. (2008). The development of global coherence in life narratives across adolescence: Temporal, causal, and thematic aspects. *Developmental Psychology, 44*, 707–721.

Hackman, J., Danvers, A., & Hruschka, D.J. (2015). Closeness is enough for friends, but not mates or kin: Mate and kinship premiums in India and U.S. *Evolution and Human Behavior, 36*, 137–145.

Hackmann, A., Clark, D.M., & McManus, F. (2000). Recurrent images and early memories in social phobia. *Behaviour Research and Therapy, 38*, 601–610.

Hahn, A., Banchefsky, S., Park, B., & Judd, C.M. (2015). Measuring intergroup ideologies: Positive and negative aspects of emphasising versus looking beyond group differences. *Personality and Social Psychology Bulletin, 41*, 1646–1664.

Halim, M.L., & Lindner, N.C. (2013). Gender self-socialisation in early childhood. In R.E. Tremblay, M. Boivin, & R. De V. (Eds.), *Encylopaedia on early childhood development and strategic knowledge cluster on early child development* (pp. 1–6). Montreal, Canada: Centre of Excellence for Early Childhood Development.

Halim, M.L., Ruble, D.N., Tamis-LeMonda, C.S., Zosuls, K.M., Lurye, L.E., & Greulich, F.K. (2014). Pink frilly dresses and the avoidance of all things "girly": Children's appearance rigidity and cognitive theories of gender development. *Developmental Psychology, 50*, 1091–1101.

Hall, J.A., & Schmid Mast, M. (2008). Are women always more interpersonally sensitive than men? Impact of goals and content domain. *Personality and Social Psychology Bulletin, 34*, 144–155.

Hall, J.E., Sammons, P., Sylva, K., Melhuish, E., Taggart, B., Siraj-Blatchford, I., & Smees, R. (2010). Measuring the combined risk to young children's cognitive development: An alternative to cumulating indices. *British Journal of Developmental Psychology, 28*, 219–238.

Hallers-Haalboom, E.T., Mesman, J., Groeneveld, M.G., Endendijk, J.J., van Berkel, S.R., van der Pol, L.D. et al. (2014). Mothers, fathers, sons and daughters: Parental sensitivity in families with two children. *Journal of Family Psychology, 28*, 138–147.

Halpern, S.D., French, B., Small, D.S., Saulsgiver, K., Harhay, M.O., Audrain-McGovern, J. et al. (2015). Randomised trial of four financial-incentive programmes for smoking cessation. *New England Journal of Medicine, 372*, 2108–2117.

Hamann, S.B., & Squire, L.R. (1997). Intact perceptual memory in the absence of conscious memory. *Behavioral Neuroscience, 111*, 850–854.

Hambrick, D.Z., Oswald, F.L., Altmann, E.M., Meinz, E.J., Gobet, F., & Campitelli, G. (2014). Deliberate practice: Is that all it takes to become an expert? *Intelligence, 45*, 34–45.

Hamlin, J.K. (2015). The infantile origins of our moral brains. In J. Decety & T. Wheatley (Eds.), *The moral brain: A multidisciplinary perspective* (pp. 105–122). Oxford: Oxford University Press, New York.

Haney, C., Banks, C., & Zimbardo, P. (1973). Study of prisoners and guards in a simulated prison. *Naval Research Reviews, 26*, 1–17.

Haney, C., & Zimbardo, P.G. (2009). Persistent dispositionalism in interactionist clothing: Fundamental attribution error in explaining prison abuse. *Personality and Social Psychology Bulletin, 35*, 807–814.

Hanish, L.D., & Fabes, R.A. (2014). Peer socialization of gender in young boys and girls. In R.E. Tremblay, M. Boivin, & R. De V. Peters (Eds.), *Encylopaedia on early childhood development* (pp. 1–4). Montreal, Quebec: Centre of Excellence for Early Childhood Development and Strategic Knowledge Cluster on Early Child Development.

Hardt, O., Einarsson, E.O., & Nader, K. (2010). A bridge over troubled water: Reconsolidation as a link between cognitive and neuroscientific memory research traditions. *Annual Review of Psychology, 61*, 141–167.

Hardt, O., Nader, K., & Nadel, L. (2013). Decay happens: The role of active forgetting in memory. *Trends in Cognitive Sciences, 17*, 111–120.

Hare, O.A., Wetherell, M.A., & Smith, M.A. (2013). State anxiety and cortisol reactivity to skydiving in novice versus experienced skydivers. *Physiology & Behavior, 118*, 40–44.

Harley, T.A. (2013). *The psychology of language: From data to theory* (4th ed.). Hove, UK: Psychology Press.

Harrison, L.J., & Ungerer, J.A. (2002). Maternal employment and infant-mother attachment security at 12 months. *Developmental Psychology, 38*, 758–773.

Hasan, Y., Bègue, L., & Bushman, B.J. (2012). Viewing the world through "blood-red tinted glasses": The hostile expectation bias mediates the link between violent video game exposure and aggression. *Journal of Experimental Social Psychology, 48*, 953–956.

Haslam, S.A., & Reicher, S.D. (2012). Contesting the "nature" of conformity: What Milgram and Zimbardo's studies really show. *PLoS Biology, 10*(11), e1001426.

Haslam, S.A., Reicher, S.D., Millard, K., & McDonald, R. (2015). "Happy to have been of service": The Yale archive as a window into the engaged followership of participants in Milgram's "obedience" experiments. *British Journal of Social Psychology, 54*, 55–83.

Haslam, S.A., Ryan, M.K., Postmes, T., Spears, R., Jetten, J., & Webley, P. (2006). Sticking to your guns: Social identity as a basis for the maintenance of commitment to faltering organisational projects. *Journal of Organizational Behavior, 27*, 607–628.

Hatemi, P.K., Medland, S.E., Klemmensen, R., Oskarsson, S., Littvay, L., Dawes, C.T. et al. (2014). Genetic influences on political ideologies: Twin analyses of 19 measures of political ideologies from five democracies and genome-wide findings from three populations. *Behavior Genetics, 44*, 282–294.

Hayward, W.G., & Tarr, M.J. (2005). Visual perception II: High-level vision. In K. Lamberts & R.L. Goldstone (Eds.), *The handbook of cognition* (pp. 48–70). London: Sage.

Heider, F. (1958). *The psychology of interpersonal relations.* New York: Wiley.

Heine, S.J., & Buchtel, E.E. (2009). Personality: The universal and the culturally specific. *Annual Review of Psychology, 60*, 369–394.

Heine, S.J., Foster, J.A.B., & Spina, J.-A. (2009). Do birds of a feather flock together? Cultural variation in the similarity-attraction effect. *Asian Journal of Social Psychology, 12*, 247–258.

Heine, S.J., & Hamamura, T. (2007). In search of East Asian self-enhancement. *Personality and Social Psychology Review, 11*, 4–27.

Heine, S.J., Lehman, D.R., Markus, H.R., & Kitayama, S. (1999). Is there a universal need for positive self-regard? *Psychological Review, 106*, 766–794.

Hellmann, J.H., Echterhoff, G., Kopietz, R., Niemeier, S., & Memon, A. (2011). Talking about visually perceived events: Communication effects on eyewitness memory. *European Journal of Social Psychology, 41*, 658–671.

Henrich, J., McElreath, R., Barr, A., Ensminger, J., Barrett, C., Bolyanatz, A. et al. (2006). Costly punishment across human societies. *Science, 312*, 1767–1770.

Henrich, J., Heine, S.J., & Norenzayan, A. (2010). The weirdest people in the world. *Behavioral and Brain Sciences, 33*, 61–83.

Hervé, P.-Y., Zago, L., Petit, L., Mazoyer, B., & Tzourio-Mazoyer, N. (2013). Revisiting human hemispheric specialisation with neuroimaging. *Trends in Cognitive Sciences, 17*, 69–80.

Hetherington, E.M., Cox, M., & Cox, R. (1982). Effects of divorce on parents and children. In M.E. Lamb (Ed.), *Nontraditional families* (pp. 233–288). Hillsdale, NJ: Lawrence Erlbaum Associates Inc.

Hetherington, E.M., & Kelly, J. (2002). *For better or worse: Divorce reconsidered.* New York: W.W. Norton.

Heylens, G., De Cuypere, G., Zucker, K.J., Schelfaut, C., Elaut, E., Bossche, H.V. et al. (2012). Gender identity disorder in twins: A review of the case report literature. *Journal of Sexual Medicine, 9,* 751–757.

Hines, M., Constantinescu, M., & Spencer, D. (2015). Early androgen exposure and human gender development. *Biology of Sex Differences, 6,* 1–10.

Hitsch, G.J., Hotaçsu, A., & Ariely, D. (2010). What makes you click? Mate preferences in online dating. *Quantitative Marketing and Economics, 8,* 393–427.

Hockett, C.F. (1960). The origin of speech. *Scientific American, 203,* 89–96.

Hockey, G.R.J., Gray, M.M., & Davies, S. (1972). Forgetting as a function of sleep at different times of day. *Quarterly Journal of Experimental Psychology, 24,* 386–393.

Hodges, B.H. (2014). Rethinking conformity and imitation: Divergence, convergence, and social understanding. *Frontiers in Psychology, 5* (Article 726), 1–11.

Hodges, J., & Tizard, B. (1989). Social and family relationships of ex-institutional adolescents. *Journal of Child Psychology and Psychiatry, 30,* 53–75.

Hoffman, C., Lau, I., & Johnson, D.R. (1986). The linguistic relatively of person cognition. *Journal of Personality and Social Psychology, 51,* 1097–1105.

Hoffman, M.L. (1970). Moral development. In P.H. Mussen (Ed.), *Carmichael's manual of child psychology* (Vol. 2, pp. 52–86). New York: Wiley.

Hoffman, M.L. (2000). *Empathy and moral development: Implications for caring and justice.* Cambridge, UK: Cambridge University Press.

Hofling, K.C., Brotzman, E., Dalrymple, S., Graves, N., & Pierce, C.M. (1966). An experimental study in the nurse – physician relationship. *Journal of Nervous and Mental Disorders, 143,* 171–180.

Hogg, M.A., & Vaughan, G.M. (2005). *Social psychology* (4th ed.). Harlow: Prentice-Hall.

Hogg, M.A., Turner, J.C., & Davidson, B. (1990). Polarised norms and social frames of reference: A test of the self-categorisation theory of group polarisation. *Basic and Applied Social Psychology, 11,* 77–100.

Hollingworth, A., & Henderson, J.M. (2002). Accurate visual memory for previously attended objects in natural scenes. *Journal of Experimental Psychology: Human Perception & Performance, 28,* 113–136.

Hollis, K.L., Pharr, V.L., Dumas, M.J., Britton, G.B., & Field, J. (1997). Classical conditioning provides paternity advantage for territorial male blue gouramis (Trichogaster trichopterus). *Journal of Comparative Psychology, 111,* 219–225.

Hollon, S.D., DeRubeis, R.J., Shelton, R.C., Amsterdam, J.D., Salomon, R.M., O'Reardon, J.P. et al. (2005). Prevention of relapse following cognitive therapy vs. medications in moderate to severe depression. *Archives of General Psychiatry, 62,* 417–422.

Holmes, T.H., & Rahe, R.H. (1967). The social readjustment rating scale. *Journal of Psychosomatic Research, 11,* 213–218.

Hong, Y.Y., Morris, M.W., Chiu, C.Y., & Benet-Martinez, V. (2000). Multicultural minds: A dynamic constructionist approach to culture and cognition. *American Psychologist, 55,* 709–720.

Hortensius, R., & de Gelder, B. (2014). The neural basis of the bystander effect: The influence of group size on neural activity when witnessing an emergency. *NeuroImage, 93,* 53–58.

Howard, R.W. (2012). Longitudinal effects of different types of practice on the development of chess expertise. *Applied Cognitive Psychology, 26,* 359–369.

Howe, C.M.L., & Courage, M.L. (1997). The emergence and early development of autobiographical memory. *Psychological Review, 104,* 499–523.

Howe, C.M.L., Courage, M.L., & Edison, S.C. (2003). When autobiographical memory begins. *Developmental Review, 23,* 471–494.

Huesmann, L.R., Moise-Titus, J., Podolski, C.L., & Eron, L.D. (2003). Longitudinal relations between children's exposure to TV violence and their aggressive and violent behaviour in young adulthood: 1977–1992. *Developmental Psychology, 39,* 201–221.

Hughes, M. (1975). *Egocentrism in preschool children.* Unpublished PhD thesis, University of Edinburgh, UK.

Hunt, L.L., Eastwick, P.W., & Finkel, E.J. (2015). Levelling the playing field: Longer acquaintance predicts reduced assortative mating on attractiveness. *Psychological Science, 26,* 1046–1053.

Hunt, R.R. (2013). Precision in memory through distinctive processing. *Current Directions in Psychological Science, 22,* 10–15.

Hunt, R.R., & Smith, R.E. (1996). Accessing the particular from the general: The power of distinctiveness in the context of organization. *Memory & Cognition, 24,* 217–225.

Hunter, J.E. (1986). Cognitive ability, cognitive aptitudes, job knowledge, and job performance. *Journal of Vocational Behavior, 29,* 340–362.

Hupp, J.M., Smith, J.L., Coleman, J.M., & Brunell, A.B. (2010). That's a boy's toy: Gender-typed knowledge in toddlers as a function of mother's marital status. *Journal of Genetic Psychology, 171,* 389–401.

Huston, A.C., Bobbitt, K.C., & Bentley, A. (2015). Time spent in child care: How and why does it affect social development? *Developmental Psychology, 51*, 621–634.

Huston, T.L., Ruggiero, M., Conner, R., & Geis, G. (1981). Bystander intervention into crime: A study based on naturally occurring episodes. *Social Psychology Quarterly, 44*, 14–23.

Hwang, M.H., Choi, H.C., Lee, A., Culver, J.D., & Hutchison, B. (2016). The relationship between self-efficacy and academic achievement: A 5-year panel analysis. *Asia-Pacific Educational Research, 25*, 89–98.

Hyde, J.S. (2005). The gender similarities hypothesis. *American Psychologist, 60*, 581–592.

Hyman, I., Boss, S., Wise, B., McKenzie, K., & Caggiano, J. (2010). Did you see the unicycling clown? Inattentional blindness while walking and talking on a cell phone. *Applied Cognitive Psychology, 24*, 597–607.

Ibarra-Rouillard, M.S., & Kuiper, N.A. (2011). Social support and social negativity findings in depression: Perceived responsiveness to basic psychological needs. *Clinical Psychology Review, 31*, 342–352.

Ihlebaek, C., Love, T., Eilertsen, D.E., & Magnussen, S. (2003). Memory for a staged criminal event witnessed live and on video. *Memory, 11*, 310–327.

Imperato-McGinley, J., Guerro, L., Gautier, T., & Peterson, R.E. (1974). Steroid 5-reductase deficiency in man: An inherited form of male pseudohermaphroditism. *Science, 186*, 213–216.

Ingalhalikar, M., Smith, A., Parker, D., Satterthwaite, T.D., Elliott, M.A., Ruparel, K. et al. (2014). Sex differences in the structural connectome of the human brain. *Proceedings of the National Academy of Sciences, 111*, 823–828.

Isenberg, D.J. (1986). Group polarization: A critical review and meta-analysis. *Journal of Personality and Social Psychology, 48*, 1413–1426.

Isurin, L., & McDonald, J.L. (2001). Retroactive interference from translation equivalents: Implications for first language forgetting. *Memory & Cognition, 29*, 312–319.

Jacobs, R.A. (2002). What determines visual cue reliability? *Trends in Cognitive Sciences, 6*, 345–350.

Jacoby, L.L., Debner, J.A., & Hay, J.F. (2001). Proactive interference, accessibility bias, and process dissociations: Valid subjective reports of memory. *Journal of Experimental Psychology: Learning, Memory, & Cognition, 27*, 686–700.

Jaffee, S., & Hyde, J.S. (2000). Gender differences in moral orientation: A meta-analysis. *Psychological Bulletin, 126*, 703–726.

James, W. (1890). *Principles of psychology*. New York: Holt.

Janis, I.L. (1982). *Groupthink* (2nd ed.). Boston: Houghton Mifflin.

Jenkins, J.G., & Dallenbach, K.M. (1924). Oblivescence during sleep and waking. *American Journal of Psychology, 35*, 605–612.

Jenkins, R., White, D., van Montfort, X., & Burton, A.M. (2011). Variability in photos of the same face. *Cognition, 121*, 313–323.

Jensen, M.S., Yao, R., Street, W.N., & Simons, D.J. (2011). Change blindness and inattentional blindness. *Wiley Interdisciplinary Reviews: Cognitive Science, 2*, 529–546.

Joel, D., Berman, Z., Tavor, I., Wexler, N., Gaber, O., Stein, Y. et al. (2015). Sex beyond the genitalia: The human brain mosaic. *Proceedings of the National Academy of Sciences of the United States of America, 112*, 15468–15473.

John, O.P., Naumann, L.P., & Soto, C.J. (2008). Paradigm shift in the integrative Big Five taxonomy: History, measurement, and conceptual issues. In O.P. John, R.W. Robins, & L.A. Pervin (Eds.), *Handbook of personality: Theory and research* (3rd ed., pp. 114–158). New York: Guilford Press.

Johnson, J.G., & Sherman, M.F. (1997). Daily hassles mediate the relationship between major life events and psychiatric symptomatology: Longitudinal findings from an adolescent sample. *Journal of Social and Clinical Psychology, 37*, 1532–1538.

Jones, P.E. (1981). The formative years and the great discoveries 1856–1900. *The life and work of Sigmund Freud* (Vol. 1). New York: Basic Books.

Jones, P.E. (2007). From "external speech" to "inner speech" in Vygotsky: A critical appraisal and fresh perspectives. *Language & Communication, 29*, 166–181.

Joseph, D.L., Jin, J., Newman, D.A., & O'Boyle, E.H. (2015). Why does self-reported emotional intelligence predict job performance? A meta-analytic investigation of mixed EI. *Journal of Applied Psychology, 100*, 298–342.

Joseph, D.L., & Newman, D.A. (2010). Emotional intelligence: An integrative meta-analysis and cascading model. *Journal of Applied Psychology, 95*, 54–78.

Judge, T.A., Jackson, C.L., Shaw, J.C., Scott, B.A., & Rich, B.L. (2007). Self-efficacy and work-related performance: The integral role of individual differences. *Journal of Applied Psychology, 92*, 107–127.

Kaat, A.J., Farmer, C.A., Gadow, K.D., Findling, R.L., Bukstein, O.G., Arnold, L.E. et al. (2015). Factor validity of a proactive and reactive aggression rating scale. *Journal of Child and Family Studies, 24*, 2734–2744.

Kagan, J. (1984). *The nature of the child*. New York: Basic Books.

Kalakoski, V., & Saariluoma, P. (2001). Taxi drivers' exceptional memory of street names. *Memory & Cognition, 29*, 634–638.

Kalat, J.W. (1998). *Biological psychology* (6th ed.). Pacific Grove, CA: Brooks/Cole.

Kamin, L.J. (1969). Predictability, surprise, attention and conditioning. In R. Campbell & R. Church (Eds.), *Punishment and aversive behavior* (pp. 279–296). New York: Appleton-Century-Crofts.

Kandel, D. (1973). Adolescent marijuana use: Role of parents and peers. *Science, 181,* 1067–1070.

Kanizsa, G. (1976). Subjective contours. *Scientific American, 234,* 48–52.

Karpicke, J.D., & Aue, W.R. (2015). The testing effect is alive and well with complex materials. *Educational Psychology Review, 27,* 317–326.

Karpicke, J.D., Butler, A.C., & Roediger, H.L. (2009). Metacognitive strategies in student learning: Do students practice retrieval when they study on their own? *Memory, 17,* 471–479.

Kasser, T. (2016). Materialistic values and goals. *Annual Review of Psychology, 67,* 489–514.

Kato, T. (2015). Testing of the coping flexibility hypothesis based on the dual-process theory: Relationships between coping flexibility and depressive symptoms. *Psychiatry Research, 230,* 137–142.

Kaufman, S.B. (2013). Gorillas agree: Human frontal cortex is nothing special. *Scientific American,* 16 May, 1–4.

Keane, M. (1987). On retrieving analogs when solving problems. *Quarterly Journal of Experimental Psychology, 39A,* 29–41.

Kendler, K.S., & Baker, J.H. (2007). Genetic influences on measures of the environment: A systematic review. *Psychological Medicine, 37,* 615–626.

Kendler, K.S., Kuhn, J., & Prescott, C.A. (2004). The interrelationship of neuroticism, sex, and stressful life events in the prediction of episodes of major depression. *American Journal of Psychiatry, 161,* 631–636.

Kendler, K.S., Maes, H.H., Lönn, S.L., Morris, N.A., Lichtenstein, P., Sundquist, J. et al. (2015). *Psychological Medicine, 45,* 2253–2262.

Kenrick, D.T., & Keefe, R.C. (1992). Age preferences in mates reflect sex-differences in reproductive strategies. *Behavioral and Brain Sciences, 15,* 75–133.

Keogh, E., Bond, F.W., & Flaxman, P.E. (2006). Improving academic performance and mental health through a stress management intervention: Outcomes and mediators of change. *Behaviour Research and Therapy, 44,* 339–357.

Kernis, M.H. (2003). Toward a conceptualization of optimal self-esteem. *Psychological Inquiry, 14,* 1–26.

Kesselring, T., & Müller, U. (2011). The concept of egocentrism in the context of Piaget's theory. *New Ideas in Psychology, 29,* 327–345.

Királly, I., Csibra, G., & Gergely, G. (2013). Beyond rational imitation: Learning arbitrary means actions from communicative demonstrations. *Journal of Experimental Child Psychology, 116,* 471–486.

Kirsch, J.A., & Lehman, B.J. (2015). Comparing visible and invisible social support: Non-evaluative support buffers cardiovascular responses to stress. *Stress & Health, 31,* 351–364.

Klahr, D., & Simon, H.A. (2001). What have psychologists (and others) found about the process of scientific discovery? *Current Directions in Psychological Science, 10,* 75–79.

Klein, H.J., Wesson, M.J., Hollenbeck, J.R., & Alge, B.J. (1999). Goal commitment and the goal-setting process: Conceptual clarification and empirical synthesis. *Journal of Applied Psychology, 84,* 885–896.

Klein, J., Frie, K.G., Blum, K., Siegrist, J., & von dem Knesebeck, O. (2010). Effort-reward imbalance, job strain and burnout among clinicians in surgery. *Psychotherapie Psychosomatik Medizinische Psychologie, 60,* 374–379.

Klein, N., Grossmann, I., Uskul, A.K., Kraus, A.A., & Epley, N. (2015). It pays to be nice, but not really nice: Asymmetric reputations from prosociality across 7 countries. *Judgment and Decision Making, 10,* 355–364.

Knafo, A., Israel, S., & Ebstein, R.P. (2011). Heritability of children's prosocial behavior and differential sensitivity to parenting by variation in the dopamine receptor D4 gene. *Development and Psychopathology, 23,* 53–67.

Knafo, A., & Plomin, R. (2008). Parental discipline and affection and children's prosocial behaviour: Genetic and environmental links. *Journal of Personality and Social Psychology, 90,* 147–164.

Knafo, A., Zahn-Waxler, C., Van Hulle, C., Robinson, J.L., & Rhee, S.H. (2008). The developmental origins of a disposition toward empathy: Genetic and environmental contributions. *Emotion, 8,* 737–752.

Knafo-Noam, A., Uzefovsky, F., Israel, S., Davidov, M., & Zahn-Waxler, C. (2015). The prosocial personality and its facets: Genetic and environmental architecture of mother-reported behaviour of 7-year-old twins. *Frontiers in Psychology, 6* (Article 112), 1–9.

Knowlton, B.J., & Foerde, K. (2008). Neural representations of nondeclarative memories. *Current Directions in Psychological Science, 17,* 107–111.

Kochanska, G., Aksan, N., Prisco, T.R., & Adams, E.E. (2008). Mother-child and father-child mutually responsive orientation in the first 2 years and children's outcomes at preschool age: Mechanisms of influence. *Child Development, 79,* 30–44.

Kochanska, G., & Kim, S. (2014). A complex interplay among the parent-child relationship, effortful control, and internalised, rule-compatible conduct in young children: Evidence from two studies. *Developmental Psychology, 50,* 8–21.

Kochanska, G., Koenig, J.L., Barry, R.A., Kim, S., & Yoon, J.E. (2010). Children's conscience during toddler and preschool years, moral self, and a competent, adaptive developmental trajectory. *Developmental Psychology, 46*, 1320–1332.

Kohlberg, L. (1963). Development of children's orientations toward a moral order. *Vita Humana, 6*, 11–36.

Kohlberg, L. (1975). The cognitive-developmental approach to moral education. *Phi Delta Kappa*, June, 670–677.

Koluchová, J. (1976). The further development of twins after severe and prolonged deprivation: A second report. *Journal of Child Psychology and Psychiatry, 50*, 441–469.

Koole, S. (2009). The psychology of emotion regulation: An integrative review. *Cognition & Emotion, 23*, 4–41.

Kosslyn, S.M. (1994). *Image and brain: The resolution of the imagery debate.* Cambridge, MA: MIT Press.

Kosslyn, S.M., & Thompson, W.L. (2003). When is early visual cortex activated during visual mental imagery? *Psychological Bulletin, 129*, 723–746.

Kotov, R., Gamez, W., Schmidt, F., & Watson, D. (2010). Linking "big" personality traits to anxiety, depressive, and substance use disorders: A meta-analysis. *Psychological Bulletin, 136*, 768–821.

Kowalski, K. (2007). The development of social identity and intergroup attitudes in young children. In O.N. Saracho and B. Spodek (eds.*), Contemporary perspectives on social learning in early childhood education.* Charlotte, NC: Information Age Publishing Inc.

Krapohl, E., Rimfeld, K., Shakeshaft, N.G., Trzaskowski, M., McMillan, A., Pingault, J.-B. et al. (2014). The high heritability of educational achievement reflects many genetically influenced traits, not just intelligence. *Proceedings of the National Academy of Sciences, 111*, 15273–15278.

Krause, M.A. (2015). Evolutionary perspectives on learning: Conceptual and methodological issues in the study of adaptive specialisations. *Animal Cognition, 18*, 807–820.

Krebs, D.L., & Denton, K. (2005). Toward a more pragmatic approach to morality: A critical evaluation of Kohlberg's model. *Psychological Review, 112*, 629–649.

Krevans, J., & Gibbs, J.C. (1996). Parents' use of inductive discipline: Relations to children's empathy and prosocial behavior. *Child Development, 67*, 3263–3277.

Króliczak, G., Heard, P., Goodale, M.A., & Gregory, R.L. (2006). Dissociation of perception and action unmasked by the hollow-face illusion. *Brain Research, 1080*, 9–16.

Krueger, J., & Clement, R.W. (1994). The truly false consensus effect: An ineradicable and egocentric bias in social perception. *Journal of Personality and Social Psychology, 67*, 596–610.

Krull, D.S., Seger, C.R., & Silvera, D.H. (2008). Smile when you say that: Effects of willingness on dispositional inferences. *Journal of Experimental Social Psychology, 44*, 735–742.

Krupinski, E.A., Graham, A.R., & Weinstein, R.S. (2013). Characterising the development of visual search expertise in pathology residents viewing whole slide images. *Human Pathology, 44*, 357–364.

Kuhn, G., & Findlay, J.M. (2010). Misdirection, attention and awareness: Inattentional blindness reveals temporal relationship between eye movements and visual awareness. *Quarterly Journal of Experimental Psychology, 63*, 136–146.

Kulatunga-Moruzi, C., Brooks, L.R., & Norman, G.R. (2011). Teaching posttraining: Influencing diagnostic strategy with instructions at test. *Journal of Experimental Psychology: Applied, 17*, 195–209.

Kulkarni, D., & Simon, H.A. (1988). The processes of scientific discovery: The strategy of experimentation. *Cognitive Science, 12*, 139–175.

Kumsta, R., Kreppner, J., Kennedy, M., Knights, N., Rutter, M., & Sonuga-Barke, E. (2015). Psychological consequences of early global deprivation: An overview of findings from the English & Romanian Adoptees Study. *European Psychologist, 20*, 138–151.

Kundel, H.L., Nodine, C.F., Conant, E.F., & Weinstein, S.P. (2007). Holistic components of image perception in mammogram interpretation: Gaze tracking study. *Radiology, 242*, 396–402.

Kuper, H., Singha-Manoux, A., Siegrist, J., et al. (2002). When reciprocity fails: Effort-reward imbalance in relation to coronary heart disease and health functioning within the Whitehall II study. *Occupational and Environmental Medicine, 59*, 777–784.

Kuppens, P., van Mechelen, I., Smits, D.J.M., & de Boeck, P. (2003). The appraisal basis of anger: Specificity, necessity and sufficiency of components. *Emotion, 3*, 254–269.

Labrell, F., van Geert, P., Declercq, C., Baltazart, V., Caillies, S., Olivier, M. et al. (2014). "Speaking volumes": A longitudinal study of lexical and grammatical growth between 17 and 42 months. *First Language, 34*, 97–124.

La Freniere, P.J., Strayer, F.F., & Gauthier, R. (1984). The emergence of same-sex affiliative preferences among preschool peers: A developmental/ethological perspective. *Child Development, 55*, 1958–1965.

Langlois, J.H., Kalakanis, L., Rubenstein, A.J., Larson, A., Hallam, M., & Smoot, M. (2000). Maxims or myths of beauty? A meta-analysis and theoretical review. *Psychological Review, 126*, 390–423.

Lansford, J.E. (2009). Parental divorce and children's adjustment. *Perspectives on Psychological Science, 4*, 140–152.

Laposa, J.M., & Rector, N.A. (2014). Effects of videotaped feedback in group cognitive therapy for social anxiety disorder. *International Journal of Cognitive Therapy, 7,* 360–372.

Lapsley, D., & Carlo, G. (2014). Moral development at the crossroads: New trends and possible futures. *Developmental Psychology, 50,* 1–7.

Larson, J.R., Foster-Fishman, P.G., & Keys, C.B. (1994). Discussion of shared and unshared information in decision-making groups. *Journal of Personality and Social Psychology, 67,* 446–461.

Latham, G.P. (2003). Toward a boundaryless psychology. *Canadian Psychologist, 44,* 216–217.

Latham, G.P., & Locke, E.A. (2007). New developments in and directions for goal-setting research. *European Psychologist, 12,* 290–300.

Lazaridis, M. (2013). The emergence of a temporally extended self and factors that contribute to its development: From theoretical and empirical perspectives. *Monographs of the Society for Research in Child Development, 78,* 1–120.

Lazarus, R.S., & Folkman, S. (1984). *Stress, appraisal and coping.* New York: Springer.

Le, K., Donnellan, M.B., Spilman, S.K., Garcia, O.P., & Conger, R. (2014). Workers behaving badly: Associations between adolescents' reports of the Big Five and counterproductive work behaviours in adulthood. *Personality and Individual Differences, 61–62,* 7–12.

Leahey, T.H. (1992). The mythical revolutions of American psychology. *American Psychologist, 47,* 308–318.

Leaper, C. (2011). More similarities than differences in contemporary theories of social development? A plea for theory bridging. *Advances in Child Development and Behavior, 40,* 337–378.

Leaper, C. (2013). Parents' socialisation of gender in children. In R.E. Tremblay, M. Boivin, & R. De V. Peters (Eds.), *Encylopaedia on early childhood development* (pp. 1–6). Montreal, QC: Centre of Excellence for Early Childhood Development and Strategic Knowledge Cluster on Early Child Development.

Leary, M.R., & Baumeister, R.F. (2000). The nature and function of self-esteem: Sociometer theory. *Advances in Experimental Social Psychology, 32,* 1–62.

Leary, M.R., Haupt, A.L., Strausser, K.S., & Chokel, J.T. (1998). Calibrating the sociometer: The relationship between interpersonal appraisals and state self-esteem. *Journal of Personality and Social Psychology, 74,* 1290–1299.

Le Bon, G. (1895). *The crowd.* London: Ernest Benn.

Lee, S.W.S., Oyserman, D., & Bond, M.H. (2010). Am I doing better than you? That depends on whether you ask me in English or Chinese: Self-enhancement effects of language as a cultural mindset prime. *Journal of Experimental Social Psychology, 46,* 785–791.

Lee, W.E., Wadsworth, M.E.J., & Hotop, M. (2006). The protective role of trait anxiety: A longitudinal cohort study. *Psychological Medicine, 36,* 345–351.

Leek, E.C., Cristino, F., Conlan, L.I., Patterson, C., Rodriguez, E. et al. (2012). Eye movements during the recognition of three-dimensional objects: Preferential fixation of concave surface curvature minima. *Journal of Vision, 12* (Article 7), 1–16.

Lefkowitz, E.S., & Zeldow, P.B. (2006). Masculinity and femininity predict optimal mental health: A belated test of the androgyny hypothesis. *Journal of Personality Assessment, 87,* 95–101.

Leiter, M.P., Day, A., Oore, D.G., & Laschinger, H.K.S. (2012). Getting better and staying better: Assessing civility, incivility, distress, and job attitudes one year after a civility intervention. *Journal of Occupational Health Psychology, 17,* 425–434.

Lemmer, G., & Wagner, U. (2015). Can we really reduce ethnic prejudice outside the lab? A meta-analysis of direct and indirect contact interventions. *European Journal of Social Psychology, 45,* 152–168.

Lesar, T.S., Briceland, I., & Stein, D.S. (1997). Factors related to errors in medication prescribing. *Journal of the American Medical Association, 277,* 312–317.

Levenson, R.W. (1999). The intrapersonal functions of emotions. *Cognition & Emotion, 13,* 481–504.

Levenson, R.W. (2011). Basic emotion questions. *Emotion Review, 3,* 379–386.

Levine, M. (2002). *Walk on by?* Relational Justice Bulletin. Cambridge, UK: Relationships Foundation.

Levinger, G., & Snoek, J. D. (1972*). Attraction in relationship: A new look at interpersonal attraction.* Morristown, NJ: General Learning Press.

Lewinsohn, P.M., Joiner, T.E., & Rohde, P. (2001). Evaluation of cognitive diathesis-stress models in predicting major depressive disorder in adolescents. *Journal of Abnormal Psychology, 110,* 203–215.

Leyens, J.P., Camino, L., Parke, R.D., & Berkowitz, L. (1975). Effects of movie violence on aggression in a field setting as a function of group dominance and cohesion. *Journal of Personality and Social Psychology, 32,* 346–360.

Lieb, R., Wittchen, H.U., Hofler, M., Fuetsch, M., Stein, M.B., & Merikangas, K.R. (2000). Parental psychopathology, parenting styles, and the risk of social phobia in offspring: A prospective-longitudinal community study. *Archives of General Psychiatry, 57,* 859–866.

Lilienfeld, S.O., & Marino, L. (1995). Mental disorder as a Roschian concept: A critique of Wakefield's "harmful dysfunction" analysis. *Journal of Abnormal Psychology, 104*, 411–420.

Lindberg, S.M., Hyde, J.S., Petersen, J.L., & Linn, M.C. (2010). New trends in gender and mathematics performance: A meta-analysis. *Psychological Bulletin, 136*, 1123–1136.

Lindquist, K.A., Gendron, M., Barrett, L.F., & Dickerson, B.C. (2014). Emotion perception, but not affect perception, is impaired with semantic memory loss. *Emotion, 14*, 375–387.

Lisle, A.M. (2007). Assessing learning styles of adults with intellectual difficulties. *Journal of Intellectual Disabilities, 11*, 23–45.

Lo, C., Helwig, C.C., Chen, S.X., Ohashi, M.M., & Cheng, C.M. (2011). The psychology of strengths and weaknesses: Assessing self-enhancing and self-critical tendencies in Eastern and Western cultures. *Self and Identity, 10*, 203–212.

Lóchenhoff, C.E., Chan, W., McCrae, R.R., De Fruyt, F., Jussim, L., De Bolle, M. et al. (2014). Gender stereotypes of personality: Universal and accurate? *Journal of Cross-Cultural Psychology, 45*, 675–694.

Loehlin, J.C., & Nichols, R.C. (1976). *Heredity, environment and personality*. Austin, TX: University of Texas Press.

Loftus, E.F., & Davis, D. (2006). Recovered memories. *Annual Review of Clinical Psychology, 2*, 469–498.

Loftus, E.F., & Palmer, J.C. (1974). Reconstruction of automobile destruction: An example of the interaction between language and memory. *Journal of Verbal Learning and Verbal Behavior, 13*, 585–589.

Loftus, E.F., & Zanni, G. (1975). Eyewitness testimony: Influence of wording of a question. *Bulletin of the Psychonomic Society, 5*, 86–88.

Lopes, P.N., Brackett, M.A., Nezlek, J.B., Schutz, A., Sellin, I., & Salovey, P. (2004). Emotional intelligence and social interaction. *Personality and Social Psychology Bulletin, 30*, 1018–1034.

Lorber, J. (1981), Is your brain really necessary? *Nursing Mirror, 152*, 29–30.

Lourenço, O. (2012). Piaget and Vygotsky: Many resemblances, and a crucial difference. *New Ideas in Psychology, 30*, 281–295.

Love, J.M., Harrison, L., Sagi-Schwartz, A, van IJzendoorn, M.H., Ross, C., Ungerer, J.A. et al. (2003). Child care quality matters: How conclusions may vary with context. *Child Development, 74*, 1021–1033.

Lovell, P.G., Bloj, M., & Harris, J.M. (2012). Optimal integration of shading and binocular disparity for depth perception. *Journal of Vision, 12*, 1–18.

Lovibond, P.F. (2006). Fear and avoidance: An integrated expectancy model. In M.G. Craske, D. Hermans, & D. Vansteenwegen (Eds.), *Fear and learning: Basic science*

to clinical application (pp. 117–132). Washington, DC: American Psychological Association.

Low, J., & Hollis, S. (2003). The eyes have it: Development of children's generative thinking. *International Journal of Behavioral Development, 27*, 97–108.

Lucas, T., Alexander, S., Firestone, I.J., & Baltes, B.B. (2006). Self-efficacy and independence from social influence: Discovery of an efficacy-difficulty effect. *Social Influence, 1*, 58–80.

Lucassen, N., Tharner, A., IJzendoorn, M.H., Bakermans-Kranenburg, M.J., Volling, B.L., Verhulst, F.C. et al. (2011). The association between paternal sensitivity and infant-father security: A meta-analysis of three decades of research. *Journal of Family Psychology, 25*, 986–992.

Luchins, A.S. (1942). Mechanization in problem solving: The effect of *Einstellung*. *Psychological Monographs, 54*, 248.

Luckow, A., Reifman, A., & McIntosh, D.N. (1998). *Gender differences in caring: A meta-analysis*. Poster presented at 106th annual convention of the American Psychological Association, San Francisco.

Luo, S., & Zhang, G. (2009). What leads to romantic attraction: Similarity, reciprocity, security, or beauty? Evidence from a speed-dating study. *Journal of Personality, 77*, 933–964.

Lundahl, B., Risser, H.J., & Lovejoy, M.C. (2006). A meta-analysis of parent training: Moderators and follow-up effects. *Clinical Psychology Review, 26*, 86–104.

Luria, A.R. (1968). *The mind of a mnemonist*. New York: Basic Books.

Lustig, C., Konkel, A., & Jacoby, L.L. (2004). Which route to recovery? Controlled retrieval and accessibility bias in retroactive interference. *Psychological Science, 15*, 729–735.

Lykken, D.T., & Tellegen, A. (1993). Is human mating adventitious or the result of lawful choice: A twin study of mate selection. *Journal of Personality and Social Psychology, 65*, 56–68.

Lyn, H., Greenfield, P.M., Savage-Rumbaugh, S., Gillespie-Lynch, K., & Hopkins, W.D. (2011). Nonhuman primates do declare! A comparison of declarative symbol and gesture use in two children, two bonobos and a chimpanzee. *Language & Communication, 31*, 63–74.

Lyn, H., Russell, J.L., Leavens, D.A., Bard, K.A., Boysen, S.T., Schaeffer, J.A. et al. (2014). Apes communicate about absent and displaced objects: Methodology matters. *Animal Cognition, 17*, 85–94.

MacDonald, G., & Leary, M.R. (2005). Why does social exclusion hurt? The relationship between social and physical pain. *Psychological Bulletin, 131*, 202–223.

Mackintosh, N.J. (1998). *IQ and human intelligence.* Oxford: Oxford University Press.

Magid, M., Finzi, E., Kruger, T.H.C., Robertson, H.T., Keeling, B.H., Jung, S. et al. (2015). Treating depression with botulinum toxin: A pooled analysis of randomised controlled trials. *Pharmacopsychiatry, 48,* 205–210.

Mahé, A., Corson, Y., Verrier, N., & Payoux, M. (2015). Misinformation effect and centrality. *Revue Européenne de Psychologie Appliquée, 65,* 155–162.

Main, M., Kaplan, N., & Cassidy, J. (1985). Security in infancy, childhood, and adulthood: A move to the level of representation. In I. Bretherton & E. Waters (Eds.), Growing points of attachment theory and research. *Monographs of the Society for Research in Child Development, 50*(1–2), 66–104.

Main, M., & Weston, D.R. (1981). The quality of the toddler's relationship to mother and to father: Related to conflict behavior and the readiness to establish new relationships. *Child Development, 52,* 932–940.

Mainous, A.G., Everett, C.J., Diaz, V.A., Player, M.S., Gebregziabher, M., & Smith, D.W. (2010). Life stress and atheriosclerosis: A pathway through unhealthy lifestyle. *International Journal of Psychiatry in Medicine, 40,* 147–161.

Malle, B.F. (2006). The actor-observer asymmetry in causal attribution: A (surprising) meta-analysis. *Psychological Bulletin, 132,* 895–919.

Malle, B.F., Knobe, J., & Nelson, S. (2007). Actor-observer asymmetries in behaviour explanations: New answers to an old question. *Journal of Personality and Social Psychology, 93,* 491–514.

Mann, L. (1981). The baiting crowd in episodes of threatened suicide. *Journal of Personality and Social Psychology, 41,* 703–709.

Manning, R., Levine, M., & Collins, A. (2007). The Kitty Genovese murder and the social psychology of helping: The parable of the 38 witnesses. *American Psychologist, 62,* 555–562.

Marcus, B., & Schulz, A. (2005). Who are the people reluctant to participate in research? Personality correlates of four different types of non-response as inferred from self-and observer ratings. *Journal of Personality, 73,* 969–984.

Marcus, D.K., O'Connell, D., Norris, A.L., & Sawaqdeh, A. (2014). Is the Dodo bird endangered in the 21st century? A meta-analysis of treatment comparison studies. *Clinical Psychology Review, 34,* 519–530.

Mares, M.L., & Woodard, E. (2005). Positive effects of television on children's social interactions: A meta-analysis. *Media Psychology, 7,* 301–322.

Mark, J. (2011). The menace within. *Stanford Alumni,* July–August, 1–6.

Mark, V. (1996). Conflicting communicative behaviour in a split-brain patient: Support for dual consciousness. In S. Hameroff, A. Kaszniak, & A. Scott (Eds.), *Toward a science of consciousness: The first Tucson discussions and debates* (pp. 189–196).

Markus, H.R., & Kitayama, S. (1991). Culture and the self: Implications for cognition, emotion and motivation. *Psychological Review, 98,* 224–253.

Marmot, M.G., Bosma, H., Hemingway, H., Brunner, E., & Stansfeld, S. (1997). Contribution of job control and other risk factors to social variations in coronary heart disease incidence. *Lancet, 350,* 235–239.

Marteinsdottir, I.M., Svensson, A., Svedberg, M., Anderberg, U.M., & Von Knorring, L. (2007). The role of life events in social phobia. *Nordic Journal of Psychology, 61,* 207–212.

Martin, C.L., & Halverson, C.F. (1987). The roles of cognition in sex role acquisition. In D.B. Carter (Ed.), *Current conceptions of sex roles and sex typing: Theory and research.* New York: Praeger.

Martin, C.L., Ruble, D.N. (2004). Children's search for gender cues: Cognitive perspectives on gender development. *Current Directions in Psychological Science, 13,* 67–70.

Martin, C.L., Wood, C.H., & Little, J.K. (1990). The development of gender stereotype components. *Child Development, 61,* 1891–1904.

Martin, R.A. (1989). Techniques for data acquisition and analysis in field investigations of stress. In R.W.J. Neufeld (Ed.), *Advances in the investigation of psychological stress.* New York: Wiley.

Martinez, C.S.M., Calbet, H.B., & Feigenbaum, P. (2011). Private and inner speech and the regulation of social speech communication. *Cognitive Development, 26,* 214–229.

Marzoli, D., Custodero, M., Pagliara, A., & Tommasi, L. (2013). Sun-induced frowning fosters aggressive feelings. *Cognition and Emotion, 27,* 1513–1521.

Maslach, C. (2011). Burnout and engagement in the workplace: New perspectives. *The European Health Psychologist, 13,* 44–47.

Maslach, C., & Jackson, S.E. (1981). The measurement of experienced burnout. *Journal of Occupational Behaviour, 2,* 99–113.

Maslach, C., Jackson, S.E., & Leiter, M.P. (1996). *Maslach Burnout Inventory manual* (3rd ed.). Palo Alto, CA: Consulting Psychologists Press.

Massen, C., & Vaterrodt-Plünnecke, B. (2006). The role of proactive interference in mnemonic techniques. *Memory, 14,* 89–96.

Masuda, A.D., Locke, E.A., & Williams, K.J. (2015). The effects of simultaneous learning and performance goals on performance: An inductive exploration. *Journal of Cognitive Psychology, 27,* 37–52.

Mathy, F., & Feldman, J. (2012). What's magic about magic numbers: Chunking and data compression in short-term memory. *Cognition, 122*, 346–362.

Matsumoto, D. (2009). Facial expression of emotion. In D. Sander & K.R. Scherer (Eds.), *The Oxford companion to emotion and the affective states* (pp. 175–176). Oxford: Oxford University Press.

Matt, G.E., & Navarro, A.M. (1997). What meta-analyses have and have not taught us about psychotherapy effects: A review and future directions. *Clinical Psychology Review, 17*, 1–32.

Matthews, D., Lieven, E., Theakston, A., & Tomasello, M. (2005). The role of frequency in the acquisition of English word order. *Cognitive Development, 20*, 121–136.

Matthews, K.A., Glass, D.C., Rosenman, R.H., & Bortner, R.W. (1977). Competitive drive, Pattern A, and coronary heart disease: A further analysis of some data from the Western Collaborative Group. *Journal of Chronic Diseases, 30*, 489–498.

Mayer, J.D., Salovey, P., Caruso, D.R., & Sitarenios, G. (2003). Measuring emotional intelligence with the MSCEIT V2.0. *Emotion, 3*, 97–105.

Mazureck, U., & van Hattem, J. (2006). Rewards for safe driving behaviour: Influence on following distance and speed. *Transportation Research Part F: Traffic Psychology and Behaviour, 12*, 99–106.

McCaffrey, T. (2012). Innovation relies on the obscure: A key to overcoming the classic problem of functional fixedness. *Psychological Science, 23*, 215–218.

McCartney, K., Harris, M.J., & Bernieri, F. (1990). Growing up and growing apart: A developmental meta-analysis of twin studies. *Psychological Bulletin, 107*, 226–237.

McCrae, R.R., & Costa, P.T. (1985). Updating Norman's "adequate taxonomy": Intelligence and personality dimensions in natural language and in questionnaires. *Journal of Personality and Social Psychology, 49*, 710–721.

McCrae, R.R., & Costa, P.T. (1990). *Personality in adulthood*. New York: Guilford Press.

McCrae, R.R., & Costa, P.T. (1997). Personality trait structure as a human universal. *American Psychologist, 52*, 509–516.

McDonnell, A.R. (2011). The multiple self-aspects framework: Self-concept representation and its implications. *Personality and Social Psychology Review, 15*, 3–27.

McGarrigle, J., & Donaldson, M. (1975). Conservation accidents. *Cognition, 3*, 341–350.

McGrew, K.S. (2009). CHC theory and the human cognitive abilities research: Standing on the shoulders of the giants of psychometric intelligence research. *Intelligence, 37*, 1–10.

McGuire, J. (2008). A review of effective interventions for reducing aggression and violence. *Philosophical Transactions of the Royal Society B, 363*, 2577–2597.

McEachrane, M. (2009). Emotion, meaning, and appraisal theory. *Theory & Psychology, 19*, 33–53.

McGuffin, P., & Rivera, M. (2015). The interaction between stress and genetic factors in the aetiopathogenesis of depression. *World Psychiatry, 14*, 161–163.

McLaughlin, K., Remy, M., & Schmidt, H.G. (2008). Is analytic information processing a feature of expertise in medicine? *Advances in Health Sciences Education, 13*, 123–128.

Megreya, A.M., White, D., & Burton, A.M. (2007). The other-race effect does not depend on memory: Evidence from a matching task. *Quarterly Journal of Experimental Psychology, 64*, 1473–1483.

Mehta, P.H., & Beer, J. (2010). Neural mechanisms of the testosterone-aggression relation: The role of orbitofrontal cortex. *Journal of Cognitive Neuroscience, 22*, 2357–2368.

Meichenbaum, D. (1985). *Stress inoculation training*. New York: Pergamon.

Melo, M., Scarpin, D.J., Amaro, E., Passos, R.B.D., Sato, J.R., Friston, K.J. et al. (2012). How doctors generate diagnostic hypotheses: A study of radiological diagnosis with functional magnetic resonance imaging. *PLoS ONE, 6*(12), e28752. doi: 10.1371/journal.pone.0028752.

Menges, R.J. (1973). Openness and honesty versus coercion and deception in psychological research. *American Psychologist, 28*, 1030–1034.

Metcalfe, J., & Wiebe, D. (1987). Intuition in insight and noninsight problem solving. *Memory & Cognition, 15*, 238–246.

Meyer, G.J., & Shack, J.R. (1989). Structural convergence of mood and personality: Evidence for old and new directions. *Journal of Personality and Social Psychology, 57*, 691–706.

Mezulis, A.H., Abramson, L.Y., Hyde, J.S., & Hankin, B.L. (2004). Is there a universal positivity bias in attributions? A meta-analytic review of individual, developmental, and cultural differences in the self-serving attributional bias. *Psychological Bulletin, 130*, 711–747.

Mickelson, K., Kessler, R.C., & Shaver, P. (1997). Adult attachment in a nationally representative sample. *Journal of Personality and Social Psychology, 73*, 1092–1106.

Miele, F. (2002). *Intelligence, race, and genetics: Conversations with Arthur R. Jensen*. Boulder, CO: Westview.

Milgram, S. (1974). *Obedience to authority*. New York: Doubleday.

Milivojevic, B. (2012). Object recognition can be viewpoint dependent or invariant: It's just a matter of time and task. *Frontiers in Computational Neuroscience, 6* (Article 27), 1–3.

Miller, G.A. (1956). The magic number seven, plus or minus two: Some limits on our capacity for processing of information. *Psychological Review, 63,* 81–93.

Milner, A.D., & Goodale, M.A. (2008). Two visual systems re-viewed. *Neuropsychologia, 46,* 774–785.

Moè, A., & De Beni, R. (2004). Studying passages with the loci method: Are subject-generated more effective than experimenter-supplied loci pathways? *Journal of Mental Imagery, 28,* 75–86.

Moè, A., & De Beni, R. (2005). Stressing the efficiency of the loci method: Oral presentation and the subject-generation of the loci pathway with expository passages. *Applied Cognitive Psychology, 19,* 95–106.

Mols, F., & Denollet, J. (2010). Type D personality in the general population: A systematic review of health status, mechanisms of disease, and work-related problems. *Health and Quality of Life Outcomes, 8* (Article 9), 1–10.

Monaghan, P., Sio, U.N., Lau, S.W., Woo, H.K., Linkenauger, S.A., & Ormerod, T.C. (2015). Sleep promotes analogical transfer in problem solving. *Cognition, 143,* 25–30.

Monasterio, E., Mei-Dan, O., Hackney, A.C., Lane, A.R., Zwir, I., Rozsa, S., & Cloninger, C.R. (2016). Stress reactivity and personality in extreme sport athletes: The psychobiology of BASE jumpers. *Physiology & Behavior, 167,* 289–297.

Montoya, R.M., Horton, R.S., & Kirchner, J. (2008). Is actual similarity necessary for attraction? A meta-analysis of actual and perceived similarity. *Journal of Social and Personal Relationships, 25,* 889–922.

Morgan, H., & Raffle, C. (1999). Does reducing safety behaviours improve treatment response in patients with social phobia? *Australian and New Zealand Journal of Psychiatry, 33,* 503–510.

Morris, C.D., Bransford, J.D., & Franks, J.J. (1977). Levels of processing versus transfer appropriate processing. *Journal of Verbal Learning and Verbal Behavior, 16,* 519–533.

Morris, P.E., Fritz, C.O., Jackson, L., Nichol, E., & Roberts, E. (2005). Strategies for learning proper names: Expanding retrieval practice, meaning and imagery. *Applied Cognitive Psychology, 19,* 779–798.

Morris, P.E., Jones, S., & Hampson, P. (1978). An imagery mnemonic for the learning of people's names. *British Journal of Psychology, 69,* 335–336.

Moscovici, S. (1980). Toward a theory of conversion behavior. In L. Berkowitz (Ed.), *Advances in experimental social psychology* (Vol. 13, pp. 209–239). New York: Academic Press.

Mosing, M.A., Madison, G., Pedersen, N.L., Kuja-Halkola, R., & Ullén, F. (2014). Practice does not make perfect: No causal effect of music practice on music ability. *Psychological Science, 25,* 1795–1803.

Moss, E. (1992). The socioaffective context of joint cognitive activity. In L.T. Winegar & J. Valsiner (Eds.), *Children's development within social context* (Vol. 2, pp. 117–155). Hillsdale, NJ: Lawrence Erlbaum Associates, Inc.

Moss, J., Kotovsky, K., & Cagan, J. (2011). The effect of incidental hints when problems are suspended before, during, or after an impasse. *Journal of Experimental Psychology: Learning, Memory, and Cognition, 37,* 140–148.

Mowrer, O.H. (1947). On the dual nature of learning: A reinterpretation of "conditioning" and "problem-solving". *Harvard Educational Review, 17,* 102–148.

Moxley, J.H., Ericsson, K.A., Charness, N., & Krampe, R.T. (2012). The role of intuition and deliberative thinking in experts' superior tactical decision-making. *Cognition, 124,* 72–78.

Mullen, B., Brown, R., & Smith, C. (1992). Ingroup bias as a function of salience, relevance, and status: An integration. *European Journal of Social Psychology, 22,* 103–122.

Myrtek, M. (2001). Meta-analyses of prospective studies on coronary heart disease, Type A personality, and hostility. *International Journal of Cardiology, 79,* 245–251.

Nairne, J.S. (2002). The myth of the encoding-retrieval match. *Memory, 10,* 389–395.

Nairne, J.S. (2015). Encoding and retrieval: Beyond Tulving and Thomson's (1973) encoding specificity. In M.W. Eysenck & D. Groome (Eds.), *Classic studies in cognitive psychology* (pp. 117–132). London: Sage.

National Institute of Child Health and Development (NICHD) Early Child Care Research Network (2003). Does quality of child care affect child outcomes at age 4½? *Developmental Psychology, 39,* 451–469.

Nauts, S., Langnet, O., Huijsmans, I., Vonk, R., & Wigboldus, D.H.J. (2014). Forming impressions of personality: A replication and review of Asch's (1946) evidence for a primacy-of-warmth effect in impression formation. *Social Psychology, 45,* 153–163.

Nedelec, J.L., & Beaver, K.M. (2014). Physical attractiveness as a phenotypic marker of health: An assessment using a nationally representative sample of American adults. *Evolution and Human Behavior, 35,* 456–463.

Nemeth, C., Mayseless, O., Sherman, J., & Brown, Y. (1990). Exposure to dissent and recall of information. *Journal of Personality and Social Psychology, 58,* 429–437.

Nesdale, D. (2013). Social acumen: Its role in constructing group identity and attitudes. In M. Banaji & S.A. Gelman (Eds.), *Navigating the social world: What infants, children, and other species can teach us* (pp. 323–326). Oxford: Oxford University Press.

Newell, A., & Simon, H.A. (1972). *Human problem solving*. Englewood Cliffs, NJ: Prentice Hall.

Newman, H.H., Freeman, F.N., & Holzinger, K.J. (1937). *Twins*. Chicago: University of Chicago Press.

Niedenthal, P.M. (2007). Embodying emotion. *Science, 316*, 1002–1005.

Norby, S. (2015). Why forget? On the adaptive value of memory loss. *Perspectives on Psychological Science, 10*, 551–578.

Norenzayan A., Choi, I., & Nisbett, R.E. (2002). Cultural similarities and differences in social inference: Evidence from behavioural predictions and lay theories of behaviour. *Personality and Social Psychology Bulletin, 28*, 109–120.

Norton, M.I., Frost, J.H., & Ariely, D. (2013). Less is often more, but not always: Additional evidence that familiarity breeds contempt and a call for future research. *Journal of Personality and Social Psychology, 105*, 921–923.

Nummenmaa, L., Glerean, E., Hari, R., & Hietanen, J.K. (2014). Bodily maps of emotions. *Proceedings of the National Academy of Sciences, 111*, 646–651.

Oakes, P.J., Haslam, S.A., & Turner, J.C. (1994). *Stereotyping and social reality*. Malden, MA: Blackwell.

O'Boyle, E.H., Humphrey, R.H., Pollack, J.M., Hawver, T.H., & Story, P.A. (2011). The relation between emotional intelligence and job performance: A meta-analysis. *Journal of Organizational Behavior, 32*, 788–818.

Ochs, E., & Schieffelin, B. (1995). The impact of language socialization on grammatical development. In P. Fletcher & B. MacWhinney (Eds.), *Handbook of child language* (pp. 73–94). Oxford: Blackwell.

O'Connor, T.G., Caspi, A., DeFries, J.C., & Plomin, R. (2003). Genotype-environment interaction in children's adjustment to parental separation. *Journal of Child Psychology and Psychiatry, 44*, 849–856.

O'Connor, T.G., & Croft, C.M. (2001). A twin study of attachment in pre-school children. *Child Development, 72*, 1501–1511.

O'Connor, T.G., Rutter, M., Beckett, C., Keaveney, L., Kreppner, J.M., and the English and Romanian Adoptees Study Team (2000). The effects of global severe privation on cognitive competence: Extension and longitudinal follow-up. *Child Development, 71*, 376–390.

Ohlsson, S. (1992). Information processing explanations of insight and related phenomena. In M.T. Keane & K.J. Gilhooly (Eds.), *Advances in the psychology of thinking* (pp. 1–43). London: Harvester Wheatsheaf.

Ojalehto, B.L., & Medin, D.L. (2015). Perspectives on culture and concepts. *Annual Review of Psychology, 66*, 249–275.

Öllinger, M., Jones, G., & Knoblich, G. (2014). The dynamics of search, impasse, and representational change provide a coherent explanation of difficulty in the nine-dot problem. *Psychological Research, 78*, 266–275.

Onishi, K.H., & Baillargeon, R. (2005). Do 15-month-old infants understand false beliefs? *Science, 308*, 255–258.

Orne, M.T. (1962). On the social psychology of the psychological experiment: With particular reference to demand characteristics and their implications. *American Psychologist, 17*, 776–783.

Oudiette, D., & Paller, K.A. (2013). Upgrading the sleeping brain with targeted memory reactivation. *Trends in Cognitive Sciences, 13*, 142–149.

Owusu-Bempah, P., & Hewitt, D. (1994). Racism and the psychological textbook. *The Psychologist, 7*, 163–166.

Padilla-Walker, L.M., Coyne, S.M., Collier, K.M., & Nielson, M.G. (2015). Longitudinal relations between prosocial television content and adolescents' prosocial and aggressive behaviour: The mediating role of empathic concern and self-regulation. *Developmental Psychology, 51*, 1317–1328.

Parke, R.D., & Slaby, R.G. (1983). The development of aggression. In P.H. Mussen (Ed.), *Handbook of child psychology* (Vol. 4, 4th ed., pp. 457–641). New York: Wiley.

Pass, J.A., Lindenberg, S.M., & Park, J.H. (2010). All you need is love: Is the sociometer especially sensitive to one's mating capacity? *European Journal of Social Psychology, 40*, 221–234.

Pasterski, M.E., Geffner, C., Brain, P., Hindmarsh, C., & Hines, M. (2005). Hormone-behavior associations in early infancy. *Hormones and Behavior, 56*, 498–502.

Pasupathi, M., & Wainryb, C. (2010). On telling the whole story: Facts and interpretations in autobiographical memory narratives from childhood through mid-adolescence. *Developmental Psychology, 46*, 735–746.

Patrick, R.B., & Gibbs, J.C. (2012). Inductive discipline, parental expression of disappointed expectations, and moral identity in adolescence. *Journal of Youth and Adolescence, 41*, 973–983.

Patsenko, E.G., & Altmann, E.M. (2010). How planful is routine behaviour? A selective-attention model of performance in the Tower of Hanoi. *Journal of Experimental Psychology: General, 139*, 95–116.

Patterson, G.R. (2002). The early development of coercive family process. In J.B. Reid, G.R. Patterson, & J. Snyder (eds), *Antisocial behaviour in children and adolescents: A developmental analysis and model for intervention.* Washington, DC: American Psychological Association.

Patterson, G.R., Reid, J.B., & Dishion, T.J. (1992). *Antisocial boys.* Eugene, OR: Castalia Press.

Paulhus, D.L. (2002). Socially desirable responding: The evolution of a construct. In H.I. Braun, D.N. Jackson, & D.E. Wiley (Eds.), *The role of constructs in psychological and educational measurement* (pp. 49–69). Mahwah, NJ: Erlbaum.

Paul-Savoie, E., Polvin, S., Daigle, K., Normand, E., Corbin, J.F., Gagnon, R. et al. (2011). A deficit in peripheral serotonin levels in major depressive disorder but not in chronic widespread pain. *Clinical Journal of Pain, 27,* 529–534.

Paunonen, S.V. (2003). Big Five factors of personality and replicated predictions of behavior. *Journal of Personality and Social Psychology, 84,* 411–424.

Paunonen, S.V., & Ashton, M.C. (2001). Big Five factors and facets and the prediction of behaviour. *Journal of Personality and Social Psychology, 81,* 524–539.

Paunonen, S.V., & O'Neill, T.A. (2010). Self-reports, peer ratings and construct validity. *European Journal of Personality, 24,* 189–206.

Pavlov, I.P. (1897). *The work of the digestive glands.* London: Griffin (translated 1902).

Payne, B.K. (2001). Prejudice and perception: The role of automatic and controlled processes in misperceiving a weapon. *Journal of Personality and Social Psychology, 81,* 181–192.

Pellicano, E. (2010). Individual differences in executive function and central coherence predict developmental changes in theory of mind in autism. *Developmental Psychology, 46,* 530–544.

Penaloza, A.A., & Calvillo, D.P. (2012). Incubation provides relief from artificial fixation in problem solving. *Creativity Research Journal, 24,* 338–344.

Penley, J.A., Tomaka, J., & Wiebe, J.S. (2002). The association of coping to physical and psychological health outcomes: A meta-analytic review. *Journal of Behavioral Medicine, 25,* 551–603.

Perry, G. (2014). The view from the boys. *Psychologist, 27,* 834–836.

Peterson, C., Slaughter, V., Moore, C., & Wellman, H.M. (2016). Peer social skills and theory of mind in children with autism, deafness, or typical development. *Developmental Psychology, 52,* 46–57.

Peterson, R.S., Owens, P.D., Tetlock, P.E., Fan, E.T., & Martorana, P. (1998). Group dynamics in top management teams: Groupthink, vigilance, and alternative models of organisational failure and success. *Organizational Behavior and Human Decision Processes, 73,* 272–305.

Pettigrew, T.F. (1958). Personality and sociocultural factors in intergroup attitudes: A cross-national comparison. *Journal of Conflict Resolution, 2,* 29–42.

Pettigrew, T.F., & Tropp, L.R. (2008). How does intergroup contact reduce prejudice? Meta-analytic tests of three mediators. *European Journal of Social Psychology, 38,* 922–934.

Pettigrew, T.F., & Tropp, L.R. (2011). *When groups meet: The dynamics of intergroup contact.* London: Psychology Press.

Pickel, K.L. (2009). The weapon focus effect on memory for female versus male perpetrators. *Memory, 17,* 664–678.

Pilgrim, D. (2007). The survival of psychiatric diagnosis. *Social Science and Medicine, 65,* 536–544.

Piliavin, I.M., Rodin, J., & Piliavin, J.A. (1969). Good samaritanism: An underground phenomenon? *Journal of Personality and Social Psychology, 13,* 289–299.

Piliavin, J.A., Dovidio, J.F., Gaertner, S.L., & Clark, R.D. (1981). *Emergency intervention.* New York: Academic Press.

Pinker, S. (1989). *Learnability and cognition.* Cambridge, MA: MIT Press.

Pinker, S. (2011). *The better angels of our nature: The decline of violence in history and its causes.* London: Allen Lane.

Pinquart, M., Feussner, C., & Ahnert, L. (2013). Meta-analytic evidence for stability in attachments from infancy to early adulthood. *Attachment & Human Development, 15,* 189–218.

Platow, M.J., & Hunter, J.A. (2014). Necessarily collectivistic. *The Psychologist, 27,* 838–841.

Plomin, R. (1990). The role of inheritance in behaviour. *Science, 248,* 183–188.

Plomin, R., & Daniels, D. (2011). Why are children in the same family so different from one another? *International Journal of Epidemiology, 40,* 563–582.

Plomin, R., & Deary, I.J. (2014). Genetics and intelligence differences: Five special findings. *Molecular Psychiatry, 20,* 98–108.

Pohl, R.F., & Hell, W. (1996). No reduction in hindsight bias after complete information and repeated testing. *Organizational Behavior and Human Decision Processes, 67,* 49–58.

Poldrack, R.A., & Gabrieli, J.D.E. (2001). Characterising the neural mechanisms of skill learning and repetition priming: Evidence from mirror reading. *Brain, 124,* 67–82.

Popper, K.R. (1968). *The logic of scientific discovery.* London: Hutchinson.

Postmes, T., & Spears, R. (1998). Deindividuation and anti-normative behavior: A meta-analysis. *Psychological Bulletin, 123,* 238–259.

Powers, T.A., Koestner, R., & Topciu, R.A. (2005). Implementation intentions, perfectionism, and goal progress: Perhaps the road to hell is paved with good intentions. *Personality and Social Psychology Bulletin, 31*, 902–912.

Prakash, S., & Mandal, P. (2014). Is the DSM-5 position on *dhat* syndrome justified? *Asian Journal of Psychology, 12*, 155–157.

Prass, M., Grimsen, C., König, M., & Fahle, M. (2013). Ultra-rapid object categorisation: Effect of level, animacy and context. *PLoS ONE, 8*(6), e68051.

Prot, S., Gentile, D.A., Anderson, C.A., Suzuki, K., Swing, E., Lim, K.M. et al. (2014). Long-term relations among prosocial-media use, empathy, and prosocial behaviour. *Psychological Science, 25*, 358–368.

Proulx, G., & Fahy, R.F. (2004). *Account analysis of WTC survivors.* Proceedings of the 3rd International Symposium on Human Behaviour in Fire, Belfast, UK, 1–3 September.

Pulsifer, M.B., Brandt, J., Salorio, C.F., Vining, E.P.G., Carson, B.S., & Freeman, J.M. (2004). The cognitive outcome of hemispherectomy in 71 children. *Epilepsia, 45*, 243–254.

Pyc, M.A., & Rawson, K.A. (2012). Why is test-restudy practice beneficial for memory? An evaluation of the mediator shift hypothesis. *Journal of Experimental Psychology: Learning, Memory, and Cognition, 38*, 737–746.

Rahe, R.H., & Arthur, R.J. (1977). Life-change patterns surrounding illness experience. In A. Monat & R.S. Lazarus (Eds.), *Stress and coping* (pp. 341–345). New York: Columbia University Press.

Rank, S.G., & Jacobsen, C.K. (1977). Hospital nurses' compliance with medication overdose order: A failure to replicate. *Journal of Health and Social Psychology, 18*, 188–193.

Redding, G.M., & Vinson, D.W. (2010). Virtual and drawing structures for the Müller-Lyer illusions. *Attention, Perception & Psychophysics, 72*, 1350–1366.

Reicher, S., & Haslam, S.A. (2006). Rethinking the psychology of tyranny: The BBC prison study. *British Journal of Social Psychology, 45*, 1–40.

Reicher, S., Haslam, S.A., & Smith, J.R. (2012). Working toward the experimenter: Reconceptualising obedience within the Milgram paradigm as identification-based followership. *Perspectives on Psychological Science, 7*, 315–324.

Reicher, S., Spears, R., & Postmes, T. (1995). A social identity model of deindividuation phenomena. In W. Stroebe & M. Hewstone (Eds.), *European review of social psychology* (Vol. 6, pp. 161–198). Chichester, UK: Wiley.

Reis, H.T., Maniaci, M.R., Caprariello, P.A., Eastwick, P.W., & Finkel, E.J. (2011). Familiarity does indeed promote attraction in live interaction. *Journal of Personality and Social Psychology, 101*, 557–570.

Rensink, R.A., O'Regan, J.K., & Clark, J.J. (1997). To see or not to see: The need for attention to perceive changes in scenes. *Psychological Science, 8*, 245–277.

Reynolds, M.R., Scheiber, C., Hajovsky, D.B., Schwartz, B., & Kaufman, A.S. (2015). Gender differences in academic achievement: Is writing an exception to the gender similarities hypothesis? *Journal of Genetic Psychology, 176*, 211–234.

Richardson, K., & Norgate, S.H. (2015). Does IQ really predict job performance? *Applied Developmental Science, 19*, 153–169.

Robertson, S.I. (2001). *Problem solving.* Hove, UK: Psychology Press.

Robinson, J.L., Zahn-Waxler, C., & Emde, R.N. (1994). Patterns of development in early empathic behavior: Environmental and child constitutional influences. *Social Development, 3*, 125–145.

Rock, I., & Palmer, S. (1990). The legacy of Gestalt psychology. *Scientific American*, December, 48–61.

Roediger, H.L., & Gallo, D.A. (2001). Levels of processing: Some unanswered questions. In M. Naveh-Benjamin, M. Moscovitch, & H.L. Roediger (Eds.), *Perspectives on human memory and cognitive aging* (pp. 28–47). New York: Psychology Press.

Roediger, H.L., & Karpicke, J.D. (2006). Test-enhanced learning: Taking memory tests improves long-term retention. *Psychological Science, 17*, 249–255.

Roese, N.J., & Vohs, K.D. (2012). Hindsight bias. *Perspectives on Psychological Science, 7*, 411–426.

Roidl, E., Frehse, B., & Höger, R. (2014). Emotional states of drivers and the impact on speed, acceleration and traffic violations: A simulator study. *Accident Analysis and Prevention, 70*, 282–292.

Rolls, G. (2010). *Classic case studies in psychology* (2nd ed.). London: Hodder Education.

Rönnlund, M., Nyberg, L., Bäckman, L., & Nilsson, L.-G. (2005). Stability, growth, and decline in adult life span development of declarative memory: Cross-sectional and longitudinal data from a population-based study. *Psychology and Aging, 20*, 3–18.

Roos, P., Gelfand, M., Nau, D., & Carr, R. (2014). High strength-of-ties and low mobility enable the evolution of third-party punishment. *Proceedings of the Royal Society B, 281*(20132661), 1–7.

Rosenbaum, M.E. (1986). The repulsion hypothesis: On the non-development of relationships. *Journal of Personality and Social Psychology, 51*, 1156–1166.

Rosenberg, S., Nelson, C., & Vivekananthan, P.S. (1968). A multidimensional approach to the structure of personality impressions. *Journal of Personality and Social Psychology, 9*, 283–294.

Rosenman, R.H., Brand, R.J., Jenkins, C.D., Friedman, M., Straus, R., & Wurm, M. (1975). Coronary heart disease in the Western Collaborative Group Study: Final follow-up experience of 8½ years. *Journal of the American Medical Association, 22*, 872–877.

Rosenthal, R. (1966). *Experimenter effects in behavioral research*. New York: Appleton-Century-Crofts.

Rossen, E., & Kranzler, J.H. (2009). Incremental validity of the Mayer-Salovey-Caruso Emotional Intelligence Test Version 2.0 (MSCEIT) after controlling for personality and intelligence. *Journal of Research in Personality, 43*, 60–65.

Roth, A., & Fonagy, P., Parry, G., Target, M., & Woods, R. (2005). *What works for whom? A critical review of psychotherapy research* (2nd ed.). New York: Guilford Press.

Rothbaum, F., Pott, M., Azuma, H., & Wisz, J. (2000). The development of close relationships in Japan and the United States: Paths of symbiotic harmony and generative tension. *Child Development, 71*, 1121–1142.

Rowe, M.L. (2008). Child-directed speech: Relation to socioeconomic status, knowledge of child development and child vocabulary skill. *Journal of Child Language, 35*, 185–205.

Rowland, C.A. (2014). The effect of testing versus restudy on retention: A meta-analytic review of the testing effect. *Psychological Bulletin, 140*, 1432–1463.

Rubinstein, S., & Caballero, B. (2000). Is Miss America an undernourished role model? *Journal of the American Medical Association, 283*, 1569–1569.

Rush, A.J. (2009). The role of efficacy and effectiveness trials. *World Psychiatry, 8*, 48–49.

Rutter, M. (1970). *Education, health and behaviour*. Harlow, UK: Longmans.

Rutter, M. (1981). *Maternal deprivation reassessed* (2nd ed.). Harlow, UK: Penguin.

Rutter, M. (2013). Annual research review: Resilience-Clinical implications. *Journal of Child Psychology and Psychiatry, 54*, 474–487.

Rutter, M., & Solantaus, T. (2014). Translation gone awry: Differences between commonsense and science. *European Child and Adolescent Psychiatry, 23*, 247–255.

Rutter, M., Sonuga-Barke, E.J., & Castle, J. (2010). I. Investigating the impact of early institutional deprivation on development: Background and research strategy of the English and Romanian adoptees (ERA) study. *Monographs of the Society for Research in Child Development, 75*, 1–20.

Ryan, J.D., Althoff, R.R., Whitlow, S., & Cohen, N.J. (2000). Amnesia is a deficit in relational memory. *Psychological Science, 11*, 454–461.

Sagi, A., van IJzendoorn, M.H., & Koren-Karie, N. (1991). Primary appraisal of the strange situation: A cross-cultural analysis of the pre-separation episodes. *Developmental Psychology, 27*, 587–596.

Sagotsky, G., Wood-Schneider, M., & Konop, M. (1981). Learning to cooperate: Effects of modeling and direct instructions. *Child Development, 52*, 1037–1042.

Salter, J.E., Smith, S.D., & Ethans, K.D. (2013). Positive and negative affect in individuals with spinal cord injuries. *Spinal Cord, 51*, 252–256.

Salthouse, T.A. (2014). Why are there different age relations in cross-sectional and longitudinal comparisons of cognitive functioning? *Current Directions in Psychological Science, 23*, 252–256.

Samson, D., & Apperly, I.A. (2010). There is more to mind reading than having theory of mind concepts: New directions in theory of mind research. *Infant and Child Development, 19*, 443–454.

Saucier, G., Kenner, J., Iurino, K., Malham, P.B., Chen, Z., Thalmayer, A.G. et al. (2015). Cross-cultural differences in a global "Survey of World Views". *Journal of Cross-Cultural Psychology, 46*, 53–70.

Sauer, J.D., Drummond, A., & Nova, N. (2015). Violent video games: The effects of narrative context and reward structure on in-game and post-game aggression. *Journal of Experimental Psychology: Applied, 21*, 205–214.

Savage-Rumbaugh, E.S., McDonald, K., Sevcik, R.A., Hopkins, W.D., & Rupert, E. (1986). Spontaneous symbol acquisition and communicative use by pygmy chimpanzees (*Pan paniscus*). *Journal of Experimental Psychology: General, 115*, 211–235.

Savage-Rumbaugh, E.S., Murphy, J., Sevcik, R.A., Brakke, K.E., Williams, S.L., & Rumbaugh, D.M. (1993). Language comprehension in ape and child. *Monographs of the Society for Research in Child Development, 58*(3–4), 1–222.

Saville, P., & Blinkhorn, S. (1976). *Undergraduate personality by factored scores*. London: NFER Publishing Company.

Saxton, M. (1997). The contrast theory of negative input. *Journal of Child Language, 24*, 139–161.

Sbarra, D.A., Emery, R.E., Beam, C.R., & Ocker, B.L. (2013). Marital dissolution and major depression in midlife: A propensity score analysis. *Current Psychological Science, 2*, 249–257.

Sbarra, D.A., Law, R.W., & Portley, R.M. (2011). Divorce and death: A meta-analysis and research agenda for clinical, social, and health psychology. *Perspectives on Psychological Science, 5*, 454–474.

Scaini, S., Belotti, R., & Ogliari, A. (2014). Genetic and environmental contributions to social anxiety across different ages: A meta-analytic approach to twin data. *Journal of Anxiety Disorders, 28*, 650–656.

Schaefer, C., Lazarus, R.S., & Coyne, J.C. (1981). Health-related functions of social support. *Journal of Behavioral Medicine, 4*, 381–406.

Schaffer, H.R. (1996). *Social development*. Oxford, UK: Blackwell.

Schaffer, H.R., & Emerson, P.E. (1964). The development of social attachments in infancy. *Monographs of the Society for Research on Child Development*, (Whole No. 29), 1–77.

Scherer, K.R., & Ellsworth, P.C. (2009). Appraisal theories. In D. Sander & K.R. Scherer (Eds.), *The Oxford companion to emotion and the affective sciences* (pp. 45–49). Oxford: Oxford University Press.

Schieffelin, B.B. (1990). *The give and take of everyday life: Language socialization of Kaluli children*. Cambridge, UK: Cambridge University Press.

Schmidt, E.M.B., & Jankowski, P.J. (2014). Predictors of relational aggression and the moderating role of religiousness. *Journal of Aggression, Maltreatment & Trauma, 23*, 333–350.

Schmitt, D.P., Realo, A., Voracek, M., & Allik, J. (2008). Why can't a man be more like a woman? Sex differences in Big Five personality traits across 55 cultures. *Journal of Personality and Social Psychology, 94*, 168–182.

Schommer, N.C., Hellhammer, D.H., & Kirschbaum, C. (2003). Dissociation between reactivity of the hypothalamic-pituitary-adrenocortical axis and the sympathetic-adrenal-medullary system to repeated psychosocial stress. *Psychosomatic Medicine, 65*, 450–460.

Schonert-Reichl, K.A. (1999). Relations of peer acceptance, friendship adjustment, and social behaviour to moral reasoning during early adolescence. *Journal of Early Adolescence, 19*, 249–279.

Schonfeld, I.S., & Bianchi, R. (2016). Burnout and depression: Two entities or one? *Journal of Clinical Psychology, 72*, 22–37.

Schurz, M., & Perner, J. (2015). An evaluation of neurocognitive models of theory of mind. *Frontiers in Psychology, 6* (Article 1610), 1–9.

Schütz, H., & Six, B. (1996). How strong is the relationship between prejudice and discrimination? A meta-analytic answer. *International Journal of Intercultural Relations, 20*, 441–462.

Schweingruber, D., & Wohlstein, R.T. (2005). The madding crowd goes to school: Myths about crowds in introductory sociology textbooks. *Teaching Sociology, 33*, 136–153.

Segerstrom, S.C., & Miller, G.E. (2004). Psychological stress and the human immune system: A meta-analytic study of 30 years of inquiry. *Psychological Bulletin, 130*, 601–630.

Seligman, M.E.P. (1995). The effectiveness of psychotherapy: The consumer reports study. *American Psychologist, 50*, 965–974.

Senghas, A., Kita, S., & Özyürek, A. (2004). Children creating core properties of language: Evidence from an emerging sign language in Nicaragua. *Science, 305*, 1779–1782.

Sereno, S., Triberti, S., Villani, D., Cipresso, P., Gaggioli, A., & Riva, G. (2014). Toward a validation of cyber-interventions for stress disorders based on stress inoculation training: A systematic review. *Virtual Reality, 18*, 73–87.

Shackelford, T.K., Schmitt, D.P., & Buss, D.M. (2005). Universal dimensions of human mate preference. *Personality and Individual Differences, 39*, 447–458.

Shallice, T., & Warrington, E.K. (1974). The dissociation between long-term retention of meaningful sounds and verbal material. *Neuropsychologia, 12*, 553–555.

Shanks, D.R. (2010). Learning: From association to cognition. *Annual Review of Psychology, 61*, 273–301.

Shayer, M. (1999). Cognitive acceleration through science education II: Its effects and scope. *International Journal of Science Education, 21*, 465–485.

Shayer, M. (2003). Not just Piaget; not just Vygotsky, and certainly not Vygotsky as *alternative* to Piaget. *Learning and Instruction, 13*, 465–485.

Shayer, M., & Ginsburg, D. (2009). Thirty years on – a large anti-Flynn effect? (II): 13- and 14-year-olds: Piagetian tests of formal operations norms 1976–2006/7. *British Journal of Educational Psychology, 79*, 409–418.

Sheridan, H., & Reingold, E.M. (2013). The mechanisms and boundary conditions of the Einstellung effect in chess: Evidence from eye movements. *PloS ONE, 8*(10), e75796.

Sherif, M. (1966). *Group conflict and cooperation: Their social psychology*. London: Routledge & Kegan Paul.

Sherif, M., Harvey, O.J., White, B.J., Hood, W.R., & Sherif, C.W. (1961). *Intergroup conflict and cooperation: The robbers' cave experiment*. Norman, OK: University of Oklahoma.

Sherman, J.W., Stroessner, S.J., Conrey, F.R., & Azam, O.A. (2005). Prejudice and stereotype maintenance processes: Attention, attribution, and individuation. *Journal of Personality and Social Psychology, 89*, 607–622.

Shotland, R.L., & Straw, M.K. (1976). Bystander response to an assault: When a man attacks a woman. *Journal of Personality and Social Psychology, 34*, 990–999.

Sieber, J.E., & Stanley, B. (1988). Ethical and professional dimensions of socially sensitive research. *American Psychologist, 43*, 49–55.

Siegler, R.S. (2007). Cognitive variability. *Developmental Science, 10*, 104–109.

Siegler, R.S., & McGilly, K. (1989). Strategy choices in children's time-telling. In I. Levin & D. Zakay (Eds.), *Time and human cognition: A life-span perspective* (pp. 185–218). Amsterdam: Elsevier Science.

Siegler, R.S., & Munakata, Y. (1993). Beyond the immaculate transition: Advances in the understanding of change. *Society for Research in Child Development Newsletter, 36,* 10–13.

Siegler, R.S., & Svetina, M. (2002). A microgenetic/cross-sectional study of matrix completions: Comparing short-term and long-term change. *Child Development, 73,* 793–809.

Siegrist, J., & Rodel, A. (2006). Work stress and health risk behavior. *Scandinavian Journal of Work Environment, 32,* 473–481.

Silke, A. (2003). Deindividuation, anonymity, and violence: Findings from Northern Ireland. *Journal of Social Psychology, 143,* 493–499.

Silverman, K., DeFulio, A., & Sigurdsson, S.O. (2012). Maintenance of reinforcement to address the chronic nature of drug addiction. *Preventive Medicine, 55,* S46–S53.

Silverman, K., Robles, E., Mudric, T., Bigelow, G.E., & Stitzer, M.L. (2004). A randomized trial of long-term reinforcement of cocaine abstinence in methadone-maintained patients who inject drugs. *Journal of Consulting and Clinical Psychology, 72,* 839–854.

Silvia, P.J. (2008). Another look at creativity and intelligence: Exploring higher-order models and probable confounds. *Personality and Individual Differences, 44,* 1012–1021.

Simmons, V.N., Heckman, B.W., Fink, A.C., Small, B.J., & Brandon, T.H. (2013). Efficacy of an experiential, dissonance-based smoking intervention for college students delivered via the internet. *Journal of Consulting and Clinical Psychology, 81,* 810–820.

Simons, D.J., & Chabris, F. (1999). Gorillas in our midst: Sustained inattentional blindness for dynamic events. *Perception, 28,* 1059–1074.

Simonton, D.K. (2011). Creativity and discovery as blind variation and selective retention: Multiple-variant definition and blind-sighted integration. *Psychology of Aesthetics, Creativity and the Arts, 5,* 222–228.

Sio, U.N., & Ormerod, T.C. (2009). Does incubation enhance problem solving? A meta-analytic review. *Psychological Bulletin, 135,* 94–120.

Sitnick, S.L., Shaw, D.S., Gill, A., Dishion, T., Winter, C., Waller, R. et al. (2015). Parenting and the family check-up: Changes in observed parent-child interaction following early childhood intervention. *Journal of Clinical Child & Adolescent Psychology, 44,* 970–984.

Sitzmann, T., & Ely, K. (2011). A meta-analysis of self-regulated learning in work-related training and educational attainment: What we know and where we need to go. *Psychological Bulletin, 137,* 421–442.

Skinner, E.A., Edge, K., Altman, J., & Sherwood, H. (2003). Searching for the structure of coping: A review and critique of category systems for classifying ways of coping. *Psychological Bulletin, 129,* 216–269.

Skoe, E.E.A. (1998). The ethic of care: Issues in moral development. In E.A.A. Skoe & A.L. van der Lippe (Eds.), *Personality development in adolescence: A cross-national and life span perspective* (pp. 143–171). London: Routledge.

Slaby, R.G., & Crowley, C.G. (1977). Modification of cooperation and aggression through teacher attention to children's speech. *Journal of Experimental Child Psychology, 23,* 442–458.

Smith, C.A., & Kirby, L.D. (2001). Toward delivering on the promise of appraisal theory. In K.R. Scherer, A. Schorr, & T. Johnstone (Eds.), *Appraisal processes in emotion: Theory, methods, research* (pp. 121–138). New York: Oxford University Press.

Smith, E.R., & Mackie, D.M. (2000). *Social psychology* (2nd ed.). Philadelphia: Psychology Press.

Smith, J.D., Dishion, T.J., Shaw, D.S., Wilson, M.N., Winter, C.C., & Patterson, G.R. (2014). Coercive family process and early-onset conduct problems from age 2 to school entry. *Developmental Psychopathology, 26,* 917–932.

Smith, L.A., Roman, A., Dollard, M.F., Winefield, A.H., & Siegrist, J. (2005). Effort-reward imbalance at work: The effects of work stress on anger and cardiovascular disease symptoms in a community sample. *Stress and Health, 21,* 113–128.

Smith, P.B., & Bond, M.H. (1993). *Social psychology across cultures: Analysis and perspectives.* New York: Prentice-Hall.

Smith, R., & Lane, R.D. (2015). The neural basis of one's own conscious and unconscious emotional states. *Neuroscience and Biobehavioral Reviews, 57,* 1–29.

Smith, T.J., Lamont, P., & Henderson, J.M. (2012). The penny drops: Change blindness at fixation. *Perception, 41,* 49–492.

Smith, T.W., Marsden, P., Hout, M., & Kim, J. (2011). *General social surveys, 1972–2010.* Chicago, IL: National Opinion Research Center.

Snarey, J.R. (1985). Cross-cultural universality of social-moral development: A critical review of Kohlbergian research. *Psychological Bulletin, 97,* 202–232.

Solomon, R.L., & Wynne, L.C. (1953). Traumatic avoidance learning: Acquisition in normal dogs. *Psychological Monographs, 67* (Whole No. 354), 1–19.

Sorkin, A.R. (2009). *Too big to fail.* London: Penguin.

Spangler, G. (2013). Individual dispositions as precursors of differences in attachment quality: Why maternal sensitivity is nevertheless important. *Attachment &*

Human Development, 15, 657–672.

Spangler, G., Johann, M., Ronai, Z., & Zimmermann, P. (2009). Genetic and environmental influence on attachment disorganization. *Journal of Child Psychology and Psychiatry, 50,* 952–961.

Spearman, C.E. (1904). General intelligence objectively determined and measured. *American Journal of Psychology, 15,* 201–292.

Spector, P.E., Dwyer, D.J., & Jex, S.M. (1988). Relation of job stressors to affective, health, and performance outcomes. A comparison of multiple data sources. *Journal of Applied Psychology, 73,* 11–19.

Sperry, R.W. (1968). Hemisphere deconnection and unity in conscious awareness. *American Psychologist, 23,* 723–733.

Spiers, H.J., Maguire, E.A., & Burgess, N. (2001). Hippocampal amnesia. *Neurocase, 7,* 357–382.

Spitz, R.A. (1945). Hospitalism: An inquiry into the genesis of psychiatric conditions in early childhood. *Psychoanalytic Study of the Child, 1,* 113–117.

Sprecher, S. (1998). Insider's perspectives on reasons for attraction to a close other. *Social Psychology Quarterly, 61,* 287–300.

Squire, L.R., Genzel, L., Wixted, J.T., & Morris, R.G. (2015). Memory consolidation. *Cold Spring Harbor Perspectives in Biology, 7*(8), a021766.

Stajkovic, A.D., & Luthans, F. (1998). Self-efficacy and work-related performance: A meta-analysis. *Psychological Bulletin, 124,* 240–261.

Stams, G.J.M., Juffer, F., & van Ijzendoorn, M.H. (2002). Maternal sensitivity, infant attachment, and temperament in early childhood predict adjustment in middle childhood: The case of adopted children and their biologically unrelated parents. *Developmental Psychology, 38,* 806–821.

Stein, J.A., Newcomb, M.D., & Bentler, P.M. (1992). The effect of agency and communality on self-esteem: Gender differences in longitudinal data. *Sex Roles, 26,* 465–481.

Stephen, I.D., Mahmut, M.K., Case, T.I., Fitness, J., & Stevenson, R.J. (2014). The uniquely predictive power of evolutionary approaches to mind and behaviour. *Frontiers in Psychology, 5* (Article 1372), 1–3.

Sternberg, R.J. (1985). *Beyond IQ: A triarchic theory of human intelligence.* Cambridge, UK: Cambridge University Press.

Sternberg, R.J. (2015a). Multiple intelligences in the new age of thinking. In S. Goldstein, D. Princiotta, & J.A. Naglieri (Eds.), *Handbook of intelligence: Evolutionary theory, historical perspective, and current concepts* (pp. 229–242). New York: Springer.

Sternberg, R.J. (2015b). Competence versus performance models of people and tests: A commentary on

Richardson and Norgate. *Applied Developmental Science, 19,* 170–175.

Sternberg, R.J., & Kaufman, J.C. (1998). Human abilities. *Annual Review of Psychology, 49,* 479–502.

Stevens, S., Hynan, M.T., & Allen, M. (2000). A meta-analysis of common factor and specific treatment effects across the outcome domains of the phase model of psychotherapy. *Clinical Psychology: Science and Practice, 7,* 273–290.

Stewart, R. (1997). Evolution of the human brain. http://homepage.ac.com/binck/reports/bevolution/breport:html.

Stewart-Williams, S., & Thomas, A.G. (2013). The ape that thought it was a peacock: Does evolutionary psychology exaggerate human sex differences? *Psychological Inquiry, 24,* 137–168.

Steyvers, M., & Hemmer, P. (2012). Reconstruction from memory in naturalistic environments. In B.H. Ross (Ed.), *The Psychology of Learning and Motivation* (Vol. 56, pp. 126–144). New York: Academic Press.

Stieger, A.E., Allemand, M., Robinson, R.W., & Fend, H.A. (2014). Low and decreasing self-esteem during adolescence predict depression two decades later. *Journal of Personality and Social Psychology, 106,* 325–338.

Stone, A.A., Reed, B.R., & Neale, J.M. (1987). Changes in daily life event frequency precede episodes of physical symptoms. *Journal of Human Stress, 134,* 70–74.

Strack, F., Martin, L.L., & Stepper, S. (1988). Inhibiting and facilitating conditions of the human smile: A unobtrusive test of the facial feedback hypothesis. *Journal of Personality and Social Psychology, 54,* 768–777.

Strupp, H.H. (1996). The tripartite model and the consumer reports study. *American Psychologist, 51,* 1017–1024.

Sulin, R.A., & Dooling, D.J. (1974). Intrusion of a thematic idea in retention of prose. *Journal of Experimental Psychology, 103,* 255–262.

Svetlova, M., Nichols, S.R., & Brownell, C.A. (2010). Toddlers' prosocial behavior: From instrumental to empathic to altruistic helping. *Child Development, 81,* 1814–1827.

Swami, V. (2013). Cultural influences on body size ideals. *European Psychologist, 20,* 44–51.

Swami, V., Frederick, D.A., Aavik, T., Alcalay, L., Allik, J., Anderson, D. et al. (2010). Body weight ideals and body dissatisfaction in 26 countries across 10 world regions: Results of the International Body Project I. *Personality and Social Psychology Bulletin, 36,* 309–325.

Sweller, J., & Levine, M. (1982). Effects of goal specificity on means-ends analysis and learning. *Journal of Experimental Psychology: Learning, Memory, and Cognition, 8,* 463–474.

Swim, J.K., Aikin, K.J., Hall, W.S., & Hunter, B.A. (1995). Sexism and racism: Old-fashioned and modern prejudices. *Journal of Personality and Social Psychology, 68,* 199–214.

Szasz, T.S. (1960). *The myth of mental illness.* London: Paladin.

Szechtman, H., & Woody, E. (2004). Obsessive-compulsive disorder as a disturbance of security motivation. *Psychological Review, 111,* 111–127.

Tajfel, H., & Turner, J.C. (1979). *An integrative theory of intergroup conflict.* In W.G. Austin & S. Worchel (Eds.), *The social psychology of intergroup relations* (pp. 33–47). Monterey, CA: Brooks/Cole.

Talaska, C.A., Fiske, S.T., & Chaiken, S. (2008). Legitimating racial discrimination: Emotions, not beliefs, best predict discrimination in a meta-analysis. *Social Justice Research, 21,* 263–396.

Tanti, C., Stukas, A.A., Halloran, M.J., & Foddy, M. (2008). Tripartite self-concept change: Shifts in the individual, relational, and collective self in adolescence. *Self and Identity, 7,* 360–379.

Taylor, S.E., Cousino-Klein, L., Lewisz, B.P., Grunewald, T.L., & Updegraff, J.A. (2000). Behavioral response to stress in females: Tend and befriend, not fight-or-flight. *Psychological Review, 107,* 411–429.

Teper, R., Inzlicht, M., & Page-Gould, E. (2011). Are we more moral than we think? Exploring the role of affect in moral behavior and moral forecasting. *Psychological Science, 22,* 553–558.

Terracciano, A., Abdel-Khalek, A.M., Adamovova, L., Ahan, C.K., Ahan, H.-N., Alansari, B.M. et al. (2005). National character does not reflect mean personality trait levels in 49 cultures. *Science, 310,* 96–100.

Terrace, H.S., Pettito, L.A., Sanders, D.J., & Bever, T.G. (1979). On the grammatical capacities of apes. In K. Nelson (Ed.), *Children's language, Vol. 2.* New York: Gardner Press.

Tetlock, P.E., Peterson, R.S., McGuire, C., Chang, S., & Feld, P. (1992). Assessing political group dynamics: A test of the groupthink model. *Journal of Personality and Social Psychology, 63,* 403–425.

Thompson, A.E., & Voyer, D. (2014). Sex differences in the ability to recognise non-verbal displays of emotion: A meta-analysis. *Cognition & Emotion, 28,* 1164–1195.

Thompson, R.A. (2012). Whither the preconventional child? Toward a life-span moral development theory. *Child Development Perspectives, 6,* 423–429.

Tilker, H.A. (1970). Socially responsible behavior as a function of observer responsibility and victim feedback. *Journal of Personality and Social Psychology, 49,* 420–428.

Tindale, R.S., Smith, C.M., Dykema-Engblade, A., & Kluwe, K. (2012). Good and bad group performance: Same process – different outcomes. *Group Processes & Intergroup Relations, 15,* 603–618.

Toelch, U., & Dolan, R.J. (2015). Informational and normative influences in conformity from a neurocomputational perspective. *Trends in Cognitive Sciences, 19,* 579–589.

Tollestrup, P.A., Turtle, J.W., & Yuille, J.C. (1994). Actual victims and witnesses to robbery and fraud: An archival analysis. In D.F. Ross, J.D. Read, & M.P. Toglia (Eds.), *Adult eyewitness testimony: Current trends and developments* (pp. 144–160). New York: Wiley.

Tolman, E.C. (1948). Cognitive maps in rats and men. *Psychological Review, 55,* 189–208.

Tolman, E.C. (1959). Principles of purposive behaviour. In S. Koch (Ed.), *Psychology: A study of a science: Vol. 2. General systematic formulations, learning, and special processes* (pp. 92–157). New York: McGraw-Hill.

Tomasello, M. (2005). Beyond formalities: The case of language acquisition. *Linguistic Review, 22,* 183–197.

Tomasello, M., Melis, A.P., Tennie, C., Wyman, E., & Herrmann, E. (2012). Two key steps in the evolution of human cooperation: The interdependence hypothesis. *Current Anthropology, 53,* 673–692.

Trahan, L.H., Stuebing, K.K., Fletcher, J.M., & Hiscock, M. (2014). The Flynn effect: A meta-analysis. *Psychological Bulletin, 140,* 1332–1360.

Trautner, H.M., Ruble, D.N., Cyphers, L., Kirsten, B., Behrendt, R., & Hartmann, P. (2005). Rigidity and flexibility of gender stereotypes in childhood: Developmental or differential? *Infant and Child Development, 14,* 365–381.

Triandis, H.C., Carnevale, P., Gelfand, M., Robert, C., Wasti, A., Probst, T. et al. (2001). Culture, personality and deception in intercultural management negotiations. *International Journal of Cross-Cultural Management, 1,* 73–90.

Triandis, H.C., McCusker, C., & Hui, C.H. (1990). Multimethod probes of individualism and collectivism. *Journal of Personality and Social Psychology, 59,* 1006–1020.

Trickett, S.B., & Trafton, J.G. (2007). "What if . . .": The use of conceptual simulations in scientific reasoning. *Cognitive Science, 31,* 843–875.

Triesch, H., Ballard, D.H., & Jacobs, R.A. (2002). Fast temporal dynamics of visual cue integration. *Perception, 31,* 421–434.

Trivers, R.L. (1971). The evolution of reciprocal altruism. *Quarterly Review of Biology, 46,* 35–57.

Trujillo, L.T., Jankowitsch, J.M., & Langlois, J.H. (2014). Beauty is in the eye of the beholding: A neurophysiological test of the averageness theory of facial attractiveness. *Cognitive, Affective & Behavioral Neuroscience, 14,* 1061–1076.

Trzesniewski, K.H., Donnellan, M.B., Caspi, A., Moffitt, T.E., Robins, R.W., & Poultin, R. (2006). Adolescent low self-esteem is a risk factor for adult poor health, criminal behavior, and limited economic prospects. *Developmental Psychology, 42*, 381–390.

Tucker-Drob, E.M., Briley, D.A., & Harden, K.P. (2013). Genetic and environmental influences on cognition across development and context. *Current Directions in Psychological Science, 22*, 349–355.

Tuckey, M.R., & Brewer, N. (2003a). How schema affect eyewitness memory over repeated retrieval attempts. *Applied Cognitive Psychology, 7*, 785–800.

Tuckey, M.R., & Brewer, N. (2003b). The influence of schemas, stimulus ambiguity, and interview schedule on eyewitness memory over time. *Journal of Experimental Psychology: Applied, 9*, 101–118.

Tuffiash, M., Roring, R.W., & Ericsson, K.A. (2007). Expert performance in Scrabble: Implications for the study of the structure and acquisition of complex skills. *Journal of Experimental Psychology: Applied, 13*, 124–134.

Tulving, E. (1979). Relation between encoding specificity and levels of processing. In L.S. Cermak & F.I.M. Craik (Eds.), *Levels of processing in human memory* (pp. 405–428). Hillsdale, NJ: Lawrence Erlbaum Associates.

Tulving, E., & Schacter, D.L. (1990). Priming and human-memory systems. *Science, 247*, 301–306.

Turkheimer, E., Haley, A., Waldron, M., D'Onofrio, B., & Gottesman, I.I. (2003). Socio-economic status modifies heritability of IQ in young children. *Psychological Science, 14*, 623–628.

Turner, R.N., & Crisp, R.J. (2010). Explaining the relationship between ingroup identification and intergroup identification and intergroup bias following recategorisation: A self-regulation theory analysis. *Group Processes & Intergroup Relations, 13*, 251–261.

Turton, S., & Campbell, C. (2005). Tend and befriend versus fight or flight: Gender differences in behavioural response to stress among university students. *Journal of Applied Biobehavioral Research, 10*, 209–232.

Tuvblad, C., Raine, A., Zheng, M., & Baker, L.A. (2009). Genetic and environmental stability differs in reactive and proactive aggression. *Aggressive Behavior, 35*, 437–452.

Twenge, J.M. (2000). The age of anxiety? Birth cohort change in anxiety and neuroticism, 1952–1993. *Journal of Personality and Social Psychology, 70*, 1007–1021.

Twenge, J.M., Gentile, B., DeWall, C.N., Ma, D., Lacefield, K., & Schutz, D.R. (2010). Birth cohort increases in psychopathology among young Americans, 1938–2007: A cross-sectional meta-analysis of the MMPI. *Clinical Psychology Review, 30*, 145–154.

Tyerman, A., & Spencer, C. (1983). A critical test of the Sherifs' Robber's Cave experiment: Intergroup competition and cooperation between groups of well-acquainted individuals. *Small Group Behaviour, 14*, 515–531.

Tyrell, J.B., & Baxter, J.D. (1981). Glucocorticoid therapy. In P. Felig, J.D. Baxter, A.E. Broadus, & L.A. Frohman (Eds.), *Endocrinology and metabolism* (pp. 599–624). New York: McGraw-Hill.

Uchino, B.N. (2006). Social support and health: A review of psychological processes potentially underlying links to disease outcome. *Journal of Behavioral Medicine, 29*, 377–387.

Udry, J.R., & Chantala, K. (2004). Masculinity-femininity guides sexual union formation in adolescents. *Personality and Social Psychology Bulletin, 30*, 44–55.

Ullén, F., Hambrick, D.Z., & Mosing, M.A. (2016). Rethinking expertise: A multifactorial gene-environment interaction model of expert performance. *Psychological Bulletin, 142*, 427–446.

Ünal, B., Critchley, J.A., Fidan, D., & Capewell, S. (2005). Life years gained from modern cardiological treatments and population risk factor changes in England and Wales, 1981–2000. *American Journal of Public Health, 95*, 103–108.

Valentine, E.R. (1992). *Conceptual issues in psychology.* Hove: Psychology Press.

Valkenburg, P.M., Peter, J., & Walther, J.B. (2016). Media effects: Theory and research. *Annual Review of Psychology, 67*, 315–338.

Vancouver, J.B. (2012). Rhetorical reckoning: A response to Bandura. *Journal of Management, 38*, 465–474.

van den Broek, G.S.E., Takashima, A., Segers, E., Fernandez, G., & Verhoeven, L. (2013). Neural correlates of testing effects in vocabulary learning. *NeuroImage, 78*, 94–102.

van der Linden, D., te Nijenhuis, J., & Bakker, A.B. (2010). The general factor of personality: A meta-analysis of Big Five intercorrelations and a criterion-related validity study. *Journal of Research in Personality, 44*, 315–327.

van der Wal, R.A.B., Bucx, M.J.L., Hendriks, J.C.M., Scheffer, G.J., & Prins, J.B. (2016). Psychological distress, burnout and personality traits in Dutch anaesthesiologists: A survey. *European Journal of Anaesthesiology, 33*, 179–186.

van Houtem, C.M.H.H., Laine, M.L., Boomsma, D.I., Ligthart, L., van Wijk, A.J., & De Jongh, A. (2013). A review and meta-analysis of the heritability of specific phobia subtypes and corresponding fears. *Journal of Anxiety Disorders, 27*, 379–388.

Van IJzendoorn, M.H., & Kroonenberg, P.M. (1988). Cross-cultural patterns of attachment: A meta-analysis of the strange situation. *Child Development, 59*, 147–156.

Van Oudenhouven, J.P., Groenewoud, J.T., & Hewstone, M. (1996). Cooperation, ethnic salience and generalisation of inter-ethnic attitudes. *European Journal of Social Psychology, 26,* 649–662.

Vargha-Khadem, F., Gadian, D.G., Watkins, K.E., Connelly, A., Van Paesschen, W., & Mishkin, M. (1997). Differential effects of early hippocampal pathology on episodic and semantic memory. *Science, 277,* 376–380.

Vaughan, G.M., & Hogg, M.A. (2014). *Social psychology* (7th ed.). Frenchs Forest, NSW: Pearson Australia.

Vazire, S., & Carlson, E.N. (2011). Others sometimes know us better than we know ourselves. *Current Directions in Psychological Science, 20,* 104–108.

Venville, G., & Oliver, M. (2015). The impact of a cognitive acceleration programme in science on students in an academically selective high school. *Thinking Skills and Creativity, 15,* 48–60.

Verhulst B., & Hatemi P.K. (2013) Gene-environment interplay in twin models. *Political Analysis, 21,* 368–389.

Viggiano, M.P., Giovannelli, F., Borgheresi, A., Feurra, M., Berardi, N., Pizzorusso, T. et al. (2008). Disruption of the prefrontal cortex by rTMS produces a category-specific enhancement of the reaction times during visual object identification. *Neuropsychologia, 46,* 2725–2731.

Villegas de Posada, C., & Vargas-Trujillo, E. (2015). Moral reasoning and personal behaviour: A meta-analytic review. *Review of General Psychology, 19,* 408–424.

Viswesvaran, C., & Schmidt, F.L. (1992). A meta-analytic comparison of the effectiveness of smoking cessation methods. *Journal of Applied Psychology, 77,* 554–561.

Vögele, C., Ehlers, A., Meyer, A.H., Frank, M., Hahlweg, K., & Margraf, J. (2010). Cognitive mediation of clinical improvement after intensive exposure therapy of agoraphobia and social phobia. *Depression and Anxiety, 27,* 294–301.

von Restorff, H. (1933). Über die Wirkung von Brieichsbildungen im Spurenfeld. *Psychologische Forschung, 18,* 299–542.

Vukasović, T., & Bratko, D. (2015). Heritability of personality: A meta-analysis of behaviour genetic studies. *Psychological Bulletin, 141,* 769–785.

Waaktaar, T., & Torgersen, S. (2013). Self-efficacy is mainly genetic, not learned: A multiple-rater twin study on the causal structure of general self-efficacy in young people. *Twin Research and Human Genetics, 16,* 651–660.

Wachtel, P.L. (1973). Psychodynamics, behavior therapy and the implacable experimenter: An inquiry into the consistency of personality. *Journal of Abnormal Psychology, 82,* 324–334.

Wagemans, J., Feldman, J., Gepshtein, S., Kimchi, R., Poemerantz, J.R., & van der Helm, P.A. (2012). A century of Gestalt psychology in visual perception: II. Conceptual and theoretical foundations. *Psychological Bulletin, 138,* 1218–1252.

Walker, L.J., Pitts, R.C., Hennig, K.H., & Matsuba, M.K. (1995). Reasoning about morality and real-life moral problems. In M. Killen & D. Hart (Eds.), *Morality in everyday life: Developmental perspectives* (pp. 371–408). Cambridge, UK: Cambridge University Press.

Wallas, G. (1926). *The art of thought.* London: Cape.

Wallerstein, J.S. (1984). Children of divorce: Preliminary report of a ten-year follow-up of young children. *American Journal of Orthopsychiatry, 54,* 444–458.

Wang, A.Y., & Thomas, M.H. (2000). Looking for long-term mnemonic effects on serial recall: The legacy of Simonides. *American Journal of Psychology, 113,* 331–340.

Wang, K., Shu, Q., & Tu, Q. (2008). Technostress under different organizational environments: An empirical investigation. *Computers in Human Behavior, 24,* 3002–3013.

Ward, J. (2010). *The student's guide to cognitive neuroscience* (2nd ed.). Hove, UK: Psychology Press.

Warneken, F. (2015). Precocious prosociality: Why do young children help? *Child Development Perspectives, 9,* 1–6.

Wass, R., & Golding, C. (2014). Sharpening a tool for teaching: The zone of proximal development. *Teaching in Higher Education, 19,* 671–684.

Watson, D., & Clark, L.A. (1992). Affects separable and inseparable: On the hierarchical arrangement of the negative affects. *Journal of Personality and Social Psychology, 62,* 489–505.

Watson, D., & Clark, L.A. (1994). *The PANAS-X: Manual for the positive and negative affect schedule – expanded form.* Unpublished manuscript, University of Iowa, Iowa City.

Watson, D., & Pennebaker, J.W. (1989). Health complaints, stress, and distress: Exploring the central role of negative affectivity. *Psychological Review, 96,* 234–254.

Watson, J.B. (1913). Psychology as the behaviorist views it. *Psychological Review, 20,* 158–177.

Webb, T.L., Miles, E., & Sheeran, P. (2012). Dealing with feeling: A meta-analysis of the effectiveness of strategies derived from the process model of emotion regulation. *Psychological Bulletin, 138,* 775–808.

Weeks, D., & James, J. (1995). *Eccentrics: A study of sanity and strangeness.* New York: Villiard.

Weisgram, E.S., Fulcher, M., & Dinella, L.M. (2014). Pink gives girls permission: Exploring the roles of explicit gender labels and gender-typed colours on preschool children's toy preferences. *Journal of Applied Developmental Psychology, 35,* 401–409.

Wellman, H.M., Cross, D., & Watson, J. (2001). Meta-analysis of theory-of-mind development: The truth about false belief. *Child Development, 72,* 655–684.

Wells, A., & Papageorgiou, C. (1998). Social phobia: Effects of external attention on anxiety, negative beliefs, and perspective taking. *Behavior Therapy, 29,* 357–370.

West, T.V., Pearson, A.R., Dovidio, J.F., Shelton, J.N., & Trail, T. (2009). Superordinate identity and intergroup roommate friendship development. *Journal of Experimental Social Psychology, 45,* 1266–1272.

Westen, D. (1996). *Psychology: Mind, brain, and culture.* New York: Wiley.

Wheeler, L.R. (1942). A comparative study of the intelligence of East Tennessee mountain children. *Journal of Educational Psychology, 33,* 321–334.

White, F.A., Abu-Rayya, H.M., Bliuc, A.-M., & Faulkner, N. (2015a). Emotion expression and intergroup bias reduction between Muslims and Christians: Long-term Internet contact. *Computers in Human Behavior, 53,* 435–442.

White, F.A., Abu-Rayya, H.M., & Weitzel, C. (2014). Achieving twelve-months of intergroup bias reduction: The dual identity-electronic contact (DIEC) experiment. *International Journal of Intercultural Relations, 38,* 158–163.

White, F.A., Harvey, L.J., & Abu-Rayya, H.M. (2015b). Improving intergroup relations in the internet age: A critical review. *Review of General Psychology, 19,* 129–139.

White, J. (2005). *Howard Gardner: The myth of multiple intelligences.* London: Institute of Education.

Whiting, B.B., & Whiting, J.W.M. (1975). *Children of six cultures: A psychocultural analysis.* Cambridge, MA: Harvard University Press.

Wieber, F., Thürmer, J.L., & Gollwitzer, P.M. (2015). Promoting the translation of intentions by implementation intentions: Behavioural effects and physiological correlates. *Frontiers in Human Neuroscience, 9* (Article 395), 1–18.

Williams, J.E., & Best, D.L. (1990). *Sex and psyche: Gender and self viewed cross-culturally.* Newbury Park, CA: Sage.

Williams, T.M. (1986). Background and overview. In T.M. Williams (Ed.), *The impact of television: A natural experiment in three communities* (pp. 1–38). Orlando, FL: Academic Press.

Willoughby, T., Adachi, P.J.C., & Good, M. (2012). A longitudinal study of the association between violent video game play and aggression among adolescents. *Developmental Psychology, 48,* 1044–1057.

Wilson, S.J., Lipsey, M.W., & Derzon, J.H. (2003). The effects of school-based intervention programs on aggressive behavior: A meta-analysis. *Journal of Consulting and Clinical Psychology, 71,* 136–149.

Wimmer, H., & Perner, J. (1983). Beliefs about beliefs: Representation and the constraining function of wrong beliefs in young children's understanding of deception. *Cognition, 13,* 103–128.

Winkielman, P., Berridge, K.C., & Wilbarger, J.L. (2005). Unconscious affective reactions to masked happy versus angry faces influence consumption behaviour and judgments of value. *Personality and Social Psychology Bulletin, 31,* 121–135.

Woike, B., Gershkovich, I., Piorkowski, R., & Polo, M. (1999). The role of motives in the content and structure of autobiographical memory. *Journal of Personality and Social Psychology, 76,* 600–612.

Wojciszke, B., Bazinska, R., & Jaworski, M. (1998). On the dominance of moral categories in impression formation. *Personality and Social Psychology Bulletin, 24,* 1245–1257.

Wolsko, C.V., Park, B., Judd, C.M., & Wittenbrink, B. (2000). Framing interethnic ideology: Effects of multicultural and colour-blind perspectives on judgments of groups and individuals. *Journal of Personality and Social Psychology, 78,* 635–654.

Wood, D. (2015). Testing the lexical hypothesis: Are socially important traits more densely reflected in the English lexicon? *Journal of Personality and Social Psychology, 108,* 317–335.

Wood, W., & Eagly, A.H. (2002). A cross-cultural analysis of the behavior of women and men: Implications for the origins of sex differences. *Psychological Bulletin, 128,* 699–727.

Wood, W., Lundgren, S., Ouellette, J.A., Busceme, S., & Blackstone, T. (1994). Minority influence: A meta-analytic review of social influence processes. *Psychological Bulletin, 115,* 323–345.

Worthen, J.B., & Hunt, R.R. (2011). *Mnemonology: Mnemonics for the 21st century.* Hove: Psychology Press.

Wu, A.W., Folkman, S., McPhee, S.J., & Lo, B. (1993). How house officers cope with their mistakes. *Western Journal of Medicine, 159,* 565–569.

Ybarra, O. (2001). When first impressions don't last: The role of isolation and adaptation processes in the revision of evaluative impressions. *Social Cognition, 19,* 491–520.

Yearta, S.K., Maitlis, S., & Briner, R.B. (1995). An exploratory study of goal-setting in theory and practice – A motivational technique that works. *Journal of Occupational and Organizational Psychology, 68,* 237–252.

Yeung, K.-T., & Martin, J.L. (2003). The looking glass self: An empirical test and elaboration. *Social Forces, 81,* 843–879.

Young, S.D., Adelstein, B.D., & Ellis, S.R. (2007). Demand characteristics in assessing motion sickness in a virtual environment: Or does taking a motion sickness questionnaire make you sick? *IEEE Transactions on Visualization and Computer Graphics, 13*, 422–428.

Zahavi, S., & Asher, S.R. (1978). The effect of verbal instructions on preschool children's aggressive behaviour. *Journal of School Psychology, 16*, 146–153.

Zahn-Waxler, C., Radke-Yarrow, M., Wagner, E., & Chapman, M. (1992). Development of concern for others. *Developmental Psychology, 28*, 1038–1047.

Zakowski, S.G., Hall, M.H., Klein, L.C., & Baum, A. (2001). Appraised group, coping, and stress in a community sample: A test of the goodness-of-fit hypothesis. *Annals of Behavioral Medicine, 23*, 158–165.

Zeidner, M., Matthews, G., & Roberts, R.D. (2009). *What we know about emotional intelligence.* Cambridge, MA: MIT Press.

Zelko, H., Zammar, G.R., Ferreira, A.P.B., Phadtare, A., Shah, J., & Pietrobon, R. (2010). Selection mechanisms underlying high impact biomedical research – A qualitative analysis and causal model. *PLoS ONE, 5*, 10535.

Zell, E., Krizan, Z., & Teeter, S.R. (2015). Evaluating gender similarities and differences using metasynthesis. *American Psychologist, 70*, 10–20.

Zhu, Y.-S., & Imperato-McGinley, J. (2008). Male sexual differentiation disorder and 5a-reductase-2 deficiency. *Journal of the Global Library of Women's Medicine, (ISSN: 1756–2228).* doi: 10.3843/GLOWM.10350.

Zillmann, D., & Weaver, J.B. (1997). Psychoticism in the effect of prolonged exposure to gratuitous media violence: On the acceptance of violence as a preferred means of conflict resolution. *Personality and Individual Differences, 22*, 613–627.

Zimbardo, P.G. (1970). The human choice: Individuation, reason, and order versus deindividuation, impulse, and chaos. In W.J. Arnold & D. Levine (Eds.), *Nebraska symposium on motivation* (Vol. 17, pp. 237–307). Lincoln, NE: University of Nebraska Press.

Zimbardo, P.G. (2007). *The Lucifer effect: Understanding how good people turn evil.* New York: Random House.

Zimmermann, F.G.S., & Eimer, M. (2013). Face learning and the emergence of view-independent face recognition: An event-related brain potential study. *Neuropsychologia, 51*, 1320–1329.

Zosuls, K.M., Ruble, D.N., Tamis-LeMonda, C.S., Shrout, P.E., Bornstein, M.H., & Greulich, F.K. (2009). The acquisition of gender labels in infancy: Implications for gender-typed play. *Developmental Psychology, 45*, 688–701.

Zuriff, G.E. (2015). The gender similarities hypothesis is untestable as formulated. *American Psychologist, 70*, 663–664.

찾아보기

|ㄱ|

가설 45
강압적 순환 129
개인주의 문화 8
검사 효과 449
결기울기 375
결핍 207
고전적 조건형성 28
고정관념 221
공감 237
공격성 119
공포증 32
과규칙화 158
과학기술 스트레스 91
관찰자 간 신뢰도 53
관찰학습 39
권위주의적 성격 224
귀인 277
귀환 159
규범 270
규범적 영향 257
근접발달영역 145
기능적 고착 419
기능적 자기공명 영상 22
기능학습 398
기본귀인오류 278
기본 어휘 가설 319
기분 105
기분 전환 114

기억상실증 393, 396
기억술 443
기억폭 393
기질귀인 278
기회 표집 48

|ㄴ|

내성법 20
내집단 편향 227
노르아드레날린 86
노출치료 32, 365
뇌수종 305

|ㄷ|

단안단서 375
단일 굴성 가설 207
대뇌 72
대뇌피질 73
대상영속성 141
대응 참여자설계 49
대처 유연성 97
대표적 표본 48
도덕성 169
도덕적 자아 178
독립변수 46
독립설계 49
독립적 자아 339
독특성 440
돌출 범주화 230

동반질환 355
동조 255
등위성 35
또래 176

|ㄹ|

렉시그램 164

|ㅁ|

마음갖춤새 419
마음 이론 150
말하는 대로 믿는 효과 406
메타분석 10
모성 박탈 가설 207
목격자 증언 407
몰개성화 270
무기 초점 409
무기 효과 126
무작위 표집 48
무작위 할당 49
무조건반사 29
무조건반응 29
무조건자극 29
문법 형태소 157
문제 중심 대처 97
문화 8
문화권 증후군 356
문화 상대주의 355
문화적 마음가짐 345

미시발생적 방법 148
민감기 207

|ㅂ|
박탈 207
박탈−특수 문제 211
반구 편재화 74
반복 검증 51
반복측정설계 49
반응적 공격성 119
방관자 개입 237
방관자 효과 247
범주적 군집화 399
범주적 분류 355
변연계 72
보살핌의 도덕성 174
보존 141
부적 강화물 38
부적처벌 37
부호화 특수성 원리 404
부화 418
분리뇌 환자 75
비교문화심리학 8
비서술적 기억 395

|ㅅ|
사례연구 55
사회 공포증 32
사회 권력 261
사회 규범 120
사회불안장애 361
사회 역할 268
사회 영향 255
사회적 바람직성 편향 317
사회정체성 227

산출언어 156
상관 55
상호반응성 지향 178
상호부조협력 240
상호의존적 자아 339
상호 이타심 240
상황귀인 278
생태학적 타당도 23, 51
생활사건 88
서술적 기억 395
선조망 375
선천성 부신과형성 193
선택적 배정 302
성 도식 189
성 역할 고정관념 183
성 유사성 가설 184
성 유형 행동 183
성 정체성 183
성 정체성 장애 194
소거 30, 35
소진 92
수단−목표 관계 36
수단−목표 분석 422
수렴 376
수용언어 156
순행간섭 403
시공간 메모장 395
시상 72
시상하부 72
시점−불변 지각 377
시점−의존 지각 378
신경증 321
신뢰도 298
실용론 156
실험가설 46

실험법 45
실험자 효과 50

|ㅇ|
아동 지향어 160
아드레날린 86
안구운동단서 376
안드로겐 193
안전행동 365
안정애착 202
암묵적 성격 이론 280
암송 392
애착 201
양안단서 375
억압 402
언덕 오르기 422
언어 보편성 159
에임스의 방 착시 380
역균형화 50
역행간섭 403
역행성 기억상실증 406
영가설 46
오방향 385
옥시토신 100
외상후 스트레스장애 357
외집단 223
외향성 321
요구 특성 51
요인 분석 305
운동시차 375
위기 단계 212
위조 파이프라인 317
음운고리 395
음운론 156
응고화 406

응종 259
의도적 통제 178
의도적 훈련 428
의미기억 397
의미론 156
의미 치매 109
이란성 쌍생아 67
이야기법 446
이차 강화물 33
이타심 237
인지도식 359
인지삼제 359
인지신경과학 22
인지신경심리학 22
인지심리학 21
인지 평가 112
일란성 쌍생아 67
일차 강화물 33
일화기억 396
일화적 완충기 395
임상법 140
입체시 375

|ㅈ|
자기 개방 287
자기 위주 편향 345
자기조절 328
자기중심성 142
자발적 회복 30
자서전적 기억 334, 397
자아개념 333
자아존중감 343
자아효능감 327
자율신경계 70
자폐증 150

작업기억 394
잘 정의되지 않은 문제 415
잘 정의된 문제 415
장소법 443
재범주화 231
재평가 114
저항애착 202
적대성 기대 편향 127
적응 65
적응 단계 212
전경-배경 분리 373
전보어 157
전이-적절 처리 442
전집 48
전환 259
전환성 141
절충적 접근 367
정보적 영향 257
정서 조절 114
정서 중심 대처 97
정서지능 309
정신증 321
정의의 도덕성 174
정적처벌 37
제삼자 처벌 240
조건반사 29
조건반응 29
조건자극 29
조작적 조건형성 33
조절 376
종단법 54
종속변수 46
주도적 공격성 119
주요우울장애 355
중앙 응집 151

중앙집행부 394
중첩 375
지능지수 299
지온 377
진화심리학 65, 239
집단 143
집단극화 266
집단사고 266
집단주의 문화 8
집중화 141
집행기능장애 증후군 73

|ㅊ|
차단 효과 31
차별대우 219
착시 379
창의성 430
책임 분산 247
청크 393
체감각 74
체신경계 70
체질-스트레스 모형 357
초두 효과 281
친사회적 행동 237

|ㅋ|
캡차 371

|ㅌ|
타당도 298
타인종 효과 408
타임아웃기법 37
탈중심화 143
테스토스테론 130
통사론 156

통찰 416
특성 319

|ㅍ|
페그워드법 444
편견 219
편도체 322
평형화 140
포괄 적응도 239
폰 레스토르프 효과 440
표본 48
표준화 검사 299
프래그난쯔 법칙 372
플린 효과 303

|ㅎ|
할당 표집 48
합치율 360
해리성 정체성장애 342
해석편향 94, 364
행동주의 20
행위자-관찰자 편향 278
허위 독특성 편향 345
허위 합의 효과 286
혈연 선택 239
형판 424
혼합변수 47
확고한 실험자 51
확장 161

확증편향 408
회피애착 202
회피학습 38
횡단법 54
효과의 법칙 33
후견지명 편향 6
후뇌 72
휴리스틱 421

|기타|
A형 성격 93
B형 성격 93
D형 성격 93

일러스트레이션 크레딧

저자 소개

Michael W. Eysenck

유럽의 가장 유명한 심리학자 중 한 사람으로, 영국 렘튼대학교의 교수이자 로열홀러웨이대학교의 명예 교수이다. 그는 인지심리학을 전공하였으며(인지심리와 관련된 여러 권의 책을 출간함), 그의 연구는 대부분 정상집단과 임상집단의 불안증에서 인지적 요인의 역할에 대한 것이다.

그는 52권의 책을 집필하였으며, Psychology Press와 *Psychology for AS Level*(5th Edn, 2012), *Psychology for A2 Level*(2009), *A2 Psychology: Key Topics*(2nd Edn, 2006), *Psychology: An International Perspective* (2004), *Psychology: A Student's Handbook*(6th Edn, 2010, Mark Keane와 공저), *Fundamentals of*  *Psychology*(2009), *Fundamentals of Cognition* (2nd Edn, 2012), *Perspectives on Psychology*(1994), *Individual Differences: Normal and Abnormal*(1994)을 출간하였다.

아울러 *Psychological Review* 특별판에 다양한 주제로 기사를 쓰기도 하였으며, 수많은 주요 학회에서 강연을 하고 있다. 그는 여가 활동으로 여행, 테니스, 산책, 골프를 즐기며 맨체스터유나이티드 축구팀의 열정적인 서포터로 활동하고 있다.

역자 소개

이영애

이화여자대학교 교육심리학과와 동대학원을 수료하고 미국 로체스터대학교 대학원 교육심리학과에서 인지심리학으로 박사학위를 받았다. 주요 연구 주제는 안구운동, 문제해결, 의사결정, 창의적 유추이다. 주요 역서로는 인지심리학과 그 응용(*Cognitive Psychology and Its Implications*), 불확실한 상황에서의 판단: 추단법과 편향(*Judgment Under Uncertainty: Heuristics and Biases*)이 있다.

이나경

독일 올덴부르크국립대학교에서 심리학과를 졸업하고 인지심리학으로 석사 및 박사학위를 받았다. 주요 연구 주제는 작업기억, 위험지각, 판단과 결정, 심리음향학이다. 주요 저서로는 한국인의 위험지각이 있고, 역서로는 판단과 결정의 심리학(*Judgment and Decision Making: Psychological Perspectives*), 응용인지심리학(*Introduction to Applied Cognitive Psychology*) 등이 있다.